KB218554

리치 원전【4권】

Fonti Ricciane

그리스도교의 중국 진출기

리치 원전 【4권】

Fonti Ricciane

—

1판 1쇄 인쇄 2024년 10월 30일
1판 1쇄 발행 2024년 11월 15일

—

저　자 | 마태오 리치, 파스콸레 마리아 델리야
역주자 | 김혜경
발행인 | 이방원
발행처 | 세창출판사
신고번호 제1990-000013호
주소 03736 서울시 서대문구 경기대로 58 경기빌딩 602호
전화 02-723-8660 팩스 02-720-4579
이메일 edit@sechangpub.co.kr 홈페이지 www.sechangpub.co.kr
블로그 blog.naver.com/scpc1992 페이스북 fb.me/Sechangofficial 인스타그램 @sechang_official

—

ISBN 979-11-6684-334-1 94230
979-11-6684-330-3 (세트)

—

이 역주서는 2018년 대한민국 교육부와 한국연구재단의 지원을 받아 수행된 연구임.
(NRF-2018S1A5A7029259)

—

이 책은 한국연구재단의 지원으로 세창출판사가 출판, 유통합니다.
잘못 만들어진 책은 구입하신 서점에서 바꾸어 드립니다.

리치 원전 【4권】

Fonti Ricciane

마태오 리치의 원전과
유럽-중국 간 첫 번째 관계사

(이탈리아 왕립 학술원 주관)
파스콸레 마리아 델리야 발행 및 주석
김 혜 경 역

세창출판사

5책-1
선교의 점진적인 발전과 개별 그리스도인의 증가
1603년 2월부터 1610년 5월 10일까지, 그리고 1611년 11월 1일까지

리치원전 전체 차례

2권

2책

I. 조경(肇慶) = 소흥 수도원(1583년 9월 10일부터 1589년 8월 초순까지)

제8장 신부들이 절강성으로 돌아오고 루지에리 신부가 광서에서 나가다: 그 밖에 이 시기에 일어난 사건들에 대해(1586년 7월부터 1587년 7월까지)

제9장 신부들이 조경에서 나쁜 일에 연루될까 두려워 두아르테 데 산데 신부를 마카오로 돌아가게 한 영서도; 이 일이 있고 난 뒤 신부들이 겪은 큰 어려움에 대해(1587년 7월 27일부터 1587년 12월까지)

제10장 미켈레 루지에리 신부가 어떻게 마카오에 가서 그곳에 남게 되었는지에 대해; 두아르테 데 산데 신부가 조경에 온 경위, 백성을 위해 그 집에서 겪은 또 다른 어려움(1588년 1월부터 1588년 7월까지)

제11장 알렉산드로 신부가 미켈레 루지에리 신부를 로마로 보내 교황이 신부들을 중국 황제에게 보내는 대사로 임명해 달라고 청하고, 안토니오 알메이다 신부는 조경으로 가는 길에 새로운 여러 난관에 부딪히다(1588년 8월부터 12월까지)

제12장 조경 수도원에서 우리가 거둔 성과에 대해(1583년 9월 10일부터 1589년 8월 초순까지)

제13장 조경 수도원에서 우리가 겪은 마지막 난관과 도당 유절재(劉節齋)에 의해 쫓겨난 이유에 대해(1589년 4월부터 8월 초까지)

3책

★ 제1부(제1장~제9장)

II. 소주(韶州) 수도원(1589년 8월 26일부터 1595년 4월 18일까지)

제1장 소주 수도원을 어떻게 지었는지에 대해, 중국선교에 대해 새로운 계획을 세우게 된 것에 대해(1589년 8월 초부터 10월 초까지)

제2장 새로 부른 신부들이 마카오에 어떻게 오게 되었는지, 그들이 모두 기뻐하게 된 일에 대해, 중국에 있는 신부들의 도움으로 순찰사 알렉산드로 발리냐노 신부가 두 명의 중국인 청년들에게 예수회 입회를 허락하고 중국선교에 투입하게 된 일에 대해(1589년 9월부터 1590년 6월 20일쯤까지)

3권

4책

★ 제1부(제1장~제10장)

IV. 남경 수도원(1597년 7월 20일부터 1600년 5월 19일까지)

제1장 마태오 리치가 상서 왕충명(王忠銘)의 도움으로 라자로 카타네오 신부와 함께 남경으로 돌아가게 된 것에 대해(1597년 7월 20일부터 1598년 7월 10일경까지)

제2장 신부들이 처음으로 북경 황궁에 가고, 마태오 리치가 어떻게 남경 총독의 부름을 받게 되었는지에 대해, 그리고 북경으로 가는 길에서 겪은 일에 대해(1598년 7월 10일경부터 1598년 9월 7일까지)

제3장 신부들이 이번에는 북경에서 어떻게 행동해야 하는지를 몰라 다시 남경으로 되돌아가게 된 일에 대해서(1598년 9월 8일부터 1598년 12월 5일까지)

제4장 라자로 카타네오 신부가 어떻게 짐을 가지고 임청(臨淸)에서 겨울을 났는지, 마태오 리치 신부가 소주와 남경에서 어떻게 거주하게 되었는지에 대해(1598년 12월 5일부터 1599년 2월까지)

제5장 마태오 리치가 어떻게 남경에서 수학 강의를 하게 되었는지, 그것이 우리에게 얼마나 큰 공신력을 안겨 주고 열매를 가져다주었는지에 대해서(1599년 2월 6일 이후부터 1600년 5월 19일 이전까지)

제6장 남창의 많은 주요 인사들이 마태오 리치와 대화하고 싶어 한 것에 대해(1599년 초)

제7장 마태오 리치가 우상 종파의 한 유명한 승려와 거룩한 신앙에 관해 논한 것에 대해(1599년 초)

제8장 임청에서 겨울을 지낸 우리 형제들이 황제에게 줄 물건을 가지고 어떻게 남경에 도착하게 되었는지, 남경에서 어떻게 좋은 집을 매입할 수 있게 되었는지에 대해(1599년 2월부터 6월 5일경까지)

제9장 라자로 카타네오 신부가 마카오에 어떻게 귀환하게 되었는지에 대해, 남창에서도 그

리스도인들이 점차 생겨나기 시작한 것에 대해서(1599년 6월 20일 무렵부터 1600년 3월경까지)

제10장 마태오 리치 신부가 디에고 판토하 신부와 두 명의 수사 종명인 페르난도와 에마누엘레 페레이라와 함께 어떻게 다시 북경으로 돌아오게 되었는지, 어떻게 산동의 제녕에 도착하게 되었는지에 대해(1600년 3월부터 6월까지)

★ 제2부(제11장~제20장)

V. 북경 수도원(1601년 1월 21일부터 1602년 9월 21일까지)

제11장 우리가 임청(臨清)과 천진위(天津衛)에서 겪은 일에 대해(1600년 6월부터 1601년 1월까지)

제12장 어떻게 중국의 황제가 신부들에게 진상품을 가지고 북경에 들어오라고 했는지, 첫 입성에서 일어난 일에 관해(1601년 1월부터 2월까지)

제13장 우리가 어떻게 주객사(主客司)의 지시를 받게 되었고, 외국 사절단들이 묵는 사이관(四夷館)에 들어가게 되었는지에 대해, 그리고 어떻게 거기에서 나오게 되었는지에 대해(1601년 2월 25일경부터 5월 28일까지)

제14장 신부들이 직접 황제에게 탄원서를 쓰게 된 경위, 예부의 관리들이 신부들에게 사이관 밖에 거주하도록 허락하고 북경의 고위 인사들이 방문하여 위로하다(1601년 6월부터 12월까지)

제15장 우리가 북경에서 사귄 풍모강(馮慕岡)과 이아존(李我存), 이 두 인사와의 깊은 우정(1601년 6월부터 12월까지)

제16장 이 시기에 우상 종파가 겪은 커다란 수치와 하느님께서 우리에게 닥쳐오는 엄청난 고통으로부터 구해 주신 것에 대해(1602년부터 1604년 5월 25일까지)

제17장 그동안 소주(韶州) 수도원에서 일어난 일에 대해(1599년 7월 초부터 1603년까지)

제18장 그동안 소주(韶州) 수도원에서 겪은 몇 가지 어려움에 대해(1599년부터 1603년까지)

제19장 남경 수도원의 발전과 서 바오로 박사의 개종에 대해(1600년 5월부터 1604년 2월까지)

제20장 마카오 콜레지움의 새 원장 발렌티노 카르발료 신부가 어떻게 마누엘 디아즈 신부를 중국 내륙으로 보내게 되었는지에 대해, 마태오 리치가 그의 편으로 선교 물품을 보내기

위해 그를 북경으로 부르게 된 것에 대해, 황궁에서 그리스도교가 순조롭게 출발하게 된 것에 대해(1600년 2월 1일부터 1602년 9월 21일까지)

4권

5책 선교의 점진적인 발전과 개별 그리스도인의 증가 (1603년 2월부터 1610년 5월 10일까지, 그리고 1611년 11월 1일까지)

제1장 순찰사 알렉산드로 신부가 어떻게 일본에서 마카오로 오게 되었는지, 중국에 어떻게 다시 물건을 보냈는지, 마누엘 디아즈 신부가 다른 6명의 예수회원과 어떻게 마카오로 돌아왔는지에 대해

제2장 마태오 리치의 출판 작품들로 인해 우리와 그리스도교가 얻은 공신력에 대해

제3장 1604년 서 바오로 박사가 북경에서 어떻게 진사 시험에 통과하고 진 마르티노가 어떻게 무관이 되었는지에 대해, 그 외 북경에서 그리스도교와 관련한 일들에 대해

제4장 왕국 밖에서 들어온 많은 그리스도인의 존재를 중국에서 어떻게 발견하게 되었는지에 대해, 그들이 여전히 '십자가 신봉자'라는 이름으로 계승되어 오고 있는 것에 대해

제5장 이 시기에 소주 수도원에서 일어난 일에 대해

제6장 이 시기에 남창 수도원에서 일어난 일에 대해

제7장 그 시기에 남경 수도원에서 일어난 일에 대해, 구태소가 이냐시오라는 이름으로 개종한 것에 대해

제8장 북경 수도원에서 추진하는 일의 성과와 더 크고 편안한 집을 매입한 것에 대해, 바오로 박사가 마태오 리치와 함께 어떻게 『기하원본』을 번역하고 출판하게 되었는지에 대해

제9장 중국과 일본의 순찰사며 중국선교의 첫 발기인 알렉산드로 발리냐노의 죽음에 대해

제10장 우리가 광동(廣東)에서 겪은 큰 시련과 그로 인해 광주에서 프란체스코 마르티네스 수사에게 닥친 일에 대해, 그리고 그가 고통 중에 사망하게 된 것에 대해

제11장 광동(廣東)에서 우리의 탄압이 끝난 것에 대해, 라자로 카타네오 신부가 사바티노 데 우르시스 신부와 함께 중국으로 돌아온 것에 대해, 그 외 소주 수도원과 관련한 일들에 대해

제12장 우리 수도회의 베네딕토 데 고이스 수사가 인도에서 카타이까지 여행한 것에 대해, 그의 장상이 대(大) 카타이를 밝히기 위해 카슈가르 왕국의 수도까지 그를 보내게 된 것에 대해

제13장 베네딕토 데 고이스 수사의 남은 여행, 카슈가르에서 카타이까지. 카타이가 중국이라는 사실이 밝혀진 것에 대해

제14장 베네딕토 데 고이스 수사의 죽음에 대해, 사라센인들의 손에서 아르메니아인 이사악이 어떻게 구출되었는지, 요한 페르난데스 수사가 어떻게 북경에서 숙주로 파견되었는지에 대해

제15장 남창에서 그리스도교의 발전과 요한 소에이로 신부의 사망에 대해, 새집을 사면서 우리가 겪은 큰 시련과 그곳에서 일어난 좋은 일에 대해

제16장 박해 이후, 남창에서 일어난 일에 대해, 더 편안 다른 집을 어떻게 매입하게 되었는지에 대해

제17장 우리가 황궁에서 작업한 세계지도를 중국 황제가 어떻게 재판(再版)하라고 했는지에 대해, 북경에서 성모회가 만들어져 새로운 열정으로 그리스도교가 발전하기 시작한 것에 대해

5권

제18장 남경에서 그리스도교가 순조롭게 발전한 것에 대해

제19장 바오로 박사의 고향 상해(上海)에서의 선교에 대해

제20장 그동안 소주 수도원에서 일어난 일들에 대해

제21장 마태오 리치의 죽음

제22장 북경 리치 신부의 무덤

리치 용어집 / 옮긴이의 말 / 찾아보기

참고도서 약어표

Abbozzo della Storia dei Mim: 왕홍서(王鴻緖), 『명사고(明史藁)』.

AHSI: *Archivum Historicum Societatis Iesu* (예수회 역사 고문서실), Roma, 1932.

Ajuda: Biblioteca e Archivio del palazzo di Ajuda in Lisbona, Portogallo.

Aleni[1]: Giulio Aleni, 『대서리서태선생행적(大西利西泰先生行蹟)』[경교당(景教堂) 판, 복주(福州), 1630[1]][1]

Aleni[2]: Giulio Aleni, 『직방외기』, [북경, 1623], in 『천학초함』[북경, 1629], XIII, XIV.

AMCL: 인광임(印光任)과 장여림(張汝霖), 『오문기략(澳門記畧)』, 재판.

Annali della Prefettura di Shiuchow: 『소주부지(韶州府志)』.[2]

Annali della Prefettura di Wuchang: 『무창부지(武昌府志)』.

Annali Generali del Fukien: 『동치복건통지(同治福建通志)』.

Annali Generali del Kwangtung: 『도광광동통지(道光廣東通志)』.

---

1 본서[리치 원전(Fonti Ricciane)] 제1권에서는 진원(陳垣), 1919년 판본을 사용하며 필사본이 오류가 많아 손을 많이 대야 했다. 그래서 제2권은 바티칸도서관(*Borgia Cin.*, 350[3])에 소장된 매우 귀한 1630년도 판본을 사용했다. 이 판본은 바티칸도서관의 "연구와 텍스트(Studi e Testi)" 시리즈에서 내가 이탈리아어 번역, 개론 및 주석을 포함하여 원문으로 곧 출판하게 될 것이다.

2 본서에서 사용한 많은 연감(Annali)은 상해(上海) 인근 서가회(徐家匯) 도서관에 소장된 것으로, 서가회 관계자께 진심으로 감사드린다.
그 외 다른 연감들과 많은 연구 자료는 북경국립도서관에 있는 것으로, 위엔통리(袁同禮) 관장과 그분의 중국인 협력자들의 탁월하고 지치지 않는 지원에 크게 빚을 졌다. 깊이 감사드린다.

Annali Generali di Tsaoki: 『조계통지(曹谿通志)』.

ARSI : *Archivio Romano della Compagnia di Gesù*(예수회 로마 고문서고).

주의: 별도의 명시가 없는 한, 이것들은 항상 미간행 원고임.

Atti autentici di Scenzom [Shen Tsung][=Uanli]: 『명신종만력실록(明神宗萬曆實錄)』(북경 국립도서관).

Bartoli[1]: *Della Cina*, in *Opere del* P. Daniello Bartoli, Torino, 1825, voll. XV-XVIII. 이 책에서는 인용한 장과 페이지만 표기함.

Bartoli[2]: *Del Giappone* in *Opere del* P. Daniello Bartoli, Torino, 1825, voll. X-XIV. 이 책에서는 인용한 책의 장과 페이지만 표기함.

BCP: *Bulletin Catholique de Pékin* (북경천주교 회보), 북경.

BD: Herbert A. Giles, *A Chinese Biographical Dictionary*, 런던, 1898.

BDM: *Boletim eclesiàstico da diocese de Macau* (마카오교구 교회 회보), 마카오.

BEFEO: *Bulletin de l'Ecole Française d'Extrême Orient* (극동아시아 프랑스학교 회보), Hanoi.

Beltchenko: H.S.Bruneert and V.V.Hagelstrom, *Present Day Political Organization of China*. Revised by N.T.Kolessoff. 러시아 원어에서 번역 A. Beltchenko and E.E, Moran, Scianghai, 1912.

Benedetto: Luigi Foscolo Benedetto, *Marco Polo, Il Milione*, prima edizione integrale, Firenze, 1928.

Bernard[1]: Henri Bernard, *Aux Portes de la Chine*, Tientsin, 1933.

Bernard[2]: Henri Bernard, *Le P. Matthieu Ricci et la Société Chinoise de son temps 1610*, Tientsin, 1937. Voll. 2.

Bernard[3]: Henri Bernard, *Le Frère Bento de Goes chez les Musulmans de la Haute Asie* (*1603-1607*), Tientsin, 1934.

Bernard[4]: Henri Bernard, *Aux origines du cimetière de Chala. Le don princiet de la Chine au P. Ricci* (*1610-1611*), Tientsin, 1934.

Biermann: Benno M. Biermann, *Die Anfänge der neueren Dominikanermission* in China, Münster i. W., 1927.

BP: 북당(北堂)도서관, *Biblioteca dei gesuiti a Pechino*(북경예수회도서관), ossia antica biblioteca dei gesuiti a Pechino, ora presso la chiesa del nord o Péttam nella stessa città.

Bretschneider: E. Bretschneider, *Medieval Researches from Eastern Asiatic Sources,* Londra[1887]. voll. 2.

Brucker: Joseph Bruker, *Benoît de Goes, Missionnaire voyageur dans l'Asie Centrale* (*1603-1607*) in *Etudes*, 1879, gennaio-giugno, pp.589-612, 678-695.

Cciachizuo: Cciachizuo[사계좌(査繼佐)], 좌윤(左尹)이라는 이름으로 알려짐, 1584-1612년에 『죄유록(罪惟錄)』을 씀.

CCS: *Collectanea Commisionis Synodalis* (시노드 회의록), 북경.

CFUC. 앞의 Aleni[2] 참조.

Chavannes: Edouard Chavannes, *Les Mémoires historiques de Se-ma Ts'ien*, Parigi, 1895-1905. Voll. 5.

Chavannes[1]: Edouard Chavannes, *Les deux plus anciens spécimens de la cartografie chinoise*, Estratto da *Bulletin de l'Ecole Française d'Extrême Orient*, Hanoi, 1903, Aprile-giugno, pp.214-247.

Ciamsimlam: 장성랑(張星烺), 『중서교통사료휘편(中西交通史料彙篇)』, 북경, 1926, 전 6권.

Ciamueihoa: 장유화(張維華), 『명사불랑기려송화란의대리아서전주석(明史佛郎機呂宋和蘭意大里亞西傳注釋)』, 북경, 1934. Yenchin Journal of Chinese Studies, Monograph Series, N.7.

Civ. Catt.: *Civiltà Cattolica*, Roma, 1850.

Codex novitiorum: *Codex novitiorum Societatis Iesu, qui Romae tirocinium posuerunt ab anno MDLXVI ad annum MDLXXXVI*. Si conserva nella casa di Noviziato della Provincia romana della Compagnia di Gesù in Galloro(Ariccia).

Cordier, *BS.*: Henri Cordier, *Bibliotheca Sinica. Ditionnaire bibliographique des ouvrages relatifs à l'Empire chinois*, Parigi, 1904-1908. Voll. 4. Suppl. 1924.

Couling: Samuel Couling, *The Encyclopedia Sinica*, Scianghai, 1917.

Courant: Maurice Courant, *Catalogue des livres chinois, coréens, japonais* etc., Parigi 1902-1910. Voll. 3.

Couvreur: Séraphin Couvreur, *Choix de documents*, Hokienfu, 1906.

Couvreur, *Chou King*: Séraphin Couvreur, 『서경(書經)』, Sienhsien[이하 "獻縣天主堂印

書館"으로만 표기], 1916.

CP: *Labor Evangelica. Ministerios Apostolicos de los obreros de la Compañia de Jesùs.* Fondaciòn y progressos de su Provincia en las islas Filipinas, historiados por el P. Francisco Colin S.I. Nueva ediciòn por el P. Pablo Pastells S.I. Barcellona, 1900-1902. Voll.3.

Cronaca dei Mim : 손극가(孫克家), 『명기(明紀)』.

Cronaca del 1610(1610년도 연감): José Monsanha, *Lembranças que pertenecen á varela, que el Rey de China deu aos Padres da Companhia pera sepultura do Padre Matheus Riccio, hum dos primeiros Padres que entrou na China.* Biblioteca e Archivio del palazzo di Ajuda, Lisbona.

Cuzuiü: 고조우(顧祖禹), 『독사방여기요(讀史方輿紀要)』.

Dalgado: Sebastião Rodolfo Dalgado, *Glossario Lúso-Asiatico*, Coimbra, 1919-1921. Voll. 2.

DB: *Dizionario biografico*, 『중국인명대사전(中國人名大辭典)』, 상해(上海), The Commercial Press[이하 "商務印書館有限公司"로 표기], 1933.

D'Elia[1]: Pasquale M. D'Elia S.I., *Il Mappamondo cinese del P. Matteo Ricci S.I., commentato, tradotto e annotato,* Città del Vaticano, 1938. Volume in-figlio grande con XXX tavole geografiche. — Le note della Parte III sono citate con un **numero arabo** in grasetto, preceduto da un N.minuscolo.

D'Elia[2]: Pasquale M. D'Elia S.I., *Le origini dell'arte cristiana cinese*(*1583-1640*), Roma, Reale Accademia d'Italia, 1939.

D'Elia[3]: Pasquale M. D'Elia S.I., *Carovane di mercanti-ambasciatori dalla Siria alla Cina attraverso l'Asia Centrale nel 1627 secondo documenti inediti, in Studia missionalia* edita a Facultate Missionogiae in Pountificia Universitate Gregoriana, Roma, 1943, I, pp.303-379.

D'Elia[4]: Pasquale M. D'Elia S.I., *Galileo in Cina. Relazioni attraverso il Collegio Romano tra Galileo e gesuiti scienziati missionari in Cina*(*1610-1640*), in *Analecta Gregoriana*, Vol.XXXVII, Roma, 1947.

De Mailla: Jos. A.M. Moyria De Maillac, *Histoire générale de la Chine*, Parigi, 1777-1783, Voll. 12.

Derk Bodde: *A History of Chinese Philosophy* by Fung Yu-Lan, translated by Derk Bodde, Pechino, 1937.

De Ursis: *P. Matheus Ricci S.I. Relação escripta pelo seu companheiro*, P. Sebarino De Ursis S.I., Roma, 1910.

DG: *Dizionario di Geografia antica e moderna*, 商務印書館有限公司, 1931.

Doré[1]: Henri Doré, *Recherches sur les superstitions en Chine*, 1911-1934. Voll. 16.

Doré[2]: Henri Doré, *Manuel des superstitions chinoises*, 1926.

Dottrina dei Letterati dei Mim: (1676), 商務印書館有限公司 개정판, 1933, Voll. 2.

Dyer Ball: J. Dyer Ball, *Things Chinese or Notes connected with China*, by E. Chalmers Werner, 1925.

EI: *Enciclopedia Italiana*, 1929-1937, Voll. 37.

Fam̃hao: 방호(方豪), 『이아존연구(李我存研究)』, 항주, 1937.

Fam̃hao[1]: 방호(方豪), 『중국천주교사논총(中國天主教史論叢)』, 상해, 商務印書館有限公司, 1947.

Fernandes: Gaspare Fernandes, *Lettera annua di Goa, parte del nord, scritta il 2 dicembre 1603*, in *ARSI*, Goa, 33, ff.126r-127v.

Fom̃ieulan: 풍우란(馮友蘭), 『중국철학사(中國哲學史)』, 상해, 1935.

Fonti Ricciane[『리치 원전』]: Pasquale M. D'Elia, *Fonti Ricciane, I, Storia dell'Introduzione e Cristianesimo in Cina*, Parte I, Roma, 1942.

Forke[1]: Alfredo Forke, *Geschichte der alten chinesischen Philosophie*, Amburgo, 1927. In *Hamburghische Universität, Abhandlungen aus dem Gebiet der Auslandskunde*, Band 25.

Forke[2]: Alfredo Forke, *Geschichte der mittelalterlichen chinesischen Philosophie*, Amburgo, 1934. In *Hamburghische Universität, Abhandlungen aus dem Gebiet der Auslandskunde*, Band 41.

Forke[3]: Alfredo Forke, *Geschichte der neuren chinesischen Philosophie*, Amburgo, 1938. In *Hamburghische Universität, Abhandlungen aus dem Gebiet der Auslandskunde*, Band 46.

Franke[1]: Otto Franke, *Geschichte des chinesischenReiches,* Berlino, 1930-1937. Voll.3.

Franke[2]: Otto Franke, *Li Tschi. Ein Beitrag zur Geschichte der chinesischen*

Geisteskämpfe im 16. Jahrhundert in *Abhandlungen der Preußischen Akademie der Wissenschaften* 1937, Phil.-hist. Klasse, Nr.10.

Franke[3]: Otto Franke, *Li Tschi und Matteo Ricci* in *Abhandlungen der Preußischen Akademie der Wissenschaften,* Jahrgang, 1938, Phil.-hist. Klasse, Nr.5.

Gaillard: Louis Gaillard, *Nankin d'alors et d'aujourd'hui. Aperçu historique et géographique*, Scianghai, 1903.

Gonçalves: Sebastiano Gonçalves, *Lettera annua di Goa pel 1609, scritta in Goa il 27 dicembre 1609* in *ARSI, Goa*, 33, ff.295v-298v.

Guerreiro: Fernão Guerreiro, *Relação annual das cosas que fizeram os Padres da Companhia de Jesus nas suas missoes... nos anos de 1600 a 1609*, Coimbra, 1930-1931; Lisbona, 1942, 전 3권. Cf. Payne.

Guerreiro[1]: Fernão Guerreiro, *Relaçam annual das cosas que fizeram os Padres da Companhia de Jesus nas partes da India Oriental... nos annos de 607 & 608,* Lisbona, 1611.

Havret: Henri Havret, *La Stèle chrétienne de Sin-ngan-fou*, Scianghai, 1895, 1897, 1902. Voll. 3.

Hay: Joannes Hay, *De rebus japonicis, indicis et peruanis*, Anversa, 1605.

Hedin[1]: Sven Hedin, *Southern Ti bet*, Stoccolma, 1917-1922, Voll. 9.

Hennig: Richard Hennig, *Terrae incognitae. Eine Zusammenstellung und kritische Bewertung der wichtigsten vorkolumbischen Entdeckungsreisen an Hand der darüber vorliegend Originalberichte*, Leida, 1936, 1937, 1938, 1939. Voll. 4.

Herrmann: Albert Herrmann, *Historical and Commercial Atlas of China*, Cambridge, Massachisetts, Harvard University Press, 1935.

Herrmann[1]: Albert Herrmann, *Die Westläander in der chinesischen Kartographie* in Swen Hedin, Southern Tibet, VIII, pp.91-406.

Herrmann[2]: Albert Herrmann, *Chinesische Umschreibungen von alteren geographischen Namen*, in Swen Hedin, Southern Tibet, VIII, pp.433-452.

HJ: Yule-Burnell, *Hobson Jobson. A glossary of colloquial anglo-indian words and phrases, and of kindred terms, etymological, historical and discursive.* New edition by W. Crooke, Londra, 1903.

Hoṁueilien: 홍외련(洪煨蓮), 『고리마두적세계지도(考利瑪竇的世界地圖)』, in 우공(禹貢) *The Chinese Historical Geography Semi-monthly Magazine*, 제5권, nn.3-4, 1936, 4월 11일, 북경, pp.1-50.

Hummel: Arthur W. Hummel, *Eminent Chinese of the Ch'ing Period (1644-1912)*, Washington, 1943. Voll. 2.

Iamceṅngo: 양진악(楊振鍔), 『양기원선생연보(楊淇園先生年譜)』(중국어), 상해, 商務印書館有限公司, 1946.

Iamttimiün: 양정균(楊廷筠) 미켈레, 『절요동문기(絶徼同文紀)』(중국어), Pechino, 1617. 파리국립도서관 소장, 수기본, 중국어 N.9254.

Index: *Sinological Index Series*, Pechino, Harvard-Yenking, Institute, 1932.

Intorcetta, ecc.: PROSPERUS INTERCETTA, CHRISTIANUS HERDTRICH, FRANCISCUS ROUGEMONT, PHILIPPUS COUPLET, *Confucius Sinarum philosophus, sive Scientia sinensis, latine exposita*, Parigi, 1687.

JA: *Journal Asiatique*, Parigi.

JASB: *Journal of the Asiatic Society of Bengal.*

JNCBRAS: *Journal of the North China Branch Royal Asiatic Society*, Scianghai.

Laures: Johannes Laures, 『기리시단문고(吉利支丹文庫)』. *A Manual of Books and Documents on the Early Christian Missions in Japan*, Tokyo, 1940.

Litae: Ciuhoanciuo [Chu Huan-cho] 주환졸(朱桓拙), 『역대명신언행록(歷代名臣言行錄)』 [ediz.di c.1807].

Litae[1]: 구수진(瞿樹辰)과 오상지(吳尙志), 『역대명인언행록(歷代名人言行錄)』. 장음환(張蔭桓)의 개정판.

LIVR: Pietro Hoamfeime [Huang Fei-mo] 황비묵(黃斐默), 『정교태포(正敎泰褒)』, 상해(上海), 1904, 전 2권.

Martini: MARTINUS MARTINI, *Novus atlas sinensis* [Amsterdam, 1655].

MHSI: *Monumenta Historica Societatis Iesu*, Madrid, Roma.

Mimgiu Sciiòngan: 『명유학안(明儒學案)』. Cf. *Dottrine dei letterati dei Mim.*

Moule: A.C. Moule, *Christians in China before the year 1550*, Londra, 1930.

MS: *Monementa Serica. Journal of Oriental Studies of the Catholic University of Peking*, Pechino, 1935.

MSOS: *Mitteilungen des Seminars für Orientalische Sprachen an der Königlichen Friedrich-Wilhelm-Universität zu Berlin*, Berlino.

Pantoja[1]: *Lettera del P. Diego Pantoja al P. Provinciale di Toledo*(디에고 판토하 신부가 톨레도 관구장 신부에게 쓴 편지), 북경, 1602.03.09, 안토니오 콜라코(Antonio Colaço) 신부의 스페인어 텍스트는, *Relación annual de las cosas que han hecho los Padres de la Compañía de Jesú, en la India Oriental y Japón en los años de 600 y 601 y del progresso de la conversión y christiandad de aquellas partes*, Valladolid, 1604, pp.539-682.

Payne: C.H. Payne, *Jahangir and the Jesuits. With and Account of the Travels of Benedict Goes and the Mission to Pegu.* From the Relations of Father Fernão Gerreiro, S.J., Translated. In *The Broadway Travellers*, Londra [1930].

PCLC: 이지조(李之藻), 『천학초함(天學初函)』[북경, 1629]

Pfister: Louis Pfister, *Notices biographiques et bibliographiques sur les Jésuites mission de Chine (1552-1773)*, Scianghai, 1932-1934. 전 2권.

Planchet: J.-M. Planchet, *Le Cimetière et les Oeuvres Catholiques de Chala*, Pechino, 1928.

Ramusio: Giovanni Battista Ramusio, *Navigationi e viaggi*, 1550, 1556, 1559.

Richard[2]: M. Kennelly, L. Richard's *Comprehensive Geography of the Chinese its dependencies*, translated into English, Scianghai, 1908.

Rodrigues[1]: Francisco Rodrigues S.I., *História de la Companhia de Jesus na Assistência de Portugal*, Porto, 1931. Voll. 4.

Saeki[1]: P.Y.Saeki, *The Nestorian Monument in China*, Londra [1928].

Saeki[2]: P.Y.Saeki, *The Nestorian Documents and Relics in China*, Tokio, 1937.

Scentéfu: 심덕부(沈德符), 『야획편(野獲編)』.

Schurhammer-Wicki: G. Schurhammer S.I. et I. Wicki S.I., *Epistolae S. Francisci Xaverii alique eius scripta*, Nova editio ex integro refecta in *Monumenta Historica Societatis Iesu*, Roma, 1944-1945, Voll. 2.

Seccu/Siku[자부(子部)]: 『사고전서 총목제요(四庫全書 總目提要)』, 1933, 상해, 商務印書館有限公司. 전4권.

Seccu[자부(子部)][1]: 『사고전서 총목(四庫全書 總目)』.

SF: A. van den Wyngaert O.F.M., *Sinica Franciscana*, Quaracchi, 1929-1936.

Siécuocem: 사국정(謝國楨), 『만명사적고(晩明史籍考)』(북경국립도서관 편, 1932), 전 10권.

Siüchimscien: 서경현(徐景賢), 『논문집(論文集)』, 항주, 1935.

Siüuenttim: 서문정(徐文定)[徐光啓 集], 『증정서문정공집(增訂徐文定公集)』, 상해, 1933.

Soothill-Hodous: William Edward Soothill and Lewis Hodous, *A Dictionary of Chinese buddhist terms with sanskrit and english equivalents*, Londra, 1937.

SPT: 장천택(張天澤), 『중국어-포르투갈어 1514에서 1614까지』, Leida, 1934.

Stein[1]: Aurel Stein, *Innermost Asia*. Text. Oxford, 1928.

Stein[2]: Aurel Stein, *Innermost Asia*. Maps. Oxford, 1928.

Stein[3]: Aurel Stein, *Ruins of desert Cathay*, Londra, 1912. Voll. 2.

Stein[4]: Aurel Stein, *Sand-buried Ruins of Khotan*, Londra, 1903.

Stein[5]: Aurel Stein, *Serindia, Derailed Report of Explorations in Central Asia and Westermost China*, Oxford, 1921, Voll. 5.

Stele dei dottori: 『제명비록(題名碑錄)』.

Storia dei Mim: 『명사(明史)』(호북(湖北), 숭문서국(崇文書局) 판, 1877).

Storia di Macao: 『마카오 사(史)』, *AMCL*을 보라.

Streit: Robert Streit, *Bibliotheca Missionum*, Münster-Aachen, 1916.

Tacchi Venturi: Pietro Tacchi Venturi, *Opere Storiche del P. Matteo Ricci S.I.*, Macerata, 1911-1913, Voll. 2.

Ta-ssi-yang-kuo: I. F. Marques Pereira, *Ta-ssi-yang-kuo. Archivos e Annaes do Extremo Oriente Portoguez, collegidos, coordenados e annotados*, Lisbona, 1899.

Ta Zzim: 『대청일통지(大淸一統志)』[항주, 죽간제(竹簡齋) 판, 1897].

TMHT: 『대명회전(大明會典)』[1587년경 판].

Tobar: Jérôme Tobar, *Inscriptions juives de K'ai-fong-fou*, 상해, 1912.

TP: *T'oung Pao. Archives concernant l'histoire, les langues, la géographie et les arts de l'Asie Orientale*, Leida.

Trigault: *De Christiana Expeditione apud Sinas suscepta ab Societate Iesu*. Ex P. Matthaei Ricij eiusdem Societatis Commentarijs Libri V... Auctore P. Nicolao Trigautio, belga, ex eadem Societate, Asburgo, 1615.

Väth: Alfons Väth, *Johann Adam Schall von Bell S.J., Missionar in China, kaiserlicher Astronom und Ratgeber am Hofe von Peking 1592-1666*, Colonia, 1933.

Verbiest: Ferdinando Verbiest, 『도학가전(道學家傳)』[북경, 1686].

Watters: T. Watters, *On Yuan Chwang's Travels in India, 629-645 a. D.* Oriental Translation Fund, New Series, Voll.XIV-XV, Londra, 1904-1905, Voll. 2.

Werner[1]: Edward T.C. Werner, *Myths and Legends of China*, Londra, [1928].

Werner[2]: Edward T.C. Werner, *A Dictionary of Chinese Mythology*, 상해, 1932.

Wessels: C. Wessels S.I., *Early Jesuit Travellers in Central Asia, 1603-1721*, L'Aja, 1924.

Wieger, *HC*: Léon Wieger, *Histoire des croyances religieuses et des opinions philosophiques en Chine*[3], 獻縣天主堂印書館, 1927.

Wylie: A. Wylie, *Notes on chinese literature*, 상해, 1922.

Wylie[1]: A. Wylie, *The Mongol Astronomical Instruments in Peking in Travaux de la troisième Session du Congrès International des Orientalistes*, 상트페테르부르크, 1876, II, pp.435-456.

Yule-Cordier, *MP*: Henry Yule, *The Book of Ser Marco Polo*, Londra [1919-1929]. Third Edition revised throughout by Henri Cordier. Voll. 3.

Yule-Cordier[1]: Henry Yule, *Cathay and the Way thither*. New edition revised by Henri Cordier, Londra, 1915-1916. 전 4권.

Zoeiueilu: Cciachizuo, 『죄유록(罪惟錄)』[역주: 명대(明代) 사계좌(查繼左)가 썼다].

Zottoli: Angelus Zottoli, *Cursus Litteraturae Sinicae*, Scianghai, Voll. 5.

Zzeiüen: 『사원(辭源)』, Scianghai, 16쇄, 1933.

각주에 표시된 NN.이하 숫자는 아래의 텍스트를 말한다.

NN.1-1000 그리스도교의 중국 진출기, 전 2권.

NN.1001-2000 리치의 서간집.

NN.2001-4000 리치 동료들의 서간집.

NN.4001-5000 연차 보고서와 같은 일반 문서들.

NN.5001-6000 여러 문서 또는 기타문서들.

특히 이 책에서는 아래의 번호를 주로 인용했다.

NN.1-500, 그리스도교의 중국 진출기, 제1부, 제1권.

NN.501-1000, 그리스도교의 중국 진출기, 제2부, 제2권.

NN.1001-1012, 마태오 리치(M. Ricci)가 데 고이스(E. de Góis)에게 보낸 편지, 코친, 1580년 1월 18일.

NN.1013-1017, 리치가 M. 데 포르나리(De Fornari)에게 보낸 편지, 코친, 1580년 1월 30일.

NN.1018-1021, 리치가 마셀리(L. Maselli)에게 보낸 편지, 코친, 1580년 11월 29일.

NN.1022-1026, 리치가 마페이(G.-P. Maffei)에게 보낸 편지, 코친, 1580년 11월 30일.

NN.1027-1031, 리치가 아콰비바(Acquaviva) 총장[3]에게 보낸 편지, 고아, 1581년 11월 25일.

NN.1032-1045, 리치가 마페이에게 보낸 편지, 고아, 1581년 12월 1일.

NN.1058-1064, 리치가 아콰비바 총장에게 보낸 편지, 마카오, 1583년 2월 13일.

NN.1066-1085, 리치가 로만(G.-B. Romàn)에게 보낸 편지, 조경, 1584년 9월 13일.

NN.1086-1093, 리치가 아콰비바 총장에게 보낸 편지, 광주, 1584년 11월 30일.

NN.1094-1110, 리치가 아콰비바 총장에게 보낸 편지, 조경, 1585년 10월 20일.

NN.1120-1133, 리치가 풀리가티(G. Fuligatti)에게 보낸 편지, 조경, 1585년 11월 24일.

NN.1147-1167, 리치가 발리냐노(A. Valignano)에게 보낸 편지, 소주, 1589년 9월 9일.

NN.1179-1203, 리치가 파비(F. de' Fabii)에게 보낸 편지, 소주, 1592년 11월 12일.

NN.1204-1218, 리치가 부친(父親) 조반니 바티스타(Giovanni-Battista)에게 보낸 편지, 소주, 1592년 11월 12일.

NN.1219-1253, 리치가 아콰비바 총장에게 보낸 편지, 소주, 1592년 11월 15일.

NN.1265-1275, 리치가 아콰비바 총장에게 보낸 편지, 소주, 1593년 12월 10일.

NN.1276-1285, 리치가 코스타(G. Costa)에게 보낸 편지, 소주, 1594년 10월 12일.

NN.1286-1291, 리치가 파비에게 보낸 편지, 소주, 1594년 11월 15일.

NN.1292-1370, 리치가 데 산데(E. de Sande)에게 보낸 편지, 남창, 1595년 8월 29일.

---

3 예수회 총장은 로마에 거주.

NN.1372-1376, 리치가 벤치(G. Benci)에게 보낸 편지, 남창, 1595년 10월 7일.

NN.1377-1402, 리치가 코스타(G. Costa)에게 보낸 편지, 남창, 1595년 10월 28일.

NN.1403-1426, 리치가 코스타에게 보낸 편지, 남창, 1595년 10월 28일.

NN.1427-1485, 리치가 아콰비바 총장에게 보낸 편지, 남창, 1595년 11월 4일.

NN.1496-1501, 리치가 동생 안토니오(Antonio Maria)에게 보낸 편지, 남창, 1596년 10월 13일.

NN.1502-1518, 리치가 아콰비바 총장에게 보낸 편지, 남창, 1596년 10월 13일.

NN.1519-1525, 리치가 코스타에게 보낸 편지, 남창, 1596년 10월 15일.

NN.1526-1539, 리치가 파씨오네이(L. Passionei)에게 보낸 편지, 남창, 1597년 9월 9일.

NN.1540-1544, 리치가 클라비우스(C. Clavio)에게 보낸 편지, 남창, 1597년 12월 25일.

NN.1545-1566, 리치가 코스타에게 보낸 편지, 남경, 1599년 8월 14일.

N.1567, 리치가 론고바르도(N.Longobardo)에게 보낸 편지, 북경, 1602년 9월 6일.

NN.1571-1586, 리치가 파비에게 보낸 편지, 북경, 1605년 5월 9일.

NN.1587-1602, 리치가 부친 조반니-바티스타에게 보낸 편지, 북경, 1605년 5월 10일.

NN.1603-1614, 리치가 코스타에게 보낸 편지, 북경, 1605년 5월 10일.

NN.1616-1619, 리치가 동생 오라치오(Orazio)에게 보낸 편지, 북경, 1605년 5월 12일.

NN.1620-1628, 리치가 총장 비서 알바레스(G. Alvares)[4]에게 보낸 편지, 북경, 북경, 1605년 5월 12일.

NN.1630-1656, 리치가 마셀리에게 보낸 편지, 북경, 1605년 5월 12일(?).

NN.1657-1673, 리치가 동생 안토니오에게 보낸 편지, 북경, 1605년 5월 12일.

NN.1674-1695, 리치가 아콰비바 총장에게 보낸 편지, 북경, 1605년 7월 26일.

NN.1696-1709, 리치가 줄리오(G.)와 지롤라모 알라레오니(G. Alaleoni)에게 보낸 편지, 북경, 1605년 7월 26일.

NN.1710-1727, 리치가 아콰비바 총장에게 보낸 편지, 북경, 1606년 8월 15일.

NN.1789-1790, 리치가 N.N[수신자 불명]. 에게 보낸 편지, 북경, 1607년 11월 12일.

NN.1809-1844, 리치가 아콰비바 총장에게 보낸 편지, 북경, 1608년 3월 8일.

NN.1845-1884, 리치가 아콰비바 총장에게 보낸 편지, 북경, 1608년 8월 22일.

---

4 수도회[예수회] 총장 비서로 있으며, 포르투갈과 포르투갈령 선교를 담당하고 있었다.

NN.1885-1894, 리치가 파비에게 보낸 편지, 북경, 1608년 8월 23일.

NN.1895-1900, 리치가 동생 안토니오에게 보낸 편지, 북경, 1608년 8월 24일.

NN.1901-1917, 리치가 파시오(F. Pasio)에게 보낸 편지, 북경, 1609년 2월 15일.

NN.1918-1926, 리치가 총장 비서 알바레스에게 보낸 편지, 1609년 2월 17일.

NN.2002-2007, 미켈레 루지에리(M. Ruggieri)가 메르쿠리아노(E. Mercuriano) 총장에게 보낸 편지, 마카오, 1580년 11월 8일.

NN.2020-2029, 루지에리가 메르쿠리아노 총장에게 보낸 편지, 마카오, 1581년 11월 12일.

NN.2539-2545, 로씨(P. Rossi)가 피렌체 콜레지움의 원장에게 보낸 편지, 로마, 1590년 7월 14일.

NN.2550-2553, 데 산데(E. de Sande)가 아콰비바(Acquaviva) 총장에게 보낸 편지, 마카오, 1591년 1월 29일.

NN.2613-2615, 발리냐노(A. Valignano)가 아콰비바 총장에게 보낸 편지, 마카오, 1593년 1월 13일.

NN.2622-2625, 멕시아(L. Mexia)가 아콰비바 총장에게 보낸 편지, 마카오, 1593년 1월 20일.

NN.2627-2636, 데 산데가 아콰비바 총장에게 보낸 편지, 마카오, 1593년 11월 15일.

NN.2695-2700, 발리냐노가 파비(F. de' Fabii)에게 보낸 편지, 고아, 1596년 12월 15일.

N.2701, 발리냐노가 아콰비바 총장에게 보낸 편지, 고아, 1596년 12월 16일.

NN.2713-2714, 데 산데(E. de Sande)가 총장 비서 알바레스(G. Alvares)에게 보낸 편지, 마카오, 1597년 10월 25일.

NN.2715-2721, 발리냐노가 아콰비바 총장에게 보낸 편지, 마카오, 1597년 11월 10일.

NN.2722-2725, 데 산데가 아콰비바 총장에게 보낸 편지, 마카오, 1597년 11월 12일.

NN.2734-2797, 론고바르도(N.Longobardo)가 아콰비바 총장에게 보낸 편지, 소주, 1598년 10월 18일.

NN.2798-2807, 론고바르도가 총장 비서 알바레스(G. Alvares)에게 보낸 편지, 소주, 1598년 11월 4일.

NN.2808-2812, 데 산데가 총장 비서 알바레스에게 보낸 편지, 마카오, 1598년 11월 15일.

NN.2816-2821, 데 산데가 총장 비서 알바레스에게 보낸 편지, 마카오, 1598년 12월 3일.

NN.2822-2825, 디아즈(E. Dias)가 총장 비서 알바레스(G. Alvares)에게 보낸 편지, 마카오,

1599년 1월 9일.

NN.2826-2829, 디아즈가 아콰비바 총장에게 보낸 편지, 마카오, 1599년 1월 10일.

NN.2832-2846, 카타네오(L. Cattaneo)가 아콰비바 총장에게 보낸 편지, 마카오, 1599년 1월 12일.

NN.2847-2852, 론고바르도가 아콰비바 총장에게 보낸 편지, 소주, 1599년 10월 18일.

NN.2853-2864, 소아레스(M. Soares)가 아콰비바 총장에게 보낸 편지, 마카오, 1599년 10월 26일.

NN.2865-2870, 디아즈가 아콰비바 총장에게 보낸 편지, 마카오, 1599년 12월 12일.

NN.2871-2883, 디아즈가 아콰비바 총장에게 보낸 편지, 마카오, 1599년 12월 19일.

NN.2886-2891, 디아즈가 총장 비서 알바레스에게 보낸 편지, 마카오, 1600년 1월 11일.

NN.2892-2911, 디아즈가 아콰비바 총장에게 보낸 편지, 마카오, 1600년 1월 16일.

NN.2924-2936, 발리냐노가 아콰비바 총장에게 보낸 편지, 나가사키, 1600년 10월 21일.

NN.3005-3013, 디아즈(E. Dias)가 아콰비바 총장에게 보낸 편지, 마카오, 1601년 1월 17일.

NN.3014-3026, 디아즈가 아콰비바 총장에게 보낸 편지, 마카오, 1601년 1월 18일.

NN.3027-3033, 핀토(D. Pinto)가 아콰비바 총장에게 보낸 편지, 마카오, 1601년 1월 18일.

NN.3034-3043, 리치의 북경 입성에 관한 보고서, 1601년 3월-4월.

NN.3044-3055, 발리냐노가 벨라르미노(Bellarmino) 추기경에게 보낸 편지, 나가사키, 1601년 10월 16일.

NN.3056-3062, 카르발호(V. Carvalho)가 아콰비바 총장에게 보낸 편지, 마카오, 1601년.

NN.3063-3064, 로키(M. Rochi)가 총장 비서 알바레스에게 보낸 편지, 마카오, 1602년 1월 20일.

NN.3065-3071, 로드리게스(A. Rodrigues)가 아콰비바 총장에게 보낸 편지, 마카오, 1602년 1월 23일.

NN.3072-3171, 판토하(D. Pantoja)가 톨레도(Toledo)의 관구장에게 보낸 편지, 1602년 3월 9일.

NN.3178-3180, 로차(G. da Rocha)가 디아즈(E. Dias)에게 보낸 편지, 남경, 1603년 1월 16일.

NN.3182-3189, 판토하(D. Pantoja)가 가르시아(D. Garcia)에게 보낸 편지, 북경, 1603년 3

월 6일.

NN.3208-3216, 발리냐노가 아콰비바 총장에게 보낸 편지, 마카오, 1603년 11월 12일.

NN.3246-3255, 발리냐노가 감찰사 로드리게스(F. Rodrigues) 청원서, 1604년 2월.

NN.3256-3265, 일본 주교에 관한 발리냐노의 청원서, 1604년 2월.

NN.3280-3286, 페레이라(G. Ferreira)가 발리냐노에게 보낸 편지, 남경(?), 1604년 4월 15일경.

NN.3292-3297, 디아즈(E. Dias)가 총장 비서 알바레스(G. Alvares)에게 보낸 편지, 남창, 1604년 11월 22일.

NN.3298-3303, 디아즈가 총장 비서 알바레스에게 보낸 편지, 남창, 1604년 11월 29일.

NN.3304-3305, 로드리게스(A. Rodrigues)가 총장 비서 알바레스에게 보낸 편지, [마카오?], 1605년 1월.

NN.3306-3310, 발리냐노가 총장 비서 알바레스에게 보낸 편지, 마카오, 1605년 1월 18일.

NN.3311-3312, 발리냐노가 총장 비서 알바레스에게 보낸 편지, 마카오, 1605년 1월 20일.

NN.3324-3331, 판토하가 마닐라의 원장 로페즈(G. Lopez)에게 보낸 편지, 1605년 3월 4일.

N. 3338, 바뇨니(A. Vagnoni)가 NN[수신자 불명].에게 보낸 편지, 남경, 1605년 3월 4일경.

NN.3339-3342, 바뇨니가 아콰비바 총장에게 보낸 편지, 남경, 1605년 3월 16일.

NN.3343-3352, 중국으로부터 일본 부관구의 분리에 관한 의견서, 나가사키, 1605년 9월 15일.

NN.3353-3363, 발리냐노의 첫 비망록-유언서, 마카오, 1606년 1월 17일.

NN.3364-3370, 발리냐노의 두 번째 비망록-유언서, 마카오, 1606년 1월 18일.

NN.3371-3373, 카르발호(V. Carvalho)가 아콰비바 총장에게 보낸 편지, 마카오, 1606년 2월 6일.

NN.3374-3382, 데 우르시스(S. De Ursis)가 아콰비바 총장에게 보낸 편지, 마카오, 1606년 2월 9일.

NN.3383-3391, 바뇨니(A. Vagnoni)가 아콰비바 총장에게 보낸 편지, 남경, 1606년 5월 15일.

NN.3400-3407, 카르발호가 레르치오(A. Laerzio)에게 보낸 편지, 마카오, 1605년 10월 7일과 1606년 11월 29일.

NN.3433-3436, 디아즈가 총장 비서 알바레스에게 보낸 편지, 남창, 1607년 10월 17일.

NN.3439-3447, 로드리게스가 아콰비바 총장에게 보낸 편지, 고아, 1607년 12월 2일.

NN.3453-3460, 데 우르시스가 총장 비서 알바레스에게 보낸 편지, 북경, 1608년 8월 23일.

NN.3461-3467, 바뇨니가 총장 비서 알바레스에게 보낸 편지, 남경, 1609년 3월 12일.

NN.3468-3472, 디아즈가 아콰비바 총장에게 보낸 편지, 남창, 1609년 4월 19일.

NN.3473-3480, 디아즈가 아콰비바 총장에게 보낸 편지, 마카오, 1609년 11월 11일.

NN.3481-3493, 데 우르시스(S. De Ursis)가 NN[수신자 불명].에게 보낸 편지, 북경, 1610년 5월 20일.

NN.3494-3498, 데 우르시스가 아콰비바 총장에게 보낸 편지, 북경, 1610년 9월 2일.

NN.3499-3509, 데 우르시스가 총장 비서 마스카렌하스(A. Mascarenhas)에게 보낸 편지, 1610년 9월 2일.

NN.3510-3513, 다 로차(G. da Rocha)가 총장 비서 마스카렌하스에게 보낸 편지, 1610년 9월 9일.

NN.3514-3517, 파케코(F. Pacheco)가 아콰비바 총장에게 보낸 편지, 마카오, 1610년 11월 5일.

NN.3518-3530, 론고바르도가 아콰비바 총장에게 보낸 편지, 소주, 1610년 11월 23일.

NN.3531-3544, 몬산하(G. Monsanha)를 위한 1610년도 연대기. 앞의 『1610년도 연대기(Cronaca del 1610)』 참조.

NN.3545-3550, 핀토(D. Pinto)가 아콰비바 총장에게 보낸 편지, 마카오, 1611년 1월 24일.

NN.3751-3757, 카타네오(L. Cattaneo)가 파비(F. de' Fabii)에게 보낸 편지, 남경, 1611년 10월 19일.

NN.3758-3765, 디아즈가 아콰비바 총장에게 보낸 편지, 마카오, 1611년 11월 6일.

NN.3766-3768, 몬산하를 위한 1611년도 연대기[5]

NN.3781-3797, '통사'(通事, Tçuzu) 조안 로드리게스(G. Rodrigues)가 아콰비바 총장에게 보낸 편지, 광주, 1612년 1월 25일.

NN.3798-3803, 카타네오가 아콰비바 총장에게 보낸 편지, 항주, 1612년 10월 26일.

NN.3807-3814, 론고바르도가 아콰비바 총장에게 보낸 편지, 남웅, 1612년 11월 21일.

NN.3815-3821, 론고바르도가 총장 비서 마스카렌하스(A. Mascarenhas)에게 보낸 편지, 남

---

5 1610년도 연감에 이은 것임.

웅, 1612년 11월 26일.

NN.3822-3829, 론고바르도가 아콰비바 총장에게 보낸 편지, 남웅, 1613년 5월 14일.

NN.3830-3832, 알라레오니(G. Alaleoni)가 NN[수신자 불명].에게 보낸 편지, 로마, 1617년 8월 26일.

NN.4018-4031, 데 산데(E. de Sande)가 쓴 1591년도 연감, 1592년 1월 28일.

NN.4051-4071, 데 산데가 쓴 1595년도 연감, 1596년 1월 16일.

NN.4072-4083, 디아즈(E. Dias)가 쓴 1597년도 연감, 1597년 11월 12일.

NN.4084-4096, 디아즈가 쓴 1597년도 연감, 1598년 7월, 1599년 1월-2월.

NN.4097-4151, 카르발호(V. Carvalho)가 쓴 1601년도 연감, 1602년 1월 25일.

NN.4162-4183, 안투네스(D. Antunes)가 쓴 1602년도 연감, 1603년 1월 29일.

NN.4184-4261, 디아즈가 쓴 1606-1607년도 연감, 남창, 1607년 10월 5일과 18일.

NN.4262-4312, 디아즈가 쓴 1608년도 연감, 남창, 1608년 11월 3일.

NN.4313-4371, 론고바르도(N.Longobardo)가 쓴 1609년도 연감, 소주, 1609년 12월 21일.

NN.5289-5458, 루지에리(M. Ruggieri)의 중국 선교사 생활에 관한 회고록, 1596년(?).

N.5460, 아콰비바 총장이 발리냐노(A. Valignano)에게 보낸 편지, 로마, 1597년 12월 20일.

일러두기

❶ 본서는 다음과 같이 나눠어져 있다. 리치 수기본은 책(冊), 델리야 신부의 구분은 Volume, 세창출판사 편집은 권(卷)이다. 다시 말해서 리치 수기본은 1-5책까지, 델리야 신부의 구분은 Volume I-II, 세창출판사 편집은 1-5권까지다. 목차에서 확인할 수 있다.

❷ 텍스트가 두 개 언어[이탈리아어와 한문]인 경우, 이탈리아어를 번역하고 한문을 아래에 병기했다. 저자가 이탈리아 사람인 점을 고려하여, 저자의 의도를 최대한 살리기 위해서다.

❸ 중국어 고유 명사들, 곧 지명, 인명 등은 모두 고전 한자어로 명기했다.

❹ 본고에서 인용한 『천주실의』, 『교우론』, 『기인십편』 등 마태오 리치의 저술 중 한국어로 번역된 것은 참고만 하고, 인용하지 않았다. 모두 이 책에 있는 이탈리아어 원문에서 새로 번역했다.

❺ 가독성을 높이기 위해 [ ] 안에 있는 말은 문장의 이해를 돕기 위해 대부분 역자가 넣은 말이다. 이탈리아어에서 많이 나타나는, 고유명사를 반복하기보다는 대명사로 대체하거나 삭제가 많아 한국어로 옮겼을 때 이해가 안 되는 경우가 많기 때문이다.

❻ 화폐 단위

두카토(ducato), 스쿠디(scudi), 리브르(libre), 크루자도스(cruzados) 마라베디(maravedi), 볼로니니(bolognini), 피오리노(fiorino), 바이오키(baiocchi) 등 당시 유럽에서 통용되던 모든 화폐가 등장한다. 대부분 그대로 썼지만, 문맥에 따라서 역자가 확실하다고 생각되는 부분은 중국의 은화나 금화로 썼다. 마태오 리치는 대부분 환산하지 않고 동량으로 언급했지만, 텔(teal)의 경우만 간혹 금화 두 배로 환산해서 말하곤 했다. 이 점 역시 확실하다고 판단되는 부분만 환산해서 번역했다. 필요하다고 판단되는 경우 역주를 넣었다.

❼ pagano라는 단어는 '이교도'라는 의미지만, 서양에서 이교도는 비그리스도인 전체를 대상으로 할 뿐 아니라, '야만인', '교양 없는 사람'을 일컫는 의미로도 쓰인다. 따라서 문맥에 따라 이교도, 비교인, 비신자(그리스도인이 아니라는 뜻) 등으로 번역했다.

❽ litteris sinicis의 번역은 문맥에 따라서 '중국 문학' 또는 '중국 인문학'으로 번역했다. 건륭제 때 나온 『사고전서四庫全書』도 litteris sinicis로 소개된다는 점을 근거로 했다.

❾ 이름과 지명 등 그리스도교 성경책에 등장하는 고유명사는 저자가 가톨릭교회 사제인 점을 고려하여 한국가톨릭 주교회의 발행 성경을 따랐고, 나머지는 출신이나 해당 지역의 언어 발음으로 명기했다.

❿ 참고도서 약어표와 각주에서 표기한 N., NN.이라는 번호는 본문에서 아라비아 숫자로만 표기했다.

5책

선교의 점진적인 발전과 개별 그리스도인의 증가

1603년 2월부터 1610년 5월 10일까지, 그리고 1611년 11월 1일까지

제1장

순찰사 알렉산드로 신부가 어떻게 일본에서 마카오로 오게 되었는지, 중국에 어떻게 다시 물건을 보냈는지, 마누엘 디아즈 신부가 다른 6명의 예수회원과 어떻게 마카오로 돌아왔는지에 대해

(1603년 2월 10일부터 1604년 8월 15일까지)

- 선교에 대한 기적 같은 성공이 부풀려서 유럽에 전해지고, 예수회 새 선교사들과 비-예수회 선교사들이 자극을 받아 선교지로 향하다
- 발리냐노가 디아즈를 마카오로 부르면서 가능하면 리치도 함께 오라고 하다
- 유럽인과 중국인 인력과 물질적인 공급들로 선교의 새로운 준비를 하다
- 큰 시련을 극복하다
- [중국] 선교가 마카오 콜레지움에서 분리되고, 디아즈를 [중국] 남부지역 수도원의 원장으로 임명하다
- 네덜란드 해적들이 상선을 납치하다
- 7명의 새 선교사들이 중국에 도착하다
- 북경으로 가져가는 플란틴 성경을 실은 배가 난파하다

696. 선교에 대한 기적 같은 성공이 부풀려서 유럽에 전해지고, 예수회 새 선교사들과 비-예수회 선교사들이 자극을 받아 선교지로 향하다

중국에 우리의 수도원은 네 개가 세워졌다. 황실 조정이 있는 북경에 세워진 것은 황제와 모든 고관대작을 대면하고 최북단 국경까지 관리한다.[1] 강서江西의 남경南京[2]과 남창南昌[3]에 있는 두 번째와 세 번째 수도원은 이 나라의 중앙에 있는 두 개 성에 있다. 네 번째는 광동廣東의 소주韶州[4]에 있는데, 이 나라의 최남단 국경에 있다. 이렇게 네 개의 수도원은 머리부터 발끝까지 중국 전체를 포괄한다. 그리고 다른 한편, 북경에 있는 신부들이 황제로부터 체류 허가를 받아 크게 권위가 신장되고, 고관[大官廩餼]들이 공금으로 생활비를 지원해 주겠다고 했다.[5] 네 수도원 모두에서, 많은 주요 인사가 대놓고 그리스도인으로 개종했고,[6] 미사도 공

---

1 Cf. NN.581-695.

2 Cf. NN.500-580.

3 Cf. NN.454-499.

4 Cf. NN.331-453.

5 이런 지원은 매월 여섯 냥(두카토)에 해당하는 것으로 물질적으로 충분하지 않다. 이에 발리냐노는 "[그들에게] 감사할 만한 것은 못 됩니다. 왜냐하면 황제의 금고에서 주는 것이기 때문입니다"(N.3212)라고 했다. 그러나 리치는 위에서 언급한 것을 "월 팔 냥(두카토) 이상"(N.618) 된다고 했다. Cf. N.616.

6 1605년 5월, 리치는 그리스도인들이 "천 명 이상 혹은 수백 명"(N.1573; cf. N.1632)에 이르지는 않는다고 썼다. 그러면서 축첩제에 걸리지만 않는다면 많은 사람이 개종했을 거라고 했다(NN.1588, 1605). 북경의 그리스도인 공동체는 가장 나중에 세워졌고, "200명이 조금 넘고, 그중 몇 명은 매우 높은 고위 관직에 있습니다." 그러다 보니 양적으로는 작지만, 질적으로는 매우 중요하다고 할 수 있다(N.1574). Cf. N.1607. 이 신자들 가운데 1604년에 가장 많은 활동을 한 사람은 마르티노 진(秦)(N.569)과 바오로 서광계(徐光啓)(NN.680-682)로, 두 사람은 남경에서 세례를 받았다. 바오로 이응시(李應試)는 북경에서 세례를 받았고(N.693), 얼마 지나지 않아서 역시 남경에서 세례를 받은 이냐시오 구태소(瞿太素)(NN.755-758)가 있었다. Cf. NN.689-692.

개적으로 드렸으며, 신부가 있는 성당과 경당들에서는 성교회의 사목도 시작했다. 성당과 경당들에는 아직 비신자지만[7] 많은 고관이 찾아와서 세상을 구원하신 예수 그리스도의 거룩한 성화와 그분의 거룩하신 어머니를 공경했다.[8] 중국의 [미술] 기법을 알고 있는 많은 지식인은 하느님의 전능하신 손으로 그린 기적이 아니고서는 도저히 있을 수 없는 작품이라고 평가했다.[9] 이렇게 우리는 거룩한 작품[성화]을 통해 목적한바, 스승이신 하느님의 뜻이라 생각하고 크게 기대하기 시작했다. 이 사업[선교활동]의 어려움을 극복할 수 있게 해 주신 하느님께 무한한 감사를 드렸다.[10]

---

7 Cf. N.247. 여기에 주목하는 것은 이교도들도 거룩한 성상(聖像)을 경배하러 왔다는 것이다. 이 점은 부각할 만한 것으로 판단된다.

8 선교 초기에 가장 많이 사용한 성화는 두 개였다.

9 1605년 5월, 리치가 쓴 글에는 "이제 중국에 우리 수도원은 모두 13개로, 4명의 수사가 두 황실 도시[북경과 남경]에 있고, 다른 두 도읍[남창(南昌)과 소주(韶州)]에도 진출해 있습니다. 자유롭게 많은 그리스도인을 만들고 왕국 내 고관대작들의 보살핌을 받습니다. 우리도 다른 외국인들과 함께 중국의 양식을 알게 되는 것 같습니다. 위대한 분의 강력한 손에 의한 기적 외에는 어떤 것도 생각하거나 말하지 않을 만큼 그분의 일은 놀랍기 그지없습니다"(N.1631). Cf. N.1826. 같은 해인 1605년 3월, 리치의 동료 판토하는 "우리끼리 누차 이야기한바, 몇 안 되는 신부의 입국을 그토록 방해하고 여러 번 내쫓으려는 시도에도 불구하고 중국에 들어온 것은, 기적이라고 할 수밖에 없습니다"(N.3325)라고 썼다. 마태오 로페스(Matteo Lopes) 신부는 예수회원들이 중국 본토로 진출하기 훨씬 전에 이미, 1578년 11월 29일 자 마카오에서 쓴 글에서 "어느 순간, 우리 눈으로 이 문이 열리는 것을 보게 될 것이고, 초대교회부터 지금까지 들어왔던 최고의 개종을 보게 될 것입니다"(*ARSI, Goa*, 38, ff.167v-168r)라고 했다. Cf. N.203, 본서 2권, pp.59-60, 주(註) 19.

10 1603년 11월 12일, 발리냐노는 남경과 북경에 자리를 잡은 신부들의 성과를 아콰비바에게 알리며, 중국인 학자들 사이에서 크게 존경받고 있다고 전했다. 거기에 덧붙여, "특히 마태오 리치 신부님은 [북경] 조정의 많은 고관 대신들의 숱한 방문과 존경을 받고 있습니다. 그를 통해 4년간, 이들 고관 대신들의 도움으로 두 황실 도시인 남경과 북경에 진출할 수 있었습니다. 중국에서의 선교활동이 이 정도에 이른 것은 사람이 한 일이라기보다는 기적에 가깝습니다. 왜냐하면 100년이 지나도 우리 같은 유럽인들이 중국에서 이 정도의 공신력을 얻고, 이곳 황실 도시에 자리 잡기란 쉽지 않기 때문입

신부들과 우리 성교회에 관한 명성은 빠르게 퍼졌고, 우리는 15개 성省에서 모두 설교하기 시작했다. 통상적인 명성은 실제보다 더 높았다.[11] 이 소식은 외국인들을 통해 유럽과 로마에까지 전해졌다.[12] 거기에는 부

니다. 중국인들이 외국인들을 향해 가지고 있는 커다란 혐오 때문입니다"(N.3211). 같은 생각이 1605년 1월 20일 자 발리냐노가 알바레스 총장비서에게 쓴 편지에서 다시 반복되고 있다. "사실 이것은 하느님께서 하신 일이 분명합니다. 왜냐하면 중국에서는 100년이 지나도 이루어질 수 없는 일이었고, 사람이 했다고는 도저히 생각할 수 없을 만큼 의외로 일이 쉽게 이루어졌기 때문입니다"(N.3312). Cf. N.702.

11 선교사들이 열다섯 개 성(省)으로 모두 진출했다는 것인데, 이것은 전혀 사실이 아니다. 사실과 달리 매우 과장하고 있다.

12 1605년 5월, 이런 과장된 표현이 나왔던 바로 그해에 리치는 이렇게 쓴다. "로마에 간 외국인들을 통해 사실과 달리 몇 가지 과장된 말이 전해졌다는 것을 알았습니다. 중국의 황제가 그리스도교로 개종했다는 것과 같은 말이 그렇습니다. 어떤 사람은 그것을 사실로 믿었던 것 같습니다"(N.1631). 이 "외국인들"은 판토하에 따르면, "우리가 모르는 다른 몇몇 수도회의 수사들"로, 그들은 유럽에서 출판한 어떤 책에서 이런 잘못된 정보를 인쇄했습니다. 중국의 선교사들로서는 웃을 수밖에 없는 일입니다(N.3325). 1604년 11월 2일에도 이미 디아즈가 1602년 11월 20일 로마에서 보낸 편지를 보고 이런 과장에 대해 해명하려고 한 적이 있었다(N.3294). 1602년 11월 20일이라는 날짜가 지금 우리가 이야기하는 과장이 불거진 시점이다. 그러니까 리치가 북경에 도착한 1601년 1월 24일과는 상관이 없다. 게다가 리치의 북경 도착을 두고 말하는 거라면 로마까지 정보가 들어가기에는 시간이 너무 짧다. 어쩌면 리치보다 앞에 들어갔던 사람들의 성공이거나, 1582-1583년 일부 프란치스코 회원들이 이루었다는 과장된 성공일 가능성이 크다(N.202, 본서 2권, pp.57-58.). 1598년 1월, 발리냐노가 한 편지에서 쓴 것은(*CP*, II, p.142) 오래전에, 마카오를 통해 들어간 일부 수사들이 중국에서의 사도직에 관해 너무도 좋게 소식을 유럽에 전하는 바람에 스페인에 있던 그들의 동료들이 크게 흥분했다는 것이다. 그로 인해 마드리드에서는 온 백성이 동원되어 성대한 행렬까지 하면서 드디어 필리핀 맨발의 형제들 덕분에 중국이 복음에 문을 열었다며 하느님께 감사했다. 이것은 많은 형제에게 중국으로 가기 위해, 우선 필리핀으로 가게 하는 동기가 되었다. 작은형제회의 마르틴 이냐시오 로욜라(Martin Ignazio di Loyola, O.F.M.)는 모두 120명의 맨발의 형제단이 중국을 향해 출발할 준비가 되어 있다고 말하기도 했다. 한편 도미니코회에서도 41명이 1586년 7월 17일 (스페인의) 카디스에서 배에 올라 멕시코로 출발했다. 거기서 다시 필리핀으로 갔는데 겨우 18명만 도착했다. 그리고 1587년 3명만 마카오로 들어가기 전, 복건성의 해안에 발을 디딜 수가 있었다. 비슷한 시기에 70여 명의 도미니코 회원들이 조반니 볼란테(Giovanni Volante)의 지

풀려서, 중국과 다른 큰 왕국들의 황제까지 이미 개종했고, 복음을 얼마든지 전할 수 있게 되었으며, 원하는 사람은 누구나 그리스도인이 될 수 있도록 전면적인 허락을 받았다고도 했다. 그래서 우리의 총장 신부님도 이런 큰 사업에 도움을 주기 위해 40명의 인력을 보내는 문제에 대해 논의하기 시작했다. 다른 수도회들은 논의하는 것만이 아니라 실제로 수백 명의 수도자를 '뉴 스페인[멕시코-필리핀]'을 통해 보냈지만, 그들이 생각한 것처럼 이 나라의 문이 모두에게 열린 것은 아니었다.[13]

펠리페 국왕은 이미 중국에 있고, 나중에 들어가게 될 신부들의 생활비는 인도에서 충분히 마련하라고 명했다.[14]

휘하에 중국 복음화를 목적으로 스페인으로 갔다(Biermann, pp.6-12). 결론적으로 여기서 이야기하는 과장들은 유럽에서 1590년을 전후로 일어났던 일이었다.

13 바르톨리(Bartoli[1], II, c.198, pp.381-382)는 아마도 우리가 잃어버린 편지를 인용하여, 이런 과장들이 리치를 둘러싸고 탄성과 함께 겁도 없이 나온 것으로 보았다. 필리핀과 멕시코에서 흘러나온 소식들은 구전이건 편지건 유럽에 전해진바, "인도 서쪽과 유럽에서 모두 감격해 마지않은" 것이었다. 소문에는 리치가 황제와 "조정의 모든 대신에게" 장엄하게 세례를 주고, 온 중국에서 복음을 자유롭게 선포할 수 있는 허락을 받아냈다고 했다. [중국의] 그리스도인들은 "고관대작과 군주들로, 모두 각별한 인사들로" 그 수가 수천에 이른다고도 했다. 인쇄된 이런 정보들에 더해 구전으로 전해진 것은 많은 중국인이 세례를 달라고 요청했고, 그래서 예수회원들로는 모자라 다른 수도회들에 요청하여 그들의 선교사들이 파견되었다는 것이다. 이것은 중국을 복음화하겠다는 과다한 열정이 만들어 낸 일이었다.

14 1603년 11월 12일 이전까지, 중국선교는 인도 총독이 소주와 남창 두 수도원에 보내주는 수입이 전부였다. 다른 두 곳, 남경과 북경에는 아무것도 주지 않았다. Cf. N.3214. 앞의 두 곳도 나머지 비용은 믈라카에서 매우 불규칙적으로 주는 것이 전부였다. Cf. N.698. 그래서 발리냐노가 네 수도원을 위해 연간 1,200 두카토를 요청한 것이다. 거의 미래를 배려한 것으로, 삼천 혹은 사천 두카토의 자본을 별도로 마련하여 예상치 못한 일이 발생하거나 믈라카에서 주는 비용이 펑크가 나서 궁지에 몰릴 때를 대비하라는 조언도 했었다. Cf. N.3216.

697. 발리냐노가 디아즈를 마카오로 부르면서 가능하면 리치도 함께 오라고 하다

중국의 신부들은 성공적인 모든 일을 알렸고, 알렉산드로 발리냐노 신부는 일본에서 나와 마카오로 왔다. 좀 더 가까이에서 중국을 지원하고, 일본에서보다 훨씬 나은 많은 개종자를 내는 선교지를 열고 제대로 보기 위해서였다. 사도 시대부터 우리 시대에 이르기까지 얼마나 많은 설교자가 있었던가.[15]

마카오에 도착한 신부는[16] 즉시 사람을 보내 마노엘 신부를 불렀다.[17] 그리고 북경을 비울 수만 있다면,[18] 마태오 신부도 만나고 싶어 했다. 그렇지 않으면, 다른 신부가 이 사업을 위해 필요한 명령과 지원에 관한 정보를 가져다주기를 바랐다. 마태오 신부는 [발리냐노] 신부가 왔다는 소식을 듣고,[19] 일본 배가 도착했을 때[20] 이미 마노엘 신부에게 명령하여 소주에 있으라고 했다. 그리고 순찰사 신부가 왔다는 전갈을 받자 [마노엘 신부는] 바로 마카오로 갔다. 이렇게 소식을 들었고, 짧게나마 마카오에서 카타네오 신부도 함께 만났다.[21] 그리고 얼마 후에 마태오 신부가 보

---

15 이 말은 리치의 펜에서 나왔기에 믿을 만하다. 그의 표현은 항상 신중하기 때문이다. 같은 생각이 형식을 살짝 바꾸어 다른 곳에서도 나온다. Cf. NN.1620, 1631, 1826, 1876, 1910.

16 1603년 10월 6일, 마카오에서 총장에게 쓴 편지에서 밝히고 있는 것처럼, 그가 마카오에 도착한 것은 그해 2월 10일이다.

17 에마누엘레 디아즈다.

18 '자리를 뜨다'라는 의미다.

19 즉, 1602년 8월 9일과 9월 19일 사이, 발리냐노가 일본에서 올 거라는 걸 알았기 때문에 디아즈에게 마카오로 가서 그곳 항구로 들어오는 순찰사의 도착을 준비하라고 부탁한 것이다.

20 2월 혹은 3월이다.

21 1603년 11월 12일, 발리냐노는 총장에게 편지를 썼다. "제가 일본에 도착해서 마노엘

낸 긴 보고서가 도착했다.[22]

698. 유럽인과 중국인 인력과 물질적인 공급들로 선교의 새로운 준비를 하다

순찰사 신부는 듣고 생각했던 것보다 모든 게 훨씬 낫다고 생각하여 할 수 있는 모든 지원을 기꺼이 해 주기로 했다. 중국에서 활동하는 신부들이 요청하는 거라면 모두 들어주었고, 오히려 적다고 생각했다.

게다가 가장 필요한 근본적인 도움은 선교사업을 위해 중국어를 잘하는 인력이었다. 이에 순찰사 신부가 먼저 한 일은 마노엘 디아즈 신부를 여기에 투입하기로 했고,[23] 당시 마카오에 있던 유능한 여덟 명[24]의 신부

디아즈 신부에게 중국에서 나오라고 했습니다. 그는 라자로 카타네오 신부와 함께 왔습니다. 그들을 통해서, 또 [마태오] 신부가 보낸 장문의 편지로, 우리의 상황과 그곳 [중국]의 상황에 대해 깊이 숙고하기 시작했습니다. 이 사업에 필요한 인력과 준비사항들에 대해 생각했습니다"(N.3213). 그러니까 디아즈와 카타네오는 확실히 1603년 7월 20일과 10월 10일에 마카오에 있었다는 얘기다. Cf. N.702.

22 이 보고서는 의심의 여지 없이, 북경에서 직접 보낸 것이었을 텐데, 불행히도 지금까지 전해 오지는 않는다. 하지만 요약한 내용이 발리냐노가 1603년 11월 12일 자, 총장에게 보낸 편지에 담겨 있는 걸로 보인다. 편지에서 순찰사는 마카오의 두 젊은이에게 예수회 입회를 곧 허락하게 될 거라고 말한다. 그들은 이미 오래전부터 신부들의 선교활동을 돕고 있었다. 중국인들을 위한 작은 신학교에서는 10명 혹은 12명의 소년이 공부하게 될 것이다. 우리는 물론, 리치는 북경에서, 고관대작들과 아직 한 번도 본 적 없는 황제에 대한 가능성과 특별히 N.698에서 언급하는 것처럼, 선교 기금(N.3216)에 대해서 말한다. Cf. NN.3211-3216.

23 N.698에서 언급한 세 명의 예수회원 중 두 명과 디아즈는 1604년 2월 중순쯤에야 중국으로 돌아가기 위해 마카오에서 출발했다. 그리고 그달 28일, 소주에 도착해서 3월 6일까지 있었다. 3월 16일에 매령(梅嶺)을 거쳐 그달 말 남창에 도착했다. Cf. Guerreiro, II, pp.121-123; NN.3280-3286, 3292.

24 1604년 1월 27일에 쓴 1603년의 마카오 콜레지움 연차보고서(Ajuda, ms. 49-V-5, ff.20r-25r)는 중국으로 파견될 선교사들이 7명이었다고 말해 준다. 즉, 세바스티아노 페르난데스, 피에트로 리베로, 가스파르 페레이라, 바르톨로메오 테데스키 신부들과

들도 선발했다. 그러면서 인도에서 배가 오면[25] 거기에 많은 예수회원이 올 것으로 기대하고 있어. 그때 더 지원해 주겠다고도 했다.

그리고 부족한 우리의 생활비를 조달하기 위해 여러 방법을 모색했는데, 이는 스페인 국왕이 보낸 생활비도 아직 도달하지 않은 상황이었기 때문이다. 그래서 네 곳의 집[수도원]에서 필요한 충분한 금액을 각자 책정해서 통보하도록 했다.[26] 그리고 기존대로 중국에 있는 우리는 비교인들의 회개와 다른 [사목] 활동들을 더 편리하게 할 수 있도록 일본선교의 총책임자가 계속해서 중국선교의 책임까지 맡은 만큼[27] [거기에서] 비용을 마련하여 보내도록 하는 한편, 중국에서 요청하는 모든 생필품도 챙겨서 보내 주도록 했다. 그들[중국 선교사들]이 집을 비우지 않도록 하기

신학 과정에 있는 학생 세 명이다. 학생들의 이름은 적지 않았다. 이 일곱 명이 디아즈와 합류하면 모두 여덟 명이 된다. 텍스트에서 리치가 말하는 내용이다. 그러나 7월 말경, 일어나는 해상사고(N.701)로 생계 수단이 위태로워지자, 발리냐노는 디아즈, 페레이라, 리베로, 테데스키 신부를 보내 줄 수 없게 되었다. Cf. N.3214. 1604년 4월 7일, 전년도 11월 12일 자 편지를 들어 발리냐노는 총장에게 이 문제에 대해 거듭 말했지만, 경제적인 어려움으로 많은 신부가 남경과 북경의 집을 철수하지 않으려면 소주와 남창의 집은 철수해야 한다며, 새 선교사들도 더는 보내서는 안 된다고 했다. 그러나 위대한 순찰사는 "우리 주님이 이 왕국에서 거의 기적적으로 뽑아내고 있는 실"을 자를 용기는 없어 세 명의 새 선교사들만 파견하기로 했다. 그 이상은 할 수가 없었다. 해결책은 총장의 전적인 승인을 얻었고, 1604년의 편지 한쪽에 주먹을 불끈 쥐며 "좋습니다(hoc placet)"(*ARSI, Jap.-Sin.*, 14, f.163r)라고 썼다. Cf. N.3216.

25 1604년 7월-8월이다.

26 발리냐노는 북경의 집을 사기 위해 1,000냥은 보내 줄 수 있을 걸로 기대했고, 4곳의 비용을 계산하니 연간 1,200냥이 필요했다. 일단 1603년은 N.701에서 말하게 될 해상사고로 인해 전체 600냥도 보내 줄 수가 없었다.

27 1603년 10월과 1604년 1월의 명부에 따르면, 이 책임자는 에마누엘 가스파르 신부다. 포르투갈인으로 1556년 라르네고(Larnego)에서 태어나, 1576년 예수회에 입회했다. 원래 윤리학 교수였고, 고아에서 총책임을 맡았다. 1601년에 4대 서원을 했다. Cf, *ARSI, Jap.-Sin.*, 25, ff.64v, 79r.

위해서였다. 책임자 신부는 마카오에 있었고, 거기서 그 집들을 보살피도록 한 것이다.

동시에 마카오에서 그리스도인 부모 밑에서 태어난 사람 중, 중국 국적을 가진 몇몇 젊은이들이 예수회에 입회할 수 있도록 허락함으로써 선교에 도움을 주도록 했다.[28] 마찬가지로 중국 내 성당들의 장식과 집들

---

28 이 기회에 발리냐노의 허락으로 예수회에 입회한 젊은 중국인들은 북경에서 리치가 추천한 사람이 둘, 남경에서 디아즈가 추천한 사람이 한 명이었다.

먼저 한 사람은 안토니오 뇌도(雷道)라고 불렸는데, 그의 중국명 성과 이름이 문서로 내려오지 않는다. 1603년 1월 16일 며칠 전에 남창에서 남경으로 갔다. 1604년 초, 22살이 되었다고 하니까 1581년에 태어난 걸로 추정된다. 하지만 1611년의 연차보고서에는 그가 15살이 되기도 전에 신부들을 돕기 시작했다며, 십 대를 온전히 그렇게 보내고 예수회에 입회했다고 하니, 6년을 봉사한 셈이다. 그렇다면 그는 1578년에 태어났고, 선교센터에서 봉사하기 시작한 것이 1593년이며, 북경의 예수회에 입회한 것이 1605년이다. 아무튼 그는 마카오에서 중국인 신자 부모 슬하에서 태어나, 마카오에서 공부하고, 15세경 선교 봉사를 시작했으며 1605년 8월 15일에 예수회에 입회했다(N.1724). 1603년 10월의 명부에는 북경 수도원과 관련하여, 그에 대해 벌써 이렇게 말하고 있다. "마카오에서 태어나 현재 수도회 지원자로 입회함. 몇 년간 같은 집에서 함께 살며[同宿] 봉사함", 즉 교리교사였다는 것이다(*ARSI, Jap.-Sin.*, 25, f.65v). 1607년 지원기를 마치자마자 하남(河南)의 개봉(開封)으로 파견되어 고대 그리스도인의 행적을 찾도록 했다. 1608년 4월 27일 이전에 종신서원은 했을 것으로 보인다. 왜냐하면 그와 함께 지원자로 들어온 다른 그의 동료에 대해 디아즈가 이렇게 서술하고 있기 때문이다. "북경에서 종신서원을 함으로써 지원기를 마쳤습니다. 두 중국인 수사는 거기에 남아 있었습니다"(*ARSI, Jap.-Sin.*, 113, f.65a). 몇 년간 소주에서 교리교사로도 있다가(N.950), 1609년 9월 8일, 그곳에서 데데스키 신부의 시신을 마카오로 가지고 왔다(N.951). 그 역시 소주에서 결핵에 걸려 1611년에 치료차 마카오로 왔다. 하지만 6월 8일, 또 다른 중국인 수사와 함께 광주(廣州)에 도착했다. 바로 이 중국인 수사에 대해 지금 말하고 있다. 그 역시 1611년 6월 10일 포르투갈의 배 위에서 사망했다. 그의 시신은 마카오로 옮겨졌고, 사제들의 묘에 묻혔다. 매우 금욕적이고 겸손한 젊은이였다. 1611년 11월 6일 자 디아즈가 총장에게 보낸 편지를 보라(N.3764). 그리고 다음의 1611년 연차보고서도 보라. *ARSI, Jap.-Sin.*, 15, I, f.87v; 113, f.207r-v. Cf. Bartoli[1], III, c.20, p.55.

두 번째 지원자는 도미니코 구량품(邱良稟)으로, 호는 완초(完初) 멘데스다. 그에 관해서는 앞서 언급한 1604년 1월 25일의 명부에 북경 수도원과 관련하여, "중국인, 마

의 보수를 위해서도 많은 것들이 필요했다. 관리들과 친구들에게 줄 선물도 필요했다. 마노엘 신부와 다른 여러 신부는 중국선교에 애정을 가진 포르투갈인들의 도움을 받았고, 제의, 책, 그 외 물건들, 특히 네 집의 제단에 사용할 도금한 액자에 정교하게 장식된 네 개의 성화가 필요했다.[29]

카오 출신, 23세, 체력 양호, 지원자 신분, 중국어 공부함"(*ARSI, Jap.-Sin.*, 25, f.81v)이라고 적혀 있다. 이 기록과 다른 여러 기록에 따르면, 그는 1582년에 태어났다. 하지만 1604년에 예수회에 입회한 것은 아니다. 1605년 8월 15일에 했다(N.1724). 그는 마카오에서 태어났지만, 출신은 절강(浙江) 사람이다. 1611년 6월, 그는 마카오를 거쳐 광주까지 뇌도(雷道) 수사를 동행했다. 가면서 1609년부터 광주의 구치소 중 한 곳에 있는 오래전 신부의 식솔 중 한 사람을 방문했다. 그[구치소에 갇힌 사람]는 자기를 투옥한 사람을 비난했다. 자기를 마카오의 포르투갈인들과 모종의 관계를 맺었다고 했다는 것이다. 그래서 광주 당국은 1611년 6월 중순쯤, 그를 가두었고, 그는 "중국인 소년이 견딜 수 있는 최대한의 정신으로"(N.3764) 적지 않은 고통을 감내했다. 그 내용을 디아즈는 1611년 11월 6일 자 총장에게 편지로 썼다. 그는 8개월간 감옥에 있으면서 가장 고귀한 인품을 보여 주었고, 그것은 1611년도 장문의 연차보고서 in *ARSI, Jap.-Sin.*, 113, ff.207r-209v에서도 이야기하고 있다. 1613년 북경에서 그를 볼 수 있었다. Cf. *ARSI, Jap.-Sin.*, 15, II, f.269. 1621년까지 중국에 있으면서 종종 교리교사의 직무를 수행했다. 그러다가 그즈음에 코친차이나[**역주_** 코친차이나(交趾支那)는 프랑스령 인도차이나에서 베트남 남부의 사이공을 중심으로 한 남부지역을 말함]로 파견되었다(*ARSI, Jap.-Sin.*, 143, f.301v). 1632년에는 해남(海南) 섬으로 파견되어 먼저 일본인 피에트로 마르케스(Pietro Marques) 신부를 돕는 교리교사로, 그다음에는 베네딕토 디 마토스(Benedetto di Matos) 신부를 도왔다. Cf. Bartoli[1], IV, c.157, pp.308-310; c.257, pp.521-523. 마지막 서원은 1635년 이전에 한 것으로 보인다(*ARSI, Jap.-Sin.*, 25, f.141v). 그에 관한 다른 정보들이 모두 일치하는 것은 아니다. *ARSI, Jap.-Sin.*, 25, f.147; 134, f.301v; 136, n.77을 보라.

리치는 이 두 지원자를 1603-1604년에 받아 주었고, 1605년 5-7월까지 그들이 알고 있는 유일한 사람이 리치기도 했다. 거기에 에마누엘레 유문휘(游文輝) 페레이라가 합류했다. 유문휘(游文輝)는 디아즈가 남경에서 1603년 말 혹은 1604년 초에 받아 준 사람인데 리치도 몰랐다. 이 세 명의 지원자들이 1605년 8월 15일 북경에서 지원기를 시작했다. 그들에 대해서 리치는 정확하게 1년 후에야 기록하고 있다. "오늘, 8월 성모님의 날, 이곳에서 세 명의 지원자들을 받았고, 1년의 과정을 마쳤습니다"(N.1724).

29 리치는 이 네 개의 그림이 무엇을 나타내는지에 대해 말하지는 않지만, 추측건대 〈구

699. 큰 시련을 극복하다

우리가 그동안 힘들어했던 많은 사건과 문제가 드디어 매우 조심스럽게 해결되었다.[30]

세주 성화〉를 말하고 있는 것으로 보인다.

30 이 어려움 중 가장 먼저 드러나는 것은 새로 개종한 사람들 처지에서 중국의 특정 관습에 대한 적응이다. 이것은 가비아니(Gabiani) 신부가 1680년에 체계적으로 직접 써서 전한바, 파리 국립 도서관(*Fond espagnol*, N.409, ff.159-188)과 일부가 누락되어 로마의 빅토리오 에마누엘레 도서관(*fondo gesuitico*, N.1249[5])에 소장되어 전해 온다. 제목은 "*De ritibus Ecclesiae Sinicae permissis Apologetica dissertatio. Pro Sacrae Universalis Inquisitionis reponsis ad quaesita missionariorum Societatis Iesu Romae datis et authoritate Pontificia confirmata anno Domini 1656*"이다. 제1장의 서문에서 가비아니는 이 문제에 있어 예수회의 관례들을 항상 언급하며, 선교 초기부터 모든 갑론을박(pro e contra)의 문건들을 해마다 52개 항목으로 분류했다. 장(章)의 제목은 "허용된 전례 의식에 관한 예수회의 절차는 중국선교 시작부터 우리 시대까지 독창적이고 지속적으로 검토되었고, 언제나 같은 열정으로 일관성을 유지하고 있음"이다. 여기서 관심 있는 문건들은 리치와 발리냐노 시대의 것이다. "제시된 논쟁에 관한 명확한 성찰(연구) 목록"이라는 제목으로 다음과 같이 기록하고 있다:

a) 먼저, 처음 중국에 파견된 우리 수도회의 중재자 마태오 리치의 태도가 있었고, 후에 새로운 동료들과 수도원 내부의 조사가 있었으며, 이 새로운 [중국] 교회를 어떻게 인도할지에 대해 1600년에 채택하여 제시된 해결책이 있었음.

b) 같은 신부[마태오 리치]가 강서성 남창[南昌] 시에 있는 수도원의 동료들에게 성무의 기능과 올바른 신앙실천에 관한 답변을 거의 같은 시기에 준 바 있음. [표지의 가장자리, 1600년.]

c) 국내 또는 해외에 있는 우리 수도원(집)들에서 통일성을 유지하기 위해 같은 신부[마태오 리치]가 정한 다른 조항들이 1603년에 있었고, 인도지역 전체 순찰사 알렉산드로 발리냐노가 바로 그해에 그것을 확인하고 인준함. 이는 마태오 리치가 제안하고 계속해서 수용한 상황에 대한 정보와 에마누엘레 디아즈 일 베키오('어르신'이라는 뜻) 신부가 선교의 전반적인 상황을 진단하도록 위임받고 그 결과를 제출한 데 따른 것이었음.

d) 최근에 [선교지들을] 방문한 후 같은 순찰사 신부가 보낸 결정문이 있었음.

e) 같은 해[1603년], 그리스도교 상황에 대한 올바른 관리를 위해 예수회 중국 선교사들에게 순찰사가 결정문과 함께 전달한 제안서 요약문이 있었음.

불행히도 우리는 이 목록으로 만족해야 한다. 왜냐하면 이 문건들은 행방이 묘연하기 때문이다. 여하튼 가비아니는 문건들을 본 것 같고, 그래서 다행히 내용을 전해 주는 것 같다. 계속해서 그는 이렇게 기록하고 있다. "매우 젊은 이 교회[**역주_** '중국교회'를 일컫는다]의 모든 상황에 온전히 부응하는 것은, 중국인 새 신자들의 풍습 안에서 그리스도교 덕목을 심어 주는 일이고; 부패하고 미신적인 남용을 금하며; 그들의 풍습에 따라 민간의 제도와 관습을 신중하게 허용하는바, 특히 [사망한 부모를 위한] 제사와 스승 공자에 대한 순수한 공경은 그 내용이 민간[의 문화]에 국한되며; 유럽의 이름이 합법적인 것처럼 중국명을 합법적으로 사용한다; 중국의 비밀엄수를 존중하고; 중국인들 사이에서 누군가 존중하려고 할 때 머리를 가리고, 중국 백성이 잘못된 의도로 단식하던 것을 새 신자들에게 합법적인 풍습으로 허용한다; 여기에서 분명히 드러나는 것은, 누가 계속해서 논쟁을 시작하고, 어떤 새로운 사람이 논쟁에 끼어들었는지다. 이미 우리[예수회]의 초기 기수들[선교사들]이 충분히 인식하고 있었고, 그들에 의해 현명하게 진단되고 있었다. 마태오 리치 신부는 지난 18년간의 경험을 바탕으로, 뭔가 결정해야 할 사항이 생기면 관습, 제례, 책 등을 신중하게 살펴보았고, 여러 성(省)과 지역에서 모든 계층의 문인과 사회계층의 사람들 및 최고 고관들에게 자문했다. 솔직히 우리 중 누가 이토록 현명한 사람이 너무도 민감한 순간에 가볍게 처신했으리라고 의심할 수 있으며, 자신의 삶은 물론, 이후의 모든 선교사까지 분열로 인도하려고 했다고 의심할 수 있겠는가!"(f.160r). 20년 이상의 순탄한 활동 끝에 "이[중국] 선교의 저 유명한 선구자 마태오 리치 신부가 앞서 언급한 망자에 대한 제사와 공자 공경에 대해 명시적으로 제안한바, 마카오에 거주하는 알레산드로 발리냐노 신부가 1603년 12월, 용납될 수 있는 것으로 승인했다. 이는 마태오 신부와 동료 선교사들의 자세한 보고서뿐 아니라, 이 상황을 진단하도록 순찰사가 직접 위임한, 에마누엘 디아즈 일 베키오 신부의 결정적인 특별 보고서를 근거로 모든 개별 상황에 대한 철저한 토론과 확실한 인식에 따른 것이었다"(f.167).

이런 민감한 문제들에 관한 발리냐노의 견해는 이와 관련하여 일본에서 겪은 비슷한 어려움을 기록한 1592년에 나온 『일본 상황들에 관한 개요(Sumario de la cosas de Jappão)』(**역주_** 흔히 '수마리오'라고 알려진 보고서다)를 통해서 유추해 볼 수 있다.

"다섯 번째 경우는 많은 것과 연관이 있는데, 비교인들에게 그리스도인이 되라고 하는 것으로서, 직접 혹은 간접적으로 그들의 우상까지 가져와 숭배하라는 것으로 해석될 수도 있습니다. 따라서 매우 위험하고 해가 될 수 있는 실수가 가능하며, 그로 인해 여기저기에서 위험이 발생할 수 있습니다. 왜냐하면 엄격하게 한다면 아무것도 허락하지 않거나 못 하게 하는 것이 되고, 그러면 신앙의 자유를 거스르는 죄를 범하게 됩니다. 또 그렇게 엄격하게 모든 것을 금하게 하면 그리스도인들을 극도의 위험으로 내몰아 그들의 자녀와 부인들까지 죽게 만들고, 그들의 재산을 모두 잃게 합니다. 그들이 주인의 명령을 거부하는 것이 되기 때문입니다. —일본인들 사이에서 심판 혹은 비-심판은 사소한 일로 너무 성급하게, 빨리 사람을 죽이는 일입니다.— 그렇지 않으면, 할 수 없다는 생각 때문에, 잘못된 분별의 죄를 짓게 됩니다. 우리는 이곳에서 이 문제

700. [중국] 선교가 마카오 콜레지움에서 분리되고, 디아즈를 [중국] 남부지역 수도원의 원장으로 임명하다

중국 예수회의 지도부도 바뀌었다. 중국선교의 책임자에게 많은 권한을 줌으로써 마카오의 원장과 부관구장 밑에 두지 않았다. 때로 이교도들 사이에서 그리스도교 선교의 경험이 별로 없는 콜레지움의 원장들에게 물어보지 않아도 되고, 보다 능동적으로 대처하고 이 사업을 증진할 수 있게 되었다. 이것은 중국선교의 성공을 위해 매우 필요하고 유익한 일이었다.[31]

그러나 마태오 리치 신부는 본인이 요청한바, 이 책임을 지고 싶어 하지 않았다. 이유는 자신은 계속해서 조정[32]에 있어야 하고, 그곳을 벗어

에 관해 할 수 있는바, 최선을 다했고, 모든 신부가 일관성 있게 서로 도와 가르침을 따르도록 했습니다만, 여전히 이 문제는 로마에서 연구하고 최선을 다해 직면하도록 하는 것이 매우 필요합니다. 이것을 최종적인 것으로, 혹은 어떤 결론으로 받아들이고 모두 허락하거나. 최대한 엄격하게 하거나, 아니면 신앙을 구하기 위해 모든 것을 관대하게 하는 것이, 지금 일본에서는 필요합니다. 그래야 우리 신앙의 선(善)으로 돌아가는 것이 되고, 그리스도교의 큰 위로와 위안을 주는 것이 되기 때문입니다. 그렇지 않으면, 이 문제에 신중한 사람들을 큰 위험으로 내몰고 해를 끼치게 할 것입니다" (*ARSI, Jap.-Sin.*, 49, f.399v).

31 1604년에 획득한 이런 독립성은 여기 바로 아래에서 보겠지만, 리치가 요청한 데 따른 것이었다. Cf. NN.1608, 1715. 이 방식은 선교를 인도 관구의 중개하에 중국과 일본 부관구의 직접적인 통솔하에 두는 것이었다. 1603년에 우선 나가사키(長崎)에서 1월 10일 루이지 체르퀘이라 주교와 다른 일본의 15명의 종신서원자들과 7월 20일과 10월 10일 마카오에서 다른 9명의 종신서원자들이 함께했다. 그중 디아즈와 카타네오, 발리냐노가 인도에서 독립된 관구로 중국과 일본 부관구 설립에 관한 문제를 신중하게 검토했고, 앞의 종신서원자들의 요청에 따라 모든 자문위원도 함께했다. 이와 관련한 중요한 자료는 *Consulta hecha en Japón a los dez de benero del ano 1603 en el Collegio de Nangazaqui acerca si Japón y China se deve hazer Provincia apartada de la India* in Ajuda, ms. 45-V-5, ff.25v-33v를 보라.

32 북경이다. Cf. N.717.

날 수 없는 상황인데, 다른 수도원들에서 청하면 방문도 해야 하고 필요한 지시도 해야 하기 때문이다. 이에 남쪽의 세 개 수도원[33]의 원장으로 마누엘 디아즈 신부를 임명하고 마태오 신부 밑에 두며, 마태오 신부는 자기가 있는 곳에서 통솔할 수 있게 했다.[34]

701. 네덜란드 해적들이 상선을 납치하다

중국과 관련한 일들을 잘 마무리하고 나서, 배가 일본으로 출발한 후,[35] 새로 임명한 신부들이 큰 열정으로 중국으로 갈 준비를 하고 있을 때, 하느님은 배를 타고 갈 병사들과 주요 인사들에게 모두 다음 날 배를 타고 가게 하셨다. [앞서간 상선이] 마카오 인근 육지에 숨어 있다가 갑자

---

33 남부의 세 수도원은 광동(廣東)의 소주, 강서(江西)의 남창, 남경이다. 언급한 문서는 당시에 이 세 수도원의 원장으로 디아즈를 임명했다는 말이다.

34 Cf. NN.753, 1606, 1715. 리치가 기억한 것처럼 1606년 8월 15일의 일에 관한 자료다. 선교는 "마카오 콜레지움 소관이 아니라 일본의 부관구장 소관이었습니다. 이에 순찰사 신부님께 요청했고, 일을 효과적으로 증진하는 데 유리하도록 했습니다. 때로 그리스도교에 대해서 잘 알지도 못하는 콜레지움의 원장들과 자문단들이 아니라, 현장에 있는 사람들 안에서 하는 것이 맞는 일이었습니다. 이 점에 대해 저는 매우 만족하지만, 그 모든 일이 제게 떨어져 힘들기도 했습니다. 그때 순찰사 신부님께 특별히 부탁하기를, 다른 수도원과 사람들을 편지로 통솔하고, 직접 만나거나 보지 않아도 되도록 요청했습니다. 그랬더니, 2년간 마누엘 디아즈 신부를 마카오의 원장 겸 다른 집들, 곧 남쪽 지방의 세 집의 원장으로 임명한다고 응답해 주셨습니다. 그 덕분에 몇 가지는 가벼워졌지만, 크게 만족스럽지는 않았습니다"(N.1715). 사실 리치는 발리냐노에게 총책임자의 직위에서 해임해 달라고 요청했고, 그 직위를 에마누엘 디아즈 신부에게 기꺼이 넘기고 싶어 했다. "그는 심지가 깊고, 이해력과 능력이 있으며, 누구보다도 이 사업에 적임자였기 때문"(N.1620)이다. "그는 훌륭한 조언자며, 중국이라는 나라에 대해 열정이 있고, 적응도 잘하고 있기 때문"(N.1678)이다. 그러나 발리냐노와 그의 조언은 총책임은 "다른 누구에게도 허락하지 않았고"(N.1648), 다만 일을 조금 덜어 주기 위해 남쪽에 있는 세 집의 원장으로 디아즈를 임명하여 리치의 지시를 받도록 했다. Cf. NN.1608, 1678.

35 7월 말쯤이다.

기 출몰한 네덜란드 해적[紅毛番]의 습격을 받은 것이다. 해적들은 상선이 힘을 쓸 겨를도 없이 많은 재물과 상품은 물론 뱃사람들이 가지고 있던 몇 안 되는 물건들까지 모두 털어갔다. 앞에서도 언급한 적이 있듯이,[36] 그 배에는 마카오의 기본 소득과 주요 생계자금이 모두 실려 있어 회복할 수 없을 만큼 큰 손해를 끼쳤다. 아무도 그 손실에서 벗어난 사람이 없었기 때문에 모두 크게 눈물을 흘렸다. 금화 7천 혹은 8천 냥 정도가 되었고, 우리 수도원이 잃은 손해도 2만 4천 냥이나 되었다.[37]

---

36 Cf. N.231.

37 이 액수는 바로 그해에 발리냐노가 말한 것의 거의 두 배다. 이것은 리치가 잘 기억나지 않았거나 정보가 부족할 가능성이 크다. 발리냐노가 마카오에서 10월 6일 자로 아콰비바에게 쓴 한 통의 편지는 1603년 11월 12일 자 추신과 함께 그해 7월 29일[더 정확하게는 7월 30일]에 일어난 사건을 언급하고 있다. 네덜란드 배는 두 대였다. 배 두 척에 쌍 돛배 한 척이 더 정확하다. 손해의 총액은 40만 두카토가 넘었는데, 일본과 중국 예수회 부관구의 비용만 "15만 두카토가 넘었다"(*ARSI, Jap.-Sin.*, 14, f.137v). 더 정확하게는 1만 5천 이탈리아 스쿠디에 달했다(N.3202). 1만 2천의 자본과 3천의 생활비에 해당하는 이 액수는 20년간 선교사들이 매년 중국에서 비단을 사서 일본에 내다 팔아서 모은 것이다. 이 비용에 관해서는 1579년 12월 5일 자 구진(口津)에서 발리냐노가 총장에게 보낸 편지를 보라(*ARSI, Jap.-Sin.*, 8, I, ff.240r-241r). 1603년 4월, 코르넬리오 반 빈(Cornelio van Veen)은 반탐(Bantam)에 도착했고, 그해 7월 1일, 말레이반도 동쪽 해변에 있는 파타니(Patani)로 왔다(N.777). 그달 11일, 세 척의 배를 통솔하여 마카오 항구에서 30척의 포르투갈 배를 납치했는데, 타고 있던 사람들은 즉시 배를 버리고 육지로 도망가 버렸다. 8월 2일-9일, 납치한 선박에서 물건들을 싣고, 10일 배들을 모두 불태우고 12월 10일에 반탐으로 귀환했다. 1604년 1월 27일, 반탐을 출발하여 그해 7월 30일, 엄청난 양의 전리품을 싣고 네덜란드에 도착했다. 거기에는 2800 더미의 비단이 있었는데, 200만 중국 달러로 추산되었다. Cf. *Ta-ssi-yang-kuo*, Ser. I, vol. I, 1899, pp.254-255; N.3321; *SPT*, p.113; 1603년도 마카오 콜레지움의 연차보고서 in Ajuda 49-V-5, f.24r-v. 위브란트 반 웨르위크(Wijbrand van Waerwijck) 제독의 함대에 소속된 배들은 [위마랑(韋麻郎)=Wijbrand가 아니라] 마위랑(麻韋郎)이다. 『명사(明史, *Storia dei Mim*)』, c.325, sez. 화란(和蘭).

702. 7명의 새 선교사들이 중국에 도착하다

인근 국가들에서 예수회를 오랫동안 통솔한 알렉산드로 발리냐노 신부는 여러 차례 비슷한 불행을 경험한 바가 있어, 이 일로 크게 낙심하지 않았다. 하지만 계획했던 여러 가지 목적에 따라 보내려고 했던 것은 보낼 수가 없게 되었다.[38] 생각했던 정도의 돈은 그렇게 무산되고,[39] 세 수도원의 원장 마누엘 신부[40]만 다른 세 명의 사제[41]와 함께 보냈다. 그리고 이듬해인 1605년에 다른 세 명[42]과 당장 필요한 것들만 넉넉히 챙겨서 보냈다.[43]

---

38 Cf. N.698, 본서, p.53, 주(註) 24.

39 Cf. N.698, 본서, p.54, 주(註) 26.

40 1604년 1월 25일의 카탈로그에 그는 이미 남창, 남경, 소주 수도원의 원장이라고 언급하고 있다. Cf. *ARSI, Jap.-Sin.*, 25, f.82r.

41 가스파레 페레이라(Gaspare Ferreira) 신부, 피에트로 리베로(Pietro Ribero) 신부, 바르톨로메오 테데스키(Bartolomeo Tedeschi) 신부다. Cf. N.698, 본서, p.53, 주(註) 24.

42 두 명의 포르투갈 신부 지롤라모 로드리게스(Girolamo Rodrigues)와 펠리챠노 다 실바(Feliciano da Silva)와 이탈리아 출신의 알폰소 바뇨니(Alfonso Vagnoni) 신부다.

43 하지만 발리냐노는 이미 그렇게 하기로 결정한 것처럼, 중국인들을 위한 신학교를 배후지에 여는 것을 포기해야 했다. 그래서 이들 새로운 선교사들과 세 명의 다른 중국인 젊은이들은 N.698, 본서, p.55 주(註) 28.에서 본 것처럼, 1605년에 앞서 입회한 처음 두 동료에 합류하였다. 두 사람은 1591년 예수회에 입회하여 카타네오와 함께 마카오에 머무르고 있었다. 따라서 선교사들은 모두 17명이 되었다. "내 생애에는 당분간 볼 수 없다고 상상했던 일이었습니다"(N.1620)라고 1605년 5월 12일 자 편지에서 리치는 언급하고 있다. 판토하도 유럽에서 리치에게 쓴 편지에 이토록 많은 선교사가 중국에 들어간 것을 보여 주는 것은 놀라운 일이라고 했다. 이 편지는 분실된 것 같다. "그의 외침과 눈물을 하느님께서 축복해 주시어 예수회 사제들이 16명(?)이나 되게 해주시고, 이방인이 낯선 마카오를 거쳐 중국의 심부에서 살게끔 허락해 주셨다"(Bartoli[1], II, c.197, pp.380-381). 발리냐노도 1605년 1월 20일부터 N.696, 본서, p.49, 주(註) 10.에서 본 것처럼 중국선교의 발전이 위안과 감동을 주는 데 놀라워하는 것을 기록하고 있다. 이런 큰 행보가 있고 난 후, 기존의 선교사와 새 선교사들을 다음과 같이 배치했다. a) 북경 수도원: 리치, 판토하, 페레이라 신부, 뇌도(雷道) 수사, b) 남경 수도원: 다 로챠, 리베로, 바뇨니, 다 실바 신부와 유문휘(游文輝) 페레이라 수사,

이들 중 바르톨로메오 테데스키 신부[44]는 니콜로 론고바르도 신부와 함께 소주에 남았다.[45] 거기에 제로니모 로드리게즈(Geronimo Rodriguez) 신부가 합류하였다.[46] 피에트로 리베로 신부는[47] 조반 디 로챠 신부와 함

---

c) 남창 수도원: 디아즈, 소에이로 신부, 종명인(鍾鳴仁) 페르난데스 수사, 소주 수도원: 론고바르도, 테데스키, 로드리게스 신부와 황명사(黃明沙) 마르티네스 수사. 여기에 대해 앞서 말한 날짜와 함께 발리냐노는 다음과 같이 인정했다. "하느님의 도우심으로 중국 내륙에 작은 부관구를 만들었습니다. 이를 보는 것이 우리에게도 믿기지 않습니다"(N.3312).

44 바르톨로메오 테데스키 신부는 1572년 마싸 카라라(Massa Carrara)의 피비짜노(Fivizzano)에서 태어났다. [그 지역에 있는] 예수회 콜레지움에서 공부하는 동안 인도 선교사들이 보낸 편지들을 읽으며, 마음에서부터 선교사 성소를 키웠고, 결국 1594년 11월 6일, 로마에 있는 예수회에 입회했다. 철학 공부를 마치자마자 로마를 출발, 코임브라로 향했다. 1600년 3월 고아로 출발하여 그해 9월, [고아에] 도착했다. 고아에서 사제서품을 받았다(*ARSI, Jap.-Sin.*, 14, f.88). 1601년 5월 1일, 9명의 다른 선교사들과 함께 고아를 출발하여 그해 9월 1일 마카오에 도착했다[1601년 1월 22일과 23일 자로 테데스키 신부와 동행한 동료 무치오 로키(F. Muzio Rochi)의 편지, in *ARSI, Jap.-Sin.*, 14, ff.89와 92]. 그는 다시 마카오를 떠나 소주로 갔는데, 1603년 10월 18일 이전에 도착한 것으로 보인다. 그곳에서 론고바르도는 1598년 6월 초부터 계속 혼자 있으며 동료가 오기를 많이 기다렸다(N.504). 1603년의 카탈로그에는 테데스키 신부가 앞서 언급한 소주 수도원에 있었다고 말한다. 그에 대해서 카탈로그는 "수년간 신학을 공부하고, 그곳[소주]으로 파견되었다"(*ARSI, Jap.-Sin.*, 25, f.66). 이듬해 카탈로그에는 발리냐노가 그에 관한 소식을 전해 주고 있다. "이탈리아인 바르톨로메오 테데스키 신부는 피비짜노 출신으로 31세; 예수회 입회한 지는 9년; 체력은 좋은 편; 철학은 일부는 로마에서, 일부는 코임브라에서 공부함; 신학은 고아와 마카오에서 약 3년간 청강함"(*ARSI, Jap.-Sin.*, 25, f.82). 그는 소주 수도원에서 사망할 때까지 있었는데(N.735), 1608년 10-11월에 잠시 남경에 있었을 뿐이다(N.3455). 여름철의 고열로 쓰러져 병석에 누운 게 1609년 7월 16일이었고, 그 집의 작은 공동체에서 자신의 잘못에 대해 용서를 청하고 총고백 성사를 본 다음 그해 같은 달(7월) 25일 소주에서 사망했다. 노자성체와 종부성사까지 받은 후였다(NN.948-950). 9월 8일(N.950) 그의 시신은 마카오로 옮겨 1609년 10월경(N.951), 마카오 콜레지움의 성당에 안치한 걸로 추정된다. Cf. NN.735, 948-951; Bartoli[1], II, c.258, pp.500-501.

45 Cf. N.499, 본서 2권, p.500, 주(註) 572.

46 지롤라모 로드리게스(Girolamo Rodrigues) 신부는 1575년 포르투갈의 에보라(Evora) 시, 몬테모르(Montemor) 노보(Novo)에서 태어났다. 그리고 1591년 예수회에 입회했

께 남경에 있기로 했다. 후에 알폰소 바뇨니 신부[48]와 펠리챠노 디 실바

다. 1604년 1월 25일 자 카탈로그에 기록된 그에 관한 정보에는 [현재] 28살이고, 입회한 지는 12년이 되었다고 말하고 있다(*ARSI, Jap.-Sin.*, 25, f.80v, N.29). 철학을 공부한 뒤, 1595년 4월 13일 고아로 떠났다. 그에 관해서는 [그가] 떠난 다음 날, 포르투갈 관구장 프란체스코 데 구베이아(Francesco de Gouveia)가 총장에게 쓴 편지에서 잘 언급하고 있다. "예로니모 로이즈(Jeronimo Roiz) 수사는 예술 코스가 끝나자마자, 인도로 파견되었습니다. 덕망 있고 항상 매사에 건설적인 수사님입니다"(*ARSI, Lus.*, 73, f.21). 1597년 4월 23일, 발리냐노를 동행하여 다른 세 명의 중국 선교사들, 디에고 판토하, 에마누엘레 디아즈, 니콜로 론고바르도와 함께 고아를 출발하여 그해 7월 20일 마카오에 도착했다(1597년 4월 29일 자 발리냐노가 아콰비바에게 보낸 편지, in *ARSI, Jap.-Sin.*, 13, f.65r. Cf. N.2545). 1603년, 아직 사제서품을 받지 않았고, 마카오에서 신학을 공부하고 있었다(*ARSI, Jap.-Sin.*, 25, f.65). 1604년 1월 25일, 카탈로그에서 그에 대해 언급한바, "예로니모 로이스(Jeronimo Rois) 수사는 포르투갈의 몬테모르 노보 출신이고 에보라 대교구 소속이다. 28살이고 예수회에 입회한 지는 12년 되었다. 체력은 좋은 편이고, 철학을 공부했고, 신학을 4년째 공부하고 있다. 라틴어는 1년 정도 했다"(*ARSI, Jap.-Sin.*, 25, f.80v, N.29). 1604년 12월, 이미 사제가 되어 소주로 파견되어 이듬해 1월에 도착했다(N.3312). 그곳에 "오랫동안" 있다가, 1607년 8월 이전에(N.881, cf. N.855) 남창으로 갔다. 그러나 1609년 5월 15일, 그는 남창을 떠나 마카오로 가서 "눈과 가슴의 심한 통증을" 치료해야 했다(N.951). 다시 소주로 왔는데, 7월 말 이전에 온 걸로 추정된다(N.950). 그리고 9월 8일 다시 소주를 출발했으나(N.951) 많은 불운과 위험을 겪고 결국 10월 21일 마카오로 돌아왔다(N.955). 질병으로 쉬는 동안, 1612년 마카오에서 신학을 가르쳤고(*ARSI, Jap.-Sin.*, 15, f.188), 1616년 7월 31일, 마카오에서 4대 서원을 했다(*ARSI, Lus.*, 4, ff.33, 38, 87, 97). 1630년경 마카오에서 사망한 것으로 추정된다. 한편, 중국에서 선교한 피에트로 로드리게스와 동명인으로 1568년 엘바스(Elvas) 시 빌라 몬포르테(Villa di Monforte)에서 태어나 1585년 예수회에 입회하여 일본에서 선교한 지롤라모 로드리게스가 있다. 후자는 1602년에 서원을 하고 나가사키(長崎, 1611) 원장을 지냈다. 그에 관한 정보는 *ARSI, Jap.-Sin.*, 25, ff.63v, 92, 107b, 107d; N.2545에 있다.

47 피에트로 리베로(Pietro Ribero) 신부는 포르투갈의 페드로감(Pedrogam)에서 1572년에 태어나 1590년 예수회에 입회했다. 철학을 공부한 후, 브라가(Braga)에서 1년 6개월간 '양심 성찰을 한 다음'[**역주_** 수련기를 보낸 것으로 파악됨] 1600년 인도로 파견되었다. 인도에서 이듬해에 마카오로 갔고, 거기서 신학을 계속 공부한 것으로 보인다. 1604년 2월 중순쯤 사제로 서품받고 남경으로 파견되어 그해 4월 11일, 남경에 도착했다(NN.3280-3286). 1603년의 카탈로그(Catalogo)에는 그에 대해 다 로챠(da Rocha) 신부를 "동행하여" 남경으로 갔다고 적혀 있다(*ARSI, Jap.-Sin.*, 25, f.66r). 1604년 1월 25일에는 남경 수도원과 관련하여, 말하는 대목에서 "포르투갈, 빌라 데 페드로감

신부[49]가 남경에 합류했다. 마노엘 신부는 조반 소에이로 신부와 함께

(Villa de Pedrogam) 출신의 페드로 리베로 신부; 31세; 예수회 입회한 지 13년; 체력은 중간; 브라가에서 1년 6개월간 성찰; 철학은 마쳤고 고아와 마카오에서 약 3년간 신학 공부했음"(*ARSI, Jap.-Sin.*, 25, f.82v)이라고 적혀 있다. 그는 1607년에도 여전히 남경에 있었고(NN.1753, 3455), 1609년(N.911)과 1610년, 그곳에서 "중병이 들었다"(N.3503). 1612년에 4대 서원을 했고, 1613년 남창에 있었다. 그에 대해 1621년의 카탈로그에 다음과 같이 기록되어 있다. "포르투갈 페드로감 출신; 49세; 질병에 허약함; 예수회 입회한 지 31년; 예수회에 들어와서 철학 3년, 신학 4년을 함; 중국 선교사 18년; 1612년 11월 21일에 4대 서원을 함"(*ARSI, Jap.-Sin.*, 134, f.301). 1615년 4월 20일 이전에 잠시 마카오에서 불러서 갔다(*ARSI, Jap.-Sin.*, 16, II, f.181). 그는 1640년 항주(杭州)에서 사망했다.

48 알폰소 바뇨니(Alfonso Vagnoni) 신부는 이탈리아 사람으로, 1566년 토리노 근처 트로파렐로(Trofarello)의 귀족 집안에서 태어났다. 1584년 12월 8일, 예수회 밀라노 관구에 입회하여 1592년까지 끈질기게 선교사로 파견해 달라고 요청했다. 그는 수련기 때부터 선교사 성소가 있었던 것으로 파악된다. 수사학 2년, 철학 3년, 신학 4년을 공부한 다음, 수사학 교수 3년, 철학 교수 3년을 하고 1603년 인도로 출발하여 이듬해 7월경 마카오에 도착했다(N.1572). 같은 해 12월(N.3312) 다시 여행을 시작하여, 2개월 8일 만인 2월 말경 남경에 도착했다. 1605년 3월 16일 이전은 확실하다. 이 날짜로 남경에서 총장에게 편지를 썼기 때문이다(*ARSI, Jap.-Sin.*, 14, f.207). Cf. NN.1571, 1572, 1631. 그는 남경에서 서원하고, 중국을 공부했다. 훗날 그는 탁월한 중국 애호가가 된다. 그가 도착한 지 며칠 지나지 않은 3월 25일 그는 구태소(瞿太素) 이냐시오의 세례식을 집전했다. 1606년 8월 13일, 남경으로 가서 디아즈의 집전하에 4대 서원을 했고, 14일에는 5대 소(小) 서원도 했다(*ARSI, Lus.*, 3, 149). 그달 15일 리치는 바뇨니에 대해 총장에게 이렇게 썼다. "2년째 이곳에 있는데, 중국어와 문학을 매우 열심히 공부하여 성과를 보이고 있습니다. 그 과정에서 머무르고 있는 남경 수도원의 원장[다 로챠(da Rocha)]도 크게 만족할 정도로 신중함과 높은 덕망을 드러내고 있습니다"(N.1720). 1609년 5월 15일, 남부에 있는 세 개 수도원의 원장 디아즈가 마카오로 가고, 다 로챠 신부가 원장으로 파견되자, 바뇨니는 남경의 원장으로 다 로챠 신부를 대신했다(NN.911, 3519). 다 로챠 신부의 재임은 8년이었다. 1610년 론고바르도가 선교 총책임자로 리치의 후임이 되어, 중국어로 책을 쓰는 데 있어, "바뇨니와 함께라면 무엇이건 기꺼이 할 수 있습니다"라고 할 정도였다(N.3524). 1610년 바뇨니는 남경에서 허서신(許胥臣) 요한을 개종시켰고(NN.918-927), 1611년 5월 3일, 남경에 유럽 양식의 아름다운 성당을 지었다(Bartoli[1], III, cc.11, 12, pp.24-29). 1617년 이전, 처음으로 리치의 생애에 관해 썼으나, 이후 그것에 관해 알려진 것은 없다(N.3831). 총장에게 보낼 목적으로 유럽어로 쓴 것으로 추정된다. 1616년 박해가 일어났고, 1617년 2월 3일 교서가 발표되자 바뇨니와 동료 세메도는 많은 고초를 겪었다. 1617년 4월 31일,

남창에 자리를 잡았는데, 이는 남쪽에 있는 다른 두 개 수도원을 위한 것

—

결국 남경을 떠나 나무상자에 갇혀서 광주로 이송되었다. 그리고 광주에서 다시 마카오로 왔다. 마카오에 있는 동안 중국어로 책을 쓰며, 2년간 신학을 가르쳤다. 1년 동안 콜레지움의 행정을 대행하기도 했다.

1621년과 1624년의 카탈로그 부록에는 바뇨니에 관해 다음과 같이 말하고 있다. "알폰소 바뇨니; 이탈리아 피에디몬테의 트로파렐로 출신; 57세; 활동적이고 건강한 편; 예수회 입회한 지 40년; 예수회에서 수사학 2년, 철학 3년, 신학 4년을 공부함; 교수로 인문학 3년, 수사학 2년, 철학 3년, 신학 2년을 재임; 콜레지움 원장 1년; 중국 선교사 20년; 수도원 원장 8년; 1606년 8월 13일, 4대 서원을 함"(*ARSI, Jap.-Sin.*, 134, f.302). 그의 인품에 관해서는, 1626년의 카탈로그에서 이렇게 적고 있다. "천성이 보통 이상으로 선하고; 좋은 판단; 지혜; 평균 이상의 경험; 그가 쓴 편지에서도 드러나는바 문장이 우수하고, 타고난 인내심이 크며, 열정이 넘치지만 절대 가볍지 않음; 재능이 많음; 설교의 은사, 주변 사람을 끄는 매력, [중국] 문학에 대한 조예가 남다르며 매우 겸손함, 황제의 칙령이 아님에도 불구하고 추방을 명하자 부관구장은 그에 응답함"(*ARSI, Jap.-Sin.*, 134, f.305). 1624년 3월, 중국으로 다시 들어가면서 왕풍숙(王豊肅)이라는 중국 이름을 고일지(高一志)로 바꾸었고, 산서성(山西省)의 봉주(絳州)와 포주(蒲州)에서 큰 성과를 올렸다. 1640년 4월 9일, 74세로 사망했다. 52년간의 수도 생활 중 35년을 선교사로 살았다. 바르톨리는 리치 이후 "모르긴 해도", "가장 많은 사랑을 받고, 신자는 물론 비신자에 이르기까지 최고의 존중을 받은 또 한 사람이었다"(Bartoli[1], IV, c.279, p.559)(N.3807)라고 했다. 그러나 론고바르도는 바뇨니의 "정신과 학문, 안팎으로 지닌 신중함과 권위 등 좋은 부분들을" 인정하면서도, 그의 결점에 대해서는 입을 다물었다. "그는 자신을 안팎으로 너무 가혹하고 혹독하게 했다." 그는 그것이 "선교의 보편적인 임무에 맞는 매우 활동적이고 적합한"(N.3807) 일이라고 여겼던 것 같다. 그는 리치 이후 최고의 중국학자였다(Bartoli[1], II, c.257, p.497). 그가 중국어로 쓴 책들에 관해서는 피스터(Pfister), pp.91-95를 보면 된다. Cf. Bartoli[1], II, c.257, pp.469-500; III, cc.11-13, pp.24-33; c.62, pp.145-149; c.64, pp.151-154; c.72, pp.171-172; c.92, pp.207-210; cc.94-99, pp.213-223; c.188, pp.389-391; IV, c.6, pp.19-22; c.86, pp.169-170; c.151, pp.289-291; c.195, pp.391-393; c.198, pp.396-397; c.202, pp.404-407; c.211, pp.428-432; c.246, pp.497-498; cc.279-280, pp.558-561.

49 펠리챠노 다 실바(Feliciano da Silva) 신부는 포르투갈의 올리베이로 도스 플라드레스(Oliveiro dos Fladres)에서 1578년에 태어났다. 1593년 12월 15일, 코임브라에서 예수회에 입회했다. 아직 학생 신분이던 1601년 고아(Goa)로 파견되어 고아에서 학업을 계속했고, 사제서품을 받았다. 1604년의 마카오 카탈로그에 그의 이름이 안 나오는 걸로 봐서 7-8월경 포르투갈 영내에 도착한 걸로 짐작된다. 그리고 바로 그해 12월 바뇨니(N.3312)와 함께 그곳을 떠나 1605년 2월 남경에 도착했다(N.702). 그는 남경에 오

으로, 통솔을 더 편리하게 하기 위해서였다. 가스파르 페레이라 신부[50]

랫동안 있었는데(NN.1753, 3455), 아마도 1608년 허약한 체력을 회복하기 위해 마카오로 떠날 때까지 있었던 것으로 추정된다(N.911). 1610년 12월 다시 중국으로 들어와 처음에는 북경(北京)(1611년 5월 3일)으로 갔다가, 이후 상해(上海)(1612년 9월)와 항주(杭州)(1612-1614년)로 갔다. 항주에 있는 동안 절강(浙江)의 구주(衢州)를 사목방문 했다. 병으로 쓰러져 항주(杭州)에서 남경(南京)으로 왔다(1615년 7월 19일 자 항주에서 카타네오가 총장에게 보낸 편지, in *ARSI, Jap.-Sin.*, 16, II, f.203). 그리고 남경에서 1614년 5월 9일에 사망했다. 그의 시신은 1617년에 방부처리를 했고, 1637년 남경에 있는 우화태(雨花台)에 묻혔다. Cf. Bartoli[1], III, c.39, pp.94-95; c.93, pp.211-212.

50 가스파르 페레이라(Gaspar Ferreira) 신부는 포르투갈의 포르노스(Fornos)에서 1571년에 태어나 1588년 예수회에 입회했다. 문학 1년을 공부하고 코임브라에서 철학 2년을 한 것으로 추정된다. 1593년 고아로 파견되어, 거기서 철학 공부를 계속했다. 그 후 4년간 라틴어를 가르쳤고, 3년간 신학을 공부했는데, 이것은 마카오에서 한 것 같다. 1603년의 카탈로그에는 북경 수도원과 관련하여 언급하는 대목에서, 그에 대해 "이제 가스파르 페레이라 신부를 그곳에 보냄: 신학 마쳤음: 포르투갈인: 아직 서원 전"으로 기록되어 있다(*ARSI, Jap.-Sin.*, 25, f.65v). 1604년에는 그에 관한 더 많은 정보가 있었다. 계속해서 북경 수도원과 관련한 대목이다. "포르투갈의 빌라 데 포르노스 출신의 가스파르 페레이라 신부; 30세; 예수회 입회 16년; 건강함; 코임브라에서 철학을 하다가 고아에서 마침; 신학 3년을 공부; 라틴어 4년 교수"(*ARSI, Jap.-Sin.*, 25, f.81v). 그가 직접 우리에게 이야기하는 것처럼(Guerreiro, II, pp.121-123, 실제로는 페레이라 대신 리베로가 말함), 디아즈와 리베로를 동행하여 1604년 2월 중순쯤, 마카오에서 출발하여 그달 28일, 소주에 도착했다. 3월 16일 매령(梅嶺)을 지났고, 월말에 남창에 도착했다. 그리고 4월 11일 남경에 도착했다. 1604년 8월 중순 전에 북경에 도착했다(N.703, cf. NN.1572, 1606, 1620, 1678). 그는 세 명의 수련자, 안토니오 뇌도(雷道), 도미니코 구량품(邱良禀), 에마누엘레 유문휘(游文輝) 페레이라의 책임을 맡았다. 그들의 수련은 1605년 8월 25일부터 시작되었다(NN.698, 1724; N.881, 본서, pp.402-404, 주(註) 1012.). 1606년 8월 16일, 리치는 그에게 수도서원을 위한 총책을 맡아 줄 것을 의뢰했다. 왜냐하면 여전히 신학 공부를 마치지 않았음에도 불구하고, 그는 "충분하다고 생각하는 것들만 아는 게 아니라, 중국선교에 필요하다고 생각되는 모든 것에 관심을 가졌고", "인격적으로도 덕망 있고, 신중하며, 타고난 재능이 많았다." 더욱이 [인품이] 매우 건설적이고, 좋은 인문주의자로서, 좋은 중국학자가 될 수 있는 여지가 충분했기 때문이다(N.1722). 1607년 초, 그는 판토하와 함께 북경(北京)의 보정부(保定府) 소속 여러 마을을 사목방문 했다(N.1778). 그때 142명을 개종시켰고(N.1773), 다른 곳에서 15명도 추가 개종시켰다(N.1774). Cf. N.771. 1608년 3월, 수련기를 남창으로 옮겼고, 페레이라는 4명 수련자의 스승으로 전년도 말 그곳에 도착했

는 마태오 리치 신부와 디에고 판토하 신부를 돕기 위해 북경으로 갔다.

라자로 카타네오 신부는 알렉산드로 신부를 마카오에 남겨 두고 싶어 했다. 마카오에서 건강을 회복하는 동안 그곳 사람들의 회개를 위해 영적 지도를 해 주고 있었기 때문이다. 거기에는 중국인 비신자들이 가득했고, 가까운 다른 마을[51]도 똑같이 비신자들이 대부분이었다.[52] 일을 더 편리하게 하려고, 그곳에 있는 모든 기간에 머리를 자르지 않았고, 중국에서 신부들이 하는 것처럼 유생의 옷차림과 중국식 모자를 썼다.[53]

다(NN.881, 3455). 거기에는 이미 종명례(鍾鳴禮) 조반니 페르난데스, 구양후(丘良厚) 파스콸레 멘데스, 석굉기(石宏基) 프란체스코 데 라게아, 중국-일본인 예일성(倪一誠) 자코모 니바도 있었다. 6년간 수련자들의 스승으로 있다가, 1612년 소주의 원장으로 갔다. 1612년 4월 27일, 그는 소주 수도원을 남웅(南雄)으로 옮겼다. 이어서 11월 21일, 론고바르도의 손에 남웅에서 4대 서원을 했다(N.3812; *ARSI, Lus.*, 3, f.265r-v). 그날의 일에 대해 이렇게 묘사되어 있다. "가스파로 페레이라 신부는 수도원을 매우 잘 관리하고, 예수회에 관해서는 인내와 믿음으로 실천한다. 그러나 외부 사람들, 특히 고관들을 잘 다루지는 못한다. 그에 있어서는 훌륭한 정신력도, 효과적인 어떤 수단도 갖고 있지 않다. 때로 그는 원장의 일을 자기 생각으로 대처하곤 한다"(*ARSI, Jap.-Sin.*, 15, f.195v). 1621년의 카탈로그에서는 다음과 같은 정보를 제공해 주고 있다. "가스파르 페레리우스 신부; 포르투갈 포르노스 출신; 49세; 신체가 좋고 건강함; 예수회 입회한 지 33년; 예수회에서 공부함. 인문학 1년, 철학 3년, 신학 3년; 교수로 인문학 4년을 가르침; 중국 선교사 18년; 수련기 스승 6년; 수도원에서 원장 재임; 1612년 11월 21일 4대 서원을 함"(*ARSI, Jap.-Sin.*, 134, f.301). 그는 광주에서 1649년 12월 27일에 사망했다.

51 포르투갈어로 '빌라'는 집이 아니라, 리치의 표현상 '시골 마을'을 말한다.

52 1603년의 카탈로그는 카타네오를 마카오의 콜레지움에 있다고 말한다. "그는 거기서 그리스도인들을 돌보았다"(*ARSI, Jap.-Sin.*, 25, f.64v). 마카오에는 중국어를 잘 아는 신부가 한 명도 없어서 비신자들과의 대화는 매우 드물었고, 이미 세례를 받은 사람들조차도 신앙에 관해 잘 배우고 신자가 된 것은 아니다. 그래서 발리냐노는 카타네오를 마카오에 머물게 하여 중국인 영세자들을 돌보고, 도시 안팎에서 믿지 않는 사람들에게 복음을 전하게 했다. 그 덕분에 1603년 6명의 중국인 영세자가 나왔고, 그것은 1603년 마카오 콜레지움의 연차보고서에서도 언급하고 있다(Ajuda, ms. 49-V-5, ff.22v-23r). 하지만 이후에는 결실이 매우 적었고(N.774), 그래서 1606년 중후반에 카타네오는 중국으로 다시 들어갔다(N.798).

신부들은 입국 시에도 적지 않은 어려움을 겪었다. 특히 세금을 징수하는 통감이 있는 곳에서 더욱 그랬다.[54] 하지만 모든 어려움은 가지고 가는 물건 때문이라, 외국인 신부라는 점에 대해서는 아무도 말하지 않았다. 신부들을 동행하던 중국인 수사와 학생들 덕분이었다.[55] 그리고 많은 돈을 써서 일을 모두 쉽게 해결하기도 했다.[56]

703. 북경으로 가져가는 플란틴 성경을 실은 배가 난파하다

모든 사람이 겪은 최고의 난관은 북경으로 가는 강에서 배가 난파하는 것인데, 가스파르 페레이라 신부도 예외가 아니었다. 우리는 선장인 태감에게 많은 돈을 주었음에도 그는 큰 걱정거리를 안겨 주었는데, 그것은 우리의 모든 짐을 강변에 던져 버렸기 때문이다. 그리고도 결국 북경 인근의 해변에서[57] 배는 전복되고 말았다. 그 바람에 북경 수도원에서 사용할 물건 대부분을 잃었고, 손실은 2백 냥이 넘었으며, 후유증도 매우 오래갔다.[58] 잃어버린 물건 중에는 교회에서 쓰는 다른 많은 물건과

---

53 "중국의 신부들"은, 즉, 중국 안에 있는 선교사들인 리치와 다른 신부들은 마카오 예수회원들과 다른 복장을 하고 있었다. 마카오 예수회원들은 포르투갈에서와 같은 차림이었다. Cf. N.429, 본서 2권, p.411, 주(註) 307: p.412, 주(註) 309.

54 Cf. N.560.

55 여기서 수사는 종명인(鍾鳴仁) 페르난데스(N.354, 본서 2권, p.325, 주(註) 88.)고, [젊은] 학생들은 뇌도(雷道), 구량품(邱良稟) 멘데스와 유문휘(游文輝) 페레이라였다.

56 1605년 3월 16일, 바뇨니는 여행 중 겪은 어려움과 관련하여, 이렇게 적었다. "경비병이 있는 곳이건 배를 타는 승객들을 검문하는 곳이건 난관과 위험은 어디에나 있었습니다. 그런데도, 모든 어려움에 직면하여 많은 평민과 관리들이 세관원과 통감들의 압제로부터 보호해 주지 못할 때, 우리 하느님께서는 마지막 순간에 우리를 구해 주곤 하셨습니다. 외국인이고 낯선 사람들이라 주님께서 [그들의] 손을 묶지 않으시고 눈을 가리지 않으셨더라면, 훨씬 많은 어려움에 직면했을 것입니다"(N.3309).

57 통주(通州)와 북경 사이에 있는 백하(白河)다.

함께 도금한 액자[59]가 하나 있었다. 배가 뒤집힌 원인은 그해에 비가 많이 와서 강물이 불어난 까닭이었다. 넘친 강물은 북경시에 큰 피해를 주었고, 많은 가옥이 침수되어 황제가 복구 비용으로 가난한 사람들에게 10만 냥을 내놓기도 했다.[60]

사고가 일어났을 때, 페레이라 신부는 배에서 나와 집으로 갔고,[61] 배

---

58 1605년 5월 9일, 리치는 이 난파 사고에 대해 말하면서, 이렇게 적고 있다. "지난해에 배 한 척이 난파되었습니다. 거기에는 발리냐노 신부님이 보낸 물건들이 있었습니다. 모두 잃었는데, 그 가치는 200스쿠도가 넘습니다. 이곳에서는 찾기도 힘들고 매우 비싼 포도주만 해도 60두카토 정도 됩니다. 올해는 미사를 드릴 수가 없는 상황이지만, 포도주는 아주 소량 쓰고 물을 곱으로 쓰면서 [세 명이 모두] 미사를 드리고 있습니다. 티노의 사제들이 남경에서 우리를 도와주었습니다. 그들도 여행 중에 길을 잃어 매우 어려운 처지가 되었습니다"(N.1584). Cf. N.1623.

59 무엇을 표현했는지는 알 수가 없다.

60 백하(白河) 범람의 원인이 된 이 홍수는 명사(明史, *Storia dei Mim*, c.21, anno XXXII, f.4a)에 이렇게 기록되어 있다. "1604년 7월 27일, 수도에 내린 폭우로 도시의 성벽이 무너졌다. 8월 7일, 홍수 피해자들에게 긴급 지원이 이루어졌다. 三十二年 … 七月庚戌, 京師大雨, 壞城垣. 辛酉振被水居民." Cf. *Ibid.*, c.29, f.12a. 따라서 배가 난파된 것은 1604년 7월 27일과 8월 15일 사이에 일어난 일이었다(N.703). 1605년 5월 10일, 리치는 다음과 같이 상기했다. "지난해에 비가 많이 와서 수많은 가옥이 파괴되고 강물이 범람했습니다. 그로 인해 엄청난 피해가 있었고, 사망자가 나왔습니다. 하지만 더 많은 사망자는 뒤이은 기근 때문이었습니다. 황제는 이십만 냥(스쿠디)을 백성들에게 긴급 지원했고, 매일 한 차례씩 전체 도시 빈민들에게 먹을 것을 나누어 주었습니다. 그리고 황실 곳간을 열어 가난한 사람들에게 매우 싼 값에 쌀을 팔았습니다." 그리고 이 기록은 다음과 같은 놀라운 말로 끝을 맺었다. "제가 놀란 것은 이교도들도 엄청난 사랑을 실천하고 있더라는 것입니다"(N.1598). 같은 해인 1605년 7월 26일에도, 홍수로 인해 발생한 최악의 상황과 관련하여, 다음과 같이 덧붙이고 있다. "지난해에 있은 홍수 때문에 질병이 만연하고, 뒤이어 쌀, 수수, 밀의 수확량 저조로 엄청난 기근이 발생했습니다. 이에 황제는 20만 냥 이상을 풀어 가난한 사람들에게 나누어 주었고, 관공서의 곳간을 열어 싼 값에 쌀을 팔기도 했습니다. 매일 하루에 한 차례씩 가난한 사람들에게 먹을 것을 준다고 하자 근처에 사는 많은 사람이 몰렸습니다. 그런데도 도로마다 가난한 사람들의 시신이 널렸고, 마당에는 아들과 딸을 한 명당 3-4냥에 팔려는 사람들로 붐볐습니다"(N.1682).

61 페레이라는 배가 난파되자마자 바로 유문휘(游文輝)와 함께 배에서 내렸다. 여기에 대

에는 바스티아노 종명인鍾鳴仁 수사[62]만 두 하인과 함께 있었다. 그들은 할 수 있는 한 몇 개의 상자를 구제하기는 했으나, 그 와중에 [손님들이] 잃어버린 물건 대부분을 선원들이 훔쳤다.

하느님께서는 산타 세베리나의 추기경이 중국의 신부들에게 보낸[63] 제본하여 도금한 여덟 권짜리 플라틴 성경[64]을 우리에게 돌아오게 해 주

해 피스터(Pfister, 78쪽)는 페레이라도 난파를 겪었다는 것을 이야기한다.

62 세바스티아노 종명인(鍾鳴仁) 페르난데스다. Cf. N.354, 본서 2권, p.325, 주(註) 88.

63 산타 세베리나(Santa Severina)의 줄리오 안토니오 산토리(Giulio Antonio Santori, † 1602) 추기경은 포르투갈 담당관 조반니 알바레스(Giovanni Alvares)의 요청으로 이 선물을 보냈다. Cf. NN.1624, 1656, 1670, 1708, 1919, 3525.

64 15세기 말 알칼라(Alcalà) 이후 다국어 성경은 유명한 인쇄업자 크리스토포로 플라틴(Cristoforo Platin, 1520-1589)의 감수로 인쇄가 이루어진 도시 안트베르펜(Anvers) 혹은 '왕립(Regia)'이라는 이름으로 알려졌다. 왕립이라고 한 것은 스페인의 펠리페 2세의 지원으로 이루어졌기 때문이다. 이 성경은 『히브리어, 칼데아어, 그리스어와 라틴어 성경(*Bibbia hebraice, chaldaice, graece et latine*)』이라는 제목으로 여덟 권으로 출판되었다. 1568년 5월 15일에서 1572년 3월 31일 사이, 베네딕토 아리아스 몬타노(Benedetto Arias Montano)가 감수했다. 앞의 네 권(1-4권)은 구약성경으로 히브리어, 칼데아어, 그리스어와 라틴어(성 예로니모의 그리스어 70인 역)로 썼고, 제5권은 그리스어, 라틴어, 시리아어 신약성경이다. 제6권은 구약성경은 히브리어와 라틴어를 한 줄씩 썼고, 신약성경은 그리스어와 라틴어를 한 줄씩 썼다. 제7권은 많은 성경 연구서들을 모은 것이고, 제8권은 세 권의 사전, 곧 히브리어, 시리아-칼데아어, 그리스어고, 이들 언어에 관한 여러 가지 기본 문법들을 말하고 있다. 텍스트의 정확함과 인쇄 작업에 대해 큰 자부심을 느꼈고, 당대 사람들도 하나같이 "놀랍다"라고 했다. 인쇄는 1,200부 조금 넘게 했지만, 스페인으로 가져가는 배가 침몰하는 바람에 상당한 양이 손실되고 말았다. 안트베르펜(Anvers)의 다국어 인쇄는 오늘날에는 찾아보기 힘들다. 바티칸도서관에 로시아노(Rossiano) 문고(2619-2626)와 바르베리니(*Stamp.* A, X, 14-21) 문고, 두 개가 그 모델로 소장되어 있다. 본문에서 묘사한 책은 이 모델들을 적용한 것이다. 제5권 이하의 배열순서와 전혀 다른 저작물에 있던 여러 모델을 가지고 와서 다양한 내용으로 집대성한 것에 주목할 필요가 있기 때문이다. 이 책은 나오자마자 매우 비싼 가격에 팔렸다. 표준 한 질이 금화 70피오리노[**역주_** 당시 피렌체 공화국에서 발행하던 돈으로 오늘날의 유로나 달러처럼 유럽의 기초통화 중 하나로 널리 통용되었다]였고, 40권까지 인쇄한 것 중 어떤 것은 최고로 화려했다. 1604년 8월 15일 바로 전에 중국에 도착한 이 책들이 어디로 사라졌는지 알 길이 없다.

셨다. 성경은 상자 안에 있었고, 배가 난파되자 상자는 물 위에 떠 있었다. 근처에 있던 몇몇 선원들이 그것을 건져 올려 자기네 배에 싣고 오면서 그 안에 팔아먹을 수 있는 물건이 있을 거로 생각했다. 하지만 상자를 열어 보니 자기네들은 알아볼 수 없는 책들이 있었고, 그 바람에 이삼일이 지난 후 바스티아노 수사의 손에 들어왔고, 수사는 약간의 돈을 주었다.[65] 상자 속에는 물이 아주 조금밖에 들어오지 않아 큰 손상을 주지는 않았다. 성모 승천 대축일에 신부들과 교우들은 큰 축하의 자리를 마련했다. 미사가 끝난 뒤 처음으로, 장엄하게 성경을 공개했고, 앞에는 향을 피웠으며, 사람들은 모두 무릎을 꿇고 예배[磕頭]했다. 주님께 오랫동안, 이 마지막 풍파에서조차 구해 주신 것에 깊이 감사했다. 그리고 계속해서 중국인 방문객들이 우리 집을 찾아왔는데, 그것은 제본이 잘 되어 자체가 위엄 있어 보이는 책을 구경하기 위해서였다. 책을 본 사람들은 칭송을 아끼지 않았으며, 비록 내용을 알지는 못해도 거기에는 분명 아름다운 가르침이 있을 거라고들 했다.[66]

교우들은 우리더러 다른 물건들, 특히 제단화도 찾아오자고 했다. 교우들은 제단화에 대한 신심과 그것을 가지고 온 신부들에 대한 애정도 보여 주었다. 감옥에 있던 풍모강馮慕岡도 그들을 돕겠다고 했고, 그 물건

---

65 리치는 이 사실에 놀라워하며, 이듬해에 다음과 같이 기록했다. "하느님께서는 그런 힘든 과정을 거친 후에 단돈 세 푼으로 모든 것을 해결하게 하셨다. 그 정도라면 인도에서는 300스쿠도에 해당하는 값어치였다. 정말 적은 비용으로 우리 손에 다시 들어온 것이다"(N.1624). Cf. NN.1656, 1670.

66 리치도 중국인들이 부드럽지만 끈질기게 자기네 언어로 성경을 번역해 달라고 요청했고 그것을 찍어 내는 공장에 대해서도 언급한 적이 있다. 그런데도, 부분적인 시도는 있었지만, 여전히 오늘날까지 이루어지지 않았다. Cf. N.1624. 사실 오늘날 중국 그리스도교는 개신교 판은 넘쳐나지만, 가톨릭 판 중국어 합본성경은 부족한 형편이다.

들의 주인이 신부들임을 증명해 주었다. 특히 성화에 대해, 몇몇 친구 관리들에게 편지를 보내 선원들의 손에 있는 것을 신부들에게 돌려주라고 했다. 그리고 우리와 함께 여행한 태감에게 손해 배상도 해 주라고 했다.[67]

이에 즉시 사람을 보내 선장과 선원들을 체포했고, 훔친 것들을 이실직고하라고 고문했다. 그러나 몇몇 성인의 유해가 담긴 작은 나무상자[68] 외에는 되찾지 못했다. 이에 신부들은 그들이 선원들에게 그 이상의 나쁜 짓을 할까 두려워 하나씩 고소를 취하했다. 그리하여 결국 모두 풀어 주었다.

---

67 즉, 세금징수원 태감으로부터 입은 재정적인 손실이다. Cf. NN.560, 702.

68 책상, 서재 같은 것이다.

제2장

마태오 리치의 출판 작품들로 인해 우리와 그리스도교가 얻은 공신력에 대해

(1584년 10월부터 1608년 2월까지)

- 리치를 비롯한 선교사들의 중국 학문에 대한 열정
- 세계지도를 통해 전해진 지리학과 천문학의 근본원리
- 『사원행론(四元行論)』과 『교우론(交友論)』
- 『이십오언(二十五言)』
- 『천주교요(天主教要)』
- 『천주교요해략(天主教要解畧)』
- 1603년 풍응경(馮應京)이 감수한 『천주교요해략(天主教要解畧)』과 그 영향
- 『기인십편(畸人十篇)』과 수많은 재판(再版)

704. 리치를 비롯한 선교사들의 중국 학문에 대한 열정

앞에서도 언급했듯이,[69] 이 나라에서 문자는 대단히 꽃을 피우고 있어, 극소수의 사람들만 책에 대해 모르고 있을 뿐이다. 모든 종파는 설교나 형성된 논리로 전도하는 것이 아니라, 저술된 책으로 선전하는 것을

69 Cf. NN.50-76.

선호한다.[70] 이것은 우리가 신자들을 가르칠 때도 크게 도움이 되었는데, 그들은 이미 발행된 교리서 『천주교요天主教要』를 읽음으로써[71] 본인은 그 자리에서 바로 암기를 하고, 글을 모르는 사람이 거의 없어 다른 가족이나 이웃에게도 읽으라고 할 수 있기 때문이다.

우리가 볼 때, 이 방법이 통한다면 이들 비교인과 대화를 얼마든지 할 수 있을 것 같아,[72] 우리는 모두 처음부터 각 분야의 책에 관해 연구하기 시작했다. 책을 만드는 일은 그 자체로 시간이 오래 걸릴뿐더러, 여간 힘든 일이 아니라는 것은 만고의 진리다. 다행히 우리는 우리의 글자로 책을 저술하는 데 익숙한 만큼, 짧은 시간에 중국 글자를 익히는 데도 큰 발전을 이루어 모두를 놀라게 했다.

마태오 신부는 다른 사람들보다 먼저 시작했고, 스승들과 책들에 대해서뿐 아니라, 그들의 책을 오랫동안 읽고 그것을 우리에게 가르칠 만큼 유창했다. 그는 또 책을 쓰기 시작했다.[73] 하느님의 은총으로 그가 이룩

---

70 불교의 경우가 그랬다.

71 Cf. N.708.

72 Cf. N.1647.

73 리치는 알메이다, 데 페트리스(N.424)와 소에이로(N.494)에게 중국어를 가르쳤다. 이 가르침의 결실은 미(未)출판본 『사서(四書)』를 라틴어로 번역한 것이었다(N.527). 이런 가르침은 이후에도 계속되었다. 1605년 5월 10일, 리치는 북경에서 자신의 부친에게 이렇게 편지를 썼다. "매일 한두 번, 어떤 날은 세 번의 강의가 있습니다. 중국 문학을 배우려는 우리 신부님들에게 하기도 하고, 우리[유럽]의 학문을 배우려는 바깥의 사람들에게 하기도 합니다"(N.1596).

예수회의 반 회 신부는(Van Hée S.I.)(Ferdinando Verbiest, *Ecrivain chinois*, Bruges, 1913, pp.63-64) 페르비스트와 다른 예수회 중국 선교사들의 중국 과학과 관련하여 다음과 같이 주목했다. "우리가 아는 한, 고대인들에 대한 리치의 견해나 현대인들에 대한 조톨리의 견해는 중국 과학이 전혀 정확하지 않기에, 그들에 이르러 직접 장기적인 안목으로 중국의 과학을 재구성하려고 한 것이다. 내가 이렇게 말하는 것은 그들이 아직 ―내가 알기론― 쓰지는 않았지만, 그에 관해 쓸 거라고 믿기 때문이다.

한 성과에 대해 중국의 문인들은 찬사를 아끼지 않았다. 어떤 외국인도 이런 일을 해내는 것을 보지 못했기 때문이다. 그들이 보기에 아무것도 배울 것이 없는 나라에서 왔는데, 그들이 참고하고 주목할 만한 가치가 있는 게 되었다. 이제 그들은 하나같이 그를 도울 좋은 방법을 찾으려고 했다.[74]

… 페르비스트 역시 리치와 마찬가지로 최고의 학자였다. [중화] 제국의 관리들과 학자들은 예수회원들이 과학과 종교에 관해 그들에게 설명하거나 가르치는 것을 중국의 방식으로 표현하는 데서 기쁨을 느꼈다." 1610-1612년, 우리는 트리고(Trigault)의 증거도 가지고 있다(N.666). 1634년 9월 1일, 아담 샬(Adam Schall) 신부는 서광계(徐光啓) 바오로 박사에 관해 이야기하면서 이렇게 적었다. "고인이 되신 바오로 박사님은 생전에, 우리가 쓴 천문학에 관한 거의 모든 책을 우아한 필체로 정리하여 남겨 두셨습니다. 하지만 달력은 여전히 과거의 것을 사용하고 있다는 소식을 우리 대리자들을 통해 정기적으로 듣고 있습니다"(*ARSI, Jap.-Sin.*, 142, N.2, f.1r). 반 희(Van Hée) 신부가 같은 책에서 언급하는 것처럼 페르비스트도 나중에 같은 말을 한다. 『명사(明史, *Storia dei Mim*)』(c.326, f.15a)에도 서광계 바오로 박사와 이지조 레오 박사가 서양 선교사들과 같은 견해를 가지고 있었다는 것을 인정한다(潤色其文詞). 나머지 대부분은 초창기 선교사들의 이 책들을 두 가지 이름으로 불렀다. 유럽 선교사들에게는 구역(口譯), 수(授), 증역(增譯)한 작품으로, 중국인 학자들에게는 필수(筆受), 연(演), 휘기(彙記) 또는 "초고를 수정한 교재(較梓)"로 간주했다. 여기에서 교재(較梓)는 단순한 수정작업 그 이상을 가리키는 표현으로, 가령 리치도 자신의 저서 『천주실의(天主實義)』의 "초고 교정"이라고 말을 할 때 "중국인이 신부의 작품을 직접 지휘하는 것"이라는 뜻으로 사용했다. Cf. 그림 40, 본서 p.94. 그러므로 정리하면, 더 나중에 보겠지만, 반 희 신부의 주장은 리치의 견해와 일치한다.

74 리치는 자신의 중국어 작품들로 인한 많은 결실을 보면서 1605년 5월 12일경, 다음과 같은 소박한 글을 남긴다. "제가 혼자 이곳에 있는 바람에 ―이 일에서 여전히 아무도 저를 도와줄 수 없었던 탓에― 저는 중국의 학당에서 주로 활동을 해야 했습니다. 보신 것처럼 어떤 사람은 완전한 실업자로 있고, 어떤 사람은 최고의 성과를 올리고 있습니다. 저는 이 후자에 대해 많은 이야기를 했습니다. 그리고 모든 신부님께 이곳에서는 중국 문학을 공부하시라고 당부했습니다. 중국의 개종은 많은 부분이 여기에 달렸습니다"(N.1647).

705. 세계지도를 통해 전해진 지리학과 천문학의 근본원리

지리학과 천문학에 관한 여러 가지 것들을 설명하고 논의하기 시작하면서[75] [리치]는 먼저 세계지도[『산해여지전도(山海與地全圖)』와 『곤여만국전도(坤輿萬國全圖)』]를 인쇄했다.[76] 이 지도들을 통해서 말하고자 한 것은 우리 유럽의 학자들은 모두 아는 것이지만, 중국의 학자들 가운데 가장 높고 명민한 사람이라도 이 분야에 있어서는 한 번도 들어 본 적이 없는 새로운 것이기 때문이다. 그들은 대개 자기네 고대 학자들에 관해서만 공부해서 우리의 학문과 철학에 대해서는 아는 게 없어 분명한 오류에 빠져 있었다. 그런 탓에 많은 사람이 이제야 너무도 중요한 것을 보게 되었다고 고백하며, 지금까지는 모두 앞을 보지 못하고 살았다고 했다.[77]

---

75 천문학과 관련된 것이라는 의미다. Cf. N.56.

76 여기에서 리치는 1584년판 세계지도 『산해여지전도(山海輿地全圖)』 초판본에 관해서 이야기한다. 그리고 아래에 덧붙이기를, "그다음에는 『사원행론(四元行論)』과 『교우론(交友論)』을 썼다"라고 했다. 『사원행론(四元行論)』은 1599-1600년에 나왔고, 『교우론(交友論)』은 1595년에 나왔다[cf. N.538, 본서 3권, p.141, 주(註) 323; N.482, 본서 2권, p.469, 주(註) 500.]. 알다시피, 같은 저자에 의해 뒤이은 판본도 나왔는데, 그는 세계지도를 "계속해서 조정하고 정리하여"(N.263) "새로운 많은 것을 덧붙여 주를 달고 설명하였다"(N.544). 특히 1602년 북경에서 나온 세 번째 판본은 "완성도를 높이기 위해 마태오 신부는 지도의 전체적인 설명과 그 외 천문수학과 태양과 별에 대한 설명도 넣었다"(N.629). 초판본에는 어떤 예외적인 설명 없이 세계지도와 함께 '우주학과 지리의 일반적인 개념'만 매우 단순하고 간결하게 넣었다. 1600년의 두 번째 판본도 이 점에서는 크게 진척된 것이 없다. 그러나 1602년의 세 번째 판본은 앞의 '우주학과 지리의 일반적인 개념'을 크게 확장했을 뿐 아니라, 행성들의 움직임, 태양과 달의 일식, 지구와 행성들 사이를 비교하여 크기를 측정하는 방법, 긴 높이를 찾는 두 가지 방법에 대해서도 다뤘다. 나아가 그는 경도와 위도의 표, 사(四) 원소와 구천(九天)과 천구에 관한 것도 설명과 함께 실었다. Cf. D'Elia[1], Tavole III-IV, AF *ia*; V-VI, AP *ig*; IX-X, AD *ig*; XI-X, AC *ig*; XI-XII, EF *ge*; XXIII-XXIV, AF *ia*, ecc.

77 진민지(陳民志)는 리치의 세계지도에 대해 자신의 에필로그(跋)에서 이렇게 말했다. "중국인 저술가들은 한 번도 표시하지 않았던 것으로, 여기에는 손금[을 읽는] 것처럼 [대단히 명료하게] 잘 배열하여 설명하고 있다"(D'Elia[1], XIII-XIV, AB*e*). Cf. D'Elia[1],

706. 『사원행론(四元行論)』과 『교우론(交友論)』

세계지도를 만든 후에는 『사원행론四元行論』과 『교우론交友論』을 써서[78] 즉시 인쇄했고, 여러 성省에서 판을 거듭하는 가운데 많은 사람이 읽었다.[79]

---

pp.121-123.

78 Cf. N.538, 본서 3권, p.141, 주(註) 323; N.482, 본서 2권, p.469, 주(註) 500.

79 『사원행론(四元行論)』은 오늘날 리치가 집대성한 『건곤체의(乾坤體義)』 상(上), ff.8-18에서 찾아볼 수가 없다. 그것은 1614년 이후에 나온 것으로 [리치의 생애] 마지막 판이 1614년에 나왔고 거기에 담겨 있기 때문이다[**역주_** 리치는 1610년에 이미 사망했다]. 『건곤체의(乾坤體義)』 상(上)에는 리치가 쓴 많은 과학서를 수록했고, 이지조(李之藻)의 것도 하나 있다. 집대성은 당연히 리치가 아니라, 다른 사람이 했고, 다음과 같이 세 부분으로 구분했다.

상(上), ff.1a-4a: 『천지혼의설(天地渾儀設)』(D'Elia[1], Tavole III-IV, V-VI, EF *ai*); ff.4a-7b: 『지구비구중천지성원차대기하(地球比九重天之星遠且大幾何)』(D'Elia[1], Tavole XXIII-XXIV, AB *ei*, XXV-XXVI, AB *ae*); ff.8a-18a: 『사원행론(四元行論)』(cf. D'Elia[1], Tavole III-IV, DE *ec*);

중(中), ff.1a-13b: 일구대어지구, 지구대어월구[日球大於地球, 地球大於月球](cf. D'Elia[1], Tavole XXIII-XXIV, CE *ac*). 작품은 1606-1607년 이후에 나온 것이다. 왜냐하면 유클리드를 언급하기 때문이다(N.772);

하(下). ff.1a-28a: 이지조의 『환용교의(圜容較義)』.

이 작품과 이어서 나온 『교우론(交友論)』(Seccu[1], c.125, f.8a)과 리치의 붓끝에서 나온 수많은 다른 작품들은 1785-1788년, 건륭(乾隆) 시대에 뽑은 '중국 문학 최고작품집', 『사고전서(四庫全書)』에 수록되어, 3,461개 작품에 포함되었다. Cf. Seccu[1], c.106, f.4,a. 다음은 앞서 언급한 작품들에 관해 만족한다는 평가다. "마태오 리치의 작품은(sic 1) 명대(明代)에 쓴 것이다. 마태오 리치는 만력 황제 시절 바닷길을 통해 광동(廣東)에 온 유럽인이다. 이 책은 서양 학문을 중국에 소개한 최초의 것으로 평가된다(是爲西法入中國之始). 마태오 리치는 중국 문학과 서양 학문을 똑같이 잘 알았다. 그래서 그는 번역에 큰 어려움 없이 자신의 모든 책을 중국어와 중국 문자로 썼다. 이 작품의 제1부는 별들에 관해서 다루고 있다(大象). 사람이 사는 다섯 대륙에 관한 이론은 어느 정도 '일곱 천칭(七衡)'과 해시계의 바늘(周髀)과도 일치한다[이 점에 관해서는 D'Elia[1], n.121을 보라]. 태양, 달, 오행성(七政)은 항성천(恆星天)과 함께 아홉 하늘(九重)이 된다. 이것들은 초사(楚辭)의 '하늘에 관한 질문(天問)'과 충돌한다. 사대 원소에 관한 이론, 곧 물, 불, 흙, 공기는 불교에서 말하는 것과 비슷하지만, 불교에서는 다만 흙을 땅(地)이라고 하고 공기는 바람(風)이라고 한다. 해와 달의 이지러짐은

707. 『이십오언(二十五言)』

이런 상황에서 도덕에 관한 또 다른 소책자를 하나 썼다. 이 책은 욕망을 절제하고 덕행의 숭고함에 대해 스물다섯 개의 장章으로 매우 짧게 이야기하고 있다. 그래서 중국인들은 『이십오언二十五言』이라고 불렀다.[80]

매우 정확하게 정리했고, 비율에 대해서는 지구, 태양, 달과 오행성 사이에서 결정된다. 거기에는 태양의 뜨고 짐에 대해서, 달과 별들에 대해서도 언급한다. 이런 이론들은 고대인[중국인]들은 결코 도달하지 못했다. 많은 것들에 대해 [우리로서는] 전혀 비교 대조할 것이 없다. 오히려 여기에서 너무도 명확하고 심도 있게 잘 설명해 주고 있다. 제2부는 수학에 대해서 다루며, 선, 표면, 구 및 입방체를 비교한다. 즉, 전소광(田少廣)에서 부족한 부분은 보충하고 있다. 몇 페이지 안 되는 책이지만, 모두 경험에 기초한 것으로, 그 방식들을 쉽게 알아들을 수가 있다. 다시 말해서, 형식은 단순하고 의미는 깊은 책이다. 바로 이 점이 황제가 바랐던바, 학문을 하는 데 있어 널리 보급하게 된 이유였다. 명대(明代) 달력의 오류가 있었을 때, 정세자(鄭世子)와 재육(載堉)과 형운로(邢雲路)가 서로 논의했지만 아무도 그것을 수정할 수 있을 만큼 충분한 학문적 지식을 갖추고 있지 못했다. 그러나 서광계(徐光啓)와 그의 학파는 당시 황제도 주목할 만큼 완전히 새로운 방식[유럽식]으로 연구하기 시작했다. 그 작업은 청(淸) 왕조에 이르러서까지 계속해서 완성도를 높여 갔다. 모든 것은 소개하는 바로 이 책에서부터 시작되었다"(*Seccu*, p.2180).

80 이 작품은 서광계(徐光啓)가 발문(跋文)에서 말하는 것처럼, 남경, 유도(留都)에서 작성했다. 그러니까 1599년 2월 6일과 1600년 5월 19일 사이이다. 리치의 다른 많은 작품과 마찬가지로 오랫동안 선교사들의 친구들 사이에서 필사되어 전해져 왔다. 친구들[중국인 학자들]은 서방의 한 "야만인"의 붓끝에서 이렇게 중요한 작품이 나온 것을 보면서 놀라움을 금치 못했다. 1602년 아직 작품이 마무리되기도 전에 왕긍당(王肯堂)은 여기 본문에서 리치가 직접 기억하는 것처럼, 『이십오언(二十五言)』의 열네 개의 장(十四章)을 자신의 책 『울강재필진(鬱岡齋筆塵)』(c.3, ff.12a-14a) 속에 "신부의 이름으로" 『근언(近言)』이라는 소제목으로 넣었다. 그리고 말하기를, "리치 선생님은 내게 『근언(近言)』이라는 제목의 소책자를 선물했고, 나는 그걸 베껴 그대로 여기에 싣는다(利君又貽余近言一編 … 亦錄數條置之座右)." 가장 잘 베낀 한 권을 북경에서 옥살이하는 풍응경(馮應景)에게 보냈다. 풍응경은 드디어 보물을 발견했다고 생각한 것 같다. 그래서인지 1604년 중반쯤, 리치에게 그것을 인쇄할 것을 요청했다. 저자는 결국 서광계(徐光啓)의 요청에 수락했다. 그리하여 서광계의 발문(跋文) 일자를 보면, 1604년 12월 22일 이후, 1605년 5월 9일 이전에 리치가 써서 이미 인쇄한 적이 있는(N.1577) 것을 "성인으로 불린" 풍응경에 의해 "새로"(N.1646) 인쇄하게 되었다. 더 정확한 날짜는 1605년도 초였다. 『이십오언(二十五言)』이라는 제목은 중국인들이 붙인

몇몇 친구들에게 보여 주자 극찬을 아끼지 않으며 자기네가 야만국[81]으

것으로 추정된다(NN.707, 1646). 즉 풍응경과 서광계가 불자들이 말하는 '수트라(Sūtra)'에 상반된 개념으로 붙였을 확률이 높다. 그들은 수트라를 별로 중요하게 보지 않았다. 저자[리치]는 별도의 서문을 덧붙이지도 않았다. 책에서 세상의 허무함을 이야기하기 때문에, 자신의 작품들에 대해서도 크게 의미를 두지 않았던 때문이리라(N.1646). 그러나 풍응경이 서문(序文)을, 서광계가 발문(跋文)을 우아하게 썼다. 여기에서 그들은 자신들을 선교사들의 제자라고 했고, 신자라고 했다. 그리고 가톨릭 신앙을 매우 칭송했다(N.1696). 초고를 수정(較梓)한 사람은 그리스도인 [후학, 後學] 왕여정(汪汝淳)이었다.

작품은 "종교를 가진 사람들이라면 누구나"(N.1646) 매우 좋아했다. 그래서 문인들뿐 아니라, 불자들까지 좋아했다. 왜냐하면 여기에서 저자는 책에서 그리스도교 철학을 통해 덕(德)과 정직한 삶에 대해 말하기 때문에 그것은 아무런 논쟁거리가 될 수 없기 때문이다.

책에서 다루고 있는 주요 항목들은 다음과 같다. [행복은 모두 우리 자신에게 달린 것으로서, 일, 노력, 결단력이 필요한 것을 말하고, 부(富), 명예, 명성과 장수(長壽)처럼 우리의 의지에서 벗어나는 것들에 대해 평정심을 유지하는 것을 말합니다. 자기의 처지에 대해 언제나 만족하는 사람은 불행하지 않습니다. 그래서 명예도 복지도 장수도 바라지 않고, 가난, 질병, 죽음, 심지어 요절까지도 두려워하지 않습니다. 부와 쾌락과 호사는 달콤한 유혹이고, 그만큼 비용이 듭니다. 아씨시의 성 프란체스코(방제서방성인, 芳齊西邦聖人)는 그것들을 단죄하며, 우리는 다른 사람이 알지 못하는 다른 많은 결함을 가지고 있다고 했습니다. 따라서 우리는 먼저 마음의 평화를 유지해야 합니다. 어떤 일을 하는 사람은 다른 사람의 비판을 기대합니다. 다른 사람의 칭찬이 얼마나 허무한 일인지요! 어떤 물건을 사용할 때는 마치 그것이 내 소유가 아닌 것처럼 사용해야 합니다. 사람은 이 땅에서 손님에 불과합니다. 천주(天主)께서 천상 식탁으로 초대하실 것입니다. 인(仁), 신(信), 지(智), 의(義), 예(禮)라고 하는 중국인의 다섯 가지 도덕적 덕목의 최고 대상은 상제(上帝)입니다. 모든 어려움은 호의적인 각도에서 보느냐, 적대적인 각도에서 보느냐에 달려 있습니다. 욕망의 불을 끄기 위해서는 욕망에 대한 만족을 마음에서 내려놓는 것이 좋습니다. 참된 행복은 명예에 있는 것이 아니라, 덕을 실천하는 데 있습니다. 지상에서 인간은 무대에 선 예인(藝人)과 같습니다. 그가 표현하는 부분은 그리 중요하지 않지만, 그것을 잘 표현하는 것은 중요합니다. 몸은 나귀와 같고, 정신은 귀한 아들과 같습니다. 오늘날 얼마나 많은 사람이 나귀를 잘 다루고, 하나밖에 없는 귀한 아들을 죽게 내버려 두는지요! 나쁜 대화들을 조심하십시오. 음란한 이야기를 듣거나 그런 대화에 끼어들게 되면, 그런 말을 듣고 싶지 않다는 것을 보여 주십시오. 중상모략을 하는 데 나를 내버려 두지 마십시오.]

이 책도 건륭(乾隆)의 지휘하에 최고의 중국 도서들 사이에 넣었다. 불교학자들 사이에서는 리치가 불교의 가르침을 부적절한 방식으로 차용하여 약간의 형식만 달리했

로 간주해 온 곳에서도 이런 훌륭한 가르침이 있다는 게 정말 믿을 수가 없다는 눈치였다. 그래서 하나같이 그 내용을 베끼려고 했다. 그중 한 사람은 아주 잘 베껴서 신부의 이름으로 자신의 유명한 작품들 사이에 넣어 인쇄하기도 했다.[82]

신부는 한 권을 앞서 여러 차례 언급한 적이 있는 우리의 친구 풍모강馮慕岡에게 보냈다. 그는 이 책을 받자마자 큰 보물을 발견한 것처럼, 즉시 유려한 문체로 서문을 써 주며 인쇄를 독촉했다.[83] 그는 이 책을 불교의 가르침을 담고 있는 42개 장章으로 이루어진, 그래서 『사십이장경四十二章經』[84]이라고 부르는 것과 비교하여 언급했다. 풍모강은 『이십오언』

다고 주장했지만 말이다. Cf. *Seccu*[1], p.2628; *Seccu*, c.125, f.7b.

작품은 아래에서 찾아볼 수 있다. in *PCLC*, IV; 파리국립도서관(Courant, N.3376: N.7376, VI); 바티칸도서관(*Borgia Cinese*, 350[26]; 512[3]); 로마의 빅토리오 에마누엘레 도서관(Biblioteca Vittorio Emanuele di Roma); in *ARSI, Jap.-Sin.*, I, 53, 1, D: I, 53.

81 Cf. N.166.

82 이 사람은 확실히 왕순암(王順菴)이다. 본서, 앞 페이지 p.79, 주(註) 80.

83 풍응경(馮應景)의 서문(序文)은 1604년 5월 29일 자로 적혀 있다. 萬曆甲長夏五月穀旦. Cf. *PCLC*, IV, B; Siüchimscien, B, pp.44-45. 여기에서 풍응경은 "위대한 서방의 리치 선생(大西國利先生)"이라고 소개한다. 서양의 학문을 중국에 선사하기 위해 큰 바다를 건너 온 사람으로, 특별히 하늘을 섬기는 사람이라고 했다(是學專事天).

84 『사십이장경(四十二章經)』의 "수트라(Sūtra)" 중국어 텍스트는 중국에 불교를 전래한 것으로 추정되는 두 인도 승려 가섭마등(迦攝摩騰)과 축법란(竺法蘭)이 중국어로 번역한 것이다. Cf. N.182, 주(註). 이 전통에 따르면, 그들은 이 책을 서기 67년 하남(河南)의 낙양(洛陽) 시에 도착했을 때 번역했다. 확실한 것은, 서기 374년에도 북쪽 지역에서는 알려지지 않았고, 3세기 중반경에도 남경에서조차 알지 못했다. 그렇지만 중국에서 166년을 언급한다면, 전통보다 한 세기 이후가 된다. Cf. Franke[1], I, p.409; III, pp.216-217. 같은 작품의 중국어 텍스트 중 하나는 중국에서는 겸(謙) 지(支) 혹은 공명(恭明)으로 알려진 월지(月支)가 쓴 것으로, 그는 220년경 낙양(洛陽)에 왔고, 거기서 많은 불교 서적들을 번역했다고 한다. Cf. *Index*, 11, I, pp.80-83; 월지(月支)의 텍스트는 이전의 것과 다른 것으로, 730년에 분실되었다. "수트라(Sūtra)"는 스님들이 새로운 나라에 불교를 전파할 때 사용하던 불교 교리와 행동 지침을 짧게 요약한 것이

에 대해 말하면서 그리스도교의 진리와 관련하여, 차이점을 보여 줄 뿐 아니라, 우상의 거짓에 비해 확실히 우위에 있다고 했다. 이런 내용을 다루는 방식에서도 매우 과학적이고 분명하여 모든 이교도의 방식과는 확연히 다르다고 했다. 이런 이유로 풍모광은 서문에서 자신의 친구들에게 이 책 『이십오언』과 불교의 『사십이장경』을 비교할 것을 주문하며, 이 둘 중 어떤 것이 공화국의 윤택한 삶과 좋은 관습에 더 유익한지 잘 보라고 했다.[85]

우리의 교우, 바오로 박사徐光啓[86]도 서문이나 에필로그를 써 주겠다고 했다.[87] 그의 유명한 서문으로 인해 책은 대단히 큰 공신력을 얻었고, 보

다. 따라서 원래의 텍스트라고 해도 법전은 아니다. 도쿄(Tokyo)의 삼장(三藏, Tripitaka) 편집본은 각기 세 개의 열로 구성된 두 페이지가 조금 넘는 분량으로 들어 있다. 『대정신수대장경(大正新修大藏經)』(1922-1933), XVII, pp.722-724, N.784 cf. Bunyiu Nanjio, *A Cataloque of the chinese traslation of the Buddhist Tripitaka*, Oxford, 1883, N.678, ill, 162, 388; Prabodh Chandra Bagchi, *Le Canon Bouddhique en Chine*, Parigi, 1927, I, p.IX; Ttamiomttom [T'ang Yung-T'ung] 탕용동(湯用彤) in *Harvard Journal of Asiatic Studies*, I, 1936, pp.147-155; *Index*, 11, II, p.231. 이 작품의 영어, 프랑스어, 독일어 번역은 Cordier, *BS.*, cll.7 36, 742, 3541을 보라. 작품에 대한 방대한 요약정리는 Wieger, *HC.*, pp.345-350을 보라.

85 풍응경(馮應景)은 리치의 책을 [유교에 관한] 대중 해설집으로 가장 유용하며, 독자에게 깊은 생각을 하게 만든다고 했다. 왜냐하면 공자(孔子)의 가장 훌륭한 두 제자 유(游)와 하(夏)조차도 더 손을 대지 않아도 될 정도라고 생각했기 때문이다. 그래서 그는 "누군가 두 권의 책을 놓고 어느 것이 더 유용하냐를 판단할 수 있다면, [리치의 이 책]이냐 아니면 『사십이장경』의 수트라(Sūtra)냐(其視蘭臺四十二章, 孰可尊用, 當必有能辨之者)"라고 탄식했다(*PCLC*, IV, B, f.1b).

86 Cf. N.680, 본서 3권, p.459, 주(註) 1141.

87 중국인들은 통상 유럽에서 하는 것처럼 자신들의 책에서 서문만 쓰지 않고 책의 끝에 하나 혹은 여러 개의 발문(跋文)을 쓴다. 프랑스인들은 이것을 서문(序文, Préfaces)과 상반된다고 해서 postfaces라고 부른다. 다시 말해서, 리치는 서광계가 써 준 것[발문]에 대해 언급하기를 "머리말(Proemio)이건 책의 끝에 에필로그(Epilogo)건" 전혀 어려운 문제가 아니라고 했다. 하지만 『천학초함(天學初函)』(*PCLC*)에서는 에필로그[발

급도 잘 되어 그리스도교의 가르침이 널리 퍼졌다. 아울러 모든 사람이

문(跋文)]를 앞부분에서 찾아볼 수 있는데, 아마도 제본의 어려움 때문에 그렇게 한 것으로 보인다. 에필로그는 유럽어로 한 번도 번역한 적이 없다. 알려야 마땅한 것인데도 말이다. 왜냐하면 리치에게 큰 영광으로 헌사하고 있기 때문이다. 여기에 번역본을 통째로 소개한다.

"오래전에 저는 숭산(嵩山)[호남(湖南)]에 올라 구라파(歐邏巴)에서 해로로 도달한 천주상(天主像) 하나를 본 적이 있습니다. 바로 전에 [남경(南京)의] 총독[중승(中丞)] 조(趙)[가회(可懷)][1596년경]와 이부(吏部)의 주사(主事)[전부(銓部)] 오(吳)[좌해(左海)][1600년]가 감수한 〈세계지도〉를 보았습니다. 리치 선생의 진가를 절감했습니다. 그 사이, 예기치 않게 저는 그분을 남경(南京)[1600년]에서 만났고, 그분과 짧게 몇 마디 나누며 세상에서 가장 위대한 과학자라는 것을 알았습니다(以爲此海內博物通達君子矣). 그리고 얼마 후에 그는 선물을 가지고 북경으로 와서 손님이 거처하는 공관에 머무르고 있었습니다(居禮賓之館). 한 달 남짓 지났을 무렵, 고관들이 그분을 점심에 초대했습니다. 그때부터 [제국의] 사방으로 리치 선생의 존재가 알려졌고, 수많은 박사와 저명한 인사들이 그의 주변으로 몰려들었습니다. 그의 주변에서 선생의 말을 들었거나 그의 논의를 경청한 사람은 모두 기뻐했고 만족스러워했습니다. 마치 [드디어] 그동안 없었던 것을 찾은 것처럼 말입니다. 저도 그 사람들 가운데 있었고, 그분께 조언을 청했으며, 위대한 가르침을 들었습니다. 제가 항상 가지고 있던 자만심이 깨지는 걸 느꼈고, 그것이 깨지면서 [리치로부터] 멀리 있고자 했습니다. 그분의 학문은 모든 것에 미쳤고, 대부분 상제(上帝)를 섬기고 그분을 인식하는 것에 천착했으며, 아침부터 저녁까지 단 한순간도 상제에 대해 생각하지 않은 적이 없다고 했습니다. 그분은 모든 흔적과 애착, 자신과 관련되지도, 표현되지도, 심지어 자기가 마음에 품은 적도 없는 것들까지 씻고 정화하고자 애쓰며 완덕이라고 부르는 것에 도달하려고 했습니다. 역경과 환난 속에서도, 대화 또는 연회에서도, 수백 마디의 말 중에서도 [황제에 대한] 충과 효의 위대한 원칙에 상반되는 말을 단 한마디도 찾아볼 수 없었고, 사람의 마음에나 사회의 윤리에나 유용하지 않은 말이 없었습니다. 사실 이런 종류의 말은 그분의 책이나 역사에서는 찾아볼 수 없습니다. [그분의] 종교[교법(敎法)]에서 절대적으로 금하고 있습니다.

제가 평생 의심했던 것이 여기서 마치 구름이 걷히고, 불확실한 것을 간직할 시간이 없다는 인상을 받았습니다. 그것들에 대해 설명할 수 있게 되었을 때, 저는 바다[한가운데]를 항해하는 것 같았습니다. 그리고 그것들에 대해 설명할 수 없을 때, 일어나는 의구심들을 저는 그분께 물었고 답을 얻었습니다. 그 사이에도 제 청원은 있었고, 리치로부터 이미 번역한 여러 가지 책들을 받았을 때 모든 문제가 해결되었습니다. 그분은 당신의 나라에서 가지고 온 책이 책장에 가득했습니다. 그것들을 번역하지 않는다면 읽을 수가 없을 것입니다. 그분이 북경에 온 뒤에 출판된 책들은 아직 많지 않을 것입니다.

그가 이 율법을 따르는 사람이라는 것을 알게 되었다.

708. 『천주교요(天主教要)』

그 시기에, 중국의 그리스도인들을 위해 필요한 우리의 책들을 출판해도 된다는 심문관들의 허락이 떨어졌다.[88] 그러자 마태오 신부가 가장

이 『이십오언(二十五言)』은 남경에서 집필한 것입니다. 올여름, 호광(湖廣)의 고위 행정관 풍(馮)[응경(應景)]이 인쇄하여 보급하고자 리치에게 요청했습니다. 저자는 매우 불완전하다고 했지만, 대략 읽을 수 있을 정도는 되었습니다. 제가 한술 더 떠서 고집하여 말하기를 '그대들이 가지고 온 책의 심오한 말과 놀라운 뜻은 큰 울림과 깊이가 있습니다. 제 몇몇 동료들은 모든 사람이 알게 될 때까지 서로 앞다투어 번역하려고 합니다. 아직 [번역되지 않은] 원서(原書)의 일부가 남아 있어도, 세상에서 가장 기쁜 일은 백성에게 유익한 것을 주는 일이지요. 그렇지 않습니까?'. 그러자 그분이 답하기를, '그렇습니다. 너무 늦지 않기를 바랍니다'라고 했습니다.

그분도 이미 언급했듯이, 서방에서 올 때, 8만 리 해로(海路)를 이용했습니다. 오는 길에 수백 개의 왕국을 거치고, 가시밭길 한가운데를 걸어 중화(中花)[중화(中華)]에 도달했습니다. 인(仁), 의(義), 예(禮), 악(樂), 명예와 문학을 중시하고, 안개 속을 걷다가 맑은 하늘을 보는 것 같았을 것입니다. 그때부터 그분은 찾아와서 이야기하는 사람들을 통해 명성과 호감을 얻기 시작했습니다. [이] 종교를 받아들인 것은, 나 혼자가 아닙니다(信道).

그분이 이 번역을 기다리는 것은 지금 시간이 없기 때문입니다. 저는 그분의 말씀을 칭송합니다.

고대에 페니키아인들이 둥지로 사용했던 정자를 조정에서는 제국의 계승을 위해 귀중한 것으로 간주했습니다. 오늘날에도 우리는 충분히 그럴만한 자격 있고 위대한 진인(眞人)을 모시고 있어 우리의 덕을 드러내고 우리의 조정을 지키도록 합니다. [이것이야말로] 세상에서 가장 귀중한 보물이 아니겠습니까? 그러니 우리의 칭찬을 아끼지 맙시다. 그가 우리의 문명을 칭찬하기를 멈추는 날은 아직 더 기다려야 합니다. 아직 더 기다려야 합니다.

1604년 12월 22일.

송강(松江)의 신자 後學, 서광계(徐光啓) 운문(雲問)"

88 이 허락은 1601년 중반경 고아(Goa)에서 있었고(N.710), 『천주실의(天主實義)』를 출판하기 이전, 그러니까 1603년 말 이전이다. 그 과정에 대해서는 리치가 1606년 8월 15일 자 편지에서 적고 있다. "제가 쓴 것은 『천주실의(天主實義)』 뿐이고, 『천주교요(天主教要)』는 중국어로 번역한 것입니다. 모두 심사를 거쳐 허락을 받았습니

먼저 한 일은 [교리서를] 모두 새 판으로 인쇄하는 것이었다. 다른 신부들의 기도와 도움을 받고, 새 신자들에게 필요한 것들을 덧붙여 『천주교요天主敎要』를 발간했다. 여기에는 간략한 몇 가지 설명도 넣었는데, 특히 "칠성사七聖事"가 그것이다.[89] 이것은 매우 유용했는데, 이유는 이 책의

다"(N.1726). 하지만 리치가 이 허락이 필요하다는 걸 처음 말할 때는 『천주교요』를 인쇄할 때였다. 실제로 『천주실의』는 1603년에 인쇄했고, 『천주교요』는 1605년에 인쇄했다. 분명한 것은 『천주실의』에 허락이 필요하지, 『천주교요』에 필요한 것이 아니다. 여하튼 허락은 이 두 책에 모두 주어졌다. 교리서 발간 명령을 한 순찰사의 직권으로 허락이 떨어졌을 수도 있다(N.1649). 통상적으로 선교의 총책임자에게 허락(imprimatur)할 수 있는 권한이 있기 때문이다. 앞서 [발리냐노는] 1595년 9월 23일 일본에서 교리서를 발간한 적이 있다. 리치는 1606년에 허락 요청을 했고(N.1726), 그것이 떨어진 것은 1612년(*ARSI, Jap.-Sin.*, 15, f.199v)이다. 이것은 『기인십편(畸人十篇)』이 왜 "부관구장인 프란체스코 파시오의 명령"으로 1608년에 발간되는지를 설명해 준다(N.1819).

89 선교사들이 한 우선적인 일 중 하나는 확실히 번역 작업이었다. 이 텍스트에서 보여주는 것처럼, 주요 기도문들을 중국어로 정확하게 번역하는 일이었다. 〈주의 기도〉, 〈성모송〉, 〈사도신경〉과 함께 〈십계명〉도 9월 13일 이전에 번역해서 인쇄한 걸로 보인다[N.1084]. 아니, 오히려 1584년 6월 30일 이전일 확률이 더 높다[NN.1098, 1131; N.248, 주(註)]. 이어서 다른 것들도 번역했으나, 그것들은 수기본으로 남아 있고, 교우들은 베껴서 사용했다. 초기의 이런 번역은 필요에 의한 것으로 그 성과는 대략 만족할 만한 것이었다고 할 수 있다. 전적으로 이교도의 언어로 그리스도교를 말하고 있기 때문이다. 따라서 이 번역들이 원어에 완벽하게 부합하지 않고 계속해서 수정해야 해서(N.708) 일관적이지 않다는 게 놀라운 일은 아니다(N.1585). 1599-1604년 소주(韶州)와 그 인근지역(NN.641-645, 648-649)과 남경(N.1566)에서는 "예수 성명"을 겉표지로 한 교리서가 유통되고 있었는데(N.644), 그것은 첫 페이지에서도 볼 수 있듯이 1584년, 루지에리의 『천주실록(天主實錄)』이었다. *ARSI, Jap.-Sin.*, I, 189 (*Fonti Ricciane*, I, p.197[N.253 참조], Tavola X)에 소장되어 있다. 하지만 4장밖에 안 되는 인쇄본(N.666)으로, 원래 몇 페이지 안 되는지는 모르겠다. 또 다른 사본 하나도 1603년 2월 남경에서 유통되고 있었다(NN.682, 684). 이에 리치는 원래 의미에 가까운 단일 기도문을 생각하기 시작했고, 이 작업에 "2년"이 걸렸다(N.1624). 드디어 1605년 상반기(N.1649), 5월 9일 이전(N.1585), 더 정확하게는 부활절 이전에 나왔다. 그해 부활절이 4월 10일에 있었고(N.716), 그러니까 3월에 순찰사 발리냐노의 명에 따라(N.1649), 고아(Goa) 심의관들로부터 받은 '허가(imprimatur)'를 전달받았다. 이렇게 나온 책은 "새로운 판본으로 … 지금까지 나온 것에 비해 텍스트에 가장 부합한다."

초기 본은 원래의 교리에 부합하는 것들에 대한 번역의 필요성을 깊이

—

즉, "가장 중요한 것이 무엇인지를 밝혔습니다"(N.1649). 실제로 교리서는 다음과 같은 말로 끝맺고 있다. "이 교리서는 예수회 [일부] 회원들이 번역했고, 많은 수정을 거쳐, 원문에 부합하기에 이르렀다. 그래서 이제 인쇄에 들어가는 바이다. 즉, 첫 번째 번역과 다른 이유를 설명하는 것이다(右耶蘇會友所譯教要, 累經募改, 至數次乃得與本經原文相合, 方敢付梓, 以故與初譯本互異云)"(f.14b). 리치는 이후 일관성을 유지하기 위해 모두 이 텍스트에 맞출 것을 명했다.

저자[리치]는 1605년 5월 10일, 사본 하나를 마체라타에 있는 자신의 부친에게 보냈고(N1597), 그 참에 파비(Fabio de' Fabii) 신부에게도 한 부를 보낸 것으로 추정된다(N.1585). 그리고 또 다른 사본 하나를 총장(혹은 총장 비서?)에게 같은 해 7월 26일에 보냈다(N.1695). 만약 이 세 번째로 보낸 것이 포르투갈의 총장 비서에게 보냈다면, 내가 로마의 포교성(Propaganda Fide) 고문서고에서 발견한 것은 아닐 것이다. 책의 표지에 리치가 직접 붓으로 "후안 알바레즈(Juan Alvarez) 비서 신부님께, 마태오 리치"라고 적혀 있었다. 모든 기도문 앞에는 붓으로 이탈리아어로 해당 기도문의 제목을 똑같은 형식으로 적었다. "주의 기도(Il *Pater noster*, f.1a), 성모송(l'*Ave Maria*, f.2a); 십계명(i dieci Commandamenti, f.2b); 사랑의 두 계명(i due precetti della carità, f.3b); 사도신경(il *Credo*, f.4b); 십자성호(il segnale della croce, f.6b); 일곱 가지 물질적 자비의 행위(le sette opere della misericordia corporale, f.7a); 일곱 가지 영적 자비의 행위(le sette opere della misericordia spirituali, f.7b); 여덟 가지 행복(le otto beatitudini, f.8b); 일곱 가지 죽을죄(i sette peccati mortali, f.10a); 일곱 가지 죽을죄에서 벗어나는 방법(i sette rimedij contro i sette peccati mortali, f.10b); 세 가지 향주덕(向主德)(le tre virtù teologali, f.11a); 다섯 가지 감각(i cinque sensi, f.11b); 세 가지 힘(le tre potentie, f.11b); 짧은 선언과 함께 일곱 가지 성사(i sette sacramenti con la sua brieve dichiaratione, f.12a)." 이렇게 보듯이 1605년 5월 9일 자로 리치가 정확하게 묘사한 것은(N.1585) 단 한 가지만 제외하고는, 아마도 편지를 쓰면서 기억이 나지 않은 것(*lapsus memoriae*)으로 추정되는데, 그것은 "향주덕(向主德)"을 "다섯 가지 감각" 앞에 적은 것이다. 사랑의 두 계명과 관련하여, 5월 9일의 편지에서는 언급하지 않았다. 이것들은 십계명의 목적이 아니라, 오늘날 자주 사용하는 것처럼, [십계명을] 함축한 것으로서, 하느님 사랑과 이웃 사랑을 말하는데, 여기에 하느님께서 지키라고 명했다는 것을 추가했다. 그리고 그것을 지키는 사람은 천국에서 복을 받을 것이고, 지키지 않는 사람은 지옥으로 가게 될 것이다: 右十誡總歸二者而已, 愛慕天主萬物之上, 與夫愛人如已, 此在昔天主降諭, 今普世遵守. 順者升天堂受福, 逆者墮地獄加刑(ff.3b-4a).

리치는 이 교리서에 대해 말하면서, "중국에서는 새로운 많은 교회 용어를 사용해야 했기 때문에, 처음 만나는 새로운 용어들은 작은 글자로 함께 짧게 설명을 적었습니다"(N.1585)라고 편지에서 밝혔다. 이런 방식으로 용어를 설명한 것은 다음과 같다.

알지 못하는 번역가의 손으로 만들어진 것이었고, 그러다 보니 매년 몇

아맹(amen), 亞孟, "확실한 긍정의 표현이다. 眞是之語詞也"(f.1b). 아물(ave), 亞物, "인사를 표현한다. 禮拜語詞"(f.2a). 마리아(Maria), 瑪利亞, "천주의 거룩한 모친 이름으로, 바다의 별이라는 뜻이다. 天主聖母名號. 譯言海星"(f.2a). 액랄제아(grazia), 額辣濟亞, "하느님께서 사랑하시는 사람들에게 베푸는 호의다. 譯言天主綠[祿을 잘못 씀] 以愛慕於人"(f.2a). 야소(Gesù), 耶蘇, "세상의 구세주라는 의미다. 譯言救世者"(f.2a). 아파사다라(apostolo), 亞玻斯多羅, "사자(使者)라는 뜻이다. 譯言遺使者"(f.4a). 성박록(simbolo), 性薄錄, "집합이라는 뜻이다. 譯言共具也"(f.4a). 파덕륵(Patélé), 罷德肋, "아버지라는 뜻으로, 삼위일체에서 제1위에 해당한다. 譯言父也, 乃天主三位之第一位也"(f.4b). 비약(Feilio), 費畧, "아들이라는 뜻으로, 삼위일체에서 제2위에 해당한다. 譯言子也, 乃天主第二位之稱"(f.4b). 계리사독(Cristo), 契利斯督, "기름을 바른 사람이라는 뜻이다. 譯言受油擦也"(ff.4b-5a). 사피리다삼다(Spirito Santo), 斯彼利多三多, "무형의 거룩한 혼이라는 뜻으로, 삼위일체에서 제3위에 해당한다. 譯言無形靈聖也, 乃天主第三位之稱"(f.5a). 반작비랄다(Ponzio Pilato), 般雀比剌多, "그 당시 행정관의 성과 이름이다. 當時居宮之人姓名"(f.5b). 액격륵서아(Ecclesia), 厄格勒西亞, "천주의 종교집단을 일반적으로 부르는 이름이다. 凡天主教會皆總稱之"(f.6a). 살격랄맹다(sacramento), 撒格辣孟多, "거룩한 일들이라는 뜻이다. 譯言聖事之迹也"(f.12a). 나아가 리치는, "끝에 우리는 우리의 언어로 일곱 성사의 이름을 적고, 작은 글자로 짧게, 각 성사의 내용을 이해하는 데 시사하는 바가 큰 말을 간결하게 적었습니다"(N.1585)라고 알려 주고 있다. 실제로 성사들은 처음에 포르투갈어로 음성화했고, 후에 작은 글자로, 의미에 따라 중국어로 번역했다. 이렇게 세례성사를 발제사마(拔弟斯摩, patisemo), "씻는다, 洗也"는 뜻이다; 견진성사는 공비아마장(共斐兒瑪藏, comfeiöllmazam), "구제하다, 振也"는 뜻이다; 성체성사는 공몽앙(共蒙仰, coṁmoṁniam) "예수의 거룩한 몸(領受耶穌聖禮)"을 받아 모심으로써, "상호 호통(相取也)"을 한다는 뜻이다; 고백성사는 백니등제아(白尼登濟亞, pénitemziia) "참회(悔痛也)"라는 뜻이다; 병자성사는 애사득륵마옹장(阨斯得肋麻翁藏, uoseteléma uomzam) "성유로 마지막 도유(聖油終擦也)"를 한다는 뜻이다; 신품성사는 아아등(阿兒等, oölltem) "품계(品級也)"를 받는다는 뜻이다; 혼인성사는 마지리마뉴(瑪地利摩紐, matilimonieu) "혼인으로 하나됨(婚合也)"을 의미한다. 중국어처럼 비그리스도교 언어로 구체적인 가톨릭의 개념들을 라틴어 혹은 포르투갈어 소리로 재생산하는 것은 반세기 훨씬 전에 인도에서 성 프란치스코 하비에르(S. Francisco Xavier)가 시작한 전통을 리치가 그대로 잇는 셈이었다.

1591, 1592, 1600년 일본에서 나온 교리서들은 중국에 전혀, 아무런 영향을 미치지 못한 것 같다. 이 교리서는 데 바로스(João de Barros)(리스본, 1539)의 『어머니이신 성교회의 계명과 포르투갈어 문법(Grammatica de lingua portuguesa com os mandamentos da santa madre Igreja)』으로 거슬러 올라가는데, 하비에르는 이 책을

가지씩은 수정해야 했다. 그리고 수도원마다 각기 다른 판본을 가지게 되어, 가끔 여러 수도원을 출입하는 신자에게 혼란을 주기도 했다.

그 후, 이 책 외에는 사용하지 않았고, 다른 수도원들에서도 남은 것만 쓰고 이후에는 모두 이 책으로 바꾸었다.

709. 『천주교요해략(天主教要解畧)』

새로운 『천주교요해략天主教要解畧』[90]의 사본이 가장 많이 나오던 때에

가지고 와서 몇 가지를 추가하여 인도 선교에 활용했다(1542년). 하비에르의 포르투갈어 교리서는 여전히 수기본이고, 1549년 말, 일본인 바오로 안지로(Anjirô)나 산타 페(Santa Fé)에 의해 일본어로 음성화하여 번역했다. 그리고 일본어로 된 그것을 1551년에 중국어 문자로 옮겨 적었다. 하지만 중국에는 전혀 도달하지 않았다(Schurhammet-Wicki, II, p.292, n.17). 하비에르의 '교리서' 수기본은 1557년에 고아에서 인쇄했다. 이것은 Schurhammet-Wicki, I, pp.106-116을 보라. 이 책에 있는 29개 번호를 리치는 중국어로 모두 옮기지 않고, 12개만 옮겼고, 순서는 같지만 세 개(2, 19, 20) 항목의 위치를 바꾸었다. 거기에 개별 설명을 덧붙이고, 십계명을 요약하여 하느님 사랑과 이웃 사랑(I), 십자성호(II), 여덟 가지 행복(III), 일곱 성사(IV), 라틴어에서 음차한 세례성사 예식서(V), 마지막 주(註)(VI)를 적었다. 그러니까 지금 우리가 가지고 있는 중국어 "교리서"에서 아라비아 숫자는 하비에르 교리서를 그대로 옮긴 것이고, 로마 숫자는 리치가 추가한 것이다: 4, 5, 6, I, 7, 2, II, 19, 20, III, 15, 16, 17, 21, 22, IV, V, VI.

작품은 23×14.5㎝ 크기의 중국 종이 14장으로 되어 있고, 총 1,599글자로, 944개는 크게, 655개는 작게 설명을 적고 있다. 표지에 제목을 적고, 첫 페이지에 다시 제목과 쪽 번호를 적었다. 책은 리치의 모든 중국어 작품과 마찬가지로 특유의 예수회 문장 두 개로 봉인했다.

90 『천주교요해략(天主教要解畧)』은 바뇨니(Vagnoni)의 2cc.에 있는 작품 제목으로, 1615년 4월 28일 자로 서문(Prefazione)이 있다. 이 책은 *ARSI, Jap.-Sin.*, I, 57에 한 권이 있고, 로마의 비토리오 에마누엘레(Vittorio Emanuele) 도서관에 두 권이 있다. 모두 똑같이 "신수(慎修) 교회 3쇄. 신수당제삼각(慎修堂第三刻)"이라는 표시가 되어 있다. 이것은 말 하나하나를 설명해 준다. ① 주의 기도(Pater); ② "복되시나이다(benedictus)"가 갱위수복(更爲殊福)으로 번역된 성모송(Ave); ③ 십계명(Decalogo); ④ 채찍질, 가시관 쓰심, 십자가 죽음. 정지십자가사언(釘之十字架死焉)(f.22b)을 번역하여 넣은 사도신경(Simbolo degli apostoli) 아파사다라성포록(亞玻斯多羅性蒲錄);

도, 마태오 신부는 오래전에 손을 봐서 우리가 모두 교재로 쓰고 있는 『천주실의天主實義』[91]를 출판하였다. 이 책은 예비신자와 그리스도인이 고백

---

⑤ 십자성호; ⑥ 앞서 말한, 『천주교요(天主敎要)』에서와 마찬가지로, 중국어로 음성화한 교회의 성사들; ⑦ 14가지 영적 · 물질적인 자비의 행위; ⑧ 여덟 가지 행복; ⑨ 일곱 가지 죽을죄; ⑩ 세 가지 향주덕(向主德); ⑪ 네 가지 윤리덕(倫理德); ⑫ 다섯 가지 감각; ⑬ 세 가지 힘. 윤리덕(倫理德)을 추가하고 성사들의 자리를 바꾸었다는 것을 제외하고는 순서와 내용에서 『천주교요(天主敎要)』를 충실히 따르고 있다는 걸 알 수 있다. 다른 한편, 1602년부터 수기본에 있던 해략(解畧)(Aleni[1], B, f.13a)을 인정함으로써 여기서 다루는 것이 아님을 밝혔고, 리치도 1605년에 그것[해략(解畧)]을 제안한 바 있다(N.1649). 1610년 판토하는 "교리서 해설(esplicatione della Dottrina)"을 써서 인쇄할 준비가 되었다고 했다(N.3504). 그러니까 바뇨니는 리치와 판토하의 작업을 완성한 것이라고 할 수 있다.

91 1593년부터 1596년까지, 이 유명한 교리서, 『천주실의(天主實義)』에 관한 역사는 앞서 언급한 바 있다[N.493, 본서 2권, p.490, 주(註) 546]. 그 후의 이야기를 이어가기로 하겠다. 1597년 7월 20일 이후, 리치가 아직 남창(南昌)에 오기 전에, 중국어로 번역한 라틴어본 '교리서'가 마카오에 거주하던 일본교구의 주교 루이지 체르퀘이라(Luigi Cerqueira)의 승인을 받기 위해 도착했다. 순찰사 발리냐노와 데 산데 신부는 완성도를 높일 것을 조언하며, 적지 않은 수정을 해서 작업을 다시 할 것을 주문했다. 1598년 7월 16일, 발리냐노가 마카오를 떠나면서, 데 산데 신부에게 소주와 남창, 두 수도원을 방문할 것을 명하며 라틴어 필사본을 리치에게 갖다주라고 했다. 그리고 그가 아는 약간의 중국어로, 현지인 문인과 함께 검증할 것과 라틴어에서 중국어로 새 번역의 정확도를 높이라고 했다. Cf. NN.2811, 2820, 4092. 1599년 7월 중순, 데 산데 신부가 사망하고, 1598년 6월 25일 발리냐노는 깜빡 잊고, 리치는 북쪽[북경]으로 이동이 겹쳐(N.506), 작업은 산으로 가고 말았다.

리치가 검열을 통과한 자신의 수기본을 언제 받았는지 정확하게 알 수는 없지만, 아마도 1601년, 그가 북경에 도착한 이후에 받은 것으로 추정된다. 그때서야 저자는 자신의 작품을 다시 전체적으로 손보기 시작했고, 제7장에 1599년 초 남경에서 삼회(三淮) 승려와 가진 토론을 첨가했고(NN.558-559), 제4장 끝에 1601-1602년경 한림원 학사 황휘(黃輝)와 가진 대화를 추가했다(N.633). 8년이 넘게, 고아에서 도착해야 할 출판 "허락(imprimatur)"은 여전히 도착하지 않았고(*ARSI, Jap.-Sin.*, 14, f.273, n.10), 리치도 계속해서 책을 손보느라 늦어지는 가운데(N.710), 『천주실의(天主實義)』 수기본은 계속해서 유통되고 있었다(N.709). 1600년 말이나 적어도 1601년 초에, 책은 호광(湖廣)성 무창(武昌)까지 도달하여, 리치의 친구 풍응경(馮應景)의 수중에 들어갔다. 그는 1601년 2월 3일부터 "서문"을 언급했지만, 출판은 2년이 지난 후에야 겨우 이루어졌다. "서문"에서 그는 "수준 높은 스타일과 매우 박식하게" 썼고, "우상 종파[=불교]

하는 신앙 교리의 모든 신비를 다루지는 않지만, 몇 가지 기본적인 교리

—

에 대해서는 매우 나쁘게 말하고, 우리 그리스도교에 대해서는 매우 좋게" 말하고 있다고 적었다(N.626). 그리고 리치에게 박사 타이틀인 "자(子)"를 주고, 자신을 그의 제자 "후학(後學)"이라고 칭했다. 그는 작품의 수기본을 1601-1602년 감옥에서도 여전히 반복해서 보고 있었다(N.627). 1603년 1월, 또 다른 수기본 하나가 남경에서 예비신자 서광계(徐光啓)의 수중에 떨어졌다(N.682). 그러나 1602년 9월 6일부터 리치는 론고바르도에게 말한 바 있다. "교리서는 이곳[북경]에 있는 우리 친구며 내용을 잘 이해하는 한 저명한 문인 고관이 수정했습니다. 그는 매우 진지하게 작업에 임했고, 제 허락 없이는 한마디도 바꾸려고 하지 않을 만큼 신중했습니다. 그에 대해 만족하지만, 제가 다시 보고 싶다고 해서 다시 볼 수는 없습니다. 따라서 [소주에 있는] 마노엘 디아즈 신부가 아니라면[9월 20일 이전], 나중에 다른 기회에 봐도 좋겠습니다"(N.4179). 이 저명한 문인 고관은 벤투리가 생각한 것처럼 서광계(徐光啓)가 아니다(Tacchi Venturi, II, p.251, n.3). 왜냐하면 바오로 박사는 그때 아직 세례를 받지 않았고, 북경에 있지도 않았다. 따라서 거의 확실히 풍응경(馮應景)일 가능성이 크다. 그때 막 감옥에서 나왔고, 그에 대해서는 1607년 12월 2일 자, 로드리게스(Antonio Rodrigues) 신부가 고아(Goa)에서 총장에게 쓴 편지에서 언급하고 있다. 그는 이냐시오 구태소(瞿太素)의 개종을 말한 뒤, 이어서 "이 고관[구태소(瞿太素)]의 개종을 마무리하면서, 한때 중요한 관직에 있다가 인품이 탁월하여 경쟁자들의 미움과 시기를 받았고, 그들이 황제에게 중상모략하는 글을 써서 올리는 바람에, 지금은 황제의 눈 밖에 나 고위 관직에서 물러난 사람이 있습니다. 리치 신부님은 바로 이 사람에게 『천주실의(天主實義)』 수정을 부탁했고, 중국어 어법에 맞게 손을 봐 달라고 했습니다. 그가 그것을 되돌려 주었을 때, 신부님은 중국[교회의] 설립과 보존을 위해 이 교리서를 받아들이고 실천하는 것보다 더 좋고 효과적인 수단은 없을 것 같다고 말했습니다. 그리고 그것을 하느님께 맡기며, 온 중국을 위해 씨를 뿌릴 좋은 수단이 되어야 한다고 했습니다"(N.3433). 풍응경(馮應景)에 대해 우리가 알고 있는 것과 정확하게 일치한다(N.710). 이지조(李之藻)도 작품의 문체를 우아하게 하는 데 적지 않은 공헌을 했다. Cf. Guerreiro, II, pp.95, 107. 하지만 재교(梓較)에는 연이당(燕貽堂)이라는 사람이 감수했다고 하는데, 그 사람에 대해서는 리치가 기록한 작은 메모 외에는 없다. 내가 찾은 이 메모에는 "[『천주실의(天主實義)』] 작업에서 [리치] 신부를 도와줌"이라고 적혀 있었다. Cf. Tavola XVIII.

리치에 관한 많은 증언이 1605년에 『천주실의(天主實義)』가 나왔다고 기록하고 있는데, 저자가 책을 집필하는 데 "여러 해"(NN.1597, 1702)가 소요되었고, 결국 1604년 중에 발간되었기 때문이다(NN.1580, 1597, 1613, 1644, 1702; cf. N.755). 하지만 오늘날 우리는 의심의 여지 없이 『천주실의(天主實義)』가 1603년에 나온 것으로 알고 있다. 실제로 저자의 서문이 1603년 8월 22일 자로 되어 있고 萬曆三十一年歲次癸卯七月旣望, 본문을 쓴 것이 1603년 이전으로 밝히고 있기 때문이다. 一千六百有三年前

를 다루고, 특히 그것을 자연적인 이성으로 도달하고자, 이성의 빛으로 조명하려고 했다. 그것은 그리스도인과 비그리스도인 모두를 위한 것이고, 우리가 일찍이 도달하지 못했던 중국에서 오래전에 이미 활용했던 방식으로 소개했다. 그 결과 신앙과 계시 학문에 따른 여러 가지 신비의 여정으로 마음을 열게 했다.[92]

(*PCLC*, VI, f.69b). Cf. N.1651. 그러나 결정적인 것은 리치 자신이 1604년 아콰비바 총장에게 보낸 작품의 사본과 함께 보낸 친필 서명이 있고, 내가 카사나텐세 도서관[Biblioteca Casanatense, **역주_** 로마, 산타 마리아 소프라 인 미네르바 대성당(Basilica di Santa Maria sopra Minerva) 부속, 도미니코 수도회 소속의 도서관으로 1701년에 문을 열었다]에서 찾은 것(ms. N.2136)에도 다음과 같이 적혀 있었다. "1603년에 가장 많이 인쇄된 중국의 인문서"; 또 "이 중국어 교리서 앞부분은 1603년에 인쇄했고, 그해 로마에 있는 총장 신부님께 전달되었음"이라고 적혀 있었다. 이 연도가 너무도 명확해서 리치의 이전 기록들에서도 찾아볼 수 있는데, 1605년에도 그는 항상 애매하게 "지난해"라고 이야기하곤 했다. 이런 정황들을 통해 한 가지 추측할 수 있는 것은 『천주실의(天主實義)』가 나온 것이 1603년도 말이고, 그래서 리치는 1605년에도 내내, 1603년이지만 "지난해"라고 말할 수 있었던 것이 아닌가 싶다.

92 이 책이 우리 저자의 최고작으로 그 중요성이 인정된다면, 그 내용을 함축하는 것도 의미 있을 것이다. 당시 사람들은 물론 저자까지 직접 밝힌바, "교리서"라는 이름을 내세웠지만, 이 책은 오늘날 우리가 말하는 교리서와는 공통점이 대화체라는 것 외에는 아무것도 없다. 오히려 수준 높은 호교론서라고 말하는 편이 나을 것이다.

카사나텐세에 있는 사본은 인쇄상 이지조의 『천학초함(*PCLC*)』과 다르고, 이지조가 문체에 손을 대지 않은 1603년도판, 가장 오래된 유일한 사본이다. 제목이 『천주실의(天主實義)』, 리치가 번역한바, "하느님에 관한 참된 토론(*De Deo verax disputatio*)"이다. 좀 더 시간이 지난 후, 아마도 1615년 이후, 천학(天學)을 그리스도교라는 의미로 사용하기 시작했고, 따라서 다른 부분이나 내용은 모두 그대로 둔 채 책 표지만 바꾸기도 했다. 주(主)를 학(學)으로 바꾸어 새로 제목을 『천학실의(天學實義)』라고 쓴 것이다. 『천학초함』에서는 이편총목(理編總目) Vol.I 의 앞부분 각 편의 목록에 바꾸어 기재했고, 리치의 저작들만 모은 Voll.V-VI에서는 바꾸지 않았다. 내가 아는 『천학실의(天學實義)』라는 제목의 책 4권 하나는 *ARSI*, I, 53a 표지에 있고, 하나는 바티칸 도서관(Borgia Cinese, 332^{1-2})에, 세 번째는 파리국립도서관[cf. Courant, N.6820. 그러나 여기에서는 도서관 담당자가 학(學) 대신에 주(主)라고 잘못 쓴 것을 두 권의 표지에서 확인할 수 있다]에, 네 번째는 *ARSI*, I, 46에 나중에 각각 묶였다. 이 제목은 1630년 Aleni[1], B, f.12b에서 찾아볼 수 있다.

1601년 2월 3일 자, 풍응경(馮應景)의 멋진 서문이 삽입되기 전이고, 1603년 8월 22일 자 저자의 다른 판본보다도 먼저 나온 것이다.

작품은 "교리서"의 첫 번째 부분에 해당하고, 두 번째 부분은 다른 특정 주제들로 심화하려고 한 것 같은데, 전혀 집필되지 않았다. 책의 내용은 8개 장으로 구성되어 있고, 4장씩 두 책으로 엮었다.

제1장의 제목은 "세상 창조 때부터 하느님께서 하늘과 땅, 모든 피조물을 창조하시고 그것을 다스리고 보살피신다(論天主始制天地萬物而主宰安養之)"(「천주실의(天主實義)」 상권(上卷)[**역주_** 이하 上 혹은 下로만 명기], ff.1a-12a)이다. 인간의 지성에 관해 짧게 언급한 다음, 인간존재의 동의(同意 consenso), 운동과 질서에 관한 내용과 함께 하느님의 존재를 증명한다. 네 가지 원인에 관한 가르침을 먼저 설명하고, 하느님이 첫 번째 원인임을 증명한다. 우리가 가진 하느님과 그분의 속성에 관한 다소 잘못된 인식을 언급하며 마무리한다.

제2장의 제목은 "하느님에 관한 사람들의 오류를 논하다(解釋世人錯認天主)"(上, ff.12a-23a)이다. 불교와 도교를 강하게 반박하고, 유교는 칭송하면서도 태극(太極)과 같은 몇 가지는 인정하지 않았다. 제1의 물질로 본 것이다. 뒤이어 짧은 설명이 이어진 후, 중국인들에게는 완전히 새로운, 자립자(自立者)와 의뢰자(依賴者)를 구분하면서, 하느님은 지적 실체이며 피조물의 모든 완전성을 가장 탁월하게 지니고 계신 분이라고 천명한다. 마지막으로 상제(上帝)가 하느님을 의미하는 11개의 고대 중국 텍스트들을 소개한다.

제3장의 제목은 "사람의 영혼은 죽지 않으며, 동물의 생명 혼과 크게 다르다(人魂不滅, 大異禽獸)"(上, ff.23a-37a)이다. 이승의 여러 가지 비참함에 대해 묘사하며 그리스도교 천국의 필요성이 제시되고, 이 점에서 불교와 일치한다. 생혼(生魂), 각혼(覺魂), 영혼(靈魂)을 구분하고, 영혼의 단순성, 종교성, 불멸성을 입증한다. 그리고 선한 사람의 영혼은 죽은 후에 그대로 계속해서 살아가는 반면에, 악한 사람의 것은 흩어져 허공에 사라질 거라는 당대 [학자들의] 오류를 논박했다.

제4장의 제목은 "사람의 정신과 혼에 관한 거짓 주장을 논박하고, 피조물은 단일한 실체로 존재할 수 없음을 입증하다(辯釋鬼神及人魂異論, 而解天下萬物不可謂之一體)"(上, ff.37b-57b)이다. 유서 깊은 중국의 고전을 통해 고대인들의 영혼에 대한 믿음을 보니, 영혼은 사후에도 나타날 수 있다고 했다. 이처럼 인간의 영혼은 공(空)이 아니라 정신이고, 모든 피조물이 지적인 것도 아니다. 그런 다음 포르피리우스의 나무(Porphyrian tree)에 따른 존재의 구분에 대해 말하고, 지성과 본능의 차이를 이야기한다. 이어서 범신론적 일원론을 반박하고, 그 첫 번째 제작자로 루시퍼를 언급하며, 악마와 지옥의 기원으로 넘어간다.

제5장의 제목은 "윤회의 여섯 바퀴와 살생(殺生)을 금하는 것에 대해 논박하고 단식에 대한 참된 의미를 덧붙여 설명하다(辯排輪廻六道戒殺生之謬說, 而揭齋素正志)"(下,

ff.1a-16a)이다. 윤회설(輪廻說) 창시자는 피타고라스(Pitagora, 閉他臥剌)며, 불교가 그것을 받아들였고, 그 가르침이 중국으로 전해졌다. 그것은 최근의 〈세계지도〉(1602년)에서도 보듯이, 인도는 중국과 비교하여 그 가르침이 매우 덜 중요했다며, 윤회설을 반박했다. 모든 피조물이 인간을 위해 창조된 만큼, 고기건 생선이건 아무것도 못 먹는 것은 없고, 동물을 죽이면 안 되는 것도 아니다. 그리고 끝으로 그리스도교 단식의 동기와 본질을 설명한다.

제6장의 제목은 "[우리의 행위에서] 의도의 필요성과 죽은 후 이승에서 한 일에 대한 상선벌악이 이루어지는 천국과 지옥의 존재를 논하다(釋解意不可滅, 幷論死後必有天堂地獄之賞罰以報世人所爲善惡)"(下, ff.16a-36b)이다. 참된 의미에서의 희망과 두려움의 합법성을 밝히고, 사후 처벌로만 옳게 실현됨을 강조한다. 그런 뒤, 천국과 지옥에 대해 말하고, 연옥에 대해서도 언급한다. 그리고 그에 반대하는 사람들의 오류를 논박한다.

제7장의 제목은 "인간 본성의 타고난 선(善)과 그리스도인의 참된 학문에 대해 말하다(論人性本善, 而述天主門士正學)"(下, ff.36b-56b)이다. 하느님에 대한 인간의 본성, 선과 악, 자유의지와 인간의 목적을 설명한다. 그런 다음 하느님 사랑과 이웃 사랑을 중심으로 한 그리스도교에 대해 말한다. 하느님에 대한 신앙은 가장 확실한 지식[학문]이고, 사랑은 가장 고귀한 덕행이다. 종교적 무관심주의의 오류를 논박하고, 그리스도교의 진리를 증명하며, 우상숭배의 기원을 설명한다. 이런 모든 이유로 당시 중국의 세 개 종파를 따를 수는 없다고 결론지었다.

제8장의 제목은 "서양의 풍속이 숭상하는 바를 일괄하여 말하고, 복음 선포자가 결혼하지 않는 까닭과 의미를 논하며, 아울러 천주께서 서양에 강생하신 이유를 설명하다(總擧大西俗尙, 而論其傳道之士所以不娶之意, 幷釋天主降生西土來由)"(下, ff.56b-73a)이다. 유럽의 종교는 가톨릭[天主教][上, f.2b]이고, 그 수장(首長)이 교황인데, 임금들도 공경한다. 교황은 세계의 모든 주교를 임명하고 수도회들을 승인해 주는데, 그런 수도회 중 하나가 예수회다. 그런 다음 성직자 독신[제도]의 정당성과 동기에 대해 말한다. 그렇다고 해서 결혼을 금하는 것이 아니라 오히려 그리스도교에서는 권고한다는 점을 설명한다. 하지만 혼외 방탕한 생활에 대해서는 강력하게 단죄한다. 오늘날 중국에서 일어나고 있는 종교 다원주의를 한탄하며, 고대에는 이와 달랐음을 강조한다. 인간이 처한 비참한 상황은 그 기원이 원조(元祖)들의 원죄에 있음을 논한다. 그리고 드디어 육화[그리스도 강생]의 당위성과 그 '때'에 관해 이야기하고, 세상에서 하느님 율법을 선포하는 것에 대해 언급한다. 예수(耶蘇) 그리스도는 행한 여러 가지 기적들로, 참 하느님으로 친히 나타내 보임으로써 그것을 증명한다. 그러므로 누구든지 진리를 받아들이는 사람은 이 책, 『천주실의(天主實義)』에서 가르치는 바를 배우고 익힌 다음, 세례를 받아야 한다. Cf. N.1613.

[그림 40] 리치의 『천주실의(天主實義)』 상-하권 시작 페이지 (Cf. N.709)

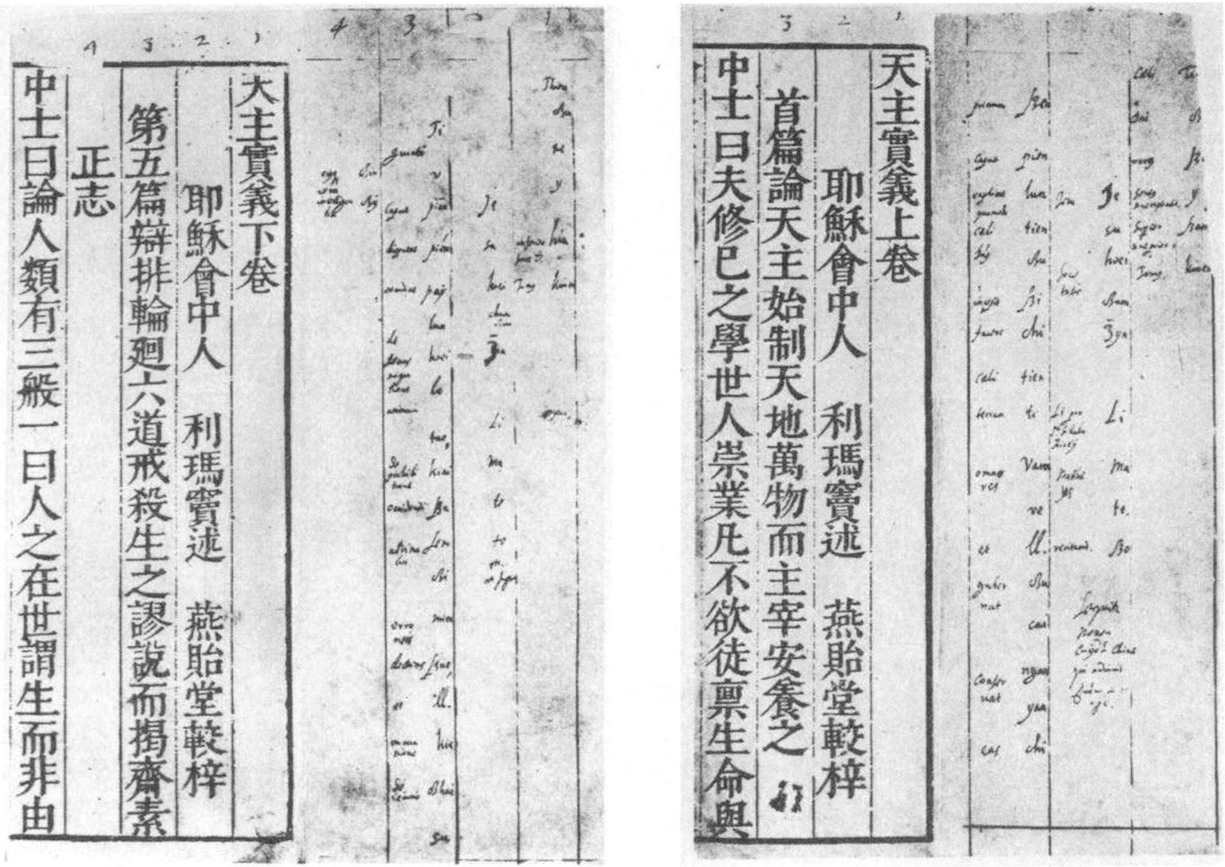

• 리치가 직접 쓴 세 줄(上), 네 줄(下)의 소리와 의미 표시가 각 우측에 있다. 소장: *ARSI, Jap.-Sin.*, I, 45.

우주 만물에 계시는 한 분이신 주님과 창조주께서 그것들을 관장하시고, 인간의 영혼은 불사불멸하며, 하느님은 선한 사람에게는 상을 주고 악인에게는 벌을 주신다는 내용을 담았다. 또 많은 사람이 추종하는 윤회의 허구성과 그런 유사한 것에 대해서 비판했다. 이 모든 것은 단지 많은 이가 이성으로 깨우치고, 우리의 거룩한 가르침에서 이야기한 것뿐 아니라, 권위 있는 많은 중국의 고전에서도 언급했던 내용이다. 신부는 그것들을 읽을 때 그 점에 주목했고,[93] 많은 부분 그것을 인용함으로써 책의 공신력을 높였다.[94]

---

93 1595년 11월 4일, 리치가 자신의 교리서[『천주실의(天主實義)』]를 2년째 손보고 있을 때, 한 편지에서 "저희가 중국인들의 책을 통해 우리의 성교회에 관한 것들을 시도하고자, 최근 몇 년간 좋은 스승들을 통해 사서(四書) 외에 육경(六經) 전체를 소개받았습니다. 저는 그들 모두에서 하느님의 유일하심, 영혼의 불멸, 복된 자들의 영광 등 우리의 신앙에 부합하는 많은 구절을 발견했습니다"(N.1467)라고 이야기한 바 있다. Cf. Fam̃hao[1], pp.81-83.

94 초판 200권은 북경에서 풍응경이 감수했고(N.1862), 1603년에 본대로였다(N.710). 그는 수기본을 보고는 즉시 출판하고 싶어 했으나, 2-3년이 지나도 이루어지지 않았고, 상당한 금액의 출판 비용을 그에게 준 상태라 그것을 어떻게 반환해야 할지를 몰랐다(N.710). 두 번째 판은 발리냐노가 일본을 위해 명령했다. 그때까지 일본에 "교리서"가 없었고, 그래서 광동(廣東)성에서 출판했다. 아마도 1604-1605년 소주에서 편집한 걸로 보인다. 확실한 것은 1606년 1월 20일 이전이다(NN.1800, 1818, 1862). 세 번째 판은 1607년 절강에서 이지조가 감수한 것으로(1607년 10월-11월 "서문"), "누구보다도 사라센 사람들[=무슬림]이 자기네 교리와 일치한다고 생각하고 많이 샀다"(N.632). Cf. N.1863.

그 후 오늘날 우리 시대에 이르기까지, 몇 번이나 판이 거듭되었는지 그 숫자를 세지 않았다. 알려진 바로는 강희(康熙) 황제가 읽고 1692년 3월 22일 종교 관용령을 선포했고, 후에 건륭(乾隆) 황제가 개인적으로는 가톨릭 신자들을 박해하면서도 이 책을 『사고전서(四庫全書)』에 넣도록 했다. 책을 가장 확실한 그리스도인으로 간주했다. Cf. Seccu[1], c.125, f.8a. 그러나 그[건륭]의 불교학자들은 리치가 이 책에서 너무 쉽게 승리를 얻으려고 오류를 범하고 있다며, 유교를 공격하지 않고 불교를 잘못 공격했다고 주장했다. 하지만 그들은 이제 막 자기네가 벗어난 천국과 지옥에 관한 교리를 잘못 주장하고 있다.

중국의 여러 종파의 모든 오류를 직접적으로 지적할 수는 없지만, 우리 학자들도 언급한, 이성으로 논의의 여지가 없는 진리에 반대되는, 중국인들이 말하는 오류의 뿌리에 대해서는 모두 논박했다. 특히 불교에서 숭배하는 내용과 교리를 가차 없이 반박했다.[95]

종파 중 대표적인 것으로 공부자孔夫子를 추종하는 [유가 사상이 있는데] 많은 문인이 우리의 가르침에 호의적인 태도를 보였다. 의문으로 품고

리치의 이 작품은 큰 성공을 거두었다. 선교사들이 온 목적을 분명하게 해 준 중국에서뿐 아니라(NN.734, 1644), 불교를 성공적으로 논박했고(NN.710, 1576, 1597, 1613, 1644-1645, 1702, 1859), 일본에서도 "크게 받아들여졌다"(N.1862; cf. NN.1580, 1597, 1800, 1818). 후에 책은 만주어로 번역했고(*ARSI, Jap.-Sin.*, I, 48*A*, 48*B*), 한국어로, 통킹어[**역주_** 베트남 북부 홍강 유역을 일컫고, 후 레 왕조 시기 하노이를 말하기도 한다]로, 몽골어로도 번역되었다. 1667년 5월 9일, 전례 논쟁이 한창일 때, 도미니코회의 사르페트리(Domenico Maria Sarpetri) 신부는 종종 생각했다며 말하기를, "이런 종류의 책은 하느님의 계시나 다른 특별한 도움이 없이는 저자가 작업을 할 수 없다"(Intorcetta ecc., p.CIX)고 했다. 이듬해에도 사르페트리는 어떤 이슬람 저서에 대해 언급했는데, "그것은 다름 아닌, 이슬람 표지를 한 리치의 책이었다"(Pelliot in *TP*, XXI, 1922, p.415, n.2)고 했다. 한 세기가 지난 후, 1778년 7월 31일, 청(淸)나라 건륭제(乾隆帝) 때 선교사로 있던 예수회 부르주아(François Bourgeois, 1723-1792) 신부는 이 책에 대해 이렇게 말했다. "걸작입니다. 자신의 스타일을 만들기 위해 쉬지 않고 책을 읽는 학자들이 있습니다. … 계속해서 거처를 옮기면서 자신의 신학을 형성한 사람이 어떻게 그렇게 큰 노력을 기울여 한 권의 책을 쓸 수 있었는지 상상하기 어렵습니다. 논리적이고, 명확하며 너무도 유려합니다"(건설적이고 호기심 어린 편지(*Lettres édificantes et curieuses*) Parigi, 1781, XXIV, p.481).

초판으로 나온 한 권을 리치는 1604년 이전 아콰비바 총장에게 보냈고, 그것이 로마의 카사나텐세 도서관에 있다(ms. N.2136). 같은 초반으로 또 다른 사본 하나도 1605년 7월 26일에 로마에 보냈는데(N.1695) 이것은 분실되었다. 절강 판본(1607년)으로 추정되는 또 다른 사본도 1608년 8월 22일에 보냈는데(N.1859), 이것은 *ARSI, Jap.-Sin.*, I, 45에 보관되어 있고, 리치가 직접 쓴 몇 개의 주석도 있다.

95 이런 단호한 논박들은 도교와 불교를 상대로 했고, 그 종파를 추종하는 사람들의 울분과 증오심을 갖게 했지만, 그들은 "[1605년 5월 10일] 지금까지 우리를 험담하고 말로만 우리를 가만두지 않겠다"(N.1613; cf. N.1859)라고 전했다. 이런 상황은 "이미 오래 전부터 우리가 예상했던 것"(N.1644)이라고도 했다.

있던 몇 가지 것들에 대해 우리가 설명해 주었기 때문이다.[96] 이것은 불

---

96 리치는 도교의 심부를 공격했는데, 그에 따르면, 유효한 원인과 모든 도덕으로서 무존(無存, non-essere)으로부터 만들어진 것들은 무위(無爲, non-agire)로 함축된다(物生於無, 以無爲道)(천주실의 in *PCLC*, V, 上, ff.12a-14a). 실제로 『도덕경(道德經)』에서도 이 두 가지를 명확히 선언한다. a) "천하 만물은 있음[有]에서 생기고, 있음은 없음[無]에서 생긴다(天下萬物生於有, 有生於無)"(c.40); b) "최상의 덕은 '행동하지-않음(non-agire)'이다. 上德無爲"(c.38), 따라서 대원칙은 "아무것도 하지 않고[무위], '관여하지 않음'으로 행동하지 않는다(爲無爲, 事無事)"(c.63)이다. 그는 또 더 큰 종교인 불교도 강하게 비판했다. 추종자들을 멀어지게 하고(N.710) 그들의 미움을 받을 만큼 충격을 주었다(NN.710, 1576, 1613, 1644-1645, 1702, 1859). 그들은 리치의 논문에서 "그들의 거짓 발언과 허구, 영매(令妹)와 다른 거짓들을 분명하게 반박하는 것"(N.1613)을 보았기 때문이다. 말하자면, 책 전체가 그들을 공격하는 것이고, 특히, "모든 사물의 시작을 공(空)(色由空出, 以空爲務)"이라고 주장하는 불교의 이론을 반박했다(『천주실의』 in *PCLC*, V, ff.12a-14a). 그러면서 불교는 그리스도교에서 천국에 관한 교리를 취했고(*Ibid.*, V, f.27a), 윤회와 살생 금지의 부당함을 강력히 반대하며, 그에 관한 논의에 거의 제5장 전체를 할애하고 있다(*Ibid.*, VI, 下 f.1a-11a). 선한 사람도 나쁜 사람도 아닌 인간존재가 있을 수 있다며, 그들이 윤회에서 단죄받아야 한다고 주장하는 사람들의 의견을 반박하고(*Ibid.*, VI, ff.32a-33a), 우상숭배의 중죄를 입증하며(*Ibid.*, VI, f.51b), 이 교리의 많은 모순을 드러냈다(*Ibid.*, VI, ff.52a-54b). 그에 대한 역사적인 기원을 밝히고(*Ibid.*, VI, f.54ab), 불교가 중국에 도래하게 된 것을 이야기했다(*Ibid.*, VI, ff.2ab, f.71b).

공자의 추종자들이 "내세에 관한 믿을 만한 것까지, 지키지도 금하지도 않고", 동시에 유교와 불교, 혹은 유교와 도교 신봉자가 되는 것을 보고, 리치는 유교가 "형성된 법칙"이 아님을 논리적으로 추론했다. 즉, 말로만 종교일 뿐, 정확하게는 우리 시대에 이르기까지 비-그리스도인이며 중국인 고위 인사들이 누차 이야기한 것처럼, "국가를 잘 다스리기 위해 세운 일종의 학파"(N.181)일 따름이다. 그래서 1595년 광동성에서 나오면서 의복을 바꾸어 입고 서양학자의 이름을 취하며, 남창의 많은 지성인과 논의를 시작했다. 그는 현세에서 실천해야 할 도덕적 덕행의 학당인 유교가 우상숭배와는 완전히 이질적이고, 그리스도교에 적응하기 쉽다는 것에 크게 만족했다(N.1358). 1599년 2월 6일, 남경에 도착해서는 옛 수도의 문인들과 "종종 논의와 토론을 했고", "모두 두 우상 종파, 곧 도교와 불교를 공격했으며", "[유교는] 그와 달리 오히려 칭찬했다. 유교의 창시자 공부자(孔夫子)는 내세가 있는 줄을 몰랐기에 현세에서 잘사는 방법과 왕국과 공화국을 평화로이 잘 통치하고 보존하는 방법에 관한 가르침만을 준 것으로 이해했다"(N.555). 이런 행동 방식은 중국의 최고 철학자들에게 매우 큰 차이점과 섬세한 인상을 주었다. 완전히 새롭고, "공자와 문인들로부터 멀어져 미신적인 것들로 기울어 버린" 불교도들과는 상반된 것으로 받아들였다. 이 방법은 남경의 학자들에게 최

교를 숭배하지 않는 문인들의 큰 신뢰를 얻는 기회가 되었다.

고의 인상을 남겼다. "이런 이유로 주요 인사들 사이에서는 신부에 대해 많은 말들이 오갔고, 신부를 두고 진정한 학자라고 했다. 그는 우상 종파들도 결코 함부로 대하는 일이 없다고도 했다"(N.555). 심지어 남경의 한 공부주사(工部主事)는 공자를 반대하는 한 중국인 학자를 비난하며 외래 종교인 우상, 곧 불교의 가르침을 따르려고 한다고 소리치자, 그 자리에 있던 외국인 리치가 "공자의 가르침을 더욱 높이고, 우상의 가르침을 공개적으로 거짓된 것"(N.557)이라고 말해 주었다.

이렇게 선교사는 공자를 따르는 정직한 모든 추종자와 함께 불교는 반박하고, 유교의 가르침은 "도덕적인 면에서 우리와 거의 일치하기 때문"이라고 했다. 하지만 [유교에서] "우리의 가르침과 상반되는 것에는" 직접적인 논쟁보다는 유연하고 고상하게 적합한 "해석"을 찾았다(N.1917). 이런 의미에서, 오로지 이런 의미에서, 그는 "공부자(孔夫子)를 추종하는 많은 문인이 우리의 가르침에 호의적인 태도를 보이게 했고, 의문으로 기록된 몇 가지 것에 대해 설명"(N.709)해 주었다. 그 결과 이교도 시인 아라토(Arato)를 인용하는 데 주저하지 않았던 성 바오로의 사례와 일치했다[**역주**_ 사도 17, 28에 "여러분의 시인 가운데 몇 사람이 '우리도 그분의 자녀라'고 말하였듯이…"라는 문장이 있다. 신학자들은 여기서 언급된 '시인'은 3세기, 이 지역에 살았던 '칠리치아의 아라토'라는 시인이라는 결론을 내렸다]. Cf. 사도행전, 17, 28. 그러므로 리치의 이 텍스트에서 유명한 "전례 논쟁"의 출발점을 보려고 한 비어만(Biermann)(pp.170-171)의 모든 주장은 스스로 추락하고 만다.

공자가 남겨 둔 의문과 리치가 자신의 『천주실의』에서 정통적인 의미로 해석한 것은, 태극(太極)이다. 그에 관한 『역경(易經)』(繫辭上傳, XI)의 주해(註解) 앞부분에서 공자가 한 말이라고 잘못 기록하여 말하기를, "易有太極, 是生兩儀, 兩儀生四象, 四象生八卦: 역(易, 변화)에 태극이 있으니, 이것이 양의(兩儀, **역주**_ 양과 음, 하늘과 땅 등)를 낳고, 양의가 사상(四象, **역주**_ 음양의 4가지 상징, 땅속의 네 원소[물, 불, 흙, 돌] 등)을 낳으며, 사상은 팔괘(八卦, **역주**_ 중국 상고시대 복희씨가 지었다는 여덟 가지 괘)를 낳는다"라고 했다. Cf. Zottoli, III, pp.578-579; Forke[1], p.171. 이 텍스트와 관련하여 법칙이 써졌다. "고대 유교 문헌에서 이 이름[太極]이 나오는 곳은 어디에도 없다. 나는 그것이 기원전 5세기(? 혹은 4세기)경, 도교의 한 원전에 부록으로 들어갔다는 데 의심의 여지가 없다고 본다." *The Yi King*, in Max Müller, *The Sacred Books of the East*, XVI, p.12; cf. *Ibid.*, p.373. 태극(太極)은 『예기(禮記)』의 제7장에 나오는 태일(太一)과 같지 않다(Couvreur, *Li Ki*, 1913, I, pp.527-528). 서기 10-15세기의 철학자들은 태극에 관해 가장 난해한 이론들을 내놓았다. 그중 제일위를 차지하는 사람은 진박(陳搏)(c.895-c.989), 소옹(邵雍)(1011-1077), 주돈이(周敦頤)(1017-1073), 주희(朱熹)(1130-1200), 진순(陳淳)(1153-1217), 설선(薛瑄)(1393-1464) 등인데, 이들에 관해서는 다음을 보라. Forke[2], p.338; Forke[3], pp.26, 46-51, 176-179, 197-198, 213-214, 320-321. 그들 중 일부는 태극(太極)을 이성 또는 자연 질서의 비물질적 원리와 동일

그리고 이런 논쟁의 끝에, 신부는 세상을 구원하고 가르침을 주기 위

시했고, 일부는 도(道)의 과정으로, 다른 일부는 고대의 최고 지배자 상제(上帝)에, 다른 일부는 신령 등과 동일시했다. 중국인 문인들이 공자와 관련하여 태극(太極)의 의미에 관해 묻자, 우리의 저자[마태오 리치]는 여러 가지 많은 설명을 한 후(*PCLC*, V, ff.14b-15b), 그가 보기에 그것은 제일 물질의 의미로 간주되어야 한다고 했다.

이 점에서 우리는 리치가 직접 써서 1604년 예수회 총장에게 보낸 훌륭하고 명확한 논평문이 있다. 내가 로마의 카사나텐세 도서관에서 찾은 것은 이렇다(ms. N.2136). "태극[太極]에 관한 가르침이 새로 등장한 것은, 나온 시점보다 5년 앞서서입니다. 일부를 자세히 들여다보면, 하느님에 대해 더 잘 느꼈던 고대 중국의 현인들과 다투고 있다고 합니다. 제가 보기에 그들이 말하는 태극의 내용은 아무것도 없고, 그들이 제1 물질이라고 하는 것도 우리 철학자들이 말했던 것입니다. 그것은 존재가 갖는 최소한의 실체이고, 모든 사물의 저변에 존재하는 것이기에 그들이 말하는 것처럼 문제가 될 것이 없습니다. 거기에는 영(靈)도 지(知)도 없습니다. 비록 일부의 사람이 원인[理]에 대해 말하고 있다고 하지만, 그들도 내용을 전혀 이해하지 못하거나 지성을 통한 추론보다는 사고의 과정으로 치부해 버립니다. 따라서 그들끼리도 각자 해석을 달리할 뿐만 아니라, 많은 사람이 도리에 맞지 않는 소리를 합니다. 이런 일들을 겪으며 저는 앞서 말한 것과는 다르게, 이 책에서 그에 상반된 견해를 명확하게 하려고 했습니다. 그렇게 중국의 규범을 따라야, [나중에] 우리의 율법을 따르기 위해 누군가 권위 있는 사람이 중국어로 번역할 수도 있기 때문입니다. 그리고 그들은 중국을 통치하는 법을 배웠고, 우리의 대부분은 이런 원칙적인 논쟁에 다소 공격적이지만 그것은 시작보다 원칙에 관한 생각에만 반대합니다. 끝으로 만약 태극이 실체가 있는, 지(知)와 무한의 제1 원천이라면 그것이야말로 하느님 외에 다른 것일 수가 없습니다"(알파벳 Z 이후). 이런 그의 해석이 한 위대한 중국인 인물을 통한 것이라는 데 주목할 필요가 있다. "그 자리에 있던 어떤 사람이 최고의 존중과 그 자리에서 가장 큰 권위 있는 주장을 보고는 자료를 손에 넣은 후, 우리에게 이런 가르침을 와서 다시 한번 해 달라고 솔직하게 부탁했습니다. 그는 이것이 중국에 주는 가장 큰 혜택일 거라고 했습니다. 하지만 지금까지도 저는 시간을 내지 못하고 있습니다"(e자 아래 가장자리에).

리치의 설명은 그 근거를 공영달(孔穎達)(574-648년)의 저서에서 찾아볼 수 있는데, 그는 공자의 먼 후손이자 표준이 되는 책의 권위 있는 해설자다. 그는 "태일(太一)이란, 천지가 구분되기 이전, 혼돈의 원천이 되는 물질이다(太一者, 謂天地未分, 混沌之元氣也)"(Couvreur, *Li Ki*, I, p.527, 注)라고 했다. 똑같은 설명을 많은 근대의 중국과 일본의 저자들이 인용했다.

유교의 순수한 교리에 대한 리치의 호의적인 이런 태도는 당대 합리주의자 주희(朱熹) 학파에서 합리적인 사고에 젖은 문인들과[N.176, 본서 1권, p.447, 주(註) 552.] 그 외 11-13세기 철학자들의 사고를 답습한 사람들의 공격까지 막지는 못했다. 그들은 초기 텍스트의 의미에서 멀어져 있었다. "공격적인 일부의 견해를 반박했음에도 불구하

해 오신 우리 구세주 그리스도의 강생에 관해 이야기했고, 그러면 중국인들은 신부에게 참된 가르침을 달라고 청했다. 어떤 사람에게는 책으로 더 깊은 가르침을 주었다.[97]

고, 이 시대의 아홉 명의 문인들은 고대인들을 따르려고 하지 않았습니다"(N.1917). 중국은 고대 종교사상의 순수함으로 돌아가야 한다는 주장은 전체개론에서 언급한 바 있듯이(본서 1권, pp.58-61.), 그것은 언제나 리치의 호교론적 방법론이었고, 그 방법은 그가 죽을 때까지 이어졌으며, 그 점에 대해 스스로 매우 만족한다고 했다. Cf. N.1917.

이 부분에서 리치가 기원전 5-4세기의 철학자 묵적(墨翟)을 한 번도 인용하지 않은 것에 놀라는 사람이 있을 것이다. 묵적의 가르침에는 고대인들에 의한 하늘의 뜻 천지(天志), 보편적 사랑에 관한 겸애(兼愛), 일반적인 평화에 관한 비공(非攻)과 같은 내용이 있어, 리치의 그리스도교 논증에 매우 유용했을 수도 있다. 그러나 이 철학자는 거의 2천 년간 중국인들에게 거의 잊힌 존재가 되었고, 1783년 필원(畢沅, 1730-1797)이 감수하여 책이 나올 때까지 명예를 회복하지 못했다. 실제로 그의 저작물들은 1445년 고천리(顧千里)가 편집한 도교 표준서 도장본(道藏本)(cf. Wieger, Taoisme, 1911, I, p.184, N.1162)으로 보존되었다. 따라서 리치는 이 방대한 표준서들을 [알고 있었어도] 완전히 무시했을 가능성이 크다. 바로 도교의 것이기 때문이다. 그 외, 우리의 저자[리치]가 묵적의 가르침으로 학자들과 토론하는 것은 그다지 현명한 일이 못 되었다. 왜냐하면 이 철학자에 대한 맹자(孟子)의 공격 이후(III, c.15: c.29: VII, c.126; cf. Zottoli, II, pp.478-481, 496-497, 618-621), 모든 선한 유학자는 예(禮)와 악(樂)에 대한 그의 경멸을 인정할 수 없었고, 그의 보편적 사랑은 오륜(五倫)을 억압하는 것으로 받아들였기 때문이다.

97 이제 이 교리서[『천주실의(天主實義)』]의 결론을 읽기로 하자. "천주께서는 더 나아지기 위해 노력하는 사람과 완전함을 생각하는 모든 사람을 분명히 도와줍니다. 하지만 인간 본성의 선한 부분은 감추어져 있고, 잘못된 습관으로 악(惡)에 쉽게 빠지기 때문에, 선(善)을 건설하기가 어렵습니다. 고대에서부터 천주께서는 아버지의 연민으로 모든 세대에 끊이지 않고 성인들[聖神]을 보내시어 [완전함의] 정상에 오르게 하시고 [인간 본성을] 정직하고 단순하게 하셨습니다. 그러나 점차 성인(聖)과 현자(賢)들이 지나가면서, 날마다 열정을 좇는 사람들의 수가 늘고, 이성을 좇는 사람들의 수는 줄어들었습니다. 이에 [천주께서는] 당신의 무한한 자비로, 세상을 구원하고 인간들을 격상시킬 사람을 보내 주셨습니다. 1603년 전, 한(漢) 왕조[=기원전 1년], 애(哀) 황제의 원수(元壽) 시기 연도에 따르면, 경신(庚申)년에 동지가 지나고 삼 일째 되는 날[12월 25일] 한 동정녀[貞女]를 어머니로 선택하여 부부의 결합 없이 잉태케 하셨습니다. 강생(降生)하신 그분은 구세주라는 뜻으로 이름을 예수(耶蘇)라 하시고 친히 가르치시어 서양

[西土]을 개종시키셨습니다. 33년 후에 하늘로 오르셨습니다. 이것이 천주의 생애[육화]입니다."

"중국인 학자가 묻는다. 그렇다면 이 모든 것을 증명하는 주장들은 무엇입니까? 당시 사람들이 예수가 참 천주시고 [단지] 한 개인이 아니신 줄을 어떻게 확신할 수 있었습니까? 그분의 증거로는 아마도 믿음을 주기에 충분하지 않았을 수도 있습니다."

"서양인 학자가 대답한다. '성인'이라는 말이 중국보다 대서(大西, 유럽)에서 더 협소한 의미를 지니는데[cf. N.178, 본서 1권, p.450, 주(註) 565.], 하물며 천주에 대해서야 오죽하겠습니까? 사방이 100리(里)로 둘러싸인 어느 나라의 임금이 자신의 신하들을 불러 [중국] 제국을 정복하도록 하고, 단 한 치의 불의와 한 명의 무고한 사람도 죽이지 않고 정복했다고 하더라도, 우리 서국(西國)에서는 [그것으로] 그를 성인이라고 부르지 않습니다. 비록 임금이 가난하여 수천 대의 전차를 포기한다고 해도, 그것은 '겸소하다'라고 할 따름입니다. 성인은 열심히 목숨을 걸고 천주께 명예를 돌리는 사람이고, 한없이 낮은 삶을 살며, 인간이 도달할 수 없는 놀라운 일(약 없이도 불치의 병을 고치고, 죽은 사람을 소생시키고, 예언하는 등)을 행하는 사람을 일컫습니다. 제 소박한 나라(敝國)에서는 이런 사람을 성인이라고 부르고, [그들은] 모두 이런 종류의 사람들입니다. 천주께서 이승에 계실 때 행한 기적[現跡]들은 [성인들이 한 것보다] 훨씬 많습니다. 그분이 행한 업적은 성인들이 한 업적을 훨씬 능가합니다. 이[성인]들은 천주의 힘으로 놀라운 일들을 행했는데, 어찌 다른 힘으로 같은 천주를 섬길 수 있겠습니까? 서양에서는 아주 먼 옛날부터 많은 성인이 있었고, 수천 년 전부터 천주의 육화[강생]를 예언했고, 시기도 지목했습니다. 예언들은 많은 책에 기록되었습니다. 그 후, 때가 되자, 백성들은 기대에 가득 찼고, 실제로 그분[예수]을 만났을 때, 고대의 성인들이 책에서 기록한 것과 정확하게 일치하는 것을 보았습니다. 그분이 백성에게 설교할 때, 귀머거리에게 '들어라'하고 명령하자 즉시 듣기 시작했고, 눈먼 사람에게 '보아라' 하고 명하자 즉시 보게 되었습니다. 벙어리에게 '말하라' 하고 명하자 즉시 말했고, 중풍병자에게 '걸어라' 하고 명하자 즉시 걸었으며, 죽은 사람에게 '일어나라' 하고 명하자 즉각 소생했습니다. 하늘과 땅과 영(靈)들이 그분을 두려워했고, 누구도 예외 없이 그분께 복종했습니다. 고대의 성인들이 기록으로 남겼던 분이라는 걸 확인하자, 세상에 거대한 종교를 세우기 전(?)부터 벌써 [그분에 관한] 책[경전]의 수가 증가했습니다. 그분은 선포의 임무를 마치고, 환한 대낮에, 친히 예고하신 것처럼 하늘로 돌아가셨습니다. 당시 네 명의 성인이 그분의 지상 생활과 가르침을 기록했고, 그 기록을 여러 나라에 남겼습니다. 이후 동서남북 모든 백성이 [복음을] 받아들이고 세세 대대로 그것을 지켰습니다. 그때부터 대 서국의 문명화는 크게 발전했습니다. 중국의 역사는 한(漢)의 명(明) 황제 시절에 [그리스도교에 관한] 말을 듣고, 서양에 사절을 보내 책들을 요청한 적이 있었습니다. 그러나 사절들은 도중에 인도(身毒)를 가라는 것으로 잘못 알아듣고, [인도로 가서] 불교 서적들을 가지고 와 중화(中華)에 보급했습니다. 이에 귀

710. 1603년 풍응경(馮應敬)이 감수한 『천주교요해략(天主教要解畧)』과 그 영향

이 책은 여러 시기와 장소에서 중국인들이 우리에게 한 질문들을 모아 정리한 것으로, 우리에게 매우 유용한 책이었다. 그들의 질문에 대한 대답이 모두 들어 있기 때문이다. 이 책은 나중에 새로 온 신부들이 중국말

국은 오늘날까지 속았고, 그 바람에 참된 종교에 대한 말을 듣지 못했습니다. 이것이야말로 학문과 예술에서 참으로 가슴 아픈 불행이 아니겠습니까?[Cf. N.182, 본서 1권, p.456, 주(註) 580.]"

"중국인 학자가 묻는다. [그것은 모두 사실입니다.] 시기와 사람과 업적이 의심의 여지 없이 일치합니다. 만약 어떤 사람이 이 종교 밖에서는 세상에서 참된 종교를 찾을 수 없다고 보고, 또 훗날 천상에서의 행복을 얻을 수 없다고 생각하여 세상에서 물러나, 목욕재계한 다음 천주의 참된 복음을 받아들이고 그분의 학당에 들어가 성교회에 입문한다면, 잘 모르겠습니다만, 고귀한 스승님은 그것을 허락해 주시겠습니까?"

"서양인 학자가 대답한다. 이 복음[기쁜 소식]을 전하기 위해, 저는 두세 명의 뛰어난 친구들을 따랐고, 집과 조국을 버리고 수만 리 여정의 어려움을 진심으로 겪었으며[幾萬里], 외국의 땅에서 살고 있습니다. 그렇지만 한 번도 후회한 적 없고, 오히려 저의 지복(至福)을 생각하며 기꺼이 했습니다. 목욕은 몸에 붙은 먼지만 털어낼 뿐입니다. 천주께서 혐오하는 것은 도덕적인 악(惡)입니다. 바로 이것이 성교회가 입문에서 성수를 가지고 있는 이유입니다[造門之聖水]. 이 종교를 받아들이기를 원하는 모든 사람은 먼저 과거의 죄에 대해 깊이 참회하고 진심으로 더 나은 사람이 되기를 바라야 합니다. 그런 다음 이 성수를 받습니다. 그러면 천주께서는 즉시 그를 사랑하시어 과거의 잘못을 온전히 용서해 주시고 [방법에 있어] 신생아처럼 됩니다. 우리의 목적은 다른 사람의 스승이 되는 것이 아니라, 세상의 잘못에 대해 연민하는 마음을 갖고, [모두] 원래의 상태로 되돌리며, 천주의 거룩한 종교[天主聖教]로 인도하는 것입니다. 그렇게 되면 [우리의 목적이] 이루어지는 것입니다. 우리는 모두 같은 아버지의 자녀로 [우리끼리 같은 아들로] 한 형제들인데 어떻게 스승이라는 직함을 가질 수 있겠습니까? 천주의 교리[가르침]는 중국어와는 다른 언어로 적혀 있습니다. 그것이 중국어로 완전히 번역되지는 않았지만, 잘 요약된 것이 있습니다. 제가 앞서 다룬 여러 가지 신앙적인 것들은 이 교리의 일부분입니다. 누구든지 알고 싶고, 공부하고 싶은 사람은 앞 장에서 말한 것에 머물며 음미하십시오. 아무런 의심 없이 [확신하게 되면], 교리를 받아들이고, 세례를 받고, 성교회에 들어오는 것이 뭐가 어렵겠습니까?"(下, ff.69b-72b).

중국인 학자는 온 중국의 개종을 기대하며, 이 모든 것에 대해 성찰하겠노라고 약속한다.

을 잘하지 못할 때도 모든 사람과 면담할 수 있게 했다. 그들의 요청에 따라 우리가 그들의 질문을 듣고 거기에 대답하는 형식으로 쓴 책이기 때문에, 그때까지 기록하지 않았던 모든 것을 담은, 가장 잘 나온 책이라고 할 수 있다.[98]

책은 여러 가지 효과를 가져왔다. 그리스도인이 되고자 하는 사람에게는 우리의 신앙에 대해 잘 이해하도록 큰 도움을 주었고, 그리스도인들에게는 거룩한 믿음이 매일 더욱 강화될 수 있게 해 주었다. 그러나 우상 종파의 추종자들은 매우 싫어했고, 많은 사람을 우리에게서 멀어지게 했다. 중국인들이 하는 것처럼, 명예를 훼손하지 않고 경박하지 않게, 누구든지 자유롭게 그들 종파의 거짓을 밝힐 수 있게 되었고, 그들이 답을 찾을 수 없었던 것들에 관한 대답을 주기도 했다. 나아가 진리를 알고 싶어 하는 많은 비그리스도인이 이 책을 읽고 칭송했다. 그리고 모든 사람이 우리 유럽인들이 그렇게 무식한 사람이 아니라는 것, 심오한 것들에 대해서 모른다거나 그런 것들을 이성으로 다루지 않는다고 생각하지 않게 되었다.

따라서 이 장章[99]을 쓰는 시점에서도 책은 이미 14개 성省에서 거듭 인

---

98 사실 이 작품은 리치가 문인들과 구두 혹은 필기로 나눈 대화의 산물이다. 그중에는 특별히 당국(當國, **역주_** 오늘날의 총리에 해당) 엽대산(葉臺山)(N.533), 이부상서(吏部尚書) 이대(李戴)(N.619), 병부상서(兵部尚書) 소대형(蕭大亨)(N.619)[이 사람을 알레니는 실수로 조(趙)라고 부르고 있다(Aleni[1], B. f.12a)], 형부(刑部)시랑(侍郎) 왕여훈(王汝訓)(N.619), 축석림(祝石林)(N.536), 알레니가 예부시랑 직책을 잘못 적은 소종백(少宗伯)(Aleni[1], *ibid.*), 풍응경(馮應敬)(N.624), 이부대신(吏部大臣) 조우변(曹于汴)(N.600), 남경의 전부(銓部) 오좌해(吳左海)(N.544), 어떤 성(省)의 참정(參政)으로 알려진 공대참(龔大參)이 있는데, 이 사람은 광동의 참정(參政) 공도립(龔道立)일 가능성이 높다(cf. *Fonti Ricciane*, III, p.11, n.9), 그리고 이지조(李之藻)(N.628)가 있었고, 승려 삼회(三淮)와 삼회 서원(書院) 등이 있었다. Cf. Aleni[1], B. f.12a-b.

쇄되었고, 두 성에서는 그리스도인들을 통해서가 아니라, 비그리스도인들을 통해서 출판되었다.[100] 그들이 보기에 잘 사는 데도 유용할 거라는 생각에서다.

풍모강은 수기手記 본을 처음 봤을 때,[101] 너무도 마음에 들어 사비를 들여 즉시 출판하고 싶어 했다. 아직 출판 승인이 떨어지지 않은 상태여서 신부는 일단 그의 마음을 잡아 두고 싶어서, 책의 구성을 좀 더 손본 후에 출판하는 게 좋을 것 같다고 했다. 그러나 풍모강은 신부에게 직책이 상당히 높은 통신사 한 사람을 보냈다. 그가 말하기를, "중국에는 죽기 직전의 병든 사람처럼 매우 심각한 죄를 지은 사람이 있습니다. 그런 사람은 이 책을 보는 것만으로도 병이 나을 수 있을 것 같습니다. 따라서 신부님이 책의 구성을 더 손본다고 하시는 것은 잘한 것 같지 않습니다. 이미 매우 좋고 명료합니다. 어떤 의사가 매우 위험한 중병에 걸린 사람을 방문하고, 이미 나을 수 있는 처방전을 주었는데, '이 처방전을 더 유려한 문장으로 작성해서 줄 테니 잠깐만 더 기다리시오'라고 말하는 것과 같습니다." 그리하여 책의 판본을 시작했고, 사비로 200권을 인쇄하여 몇 권을 자기 친구들에게 준다고 가져가고, 나머지는 신부에게 주면서 기증한다고 했다.

신부들을 놀라게 한 것은 그가 이 책의 출판을 위해 쓴 돈은 오래전에

---

99 **역주_** 지금 쓰고 있는 본서, 『리치 원전(Fonti Ricciane)』의 이 장(章)을 가리킨다.

100 풍응경(馮應敬)과 이지조(李之藻), 이 두 비그리스도인은 리치가 [이 역사서의] 이 장(章)을 쓸 때, 4판 중에서 두 판(版)의 계기를 마련해 주기도 했고, 1609년에도 책을 재인쇄하도록 촉구하기도 했다.

101 1600년 혹은 1601년 1월, "서문"을 쓰기 직전(1601년 2월 13일), 아직 호광(湖廣)에 있을 때다.

자기가 누군가로부터 도움받은 것을 돌려주는 것이라고 했다. 다시 돌아가 그 사람을 찾았으나 찾을 수가 없었고, 그동안 어떻게 돌려주어야 할지 몰랐다는 것이다. 그러던 중, 가족 중 한 사람이 그리스도인이 되었고 [그를 통해 우리에 관한 모든 정보를 입수했고], 우리의 율법에는 고백성사라고 하는 것이 있어, 그리스도인들은 자기의 죄를 고백하고, 남의 물건을 훔친 사람은 훔친 물건이나 가진 물건을 고백자에게 돌려준다는 걸 알았다. 그는 이것을 나름대로 해석하여, 이런 식으로 돌려주는 방식을 택했다. 교리서를 기증하는 것이 양심에 복종하는 길이라고 판단한 것이다. 이것은 그에 대해 좋은 평판을 얻게 했고, 우리 그리스도교의 거룩한 신앙에 대한 공신력을 높여 주었다.

711. 『기인십편(畸人十篇)』과 수많은 재판(再版)

하지만 조정[102] 안팎에서 모든 문인의 최고의 칭송을 받은 책은 역시 [마태오] 신부가 쓴 『기인십편畸人十篇』[103]이다. 짧은 시간에 여러 번 재인

---

102 남경과 북경.

103 리치는 반복해서(NN711, 1819, 1864) 자신이 중국어로 쓴 모든 작품에 대해 증언한다. 물론 이 책도 "아무도 이렇게 파란을 일으킨 적 없고, 문인들 사이에서 많이 수용된 적이 없습니다"(N.1801). 그는 이 책을 "2년"간 작업했다(N.1819). 즉 1606년부터 1608년까지, 그리고 1607년 10월 7일 이후에 출판했다(N.505). 아직 인쇄하지 않은(N.1825), 1608년 3월 6일 이전에 나온 지 얼마 지나지 않았다(N.1801; cf. N.1819)고 했다. 그러니까 1608년 초에 나온 것이다.

제목은 "어떤 이상한 사람의 열 가지 항목(項目)"[畸人十篇]이고, 다른 말로는 "열 가지 역설"이다. "통상적인 견해 바깥"의 진리일 거라는 의미가 아니라(N.1801), "그리스도인들 사이에서는 너무도 보편적인" 진리지만, 중국인들은 한 번도 들어 본 적 없는 역설적인 것들에 관한 이야기다(N.711). 중국인들은 역설, '패러독스(paradoxa)'를 "매우 이례적인 것(catadoxa)"이라고 한다(N.1864).

리치는 중국인들이 보기에 "이상한" 사람이었다(N.466). 코, 눈, 특별한 수염, 모두

쇄 했다. 그리스도인들 사이에서는 흔한 내용이지만 중국인들은 이제껏 한 번도 들어 본 적이 없는 역설을 담고 있기 때문이다. 가령, 시간은 영원하지 않고 쉽게 지나간다, 잘 살기 위해서는 끊임없이 임종을 묵상해야 한다, 이승에 있다는 것은 죽음과 빈곤이 지속되는 것을 말한다, 우리 업적에 대한 보상은 이승에서가 아니라 내세에서다, 어려운 것은 유용한 것이고 침묵은 말이 적은 것이다, 각자 자신의 잘못을 성찰하고 스스로

이상한 외모였고(NN.1395, 1466), 그의 비범한 기억력(NN.469, 475, 1421, 1467, 1529), 완벽한 중국어 실력(NN.1421, 1467), 도시지역에 관한 실용적인 지식(N.466), 연금술을 한다는 잘못된 견해(NN.1396, 1421)까지 모두 이상한 사람이었다. 그의 한 친구인 무석(無錫)의 주병모(周炳謨)는(cf. *Fonti R.*, III, p.12, n.3), "그가 이상한 것은 특별히, 하느님을 믿는 그의 신앙이 죽음을 두려워하지 않게 하기 때문이다(求所爲畸人者何在. 其大者在不怖死. 其不怖死何也, 信以天也)"(『기인십편』, 주병모 "서문", in *PCLC*, II, f.2a-b)라고 했다. 이지조도 비교인이었을 때, 리치의 모든 삶과 교리는 통상적인 것 밖에 있다고 했다. 그는 "추하지도 누구에게 해를 끼치지도 않는 것만이 아니라, 상냥하고 친절하며 선물에 관대합니다. 돈을 한 푼도 바라지 않으면서 인색하지 않게 쓸 줄도 압니다. 그리고 비참하게 살지도 않습니다. 요컨대 그는 이상한 사람이라고 할 만합니다." 그리고 계속해서, "저 자신도 그를 독특한 사람이라고 생각했습니다. 결혼하지 않고 살며, 뭔가를 얻고자 술책을 부리지도 않고, 매일 규칙적인 생활을 하고 몰래 덕(德)을 수양하고 끊임없이 하느님을 섬깁니다"(『기인십편』, 이지조의 첫 번째 "서문", in *PCLC,* II, f.1a). 마침내 "이런 사람을 이상한 사람이라고 부릅니다. 그의 교리는 부패할 수 없고, 기이한 것입니다"(같은 작품의 두 번째 "서문"). "기이한(畸人) 혹은 이상한(異人)" 사람이라고, 차대임(車大任)도 말했고, 왕가직(王家稙)도 그가 쓴『기인십편』의 한 "서문"에서 말한 바 있다. 손학시(孫學詩)는 자신의 저서『성수기언(聖水紀言)』(cf. Courant, N.6845) f.1에서, 진굉이(陳宏已)는『민중제공증시(閩中諸公贈詩)』(cf. Courant, N.7066) f.1에서 언급했다. 시인 오유신(吳維新)(*Ibid.*, f.23a)과 진요(陳燿)(*Ibid.*, f.15a)도 언급한 바 있다. 그 밖에, 중국인들이 보기에 모든 서양 선교사는 이상한 사람이고, 누구보다도 리치가 그랬다. 西極之國有畸人來. 最先西泰利氏[판토하의『칠극(七極)』에 대한 웅명우(熊明遇)의 "서문" in *PCLC*, VIII, f.1a]. "기인(畸人)"이라는 표현은 장자(莊子)에게로 거슬러 올라가는데, 일설에는 그와 관련하여 정의(定義)를 요청한 사람에게 한 말이라고 한다. 공자가 대답하기를 "이상한 사람은 사람들이 보기에 기이하다. 그는 하늘을 닮았기 때문이다(畸人者, 畸於人而侔於天)"라고 했다. Cf. Wieger, *Taosime*, II, p.260.

벌을 주는 것이 필요하다는 식의 내용이다.[104] 이와 관련하여 신부가 관

---

104 작품은 제목이 말해 주듯이 열 개의 장(章)으로 구성되어 있다. Cf. NN.1801, 1864.

제1장의 제목은 "어떤 사람이 인간의 나이는 이미 지나간 거라고 말하는 것은 잘못이다(人壽既過, 誤猶爲有)"(上, ff.1a-4a). 시간의 소중함에 관해 나눈 것으로, 1601년 말경, 이부상서 이대(李戴)[델리야가 저서(D'Elia[1], n.345)에서 잘못 말한 것처럼, 이지조가 아니다](N.619)와 한 대화다. 리치가 나이 오십 대에 접어들자 씁쓸한 웃음을 지으며 벌써 50년이 사라졌다(已無五旬矣)라고 한 말이 계기가 되었다(*PCLC*, II, f.1a). Cf. *Fonti Ricciane*, III, p.11.

제2장의 제목은 "이승에서 인간은 손님일 따름이다(人於今世惟僑寓耳)"(上, ff.5a-9a). 대담자는 예부상서 풍기(馮琦)(N.619)이고, 악의 문제를 둘러싼 내용이 대화의 주제다. 이승의 비참함에 대해 길게 묘사한 후, 인간은 이 땅에 사는 것이 아니라, 잠시 거쳐 갈 뿐임을 천명한다(人之在世不過暫次寄居也)(*Ibid.*, f.7b). 우리의 거처는 이승이 아니라, 다음 세상이고, 그곳은 인간에 가까운 곳이 아니라 하늘에 가깝다(吾本家室, 不在今世, 在後世, 不在人, 在天)(*Ibid.*, f.8a). 그 밖에 악은 원죄와 개인의 죄에서 기인함을 언급한다. Cf. *Fonti Ricciane*, III, p.11.

제3장의 제목은 "항상 죽음을 생각하는 것이 이롭다(常念死候, 利行爲祥)"(上, ff.10a-17b). 대담자는 태사(太史) 바오로 서광계(徐光啟)인데, 아직 세례받기 전이다. 대화의 주제는 죽음이다. 죽음만큼 확실한 것이 없고, 죽음의 순간만큼 의문인 것이 없다. 그래서 복음서는 [죽음을] 도둑처럼 온다고 했다. 이 세상은 고통의 세계이고, 죽음은 그것이 끝나는 순간이다. 우리는 여관에 있는 것처럼 지나가는 장소에 있다. "우리의 영원한 고향은 기쁨이 있는 다른 곳에서 찾아야 한다(別有樂地爲我常家焉)"(*Ibid.*, f.13a). 언제든지 죽을 수 있으므로 항상 준비하는 것이 좋다. "죽음은 영혼이 육신과 분리되는 것 외에 다른 것이 아니다"(*Ibid.*, f.16b). Cf. *Fonti Ricciane*, III, p.11.

제4장의 제목은 "죽음에 대한 항시적인 생각은 뒤이어 도래할 심판에 대비하는 것이다(常念死候, 備死後審)"(上, ff.18a-28a). 대담자는 앞 장[3장]과 같은 사람으로, 계속해서 이야기한다. 죽음에 대한 항시적인 생각은, ① 다른 세상에서 악인들에게 마련된 벌로 인도되는 것을 피하게 하고, ② 정욕을 소멸시키며, ③ 부(富)와 명예, 영광을 하찮게 여기게 하며, ④ 오만한 감정들과 싸우게 하고, ⑤ 심판에 대한 두려움 없이 평안히 잠들게 한다. 결론적으로 천주와 함께, 사람들과 자신의 양심과 더불어 언제나 평화롭게 살게 한다. Cf. *Fonti Ricciane*, III, p.11.

제5장의 제목은 "군자는 말을 적게 하고, 쓸데없는 말을 하지 않는다(君子希言, 而欲無言)"(上, ff.29a-39b). 대화는 침묵에 관한 것으로, 어사(御史) 조우변(曹于汴)(N.600)과 나눈 내용이다. 복음서[천주경전(天主經典)]와 서양의 성인들은 우리에게 말을 너무 많이 하지 말 것을 당부했다. 창조주는 우리에게 일하라고 손을 두 개 주었고, 들으라고 귀를 두 개 주었지만, 혀는 하나만 주었다. 이것은 우리가 일하고 듣기를

더 많이 하고, 말은 적게 해야 한다는 것을 알게 하기 위함이다. 혀는 모든 악의 원천이자 선의 원천이기도 하다. 이솝이 보여 준 혀에 관한 우화가 증명하듯이 말이다. Cf. *Fonti Ricciane*, III, p.11.

제6장의 제목은 "단식의 참된 의미가 [동물을] 살생하지 않는 데 있는 것이 아니다(齋素正旨, 非由戒殺)"(上, ff.40a-44b). 대담자는 유명한 이지조(N.628)고, 주제는 단식과 금욕이다. 이지조가 사순시기에 리치를 점심에 초대했는데, 그가 고기를 안 먹는 것을 보고 놀라, 마치 불자들과 같이 생명 있는 피조물에 대한 살생을 금하는 규정이 있는 것으로 생각했다. 이에 리치는 중국에 불교가 들어오기 전에도 중국인들은 단식을 알았다며, 정해진 특별한 희생 기간을 그 예로 들었다. 아울러 그리스도인이 단식하는 것은, 우리의 죄 때문에 노한 하느님의 심판을 누그러뜨리게 하고, 욕망을 억제하며, 덕행을 실천하기 위함이라고 일러 주었다. Cf. *Fonti Ricciane*, III, p.11.

제7장의 제목은 "더 나은 사람이 되기 위해서는 자신을 돌아보고 책망하는 것보다 더 유익한 것은 없다(自省自責, 無爲爲尤)"(下, ff.1a-4b). 여기에서 대담자는 이부주사(吏部主事) 오좌해(吳左海)이고 대화의 주제는 양심 성찰이다. 1600년 남경에서 리치의 두 번째 세계지도가 나온 후(D'Elia[1], Tavole IX-X, ABe)로 추정되며, 5월 19일 이전이다. 자기가 하는 일에 관해 질문을 하자, 리치가 대답하기를, 매일 아침 하느님께 감사하고 죄를 범하지 않을 은혜를 청한다고 했다. 그리고 매일 저녁, 생각과 말과 행위로 범한 잘못뿐 아니라, 낮 동안에 행한 잘한 일에 대해서도 성찰한다고 했다.

제8장의 제목은 "선과 악에 대한 비준은 사후에 있을 것이다(善惡之報在身之後)"(下, ff.5a-26b). 대담자는 참정(參政) 공대참(龔大參)인데, 이 사람에 대해서는 나중에 더 이야기하게 될 것이다(*Fonti Ricciane*, III, p.11, n.9). 대화는 1605년 북경에서 있었다. 참된 비준이 기쁨과 고통이 공존하는 이승에서 있을 수는 없다. 여기서 그리스도교의 천국이 묘사된다. 그 장소, 평화, 기쁨, 행복에 대한 우리의 모든 열망을 충족시키는 힘, 그의 비허용성과 영원성이 언급된다. 반대로 지옥에 대해서도 묘사한다. 이어서 윤회에 대해 논박한다.

제9장의 제목은 "앞날을 알고자 하는 경솔한 물음은 세속적인 불행을 자초한다(妄詢未來, 自速身凶)"(下, ff.27a-33b). 여기에 언급된 대화는 1589년경 소주에서 남웅(南雄) 사람 갈성화(葛盛華)(N.397)이거나 1612년의 연차보고서(*ARSI, Jap.-Sin.*, 113, f.259 r-v)에 등장하는 곽(郭)씨 성의 사람과 나눈 것이다. 당시 그의 나이는 59세였다. 55세 때, 한 점쟁이가 60세가 되면 죽을 거라고 예언했다고 한다. 리치는 그를 위로하며, 이런 예언이 아무런 소용없다는 것을 증명해 주었다. [그들의] 대화는 제단 앞에서 기도하고, 앞으로 다시는 점쟁이들을 믿지 않겠다는 약속으로 마무리되었다. 곽씨는 60살에 죽지 않은 것뿐 아니라, 63세에 아들을 하나 더 봤고, 1608년 거의 80세에도 여전히 기력이 왕성하고 건강했다. 1591년에 요셉이라는 이름으로 개종했고(NN.398, 1226), 아마도 1608년에 죽은 것으로 추정된다. 왜냐하면 1613년 2월 20일 자, 연차

의 논증, 말씀, 문장 등을 인용하고 많은 사례를 들었는데, 그것을 모두 책에 담았고, 사람들은 이 책에 열광했다. 아무도 그것들이 인간의 삶에 유익하지 않다고 고백하는 사람이 없었고, 다른 어떤 책들에서보다 이 책의 10개 장에서 더 많은 것을 배웠다고 했다.[105]

우리의 책들[성경]에서 큰 개념을 만들고, 그 밖의 것들을 권위 있게 인용했다. 이에 우리나라[유럽]를 존중하는 것뿐 아니라 다른 모든 것보다 우위에 두었다.[106] 무엇보다 우리를 가장 기쁘게 한 것은, 많은 사람이

편지에서 5년 전에 사망했다고 말하고 있기 때문이다.

제10장의 제목은 "인색한 부자는 구걸하는 가난한 사람보다 불행하다(富而貪吝苦于貧屢)"(下, ff.34a-38a). 대화는 1595년과 1598년 사이, 남창(南昌)에서 있었는데, 리치와 대화한 친구가 인색한 사람이었다. 리치는 대담자에게 신발은 신기 위해 있는 것처럼, 재물 역시 사람에게 봉사하는 데 필요하다는 것을 알게 하려고 노력했다(財之於用, 如屨之於足也)(f.34b). 그 불쌍한 부자는 자기의 운수에 만족하고 있었다. 리치는 말을 정리하며, [그리스신화에 나오는] 탄탈로스[단대씨(但大氏)] 사례를 들려주었다. 탄탈로스는 큰 부자였으나 오만하여 지옥에 떨어져 샘 가까이에 있으면서도 샘물에 이르지 못해 갈증의 고통을 받았다.

작품[『기인십편(畸人十篇)』]은 『천학초함(*PCLC*)』(II, III) 외에도, 바티칸도서관(Borgia Cinese, 324[24], 329[1], 370[2]; *Racc. Gener. Or.*, III, 221[9])과 파리국립도서관(cf. Courant, NN.6830-6833)에 있다.

105 이 작품은 책으로나 그리스도교로나 엄청난 성공을 거두었다. 문인들은 이런 여러 가지 역설들을 칭송하고 문의하기를 그치지 않았다. "사방에서, 많은 문인이 책을 요청하고 그에 대해 극찬을 아끼지 않고 있습니다. 그 덕분에 몇 사람이 그리스도인으로 개종했고 많은 사람이 우리 집을 새로 방문하고 있습니다"(N.1819). 1608년 8월 22일, 책이 나온 지 몇 개월 지나지 않은 때, 리치는 "이미 다른 두세 성(省)에서도 재판을 찍었다는 것을 알고 있습니다. 여러 지역에서 제게 문의가 들어옵니다. 벌써 수백 권을 보내 주었습니다"(N.1865). 1609년, 이듬해에도 "신부님들은 아는 친구들에게 수백 권씩 책만 준 것이 아니라, 인쇄기도 많은 사람에게 주어 자기 비용으로 책을 출판하여 친구들에게 나누어 주게 했습니다. 그리고 다음 해[1609년]에도 두 중국인 학자에 의해, 하나는 남경에서, 다른 하나는 강서, 곧 남창에서, 벌써 두 번이나 재인쇄되었습니다"(N.711). 남경 판본은 앞서 언급한 무석(無錫)의 주병모(周炳謨)가 감수한 것으로, 책을 재판에 부쳐[重刻] 그가 "서문"을 썼다. 이 책도 건륭(乾隆) 시대에 뽑은 '중국 문학 최고작품집', 『사고전서(四庫全書)』에 포함되었다. Cf. Seccu[1], c.125, f.8a.

이 책에서 다룬 것들을 보고, 우리를 더 사랑하고 우리와 대화를 시작했다는 것이다. 약간의 설교와 함께 그들이 항상 가지고 있던 외국인에 대한 의심을 내려놓음으로써 중국에 작은 파문을 일으켰다.[107] 많은 문인이 책의 서문을 써 주었고, 서문에서 칭찬을 아끼지 않았다.[108] 그것[서문]들을 인쇄했다면, 그것도 좋은 책이 되었을 것이다. 그러나 관례대로 한 책에서 시작과 끝에 두세 개만 넣어 인쇄했다.[109]

---

106 Cf. NN.252, 310, 538, 563, 899; 본서 1권, pp.208-211.

107 Cf. NN.226, 238, 257, 263.

108 1608년 8월 22일, 이 책과 관련하여 이렇게 적었다. "이 항목들에 대해 많은 문인이 많은 서문을 써 주었습니다. … 그중 두 개를 골라 북경에서 인쇄하는 여기에 싣습니다. 두 사람은 국자감(國子監)에 있는 우리 친구들로 온 중국에서 가장 유명한 사람들입니다. 그중 한 사람은 서문만 써 준 것이 아니라, 자신의 문장으로 매우 해박하고 유려하게 요약해서 해설까지 써 주어 작품에 권위를 더해 주었습니다"(N.1865). 서문과 시적(詩的) 해설을 해 준 사람은 의심의 여지 없이 왕가직(王家稙)이다. 자는 목중(木仲)이고, 호는 아마도 냉석(冷石)일 것이다. 산동(山東)의 빈주(濱州)에서 행정관을 지냈는데, 1604년에 진사가 되어 서길사(庶吉士)로 있었다. Cf. 진전(陳田), 『명시기사(明詩紀事)』, 1899, 庚 21, f.6b. 그는 "서문"에서 리치 박사를 크게 칭송하며, 일반적이지 않은 이 사람이 무엇을 의미하는지를 설명하고, "열 가지 역설"에 대해 자기가 해설을 달았다는 점을 상기시키며(木仲子所演十規)(*Fonti Ricc.*, III, p.13, n.1), 해설의 제목을 보도록 했는데(冷石生演畸人十規), 여기에서 냉석(冷石)은 그의 호다. 해설은 "열 가지 역설"에 대해 4음절 혹은 5음절의 열 개 시적인 구성으로 되어 있다. 발레이의 틀린 독해로 인한 오류도 나왔는데(A. Waley, *Bull. Sch. Or. Stud.*, Londra, II, 1921-1923, pp.342-343), 그는 조효렴(曹孝廉)을 증효렴(曾孝廉)으로 잘못 읽은 것이다. 증효렴에 대해서는 내가 다른 곳에서(D'Elia^2, p.45, nn.1,3) 언급한 바 있듯이, 이 시인은 동기창(董其昌)에게 "열 가지 역설"을 보여 준 거인[석사]이다[『화선실수필(畵禪室隨筆), c.4, ff.20-21)』]. 그러니까 우리의 시인은 거인이 아니라 진사 조(曹)다. 한편 1608년도 판에서 에필로그를 써 준 다른 국자감 학자는(N.1819) 주병모(周炳謨)일 수는 없다. 그는 서문을 썼지만 1609년도 중간본에서고, 이지조 "양암거사(凉菴居士)"는 에필로그를 썼지만, 국자감 학자가 아니고, 완성(浣城)의 유윤창(劉胤昌)은(*Index*, 24, III, p.242) 에필로그가 아니라 서문[序]을 썼다. 남는 사람은 왕여정(汪汝淳)밖에 없는데, 실제로 그는 에필로그[후발(後跋)]를 썼고, 그것을 양정균(楊廷筠)이 언급한 바 있는데, 그가 국자감 학자였는지는 알 수가 없다.

—

109 바로 이것이 왕가직(王家稙)의 "서문"이다.

[목중(木仲) 왕가직의] 작은 서문,

기이한 사람의 열 가지 항목에 부쳐

"서(徐)[광계(光啓)] 박사를 통해 리치 박사를 만났습니다. 그분은 대서(大西)에서 온 사람으로, 수염은 무성하고 말은 적었습니다. 이십여 권 책[경전]을 가지고 와서는 그것을 구두로 설명해 주느라 안간힘을 썼습니다. 그러나 듣는 사람들이 이를 알아듣지 못하자, 전체적인 의미를 『천주실의(天主實義)』로 출판했습니다. 설명한 모든 것을 거기에 담았습니다. 그는 또 '기이한 사람의 열 가지 항목'을 써서 그 뜻을 [전반적으로] 해설해 주었습니다."

"그의 저작들을 모두 잘 아는 저는, 깊이 탄복하며 말합니다. 리치는 기이한 사람입니다(深嘆利子之異也!)."

"서방 국가들과 중국은 서로 소통할 수가 없었습니다. 거리가 십만 리(十萬里)이고, [어떤 의미에서, 그것은] 하늘과 땅만 한 거리입니다. 그런데 리치가 둘 사이의 소통을 시작했습니다. 수백 개의 나라와 수백 개의 수도(首都)를 지난 후, 중국만 마음에 들었습니다."

"바다를 항해하며, 악어가 떼지어 있고, 용(龍)과 마녀들이 들끓고, 많은 식인종이 있는 지역을 지나면서도, 그토록 심각한 위험의 한복판에서도 리치는 침대에 누워 조용히 쉬었습니다. 인도[身毒]에 근접하자 그는 혼자 내륙으로 접어들었습니다."

"그의 종교는 선(善)을 드높이고, 다섯 가지 사회관계[五倫]를 존중하며, 하늘[天]을 섬깁니다. 그의 말속에서 요(堯), 순(舜), 주(周), 공(孔)의 [가르침에] 반대되는 것을 본 적이 한 번도 없습니다."

"통상적으로 그는 지나온 여러 나라와 여러 수도(首都)에 쉽게 적응했습니다. 중국에 입국해서도 구어(口語)와 문어(文語)를 배웠습니다. 고전과 역사도 매우 잘 알았습니다. 그에게 있어 기존의 습관을 바꾸고 중국식 의복을 갖추어 입는 일은 참을 수 없는 것이 아니었습니다. 조금 힘들 따름입니다. 그는 속된 행위와 거리를 둘 줄 알았고, 열정을 누를 줄도 알았습니다."

"그의 모든 행동 방식을 잘 아는 저는 깊이 탄복하며 말합니다. 리치는 기이한 사람입니다(深嘆利子之異也!)"

"아! 세상에는 두 가지 도리가 없고, 사람에게 두 영혼이 없으며, 한 가지 것에 두 개의 선이 없고, 위에는 두 개의 하늘이 없으며, 하늘에 두 주인이 없는 것처럼, 우리가 리치에게 기이한 사람이라고 한다면, 우리가 평범한 사람이라고 추론하지 않는 것이 어떻게 가능하겠습니까?"

"'열 가지 규범'에 대해서 한 해설은 리치와 모든 사람과 천주에 대한 제 생각을 표현한 것입니다. 비록 세상이 리치를 수용하지 못한다고 해도, 그의 교리[가르침]는 변함없이 전진할 것입니다."

그리고 신부들은 친구들에게 수백 권의 책만 선물한 것이 아니라, 그들이 자기네 비용으로 인쇄하여 친구들에게 선물하도록 인쇄용 활판도 여러 사람에게 보냈다. 이듬해에도 벌써 두 번이나 두 명의 중국인 문인들에 의해 재인쇄되었다. 한번은 남경에서 다른 한 번은 강서(江西)에서다. 신부가 있었던 곳이라 더 자랑스러워했다.[110]

"'야외에서 달을 바라보고, 관(管)을 통해 태양을 관찰하는' 사람이 있었던 적이 [정말] 있었습니까? '설마 있었다고 해도' 어찌 리치 박사와 동급으로 놓을 수 있겠습니까? 그들 사이에는 고대 역사와 근대역사, 긴 길과 지름길, 어둠과 빛 사이에 존재하는 것과 똑같은 차이가 있을 따름입니다."

"발해(渤海), [곧, 빈주(濱州)]의 목중(木仲) 왕가직(王家稙)"

110 이 책은 『천주실의』와 함께 한편으로는 리치와 문인들 간, 다른 한편으로는 절강의 한 승려와 논쟁하는 계기가 되었다. Cf. N.1825.

여기서 언급하는 문인은 성이 우(虞)고, 이름은 순희(淳熙), 자는 장유(長孺), 호는 덕원(德園)이고, 시호(謚號)는 담연(澹然)이다. 진류(陳留)[**역주_** 델리야는 Kaifenf(개봉[開封])이라고 쓰고 옆에 한자로 '진류(陳留)'라고 쓰고 있는데, 둘은 전혀 다른 도시인데 착각한 것으로 보인다. 역자는 한자로 쓴 지명이 맞는 것으로 보고, 그것으로 쓴다]에서 태어나 절강(浙江)의 인화(仁和)로 이사했다. 1583년 진사에 합격하고 병부(兵部)에서 직방주사(職方主事)를 지냈다. 후에 예부(禮部)에서 주객원외(主客員外)로 있다가, 거기서 이부(吏部)의 계훈사(稽勳司) 낭중(郎中)으로 승진했다. 원수들이 그를 공격하는 바람에 사가(私家)로 돌아가야 했다. 60권으로 된 『덕원집(德園集)』을 출판했다. Cf. *Index*, 24, II, p.285. 그는 저서에서 리치가 『천주실의』에서 생명 있는 피조물의 살생을 금한다고 적었다(天主實義殺生辯). Cf. 『건륭절강통지(乾隆浙江通志)』, c.178, ff.13b-14a; Wylie, p.173. 이 학자는 리치가 "열 가지 역설"[『기인십편』]을 출판하자 리치에게 매우 정중하게 편지를 써서 몇몇 불교 서적을 읽어 보라고 권하며, 리치에게 불교에 대한 태도를 수정해 달라고 요청했다. 1608년 리치도 부족하지 않은 정중한 자세로 답장했다. 거기서 리치는 8년간 국가의 녹을 받고 살며(食大官八年於玆)(f.3b) 북경에서 만난 호의를 언급하며, 불교에 관한 많은 책을 읽을 시간은 없었지만, [그에 대해] 충분히 알고 있다고 했다. 중국에서 불교는 비교적 현대의 것이고, 그래서 그리스도교 시대가 올 때까지도 고대 중국인들은 알지도 못했다고 했다.

리치가 불교에 관해 논쟁을 벌인 또 다른 승려는 성이 심(沈)이고, 호는 연지(蓮池), 수도명은 불혜(佛慧)며, 시호는 주굉(袾宏)이다. 절강의 항주(杭州) 근처 인화(仁和)에 있는 석위(石衛)에서 한 군인 가정에서 태어났다. 이지조와 같은 고향 사람이다. 32살에 항주에 있는 운서(雲棲)라는 이름의 사찰로 출가했다. 운서는 "구름 사이에 있다"라는 뜻이다. 거기서 늦지 않게 주지승이 되었다. 그 시대 중국에서 가장 유명한 4명의 승려 가운데 하나다. 다른 세 사람은 달관(達觀)(N.637), 감산(憨山)(N.637), 삼회(三淮)(N.558)다. 1602년부터 그는 『운서법휘(雲棲法彙)』(Courant, N.6404)라는 제목으로 책을 출판하기 시작했다. 이 책의 1639년 이후 판본에서 제5장, 소제목 "죽창삼필(竹牕三筆)"은 1608년경에 이미 출판한 소논문 "죽창천설사단(竹牕天設四端)"을 그대로 쓴 것이다. 이 소논문은 불교와 관련하여 리치를 상대로 논쟁한 네 가지 항목을 담고 있다. 그의 다른 작품은 『중국불교사(中國佛教史)』, 下, c.3, f.52a-b; *Index,* 11, I, pp.187-188; Wieger, *Bouddhisme*, I, p.142; Courant, N.3763을 보라. 저자는 1615년에 사망했다. Cf. *BD*, N.1687; Wylie, pp.173, 212; 교율련종도영(教律蓮宗道影), c.4, ff.47-48; 『건륭절강통지(乾隆浙江通志)』, c.198, f.22a; 전겸익(錢謙益), 『열조시집(列朝詩集)』, 小傳, 閏, f.38a; Iamgeṅngo, p.30. 리치와 이 승려 간의 논쟁은 분명 1607년 이후에 있었다. 리치의 『천주실의』를 읽고 난 뒤, 주굉(袾宏)이 직면한 난제들은 천주의 존재, 생명체들의 살생, 붓다에 대한 잘못된 제사, 윤회설이었다. Cf. N.1861. 리치를 상대로 한 주굉의 이 네 가지 논점과 그와 관련하여 승려를 상대로 선교사[리치]가 한 대답은 아마도 서광계(徐光啓)가 1615년 이후에 기록한 것으로 보인다(Faṁhao[1], p.132). 그것을 이지조가 친구의 집에서 여전히 필사본으로 있는 것을 찾아 인쇄하도록 했다. 후에 우순희(虞淳熙)의 편지와 그에 대한 리치의 대답도 함께 양정균(楊廷筠)의 후발(後跋, 에필로그)을 넣어 인쇄했고(cf. *Fonti Ricciane*, III, p.13, n.3), 1629년 이지조는 자신의 『천학초함』[*PCLC* (Vol.VII)]에 그것을 넣으면서 소제목을 "변학유독(辯學遺牘)"이라고 했다. Cf. Courant, NN.7084-7089, I. 이 소책자도 건륭(乾隆) 휘하에서 '중국 문학 최고작품집', 『사고전서(四庫全書)』에 넣었다. Cf. Seccu[1], c.125, f.7b; Tavola XIX.

[그림 41] 리치에게 반감을 보였던 승려 심주굉(沈袾宏) (Cf. 앞 페이지 각주)

제3장

1604년 서 바오로 박사가 북경에서 어떻게 진사 시험에 통과하고 진 마르티노가 어떻게 무관이 되었는지에 대해, 그 외 북경에서 그리스도교와 관련한 일들에 대해

(1604년 4월 초부터 1605년 2월까지)

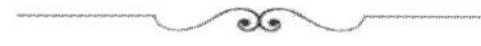

- 서광계 바오로와 진 마르티노가 북경에서 진사 시험에 통과하고 미사에 참여하다
- 절강과 강서에서 진치원(秦致遠) 마르티노 박사가 승진하다
- 훗날 한림원 진사 서광계 바오로가 선교사들에게 호의적이고, 개종한 자신의 아내와 부친을 북경으로 부르다
- 이응시와 그의 가족이 고백성사와 성체성사에 임하다. 그의 열정, 그의 단식, 그의 열심. 그가 죽어 가는 사람들에게 세례를 주다
- 이지조가 복건성 향시 주재관으로 임명되어 황하강 관리 특사가 되다
- 1604년 북경에서 열린 관리들의 대규모 경연. 북경에서 신부들의 권위
- 신부들을 공격하는 반대 세력들과 그들을 옹호하는 힘 있는 친구들. 신부들은 계속해서 시계를 조율하기 위해 황궁에 들어가다

712. 서광계 바오로와 진 마르티노가 북경에서 진사 시험에 통과하고 미사에 참여하다

1604년 서(徐, 광계) 바오로가 문과 진사(박사) 시험에, 진[秦, 치원(致遠)]

마르티노가 무과에 응시하기 위해 북경에 왔다.[111] 두 사람은 남경성南直隸 교우들 가운데 가장 뛰어난 인물들이었고, 북경에서 신부들을 다시 만나게 된 것에 크게 기뻐하며, 북경에 자리 잡게 된 것은 그리스도교에는 좋은 시작이라고 장담했다. 그들은 우리 집에서 가족 같은 분위기를 느꼈고, 북경에서 새로 개종하는 사람들에게 좋은 모델이 되어 주었다. 축일이면 우리 성당을 자주 찾아 고백성사를 보기도 했다. 서 박사는 고백성사 후에 성체를 모실 때, 눈물로 신심을 드러내곤 했다. 두 사람 모두 각자의 분야에서 유명인사였다. 바오로 박사는 6년 전에 거인[석사]이 되었고,[112] 300명이 넘는 문인 가운데 최고, 해원解元이 되었다.[113] 마르티노 장군은 앞서 말한[114] 무관으로 남경에서 세 번이나 해원이 되었다. 둘 다 두세 번씩은 이 진사 시험에 참여했지만, 통과하지 못했었다.[115]

하지만 이번에는 하느님께서 살피셔서 다른 모든 종파 앞에서 그리스도인임을 밝힌바, 이 두 사람[116]의 청을 들어주시어 중국의 모든 그리스도인을 위로하고자 하셨다. 항상 그랬듯이 그들의 지위를 통해 그리스도교에 호의적이 될 수 있기 때문이다. 특히 바오로 박사는 중국 그리스도교 초창기에 최고의 기둥이 되어 주었다.

---

111 Cf. NN.1634, 1635.

112 정확하게 1597년 북경에서다.

113 Cf. N.69.

114 Cf. NN.569, 674, 680-682.

115 더 정확하게 말하면 서광계(徐光啟) 바오로 박사 이야기다. 그는 두 차례 박사[진사] 시험에서 낙방했고, 마르티노 진치원(秦致遠) 박사는 "여섯 혹은 그보다 더" 낙방했다. 리치가 1605년 5월 중순쯤 로마에 쓴 편지에서 보는 것처럼 말이다.

116 마르티노 박사는 4등을 했고(N.1634), 서광계 바오로 박사는 307명이 합격한 명단에서 121등을 했다.

713. 절강과 강서에서 진치원(秦致遠) 마르티노 박사가 승진하다

마르티노 장군은 박사가 된 지 몇 개월 되지 않아 절강浙江성의 좋은 자리로 발령이 났고, 6년 후에[117]는 강서江西의 도읍[118]의 최고 자리로 승진했는데, 거기에는 우리 신부들도 있었다.

714. 훗날 한림원 진사 서광계 바오로가 선교사들에게 호의적이고, 개종한 자신의 아내와 부친을 북경으로 부르다

바오로 박사는 최고의 등수 안에 이름을 올리지 못해,[119] 중국의 관례상, 조정[120] 밖의 다른 몇몇 도시에서 근무를 시작하고, 점차 좋은 보직으로 승진해야 했지만, 하느님께서는 당신의 섭리로 북경에 머물게 하시

---

117 문관 진사 시험은 1604년 4월 7일, 10일, 13일에 있었는데, "음력 4월"은 "음력 3월"로 읽어야 하고, 무관 진사 시험은 "다른 달"에 있었다(N.74). 문관 진사 시험의 결과는 1604년 4월 13일[三月乙丑]에 있었다. Cf. *Storia dei Mim.*, c,21, anno XXXII, f.3b. 1604년 4월 이후 몇 개월 만에 임명되어 절강의 군관으로 갔는데 6년이라는 기간을 찾기가 어렵다. 더욱이 리치가 사망하는 1610년 5월 11일 훨씬 이전에 말이다. 논리적으로 6년은 중국식으로 계산한 걸로 보인다. 마르티노 장군의 이동은 절강에서 남창으로 1609년에 있었을 것이다. 1609년의 연차보고서는 그해 12월 21일에 썼는데, 론고바르도는 마르티노 박사가 남경에서 절강을 향해 출발한 것이 "삼 년 전"이라고 말한다. 그러니까 출발은 1606년에 한 것이다. 그렇다면 6년은 3년 혹은 4년으로 줄어들어야 한다. 이런 날짜 계산이 중요한 것은 리치의 저서 편집 시기를 이야기하는 데 필요하기 때문이다.

118 강서의 남창이다.

119 그해 새로 박사가 된 사람들의 등급은 제1등급 진사급제일갑(進士及第一甲)은 항상 그렇듯이 3명이다. 제2등급 진사출신제이갑(進士出身第二甲)은 57명이고, 제3등급 동진사출신제삼갑(同進士出身第三甲)은 248명이다. 제2등급에 속한 사람들은 모두 한림원(翰林院)으로 들어가거나 검토(檢討) 혹은 서길사(庶吉士)가 된다. 제3등급의 앞자리를 차지한 사람도 서길사의 직함을 받는다. Cf. Beltchenko, N.629c. 서광계는 제3등급에서 61번째를 차지하는 바람에 여기서 제외되었다.

120 북경과 남경이다.

어 우리를 크게 도울 수 있게 하셨다.

3년 안에 세 차례의 진사 시험이 있고 난 뒤, 그들 중 각 성에서 한두 명씩 24명을 뽑는 또 다른 특별 시험[전시(殿試)]이 있었다. 이것은 한림원翰林院이라고 하는 왕의 직속, '학자들로 구성된 교수단'인데, 여기에 들어간 것이다. 온 중국의 관리들로는 최고의 명예로운 자리고, 북경에만 머물며 가장 높은 관직을 갖는다.[121]

바오로 박사는 처음에는 이 전시에 응시하고 싶어 하지 않았다. 그런 사실을 신부들과 몇몇 교우들에게 말했고, 모두 그에게 응시할 것을 독촉했다. 결국 4등으로 합격하여 그에게는 큰 명예요, 우리에게는 큰 기쁨이었다. 한림원에 들어가기 위해서는 각로閣老[122]와 다른 고위 관리의 지도하에 또 공부해야 하고, 매월 시험을 치러 그중 12명 혹은 15명을 넘지 않는 사람을 뽑는데, 바오로 박사는 여기서 여러 차례 1등을 했다.[123] 그런 까닭에 한림원에 들어가는 것은 확실했기에[124] 나중에는 다른 사람에게 기회를 주기 위해 시험에 응시하지 않기도 했다. 이렇게 그는 우리가 바라는 것을 모두 들어주면서도 자기 동료들과도 좋은 벗으로 남았다.

---

121 전시(殿試)를 말한다. Cf. NN.100, 1635.

122 Cf. N.96.

123 더 정확하게는 1605년 5월 10일, 리치가 쓴 편지에서 바오로 박사가 서길사(庶吉士)가 되기 위해 준비하고 있다며, 그와 관련하여 "3년 동안 24개 시험을 보고, 많은 박사 중에서 24명의 문인을 뽑습니다"라고 했다. 이 날짜에 그는 이미 통과되었다는 걸 확신했고, "5개 시험을 통과했는데, 두 번 시험에서 일등을 했고, 다른 두 번은 둘 다 3등을 하고, 한 번은 4등을 했다"(N.1610). Cf. N.1635.

124 그는 1604년 6월에 서길사(庶吉士)로 임명되었다. Cf. Siüchimscien, A, p.129; Siüuenttim, A, p.3.

715.

서광계는 북경에서 관직을 수행했고,[125] 신부들과 그리스도교와 관련한 일에 최선을 다해서 도와주었다. 우리가 청하거나 제안하는 것이면 무엇이건 듣고 완벽하게 수행했고, 그를 바라보는 모든 사람에게 보기 드문 귀감이 됨으로써 그리스도인의 향기를 풍겼다.

그는 자신의 아내와 칠순이 넘은 부친을 북경으로 오게 했고, 신부들의 인내와 도움으로 개종하여 세례를 받게 했다. 자신은 물론 우리 집에도 큰 위로가 되었다. 그의 부친은 세례받은 지 일이 년 후에 북경에서 숨을 거두었다.[126]

716. 이응시와 그의 가족이 고해성사와 성체성사에 임하다. 그의 열정, 그의 단식, 그의 열심. 그가 죽어 가는 사람들에게 세례를 주다

그리스도교는 열심인 몇몇 신자의 도움으로 정신이 고무되고 사람들의 숫자가 늘었다. 여기에는 특별히 앞서 언급한 이응시李應試도 있었다.[127] 이응시는 『천주교요天主教要』를 보고 새로 인쇄했고,[128] 칠성사七聖

---

125 그가 진사 시험에 합격한 후, 북경에서 처음 맡은 관직은 관도찰원정(觀都察院政)이었다. Cf. Siüuenttim, A, p.3.

126 그의 이름은 서사성(徐思誠)이고, 자는 자망(子望), 호는 회서(懷西)다. 1606년 1월 23일이 지난 후 얼마 되지 않은 때로 "관리가 된 아들에게 가서"다. 바로 그해, 북경에 온 직후, 72살의 나이에 레오라는 이름으로 세례를 받았다. Cf. Siüchimscien, A, p.132; B, p.67; N.1815. 그는 1607년 5월 23일에 사망했다. 그러니까 세례받은 지 2년이 아니라, 1년이 지난 후였고, 1534년에 태어났다. Cf. Siüchimscien, A, p.135; N.773.

127 Cf. NN.693-695.

128 Cf. N.708.

事[129]를 보고는 즉각 고백성사를 보고 싶어 했다. 놀라운 영성으로 그것[고백성사]에 임했는데, 고백하면서 그는 진심으로 자신의 잘못을 뉘우치고 눈물을 흘렸다. 그가 모범을 보이는 바람에 다른 많은 사람이 같은 성사를 보았는데,[130] 거기에는 그의 아들[131]과 아내를 포함한 집식구들도 있었다.[132] 중국에서 여성이 이렇게 하기는 쉬운 일이 아니다. 하지만 이것도 착한 그리스도인이 거룩한 여정으로 길을 연 덕분이다. 그의 요청으로 우리는 여러 차례 그의 집에서 미사를 드렸는데, 그는 매번 미사 준

---

129 『천주교요(天主教要)』에서 말하는 '참회의 성사' 내용이다. "가톨릭교회[天主教]의 풍습은 남자건 여자건 자주 자신을 돌아보며 성찰한다. [십]계명을 어긴 사람은 진심으로 참회하고 다시는 같은 죄를 범하지 않겠다고 결심한 뒤, 사제[신부] 앞에 무릎을 꿇고(神父撒責兒鐸德), 자신이 범한 죄를 솔직하게 말한다. 그러면 사제는 용서받았다는 것을 전해 주고, 참회자는 조언을 듣는다. 사제는 천주의 이름으로 '사죄경'을 낭독한다"(f.13a). Cf. N.731. 새 교우들이 이 성사에 임할 때 주의해야 하는 것에 대해서는 N.678, 본서 3권, p.457, 주(註) 1134와 N.683, 본서 3권, p.468, 주(註) 1169에서 언급한 바 있다.

130 서광계도 1603년 남경에서 세례받고 몇 개월 지나지 않은 때, 리치에게 "누군가 신자가 되었는데 다시 죄를 지으면 속죄할 수 있겠느냐고 물었다. 이에 신부는 고백성사를 봐야 한다고 대답했다"(N.683). Cf. N.731.

131 1605년에 확실히 14살이었고, 미사 봉사를 할 줄 알았다. Cf. N.1590.

132 실제로 이응시(李應試)는 1602년 9월 21일에 세례를 받고, 얼마 지나지 않아, 개종의 열정에 힘입어 "온 집안이 개종했는데, 모친과 부인, 공부하는 두 아들과 그의 집에 묵으면서 글을 가르치던 스승과 다른 여러 남녀 하인들이 모두 개종했다"(N.694). 그들은 모두 성사[미사]에 자주 참여했다. 고해성사와 관련하여, 리치는 덧붙여 "제가 특히 감탄한 것은, 그의 부인까지 라틴어로 고해성사 보는 법을 알고 있었다는 것입니다. 라틴어는 중국인들이 발음하기 매우 어렵습니다"(N.1640). 그러니까 이응시의 부인은 적어도 귀부인 중에서 최초로 참회의 성사를 본 여성이라고 할 수 있다. 당연히 중국인들의 관습상 "매우 어려운 일"로, 당시에는 여성들이 집 밖으로 나갈 수도 없었고, 어떤 남성과 비밀스레 말을 한다는 것도 있을 수가 없는 일이었다. 더욱이 그 남성이 외국인이면 더했다. 그즈음 소주(韶州)에서도 처음으로 여성들이 고해성사를 보기 시작했다. Cf. N.731. **역주_** 가톨릭교회에서는 고해성사를 참회성사, 통회성사, 고백성사 등 여러 가지 이름으로 부르고 있다. 저자는 문맥에 따라서 이 용어들을 탄력적으로 사용하고 있어 역자 역시 그대로 번역했음을 밝혀 둔다.

비를 잘했다.

그는 성체성사도 즉시 받고 싶어 했다.[133] 신부들은 그를 아끼는 만큼 더 많은 시간을 연장하여 교리를 배우기를 원했고, 그래서 그의 고해사제는 그에게 고백성사를 자주 봐야 한다고 말했다. 그러자 그는 더 자주 고백성사를 봤는데, 주일뿐 아니라 주중에도 와서 성사를 봤다. 이에 고해사제는 시간을 앞당겨야 하지 않겠느냐고 보고했다. 그것은 받아들여졌고, 부활절에 맞추어 성체를 모셨는데,[134] 그는 깊은 신심의 눈물을 흘렸다. 그것을 본 모든 사람이 놀랐다. 그 후에도 그는 큰 축일이면 깊은 신심으로 미사에 참여하여 좋은 모습을 보였고, 성체를 모실 준비를 한다며 하루 전부터 금식했으며, 성체를 모신 다음 날에는 주님께서 베풀어 주신 은혜에 감사했다.

그리고 우리가 단식, 사순절과 (연중) 네 시기, 축일[135] 등의 규정에 대해서는 천천히 가르치려고 생각했으나,[136] 그는 자발적으로 마카오에서

---

133 이것이 이응시가 『천주교요(天主教要)』에서 읽었을 성체성사[공몽앙(共家仰)] 혹은 '상호소통'[상취(相取)]과 관련한 내용이다. "성인 신자들은 정해진 시기에 자주 고해성사를 해야 하는데, 이는 양심의 평화를 얻기 위함이다. 그런 다음, 빵과 포도주의 형상 아래 [현존하는] 예수님의 거룩한 몸을 받아 모시는데, 이는 하느님의 무한한 은총에 참여하는 것이다(聖教中人, 年旣壯, 則當時常解罪, 使心志安定, 乃因麵餠及酒像, 領耶蘇聖體, 以沾天主洪恩)"(ff.12b-13a).

134 만약 이응시가 고해성사를 시작했을 때, 『천주교요(天主教要)』를 "새로 인쇄"했다면, 이 부활절은 1605년이 되어야 하고, 그해 부활절은 4월 10일에 있었다. 왜냐하면 그해 3월에 『천주실의(天主實義)』가 인쇄되었을 것이기 때문이다. Cf. NN.1585, 1649.

135 리치가 본문에서 포르투갈어로 쓰고 있는 표현 "dias de guarda", 즉, '지켜야 하는 날'들은 주일과 축일이다.

136 고해성사 보는 방법과 축일들을 지키는 것은, 점차 하나씩 신중하게 가르치려고 했다. 이는 어제의 비교인이었던 사람들에게 버거운 멍에를 강요한다는 인상을 주지 않기 위해서였다.

온 젊은이들을 통해,[137] 그들과 많은 내적인 대화를 함으로써, 이 모든 것에 대해 알았고, 마치 오래된 신자처럼 모두 지키려고 했다.

대사大赦, Indulgentia에 대해서도 알았고, 절박한 심정으로 어떻게 그런 큰 축복을 받을 수 있는지도 물었다. 그리고 대사들 가운데 하나는 믿지 않는 사람들에게 그리스도교 신앙으로 개종하도록 하면 [은총을] 더 받기도 한다는 말을 듣고는 크게 기뻐하며, 주변 사람들을 개종시키기에 바빴다. 매일 동료들과 함께 영혼들을 사냥하러 다녔다. 그들에게는 거룩한 세례를 받게 하고, 자신은 대사의 은총을 받기 위해 노력했다.

견진성사도 빨리 받고 싶어 했다.[138] 이것만을 위해 마카오로 가겠다고 했다.[139] 하지만 신부들은 긴 여행에 큰 비용이 들 것이므로 그러지 말라고 말렸다.[140]

이 일이 있고 난 뒤, 집안에 일이 생겨 그는 자신의 모친이 있는 고향 호광湖廣으로 가야 했다.[141] 거기에서 그는 모든 사람에게 우리의 거룩한

---

137 마카오에서 온 이 젊은이들은 신부들과 같은 집에서 살았고 예수회 입회를 준비하고 있었다. 1605년 북경 집에는 이런 젊은이들이 열 명 있었다. 1605년 5월 10일 자, 편지에서 리치는 "우리 집 외에도 모든 집[수도원]에 중국인 부모를 둔 많은 아들들이 예수회 입회를 목적으로 기숙하며 공부하고 있습니다. 그러다 보니 모든 집이 기숙학교[콜레지움] 형태로 운영되고 있고, 우리 집에도 열 명이 살고 있습니다"(N.1607). 이 숫자에는 두 명의 신부와 유문휘(游文輝) 페레이라 수사와 일부 하인도 포함된다. 이렇게 이응시는 계명을 지키고, 사계절마다 있는 기도와 사흘간의 단식, 그리고 사순절을 지켰다. Cf. Guerriero, II, p.106.

138 이것이 『천주교요(天主教要)』(f.12b)에서 말하는 견진성사[공비아마세(共斐兒瑪歲)]다. "세례성사를 받은 사람은 [이제] 어른이 되는 성사를 주교[주교비사파(主教俾斯玻)]에게 받는데, 예식에 따라 성유(聖油)를 이마에 바른다. 이로써 신앙의 의무를 지킬 힘을 얻는다."

139 마카오에만 일본교회의 주교로 한 사람 있었다.

140 북경과 마카오의 거리는 가는 데만 강으로 약 3개월의 여행이고, 돌아오는 것도 그 정도 걸린다.

율법[그리스도교]를 전파했고, 일부 임종하는 사람에게 직접 대세를 주어 천국에 자리할 수 있게 했다.[142] 신부들에게 큰 사랑으로, 끊임없이 편지를 써서 [북경으로] 돌아와 교회에 관한 것들을 보고 싶다고 했다.[143] 그러나 그의 모친이 살아 있는 한 돌아올 수 없을 것으로 생각된다.

717. 이지조가 복건성 향시 주재관으로 임명되어 황하강 관리 특사가 되다

이아존李我存[144]은 과거[145] 중국에서 유명한 문인들이 많이 배출된 복건福建성의 향시 주재관으로 파견된 적이 있었다. 그가 제시한 시험 문제 중에는 수학에 관한 것이 하나 있었다. 거기에서 그는 자기가 배운 것을

---

141 그는 북경에서 태어났지만, [부모가] 호광(湖廣) 출신이다(N.693).

142 그러니까 그는 서광계와 비교해 덜 소심하다(N.930). 라틴어에서 음차한 양식을 이용했을 것이다. 그것은 『천주교요(天主教要)』에서도 찾아볼 수 있다. Cf. N.482, 주(註).

143 새 교우 바오로 이응시의 열정에 관해 여기 텍스트에서 언급하던 시점은 이제 막 세례받은 때라 아직 신선했을 때다. 즉, 1605년 5월 10일에 세례를 받았고, 리치는 다음과 같이 감탄한다. "또 한 사람은 집안 식구를 모두 개종시키고, 우리가 새 교우들을 위한 단식과 축일 규정을 아직 공개하지도 않았는데, 혼자서 우리 집식구들을 통해 조사한 뒤 그것을 그대로 지키고 있습니다. 정해진 모든 축일에 미사에 참여합니다. 14살 된 자기 아들에게 미사 봉사를 가르쳐 처음으로 미사 봉사를 하도록 했고, 온 가족이 매우 장엄하게 미사에 참여합니다. 그는 세례를 앞두고 많은 우상을 불에 태웠고, 그와 관련한 책도 세 상자나 불 속에 던졌습니다. 그는 자주 고해성사와 성체성사에 임하고, 그것을 실천하려고 애쓰며, 그리스도인의 증가에 몹시 힘을 씁니다. 그는 순교자가 되고 싶어 합니다"(N.1590). 궤리에로는(Guerriero, II, p.106)는 다음에 주목하게 한다. "[그는] 교회 용어를 아는 것도 매우 중요하다고 생각했다. 교회[액격륵서아(厄格勒西亞)], 교황[발파(發波)], 주교[비사파(俾斯玻)], 사제[살책아탁덕(撒責兒鐸德)]과 그 외 다른 용어를 썼고, 교회의 일에 경외심을 가져야 한다며 다른 사람을 쓰지도 않았다."

144 즉, 이지조(李之藻)를 말한다.

145 1603년이다.

보여 주었다. 이 시험에 관해 인쇄한 책에는 '어떤 외국인들'이라는 이름으로 우리에 관한 이야기도 있는데, 그가 큰 존경으로 기록한 것이다. 산동山東성으로 승진하여 돌아오면서[146] 자신의 관저에 있던 모든 물건을 우리에게 주고 갔고, 큰 사랑을 보여 주고 떠났다. 마태오 신부를 데려가고 싶어 했으나, 신부가 그 도시[147]를 벗어나는 것은 전혀 이롭지 않다고 극구 사양했다.

718. 1604년 북경에서 열린 관리들의 대규모 경연. 북경에서 신부들의 권위

그해는 3년에 한 번씩 있는,[148] 15개 성의 모든 고위 관리들이 황제에게 와서 업무 보고를 하는 해였다. 그 시기가 되면 엄청난 인파가 북경으로 몰려왔다. 왜냐하면 관리들과 그들을 섬기는 종들 외에도 물건을 팔러 오는 많은 상인과 그것을 사겠다고 북경을 찾는 사람들로 북적였기 때문이다. 하여튼 그해에는 4만 명이 넘는 사람이 북경을 찾았고, 주요 도로를 지나는 것도 몹시 힘들었다.[149]

북경의 신부들은 이 기회를 이용하여 우리가 진출한 다른 세 개 도

---

146 "매우 큰 직책"(N.1626)이었는데, 대운하(Canale Imperiale)의 치수를 관리하는 임무[치하(治河)]로, 운하가 지나가는 산동(山東)의 동아(東阿) 남서쪽 60리(里) 거리에 있는 장추(張秋)에서 1604년 6월 22일부터 1605년 5월 12일까지 살았다(Fam̃hao, p.60). 리치는 이 도시의 위도가 35° 1/2라는 말을 분명히 들었고, 1605년에 언급했다(N.1626).

147 북경이다. 리치는 앞서 언급한 바 있듯이(Cf. N.700), 수도를 벗어날 수가 없었다.

148 Cf. NN.114, 130. 제국의 모든 관리가 1604년에 수도로 왔는데, 그 수가 3천 명이 넘었다. 이 숫자가 정확하지 않은 점을 고려하면, 두 수도[남경과 북경]에 몰려든 사람은 6천 명이 더 있을 것으로 추산된다. Cf. Guerreiro, II, p.99.

149 Cf. NN.769, 957.

시[150]에서 온 관리들과 대화를 나누었고 매우 호의적인 태도를 보였다.[151] 그것은 나중에 했던 것처럼, 그들이 신부들의 요청을 들어주는 데 큰 도움이 되었다. 그들은 우리가 여기서 얼마나 권위와 좋은 평판을 얻고 있는지에 따라서 높은 사람으로 대해 주기 때문이다.[152] 누군가 다른 수도원에 있는 신부들에게 해코지하려는 것을 막을 수도 있고, 북경의 신부들이 그들에게 해를 주고 싶으면 그것도 쉽게 할 수 있는데, 그것은 우리의 친구 고관들에게 그들에 대해 나쁘게 말하면 되기 때문이다.[153]

719. 신부들을 공격하는 반대 세력들과 그들을 옹호하는 힘 있는 친구들. 신부들은 계속해서 시계를 조율하기 위해 황궁에 들어가다

여전히 신부들에게 위해를 가하려는 사람이 있고, 우리가 가진 큰 명성을 시기하거나 그들의 우상 종파들을 공개적으로 반박하는 것을 보기를 불편해하는 사람들이 있었다.[154] 많은 사람이 [그리스도교에] 열중했고,

---

150 남경, 남창, 소주다.

151 이 모든 방문의 기회를 이용하여 선교사들은 『곤여만국전도(坤輿萬國全圖)』, 『천주실의(天主實義)』와 그 외 여러 작품의 사본을 많이 배포했다. 방문자들의 많은 수가 신부들이 나중에 다른 작품들을 출판할 수 있도록 비용을 봉헌하고 갔다. Cf. Guerreiro, II, p.99.

152 북경에서 리치가 누린 명성들은 중국 전역으로 확대되었고, 그것은 [우리] 종교에도 큰 이득이었다. Cf. NN.653, 661, 665, 734, 759, 787, 792, 830, 849, 856, 863, 865, 871, 872, 1794, 1841, 3338, 3389.

153 북경에서 리치의 위치는 제국의 여러 성에서 활동하는 선교사들을 위한 어떤 피뢰침이 되어 준 셈이다. Cf. NN.734, 849, 1844, 1852. 같은 역할을 이후에 아담 샬(Adam Shall von Bell)과 페르비스트(Ferdinando Verbiest)도 하게 될 것이다.

154 이런 감정은 『천주실의(天主實義)』가 출판되자 반대자들 사이에서 일어났다.

그것을 공개적으로 보고는 매우 놀라 우리가 율법을 가르친다는 명분으로 중국을 우리 유럽의 왕에게 굴복시키려고 사람들을 모집한다고도 생각했다.[155] 하지만 모든 사람이 고위 인사들이었고, 그러다 보니 북경의 하급 관리들은 감히 우리에게 상해를 가하지는 못했다. 요직에 있던 두세 명의 고관[156]은 우리에 대해, 우리가 가르치고 제시하는 종교적인 것과 함께, 항상 우리를 지켜 주시는 하느님께서 인도하시는 자연적인 것에 관한 가르침을 모든 사람에게 매우 좋게 말했다.[157]

이것은 또한 황제의 명령으로 우리가 계속해서 황궁에 드나들며 정기적으로 시계를 손보기도 하고, 관리도 해야 했기 때문이다.[158] 그런 이유로 많은 사람이 황제가 우리에게 호의적이라는 것에 두려움을 느끼며, 누구든지 우리를 해코지할 시 화를 입을까 두려워했다.

---

155 Cf. NN.226, 238, 257, 263, 711, 781-782.

156 그중 한 사람이 1603년 4월-5월 이전에 당국[當國, 총리]으로 있던 풍기(馮琦)일 것이다.

157 가장 큰 반발은 1605년 1월 혹은 2월, 즉, 중국으로는 갑진(甲辰)년에 터져 나왔다. 이 때의 반발은 법적인 측면도 있었다. 사실 중국의 관습은 외국에서 오는 사람은 중국의 황제에게 조공을 진상하기 위해 북경에 온다. 따라서 조공을 바치고 나면 자국으로 돌아가는 것이 통상적이었다. 따라서 "관리들은 황제에게 신부들을 적어도 북경 밖으로 내보내야 한다고 상소를 올렸고", "황제가 이를 거부했다." 이에 적어도 여론에 정당성을 입증하기 위해 5명을 기준으로 황제로부터 생활비를 받도록 했다. 그 액수가 1605년에 "100스쿠디[금화 100냥]가 넘었고", 선교사들은 직책도 받아야 했다. 사실 황제는 그것도 주려고 했다. 그러나 선교사들은 직책과 생활비를 모두 사양했다. 하지만 후에 아무런 직책을 강요하지 않는 조건으로 생활비만 받기로 했다. "그래서 북경에 남아 있으면서 직책은 없이 생활비를 받게 되었던 것"(N.1684)이다. 그 바람에 관리들은 만력(萬曆) 황제가 [선교사들의 체류를] 강하게 원하고 있다는 걸 알았고, 직책 없이 생활비만 받고 북경에 남게 되자, 그들은 [선교사들을] 궁지로 몰아넣을 생각을 했다. 모든 반대 의견이 꺼질 때까지 선교사들에게 북경 밖으로 나가라고 협박했다. 리치는 1605년 2월 18일 며칠 전에 이 모든 여론을 꺼트렸다. Cf. NN.1578, 1684.

158 그러므로 1605년 초까지, 신부들은 1601년 1월에 진상한 시계들의 정기검진을 위해 황궁에 불려 다녔다. Cf. N.622.

제4장

왕국 밖에서 들어온 많은 그리스도인의 존재를 중국에서 어떻게 발견하게 되었는지에 대해, 그들이 여전히 '십자가 신봉자'라는 이름으로 계승되어 오고 있는 것에 대해

(1605년부터 1608년까지)

- 선교사들과 그들의 작품을 토대로 쏟아져 나오는 지역 문학
- 선교사들에 대해 다루고 있는 두 권의 중국 책
- 1605년 6월 말, 리치를 방문한 유대인 애전(Ai T'ien; 艾田)이 〈동정녀 마리아 성화〉 앞에서 〈레베카〉인 줄 알고 묵상하다
- 개봉(開封)과 항주(杭州)와 다른 곳에 있는 유대인들
- 개봉(開封)과 산서(山西)성의 임진(臨晉)에 있는 '십자가 신봉자들'. 십자가 사용
- 호부(戶部)대신 유대인 장맹남(張孟男). 무슬림, 유대인, 네스토리우스인들을 칭하는 여러 가지 이름
- 유대인 애전과 그 가족에 관한 자세한 보고. 그리스도교에 대한 호의적인 태도
- 리치가 중국인 수사 한 명을 개봉으로 보냈지만, 유대인과 네스토리우스인들에 대한 정보는 거의 얻지 못하다
- 개봉의 세 유대인이 북경에 와서 그리스도교를 수용하는 호의적인 태도를 보이다
- 선교사 한 사람을 개봉으로 보내려는 쓸모없는 제안

720. 선교사들과 그들의 작품을 토대로 쏟아져 나오는 지역 문학

[중국은] 책 만들기가 매우 쉽고 편하고 자유로워서,[159] 우리와는 달리 누구나 자기 집에서 책을 많이 만든다. 다른 어떤 나라보다도 매년 새로운 책을 많이 간행한다. 하지만 과학 분야의 책은 부족하고,[160] 많은 부분에서 쓸모없거나 때로는 해가 되는 책을 만들기도 한다.

그런 까닭에 우리 서방에 관한 정보는 중국과 다른 모든 나라의 많은 것들을 발견하게 해 주었다. 새로운 율법,[161] 새로운 과학과 철학은 그들의 서적을 풍성하게 하는 좋은 기회였다. 신부가 중국에 오게 된 것, 그들이 접하게 된 그림, 시계, 책, 여러 가지 물건들에 대한 묘사와 기계장치,[162] 가르치게 된 법과 학문,[163] 이미 출판한 우리의 책과 그들의 작품에서 그것을 인용한 것,[164] 그들이 내놓은 많은 경구와 소네트 등이 있었다.[165] 그렇게 사실인 것과 거짓인 것들이 많이 보급되었고, 그것들은 이

---

159 Cf. N.39.

160 Cf. N.56.

161 여기서는 새로운 종교, 즉 그리스도교를 말한다.

162 『봉창속록(蓬窗續錄)』의 저자다. 다시 말해서, 풍시가(馮時可)는 1571년에 거인이 되었다(*Storia dei Mim*, c.209, f.5b; *Index*, 24, III, p.27). 그는 리치가 자기에게 부채 4개를 선물했다고 이야기했다. Cf. N.48, 주(註).

163 『야획편(野獲篇)』의 저자 심덕부(沈德簿)[1328-1401]다.

164 이것은 풍응경(馮應景)의 사례다. 그는 리치의 〈세계지도〉(두 번째 판본)을 자신의 저서 『월령광의(月令廣義)』, c.1602, c.1, f.60에 그대로 첨가했다. Cf. D'Elia[1], n.46. 이것은 귀주(貴州)의 총독 곽청라(郭青螺)의 경우다. 그는 한편으로는 리치의 〈세계지도〉 세 번째 판본(1602)을 축소하고, 다른 한편으로는 세계지도에 담긴 리치의 지리학을 상당 부분 베끼기도 했다. Cf. NN.545, 1703. 이것은 또한 박식하기로 유명한 왕긍당(王肯堂)의 경우기도 하다. 그는 "[리치] 신부의 비중 있는 수학과 도덕 분야의 것들만 인쇄"(N.541)한 것이 아니라, 『교우론(交友論)』의 많은 단락은 물론 『근언(近言)』이라는 제목하에 『이십오언(二十五言)』 초안도 많이 인용했다.

165 이 "경구와 소네트"는 특히 리치에게만 헌정한 것이 아니라 그의 동료들에게도 헌정한 것으로, 1609년에 이미 상당히 많이 나왔다. 그것들을 모두 인쇄했다면 베르길리우스

왕국 안에서 오랜 세기를 두고 더욱 많이 좋게 기억될 것이다.

721. 선교사들에 대해 다루고 있는 두 권의 중국 책

이렇게 나온 많은 책이 이미 우리의 수중에도 들어왔지만, 알려진 것보다 훨씬 많이 있으리라고 확신한다. 이들 저자 중 절강浙江성에 사는 진사며 고관이 한 사람 있었는데, 그는 『서양기西洋記』[166]라는 우아한 책을 출판했다. 신부들에 관한 말을 듣고, 우리 집에서 직접 눈으로 본 것과 인쇄된 『곤여만국전도坤與萬國全圖』를 연구하여 우리의 것[서양]에 대해 가장 잘 썼다. 그는 책에서 자신이 생각한 것과 서양에 관해 말할 수 있는 모든 말을 했다.

그러나 우리의 것들에 관해 쓴 것으로, 가장 널리 보급되고 많은 사람이 읽은 것은 『시사만기時事漫記』라는 제목의 책에 삽입된 한 장章인데, 우리의 『여러 가지 독서의 숲(Selva di varie lettioni)』[167]과 매우 비슷하다.

의 책보다 더 두꺼운 책이 되었을 것이다. 하지만 수도자로서 낮아지고 겸손해야 하므로, 대수롭지 않은 듯 인쇄하지 말아 달라고 요청했다. Cf. N.551; *Fonti Ricciane*, III, pp.11-15.

166 나의 많은 연구에도 불구하고 이 책은 확신할 수가 없었다. 만약 나무등(羅懋登)이 진사[박사]고, 관리며 절강(浙江) 사람이라면, 내가 모르는 1597년에 출판된 『서양기통속연의(西洋記通俗演義)』의 새로운 판본을 생각해 볼 수 있을 것이다. 그 책에서 리치는 인도라고 표기된 서양[西洋]을 유럽[대(大)서양(西洋)]으로 착각했고, 그것은 17세기 초에 나온 『중국서설(中國序說)』과 매우 유사하다. Cf. Wylie, p.203; Courant, NN.4024-4026. 다른 한편 저자는 선교사와 그들의 저작물들을 잘 알고 있었고, 리치와 친하고 그를 존경하는 이탁오(李卓吾)의 『비평서유기(批評西遊記)』(Courant, NN.4031-4035)도 보게 된다. 하지만 그 역시 진사도 절강 사람도 아니다.

167 16세기 말에서 17세기 초, 포르투갈에 있는 예수회 콜레지움들에서는 이런 유사한 책들이 매우 많았다. 학교에서 사용할 목적으로 수집 혹은 선집(選集)의 의미로 실바(Sylva)라고 제목을 붙였다. 여기에는 다양한 라틴 저자, 이교도와 그리스도인 저자, 산문가와 시인들의 논문과 작품들이 한자리에 모였다. 이런 수집을 처음 한 편집자는

우리의 것은 대부분 사실인데, 이 책은 반대로 거짓이 대부분이다. 근사한 전대미문의 것들만 주장하고 있다. 그러면서도 한 장에서는 마태오 리치와 라자로 카타네오 신부에 대해 말하는데, 그건 또 거의 모든 게 사실이다. 하지만 그는 장章을 더 그럴싸하게 만들기 위해 이런 사실들 사이에 매우 색다른 거짓말을 넣는 것을 서슴지 않았다.[168]

예수회의 마젤란(Cosma de Magalhães) 신부였다. 그는 1587년 리스본에서 두 권의 책을 한 권으로 만들어 115쪽짜리 *Sylva diversorum auctorum, qui ad usum scholarum selecti sunt*라는 제목을 달았고, 두 번째 91쪽짜리는 *Liber secundus diversorum poetarum carmina* (*ad usum scholarum*) *selecta*라고 했다. 첫 번째 책에는 플리니오 일 조바네(Plinio il giovane), 티투스 리비우스(Tito Livio), 키케로의 작품을 함축하여 실었고, 두 번째 책에는 세네카의 『트로아스(Troas)』와 플라우투스(Plautus)의 『황금단지(Aulularia)』를 부분적으로 통째 혹은 일부만 실었고, 테렌티우스(Terenzio), 파피니오 스타치우스(Papinio Stazio), 오비디우스(Ovidio)와 조베날레(Giovenale)의 몇몇 작품과 야고보 산나짜로(Iacopo Sannazzaro)의 『동정녀의 해산(De Partu Virginis)』과 마르코 지롤라모 비다(Marco Girolamo Vida)의 『그리스도 왕국(Cristiade)』도 일부 실었다. 인문계열 중학생들을 위해 라틴 시인과 산문가들의 Sylvae도 따로 두 권을 편찬하여 1588년에 출판했다. Cf. Rodrigues[1], II, 2, pp.59-60. 텍스트에서 리치가 언급하고 있는 책들은 바로 이 책들이다.

168 Cf. N.1581. 이 장(章)은 분명 지윤견(支允堅)이라는 사람의 것이다. 그의 자는 자고(子固)이고 호는 매파거사(梅坡居士)[『제명비록(提名碑錄)』에는 나오지 않음]다. 1605년 중반쯤 그가 쓴 『이림(異林)』이라는 제목의 책에 "시사만기(時事漫記)"라는 항(*Seccu*, p.2683)이 있었다. 즉, 텍스트와 관련하여 '내가 들은 것들에 대해서' 적은 것이다. 말하자면 모든 길거리 수다[다전위항지담(多戰委巷之談)](*Seccu*, p.2683)에 대해 언급했다. 따라서 언급한 장(章)의 사본을 가지고, 북경국립도서관의 관장 원동례(袁同禮)의 조언과 배려가 필요했다. 그는 조금 나중인 1628-1643년에 나온, 제목도 바뀐 『매화도이림(梅花渡異林)』이라는 책을 읽어 보라고 했다. 아래는 이탈리아어 번역본이다.

"서양에서 두 사람이 왔다[대서양국(大西洋國)]. 한 사람은 마태오 리치라 하고 다른 한 사람은 카타네오(郭天祐?)라고 했다. 두 사람은 눈이 깊고, 얼굴이 붉으며, 수염이 회색이었다. 8년간 해로 여행을 거쳐 광동(廣東)에 도착했다. 많은 돈을 들여 그곳에 집을 짓고 십 년을 살다가, 그것을 버리고 손에 대나무 양산을 들고 남경으로 갔다. 남경에는 수부(水部)의 한 관리가 가지고 있던 귀신이 든 집이 하나 있었는데, 누구든 들어가기만 하면 바로 죽었다. 두 사람은 귀신들을 내쫓고 아무런 해도 입지 않아 거기

722. 1605년 6월 말, 리치를 방문한 유대인 애전(Ai T'ien; 艾田)이 〈동정녀 마리아 성화〉 앞에서 레베카인 줄 알고 묵상하다

이 책[『시사만기(時事漫記)』]이 유대 국가 출신의 한 유대교 신자의 손에 들어왔다.[169] 그는 하남河南성의 도읍에 살고 있었고, 성이 애전艾田이다.

에 들어가서 살았다. 그들은 서방에는 '하늘의 주인[天主]'이라고 하는 아주 높은 분이 있다고 했다. 그분은 본성상 선을 사랑하고, 고기를 먹지 않으며, 여자를 가까이하지 않는다고도 했다. 온 나라가 그분을 최고 임금(王)으로 모신다고 했다. 그 나라의 관습은 친구 관계를 귀하게 여기고 고독을 애써 찾지 않는 거라고 했다. 중국에 도착한 이래, 그들은 밤낮 고전과 역사를 공부했고, '우정(l'Amicizia)'에 관한 많은 문장을 엮어 출판했다. 그들이 가지고 온 모든 귀한 물건들은 일일이 다 셀 수도 없을 정도다. 흥미로운 것들은 다음과 같다. 천주의 눈이 사방을 바라보고 있는 〈천주 성화〉 한 점, 매시간 소리가 나는 〈자명종〉은 매분이 정확하다. 프리즘이 빛을 받으면 죽은 나무건 무너진 담벼락이건 즉시 다섯 개의 빛줄기를 내어놓는다. 사각형의 쇠줄로 된 〈클라비쳄발로〉는 손을 대지 않아도 소리가 나고, 줄에 대나무를 대도 소리가 난다. 이런 것들은 〈박고도(博古圖)〉에서도 찾아볼 수 없는 것들이다. 그중에는 길이가 한 척(尺) 정도 되는 도금한 사각형의 상자가 하나 있었다. 그 상자를 열면 겹겹이 뭔가 들어가 있는 것 같은데, 그것은 '천주경(天主經)'이라고 하는 『성무일도서』였다. 상자는 그리 크지 않은 것 같았다. 그 가치는 수백 텔(tael)에 달할 것이다. 눈만 한번 깜빡여도 식별할 수 있지만, 수년간의 연구에도 불구하고 그 깊이에는 이르지 못하는 것이었다. 마태오는 이런 물건들을 북경에 가지고 왔고, 황제에게 그것들을 선물했다. 반면 카타네오는 남경에 남았다. 그들은 세상에 속한 사람들이라고 간주할 수가 없다."

169 어떤 유대인에 관한 것으로, "국가와 신앙고백에 있어"(N.722), 아니면 더 나아가 "율법과 국가와 용모에"(N.1688) 대해 이야기하고 있다. 즉, 종교와 민족과 외모가 유대인이라는 것이다. 그는 1545년경 하남(河南)성 개봉(開封) 부근 상부(祥符)에서 태어나 하남성의 도읍 개봉에서 살았다. 그의 성은 애(艾)이고 이름은 전(田), 자는 계해(計偕)였다. [리치는] 개봉(開封)의 유대교 회당(Sinagoga)에 명경당(明鏡堂)이라는 세로 간판이 있어 이상하게 생각했다. Cf. Tobar, pp.28-29. 그는 N.1688에 의하면, "히브리인들에게 보낸 편지를" 자기에게 비유했고, 그의 두 형제는 랍비가 되었다고 한다. 효렴(孝廉)은 1573년에 벌써 60세였고, 1605년에 북경에 왔다. 진사 시험 때문에 온 것이 아니다. 시험은 1605년에 있었던 것이 아니라 1604년에 있었다. 그러니까 "관직을 얻으러"(N.1688) 온 것이다. N.721에서 언급한 책을 통해 이해한 것은, 선교사들이 무슬림도 아니고 이교도도 아니라는 것이다. 선교사들도 혹시 유대인이 아닐까 생각한 것이다. 다시 말해서 그가 리치를 방문하고 선교사들과 같은 종교에 관해 이야기한 걸 매우 기뻐했다는 것이다. 그의 방문은 "세례자 요한 축일 여드레째 날

그는 중국의 문과 거인[석사] 시험에 통과했고, 그해 진사[박사] 시험을 치러 북경에 왔다. 이 책에서 중국에 있는 많은 사람이 그렇듯이, 우리가 회교 율법을 따르는 사람이 아니라는 걸 알았고, 천주天主[170] 외에 다른 어떤 신도 숭배하지 않는다는 걸 알자, 자기네는 모세의 율법을 따른다고 했다.[171] 신부가 있는 집으로 들어오며 자기네 율법이라며 몹시 기뻐했다. 그들의 외모는 코나 눈이나 얼굴이 전체적으로 중국[172]과 매우 달랐다.[173]

마태오 신부는 그를 바로 제단이 있는 성당으로 초대하여 세례자 요한 축일[174]을 위해 마련한 새로운 예쁜 성모 성화를 보여 주었다. 성화에는 한쪽에 아기 예수가 있고, 다른 한쪽에 세례자 요한이 있었다. 그는 무릎을 꿇고 기도했다.[175]

유대인은 성화 속에서 동족[유대인 마리아]을 발견하자, 그분이 야곱과

에"(N.1689) 있었다. Cf. *BCP*, 1935, XXII, pp.587-599, 649-652; 1936, XXIII, pp.22-29, 77-88; Guerriero, II, pp.292-294; *Annali della Prefettura di Kaifeng* [『강희개봉부지(康熙開封府志)』], c.23, f.48b; Pelliot, in *TP*, XX, 1920-1921, pp.32-39; Moule in *TP*, XXVIII, 1931, pp.126-128; Ciamsimlam, II, p.423: IV, B, p.20.

170 여기선 천제(天帝)가 아니라, 천주(天主)다.

171 그러니까 영적으로 유일신교에 대해 말하고 있다.

172 여기서 중국은 '중국인들'이다. Cf. N.116, 본서 1권, p.365, 주(註) 321.

173 그의 얼굴은 중국인들의 얼굴이 아니라 "우리 지역[유럽]의 사람"(N.1691)에 더 가까웠다. 리치가 말하고 있는 이 유대인 친구는 장맹남(張孟男)이다(N.533, 본서 3권, p.122, 주(註) 266).

174 확실한 건 여덟째 날이다. Cf. N.1689.

175 Cf. N.1689. 1586년 스페인에서 온 "성 요한의 경배를 받는 아기를 안은 성모" 성화 사본이었다(N.286). 소주(韶州)에서 알았고(NN.376, 501), 중국의 북쪽 지방(N.579)과 남쪽 지방(N.737)을 거쳐 황제에게 선물하기 위해 1598년(N.579)과 1601년에 [북경에] 왔다. 이 사본의 저자는 중국인이자 일본인 야고보 예일성(倪一誠) 니바가 가장 유력하다(N.687, 본서 3권, p.474,주(註) 1181).

에사오라는 아들을 둔 레베카라고 확신했다.[176] 그래서 그에게 무한한 존경을 보내며, "저는 성화에 경배하고 싶지는 않지만,[177] 저희 세대와 혈통의 기원이 되는 분들께 존경을 드리고 싶습니다"라고 말했다. 네 명의 복음사가들이 성당의 제단 양쪽에 있었기 때문에, 유대인은 제대에 있던 분의 아들이 열두 명 중 누구냐고 물었다.[178] 신부는 열두 사도에 대해 말을 할까 생각하다가 그냥 넘어갔다. 그리고 그가 어떤 사람인지 더 알아보기 위해 방으로 초대했다. [신부는] 점차 그가 유대인이라는 것을 알게 되었다. 비록 그가 자신의 이름을 밝히지도 않았고, 유대어 이름도 모르고 그냥 이스라엘인[一賜樂業][179]이라고만 했어도 말이다. 신부는 그에게 히브리어 플라틴 성경을 보여 주자,[180] 그는 비록 읽지는 못 해도, 글자는 즉시 알아보았다.[181]

723. 개봉(開封)과 항주(杭州)와 다른 곳에 있는 유대인들

이 사람을 통해서 우리는 하남河南성의 도읍 개봉開封[182]에도 유대인 가

---

176 세례자 성 요한의 낙타 가죽은 털이 많은 유대인 에사오를 상기시키고, 그의 무릎을 꿇는 자세는 이삭이 야곱에게 한 말을 상기시킨다. "뭇 민족이 너를 섬기고, 뭇 겨레가 네 앞에 무릎을 꿇으리라. 너는 네 형제들의 지배자가 되고 네 어머니의 자식들은 네 앞에 무릎을 꿇으리라"(창세 27, 29).

177 구약성경에서 금지한 사람이건 동물이건 어떠한 신상도 만들지 말라는 계명을 지키는 것이다(탈출, 20, 4; 신명 4, 16-18; 5, 8).

178 아마도 야곱의 아들이거나 아니면 더 가까이는 레베카의 아들이냐는 질문일 것이다.

179 Cf. N.174, 본서 1권, p.441, 주(註) 536.

180 한 해 전에 받았다. Cf. N.703.

181 어릴 때부터 중국에서 공부했기 때문에 그는 "히브리어 글자를 배우지 못했다"(N.727).

182 하남(河南)에 있는 개봉(開封)이다. Cf. Richard^2, p.60. 1704년 10월, 조반 바오로 고자니(Giovan Paolo Gozani) 신부는 개봉의 이 유대인들을 찾지 못했다. 고자니 신부

정이 10-12개 있고,[183] 그들이 1만 냥의 비용을 들여[184] 새로 재건한 매우 아름다운 시나고그도 하나 있다는 것을 알았다. 거기에는 양피지[185]에 기록되어 두루마리 형태로 된 모세오경(Pentateuco di Mosè)이 있는데 큰 공경을 받고 있다고 했다.[186] 그곳에 있은 지는 500 혹은 600년이 되

는 그것을 그해 11월 5일 자 주세페 소아레스 신부에게 보낸 편지에서 언급하고 있다 (*ARSI, Jap.-Sin.*, 168, ff.161r-162v). 그의 정보에 따르면, 이 유대인 중에는 수재(修才)도 있고, 감생(監生)도 있고, 관리도 있었다. 그들은 [중국의] 다른 이교도 학자들처럼 공자를 공경하지 않았다. 오히려 그들처럼 의무 축일이 되면 자기네 사당[聖人廟]에서 나름의 제(祭)를 지냈다. 죽은 사람을 위해서는 봄, 가을에 한 번씩 사당에 모여 조상들을 향해(古堂) 의무적으로 예식(祭)을 올렸다. 이때 송아지와 양을 잡았는데, 돼지는 절대 잡지 않았다. 다른 사당에서는 음식을 마련하여 제사상을 차리는 공헌(供獻), 향을 피우는 소향(燒香)과 엎드려 절을 하는 개두(磕頭)를 했다. 조상들을 위한 그들의 사당에는 관리들만 위패(位牌)에 이름과 관직명을 적어 보관했다.

183 즉, 열 개 혹은 열두 개의 다른 성(姓)이 있다는 말이다. 더 정확하게는 아마 일곱 또는 여덟 개밖에 없었다고 추측된다(N.1688). 이런 비슷한 상황은 1704년 고자니 신부의 자료에서도 찾아볼 수 있다. 다시 말해서 조(趙), 김(金), 석(石), 장(張), 고(高), 이(李), 애(艾)다(*ARSI, Jap.-Sin.*, 168, f.161v).

184 가브리엘 브로티에(Gabriele Brotier) 신부는 자신의 『회고록(Memoria)』[건설적이고 호기심 어린 편지(*Lettres édificantes et curieuses*) Parigi, 1781, XXIV, pp.63, 91]에서 가우빌(Gaubil) 신부가 시나고그[Synagogue, **역자주**_유대인의 회당.] 고문서실 자료를 통해 "만력 황제 시절 시나고그에 큰불이 나서 모두 전소되었다"라는 기록을 남긴 바 있다고 적었다. 그런데도 1663년의 비문(碑文)에는 전혀 말이 없다. Cf. Tobar, p.73, n.6; N.1688.

185 이 양피지는 "눈에 잘 띄는 두루마리 형태의" 양피지 사본이라고 고자니는 말한다 (*ARSI, Jap.-Sin.*, 168, f.161r).

186 18세기 초, 모세오경 두루마리는 13개였는데, 이는 열두 지파와 모세를 기억하는 의미로, 13개의 판 위에 올려져 있었다. 두루마리들은 높이가 2피트고, 지름도 2피트가 조금 넘는다. 이것들은 각기 비단으로 만든 덮개가 있는 작은 텐트 같은 것 안에 보관되어 있었다. 그러니까 모두 13개의 작은 텐트가 있고, 그것들은 시나고그[禮拜寺]의 '거룩한 장소[天堂]'에 보존되어 있었다. 모세오경을 전례에 모두 쓸 때는 53권(卷)으로 나누는데, 다른 데서는 54권으로 나누는 것과 같다. 이것은 52번째와 53번째를 하나로 만들었기 때문이다. 매주 토요일에 한 권씩 읽었는데, 그러면 모세오경 전체를 1년에 통독하는 것이다. 유대인들은 서쪽으로 고개를 돌려 하느님을 찬양했다. 그들은 천(天), 상천(上天), 상제(上帝), 조만물자(造萬物者), 만물주재(萬物主宰)라는 이름으로

었다고도 했다.[187] 항주杭州[188]가 도읍인 절강浙江에도 더 많은 유대인 가정과 시나고그가 있고,[189] 다른 지역들에는 시나고그가 없어 신앙이 점차 꺼져 가고 있다고 했다. 그들은 돼지고기를 먹지 않았기 때문에 중국인들은 사라센 회교도들[祖穆教]과 그들을[挑筋教] 잘 구분하지 못했다. 하지만 이 유대인들은 이교도[사라센인]들을 불편해했고, 싫어했다.

724. 개봉(開封)과 산서(山西)성의 임진(臨晉)에 있는 '십자가 신봉자들', 십자가 사용

이 기회에 마태오 신부는 그에게 그리스도인에 관한 소식을 물었고, 그런 이름에 대해서는 아무것도 할 말이 없다고 했다.[190] 하지만 몇 가지 인상적인 말을 했는데, 자기가 있는 같은 개봉開封시[191]와 임진臨晉[192]과

간구하였다. 그들은 할례를 했고, 빠스카에 누룩 없는 빵을 먹었으며, 축일 전례를 거행했다. 이 모든 것이 앞서 언급한 고자니의 편지에서 주목한 내용이다(*ARSI, Jap.-Sin.*, 168, f.161r-162v).

187 중국에 유대인들이 오게 된 것에 대해서는 N.172, 주(註)를 보라. 개봉(開封)의 시나고그는 1489년도 기록에 따르면, 1163년에 세웠다. Cf. Tobar, p.44. 중국의 어떤 문헌에서도 1,000년 이전에 중국으로 들어온 첫 번째 유대인들에 관한 기록은 없다. Cf. *BEFEO*, 1901, pp.263-264; *TP*, XXVII, 1930, pp.189-197: XXVIII, 1931, pp.125-128, 176-177; *T'ien Hsia Monthly* 天下, Scianghai, 1937, V, pp.27-40.

188 항주(杭州)가 유대인 식민지였다는 이야기는 전혀 알려진 바가 없다. Cf. Moule, p.3.

189 Cf. N.172.

190 "유대인"이라는 명칭을 알지 못하듯, "그리스도인"이라는 단어 역시 몰랐다.

191 1605년이 오기 몇 년 전, 리치는 산서(山西)성 삭주(朔州)라는 지역을 방문하여 알게 되었다. 삭주는 방대하여 남쪽 지류와 만리장성이 있는 북쪽 지류를 포괄하고 있었다. 그곳은 중세기 옹구트족[Ongud, **역주_** 왕고부(汪古部) 또는 옹우특족(翁牛特族), 몽골제국에서 경교를 믿던 사람들을 일컬음]이 살았던 곳으로 "중국에서 그리스도교 지역"(N.1686)이었다. 정변(靖邊)과 유림(楡林) 사이 오르도스[**역주_** 중국 네이멍구 자치구의 중남부에 있는 고원 지역] 남동쪽 모퉁이에 있는 삭주(朔州)에서 그리 멀리 않은 곳으로(Hermann, p.70, C.2) 에르쿠트족 몽골 부족이 살았다. 1933년 6월, 안토니오

산서山西에 어떤 외국인들이 살고 있는데, 그들과 함께 중국에 온 사람들

모스타트(Antonio Mostaert) 신부는 그곳에서 그리스도인 조상을 둔 후손들을 찾았다. 야리가온(也里可溫)이라는 이름으로 "십자가를 신봉하는 사람들"이라고 하여 13-14세기 중국 문학에도 등장했는데, 고대 몽골의 에르쿠트(erke'ün)인들에 의해 전해졌다. 그들은 오늘날까지 특별한 종교를 실천하고 있는데, 많은 부분에서 그리스도교를 생각하게 한다. 특히 몇몇 성사가 그렇다. Cf. Mostaert, *Ordosica*, 1934, pp.1-20; D'Elia in *Civ. Catt.*, 1936, I, pp.311-316. 1605년 6월 말, 이후에 리치는 "확실히"(N.1685) 유대인 애전(艾田)을 알게 되었고, 하남성 개봉시에도 "다섯 혹은 여섯 그리스도인 가정"이 "제삼회원"[cfr. N.174, 본서 1권, p.442, 주(註) 540.] 혹은 "십자교(十字教)"(N.1687), 즉 '십자가를 숭배하는 사람들'(N.173)이라는 이름으로 있었다. 무슬림과 유대인들은 똑같이 오리지널 외국인들이다. 즉 얼굴만 봐도 알 수가 있고, 우상들을 신봉하지 않았다. 하지만 유대인들과 다른 점은 돼지고기를 포함한 모든 종류의 고기를 먹었다는 것이다. 게다가 무슨 뜻인지 알지는 못해도 항상 음식이 나오면 거기에 손가락으로 십자가를 그었다(N.1687). Cf. NN.173, 724. 리치가 이 그리스도인들을 통해서 얻은 정보에 따르면, 그들이 그리스어를 사용하는 그리스도인들이라는 것(NN.1692, 1850)과 그들이 중국에 온 것은 애전(艾田)에 의하면(N.1690) "오백 년"도 더 되었다는 것이다(N.1686). 다시 말해서, "위대한 티무르[오류다. 쿠빌라이가 맞다]가 타타르인들을 몰고 와서 중국의 이쪽 지역을 모두 정복했을 때"(N.1850)라는 것이다. 더 정확하게는 13세기 초 칭기즈칸 시대라고 했다. 강하고 용맹한 사람들이어서(N.725) 중국인들의 의심을 샀고, 무슬림들의 압박으로 1550년경 죽음의 위협을 느꼈다. 이에 두려움에 휩싸여 [자기 종교를 버리고] 이교도가 되거나 무슬림이 되는 등, 여하튼 "그들은 잠적했고, 그들에게 남은 몇 안 되는 그리스도인이라는 이름도 사라졌다"(N.1850; cf. N.1821). 개봉에 있던 그들의 성전은 전쟁의 신[관왕묘(關王廟)]을 모시는 신전이 되었다(N.1687). Cf. Moule, pp.7, 10, n.11. 1605년 6월 말쯤, 개봉에서 자기가 "그리스도인의 후손이라고 말하는" 한 사람을 애전이 데리고 리치의 집으로 온 일이 있었다. 그는 성이 장(張)이었고, 그 참에 섬서(陝西)의 한 말단관직을 얻었다. "성문 밖 옛날 그리스도인들의 마을에 살던 그에게 이 새로운 관직이 하사되었다." 그러니까 삭주(朔州) 외곽에 있었다는 말이다. 그는 리치에게 "우리의 율법[그리스도교]에 관해 알고 싶고, 자기네 조상들의 종교로 돌아가고 싶다"라고 했다. 즉 그리스도교 신앙으로 가고 싶다는 말이다. 하지만 그는 북경에 닷새밖에 머무르지 않았고, 더욱이 첩을 거느리고 있었다. 아무튼 그는 선교사에게 개봉은 물론 삭주 일대에서 그리스도인들에 관한 정보를 얻어 주겠다고 약속했다. 즉, "그리스도인들이 지금까지 얼마나 있는지", 그들이 어떤 언어를 사용했는지, 시리아어를 썼는지, 혹은 그리스어를 더 사용했을 가능성이 있는지 등에 대해서 알아봐 주겠다는 것이다(N.1692). 한편, 1602년 9월 8일과 14일 사이에 리치는 중앙아시아의 네다섯 개 나라에서 "사절단"으로 온 무슬림 상인들을 북경에서 만난 적이 있었다(NN.830, 837). 당시에는 섬서(陝西)지만

은 십자가를 숭배하더라는 것이다. 그들이 인용한 교리 중 일부는 그의 [신부의] 책에서 인용한 것이었고, 그들은 중국인들이 자기들을 죽이려고 사라센인들을 보내는 게 두려워 오래전에 성당을 버렸고, 이곳과 다른 여러 곳에서 (이미 성당을 우상 종파의 사당으로 바꾼 상태였다)[193] 숨어 지내며, 그들 중 일부는 그리스도교 이단자가 되고, 일부는 사라센 이단자가 되었으며, 가장 많은 수가 중국의 이단 종파가 되어 우상을 섬기고 있었다.[194]

오늘날은 감숙(甘肅)에 속하는 숙주(肅州)에 그리스도인들이 있었고, 그들은 분명 경교인[네스토리우스파]들의 후손이었다(NN.606, 1692). 따라서 리치는 1605년 12월 12일, 베네딕토 데 고이스(Benedetto de Góis, N.842) 신부를 모셔오라고 젊은 조반니 종명례(鍾鳴禮)를 숙주(肅州)로 보내면서 그 지역의 옛 그리스도인들에 관해 알아볼 것을 주문했고, 리치도 직접 1607년 11월 12일, 종명례가 돌아온 지 2주도 채 지나지 않아서, 숙주(肅州)는 물론 서안(西安) 일대에서 그리스도인의 흔적을 샅샅이 연구하여 그것을 기록하였다. 거기에는 16세기 중반까지 그리스도인 가정들이 상당수 존재했지만, 이후 중국인들이 무서워 모두 신앙을 버렸다고 했다(NN.1789-1790).

192 임진(臨晉)은 1615년 트리고가 출판한 『중국에서 그리스도교의 선교(De Christiana Expeditione apud Sinas)』 커버에 있는 중국 지도에서 보는 것처럼 산서(山西) 남서쪽에 있다. 이 텍스트에서 유추해 볼 수 있는 것은, 리치가 1602년 9월 중순 이전에 이미 숙주(肅州)에 있는 그리스도인의 존재에 대해서 알았지만, 1605년 7월 초, 산서(山西)에 있는 그들의 존재는 모르고 있었다는 것이다.

193 앞서 본 것처럼 개봉의 그리스도교 성전은 관왕묘(關王廟)로 바뀌었다. Cf. N.1687.

194 이 일은 1550년경에 있었다. 실제로 1608년 3월 8일, 리치는 하남(河南)에 존재하는 '십자가 신봉자들[십자교(十字教)]에 대해서 쓴 바 있다. "중국인들이 이 율법을 따르는 사람들을 잡아들이라고 하자, 모두 이교도가 되거나 두려움에 휩싸여 사라졌다며 잠적한 지 60년이 되었습니다. 지금까지도 그들의 정체는 밝혀지지 않고 있습니다"(N.1821). 같은 해 8월 22일에도 카타이(Cataio)에 존재하는 십자교(十字教)에 대해 언급하며, 구체적으로 "60년 전, 당시 중국에 백만 명에 달하던 무어인들에 의해 큰 박해가 일어났다며, 그 지역에 있던 사람들의 후손이라고 고백하는 사람이 있었습니다. 박해로 인해 모두 숨거나, 그리스도인이라는 이름을 간직하고 있는 몇 안 되는 사람마저 그 이름을 버렸다고 합니다"(N.1850). 이들 십자교(十字教)에 반대하던 중국인들의 의심은 그들이 중국에서 "[신앙적으로] 한창 꽃을 피우던 시절"에 "모두 재능 있는 전사들"(N.725)이 되게 했다는 것이다.

십자가를 숭배하는 이유를 물었으나 아무 말을 할 줄 몰랐다. 그리고 말하기를, 먹고 마시는 모든 것을 알지 못하는 것처럼, 십자가도 마찬가지라며, 이유를 알고 숭배하는 것은 아니라고 했다. 신부는 같은 말을 다른 곳에서도 들은 적이 있다. 그로써 확실히 알게 된 것 하나는 중국의 많은 지역에서 어린이들의 이마에 검은 십자가를 붙이면 불행을 막아 준다는 풍습이 있는데,[195] 그것은 우리의 예로니모 루쉘리Geronimo Ruscelli[196]

---

195 지금도 귀주(貴州)의 일부 부족은 이런 풍습을 유지하고 있다. Cf. Launay, *Histoire des Mission de Chine, Mission du Kouy-tcheou*, I, 1907, pp.1-3.

196 루쉘리(Ruscelli) 작품의 정확한 제목은 좀 길다. 전체적인 톤은 다음과 같다. "알렉산드리아 사람 클라우디오 톨로메오의 지리학. ‖ 지롤라모 루쉘리가 그리스어에서 이탈리아어로 새로 번역함. ‖ 책 전체와 모든 지형에, 세계를 묘사하는 방식으로, 구체적인 장소들을 하나하나 해설함. ‖ 구리 프린트로 인쇄한 새롭고 아름다운 인물과 함께 프톨레마이오스의 고대의 26개에 현대적인 것 36개가 더해짐. ‖ 지도를 탐색하고 이해하고 사용하는 방법. ‖ 수학자 주세페 몰레토(M. Giuseppe Moleto)의 논문들을 빼곡히 첨가. ‖ 거기에는 지리학에 속하는 모든 전문용어와 규칙들을 설명함. ‖ 그리고 옛 지명들을 현대어로 쓴 새로운 [그림]과 그 사본 및 누구든지 읽으면 알 수 있게 유익하고 필요한 다른 많은 것들을 넣음. ‖ 거룩하고 변함없는 행복을 비는 페르디난도 1세 군주께. ‖ 베네치아에서 15년간 경애하올 베네치아 의원들과 군주들의 특권으로. ‖ 빈첸조 발그리시(Vincenzo Valgrisi)의 후임, 1561(La Geografia ‖ di Claudio Tolomeo ‖ Alessandrino. ‖ Nuovamente tradotta di Greco in Italiano, ‖ da Girolamo Ruscelli. ‖ Con Espositioni del medesimo, particolari di luogo in luogo, & uni ‖ versali sopra tutto il libro, et sopra tutta la geografia, o modo ‖ di far la descrittione di tutto il mondo. ‖ Et con nuove & bellissime figure in istampa di rame, ove oltre alle XXVI antiche ‖ di Tolomeo, se ne son aggiunte XXXVI altre delle moderne. Con la carta ‖ da navigare, & col modo d'intenderla & d'adoperarla. ‖ Agiuntovi un pieno discorso di M. Giuseppe Moleto Matematico. Nel quale si ‖ dichiarano tutti i termini & le regole appartenenti alla Geografia. ‖ Et con una nuova & copiosa Tavola di nomi antichi, dichiarati coi nomi moderni, & con molte altre ‖ cose utilissime & necessarie, che ciascuno leggendo potrà conoscere. ‖ Al Sacratissimo et sempre felicissimo ‖ Imperator Ferdinando Primo. ‖ Con privilegio dell'Illustrissimo Senato Veneto, et ‖ d'altri Principi per anni XV. ‖ In Venezia. ‖ Appresso Vincenzo Valgrisi, MDLXI." 이처럼 책 제목 자체가 커버에서부터 세 개 작품을 말해 주고 있다. 루쉘리의

가 『프톨레마이오스의 우주론 해설』에서 중국 부분에서 한 말을 사실로 알고 있다는 것이다.[197] 그리고 비록 유대교 신앙은 쇠퇴했어도, 유대인의 이 모든 말을 통해 많은 사람이 십자가를 받드는 풍습을 보존하고 있다는 것이다. 그래서 그들은 십자교十字教로 알려졌고, 그들의 모습은 다른 사람들과 사뭇 다르다는 것이다.

725. 호부(戶部)대신 유대인 장맹남(張孟男). 무슬림, 유대인, 네스토리우스인들을 칭하는 여러 가지 이름

[신부는] 그들을 통해 하남河南의 전체 가정들의 이름을 적었는데, 꽤 되

지리학, 이 책에 대한 해설과 몰레토의 논문이라는 것이다. 그러므로 누구든지 이 책을 한 권 소유한다는 것은 다른 두 개도 갖는다는 뜻이다.

197 1577년 5월 18일, 리치가 로마에서 출발할 때, 중국에 대해 알아야 했던 것은 루쉘리의 『지리학』에서 읽은 것 이상의 정보는 없었다. "오늘날 대(大) 중국이라고 하는 시나(Sina, 혹은 '지나')라는 성(省)에는 세계에서 가장 큰 황제가 있다고 한다. … 그의 모습은 누구에게도 보이지 않고, 자신의 여러 방에만 머무르고, 아내를 제외한 모든 사람이 그를 보지 않고 밖에서 그를 섬긴다. 부인이 접시를 들고 가져다주면 먹고, 음료도 그녀가 들고 가기 편한 문 앞에 두면, 아마도 바퀴 달린 테이블로 가지고 들어간다. 우리의 봉쇄수도원에서 하는 것과 비슷하다. … 궁 주변에는 일곱 개의 성벽이 에워싸고, 그곳은 일만 명이 넘는 병사가 항상 교대로 지키고 있다. 군주라면 당연한 일이다. 그리고 자기 왕국의 장관이나 다른 제후가 백성들에게 뭔가 부당한 짓을 하면, 그는 공개적으로 그것을 알린다. 그들[중국인]은 우상을 숭배하지만, 십자가에 대한 경외심도 크다고들 말한다. 그들이 왜 십자가를 숭배하는지 그 이유에 대해서는 여전히 모르지만 말이다. 만약 하느님께서 참된 신앙과 종교의 씨앗을 거기에 심어 놓았다면 그것을 길러 싹을 틔워야 할 것이다. 그것이 그분의 이해할 수 없는 의지에 봉사하는 것이 될 것이다"(26, C3 [p.4]). 라무시오(Ramusio, *Primo et Secondo Volume delle navigationi et viaggi,* Venezia, 2ª ediz., 1583, I, f.340v)는 마젤란 항해의 일원이었던 비첸자 사람 안토니오 피가페타(Antonio Pigafetta)의 말을 인용하여, 1522년 2월 15일 이전에, 티도르(Tidor)에서 한 무슬림을 만났는데, 그에 따르면 "피부색이 하얀 중국인들이 있는데, 그들은 십자가를 가지고 있지만, 왜 가지고 있는지는 모른다"라고 했다.

었다.[198] 그중 남경의 호부상서戶部尙書가 있었는데, 성이 장(張)[맹남(孟男)]으로 다른 귀족들과 마찬가지로 신부와 좋은 관계를 유지했다. 이 가르침[그리스도교]이 한창 꽃을 피우던 시절에 그들은 모두 재능 있는 전사들이라, 그것이 그들[중국인]의 나쁜 의심을 사는 원인이 되었다. 여하튼 이 사람들의 외모는 중국인들과 매우 다르고, 사라센과 유대인들처럼 회회回回라고 불렀다.[199] 이 사람들이 십자회회十字回回라고 부르는 그리스도인들의 후손이 아니라면, 십자가 사라센인들이라는 뜻이다.[200] 이 사람은 사라센인들을(유대인들 사이에서는 이렇게 불렀다) 삼교(三敎)(回回)라고 불렀다. 말하자면, 그들은 유대인, 그리스도인, 이방인들이 갖는 세 가지 율법을 모두 신봉한다는 말이다.[201]

726.

하지만 나중에 보게 되겠지만, 중국인들은 이 세 가지 율법을 준수하는 사람들을 다른 이름으로 부른다. 즉, 사라센인들은 '돼지고기를 안 먹는 사람들'이라는 뜻으로, 불끽저육不喫猪肉[202]이라고 부르고, 유대인들은

---

198 실제로 한 달 후에 리치는 개봉의 그리스도인 가정이 다섯 혹은 여섯이 된다고 적었다(N.1687).

199 Cf. N.174, 본서 1권, p.440, 주(註) 534: p.441, 주(註) 536.

200 Cf. N.174, 본서 1권, p.441, 주(註) 535.

201 경교, 불교, 이슬람을 모두 섞은 것을 삼교(三敎)라고 했다. 즉, 삼교의 신도를 말한다. Cf. N.174, 본서 1권, p.441, 주(註) 535.

202 Cf. NN.171, 174. 두우(杜佑)(735-812)는 자신의 저서인 원전(元典), c.193, 대태국(大泰國)에서는 거의 같은 시대 사람인 두환(杜環) 혹은 환(還)의 『경행기(經行記)』를 인용하고 있다. "아랍인들이 고백하는 신앙[이슬람교]은 돼지고기, 개고기, 말고기와 그와 유사한 동물들은 먹지 않는다(大食法者不食猪, 狗, 馬, 等, 肉)." 앞서 언급한 편지에서 고자니(Gozani)는 도근교(挑筋敎)(N.174)라는 이름에서 개봉의 유대인들을 알

'힘줄을 안 먹는 사람들'이라고 해서 도근교인挑筋教人[203]이라고 불렀다. 그들은[사라센인들과 유대인] 지금까지도 구약의 율법을 지키느라 모든 먹는 육류에서 힘줄을 잘라낸다.[204] 그리스도인들의 후손은 '발굽 갈라진 짐승을 먹지 않는 사람들'[205]이라고 불렀다. 무어인과 유대인들은 그것을 먹기 때문이다. 중국은 전체적으로 말, 노새[206]와 다른 비슷한 당나귀를 먹지만, 그들은 고향의 관습 때문에 그것들을 먹지 않는다.

727. 유대인 애전과 그 가족에 관한 자세한 보고. 그리스도교에 대한 호의적인 태도

이 유대인은 아브람, 유딧, 모르드개, 에스터와 그 밖의 인물들처럼 구약성경의 역사를 비중 있게 이야기했다. 그의 이름도 매우 독특하다. 히브리어 발음에 더 가까운 것 같다.[207] 예루살렘도 히에루솔로임 Hierusoloim이라고 발음했고, 메시아는 장차 오실 분이라며 미시가[彌施訶][208]라고 했다. 그는 또 신부에게 개봉開封에는 히브리어를 아는 사람이

았다고 전하며, 여기 텍스트에서 리치가 말하고 있는 것처럼 중국인으로 살아가고 있다고 했다(cf. N.1821). 그리고 같은 유대인들이 자기네들은 조목교(祖穆教) 혹은 마호메트가 설립한 종교를 믿는 사람들과는 전혀 다르다고 주장했다.

203 적어도 18세기 초, 어쩌면 그보다 더 오래전부터, 그래도 1644년 이후, 개봉의 히브리 공동체는, 고대 중국의 마니교 이름인 명교(明教)라는 이름을 썼다. 이들에 대한 최초의 언급은 694년에 있었다[N.174, 주(註)]. 명교(明教)는 명(明)의 첫 번째 황제 홍무(洪武)가 쓰지 못하게 했다. 왜냐하면 자신의 왕조인 명(明)의 이름을 도용한다고 봤기 때문이다. Cf. Noël, *Philosophia sinica*, 1711, Tract. I, pp.168-169; *TP*, XXII, 1923, pp.196, 198, 202, n.2: 206-207; *JA*, 1913, I, pp.365-374.

204 Cf. N.1821; *Gen.*, XXXII, 32.

205 발굽이 있는 동물.

206 Cf. N.14.

207 애전은 아만과 모르드개를 아마안과 모르드가이라고 발음했다. Cf. N.1689.

많이 있다며, 그중에는 자기 동생도 있다고 했다.[209] 하지만 자기는 어려서부터 중국어를 배우는 바람에 히브리 문자를 배우지 못했다고 했다. 게다가 중국 문자를 배우라며 시나고그의 수장인 장교掌教가 시나고그[禮拜寺]에서 밖으로 [사람들을] 쫓아내며 [말을 안 들으면] 파문시키겠다고 했다는 것이다.[210] 그러다 보니 사라센들이 거의 그렇듯이 진사 시험에 통과하면 쉽게 율법[신앙]을 버리기도 한다고 했다. 그들의 수장 만자滿剌/학라吒喇[211]가 더는 무섭지 않았을 것이고, 신앙도 버리는 것이다.[212] 우

---

208 경교인들의 자료에는 자주 메시아라는 말이 등장한다. 중국식으로 음차하여 미사가(迷師訶), 미시소(迷詩所)[소(所) 자리에 가(訶)를 넣기도 함]라고 했다. 세키(Saeki², pp.119-120)에 따르면, [이 용어는] 641년 이전까지 거슬러 올라간다고 한다. 반면에 미시가(彌施訶)와 미사가(彌師訶)는 641년에서 781년까지 사용했다. 794-795년의 어떤 불교 서적에는 미시가(彌尸訶)라는 형태도 나온다. Cf. *TP*, 1896, p.590: V, 1904, p.382, n.4.

209 그의 형제 중 두 사람이 "히브리어 편지를 기다렸는데, 아마도 그들 중 랍비가 있었던 것 같습니다"(N.1688).

210 리치는 편지에서, "그가 제게 말하기를, 중국에서는 할례, 정화, 돼지고기 때문에, 그 외 다른 사람들과의 상거래를 방해하는 것들 때문에 자기네 율법을 지킬 수가 없다고 했습니다. 특히 [자기처럼] 행정관으로 나가고자 하는 사람의 경우는 더욱 그렇다고 했습니다. 시나고그 밖에 있는 사람으로 간주한다는 것입니다"(N.1689)라고 했다.

211 '몰라(mollah)'라는 말은 아랍어 '마울라'(maulã, '가까이 있다'라는 의미)로 다른 많은 것들 중, "율법에 정통한 스승, 박사"라는 뜻이다. 바르톨리(Bartoli)는 몰라쏘(molasso)[**역주_** 오늘날의 무프티(mufti)에 해당하는, 모스크에서 법적 견해가 담긴 교전을 해석, 적용하도록 하는 스승으로 해석된다]라는 이탈리아어로 이해했다. 이것은 무슬림 수장(首長)들을 일컫는 용어로도 사용했다. Cf. N.821. 몽골인들은 중국어로 만자(滿剌) 혹은 학라(吒喇)로 음차해서 읽었다. 무슬림 수장들도 아혼(阿渾)이라고 불렀다. 즉, 아혼 혹은 오사달(五思達)로 이것은 페르시아어로 교수, 박사, 성직자를 부르는 경칭으로 돈데, 랍비라는 뜻이다. Cf. *HJ*, p.579; *CCS*, VIII, 1935, pp.75-76. 개봉의 유대인들도 자기네 종교 수장을 부를 때 같은 이름을 사용했다. 이들은 세 가지 직분을 갖는다. 오사달(五思達) 혹은 랍비, 장교(掌教), 그리고 만라(瞞喇) 혹은 교단의 스승이다. Cf. Tobar, pp.44, n.1: 46, n.2: 73, n.6: 75, 86, 109.

212 펠리옷(Pelliot, *TP*, XX, 1920-1921, p.33, n.1) 교수가 주목한 것처럼, 이 유대인이 과장하는 것 같다. 왜냐하면 토바르(P. Tobar, p.75)가 번역한 「개봉의 히브리 비문(碑

리는 이 사람[애전]에 대해 크게 호감이 갔지만, 그의 그리스도인 손자들은 쉽게 원래의 종교로 돌아갈 것으로 생각했다.

728. 리치가 중국인 수사 한 명을 개봉으로 보냈지만, 유대인과 네스토리우스인[경교인]들에 대한 정보는 거의 얻지 못하다

그로 인해, 3년 후, 마태오 신부는 그 도시에 우리의 중국인 수사[213]를 보내 그리스도인들이 가지고 있을 유품들을 조사하고, 문자와 성화를 사용하는지 살피라고 했다. 북경에서 세례받은 그 지역의 학자 한 사람[214]과 함께 가도록 했다. 하지만 거기에서 그들을 환영한 사람들은 십자교[十字教, 경교인] 사람들이 아니라 유대인들이었다. 처음 그들은 우리 수사 일행이 자기네한테 무슨 해코지라도 할까 두려워 자기들이 경교인의 후손이라고 고백하기를 거부했다. 어쩌면 이 후손들이 중국인으로 남고 싶어 했을 수도 있다. 왜냐하면 모든 나라들 사이에서 중국 외에는 알려지지도 않았고, 이름도 거의 없어 외국에서 왔다고 하면 오히려 홀대를 받기 때문이다.[215] 그렇다 보니 앞에서 이야기한 것 이상은 알 길이 없었

文)」에는 여기서 이야기하고 있는 사실이 있고 난 뒤에 나오기 때문이다. 거기에는 유대인 수재들의 이름이 여럿 등장하고, 유대인 진사도 두 명 나온다. 유대인과 같은 이름인 고선(高選)은 아직 진사가 되기 전인 공사(貢士)고, 조영승(趙映乘)은 1646년에 진사(進士)가 되었다.

213 Cf. N.1821. 이 사람은 중국인 안토니오 뇌도(雷道)(N.698, 본서, p.55, 주(註) 28)로 1607년, 일이 있은 지 3년 후, 연초에 개봉으로 파견되었다. 거기서 그는 지금까지 남아 있는 많은 그리스도인 가정들을 만났고, 그들은 16세기 중반까지 건재했다. 그러나 이후, 중국인들이 두려워 모두 신앙을 버렸다. N.1790. 알레니(Aleni[1], B, f.14a)는 여기에 파견된 사람이 황명사(黃明沙) 마르티네스 수사라고 말하는데(N.354), 그는 1606년 3월 31일에 이미 죽었다(N.788).

214 아마도 안토니오 최(崔)일 것이다. Cf. N.691, 본서 3권, p.479, 주(註) 1194.

다.[216]

그들은 유대인들이 시나고그에서 중요하게 여기는 히브리 글자의 첫 자와 마지막 글자를 쓰게 했다.[217] 우리의 모세오경大經에 해당하는 것이다.[218] 하지만 관습상, 글자 밑에 마침표는 없었다.[219]

마태오 신부는 장교掌教에게 중국어로 편지를 썼다. 편지에서 북경에는 구약성경의 전서가 있다는 말과 함께[220] 이미 세상에 오신 새로운 메시아에 관한 말도 했다. 하지만 그는 수사에게 메시아는 이곳에서 1만 년 만에 오실 거라고 대답했다. 그리고 신부에 대한 큰 명성과 좋은 평판을 들었다며, 만약 돼지고기를 안 먹고 그들과 함께 올 수 있다면, 와서 자기네 장교掌教가 되어 달라고 했다.[221]

---

215 이것은 고대의 경교인들이 조금이라도 현지에 적응하려고 노력한 자취라고 할 수 있다. 이것은 본서 1권, pp.109-112에서도 찾으려고 시도한 바 있다.

216 Cf. N.1821.

217 『건설적이고 호기심 어린 편지(*Lettres édifiantes et curieuses*)』, XXIV, p.63과 이어지는 페이지에서 시나고그에 대해 묘사한 부분과 Tobar, p.VII와 이후 p.2에 있는 지도를 보라.

218 이 모세오경(大經)은 한 유대인이 가지고 있던 것으로 그가 광주(廣州)에서 죽기 전에 공동체에 남긴 것이다. 그는 전에 영하(寧夏)에서 한 무슬림으로부터 받았다고 했다. Cf. 『건설적이고 호기심 어린 편지(*Lettres édifiantes et curieuses*)』, XXIV, p.63.

219 Cf. N.172.

220 개봉의 유대인들은 대경(大經)이라는 이름을 오직 "모세오경"에만 썼다. 그러니까 그들에게 다른 경전들도 있었다. 그것들은 삼저(參著)라고 한 것 같다. 거기에는 여호수아기, 판관기(미완성), 사무엘기, 열왕기는 마지막 두 권(약간 훼손됨), 시편, 역대기 네다섯 장(章)이 있었고, 하위 예언서들, 곧 요나서, 미카서, 나훔서, 하바쿡서, 즈카르야서 등은 대부분 전체가 아니다. 또 느헤미야기와 에스테르기, 마카베오기 앞의 두 권이 있었다. 거기에는 에제키엘서는 없고, 다니엘서는 제1장의 일부 문단이 없다. 성경은 모두 통틀어서 '거룩한 책'[성경(聖經)]이라고 불렀다. Cf. 1704년 11월 4일 자, 고자니(Gozani)의 편지, in *ARSI, Jap.-Sin.*, 168, ff.161r-162v; *Lettres édifiantes et curieuses*, XXIV, pp.77-80; Moule, p.3, n.5.

221 리치에게 장교(掌教)가 되어 달라는 유대인들의 이런 초대는 특별히 관심을 가질 만한

729. 개봉의 세 유대인이 북경에 와서 그리스도교를 수용하는 호의적인 태도를 보이다

이 일이 있고 난 뒤,[222] 그 지역의 다른 세 명의 유대인이 북경으로 와서 그리스도인으로 개종하겠다며, 쉽게 세례를 받기 위해 며칠 더 머물러도 되겠느냐고 했다. 그중 한 사람은 거인 애艾의 동생의 아들, 그러니까 조카다.[223] 신부는 크게 환영하며 그들의 율법에 대해 많은 이야기를 했다. 그들도 자기네 스승조차 메시아가 왔다는 사실을 알지 못했다며, 그분[메시아]의 모습은 우리 성당에서 본 거라고 했다.[224] 세 사람은 모두 무릎을 꿇고 그리스도인이 된 것처럼 했다. 그들은 『천주교요天主教要』[225]와 우리의 다른 여러 가지 중국어로 쓴 책들을 받아 갔다.[226]

세 사람은 아무도 자기네 문자를 모르고, 전통이 사라지는 것에 대해 매우 가슴 아파했다.[227] 이방인이나 사라센인들처럼 그리스도인들도 오

일은 아니다.

222 이 세 사람이 북경에 온 것은 1609년이다. 이 역사서가 그해에 작성되었다. 1609년 12월 21일, 연차보고서에서 론고바르도가 말하는 것도 그 부분이다. "올해도 하남(河南) 성에서 두 명의 유대인이 왔습니다. 그들은 율법에서 특별히 세 가지를 이야기했습니다. 할례, 돼지고기를 먹지 않는 것, 그 외 고기에서 힘줄을 제거하는 것입니다. 그들은 신부에게 청하기를 하남[신자들]을 위해 이듬해에 시나고그가 완공되면 거기에 모실 성화를 한 점 갖다줄 수 있겠느냐고 했습니다. 성화가 있으면 너무도 좋겠다는 것입니다"(N.4326).

223 따라서 그의 성(姓)도 애(艾)다.

224 단언컨대 구세주 성화다.

225 Cf. N.708.

226 Cf. NN.705-711.

227 한 세기가 더 지나서, 1715년경, 조반니 도멘지(Giovanni Domenge) 신부는 "제가 만난 유대인들은 너무도 무식했습니다. 가장 실력 있는 사람들조차 모세오경과 자주 읽는 책들만 봅니다. 이 점에서 그들은 자기네 약점을 잘 알고 있었고, 서역(西域), 곧 서방에서 박사가 온 지도 벌써 한 세기가 넘었다는 것에 부끄러워했습니다. 경전을 읽기 위한 그들의 문법서인 독경본(讀經本)도 잃어버린 지 오래되었다고 했습니다"(*Lettres*

래전 그 도시에 살았다는 흔적을 찾아야겠다고 했다.[228] 그러면서 뭔가 알 만한 늙은 장교掌敎는 이미 죽었고, 자기네 율법에 대해 아무것도 모르는 젊은 아들에게 상속시켰다고 했다. 그건 매우 잘못된 일이었고, 그들이 지은 아주 좋은 성전에도 기도소에도 단 하나의 성화도 없다고 했다. 집에도 물론 성화가 없다고 했다. 성전과 그들의 집에 구세주 성화가 있다면 모든 사람이 크게 공경하게 될 거라고 했다.

무엇보다도 장교掌敎가 그들에게 제시한바, 자기가 직접 잡지 않은 동물의 고기는 아무도 먹어서는 안 된다고 강요했는데, 그렇다면 이곳 북경에서 그것을 지키려면 모두 굶어 죽어야 할 거라고 했다. 게다가 태어난 지, 팔일 안에 사내아이들을 할례 시키는 것도 비교인 부인과 친척들이 볼 때는 매우 잔인할 거라고도 했다. 결론적으로, 만약 우리[신부들]가 그들에게 우리의 율법을 지키라고 강요한다면 그들은 돼지고기 먹기에 다소 어려움을 느꼈을 것이다.[229]

730. 선교사 한 사람을 개봉으로 보내려는 쓸모없는 제안

이것을 위한 해결책으로, 마태오 신부는 처음에 좋은 기회와 편의가 주어졌을 때, 거기에 눌러앉을 신부를 하나 보내려고 했다. 그래서 그리스도인의 흔적을 찾고, 그곳 유대인들의 개종을 돕도록 했다. 그러나 바

édifiantes et curieuses, XXIV, p.80)고 적었다.

228 이들 옛 그리스도인들은 경교인, 곧 십자교(十字敎) 사람들이다. Cf. N.728. 이 경교인들이 개봉의 유대인들과 함께 자리를 잡았고, 다른 지역의 유대인들은 우세한 무슬림 관습에 흡수되어 버린 것 같다. Cf. Brucker in *Études*, Parigi, 1910, T. 124, p.24.

229 이렇게 유대인들 처지에서 그리스도교를 받아들일 때는 모두 각별한 이해가 있어야 한다.

로 실행에 옮길 수가 없었다. 당시 그 도시의 통감이 그리스도교와 관련한 것들에 호의적이지 않았기 때문이다.[230]

---

230 Cf. N.1850. 1612년 11월 20일 자, 론고바르도의 정보에 의하면(*ARSI, Jap.-Sin.*, 113, f.276v, N.1), 1608년 중반이 넘지 않은 때에 리치가 부관구장이 되고, 프란체스코 파시오에게 하남(河南)성에 수도원 개설을 허락했다고 했다. 그곳에서 같은 해 9월, 상해(上海)에 진출했다고도 했다(N.931). 계속해서 론고바르도는 1610년 11월 23일 자 아콰비바 총장 앞으로 보낸 편지에서(NN.3526, 3530) 개봉의 십자교 신자[경교인들]들이 유대인과 같은 하느님을 숭배하고, 같은 시나고그에 다닌다는 점에 주목했다. 그러나 그때까지도 선교사를 한 명도 보내 줄 수가 없었다. 이 경교인들은 원(元)나라와 친했던 탓에 중국에서 쫓겨나지 않은 것이 다행인데, 중국이 두려워(propter metum Sinensium) 숨었던 것으로 파악된다. 같은 편지에서 론고바르도는 "상당히 많은" 유대인들에게 언어를 가르칠 수 있는 "히브리어를 아는 신부를 한두 명" 요청했지만, 언어를 아는 사람도 없었고, 누구를 가르쳐야 할지를 몰라, 결국 경교인들이 알아서 양 우리를 찾아 들어오기를 바랄 수밖에 없었다. 2년 후인 1612년 11월 28일, 그는 다시 하남의 유대인 공동체에서 책을 읽을 수 있도록 "히브리인, 칼데아인, 시리아인들에게 투신할 두 사람을" 요청하면서, [그렇게 된다면] 의심의 여지 없이 그들이 그리스도교로 개종하게 될 거라고 했다(*ARSI, Jap.-Sin.*, 113, f.281r, N.9). 1613년 히브리어를 아는 알레니(Aleni) 신부는 개봉으로 가서 시나고그를 방문했다. 하지만 히브리 책들을 볼 수가 없었다. 왜냐하면 장교(掌教)가 죽었기 때문이다. 1613년 6월과 1615년 7월 사이, 포르투갈인으로 일본 선교사 겸 통사(通事, Tçuzzu/Tçuzu), 즉, 통역관으로 있던 조반니 로드리게스(Giovanni Rodrigues, 1561-1634)(cf. Schurhammer, in *AHSI*, 1932, I, pp.24-29)는 휴가 때마다 일본 열도에서 나와 마카오에서 선교사들이 있는 모든 수도원을 여행했는데, 대부분 중국을 다녔다. 이 사람은 같은 이름의 조반니 로드리게스 지람(Giovanni Rodrigues Girão o Giram, 1558-1627?)과는 다른 사람이다. 지람 역시 같은 포르투갈 사람이고 일본 선교사로 있었던 탓에 자주 혼동하곤 한다. 아무튼 통사 로드리게스는 말한다. "비용이 부족한 탓에 [여기저기] 돌아다니다가 십자교 신자들을 발견했습니다. 그들은 하남이라고 하는 중국의 성에 있었고, 또 다른 곳은 만리장성 바깥 옛날 타타르인들의 지역[=섬서(陝西)]에 더 큰 공동체가 있었습니다. 확실한 건, 현재 그곳이 어디인지는 모르지만 묘사할 수는 있습니다. 많은 유대인도 있었는데, 그들은 자기네 시나고그와 모세의 책들을 가지고 있었고, 율법을 지키고 있었습니다. 그리스도인이건 유대인이건 그들의 조상이 한때, 중국에 왔고, 그것이 하느님의 뜻이라면, 유럽에서도 그들을 환대할 것입니다"(*ARSI, Jap.-Sin.*, 16, f.284r). 앞서 주목한 것처럼, 개봉의 유대인들에 대해 알게 된 것은 1704년 10월 고자니(Gozani) 신부였다. 그는 시나고그의 비문을 베껴서 로마에 보냈는데, 그것은 지금까지 예수회 고문서고에 보관되어 있다. in *ARSI, Jap.-Sin.*, 168, ff.446r-449r. 후에 장

도멘게(Jean Domenge S.J., 孟正氣, 1666-1735)[**역주_** 앞의 조반니 도멩고다]와 앙투안 고빌(Antoine Gaubil s.j., 宋君榮, 1689-1759) 신부가 1715년 이전에 이어 두 번째로 1723년에 그곳을 찾았다. 두 사람은 개봉의 유대인 공동체를 알리는 데 공헌했다. 하지만 오늘날 그 흔적은 남아 있지 않다.

제5장

이 시기에 소주 수도원에서 일어난 일에 대해

(1603년부터 1605년까지)

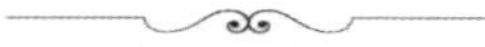

- 소주에서 행해지고 있는 고백성사
- 성금요일의 수난과 십자가 숭배에 대한 설교. 비신자들과의 논쟁. 원수를 용서함
- 남화(南華)의 승려 감산(憨山)의 방해
- 성(省)의 일부 지방관들이 론고바르도를 고발하고 군수와 감찰관이 그를 보호하다. 법사들의 협박을 비웃다
- 디아즈와 테데스키 신부가 소주에 도착하자 신자들이 환영식을 베풀다
- 하평(下坪)에서 론고바르도가 한 사도직 활동
- 동정녀 마리아 성화. 여성 한 사람을 포함한 20여 명의 사람에게 교리를 가르치고 세례를 주다
- 90세가량 된 노인 안토니오와 다른 많은 사람이 여러 지역에서 개종하다
- 또 다른 고을에서 30명의 영세자가 나오다
- 중국을 상대로 마카오에서 혁명이 일어났다는 거짓 소문이 그리스도교의 발전을 저해하다

731. 소주에서 행해지고 있는 고백성사

앞서 언급한 바와 같이, 소주韶州 수도원에서는 소주 시와 주변 향촌[231]과 같은 인근 지방으로 그리스도교 신앙을 전파하기 시작했다.[232] 론고바르도 신부가 거기에 있으면서 뜨거운 열정과 정신으로 할 수 있는

모든 노력을 기울여 신자 수를 늘렸다.

먼저 언급할 만한 것은, 날마다 고백성사를 보는 사람이 늘어난 점인데, 처음에 생각한 것에 비해 어려움이 크게 없다는 것이다. 그 바람에 신부는 병자들의 요청으로 그들의 고백을 들으러 가곤 했다. 성사는 모든 사람의 칭송을 받았다. 비교인들은 크게 놀라워하며, 감추어진 자신의 죄를 발견하는 것은 자연적인 힘 이상이라고 말했다.[233]

732. 성금요일의 수난과 십자가 숭배에 대한 설교. 비신자들과의 논쟁. 원수를 용서함

성 주간의 몇 가지 행사를 성금요일에 한 적이 있다. 십자가 경배와 같은 것인데, 우리 주 그리스도의 수난에 대한 설교를 듣고 새 교우들은 크게 위로를 받았다.[234]

그 후부터 교우들은 매일 비교인들과 여러 가지 논쟁에서 큰 확신과 용기를 가지게 되었고, 하느님을 언급함으로써 그들을 쉽게 설득했다. 마찬가지로 어떤 사람은 비교인들로부터 받은 큰 피해와 부당함을 참고 용서하는 모습을 보이기도 했다.

---

231 항상 그렇듯이, 리치가 ville라고 포르투갈어로 쓰자, 델리야가 'villaggi'라고 이탈리아어로 주를 달았다.

232 Cf. NN.641-642.

233 Cf. N.716.

234 그러니까, 다시 한번 말하지만, 예수회 선교사들이 새 교우들에게 주님의 수난에 대해 설교하지 않은 것은 아니다. 너무 자주 쉽게 반복해서 말하는 것과는 다르다. Cf. NN.736, 755, 937, 939.

733. 남화(南華)의 승려 감산(憨山)의 방해

이 거룩한 사업을 방해하려는 원수의 여러 가지 방법도 부족하지 않았다. 한 가지 방법은 한 불교 승려를 통해서였는데, 감산憨山[235]이라고 하는 법사法師는 북경에서, 많은 사람의 스승으로 황후까지 그를 따랐다. 하지만 그의 악행이 발각되어 황제가 직접 광동廣東성으로 유배를 보냈다. 그는 소주(韶州)에서 20마일 정도 떨어진 남화南華[236]의 유명한 육조六祖[237] 사당에서 지냈다. 하지만 워낙 유명한 승려라 사방에서, 많은 사람의 공경과 후원을 받았고, 신심 깊은 불자들은 그를 스승으로 모셨다. 그래서 그는 비슷한 부류의 사람들이 흔히 하는 것처럼 겉치레를 많이 했다.

그는 우리의 것들에 관해 특히 많은 이야기를 들었고, 우리의 율법에 반하는 우상 종파[238]를 비판하고 공격했다는 것도 듣고 있었다. 그래서 그는 자신의 힘을 이용하여 장애가 되는 것들을 치우려고 했다. 그리스도인들은 그가 교류하는 높은 사람들 때문에 그를 두려워하고 있었다.

그는 우리가 어떤 사람들인지 알고 싶어 론고바르도 신부를 먼저 보고 싶어 했다. 여러 가지 방법으로 신부가 그 지역을 방문했을 때, 자기를 먼저 찾아 주기를 바랐다. 하지만 그의 뜻은 이루어지지 못했다. 신부는 신자들의 명예를 위해 그의 체면을 살려 주고 싶지 않았기 때문이다. 결국 감산이 먼저 우리 집을 방문했고, 마치 친구인 양 행동했다. 그는 생각했던 것보다 신부가 자연과 신에 관해 많은 것을 알고 있고, 중국에 오

---

235 감산(憨山)이라는 이름으로 NN.637-638에서 말한 사람과 같은 사람이다.

236 남화사(南華寺)를 말한다. Cf. N.338, 본서 2권, p.307, 주(註) 34.

237 Cf. N.339, 본서 2권, p.308, 주(註) 40.

238 불교를 말한다.

는 다른 외국인들과 크게 달라 매우 충격을 받았다.[239] 그리고 여러 가지 것에 대해 오랫동안 이야기를 주고받았고, 그는 신부가 말한 모든 것이 자기 종파에서 가르친 것과도 일치한다는 것을 보여 주려고 무지 애를 썼다. 하지만 불교와 전혀 다른 우리의 것에서 몇 가지 해답을 찾았다는 것은 큰 스캔들이 아닐 수 없었다. 그는 앙심을 품었다. 그러나 하느님께서는 바라지 않으시고, 평화를 원하셨다. 승려가 여러 다른 제자와 함께 큰 후원자들의 도움을 받아 새로운 사찰과 건물을 지으려고 할 때, 황제의 새 명령이 도달했는데, 그를 해남도海南島[240]로 내쫓으라는 것이었다. 해남도는 광동성의 끝에 있고, 온 중국의 끝에 있는 섬이다. 그리스도인들은 기뻐하며 모든 두려움에서 해방되었다.

734. 성(省)의 일부 지방관들이 론고바르도를 고발하고 군수와 감찰관이 그를 보호하다. 법사들의 협박을 비웃다

또 다른 반대가 있었는데, 이번에는 더 위험한 것으로, 우리 고을의 향약鄉約[241]을 통해 그리스도교를 공격한 것이다. 그는 그리스도인들이 조상의 위패와 영정을 부수고 불태운다고 보았고, 그것은 매우 불경스러운 일로, 도저히 묵과할 수 없는 나쁜 행위라고 판단하여, 도시를 통솔하는 관리에게 신부를 고발했다.[242]

---

239 예컨대 불자들과 무슬림들이다.

240 그는 1605년에 해남도를 지났다.

241 도시의 구역장 혹은 지구의 장을 말한다. 1608년의 연대기에 적힌 명칭은 포르투갈어로 "hiam yo"(N.4279), 즉 '향약(鄉約)'이라고 불렀다. Cf. NN.759, 791, 865, 868, 869.

242 지현(知縣) 방리교(龐履敎) 거인(擧人)을 암시하는 것으로 보인다. 1600년에 지현으로 임명되었기 때문이다. Cf. *Annali della Prefettura di Shiuchow*, c.4, f.18b.

더 심각한 일은 그가 우리의 율법이 자기네 조상들의 영정과 초상을 부수고 태우도록 명하고 있어, 이것은 중죄에 해당한다는 것이다.[243]

이런 사실을 모르는 [론고바르도] 신부는 어느 날, 그 관리를 만나러 갔고, 관리는 이 사실을 신부에게 말해 주었다. 그러면서 이것은 큰 화를 자초하는 것이기 때문에, 외국인으로서 이런 위험한 일은 해서는 안 된다고 했다. 신부는 그와 관련하여 자신이 대중들 앞에서 우상에 대해 그렇게 말한 것은 사실이라며, 이것이 현재 중국에서 중시하는 문인들의 율법[244]에 반대되는 것은 아니라고 했다. 그리고 오랫동안 토론했다. 관리는 패자처럼 보이고 싶지도 않았고, 그것 때문에 거룩한 복음 설교를 금지하는 사람처럼 보이고 싶지도 않았다. 하여튼 그리스도인들은 우리 신부가 [도시의] 판관들 앞에서 그리스도교 신앙을 서슴없이 방어하는 것을 보는 것만으로도 매우 기뻤다.

그 시기에 도리道吏[245]가 새로 부임해 왔다. 소주韶州와 남웅南雄,[246] 두 도시의 통솔권을 가진 지방관이었기 때문에, 신부는 향약鄕約이 자기 관아에서 한 것처럼 할 것이 염려되었다. 그리고 도리가 우리에 대해 처음 듣는 것이 아니지만, 기존에 아는 것과는 다르게 알려 주는 것이 필요하다고 생각했다. 이런 이유로 신부는 도리를 방문하기로 했고, 북경에서 새로 인쇄한 『천주실의天主實義』를 한 권 가지고 갔다. 책에는 우리의 거룩한 신앙에 관한 많은 것들이 명시되어 있고, 우리가 중국에 온 명확한

243 Cf. NN.133, 177, 921.
244 즉, 유교를 말한다. Cf. NN.176-181.
245 Cf. N.102.
246 Cf. N.333, 본서 2권, p.302, 주(註) 15.

의도도 적혀 있기 때문이다.[247]

하느님께서는 이 사람이 마태오 신부가 북경에 온 것에 대해 들었고, 황제와 다른 고관들이 그를 보살피고 있다는 것을 알게 하셨다. 그런 까닭에 [도리는] 그 자리에서 론고바르도 신부에게 마태오 신부의 성공에 관해 재차 이야기하며, 황제와 많은 사람의 칭송을 받고 있다고 했다. 또 국고에서 연간 100냥의 생활비를 받고 있으며, 자신은 신부를 크게 동정하는데, 이유는 그가 광동으로도 조국으로도 돌아갈 수 없기 때문이라고 했다.[248] 이에 론고바르도 신부는 마태오 신부가 북경에 있는 것은 오로지 본인이 원해서지 조국으로 돌아갈 마음이 없어서가 아니라고 했다. 또 그와 그의 동료들이 중국에 온 목적은 책에서 잘 설명하고 있으니 책을 보면 될 것이라고 했다. 그래서 북경에서 책을 출판했다고도 했다. 도리는 그렇게 설명해 주는 신부에게 크게 만족했고, 책은 자기 집에서 읽겠다고 했다.

이렇게 일이 좋게 돌아가자, 그들은 항상 그랬듯이 관리가 우리에게 호의적이라고 생각하고, 우리를 해치려는 다른 방법들을 포기했다. 불교의 승려들과 그 지역의 화상和尙[249]들만 그리스도인들이 늘어나면서 그들이 비교인이었던 때에 비해 수입이 줄어들었음을 감지했다. 그들의 각

---

247 리치의 『천주실의(天主實義)』는 1603년에 인쇄되었다. 마지막 장(章) 끝에서 저자는 중국에 선교사로 온 목적을 언급하고 있다. *PCLC*, VI, 下, f.72a. 1605년 5월, 리치는 『천주실의(天主實義)』에 대한 반응을 이렇게 말한다. "이 사람들이 우리가 중국에 와서 머물려는 의도를 알고자 찾아왔습니다. [우리의 체류가] 여러 가지 결과를 초래했는데, 어떤 사람은 다른 나쁜 목적이 있을 거로 의심했고, 그런 사람의 또 다른 친구들은 우리에 대한 미움이 커져 부당한 짓을 하기 시작했습니다"(N.1644).

248 Cf. N.718. 여기서 "그의 조국"은 이탈리아다.

249 Cf. N.187, 본서 1권, p.462, 주(註) 601.

종 행사에 더는 승려들을 부르지 않았기 때문이다. 거기서 짭짤하게 올리던 수입은 끊어졌고, 승려들은 그 점을 아쉬워했다. 그래서 그들은 자기네 원장[250]을 대표로 내세워 론고바르도 신부에게 더는 그리스도인으로 개종시키지 말아 달라고 사정도 하고 위협도 했다. 하지만 신부는 현지 관리들이 이미 모두 친구가 된 마당에, 원장이 하는 모든 말이 우습기만 했다.

735. 디아즈와 테데스키 신부가 소주에 도착하자 신자들이 환영식을 베풀다

그 시기에 에마누엘 디아즈 신부[251]가 다른 세 동료와 함께 마카오에서 돌아왔다. 바르톨로메오 테데스키 신부[252]는 소주韶州 수도원에서 론고바르도 신부와 함께 지내기 위해서 왔다. 그 집에는 오랫동안 동료 사제 한 명 없이 론고바르도 신부만 혼자 있었다. 소식을 들은 교우들은 많은 사람이 마중하겠다고 멀리 강으로 나갔다. 그들은 여러 가지 먹을 것과 북과 피리를 불며 그들을 맞이했는데, 그것은 매우 반갑다는 뜻이다. 그들은 우리 집까지 이 축제의 행렬을 했고, 이런 행사를 보겠다고 몰려든 비교인들은 매우 놀랐다. 물론 새로 오는 신부들의 기쁨도 적지 않았다. 수천 년간 외국인과 참 종교에 문을 닫고 살았던 이 왕국을 보며, 주님께서 베풀어 주신 많은 은총에 감사했다.[253] 그리고 복음 선포자들을

---

250 승가원의 원장을 말한다.

251 그는 소주(韶州), 남경(南京), 남창(南昌), 세 수도원의 원장으로 이제 막 중국에 입국했다. 원장이 체류하는 곳은 남창 수도원이다. Cf. NN.698, 702.

252 테데스키 신부가 소주에 온 것은 1603년 10월 18일 이전이다. 그러니까 다른 사람들보다 먼저 왔다.

이렇게 축제로 맞아 주는 것에 감사했다.

이렇게 모든 축제가 끝나고, 마누엘 신부와 다른 두 명의 신부[254]는 계속해서 교우들의 방문과 선물[255]을 받았다. 특히 조르조와 그의 모친과 친척들의 방문이 있었다.[256] 그리고 후에 떠날 때도, 북과 피리를 불며, 환영했을 때와 마찬가지로 전송해 주었다.[257]

736. 하평(下坪)에서 론고바르도가 한 사도직 활동

새로 온 신부의 도움으로 론고바르도 신부는 더 자유롭게 그리스도인들을 경작할 수 있게 되었고,[258] 인근의 향촌에도 더 자주 방문할 수 있게 되었다.

하평下坪 촌에는 바오로라는 노인이 살았는데,[259] 그와 그의 가족은 언제나 신부를 환대했고, 그의 다른 친척들도 원하면 가르침을 주고 세례를 주었다. 바오로는 [신부가 없을 때] 발생한 문제와 많은 의구심을 해결해 주었고, 구세주 그리스도의 강생과 수난[260]과 복음 선포에 관한 것은 적어 두었다가 신부에게 묻기도 했다. 그렇게 답을 듣고는 매우 만족해

---

253 Cf. NN.149, 253, 275, 803, 1374, 1499; Cf. N.200, 본서 2권, p.46, 주(註) 2.

254 다른 두 명의 신부는 가스파레 페레이라(Gaspare Ferreira)와 피에트로 리베로(Pietro Ribero) 신부다.

255 선물을 가지고 방문하는 사람들을 일컫는다. Cf. N.135.

256 Cf. NN.649-651.

257 Cf. Guerreiro, II, p.122.

258 1605년 7월 26일 자, 편지에서 리치는 이렇게 썼다. "이탈리아인 론고바르도와 테데스키 신부가 있는 소주에서 그리스도인이 많이 늘었습니다. 그중 일부는 귀족들이지만, 대부분 평범한 사람들입니다"(N.1698).

259 하평(下坪)의 바오로에 관해서는 N.656을 참조하라.

260 이 점에 주목하기를 바란다. 초창기 예수회 선교사들이 수난에 대해 가르치는 것을 등한히 하지 않았다는 증거다. Cf. NN.732, 755, 937, 939.

했다. 그는 결코 신부 곁을 떠나지 않았고, 신부가 다른 사람에게 교리를 가르치면[261] 옆에서 성교회의 신앙에 대해 더 잘 배우기 위해 보좌를 자처했다.

737. 동정녀 마리아 성화. 여성 한 사람을 포함한 20여 명의 사람에게 교리를 가르치고 세례를 주다

[론고바르도] 신부는 거기에 있으면서 바오로의 친척 화인華仁이라는 사람의 집을 방문했다. 그 동네에서 10마일 정도 떨어진 곳이었는데, 그는 우리의 종교에 대해 듣고 싶어 했다. [화인은] 그 동네에서 유명한 사람으로 모든 사람의 후견인이고 친구였다. 바오로가 신부를 동행해 주었다. 이미 많은 사람이 새로운 종교에 대해 듣고 싶다고 몰려와 있었다.

화인華仁의 집 거실에 들어갔을 때, 50여 개의 두루마리 위에 한쪽에 〈아기 예수를 안은 성모〉 성화가 올려져 있었다. 다른 한쪽에는 무릎을 꿇고 경배하는 "세례자 요한"이 있었다. 그들은 성화의 의미를 전혀 알지 못한 채, 성화가 "천주의 모친"이며 "여왕 중의 여왕"이 아닐 수 없다고 했다.[262] 신부는 많은 가시 사이에 핀 한 송이 장미를 보는 듯, 충만한 기쁨과 위로를 느꼈다. 그리고 이 선한 사람이 성화를 얻게 된 경위를 알았다. 그가 소주에 살 때, 우리 중 한 사람이 중국의 황제에게 선물한 성화를 보고, 어떤 화가가 베껴서 그린 그림이었다.[263] 그들은 내용도 모른

---

261 "교리를 가르치는" 주체는 신부다.

262 1586년 스페인에서 보낸 그림의 사본이다. Cf. N.286, 본서 2권, p.221, 주(註) 390.

263 1601년 리치가 황제에게 선물한 그림 중 하나다. "대형의 최신판 천주의 모친 성화: 時畵天主聖母像, 壹幅"으로 판토하가 말하는 〈아기 예수와 성 요한이 있는 성모〉 성화[N.592, 본서 3권, p.271, 주(註) 677.: 2382, (2)b]와 일치한다.

채 나이 차가 별로 없는 두 아들을 둔 여왕으로 공경하고 있었다.

이 기회를 이용하여 신부는 성자聖子의 육화와 세례자 요한에 관한 이야기를 들려주었다. 세례자 요한이 어머니의 뱃속에서 우리 주 그리스도를 알았다는 말을 듣고는 모두 크게 기뻐하며 즐거워했다. 그리고 우리 종교의 다른 신비한 것들에 대해서도 알고 싶어 했다.

화인華仁의 가족들은 이미 준비가 되어 있어, 즉시 우상들을 치우고 예수 그리스도와 성교회를 따르겠다고 했다. 그리고 나무로 만든 우상들과 종이에 그린 우상들을 모두 가져와 마당 한가운데 쌓고 불을 붙였다. 신부는 제단을 정화하고 갖고 간 제대보로 덮은 다음, 촛불을 켜고 성모 성화 앞에서 향을 피웠다.[264] 모두 땅에 엎드려, 우상을 숭배한 것과 과거의 죄에 대해 하느님께 용서를 빌었다. 그리고 이제부터는 오직 창조주 주님만을 섬기겠다고 약속했다.

이런 새로운 소식이 전해지자, 몰려온 사람 중에는 승려도 세 사람 있었다. 화인華仁이 예전에 돈을 들여 지어 준 가까운 사찰에 사는 사람들로, 신부와 한참 동안 토론을 벌였다. 어둠이 빛을 이길 수 없으므로, 결국 황제의 허락이 떨어지면, 모두 그리스도교의 가르침을 따르고, 세례도 받기로 했다.[265] 여기에 대한 바오로 어르신의 기쁨은 말할 수 없이 컸다.

승려들이 자리에서 일어나자, 화인의 부인은 그들에게 신부와 토론할

---

264 여기에서는 모두가 지켜보는 가운데 사당이 그리스도교 소성당으로 바뀌는 것을 말한다. 신상들을 부수고 제단을 정화했다. Cf. N.210, 본서 2권, p.85, 주(註) 60.

265 예수회 선교사들은 무엇보다도 황제의 개종을 목적으로 했다는 걸 어필한다. Cf. N.303, 본서 2권, p.250, 주(註) 475.

때 무례했던 것 같다며 질책했다. 이후 여러 가지 어려움을 해결한 뒤, 그들은 세례를 받았고, 다른 세례 희망자들도 18명이나 되었다. 그러나 정작 화인 본인은 세례를 받지 못하는 큰 고통을 안고 있었다. 그에게는 첩이 있었는데, 아직 아들이 없어 첩을 물릴 수가 없었기 때문이었다. 중국인들에게는 매우 중요한 일이었다.[266]

738. 90세가량 된 노인 안토니오와 다른 많은 사람이 여러 지역에서 개종하다

또 다른 고을에서는 그리스도교 신앙이 더 틀을 갖추었는데, 신자들은 공개적으로 성당을 짓고, 어떤 사람은 자기네들끼리 새로 온 사람에게 세례를 주기도 했다.

그 지역에 사는 90세가 다 된 한 노인의 개종이 눈길을 끌었다. 그는 신부가 4년간 그 마을에 와서[267] 설교해도 한 번도 우리의 신앙에 대해 들으려고도 하지 않았다. 가족들에게 항상 말하기를, 자기는 아무런 죄도 짓지 않았다고 했다. 우상을 섬긴 일도 없고, 그래서 하늘天이 자기에게 좋은 걸 주어 이렇게 오랫동안 산다고 했다. 그러면서 한 번도 신부를 찾지도 않았다. 그러나 그즈음에 그가 중병에 걸리고 말았다. 그의 자녀와 손자들이 원죄로부터 영혼을 씻기 위해 그리스도인으로 세례를 받으라며, 이제는 다른 아무것도 할 수 없으므로 거룩한 세례를 통해 천국에 들어가기를 권했다. 하지만 노인은 세례를 이삼 개월 후에 받겠다고 했

---

266 Cf. N.154, 본서 1권, p.414, 주(註) 470: N.180, 본서 1권, p.453, 주(註) 574.

267 리치가 텍스트에서 "anda"라고 쓴 것은 포르투갈어다. 이탈리아어로는 "va", "가다"라는 뜻이지만 한국어 번역은 뉘앙스 상 "오다"로 했다.

다. 성대하게 하고 싶다는 것이 이유였다. 마귀가 그의 영혼을 손에서 놓아 주고 싶지 않은 것 같았다. 론고바르도 신부는 노인이 세례를 받지 않는 한, 그 마을을 떠나지 않겠다고 했다. 그의 목숨이 기다려 주지 않기 때문이다. 필요한 모든 것에 대한 가르침이 있었고, 세례를 받고 그와 그의 가족은 큰 위로를 받았다. 세례명은 안토니오로 했다. 그로부터 얼마 지나지 않아서 [그는] 노환으로 생을 마감했다. 그때 세례를 받지 않았더라면, 그의 영혼은 하늘에 오르지 못했을 것이다.

739. 또 다른 고을에서 30명의 영세자가 나오다

또 다른 고을에서는 병에 걸린 아내를 둔 한 남편이 신부에게 성수를 달라고, 아내의 건강을 위해 축복해 달라고 청했다. 하느님께서는 성수를 통해 그녀의 육신과 영혼을 치료해 주셨다. 아내가 교리를 받겠다고 하자, 남편도 함께 받았고, 다른 여러 사람이 함께 세례를 받겠다고 했다. 그의 집에 있던 우상이 그의 다른 친척 집으로 옮겨간 것 같아, 며칠간 거기에 더 머물렀다. 그 사이에 그 지역의 다른 네 가정이 우리의 율법[종교]을 받아들였다. 결국 그와 함께 세례를 받은 사람은 서른 명에 이르렀다. 이 집 저 집으로 도망친 우상들은 모두 그리스도인이 되면서 하나같이 그들의 책과 함께 불 속에 던져졌다.

그리하여 그해, 소주韶州 수도원에서 세례를 받은 사람은 140명가량 되었다.[268]

---

268 1605년도를 말한다. 1607-1608년, 「연차보고서」에서 궤레이로(Guerreiro[1])는 소주에서 세 명의 신부(론고바르도, 테데스키, 카타네오)와 한 명의 수사와 함께 "800명 이상의 그리스도인들이 그 지역에 있었다"(f.216r)라고 전했다.

740. 중국을 상대로 마카오에서 혁명이 일어났다는 거짓 소문이 그리스도교의 발전을 저해하다

이듬해에 중국을 상대로 마카오에서 혁명이 일어났다는 거짓 소문이 나돌았는데,[269] 소주에 있는 많은 사람이 그것을 믿었고,[270] 교우들을 제외한, 모든 비교인 친구들은 우리의 신앙으로부터 멀어졌다. 우리의 요청에 따라 바오로 박사[徐光啓]가 두 통의 편지를 사부四府에 쓰지 않았더라면, 상황은 더 나빠졌을 것이고, 당시에 그 일대 도시를 통솔하던 지역은 큰 혼란에 빠졌을 것이다. 그 덕분에 바로 그해에 박사가 된 그의 절친[271]은 신부들을 크게 환대해 주는 한편 방문하여 다른 부탁을 들어주기도 했다. 그 바람에 우리도 한숨 돌릴 수 있게 되었지만, 다른 스무 명을 더 입교시키는 외에, 그 이상은 할 수 없었다.

---

269 1606년, 혹은 1605년 말에 벌써 중국을 상대로 마카오에서 반란이 일어날 거고, 그 수장이 카타네오라는 소문이 나기 시작했다. 이 헛소문으로 프란체스코 황명사(黃鳴沙) 마르티네스 수사가 사망했다. Cf. NN.781-788.

270 저자는 "소문들"이라는 복수로 한 말을 잊고, 한 가지 "소문"으로 단수로 말하고 있다.

271 1604년 서광계(徐光啟) 바오로와 함께 진사에 통과된 사람 중에 황체인(黃體仁)이라는 사람이 있었는데, 바오로 외에 유일한 상해 사람이었다. 두 사람이 같은 도시 출신이라 모두 서로 알거나 친구 사이로 알았다. 그 바람에 우리도 거기서 이 사람의 이름을 알았다. 다른 한편, 『소주부지(韶州府志)』에는 이 관리의 이름이 나오지 않는다.

제6장

이 시기에 남창 수도원에서 일어난 일에 대해

(1601년부터 1605년까지)

- ㅇ 소에이로 신부가 가꾼 남창의 그리스도교. 나이 많은 바오로 학사(수재)의 세례와 성 루카의 성모 마리아 환시를 본 어린 요한의 세례
- ㅇ 남창의 몇 안 되는 새 신자들의 그리스도교적인 생활
- ㅇ 한 신자가 우상들을 외면하다. 다른 한 사람은 작은 열정으로 마귀에게 두려움을 갖게 하다
- ㅇ 그리스도인이 20명에서 200명으로 늘어나다. 거기에는 많은 수재와 훈장과 학자들이 포함되다
- ㅇ 4명의 왕자, 요셉, 멜키오르, 가스파르, 발다사르와 멜키오르의 아들 에마누엘레가 세례를 받다
- ㅇ 요셉 왕자의 가족 중 6명의 귀부인이 세례를 받다
- ㅇ 새 신자들 사이에서 실천되고 있는 그리스도인의 삶. 〈구세주 성화〉가 확산되다. 신자들의 집 대문에 걸린 예수와 마리아의 이름

741. 소에이로 신부가 가꾼 남창의 그리스도교. 나이 많은 바오로 학사(수재)의 세례와 성 루카의 성모 마리아 환시를 본 어린 요한의 세례

조반니 소에이로 신부는 이[남창] 수도원에서 2-3년을 거의 혼자 있었

는데,[272] 그는 몸이 매우 허약해서 결국 결핵에 걸리고 말았다. 도시에는 많은 황족이 살고 있었는데, 그들은 아무 일도 하지 않고 빈둥거리며 살았다.[273] 그러다 보니 이곳에서 새 교우의 개종에는 각별한 어려움이 있었다. 이런 상황에서도 소에이로 신부의 성덕과 열정 덕분에 시작은 매우 좋았다. 하지만 대다수 사람의 신분은 그리 높지 않았다.

742.

그곳에 여든이 넘은 한 수재秀才[274]가 있었는데 바오로라고 불렸다.[275] 그는 우리의 거룩한 신앙을 큰 열정으로 받아들였다. 그는 학식이 있고 책을 써서 얻은 권위에 기대어 교우들의 요청을 들어주며, 종일 여러 가지 것들을 써 주었다.

743.

그 지역에 한 사내아이도 있었는데, 아이가 태어나던 때 그 가족은 우리 집 근처에 살고 있었다. 우리와 친구로 지내던 중 하루는 아이의 아버지가 아이를 안고 와서는 신부에게 세례를 달라고 했다. 당시 아이의 부

---

272 그는 동료인 다 로챠가 남경 수도원으로 파견되던 1600년 5월 19일 이전부터(N.574) 디아즈가 도착하던 1604년 3월 말까지(NN.698, 702) 혼자 있었다. Guerriero, II, pp.121-123. 그리고 그해[1604년]에 디아즈에 의해 4대 서원을 했다(*ARSI, Jap,-Sin.*, 25, f.82r).

273 이미 앞서 리치는 남창(南昌)에 대해 언급하며 "이 도시에는 많은 황족이 국가의 녹을 받으며 살고 있었는데, 그들은 대부분 시간을 좋은 집과 정원과 화려한 옷을 찾는 것 외에 딱히 하는 일이 없다"(N.467)라고 했다.

274 즉, 학사다. Cf. NN.64-65.

275 그는 황족인 요셉의 장인으로 1604년 12월 18일에 세례를 받았다. Cf. N.749. 궤리에로(Guerriero, II, p.113)에 따르면, 이 노인이 1601년에 개종한 유일한 사람이라고 한다.

모가 모두 비교인이었기 때문에, 바로 아이에게 세례를 주는 것이 옳은 것 같지 않아 성수로 축복만 해 주고, 제대 위에 올려 하느님께 아이를 봉헌했다. 그리고 이름을 요한이라고 지어 주었다. 아이 아버지는 그것이 세례를 받은 것인 줄 알았다. 그 후, 다른 고을로 이사를 했고, 7년이 지난 후, 다시 하느님께 감사드린다며 우리 집을 찾았다. 그 사이에 아이는 매우 위험한 중병에 걸렸고, 거의 사망 직전까지 갔다고 한다. 깊은 고통 속에서 사경을 헤맬 때, 그는 한 부인이 아기를 안고 있는 걸 보았다고 했다. 아기의 이름을 "요한, 요한"이라고 불렀고, 그 소리에 깨어났으며, 그때부터 아이의 건강이 호전되기 시작했다고 한다. 집안에서는 모두 그 여인이 우리의 동정녀[마리아]라고 생각했고, 그들은 그 소식을 [신부에게 와서] 전해 주었다. 신부가 아이에게 다른 성모 성화 두 개를 보여 주자, 아이는 두 장을 손에 받아들고 유심히 본 다음, 한 장을 신부에게 건넸는데, 성모 마리아 대성당에 있는 성 루카의 것이었다.[276]

744.

소에이로 신부는 아이의 아버지에게 아이가 아직 세례를 받지 않았다고 밝혔다. 그리고 만약 하느님께 아들을 봉헌하면, 더는 우상들을 숭배해서는 안 되고, 그것을 지키겠다면 아이에게 세례를 주겠다고 했다. 아이 아버지는 그렇게 하겠다고 했다. 하지만 세례 날짜는 비교인들의 예법에 따라 다른 날로 길일을 택하고 싶다고 했다. 신부는 빠를수록 좋다

---

276 두 개의 성모 성화는 〈아기를 안은 마리아와 성 요한〉(NN.286, 737), 그리고 성모 마리아 대성당의 것처럼 〈아기를 안은 마리아〉(NN.239, 565) 성화의 사본일 가능성이 크다.

고만 했지 바로 세례를 받았으면 한다고 말하지는 않았다. [그러자] 그들은 집으로 돌아갔다.[277] 다음날은 토요일이었고, 성모님께서 선택해 주신 날이라며 그들은 다시 우리 집을 찾았다. 신부는 [아이에게] 세례를 주었고, 아이 아버지에게 새로 인쇄한 『천주실의天主實義』 한 권을 주며,[278] 그리스도인이 될 준비를 잘하라고 했다.

745. 남창의 몇 안 되는 새 신자들의 그리스도교적인 생활

이곳의 몇 안 되는 신자들은[279] 모두 큰 열정으로 신앙생활을 이어 갔다. 주일마다 미사에 참석하기 위해 어떤 사람은 1마일[280] 혹은 그보다 더 멀리서 오는 사람도 있었다. 의구심이 생기면 묻고, 전례典禮상 해야 하는 일이 무엇인지에 대해서도 물었다. 공개적으로 신자임을 밝히기도 했다. 망자를 묻을 때도 비교인들의 예식을 피했고,[281] 다른 행사 시에도 그렇게 했다. 그것은 성교회의 믿음을 전파하는 데 큰 도움이 되었다.

---

277 Cf. N.150.

278 이것은 『천주실의(天主實義)』가 발간되는 1603년에 일어났을 것이다. 그렇지 않으면 아이가 7살이 되는 그 이듬해일 가능성이 크다.

279 궤리에로(Guerriero)는 1600년과 1603년 사이, 남창의 이 교우들은 "현재 그리스도인은 20명이 채 안 됩니다"라며, 덧붙이기를, 이 도시로서는 그것도 많은 거라고 했다. "악마가 너무 완고하게 자물쇠로 문을 잠그고 있는 집이 많아서, 열매를 많이 맺을 수가 없습니다"(I, p.256). 하지만 이전까지 70살의 이발사 외에는 그마저도 신자가 전혀 없었다(II, p.113).

280 약 5리(里) 정도 된다.

281 Cf. NN.675, 678, 745, 764, 773, 924, 1797, 1814-1815, 1883, 3121, 4267-4268, 4333-4334. 여기서 주목할 만한 것은 "망자를 묻을 때도 비교인들의 예식을 피했고, 다른 행사 시에도 그렇게 했다"라는 대목을 리치는 가장자리에 덧붙이고 있는데, 이것은 마치 이 부분을 중요하게 생각해서 강조하려는 것 같다.

746. 한 신자가 신상들을 외면하다. 다른 한 사람은 작은 열정으로 마귀에게 두려움을 갖게 하다

그 시기에 한 교우가 볼일이 있어 성밖에 사는 비교인 친구의 집을 방문했다. [그 집에는] 거실의 윗자리에 우상 신들을 모시고 있었다[禮堂]. 중국의 관습상, 외부인들은 그 거실에 앉는다.[282] 비교인 친구는 집의 주인인 신상들 앞에서 등을 보이고 앉는 것은 예의가 아니라고 했다. 그러자 교우가 대답하기를, "저는 하느님을 숭배하기에 신상들이 두렵지 않습니다." 그리고 마치 다짐을 하듯이, 신상을 향해 십자 성호를 긋고,[283] 거실 한가운데 의자를 놓고 신상들을 등지고 앉았다. 이 일이 있고 난 뒤, 친구는 신상 앞에 먹을 것을 놓고, 축복을 청하듯이 먼저 신상 앞에서 굽신거렸다. 그러자 교우가 친구에게 계속 그렇게 할 거면,[284] 자기는 친구가 차려 주는 것을 먹지 않겠다고 했다. 주인은 외부에서 온 친구에게 더는 예법에 어긋나는 대접을 해서는 안 된다고 생각하여 신상 앞에서 하던 일을 멈추었다. 이 일로 교우는 두 가지 점에서 우상을 이겼다고 생각했다.

747.

또 다른 일은 같은 교우가 이웃에 사는 한 여인을 통해 겪은 것이다.

---

282 접대실(接待室)이다. 방의 "윗자리"는 북쪽이고, 반대쪽에 들어오는 문이 있다. 보통 손님들은 북쪽에 앉게 한다. 그러면 손님은 얼굴을 남쪽으로 향하게 되고, 신상들을 등지게 된다.

283 여기서, 또 더 뒤에서 보게 될 당시 교우들이 한 십자가 성호는 십자가에 대한 체계적인 가르침이 있었다는 걸 증명한다. 그러니까 구세주의 수난과 죽음에 관한 교리가 있었던 거다.

284 신상(神像)들에 먼저 "맛을 보라고", "먹어 보라고" 했다는 뜻이다.

그녀의 남편이 집을 비우자, 그녀는 [점쟁이를 찾아가] 자기 남편이 언제쯤 돌아올지를 물었다. 돌아올 거라는 말이 떨어지기가 무섭게, 그녀의 집으로 마귀가 들어갔다. 그녀는 마귀를 내쫓기 위해 신상을 향해 [자기의 모든] 신심과 미신들을 동원했고, 많은 비교인이 그녀의 집을 찾았다. 교우는 그녀를 방문한 뒤, 그녀를 위해 묵주기도를 바쳤고,[285] 자기네 집에 모시고 있는 〈구세주 성화〉 앞에서 기도했다. 그리고 그는 그녀에게 가서 우상에 대한 여러 가지 부당한 신심에 대해 말한 뒤 하느님의 성화를 걸고, 십자 성호를 긋고 나서 여인에게 들어온 마귀를 꾸짖기 시작했다. 여인도 마귀도 아무런 대답이 없었다. 그러자 그 자리에 있던 다른 사람들도 마귀에게 야단을 치며 여인에게서 나가라고 했다. 마귀는 그들에게 하나도 두렵지 않다고 했다. 그러자 스스로 더 능력이 있다고 생각하는 다른 사람들이 그에게 "너는 내가 두렵지 않으냐?" 하고 물었다. 모두를 향해 '아니'라고 대답하며, 저쪽에 있는 한 사람만 조금 무서울 따름이라고 했다.[286] 많은 사람이 그 한 사람이 자기냐고 묻자, 그들을 향해 '아니'라고 대답했다. 하지만 그리스도인을 보고는 "너는 좀 무서워. 네가 여기에 들어와 내 위에 손을 얹고(그에게 십자 성호를 그은 것), 말을 하기 시작하자 내 입이 벌벌 떨었고, 머리가 저절로 숙여졌어"라고 말했다. 그때 그리스도인 교우가 말했다. 당시에 마귀가 자기를 조금밖에 두려워하지 않았던 것은 그때 자기 일로 몹시 바빴고 산만해져 있었기 때문에 영혼 문제에 크게 신경을 쓰지 않았던 탓이라 했다.

---

285 벌써, 어쩌면 훨씬 전부터, 여기서 보는 것처럼, 또 다른 곳에서 보듯이(NN.642, 864, 905), 동정 마리아에 대한 신심이 활발해진 것으로 본다. Cf. N.750.

286 리치는 본문에서 포르투갈어로 "alli"라고 쓰고 있는데, 그것은 colà, '저쪽'이라는 뜻이다.

이런 비슷한 일은 계속해서 있었고, 성수의 효과[287]와 그리스도교 신앙의 효과도 있어서 모두 이야기하려면 한도 끝도 없을 것이다.

748. 그리스도인이 20명에서 200명으로 늘어나다. 거기에는 많은 수재와 훈장과 학자들이 포함되다

그리스도교에 관한 이런 미담 덕분에 마누엘 디아즈 신부는 재차 남부 지역, 세 개 수도원의 원장이 되었다. 거주는 여전히 남창 수도원에서 했다.[288] 그는 조반니 소에이로와 아직 예수회 입회 허락을 받지 않은[289] 파스콸레 멘데스[구양후(丘良厚)]와 함께 큰 사랑과 열정으로 경작해 나가기 시작했다. 그 덕분에 1605년 12월 초에 이미 그리스도인들의 수는 배가 되었고, 200여 명을 헤아렸다.[290] 거기에는 문인과 고관대작들도 있었고, 국고로 생활비를 지원받는 황제의 일부 친척[皇族]도 있었다.[291] 상당한 수준의 수재들과[292] 학당의 스승들도 있었다. 모두 문인 학자들이었다.[293]

---

287 여기서 또 다른 가톨릭 신심 활동의 도입에 주목하라. 이미 소주(韶州)에서도 본 적이 있다(N.655). Cf. N.743.

288 그는 1604년 3월 말경 남창에 도착했다.

289 그는 거의 확실히 1608년 3월에 입회 허락을 받았다.

290 궤리에로(Guerriero, II, p.114)는 1604년에서 1606년에 일어난 일들을 언급하면서, "이제 거기에는 300명가량의 그리스도인이 있습니다. 그 도시에서 개종이 있었다는 것은 적지 않은 희망이고 큰 결실입니다"라고 했다. 만약에 디아즈가 그리스도인의 숫자를 200이라는 수에 덧붙여 "배가 되었다"라고 했다면, 그것은 다시 말해서 1604년 초에 20여 명에서 백 명 이상이 증가했다는 말이다.

291 Cf. NN.81, 118, 165, 467, 741, 1345, 1390, 1417, 1473, 1531.

292 Cf. NN.64-65.

293 1605년 7월 26일, 리치는 세례받은 사람이 "왕의 몇몇 친척들과 그 외 황족과 직계 귀족들이 있습니다. 그 덕분에 우리가 몹시 바랐던 생활비의 국고 지원을 받을 수 있게

749. 4명의 왕자, 요셉, 멜키오르, 가스파르, 발다사르와 멜키오르의 아들 에마누엘레가 세례를 받다

황족들 가운데 가장 먼저 개종한 사람은 바오로라는 수재秀才 어르신을 장인으로 두어, 그를 통해서 신부들을 소개받은 사람이었다.[294] 그는 그리스도교에 관해 매우 잘 배웠고, 스페인에서 성대하게 지내는, 성탄 전 팔일째 "오(O)의 성모 마리아 축일"[295]에 세례를 받았다. 그의 이름은 요셉이었다. 중국에서 세례받은 최초의 황족 이름이 요셉이라는 것에 우리의 기쁨도 더했다. 물론 우리와 크게 달라 아무런 권력은 없지만, 중국에서는 자부심과 존중을 받는 한편, 특권과 지위는 물론 관복과 관모도 받고,[296] 문장으로 용龍도 사용하며, 그들끼리는 명예도 크다.[297]

요셉의 동생 하나는 호기심에서 어떻게 세례받는지 의식을 구경하러

되었습니다. 그 사람들 외에도 일부 문인과 관리들이 세례를 받았습니다. 관리들은 여기에서 치안판사라고 부르고, 공문서와 무기 관련 공무를 봅니다. 이렇게 조금씩 그리스도교는 공신력을 얻어 가고 있습니다"(N.1679; cf. N.1698)라고 편지에서 밝히고 있다. 이 개종자들이 리치에게 "큰 힘"이 되었던 거다(N.160).

294 Cf. N.742.

295 1604년 12월 18일은 "마리아의 출산 축일(Expectatio Partus)"이다. "오의 성모 마리아"에서 «O»라는 감탄사는 12월 18일부터 저녁기도 중에 바치는 마니피캇의 후렴이 "오(O), 지혜의 샘이시여", "오(O), 아도나이여", "오(O), 다윗의 열쇠여" 등으로 시작되기 때문이다. 이렇게 성탄 전야까지 이어진다. **역주_** 이 기도는 이베리아반도와 이탈리아반도에서 특별히 성대하게 지냈고, 지금은 시칠리아섬에서 그 흔적을 찾아볼 수 있다. "팔레르모의 부인회(congregazione e l'Oratorio delle Dame di Palermo)"와 연관된 축일이기도 하다.

296 "모두 관복을 입고 많은 특권을 누리지만, 아무 일도 하지 않습니다. 그리고 자기네 딸들에게 황족의 혈통을 물려준 것에 만족해합니다"(N.1345). 이 황족들[親王]의 복장과 문장은 명사(明史, *Storia dei Mim*), c.66, f.9a-b에서 잘 묘사하고 있다.

297 알다시피, 용은 고대 로마에서 독수리를 사용한 것처럼, "중국의 황궁에서 쓰는 문장이다. 그래서 다른 어떤 곳에서도 쓸 수가 없다. 사저에서 쓰는 것 외에는 말이다"(N.572), 즉, "황족이 사저에서 쓰는 것"을 말한다(N.130).

왔다. 마누엘 신부의 허락하에 들어와 모든 것을 매우 주의 깊게 관찰했다. 세례성사를 거행하는 신부에게서 한 시도 눈길을 떼지 않았다. 가정집에서 이루어진 이 성사와 좋은 인상에 크게 감명을 받았고, 그도 거룩한 세례를 받고 싶어 했다. 이틀 후에 돌아와 신부에게 성교회의 것들이 좋은 것 같다며 자기도 그리스도인이 되고 싶다고 했다. 그는 『천주교요』[298] 한 권을 받고, 당장 그날부터 그것을 읽기 시작했다. 그는 모든 방법을 동원하여 중국의 스승들이 하는 것처럼[299] 신부들을 자기 윗자리에 앉히고 싶어 했다.[300] 하지만 신부들 사이에서는 이미 정한 규칙이 있었고, 이 황족이 교회 밖에서 우리를 자기 뜻대로 하지 않게 하는 것이 좋겠다고 생각했다. 자리에 앉는 문제로 여러 번 논쟁이 오갔고, 결국 모두 똑같은 다른 방법으로 앉기로 했다.[301]

신부들은 이 신사의 열정을 보고, 그의 정신이 선교 사업에 필요하다고 생각하여 주님공현대축일에 세례를 주기로 했다. 그날은 삼왕三王이 멀리서 구세주 예수를 경배하러 온 날이라며, 황족이 그날 세례를 받는 것은 의미 있는 좋은 일이라고 말해 주었다. 그러자 요셉의 동생은 "그들이 세 명이라면, 우리는 네 명입니다."라고 말했다. 즉, 그와 그의 다른

---

298 Cf. N.708.

299 누군가를 스승으로 선택하는 행위와 이런 명예를 받아들이는 걸 계속해서 거부하는 선교사들에 관한 이야기다. Cf. NN.63, 73, 100, 144, 599, 625, 653, 922, 4127.

300 다시 말해서, 그들과 비교하여 윗자리를 말한다. 고대 중국에서 제자는 스승과 함께 자리에 앉을 수도 없었다. 옆에 서 있는 것 외에는 말이다. Cf. N.144.

301 바르톨리(Bartoli[1], II, c.215, p.414)에 따르면, 이 다른 방식은 "자리에 앉는 방식으로, 참여한 사람들이 각자 다른 사람과 아무런 차별 없이 평등하다고 느낄 수 있어야 한다"라고 말한다. 다시 말해서 다른 사람의 옆자리에 앉는 거지, 한 사람은 위에, 다른 사람은 아래에 앉는 게 아니다.

사촌, 막냇동생과 그가 데리고 온 아들 하나, 이렇게 네 명이었다. 그는 데리고 온 아들을 즉시 마누엘 신부의 아들로 내어 주며, 신부와 같은 이름으로 불러 달라고 해서 그렇게 해 주었다. 황족들 사이에서는 그들이 비교인이지만 신부의 이름을 익히 알고 있었다.

여하튼, 모두 교리를 받았고, 예정한 날 매우 성대하게 세례를 받았다. 그리고 나머지 세 명의 이름을 삼왕의 이름으로 멜키오르, 가스파르, 발타사르라고 했다.[302]

750. 요셉 왕자의 가족 중 6명의 귀부인이 세례를 받다

그 후 요셉의 부인과 다른 남녀 친척들이 세례를 받았다.

이 세 아들의 모친은 나이 많은 과부로, 우상[불교]을 열심히 믿고 있었다. 신상 앞에서 기도하고 숭배하며, 육식과 생선, 달걀과 살아 있는 것들을 일체 멀리하는 자기 나름의 단식을 십 년 넘게 실천해 오고 있었다. 오로지 곡류와 채소를 빵이나 쌀[大米]과 함께 연명하고 있었다. 그녀는 아들들이 그리스도교에 대해 하는 말을 듣고, 자기도 따르기로 했다. 그리고 즉시 미신적인 단식과[303] 염주 기도를 중단하고,[304] 신상들을 불에 태워 달라며 모두 우리 집으로 보냈다. 그녀가 기도하던 염주와 승려들

---

302 Cf. Bartoli[1], II, c.215, pp.413-417. 마치, 이 이름의 순서도 존중해야 할 것 같다. 멜키오르는 요셉의 동생이고, 가스파르는 그의 사촌이며, 발타사르는 멜키오르와 요셉의 또 다른 동생이다. 그리고 에마누엘레[마누엘]는 멜키오르의 아들이다. 이 첫 번째 중국 황족들의 세례식은 1605년 1월 6일에 있었다.

303 Cf. NN.190, 397, 1402, 1425, 1482.

304 불자들은 종종 붓다 혹은 아미다의 이름을 염주 알에 올려 끝없이 반복해서 부른다. 이 귀부인들은 이런 식의 기도를 그만두었다는 뜻이다.

이 준 명부冥府[305]를 위한 부적과 지침서도 있었다. 그것들은 그녀가 세상을 떠날 때 필요한 것으로, 저승세계의 왕[지장왕(地藏王)][306]에게 잘 봐 달라고 내미는 일종의 요청서와 같은 것이다.

신부들은 부적 대신에 〈구세주 성화〉 한 점과 우리의 묵주를 하나 주었다. 그리고 통신문을 한 통 보내 위로하며, 그리스도교의 단식을 하고, 나중에 알려 주겠지만 하느님의 계명들을 지키면 된다고 했다. 그러면 지옥에 가지 않아도 된다고 했다. 지옥에 가는 것은 좋은 일이 아니라고도 했다. 천국에 가는 것이 좋은 것이고, 착한 그리스도인들은 천국에 간다고 했다.

이 일이 있고 나서, 우리는 그의 집에서 교리를 가르쳤는데, 중국 귀부인들의 큰 환영을 받았다. 그녀들은 밖으로 나올 수 없어 서로 대면하지는 못하지만, 문을 사이에 두고 교리를 듣고 대답할 수는 있었다. 그 부인에게 교리를 가르칠 때, 신부는 안에 다른 여인들이 있는 줄 몰랐다. 세례 당일, 그녀의 집에서 온 여성들은 여섯 명이나 되었다. 한 사람은 그녀의 손녀고, 한 사람은 딸이고, 그 외 여러 사람이 함께 교리를 들은 것이다.[307] 신부는 모두에게 질문했고, 모두 대답을 잘했다. 결국 모두

---

305 **역주_** 당시 선교사들은 명부(冥府)를 지옥으로 이해했고, 원문에도 지옥으로 말하고 있다. 저승세계도 지옥과 같은 개념으로 보았다.

306 Cf. N.998. 특히 도교의 도사(道士)들은 추가 비용을 내면 부적을 써 주거나 신들에게 간청해서 지옥에서 영혼을 구출할 수 있다고 했다는 것이다. Cf. Dore[1], I, p.69 이하. 여기에 관해 언급하는 문헌은 바로 이런 호부(護符) 중의 하나였다.

307 이 여섯 명은 그의 부인, 모친, 딸 하나, 손주 하나와 다른 두 명의 여성으로, 정확하게는 요셉 일가의 친척이다. 이 귀부인들에 관해 궤리에로(Guerriero[1], f.216r-v)는 두 가지 흥미로운 에피소드를 들려준다. 하나는 그들 중 좀 나이 어린 여성이 다른 남성(신부), 그것도 외국 사람에게 자기를 보여 주는 것에 놀라워했다. 세례를 받을 때, 그 자리에 당연히 남편도 함께 있었지만, 남편은 그녀에게 이것은 하느님의 율법이라 어쩔

세례를 주었고,[308] 큰 위로가 되었다. 다 같이 미사를 봉헌했는데, 그들이 마련한 아름다운 기도 모임 같았다.[309]

751. 새 신자들 사이에서 실천되고 있는 그리스도인의 삶. 〈구세주 성화〉가 확산되다. 신자들의 집 대문에 걸린 예수와 마리아의 이름

이 일은 다른 모든 교우를 매우 고무시켰다.[310] 그러나 성당이 너무 작아 모든 사람이 함께 미사에 참석할 수가 없어 주 중 사흘씩 나누고, 축일에만 다 함께 모이기로 했다. 그리고 모두에게 나누어 줄 상본이 많이

수 없다며 구원을 받으려면 그렇게 해야 한다고 했다. 또 다른 하나는, 여섯 자녀를 낳은 어머니가 있었는데, 그중 4명이 어린 나이에 죽었다. 옆에 있던 한 여성 교우가 그녀에게 조언하기를, 허약한 남은 두 아이도 생명을 보존하고 싶으면 영세시키라고 했다. 그 바람에 둘 중 하나를 영세시켰고, 얼마 안 가 병이 나았고, 결국 온 가족이 개종하게 되었다.

308 그러니까 모든 성사를 통해 리치는 고대 중국 여성의 과장된 정숙함에 대해 그리스도교의 승리를 부각함으로써 명시적으로 주목하게 하는 것으로 보인다.

309 1607년 12월 2일, 안토니오 로드리게스(Antonio Rodrigues) 신부가 고아(Goa)에서 총장에게 쓴 편지는 "남창[Nanciano, Nanciam]에서 에마누엘 디아즈(Emanuel Diaz) 신부가 몇몇 황족에게 세례를 주었고, 그들의 열정과 모범에 놀라고 있다고 편지를 보내왔습니다"(N.3444)라고 했다.

310 1604-1607년 남창 수도원의 상황은 궤리에로(Guerriero, II, pp.114-121)의 말을 통해 충분히 알 수 있다. 그는 남창에 사는 한 황족의 사위로 복건성 출신이고, 임(林)씨 성을 가진 첩을 둔 사람이 자신의 세 아들을 세례받게 한 일에 관해 언급하며, "자식들에게 물려주고 싶습니다"라고 했다고 한다. 그의 아들들은 1604년 2월 26일에 세례를 받았는데, 각기 13살, 12살과 7살 혹은 8살이었다. 이름은 미켈레, 가브리엘레, 라파엘레라고 했고, 당시 남창에 설립하려던 신학교의 초대 신학생들로 예정되었다(pp.114-117, 292-298). 또 코스마라는 이름의 새 신자의 열정적인 사례(pp.117-119)에 대해서도 언급하며, 그리스도인들이 기도로 [은총의] 비(雨)를 획득한다고 했다(pp.119-120). 자살하려던 한 여성이 개종하고 자기 남편까지 하느님께 인도한 사례(p.120)와 입을 못 열던 어린이의 치유(p.120) 이야기도 들려주고 있다.

부족하여, 목판에 구세주의 모습을 아름답게 새겨 찍어 냈다. 그것을 주면서 우리 주 그리스도의 육화와 그분이 세상에 주신 가르침을 간략히 말해 주었다.[311] 그리고 원하는 만큼 상본을 인쇄하도록 했다.

중국인들은 자기네 대문에, 특히 새해가 되면, 종이에 우상이나 다른 정령의 모습을 그려 갖다 붙이곤 한다. 액운을 막아 달라는 뜻이다. 이에 교우들은 예수[312]와 마리아의 거룩한 이름을 두 개의 목판에 새겨, 여러 색깔로 종이에 원하는 만큼 인쇄했다. 그래서 그들의 대문과 방문에 붙이게 했다. 이 점에 있어 다른 비교인들에 뒤지지 않았다. 오히려 다른 오래된 미신들보다 훨씬 신선했다. 무엇보다도 그리스도인들 스스로가 비교인이던 시절보다 좋아졌다며 매우 기뻐했다. 그것을 보는 우리도 안심이 되었다. 더욱이 새해에 길을 가게 되면, 보름간 축제를 지내는데,[313] 그들이 고백하는 신앙의 가르침에 따라 어린양과 그분의 어머니 이름으로, 많은 이집트인 가운데서 하느님 백성의 문을 보게 된다.[314]

---

311 〈구세주 성화〉는 오른손으로는 축복하고 왼손에 십자가가 박힌 지구를 들고 있는 것으로, 선교의 초창기에 중국을 통해 널리 대중화되었다. Cf. NN.247, 286, 500, 513, 514, 524, 532, 562, 563, 564, 569, 572, 576, 593, 627, 641, 696, 729, 747, 750, 761, 762, 767. 이것은 알레니(Aleni)가 자신의 저서 『천주강생출상경해(天主降生出像經解)』 맨 앞장에서 사용하기도 했다. 이 기회에 성화는 중국의 목판인쇄로 사본을 찍었다. 초창기 선교사들이 그리스도인 백성 안에서 이런 성화[상본]들을 보급할 정도로 열정이 있었다는 것도 주목할 만한 흥미로운 점이다.

312 예수의 이름은 루지에리(Ruggieri)의 『천주실록(天主實錄)』 표지에서 보는 것과 비슷하다. Cf. N.878; 본서 2권, 그림 13-14, pp.160-161. 이것은 앞서 언급한 알레니의 저서에서도 활용되었다.

313 Cf. N.135.

314 파스카 양의 피를 암시하는 것으로, 이집트에서 이스라엘인들의 집에 발라, 죽음의 천사가 그 집은 거르고 지나간다는 것을 말한다. Cf. 탈출기 12장 7, 12-13, 22-23.

제7장

그 시기에 남경 수도원에서 일어난 일에 대해, 구태소가 이냐시오라는 이름으로 개종한 것에 대해

(1605년 2월 말부터 1605년 12월(?)까지)

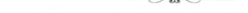

- 남경 수도원의 사람들: 다 로챠, 리베로, 바뇨니, 다 실바, 유문휘와 황명사(黃明沙)
- 구태소는 매우 중요한 친구로 여전히 선교사들의 든든한 버팀목이 되다
- 그의 아들 마태오가 세례를 받고, 그리스도인으로 교육을 받다
- 1605년 3월 25일, 구태소의 세례와 이후 불교 서적과 인쇄물 및 각종 사본들을 불태우다
- 그의 참회의 신앙고백과 세례받기 전에 한 속죄 행위
- 새 신자들의 열정과 새로운 동료들
- 한 고관의 아들이 세례를 받다
- 신부들이 관할구역의 야간 보초를 면제받다

752. 남경 수도원의 사람들: 다 로챠, 리베로, 바뇨니, 다 실바, 유문휘와 황명사(黃明沙)

그 시기에 남경에는 예수회원이 5명 있었다. 4명은 신부들이고[315] 한

315 조반니 다 로챠(Giovanni da Rocha), 피에트로 리베로(Pietro Ribero), 알폰소 바뇨니

명은 수사[316]다. 그 외에 두세 명의 다른 학생과 봉사자들이 있어 큰 가족을 형성하고 있었다. 그래서 원장 조반니 다 로챠 신부[317]는 우리 집 뒤에 있던 다른 집을 하나 더 매입하여[318] 모두 편하게 지낼 수 있게 했다.

세 명의 신부가 새로 왔고,[319] 그들은 선교사업에서 교도 임무를 수행하기 위해 중국어와 문자를 공부하는 외에 다른 아무것도 할 수가 없었다.[320] 결국 원장과 다른 수사만 일하고 있는 셈이었다.

그래서 현장에서 원하는 만큼 미사를 모두 드릴 수가 없었고, 필요한 대로 원장이 거의 모든 방문객을 맞고 있었다. 매시간 방문객이 있었고, 그러면 중국의 관습에 따라 또 답방문을 해야 했다. 새 신부들은 중국 책을 읽고, 여러 가지 훈련을 하며 공부에 열중했다.[321]

(Alfonso Vagnoni), 펠리챠노 다 실바(Feliciano da Silva)였다(N.702).

316 1603년의 카탈로그(Catalogo)에 따르면, 이 수사는 에마누엘레 유문휘(游文輝) 페레이라였다. 1605년 초, 바뇨니와 함께 프란체스코 황명사(黃明沙) 마르티네스 수사도 거기에 도착했다. Cf. NN.354, 755.

317 그에 대해, 위의 카탈로그는 "요한 다 로챠 신부, 중국어와 문자 실력 중간, 포르투갈 출신, 4대 서원을 위해 보냄"(*ARSI, Jap.-Sin.*, 25, f.66r)이라고 말한다. 거기에 1604년 1월 25일, 덧붙이기를, "남경 수도원의 원장이 됨, 올해 1604년에 4대 서원을 함"(*ibid.*, f.81v)이라고 했다.

318 남경 수도원에 대해서는 N.562를 보라.

319 앞서 말한 1603년의 카탈로그에는 리베로에 대해 "그 시기에 [다 로챠와] 함께 보낸 동료"라고 했다. 하지만 1604년 1월 25일에는 그에 대해 "여전히 마카오에 있음"이라고 말한다(*ARSI, Jap.-Sin.*, 25, f.82r). 그러니까 마카오에서 출발하지 않고 있다가 2월 중순쯤 출발해서 1604년 4월 11일 남경에 도착한 거다. 바뇨니와 다 실바 신부는 1604년 12월에 마카오에서 출발했고(N.3312), 2개월하고도 8일의 여행 끝에 남경에 도착했다. 아마 2월 중으로 추정된다. 확실히 1605년 3월 16일 이전이어야 한다. 이유는 바뇨니가 총장에게 남경에서 편지한 것이 있기 때문이다(*ARSI, Jap.-Sin.*, 14, f.207).

320 바뇨니의 편지에서 자신과 다 실바에 대해 "최대한 빨리 하느님의 자비를 청하고 협력하기 위해 중국어와 문자를 공부하고 있습니다. 이 방대하고 힘 있는 왕국에서 [그리스도교가] 확산하려는 조짐이 큽니다"(N.3311)라고 말하는 것에서도 이 점을 암시한다.

321 1606년 5월 15일, 바뇨니가 쓴 편지에도 선교사들이 관리들과 나누는 친분 덕분에 남

753. 구태소는 매우 중요한 친구로 여전히 선교사들의 든든한 버팀목이 되다

새로 입교한 사람 중에 우리의 오랜 친구 구태소瞿太素가 있었다. 그에 관해서는 앞 책에서 이미 여러 차례 언급했다.[322]

신부들이 광동廣東,[323] 강서江西,[324] 그리고 남경南京에 자리를 잡고 공신력을 얻을 수 있었던 것은 모두 이 사람 덕분이었다. 특히 남경에 수도원을 마련하고 북경으로 두 차례 신부들을 파견할 수 있었던 것도 그의 덕분이었다.[325]

이런 이유로 모두 그에게 최고의 선물을 주고 싶어 했다. 우리가 할 수 있는 최고의 것은 그의 영혼 구원을 위해 성교회의 무리[326] 속으로 인도하는 것이었다. 하지만 그동안 어떤 방법으로도 그것은 불가했다. 그에게 아들 둘을 낳아 준 첩이 우리와 내적인 대화를 나누게 내버려 두지 않았기 때문이다. 또 다른 이유는 그가 큰 노력과 비용을 들여 자기를 유명하게 만들어 줄 걸로 생각하고 '우상에 관한 교리서', 『지월록指月錄』과 다른 관련 책들을 써서 출판할 마음을 먹고 관리들이나 그 외 후원자들을 찾고 있던 차였다.[327] 어릴 적부터 살아온 삶의 방식이라 쉽게 내려놓

경에서 석 달 동안 "사십 명이 세례를 받았고, 다른 사람들도 세례를 받기 위해 교리서 『천주실의』를 공부하고 있습니다"(N.3389)라고 전했다.

322 NN.312, 359-367, 369, 374-375, 378, 380, 382, 397, 399, 401, 484, 528, 530-537, 539, 541, 556, 558, 571.

323 즉, 광동(廣東)의 남웅(南雄)(N.397)과 영덕(英德)(NN.367-372)이다.

324 강서(江西)의 남창(南昌)(NN.1350, 1385, 1394, 1413, 1420, 1460)이다.

325 Cf. NN.528, 530-537, 539, 541, 556, 558, 571.

326 본문에서 리치는 '무리'라는 뜻으로 라틴어 mandra라고 말한다. 오늘날의 'ovile, recinto'와 같은 뜻이다. '우리, 에워싼 장소' 혹은 더 넓게는 '집단'이라는 의미다.

327 불교에 관한 거다. "달을 가리킴", 『지월록(指月錄)』(Soothillhodous, p.302)이라는 책

을 수가 없었다. 그러면서 다른 한편으론, 그리스도교에 대해서도 매우 잘 알았다. 다행인 것은, 신부들의 성덕으로 우리의 신앙이 참되고 고귀하다는 것을 알고 설파하고 다녔기에 내려놓지 못하고 있었다는 점이다. 그가 말과 행동으로 우리에게 보여 준 모든 것은 [그리스도교에 대한] 큰 사랑이었다. 그는 [교회에] 가장 좋은 것을 주었고, 필요한 자신의 모든 것을 동원하여 도와주었다.

754. 그의 아들 마태오가 세례를 받고, 그리스도인으로 교육을 받다

그 시기에 구태소는 큰아들 구식각瞿式穀과 함께 남경에 있었다. 아들은 벌써 14살이 되었다.[328] 그는 아들을 조반니 다 로챠 신부에게 데리고 와서, 오직 그리스도교만이 인간을 구원할 수 있다며 신자가 되게 해 달라고 했다. 여건이 허락하지 않는다며, 자기 아들을 신부에게 맡겨 그리스도교의 좋은 풍습을 잘 가르쳐 키워 달라고 했다.

남경의 신부들은 우리에게 많은 일을 해 준 그에게 좋은 일을 할 수 있게 되었다며 기뻐했다. 그리고 그에게 세례를 주고 이름을 마태오라고 했다. 신부들은 아이를 큰 사랑으로 대했고, 타고난 재능을 연마하도록

의 보급에 협력한 것으로 보인다. 32cc에 불자들에 관한 전기가 있는데, 그것을 그의 동생 구여직(瞿汝稷)이 써서 1602년에 출판했기 때문이다. Cf. Wylie, pp.211-212.

328 N.359에서 1605년 7월 26일 자, 리치의 편지(N.1699)에 관해 연구하다 보니, 1593년경 이 소년이 태어났다고 했다. 사실 당시에 우리는 1603년 1월 16일 다 로챠가 편지(N.3180)한 것을 고려하지 않고 반복했다. 아이의 부친이 중국 나이로 43살이던 때에 아이를 리치에게 부탁했고(N.756; Aleni[1], B, f.4b), 따라서 [아이는] 1591년에 태어난 것이다. [이 아이가] 32살이 되는 1623년에 알레니(Aleni[2])의 『직방외기(職方外紀)』에서 서언[小言]을 쓰게 될 것이다.

외부에서 선생을 불러 공부시켜 주었다.[329] 여기에 대해 모두 좋아했고, 그의 부친과 대가족인 그의 모든 친척도 흐뭇해했다.

755. 1605년 3월 25일, 구태소의 세례와 이후 불교 서적과 인쇄물 및 각종 사본들을 불태우다

구태소가 남경에 있는 동안 그의 친한 친구며 그간 광동廣東[330]에 있던 황명사黃明沙 프란체스코 마르티니 수사[331]가 볼 일이 있어 이곳에 왔다. 구태소가 아직 비교인인 것을 보고는 매우 편안하게 사랑의 표시로 그를 나무라며, 하느님의 부르심에 반항하지 말라고 했다. 그의 충고에 구태소는 크게 감동했고, 개종 문제를 한번에 해결했다. 그는 오래전부터 거룩한 신앙으로 부르기 시작한 하느님께 응답하기로 했다. 그는 신부에게 재출판한 『천주실의』[332]를 다시 달라고 청했고, 주의해서 읽어 보겠다며 가지고 집으로 돌아갔다. 그리고 우리 집에서 세례를 청했다. 신부는 그에게 첩을 정부인으로 맞아들이고, 다른 첩을 두어서는 안 된다고 했다. 그런 다음 온 집안을 개종시키도록 하라고 했다. 지금까지 그가 섬긴 우상들을 내려놓는다는 표시로 관련 서적들은 물론 인쇄용 동판과 목판까지 가지고 있던 모든 걸 불태워 주겠다며 우리 집으로 보내라고 했다. 인쇄기와 그가 인쇄하려고 한 가치 있는 수기본을 제외하고도 우상 종파와

---

329 아이는 건립 중이던 '작은 못자리'[**역주_** 여기에서 예수회의 교육사업이 중국에서도 시작되는 조짐을 보게 된다. 이 학교는 소(小)신학교 형태로 수도원에서 서양식 커리큘럼으로 교육했던 것으로 추정된다]의 첫 번째 신학생이었을 것이다(N.3180).

330 다시 말해서, 광동[Quantone, Kwangtung]의 소주(韶州)다.

331 더 정확히 말하면, 황명사(黃明沙) 마르티니(N.354)가 바뇨니(Vagnoni)와 함께 온 거다.

332 1603년에 인쇄했다.

관련한 책이 서너 상자가 되었다. 그리고 아직 자기 손에 얼마간의 책이 더 있다고 전하며, 그것을 인용하여 그들이 얼마나 허무맹랑한 말을 하는지에 대해 책을 한 권 더 쓴 다음 신부들에게 보낼 테니 그때 알아서 처리하라고 했다. 하루는 그가 다른 교우들과 함께 몇 가지 교리에 대해 논의했는데, 그의 열정과 지식에 모두 기뻐했고 놀라워했다.

그는 1605년 성모영보대축일에 세례를 받았는데, 그해는 사순절 금요일 중 하나였고, 복음은 라자로가 부활하는 이야기였다.[333] [황명사] 수사

---

333 이것은 2월 말경 도착한 바뇨니 신부가 집전한 첫 세례식이다. 1605년 3월 16일 자, 그가 총장에게 쓴 편지에서 두 달이 넘는 여행 끝에 남경에 도착했다고 말하며, 며칠 후, 그달 25일 이후, 다음과 같은 흥미로운 말을 덧붙인다. "총장 신부님께 새로운 좋은 소식을 전해 드리고 싶습니다. 우리가 이 도시에 도착하자마자, 주님께서는 어떤 한 인사의 마음을 건드리셔서 그리스도인으로 개종하게 하셨습니다. 그는 어떤 상서(尙書)의 아들인데, 중국에서 상서는 각로(閣老)와 함께 최고 관직의 하나입니다. 그는 마태오 리치 신부님의 승려와 같은 생활에 크게 호감을 느꼈고, 그는 최선을 다해 알고 있는 모든 관리에게 서면으로 신부님을 소개해 주었습니다. 여러 차례 우리의 거룩한 신앙을 받도록 초대했습니다. 그러나 아직 때가 오지 않았던 것입니다. 그런데 앞서 말씀드렸듯이, 최근에 우리가 도착하면서, 그의 절친한 오랜 동무 프란체스코 마르티노[=마르티네스] 수사가 함께 와서 그를 방문하자 그리스도인이 되기로 했습니다. 교리를 잘 배우고 세례를 받았습니다. 그것은 그에게도 우리에게도 큰 위로가 되었습니다. 조반니 다 로챠 신부는 '이 사람이 저의 첫 영적 아들이고, 그의 개종으로 저도 첫 반석을 놓은 거'라고 했습니다. 여하튼 제게는 위로 외에 다른 것이 없었습니다. 그가 세례를 받고 난 뒤, 어느 날 많은 책을 보내왔습니다. 불교에 관한 책으로, 그가 써서 출판하려고 집에 두고 있었던 것인데, 모두 태워 달라며 보내온 것입니다. 덧붙여, 중국에서 그리스도교 신앙과 종교를 이해하도록 하려면 좋은 글과 학식을 활용해야 한다고 했습니다. 그는 불교와 관련한 모든 종파를 매우 잘 알고 있어서 자기가 가진 공신력을 활용할 수 있다고도 했습니다"(N.3342). 리치도 1605년 7월 26일 자, 이 사람의 세례를 유럽에 전하며, "제가 전해 드릴 수 있는 가장 좋은 소식 중 하나입니다. 이런 고위 인사 한 사람의 개종은 일반사람 많은 것보다 훨씬 가치가 큽니다"(N.1699)라고 했다. 구태소(瞿太素)는 세례를 받으면서 이름을 이냐시오라고 했는데, 1609년 7월 27일 예수회 설립자의 시복식이 있기 4년 전이다. 이후 그는 5년간 그리스도인으로 살다가 1611년 고향에서 사망했다. 그해 연례[보고서 형식의] 편지에 따르면, 그는 선교사의 도움 없이, 매우 경건하게(magno pietatis sensus) 선종했다고 한다. Cf. *ARSI,*

는 예수의 육화와 수난의 신비에 대해 그에게 말해 주고, 이어서 그날의 복음, 라자로의 부활에 관해 언급했다.[334] 그러자 그는 라자로의 복음을 자기에게 비유하며 자기가 바로 라자로처럼 죽었다가 살아났다고 했다. 구경하던 모든 사람이 그의 진심 어린 고백에 크게 감동했다. 그날 많은 사람이 축일을 지내고자, 또 이 세례식을 구경하고자 왔기 때문이다.

756. 그의 참회의 신앙고백과 세례받기 전에 한 속죄 행위

세례성사를 받기 위해 그는 무릎을 꿇고, 정신과 마음을 모아 머리를 땅에 대고 두드리기[磕頭] 시작했다.[335] 중국에서 이것은 용서를 청하는 표시다. 그런 다음 신앙고백과 같은 글을 써서 낭독한 뒤 신부에게 주었다.[336] 글은 매우 잘 썼고, 신심이 묻어났다. 여기에 우리의 언어로 번역하여 옮긴다. 하지만 원문과 같은 큰 감동은 떨어진다.

이렇게 말한다.

Jap.-Sin., 113, f.178r-v.

334 그날 집중해서 한 것은 세 가지 신비에 관한 것으로, 성모영보 축일이라[**역주_** 마리아 예수 잉태 축일, 곧 3월 25일을 말한다] 예수 그리스도의 육화[강생], 사순절과 금요일에는 구세주의 수난을, 그리고 라자로의 부활을 설명했는데, 그것은 사순절 제4주일 후 금요일이었기 때문이다. 그날의 복음이 예수의 이 기적 사건을 이야기하고 있었다. 여기에서도 예수회원들의 [그리스도] 수난에 관한 설교가 있었다는 것을 입증한다. Cf. NN.732, 736, 937, 939.

335 개두(磕頭)라고 하면 존중의 표시로 몸을 깊이 숙이는 것을 말한다.

336 Cf. N.695. 서기 406년에 중국어로 번역된 대승불교의 대표적인 계율 범망경(梵網經)의 마흔한 번째 계율에 따르면, 열렬한 불자(佛者)는 밤낮으로 자신의 과거 죄들을 참회해야 한다. 참회 양식[대승삼취참회경(大乘三聚懺悔經)]은 그것을 하지 않아도 되는 존재가 만든 걸로 해야 하는데, 그 존재가 바로 붓다다. 가톨릭교회의 경우 이 양식은 각자가 할 수 있다. Cfr. Wieger, *HC*, p.434. 구태소는 여기에서 자신의 그리스도교 신앙고백에 대한 영감을 받았을 것이다.

"구여기(瞿汝夔)[이것은 그의 아명(兒名)이다. 평소 사람들은 존경의 뜻으로 호(號) 구태소(瞿太素)라고 부른다][337]는 기유己酉년, 음력 두 번째 달, 칠 일에 태어났습니다(우리의 1549년 3월에 해당한다).[338] 대명大名국國의 남직례南直隸성省, 소주도蘇州道, 상숙常熟 출신으로, 온 마음으로 제 잘못과 나쁜 행실을 뉘우치며, 하느님께 용서를 청하는바, 성수로 저를 밝혀 주시고[聖明], 당신 성교회에 들어가는 은총을 주소서. 저는 57살이 되도록[339] 눈이 있으나 하느님의 도리를 보지 못했고, 귀가 있으나 하느님의 이름을 듣지 못한 채, 오직 석가釋迦[340](중국의 최고 우상)의 말만 따랐나이다. 그의 종파는 이성에 반하고 거짓되건만 이를 멀건 가깝건 사방에 퍼트리고 다녔나이다. 이것이 저의 가장 큰 잘못이고, 너무도 큰 죄로, 지옥의 최고 심연에 떨어지기에 마땅하나이다.

몇 해 전, 저는 다행히도, 서방 제국[泰西]에서 온 스승들을 만났나이다. 마태오 리치 신부와 라자로 카타네오 신부, 그들의 착한 동료 세바스티아노 페르난데스[鍾鳴仁]였는데,[341] 그분들이 제게 하느님에 관해 처음 말씀해 주셨나이다. 이제 다시 돌아와 조안 디 로차[**역주_** 이 신부의 이름도 다양하게 쓰고 있다. 이탈리아어, 스페인어, 포르투갈어를 혼용해서 쓰고 있는 만큼 조반니, 후안, 조안 등은 모두 같은 인물인 다 로차(데 로차, 디 로차) 신부의 이름이다.] 신부와 프란체스코 마르티네스[黃明沙] 수사를 만났고, 제 삶이

---

337 Cf. N.139.

338 기유(己酉)년, 즉 1549년 음력 2월 7일이다. 이는 [양력으로는] 정확하게 3월 4일이다.

339 1549년 3월 4일에 태어났기 때문에, 1605년 3월 25일에 중국식으로 57살이다. 정확하게는 56살 21일이다.

340 붓다다. Cf. N.175.

341 첫 두 중국인 예수 회원 중 하나인 종명인(鍾鳴仁)이다. Cf. N.354.

결정되었나이다. 저는 이제 천지天地에 대해, 인간과 다른 모든 하느님의 피조물들에 대해 인식하기 시작했고, 그분이 창조하고 완전하게 하신다는 것을 알았나이다. 다른 어떤 종파에서도 가르치지 않은 것이옵니다.

육체적이고 정신적인 잘못과 나쁜 행실은 오직 하느님만이 용서해 주실 수 있고, 오직 그분만이 죄의 고통과 회개가 효과적이고 곧고 굳건한 사람들에게 하늘의 영광을 주실 수 있나이다. 그로써 인간은 하느님의 은총과 은혜를 받기 때문에, 제게도 이런 완전한 진리를 받아 실천할 수 있게 해 주소서. 하느님의 거룩한 계율에 부합하도록 제 마음을 끈기 있고 단호하게 유지하여 하느님께 영광을 드리고 섬기겠나이다.

저는 오늘 이후, 세례의 성수를 받고 과거의 모든 허물을 씻고 바르게 하여 향후 우상 종파와 이성에 반하는 모든 것을 마음에서 지우기로 약속하나이다. 제 생각을 살피고, 사치심과 세상의 것들을 추구하는 마음과 거짓되고 경솔한 것을 피하겠나이다. 하느님 아버지께 복종하고 회개하여 모든 것을 살펴 바른길을 따르겠나이다. 제 감각을 돌아보고, 저를 충만케 해 주시는 하느님께서 이미 제 안에 부어 주신 자연의 빛을 따라, 저 자신에서 시작하여 다른 사람의 선익善益에 이르도록 하겠나이다.

그리스도교 신앙에 관해, 제가 아직 그 위대한 모든 신비를 깨닫지는 못하지만, 거기에 담긴 모든 것을 온 마음으로 믿어 의심치 않나이다. 성령[斯彼利多三多][342]께 비오니, 제게 그것들을 밝혀 주소서. 이제 다시 믿기 시작하니 제 마음은 부드럽고 약한 조각과도 같나이다. 이에 천주의

---

342 『천주교요(天主教要)』에서 사용한 표현으로, 성령의 의미를 설명할 때, "비물질적이고 영적인 거룩함(無形靈聖也)"이라고 했다.

모친[天主聖母],[343] 천상의 모후께 비오니, 저를 위해 하느님께 빌어 주시어 제 영혼이 그분을 따르기에 합당하게 해 주시고, 제가 드리는 청이 강하고 흔들림 없이 견고하게 해 주소서. 제 영혼의 능력을 열어 주시고, 제 정신세계를 명확하게 해 주소서. 그리하여 제 마음의 깨달음으로 진리와 이성을 잘 유지하고, 제 입은 거룩한 말씀에 열려 그것을 온 중국에 전파하고 뿌리게 하소서. 모든 사람이 하느님의 거룩한 가르침을 알게 하소서."

이렇게 신심이 굳건한 문인 학자의 개종[344]에 우리는 물론, 그의 아들과 모든 교우가 큰 위로를 받았고, 비교인과 새 신자들 사이에서는 우리 신앙이 큰 공신력을 얻는 계기가 되었다. 우상 종파에 대해 매우 잘 알고 크게 활동하던 사람이 그것을 끊고 돌아선 것을 보고 매우 놀랐다.

757. 새 신자들의 열정과 새로운 동료들

다른 신자들 역시 여러 가지 방법으로 나름의 신앙 징표를 보여 주었다. 다른 수도원에서도 이런 일은 매우 일상적이고 흔해서 언급할 수조차 없다.

758. 한 고관의 아들이 세례를 받다

한 가지 더 언급할 만한 것은, 한 어린 학생의 개종에 관한 것이다. 왕

---

343 Cf. N.246.

344 그해 7월 26일, 리치는 편지에서 "그는 세례를 받고 선한 그리스도인이 되었습니다"(N.1699)라고 썼다.

실 감찰관 과리科吏라는 직책에 있는 한 고관高官의 아들인데,[345] 성이 첨詹이다.[346]

부친과 함께 북경에서 [남경으로] 오는 길에 함께 배에 탄 세 명의 어른 중 북경 교우가 둘 있었다. 한 사람은 앞서 언급한 이응시李應試 바오로였고,[347] 다른 한 사람은 최근에 신자가 된 아이의 스승이었다. 세 사람은 여행하는 내내 그리스도교에 관해 이야기했고, 옆에서 듣던 아이가 거기에 매료되어 어떻게 해서든 세례를 받고 싶어 했다. 그의 부친이 우상 종파에 매우 심취해 있었는데도 말이다. 아이는 여행 중에 그리스도교에 관해 모두 배웠고, 남경에 도착한 뒤로 가능한 한 매번 몰래 집을 나와 신부에게 와서 이야기를 나누었다. 신부들은 아이가 걱정되기 시작했다. 그러나 아이는 계속해서 좋은 모습을 보여 주었고, 신부들은 세례를 주지 않을 수가 없었다.[348]

---

345 Cf. N.97.

346 1605년 9월-10월부터 1609년 6월까지 북경시에서 도급사중(都給事中)으로 있던 사람은 성이 첨(詹)이고 이름이 기(沂)며, 자는 욕지(浴之), 호는 노천(魯泉)이고, 오늘날 안휘(安徽)에 있는 선성(宣城)에서 태어나 1571년에 진사가 되었다. Cf. *Index*, 24, II, p.187; *DB*, p.1326; *Storia dei Mim*, c.112, ff.19b-20b. 리치가 말하는 "Cin"[**역주**_ 여기서 '첨(詹)'을 리치는 Cin이라고 쓰고, 델리야는 Cian으로 쓰고 있다. 다행히 두 사람 모두 옆에 괄호 안에 한자 詹을 넣어 주고 있다]이 정확하게 이 사람이라고 단정하고 싶지는 않다. 이 사람을 확인하는 것이 동일 인물이라는 단정을 보류하게 한다. 만약 아들의 나이를 15살 혹은 16살이라고 했을 때, 1590년경 태어났다고 가정하면, 그의 아버지는 50세 정도가 된다.

347 Cf. NN.693-695, 716.

348 Cf. N.4222. 아이는 여러 번 세례를 달라고 청했다. 궤리에로(Guerriero[1], f.217r-v)는 세례식이 1년의 시험 기간을 거친 후에 준 것은 아니라고 말한다.

759. 신부들이 관할구역의 야간 보초를 면제받다

조반니 데 로챠 신부는 관리들과 친분을 유지하는 가운데 다른 새로운 관리들과도 사귀었다. 그들은 필요한 때 도움을 잘 주었다. 그 지역의 향약鄕約[349] 중 한 사람이 신부들을 상대로 보초를 서는 낮은 일을 하라고 했다. 그런 일은 신분이 매우 낮은 사람들이 하는 일이다.

앞서 말한 집을 매입한 것이 계기가 되었다.[350] 그 집 주인이 그런 낮은 일을 했고, 우리도 해야 한다는 것이다. 그가 하던 일은 야간 보초를 서는 일이었다. 우리가 그 집을 매입했기 때문에, 그 뒤에 있는 길에서 보초 서는 일까지 떠맡아야 한다며 큰 건물을 가진 도시의 관리들은 주요 도로의 보초를 서야 한다는 것이다. 이웃들도 그와 동조하여 모두 우리에게 보초를 서야 한다고 주장했다. 우리는 관리도 아니고, 수재秀才[351]도 아니고, 다른 어떤 이유로도 면제 대상이 아니라는 것이다. 앞길에 사는 이웃들도 이 사실을 알고 똑같이 해 주기를 바란다며 향약과 함께 관리를 찾아갔다.

우리와 친구로 지내는 한 관리가 이 사실을 조반니 데 로챠 신부에게 알려 주었고, 그 관리는 이미 우리를 변호할 준비를 하고 있었다. 그는 그 지역을 통치하던 더 친한 다른 관리에게 이 사실을 말했고, 그는 당장 사람을 보내 그 사람들을 소환하여 곤장을 치려고 했다. 중국의 관습은 월권 행사를 하면 곤장을 맞아야 한다.[352] 하지만 우리 친구는 그를 저지

---

349 지역[區]의 우두머리를 말한다. **역주_** 문맥상 마을 '자치규약'이라는 본래의 의미보다는 오늘날 우리의 이장에 해당하는 말단 행정 공무원으로 추정된다.

350 Cf. N.752.

351 Cf. NN.64-65.

352 Cf. N.161.

하며 신부들이 백성의 미움을 받으면 곤란하니까 너무 과하게 하지 않는 것이 좋겠다고 했다. 그리고 그 일은 책임을 맡은 관리가 하는 것으로 충분하고, 외국인과 고위 인사들은 면제시켜 법적으로 보호하는 게 맞는 일이라고 했다. 진정 우리가 바라던 바다. 결국 우리는 그 일에서 해방되었고, 그때나 이후에나 다시는 그 문제를 거론하지 않았다.[353]

---

353 1606년 5월 15일을 며칠 앞두고 일어난 일이다. 왜냐하면 그 날짜로 바뇨니가 총장에게 편지하고 있기 때문이다. "지난 몇 달 동안 우리를 상대로 보초를 서야 한다며 소동을 피웠습니다. 집을 가지고 있기 때문이라며, 보초 서는 임무를 지우려고 했습니다. 백성들까지 동조했습니다. 이에 많은 고관이 우리를 보호하려고 나섰고, 그들은 우리를 대신해서 통감 앞에서 변호해 주었습니다. 이후 우리와 북경에 있는 마태오 리치 신부에게 좋은 소식이 당도했는데, 그것은 관청에서 우리의 요청을 받아 준 것입니다. 우리에게 공문으로 작성하여 보내 준 특권에는 모든 의무와 백성의 탄압에서 우리를 자유롭게 해 준다는 내용이 있었습니다"(N.3389).

제8장

북경 수도원에서 추진하는 일의 성과와 더 크고 편안한 집을 매입한 것에 대해, 바오로 박사가 마태오 리치와 함께 어떻게 『기하원본』을 번역하고 출판하게 되었는지에 대해

(1605년 초부터 1607년 6월까지)

- 사도직에 대한 현명하고 신중한 태도
- 미카엘이라는 13세의 소년이 벼락을 맞고 의식을 잃었다가 회복한 뒤 세례를 받다. 그의 모친이 개종하다
- 새 신자들이 무고한 한 신자를 구조하여 석방시키다
- 한 병자가 동정녀 마리아와 성 요셉의 전구로 치유되자 온 동네에 소문을 내고 다니다
- 파비오라는 노인이 노자성체와 종부성사를 받고 숨을 거두다
- 1601년부터 1605년까지, 불안정한 북경 수도원
- 1605년의 수도 공동체
- 집을 매입하여 1605년 8월 27일에 축성식을 하다
- 새 수도원이 발리냐노에게 큰 기쁨이 되다
- 수많은 사람이 방문하는 북경은 선교사들에게도 좋은 기회가 되다
- 새로운 거주지가 종교적인 특권으로 면세 대상이 되다
- 판토하와 페레이라 신부가 보정부(保定府) 인근으로 사목 방문을 하다
- 절강(浙江)의 한 학자에 의해 유클리드의 『기하원본』 앞 여섯 권의 번역이 시작되고, 서광계가 그것을 마무리하다
- 서광계의 부친 서사성(徐思誠) 레오의 그리스도교식 장례와 북경에서 상해로 시신을 이송하다

760. 사도직에 대한 현명하고 신중한 태도

북경 수도원에 사는 우리 신부들은 신자를 늘리는 데 매우 신중했다. 황제에게 반대하는 집단으로 오해받지 않기 위해서다.[354] 그러나 원하는 것을 확보한 다음에는 더 기다릴 이유가 없었다. 최선을 다해서 이 일[선교 사도직]에 매진해야 한다. 우리가 중국에 온 의도이고 목적이기 때문이다. 따라서 신부들은 이 점을 확실히 하기 위해 개종자들에게 그리스도인의 이름에 합당하게 처신해 달라고 했고, 모든 것을 시작하는 상황에서 우리 신앙의 향기를 피워야 한다고 말했다. 이런 이유로 기대했던 것보다 세례자들의 수는 크게 늘지 않았다.[355]

761. 미카엘이라는 13세의 소년이 벼락을 맞고 의식을 잃었다가 회복한 뒤 세례를 받다. 그의 모친이 개종하다

이런 시작 지점에서 앞서 언급한[356] 형부상서刑部尙書의 친척, 동董 이냐

---

354 리치의 사도직에 대한 신중한 방식에 관한 이야기다. cf. 245, 250, 303, 310, 458, 463, 500, 641, 760, 973, 1550.

355 1605년 4월경 중국의 모든 그리스도인은 "일천하고도 수백 명"(N.1573, cf. NN.1588, 1604, 1632)이 되었고, 그중 "백 명이 넘는 사람"이 문인 학자들이었고, "몇 명은 큰 고위 관리"(N.1574, cf. NN.1607, 1632, 1680)였다. 그것도 1601년에 마지막으로 수도원을 개설한 북경시에서만 말이다. 그리고 모든 신자는 대부분 신중하게 선별하여 교리에서나 신앙실천에서나 잘 가르쳤다. 리치는 오래전부터 "[숫자가] 적지만 좋은 신자가 많고 불완전한"(N.1632) 것보다 낫다고 생각했기 때문이다. 그러니까 숫자가 많은 것보다 더 중요한 것은 "그리스도교가 공신력을 얻는 것"이고, 이미 그렇게 되었고, 일부다처제의 외부적인 장애가 아니라면 크게 기대해도 될 만큼(N.1607) "많은 사람의 큰 움직임"(N.1632; cf. NN.935, 1915)이 있다고 했다. 다른 한편, 기존의 4개 수도원에서도 여러 인사가 요청한바, [각각 하나씩 더] 4개의 수도원을 더 열 수도 있었다. 선교사들의 숫자가 그렇게 제한적이지만 않았다면 말이다(N.1573).

356 Cf. N.690.

시오의 개종은 그가 학당의 선생이고 그의 많은 제자에게 그리스도교를 소개할 수 있어 크게 도움이 되었다.

제자 중 미켈레[뇌미격(雷彌格)][357]라는 학생은 학당에서 고개를 들어 공개적으로 〈구세주 성화〉를 경배하여, 다른 학생들을 놀라게 했다. 모든 사람이 그리스도인이 아닌 환경에서 하느님의 것에 대해 이야기하기란 쉬운 일이 아니었다. 선생은 미켈레가 문학에 조금 뒤떨어지고, 아직 그리스도인이 되기에는 이르다고 생각하여 우리 신앙에 관한 것들은 별로 말해 주지 않았다. 이 학생이 어느 날 저녁 집에서 나오다가 벼락을 맞고 땅바닥에 쓰러져 기절했다.[358] 기절해 있는 동안 많은 영靈[359]과 함께 있는 하느님을 보았고, "이번에는 너를 살려 주마" 하는 말을 들었다. 미켈레는 스승을 찾았고, 스승이 그의 집으로 가서 "주의 기도"를 바치며 그를 위해 하느님께 기도했다. 그러자 즉시 좋아져 언제 그랬냐는 듯이 멀쩡해졌다. 그것을 본 그의 모친은 바로 하느님께 자기를 봉헌하고 그리스도교로 개종했다. 이후 그녀의 뒤를 이어 많은 사람이 신자가 되었고, 그들은 대부분 좋은 신자의 본보기가 되었다.

762. 새 신자들이 무고한 한 신자를 구조하여 석방시키다

그때 교우들은 큰일을 하나 했는데, 그것이 몇몇 좋은 신자를 얻는 계

---

357 이 학생은 1605년에 13살이었다(N.1592). 따라서 N.690에서 말하는 미켈레와는 다른 사람이다. 그 미켈레는 1602년에 이미 18살이었다.

358 "사흘간 기절해 있었다"(N.1592). 이 사흘 동안 텍스트에서 말하는 환시가 있었을 것이다.

359 **역주**_ 당시 중국인들의 관점에서 '천사' 혹은 '선녀'의 개념은 없었던 걸로 보인다. 마태오 리치도 텍스트에서 '정령, 혹은 '귀신' 혹은 그냥 '영(靈)'의 뜻이 담긴 spirito로 쓰고 있다.

기가 되었다. 한 교우가[360] 살인범으로 몰려 고발을 당했는데, 상대방은 중죄[361]라며 거짓 증언을 했고, 판사도 고발자의 요청과 돈에 매수되어 있었다. 그때 그리스도인 인사들이 자기 일처럼 나섰고,[362] 그것을 본 그의 친척들은 놀라움을 감추지 못했다.[363] 재판은 며칠 뒤로 미루어졌고, 주님께서는 또 한 번 도와주시려는 것 같았다. 왜냐하면 [직급이] 낮은 판사가 형부의 최고 상서에게로 재판을 넘겼기 때문이다.[364] 형부상서는 여전히 우리가 잘 아는 사람이었고, 그는 밤에 꿈속에서 〈구세주 성화〉에서 본 것 같은 한 사람을 만났다고 했다. 그는 우리 집에서 그 성화를 본 적이 있었다. 그리고 그가 상서에게 "왜 내 교회의 사람이 어려움을 당했는데 도와주지 않는가?"라고 말하더라는 것이다. 이에 판사는 그 신자의 기소장을 꼼꼼히 읽고, 판결을 뒤집어 억울함을 풀어 주었다. 그리고 고발자를 엄중히 곤장과 벌로 다스렸다.[365]

763. 한 병자가 동정녀 마리아와 성 요셉의 전구로 치유되자 온 동네에 소문을 내고 다니다

또 다른 신자 하나는 중병이 들어 큰 어려움을 겪고 있었다. 그는 고해

---

360 그는 "감옥에 갇히기까지 했다"(N.1594). 1604년 말에 일어난 일이다. Cf. N.1575.

361 절도였다. Cf. NN.1575, 1594, 1638.

362 이 그리스도인들은 "밤낮 우리 집으로 와서 조언을 구했다." 즉. 리치에게 조언을 구한 것이다(N.1638).

363 이런 큰 사랑에 "죄인의 친척들은 깜짝 놀랐고", "그중 몇 사람은 그리스도인이 될 만큼 큰 감명을 받았습니다"(N.1575)라고 했다.

364 "최고상서"는 형부상서(刑部尙書)를 가리킨다. 당시 형부상서는 소대형(蕭大亨)으로, 리치의 절친이다. N.619, 본서 3권, p.330, 주(註) 839.

365 일은 1604년 말에 일어났다. Cf. NN.1575, 1594, 1638. 이것을 실행한 사람은 "직급이 낮은 판사"였다(N.1594).

성사를 청하면서 신부에게 자기 집으로 와서 고백을 들어 달라고 했다.[366] 그러면서 어떤 흰옷을 입은 여인이 아기를 품에 안고 서 있는 것을 봤다고 했다(우리는 그런 색깔의 옷을 입은 성모 성화가 없다). 그는 아기 예수를 안은 성모를 믿는다고 했다.[367] 성모는 그 자리에 있던 한 사람에게[368] "이 사람을 땀나게 하시오. 그렇게 내가 치유해 주리다"라고 말했다. 그는 땀을 흘렸고,[369] 지금까지 위험했던 것이 금세 회복되었다.[370] 고백성사를 보는 동안 신부는 그가 어떤 환각 상태에 빠진 것이 아닌지 걱정이 되었다. 여러 차례 그저 단순한 말로 자기가 본 것은 거짓이 아니라고 했기 때문이다. 신부는 그에게 하느님의 가르침에 대해 잘 아는지를 보려고 몇 가지 질문을 했다. 그는 확신하며, "하느님께서 이렇게 제게 오셔서 도와주시는데 어찌 제가 믿지 않을 수 있습니까?"라고 대답했다.[371]

이 사람을 신뢰했던 것은, '영적인 아버지Padre spirituale, 神父'[372] 없이도, 그가 이미 건강해졌기 때문이다. 이 일에 대해 그는 다른 사람에게는 절대 말하지 않았고, 후에 조용히 와서 고백성사를 보고, 정말 좋은 신자로

---

366 리치 신부 자신이다. Cf. NN.1611, 1639.

367 더 정확하게는 "흰옷을 입고 아기를 안은 성모 마리아"(N.1593)다. Cf. N.1639.

368 "그가 누군지는 모르지만 어떤 노인"(N.1611)이었고, 성모 마리아는 "그에게 말했습니다"(N.1639)라고 하는데, 아마도 성 요셉으로 추정된다.

369 정확히 말해서 "노인[성 요셉]이 그에게 땀을 흘리게 했습니다"(N.1611)라는 뜻이다.

370 오히려 "전보다 더 건강하고 살도 쪘습니다"(N.1611)라고 했다. 즉, 치유의 사실을 말하고 있다. Cf. N.1639.

371 이 일은 1605년 5월 10일 이전에 일어났다. Cf. NN.1593, 1611, 1639.

372 '영적인 아버지(Padre spirituale)'라는 이 표현이 그리스도인들 사이에서 이때부터 '신부(神父)'로 통용되기 시작했다. 지금까지 중국과 한국에서는 이 표현으로 사용하고 있다. 하지만 비교인들 사이에서는 가르침을 전수하는 사람이라는 뜻으로 "사전(師傳)"(N.984)으로 불리기도 했다. Cf. N.429, 본서 2권, p.410, 주(註) 304.

살았다.[373]

764. 파비오라는 노인이 노자성체와 종부성사를 받고 숨을 거두다

그 시기에 개종자가 한 사람도 없어 우울해하고 있던 차에, 우리를 크게 위로해 준 82세의 노인이 한 사람 있었다.[374] 놋쇠를 파는 상인이었고, 좋은 물건을 가지고 있었다. 그리스도인으로 개종하면서 쇠에 도금한 많은 우상 신들을 우리 집으로 보냈는데, 가격으로 치면 금화 40냥 정도 되었다.[375] 그는 집에서 기도할 때 보던 교리서[經]도 모두 보내왔다.[376] 그리고 그리스도교 교리를 공부하고 세례를 받았다. 세례명은 파비오Fabio였다.[377]

---

373 Cf. NN.1586, 1681.

374 이 노인은 1605년 세례를 받을 때 나이가 77살(NN.1586, 1591) 혹은 78살(N.1681)이었다. 그러니까 1609년에 리치가 이 "역사서"를 쓸 때, 그는 81살 혹은 82살이었다. 따라서 1608년에 83살이라고 하는 것은(N.1883) 약간 정확성이 떨어져 보인다.

375 "대부분 청동에 도금한 것으로, 많은 돈을 들였던"(N.1681) 신상들이었고, "나무와 다른 종이에 그린 신상들도"(N.1591) 모두 불에 던졌다. 그는 "가난한 사람"이었는데도, 신상들을 사느라 "30-40 스쿠디"(N.1586)의 비용을 쓴 것이다. 개종하면서, 그는 이 청동을 [녹여서] 다른 용도로 쓰려고도 하지 않았다. 이런 희생은 ―리치는 이것을 희생이라고 불렀는데― "이교도였던 그들로서는 일상적인 것"(N.1586)이었고, 이 일은 1605년 5월 8일에 있었다(1591). 그날은 "대천사 성 미카엘의 발현 축일이고, 부활 후 네 번째 주일이 겹쳐서"(N.1586), "많은 신자가 … 미사에 온 날이기도 했다"(N.1681).

376 경(經)에 담긴 불교의 가르침들은 리치가 쓴 교리서『천주교요(天主教要)』와 유사한 점이 많다.

377 그가 세례를 받은 것은, 확실히 1605년 5월 10일 이후(N.1591)고, 그해 7월 26일 한참 이전은 아니다(N.1681). 세례 시에 이름을 파비오라고 했는데, 그것은 파비오 데 파비(Fabio de' Fabii) 신부에 대한 존경 때문이다. 리치의 수련기 때 스승이었다(NN.1586, 1796). 그와 함께 세례받은 사람들은 1605년 5월 9일과 10일에 기대했던 것처럼, "그의 자녀들과 집안 다른 식구들로, 일고여덟 명"(N.1591; cf. N.1586)이었다. 부인은 1608-1609년에도 여전히 예비신자였다(NN.764, 1883).

세례받고 2-3년간 더 살면서,[378] 경쟁자들이 그에게 큰 손해를 끼쳤음에도 불구하고,[379] 십 리(이삼 마일)가량 떨어진 곳에서, 나이가 많고 일이 고된데도 불구하고, 축일마다 큰 열정으로 미사에 참여했다.

나이가 많아 병은 바로 중병이 되었다.[380] 그러자 그는 가장 먼저 성체성사를 청하고 싶다고 했다. 하지만 자기 집이 누추하고 성체를 가지고 길에 들어서는 것도 불편하다고 생각하여 신부에게 성체는 굳이 모실 필요 없이 고해성사만으로 충분하다고 했다. 그러나 병세가 깊어 갈수록 그리스도의 거룩한 몸[耶蘇聖體]을 받고 싶은 열망이 컸다. 병중에 있는 동안 주님공현대축일이 되었다.[381] 이에 이승을 떠나기 전에 노자성사를 청했고, 서너 명의 일꾼들이 그를 들것에 실어[382] 우리 집으로 모시고 왔다. 모든 그리스도인이 모인 거실[383]에 들어서자마자, 그는 "하느님의 몸을 주시오"라고 소리쳤다. 사람들은 그의 신심에 놀랐다. 신부들은 수도원의 방 한 곳에 그를 눕히도록 했고,[384] 그의 맥박은 힘없이 천천히 뛰고 있었다. 잠시 조용히 쉬도록 했고, 성당에서 병자가 있는 방까지 카펫을 깔고 향을 피웠다. 교우들은 손에 촛불을 켜서 들고 장엄한 성체 행렬

---

378 정확하게는 2년 반을 살았다. 왜냐하면 1605년 6월에 세례를 받았을 것이고(N.1681), 1608년 1월 6일이 며칠 지난 후에 죽었기 때문이다(N.764). Cf. N.1883.

379 "그는 많은 어려움 속에서도 큰 사랑을 계속 간직했고, 그를 속이려고 했던 몇몇 사람은 후에 그에게 찾아왔습니다"(N.1883).

380 즉, 나이가 많이 들어 죽을병에 걸린 것이다.

381 따라서 이것은 1608년 1월 6일 이후에 적은 것이다.

382 "방의 문짝을 뜯어서"(N.1883) 네 사람이 어깨에 메고 왔다는 말이다. 지금도 중국에서는 병든 사람을 옮길 때 이렇게 한다. Cf. N.787.

383 여기에서 성당을 "천주의 대청(大廳)[天主堂]"이라고 부르기 시작했다는 것을 유추할 수가 있다.

384 리치는 자기 방으로 모시도록 했고, 자신의 침대를 내주었다. Cf. NN.1796, 1814, 1883.

을 준비했다. 성체가 도착하자 파비오는 소생한 사람처럼 일어나 큰소리로 자기에게 나쁜 짓을 많이 한 경쟁자들을 용서한다며,[385] 하느님께 자기 죄도 용서해 달라고 청했다. 그리스도의 성체聖體를 허기진 사람처럼 모셨다. 그것을 지켜본 모든 사람이 큰 위로와 힘을 얻었다. 그 후 며칠간[386] 병자성사를 더 받고,[387] 영혼을 창조주께 맡겼다. 부인에게 그리스도인이 될 것을 당부했고, 그녀만 일단 예비신자가 되었다. 장례는 다른 절차 없이 우리 신부들이 이야기하는 대로 그리스도교식으로 했다.[388] 그리고 그녀는 열 살 된 아들과 함께 세례를 받고 훌륭한 신자가 되었다.[389]

---

385 "얼마 전에 그를 거짓으로 중상모략한 사람 때문에 많은 돈을 썼습니다"(N.1814). Cf. N.1796.

386 그러니까 1월 15일쯤인데, 수도원이 아니라 자기 집으로 돌아간 뒤다. Cf. NN.1796, 1814, 1883.

387 병자성사는 그의 집에서 주었다. Cf. N.1796. 『천주교요(天主教要)』에서 언급한 병자성사는 이렇다. "병자성사[阨斯得肋廊翁藏]는 마지막으로 성유를 바른다는 뜻이다. 그리스도인이 병이 들어 죽음에 이르면, 사제[撒責兒鐸德]를 초대하여 병자에게 성유를 바르고, 그를 위해 전례 기도를 해 달라고 청한다. 그러면 즉시 하느님의 위로를 받게 된다"(f.13b).

388 선량한 파비오가 죽고 난 뒤, 몇 개월이 지나, 같은 해에, 리치는 [한 편지에서] 이렇게 묘사했다. "그는 죽음을 앞두고 부인과 열 살 된 독자에게 당부하기를, 장례는 다른 것 없이 신부님[리치]이 하자는 대로 하라고 했습니다. 그래서 그리스도교에 반대되지 않는 장례 절차로만 했습니다. 장례는 신부가 주관했고, 그의 친척과 몇몇 교우가 큰 행렬을 이루어 무덤까지 동행했습니다. 이웃 사람들은 장례의 '새로운 방식(modo novo)'을 칭송했고, 거기에는 우상 종파의 어떤 승려도 도사도 들어가면 안 된다고 쓰여 있는 것 같았습니다. 예비신자인 부인은 잘 따랐습니다. … 그리고 우상 종파의 사제가 집전한 이교도 예식에 들어가야 할 30냥 혹은 40냥의 비용이 절약된 것에 매우 기뻐했습니다. 좋은 일을 하고 아무것도 받지 않은 우리에게 매우 감동했습니다"(N.1883). Cf. N.1814. 그로 인해 "많은 사람이 신자가 되었고", 북경에만 "2만 명이 넘는" 승려들은 매우 불편해했습니다. 이런 일이 생기면 승려들은 "파리떼처럼" 달려들었기 때문입니다(N.1796).

765. 1601년부터 1605년까지, 불안정한 북경 수도원

북경에 신부들이 거주한 지 6년이 되었고,[390] 여전히 우리 집은 없었다. 세를 얻어 사는 집은 불편하기 짝이 없었다. 여러 가지 계기로 네다섯 번 이집 저집으로 이사를 해야 했고, 비용도 만만치가 않았다. 무엇보다도 성당을 가질 수가 없어 교우들이 모이고 다른 예수회원들이 수련생활을 할 수가 없었다. 그 사이에 마카오에서는 많은 배가 침몰했고 큰 어려움을 겪고 있었다. 그 바람에, 발리냐노 신부도 어찌할 수가 없었다. 그러나 더는 두고 볼 수가 없었던지, 중요한 북경 수도원이 제대로 된 집에서 안정적으로 활동할 수 있게 하라며 금화 500-600냥을 보내왔다. 이것은 집을 마련하는 데 중요한 기반이 되었다.

766. 1605년의 수도 공동체

당시 북경에는 3명의 예수회 사제와 마카오에서 태어난 중국인 수련자 둘, 그리고 다른 두세 명의 학생이 예수회 수사들과 같이 생활하고 있었다. 많은 봉사자도 있어서 세를 얻어 있던 집은 너무 좁았다. 물론 큰 비용을 들이지 않기 위해 큰 집을 얻을 수도 없었고, 사람들은 이런 어려움을 알 수도 없었다.[391]

---

389 리치는 [다른] 편지에서도 같은 내용을 여러 번 언급한다. Cf. NN.1586, 1591, 1681, 1796, 1814, 1883.

390 계산이 약간 잘못된 것 같다. 1601년 1월 24일부터(N.592) 1605년 8월 27일까지면(N.767) 겨우 4년 반이 되었기 때문이다. 이 시기에 선교사들이 네다섯 번 집을 바꾸어야 했다면, 평균적으로 거의 매년 이사를 한 셈이다.

391 1605년 7월까지 북경 수도원에는 리치, 판토하, 페레이라 세 명의 신부와 두 명의 중국인 도메니코 구양품(丘良禀) 멘데스와 안토니오 뇌도(雷道)가 있었다. 이 두 사람은 예수회 입회를 앞두고 수련기를 준비하고 있었다(NN.1599, 1607, 1631, 1667, 1675,

767. 집을 매입하여 1605년 8월 27일에 축성식을 하다

그러나 하느님께서는 새로운 소식을 주셨다. 성벽 안쪽에 순승문順承門이라고 하는 성문 앞에 좋은 집이 매매로 나왔는데, 도심에 있어서 여러모로 좋았다. 그러니까 성벽 밖이지만, 또 다른 성벽의 안쪽에 있었고, 이 도시에서는 [비교적] 좋은 위치에 있어,[392] 이보다 더 좋은 것은 찾기도 힘들었다. 집도 매우 커서 대략 40개 정도의 크고 작은 방이 있었고, 가격도 그리 비싸지 않았다. 물론 아주 새집도 아니고, 귀신이 나온다는 소문까지 있었던 탓이다.[393] 게다가 중국의 미신[風水]에 의하면 여기서 사는 사람은 운수가 안 좋다고도 했다.

마태오 신부는 몇몇 친구들과 상의했다. 특히 바오로 박사[394]와 이야기를 했고, 모두 도움을 주겠다고 했다. 비용을 마련해 주고, 모자라는 비용을 빌릴 만한 곳도 소개해 주는 등, 그해 북경 수도원 전체 예산에 해당하는 금화 600-700냥을 금세 마련했다. 모든 방법을 동원하여 집을 매입하는 것으로 결정하고, 모든 친구의 애정 어린 도움으로 사흘 만에 일을 마무리했다. 1605년 8월 27일, 신자들의 큰 환호 속에 이사했고, 가

1682). 거기에 9명의 하인이 있어, 모두 16명이 있었다. [그러나 다른 문건에는] 앞서 말한 두 중국인 예비 수련자 중 하나는 당시에 22살(N.1682)이었는데, 이는 분명 파스콸레 구양후(丘良厚) 멘데스일 것이고, 다른 한 사람은 분명 중국계 일본인 야고보 니첨 예일성(倪一誠) 니바일 것이라고 전한다. Cf. N.1633.

392 선무문(宣武門)을 리치 시대에는 통상 순치문(順治門) 혹은 순승(順承)문이라고 불렀다. 도시의 지도를 어떻게 보는지에 따라서, 수평으로 된 성벽의 왼쪽 두 번째 문이다. 선교사들이 처음 살았던 집은 이 문을 바라보고 오른쪽에서 얼마 떨어지지 않은 곳에 있었다. 그래서 거의 도심에 있었던 셈이다. Cf. 그림 25, 본서 3권, p.92.

393 리치가 남경에서 구매한 집도 생각해 보면, 귀신이 나온다고 했던 집이었다. Cf. N.562.

394 바오로 서광계(徐光啟)다.

장 먼저 크고 아름다운 성당을 꾸미고 〈구세주 성화〉를 걸었다. 사도직을 수행하는 모두에게 가장 편안한 장소가 되었고, 신부들은 신부들대로 수도 생활에 편리했다.[395]

768. 새 수도원이 발리냐노에게 큰 기쁨이 되다

이렇게 매입한 집으로 수도원이 마련되자 크게 안정되어, 신부들과 우리 집식구들 모두 매우 편리하게 생활하게 되었다. 특히 수련자들을 위해 집 한쪽에 별도의 수련소를 마련했다. 이에 알렉산드로 발리냐노와 중국 안팎에 있는 다른 많은 신부가 크게 기뻐했다. 발리냐노는 충분한 비용을 보내 빨리 빚을 갚고, 집에 필요한 물품을 사서 모두 편안하게 지낼 수 있도록 했다.[396] 우물을 팠고, 중국의 집들이 모두 단층 건물인데, 신부는 그 위에 몇 개의 방을 더 올렸다.[397]

---

395 1605년 11월 12일, 발리냐노(Valignano)가 총장에게 쓴 편지에는 그달 9일이 지난 후, 최근에 북경에서 온 소식을 전하고 있다. "500두카토가 조금 넘는 가격에 좋은 집을 매입했다고 합니다. 이것은 매우 잘한 일인 것 같습니다. 이제 수도원은 더 안정되고 신임을 얻을 수 있게 되었습니다"(*ARSI, Jap.-Sin.*, 4, II, f.250v). 데 우르시스(De Ursis)도 1605년 말쯤, 리치가 마카오에 보낸 편지를 인용하며, 1606년 2월 9일 자 편지에서 "북경에서 집 하나를 450텔에 매입했다고 합니다. 거의 800두카토에 해당하는 비용입니다. 방이 40개 정도가 되고, 여러 조건이 순찰사 신부님이 필요하다고 적은 대로였습니다"(N.3376)라고 적었다. Cf. N.1899.

396 이 소식이 발리냐노에게 얼마나 큰 기쁨이었는지, 데 우르시스는 편지에서 이렇게 말한다. "새로운 소식에 신부님[순찰사]이 얼마나 기뻐하시는지, 일본에서 배가 오면 큰 돈을 보낼 생각을 하셨습니다. 심지어 제의실에 있는 성작(聖爵)을 팔아서라도 보내고 싶어 하셨습니다"(N.3376).

397 그러니까 새로 매입한 집은 중국의 풍습대로(N.38) 지층이 없다. 최대한 편리하게 쓸 수 있도록 새 주인들은 몇 개의 방을 늘렸다. 즉, 2층을 올려서 방 개수를 최대한으로 한 것이다.

769. 수많은 사람이 방문하는 북경은 선교사들에게도 좋은 기회가 되다

이 집에 관한 소문은 벌써 온 도시에 퍼졌고, 많은 사람이 구경하러 몰려들었다. 우리를 보러 오는 사람도 모두 편했고, 우리가 한 일은 믿을 수 없을 만큼 많았다. 어떨 때는 방문이 너무 많아 건강을 돌볼 시간조차 없었다.[398] 이 점에서 북경은 다른 모든 지역과 상당히 달랐다. 새로운 사람들이 계속해서 여러 시간대에 집을 드나들었다. 어떤 사람은 몇 년에 한 번씩 있는 황제 알현을 위해 왔고,[399] 문과와 무과 진사[박사] 시험을 치르러 오는 사람,[400] 또 어떤 사람은 문과와 무과 거인[석사] 시험을 치르러 오기도 했고,[401] 어떤 수재秀才들은 직무 수행을 위해 북경을 찾았다가 방문했다. 매년 한 달은 다른 지역의 관리들이 황제의 생일에 맞추어 왔다가 방문하여 축하해 주기도 했다.[402] 특별한 일이 있어서 오는 사람도 있었고, 다른 볼일로 오는 사람도 있었다. 이 사람들은 모두 15개 성에서 온 수많은 새로운 사람들이었다.[403] 그 사람 중 적지 않은 사람이

---

398 Cf. N.563. 1606년에는 진국공(顯國公)도 신부들을 찾아 답방문을 했다. 당시에 그를 예(叡)라고 불렀고, 아들이 계원(啓元)이다. 아들은 1625년 4월 25일에 [부친의] 호칭을 물려받을 것이고, 1628년 8월 10일에 사망할 것이다. 이미 우상 종파를 버리고 교리를 배우고 있었다. 바로 그 시기에 세례성사를 신청하고 있었다. Cf. Guerriero, II, pp.295-296; *Storia dei Mim*, c.105, f.20a.

399 Cf. NN.114, 130.

400 Cf. NN.70, 75. 박사 시험과 관리들의 매 삼 년 방문이 있던 해는 1601, 1604, 1607, 1610년이다.

401 1603, 1606, 1609년이었다.

402 황제의 탄생일을 기해 북경에 있는 모든 관리만 조정으로 축하하러 가는 게 아니라, "다른 성들에서 파견된"(N.130) 고관들도 왔다. 리치 시절에 황제의 탄생일은 음력 8월 17일이었다. Cf. NN.505, 792.

403 1604년에 리치가 계산한 바로는 그해 북경에 온 사람은 기본적으로 오는 사람들 외에

우리가 북경에서 알게 된 사람, 다른 집에서 알게 된 사람, 우리에 대해 혹은 우리의 것에 대한 명성을 듣고 오는 사람, 우리가 쓴 책을 보았거나 그것에 대해 듣고 온 사람 등 실로 다양했다. 그래서 이 집에는 외부인을 맞이하는 방[客廳][404]에 누군가 항상 있어야 했다. 매우 힘든 일이지만, 우리는 그들과 언제나 우리의 신앙에 관해 이야기를 나누는 한편, 그들의 호감을 얻기 위해 모든 사람을 진심으로 환대했다.[405] 이 집에서는 우리가 광장으로 설교한다고 사람을 찾아다닐 필요가 없었다. 매일 객청에서 많은 고관대작이 가득 모여 좋은 말을 듣고자 했기 때문이다. 신분이 낮은 사람들은 우리 집에 오는 것에 관심조차 없었다.[406]

4만 명 이상이 되었다. Cf. NN.718, 957.

404 손님을 맞이하는 거실이다. Cf. N.957.

405 바뇨니 신부는 남경에 도착한 지 나흘 후에 편지를 한 통 썼다. 그러니까 1605년 2월 말이나 3월 초가 된다. 개인적인 경험을 근거로 말하는 것은 분명 아니지만, 확실하게 들은 것을 언급하는데, 북경에 온 모든 관리나 그들 중 대부분이 리치를 방문했고, 그들은 리치의 저서들을 선물로 가지고 돌아갔다고 한다. 그들은 리치를 유럽의 최고 학자로 존경했고, 자기들도 [리치처럼] 자기네 성(省)으로 최고 학자가 되어 귀환하기를 바랐다. 리치에 관해서는 같은 예수회 동료들도 존경해마지 않았다. Cf. N.3338.

406 1605-1606년, 어떤 잉크 패드 제조업자가 북경에 있는 리치를 찾아왔다. 1550년경 오늘날 안휘성(安徽省)인 휘주(徽州)의 흡현(歙縣) 시에서 태어난 사람으로 성이 정(程)이고, 이름은 대약(大約), 자는 유박(幼博), 호는 수현거사(守玄居士)[오광청(吳光淸) in *Harvard Journ. As. Stud.*, VII, 1943, pp.204-206]였다. 그는 리치와 절친한 축석림(祝石林)의 소개 편지를 한 통 가지고, 1605년 말경 위대한 서방 학자[리치]를 찾아와서 자신의 잉크 패드로 재현할 수 있는 유럽어로 글을 좀 써 달라고 청했다. 사람들의 호감을 끌고 귀하게 보이게 하려는 것이다. 선교사[리치]는 4개의 상본과 중국 글자를 로마자화한 포르투갈어로 토를 달아서 주었다. 그중 3개는 상본에 관한 설명이고, 하나는 방문자를 칭찬하는 통상적인 글이다. 4개 중 3개는 1606년 1월 9일 자라고 날짜를 적었지만, 다른 하나는 날짜가 없다. 하지만 같은 시기에 함께 준 게 분명하다. 상본과 글은 정대약(程大約)이 1606년에 출판한 『정씨묵원(程氏墨苑)』에 실었다. 이 책은 1594년부터 1605년까지, 잉크 패드로 디자인한 시(詩)와 찬송의 수필이 385개 담긴 것이다. 리치가 써 준 4개의 글은 책이 이미 마무리되어, "불교 승려와 도교 치황(緇

黃)" 부분에 더해졌다. Cf. 진원(陳垣), 『명이지구화미술급라마자주음(明李之歐化美術及羅馬字注音)』; N.47, 본서 1권, p.302, 주(註) 151.; D'Elia[2], pp.57-66. 리치가 작성한 4개의 문장은 최근에도 영어로 새로 더 잘 번역했는데, 뒤벤닥(J.J.L. Duyvendak) 교수가 했다. in *TP*, XXXV, 1940, pp.389-398.

1607년 리치를 방문한 많은 학자 중에는 같은 성을 가진 사람이 셋 있었다. 장(張)이라는 성이고, 모두 복건(福建)의 진강(晉江)에서 태어났다. 첫 번째 사람은 이름이 서도(瑞圖)고, 자는 장공(長公)이며, 호는 이수(二水)다. 그는 나이가 많이 든 사람으로, 앞서 언급한 해에 박사 시험을 계기로 북경에서 리치를 만났다고 회상했다. 그때 리치가 『기인십편(畸人十篇)』 한 권을 선물로 주었지만, 당시에는 그 책을 대수롭지 않게 생각했으나, 이제, 더 나이가 들어, 즐겁게 읽고 또 읽으며, 장(章)마다 가득한 놀라운 가르침을 발견한다고 했다: 시지십편중(始知十篇中), 편편개묘리(篇篇皆妙理) (Courant, N.7066; cf. *Ibid.*, N.6832, I). 이 사람의 전기는 cf. *Storia dei Mim*, c.306, ff.10b-11b에서 찾아볼 수 있다. 두 번째 사람은 이름이 유추(維樞), 자가 환(環), 흔히 담재거사(澹齋居士)라고 서명했다. 1630년 이전에 『대서리서태자박(大西利西泰子博)』이라는 책을 썼다. 알레니(Aleni[1], Bibl. Vat., *Borgia Cin.*, 350[3])가 쓴 것과 함께 있다. 책에서 그는 자신이 관리로 있을 때, 1607년에 리치를 찾아가 방문했다고 말한다: 낭여랑서조우정미년알리자(囊余郎西曹于丁未年謁利子)(Aleni[1], A, f.9b). 펠리옷(Pelliot, *TP.*, XX, 1920-1921, p.36, n.1)이 강조한 것처럼, 그는 알레니(Aleni)의 두 개 작품, 『서학범(西學凡)』과 『만물진원(萬物眞元)』에 관한 논문을 썼다. 논문은 『천학집해(天學集解)』에 포함되어 레닌그라드(Leningrado, 오늘날의 상트페테르부르크) 국립도서관에 소장되어 있다. 세 번째 사람은 이름이 갱(賡) 혹은 갱우(賡虞)이고, 자가 하첨(夏詹)이며, 호는 명고(明皐)다. 1585년에 태어나 박사 시험 때문에 북경에 간 것으로 보인다. 시험에는 한 번도 통과하지 못했고, 1607년 "북경에서 마태오 리치 신부님과 친구가 되었습니다"라고 기록했다(Bartoli[1], IV, c.3, p.7). 1621년 9월 29일, 아들 미켈레가 세례를 받고 나서, 중국인들의 삶이나 다른 자료[양진악(楊振鍔, Iamceňngo), 『양기원선생연보(楊淇園先生年譜)』(중국어), pp.43, 88]로 유추해 보건대, 그 역시 1621년 말경 마태오라는 이름으로 알레니에 의해 항주(杭州)에서 세례를 받은 것으로 보인다. 하브렛(Havret, II, p.81, n.2)이 1638년에 세례를 받았다고 하는 건 잘못된 주장이다. 1622년에는 하남(河南)의 두 도시, 원무(原武)와 대량(大梁)에서 교사(敎師)로 활동했다. 여섯 아들을 둔 다복한 집안의 가장이었지만, 아들 둘을 먼저 잃었다. 4남인 디오니시오가 1623년 아기로 죽고, 3남 미켈레 장식(張識)은 호가 견백(見伯)이었는데, 12년 전에 사망한 리치의 환시를 본 후, 1622년 8월 5일 18살의 나이로 죽었다. Cf. Iamceňngo, pp.84-86. 마태오 장경(張庚)은 1625년, 아마도 2월, 서안(西安)에서 781년의 『대진경교유행중국비(大秦景教流行中國碑)』를 본 첫 번째 그리스도인일 것이다. 그는 자기가 본 것을 친구 이지조(李之藻)에게 이렇게 적어서 보냈

770. 새로운 거주지가 종교적인 특권으로 면세 대상이 되다

우리는 집을 매입한 계약서를 시市 고위 관리에게 보냈다. 그의 인장이 있어야 비로소 효력이 발생하기 때문이다. 비용은 금화 5-6냥 정도가 들었다. 남은 것은, 매년 내는 보유세인데 비용이 많이 들어서 아는 관리가 있으면 사정을 봐주기도 한다고 했다. 우리는 4-5년간 보유세를 내지 않았다.[407] 관청에서 요청하기를 기다린 것이다. 건물 보유세를 책정하는 세관원이 방문하는 해가 되었고, 건물대비 보유세를 책정하여 우리에게 통보했다.

마태오 신부는 연체된 세금만 물리는 것이 아니라 벌금도 내라고 할까

다. "이것이 서안의 땅속에서 최근에 발굴된 것이라네. 이름이 빛의 종교가 중국에 들어와 활동한 것에 관한 칭송 비문이라고 하는데, 이 종교에 관해서는 이전에 한 번도 들어 본 적이 없던 거라고 한다네. 마태오 리치가 설교한 그리스도교가 아니겠는가? 邇者, 長安中掘地所得, 名曰: 景教流行中國碑頌. 此教未之前聞. 其即利西泰氏所傳天學乎"(讀景教碑書後 in *PCLC*, I, B, f.9a). 그는 "하느님이 직접 제정한 세례성사와 고백성사 보는 두 가지 방법"[천주친입령세고해이요규지리(天主親立領洗告解二要規之理)]과 "그리스도교의 시험"[천학증부(天學證符)]에 관한 논문도 썼다. 그는 롱고바르도(Longobardo)의 『성약살법시말(聖若撒法始末)』과 카타네오[Cattaneo][Pfister가 p.220에서 잘못 말하고 있는 코스타(Costa)가 아니라]가 쓴 벨라르미노(Bellarmino)의 『신후편(身後編)』 출판에 감수를 보기도 했다. 토마스 한림(韓霖)과 함께 일하기도 했는데, 한림은 자가 우공(雨公)(c. 1601- c.1644)으로 강(絳)(Hummel, I, pp.274-275) 출신이다. 그는 『성교신증(聖教信證)』(1688)과 『야소회서래제위선생성씨(耶蘇會西來諸位先生姓氏)』(Courant, N.6903, I, II)를 썼다. 그는 미켈레 양정균(楊廷筠) 박사와 마찬가지로 세속적 관점에서, 많은 서문과 찬송시를 썼고(Courant, NN.7090, 7111), 다른 선교사들(Courant, N.6876), 즉, 1640년경 루도미나(Rudomina) 신부(Courant, N.7114), 1645년경 알레니 신부(Courant, N.3406), 1655년 조반니 몬테이로(Giovanni Monteiro) 신부(Courant, N.6878) 등에게도 도움을 주었다. 그는 매우 오래 살았던 것 같다(cf. Courant, N.6903, II).

407 최대한 4년이지, 5년은 아니다. 1610년 8월 27일까지라고 한다면, 그때는 리치가 이미 세상을 떠난 후가 된다. 여기서도 우리가 짐작할 수 있는 것이 이 『역사서』나 혹은 이 장(章)을 쓴 시점이 1609년이거나 1610년 초가 되어야 한다는 점이다.

봐 걱정했다. 이에 이 지역 세관원의 친구인 고위 관리에게 진정서를 냈다. 멀리 고국을 떠나온 외국인으로, 청이 있어 이 글을 쓴다며, 당신 친구에게 말해서 우리에게 세금을 면제해 줄 방도를 찾아봐 달라고 했다. 그 관리의 직책은 이 일에 효과적이었고, 연체된 것에 대해 전혀 언급하지 않은 것은 물론, 납세 대상에서 영구 제외해 주고 그에 관한 공식 허가서까지 발급해 주었다. 이것은 매우 중요한 문서다. 왜냐하면 이것은 우리가 북경에서 자유롭게 체류할 수 있다는 허가 문서기도 했기 때문이다. 나아가 어떤 면에서는 이 왕국의 수도인 북경에서 종교적인 자유를 얻은 셈이기도 했다.

771. 판토하와 페레이라 신부가 보정부(保定府) 인근으로 사목 방문을 하다

집을 매입한 지 얼마 되지 않아, 우리는 보정부保定府[408]라는 지역의 몇 개 마을[409]을 방문할 좋은 기회가 생겼다. 북경에서 이삼일 거리에 있는 이곳에서 우리의 신앙에 대해 설교했다. 어떨 때는 디에고 판토하 신부가 가고, 어떨 때는 가스파르 페레라 신부가 가고, 또 어떨 때는 다른 사람이 가는 등, 첫해에 대여섯 개 고을에서 150명의 신자를 얻었고,[410] 이후는 훨씬 늘었다. 그중 많은 사람이 깊은 신심으로 북경까지 와서 애정

---

408 Cf. Richard², p.75.

409 리치는 텍스트에서 '마을'을 포르투갈어로 ville라고 쓰고 있다. 이탈리아어로는 villaggio다. **역주_** 델리야 신부는 리치의 이탈리아어 상실을 지적하고 있다.

410 정확하게는 세 고을에서 142명의 세례자가 나왔고(N.1773), 다른 네 번째 고을에서 15명이 넘게 나왔다(N.1774). 그리고 성 클레멘스 축일과 모든 성인의 날, 판토하가 집전한 사람들이 10+3+13+5명이었다(NN.1769, 1775). 따라서 모두 188명이다.

을 가지고 성당과 신부들을 방문했다.[411]

772. 절강(浙江)의 한 학자에 의해 유클리드의 『기하원본』 앞 여섯 권의 번역이 시작되고, 서광계가 그것을 마무리하다

바오로 박사는 신부들이 여기서 그리스도교를 증진하기 위해서는 우리 땅[유럽]의 것들로 권위를 얻게 하는 것 외에 다른 것은 생각하지 않는 것 같았다. 그래서 마태오 신부에게 조언하기를 우리의 자연과학 서적을 몇 권 번역해서 중국의 문인들에게 보여 주어, 우리가 사물에 대해 얼마나 깊이 탐구하는지, 얼마나 훌륭한 기초 학문들을 갖추고 있는지 알려 주고 싶어 했다. 우리 성교회의 가르침들로는 그들을 조금밖에 움직이게 하지 못한다는 것이다.[412] 그리고 여러 가지 책에 관해 이야기를 나누었고, 지금으로서 가장 좋은 것은 유클리드의 『기하원본』이 좋겠다고 했다. 수학은 중국에서도 중시하기 때문이고, 그것에 대해 모두 기초는 없다고 말하기 때문이다.[413] 마침 우리도 과학에 관한 몇 가지를 가르치려고 했고, 이 책 없이는 아무것도 할 수가 없었다.[414] 특히 이 책은 모든 것을 명확하게 제시하고 있었다.

그 시기에 바오로 박사의 절친 중 한 사람으로, 그와 함께 거인 시험에

---

411 Cf. NN.4243-4256; Guerriero, II, pp.296-297.

412 그러니까 그[서광계]는 복음 전파의 수단으로 학문을 활용하려는 리치의 방식을 정확하게 알고 있었던 거다.

413 Cf. NN.56, 58.

414 서광계(徐光啓)는 유클리드의 『기하원본(幾何原本)』 서문에서 리치가 한 말을 그대로 전하고 있다. "이 책을 번역하기 전까지는 다른 책들[정확하게는 과학서들]에 대해서 결코 말할 수 없습니다(謂, 此書未譯, 則他書俱不可得論)"(*PCLC*, XIX, *Prefazione*, f.2b)라고 했다는 것이다.

통과한 유명한 문인이며, 절강浙江에서 가난하게 사는 이문위利文爲[415]라는 사람이 마태오 신부를 도와준다고 참여하고 있었다. 좋은 일을 한다며, 다른 고위 관리 한 사람이 그에게 그해 북경의 문관에게 주는 높은 월급까지 챙겨주기도 했다. 마태오 신부는 그에게 부탁하여 판토하 신부에게 중국어를 좀 가르쳐 달라고 했고, 그는 기초를 잘 다져 주었다. 이런 도움 외에도 그는 돈을 주겠다고 했고, 우리는 새집에 방이 많아 네다섯 개를 내어 줄 수 있다고 했다. 결국 양쪽이 서로 안 받기로 하고, 모두 만족스러워했다.

그러나 바오로 박사는 처음부터 신부가 한 말을 즉시 알아들었다. 자기처럼 천재가 아니면 이 작업을 끝까지 할 수 없을 거라는 것이다.[416] 결국 [서광계가] 직접 대부분의 일을 맡기로 하고, 우리 집에 매일 드나들며 서너 시간씩 신부의 강의를 들었다. [그 소문은] 우리에게 큰 권위를 안겨 주었고, 온 북경시에 알려졌다. 그 유명한 한림원翰林院[417]의 박사 하나가 매일 신부에게 와서 강의를 듣고 공부하러 온다고 소문이 난 것이다. 그는 책의 미묘함과 견고함을 이해하기 시작했고, 책을 너무도 많이 맛보았기 때문에 동료들 사이에서 다른 이야기를 할 수 없을 정도가 되

---

415 모든 나의 거듭된 연구에도 불구하고 이 사람을 확인할 수가 없었다. **역주_** 리치가 텍스트에서 Ciangueinhi라고 쓴 이름은 중국명 이문위(利文爲)로 파악된다.

416 미켈레 양정균(楊廷筠) 박사(*Fonti Ricciane,* III, p.13, n.3)는 『동문산지통편(同文算指通編)』 서문에서 리치와 절친한 친구가 되었다는 것을 말하며, 북경에서 그와 논리적[名理]으로 대화를 했지만, 서방의 위대한 학자가 설명하는 기하학 이론을 따라올 수 없었다고 했다. 그리고 덧붙이기를, "리치 선생이 감탄하기를, 중국에 온 이후 많은 학자를 만나 보았는데, 이지조(李之藻)와 서광계(徐光啓)만 [이 이론을] 잘 알아들었습니다: 公歎曰, 自吾抵上國, 所見聰明了達, 惟李振之徐子先二先生耳"(*PCLC*, XXVII, *Prefazione*, ff.1b-2a)라고 했다.

417 Cf. N.100.

었다. 매일 밤낮으로 1년 이상을 꾸준히 공부하여 이 작품을 어떻게 명료하고 웅장하고 우아하게 만들까를 고민했고, 우선 필요한 전권 6책을 먼저 번역했다.[418] 나머지는 수학으로[419] 유클리드의 것[『기하원본(幾何原

---

418 이 번역의 내력은 1607년에 리치가 직접 쓴 책의 개론(*Introduzione* 引) 마지막 부분에서 밝히고 있다. 1603년 말쯤 서광계(徐光啓)가 북경에 도착하여 여러 이야기를 나누던 중, 선교사들이 서양의 과학 서적들을 중국어로 번역하는 것을 도와주겠다고 했다. 거기에 대해 리치는 이렇게 말한다. "지난가을에 그[서광계(徐光啓)]가 나를 찾아와서 서양의 학제에 관해 물었고, 나는 철학과 과학 과목들에 관해 대답해 주었다. 그때 기하학 이론에 관해서도 말해 주었고, 그는 그 책[유클리드]의 명확도와 완성도에 주목했다. 책을 번역하고 실험하는 데 어려움이 많아 곧 중단했다. 이것은 내가 이미 과거에도 한 번 경험한 적이 있다. 그러자 그가 반대하며, '우리 조상님들은 이럴 때 이런 격언을 씁니다: 학자는 단 하나라도 모르고 그냥 넘어가는 걸 부끄러이 여겨야 합니다. 오늘날 학자들이 암중모색하는 이유는 학자로서 잃어버린 이런 전통을 찾지 않기 때문입니다. 다행히 저는 이 책을 발견했고, 너무도 겸손하고 관대한 신부님을 만났습니다. 제 협조가 필요하시면, 어찌 고단함을 두려워하고 [기다리는] 시간을 낭비한다고 하겠습니까? 그것은 이 세대 전체를 잃어버리는 것이 될 것입니다.' 아! 내가 어려움에 봉착했을 때, 얼마나 물러났던가. 이 사람은 스스로 거인임을 드러냈다. 그것을 정면으로 마주하면서 나는 작아졌다. 그래서 '[나는 이 번역을] 합시다!'라고 했고, 그[서광계(徐光啓)]는 내가 구두로 설명해 주면 그것을 적어 나갔다. 구절을 바꾸고 문장에 약간의 증폭은 있어도, 우리는 원래의 의미에 맞게 중국어로 번역하려고 했다. 이어서 나온 세 개의 판본도 모두 이렇게 했다. 서광계(徐光啓)가 이 책에 쏟아부은 열정은 내가 그보다 덜 부지런한 걸 허락하지 않게 했다. [그 덕분에] 올 봄에 가장 중요한 앞부분 여섯 권이 마무리되었다"(*PCLC*, XIX, *Introduzione*, ff.5b-6a).

419 이런 "다른 수학적인 것" 중 하나는 유클리드의 것을 번역"하면서" 섞은 것으로, 더 정확하게는 바로 이어서 소책자로 나온 『측량법의(測量法義)』가 있다. 1607년 말부터 리치가 구두로 번역[口譯]하고, 바로 그 자리에서 우리의 서광계(徐光啟)가 필사[筆受]했다. 그러나 이 책은 바로 출판하지 않고 있다가 10년 후에 출판했다. ff.24의 이 작품은 서광계가 직접 개론[題]을 썼는데, 바로 클라비우스의 『실용기하학』 제3권의 번역이다. 원제목이 〈정사각형 치수와 실행 기하학에 대한 동일한 직선(Earumdem linearum rectarum dimensionem per Quadratum Geometricum exequens)〉이다. 여기서 다루고 있는 것은 하늘이 어떤 존재를 만들기 전에[造器] 관한 것으로, 평면기하학[矩度](ff.1a-2a)에 이어서 반사하는[倒] 직접적인[直] 그림자[論影]에 대해 다룬다(ff.2a-6a). 따라서 클라비우스가 다루었던 45가지 문제 중 몇 가지에 해당하는 15가지 문제[題]에 관해 다루는 것이다. 중국어 텍스트는 계속해서 유클리드의 중국어 번역을

本)』]과 섞여 있었다.420

언급한다. 그리고 끝에 가서 『삼수산법(三數算法)』에 관한 작은 부록을 실었다(ff.24a-b). 물론 『삼수산법』도 클라비우스의 『실용산술개론』, Roma, 1583, p.99 이하에서 다룬 것이다. 이 작품은 파리국립도서관(Courant, N.4865)과 바티칸도서관(*Barberini, Orient.*, 143[17])에 있는 *PCLC*, XXXII에서 찾아볼 수 있다.

이 작품은 바오로 서광계(徐光啟)가 뒤이어 6개의 장(章)으로 늘려서 『측량이동(測量異同)』(ff.1-5)이라는 제목으로 완성했다. c.1은 앞의 작품 4번 문제에 대한 보충이고, c.2는 10번 문제, c.3은 8번, c.4는 10번, c.5는 14번, c.6은 다시 10번에 대한 보충 설명이다. 이들 보충 설명은 오로지 서광계가 한 것이지 리치가 한 것은 아니다. 그도 그럴 것이, 이 부분을 첨가할 때, 리치는 이미 오래전에 사망한 후였다. 그러니까 가장 합리적인 추론은 이 책이 1617년 이전에 나온 것은 아니라는 점이다. 이와 더불어 여기서 『명사(明史, *Storia dei Mim*)』[c.98, f.7b]에서 잘못 언급하고 있는 것에도 주목할 필요가 있다. 『태서수법(泰西水法)』(1612)과 『표도설(表度說)』(1614)은 데 우르시스의 작품이고, 『천문략(天問略)』(1615)은 젊은 디아즈의 것이며, 『구고의(句股義)』는 서광계의 작품인데, 모두 리치의 작품으로 소개하고 있다.

420 앞서 1589-1590년에 리치는 유클리드의 제1권을 구태소(瞿太素)에게 가르친 적이 있다(NN.362, 541). 리치가 북경에 온 이후, 다시 구태소를 가르치기 시작했고, 그의 가장 위대한 제자 바오로 서광계(徐光啟)도 완벽하게 배웠다. 그때부터 유클리드의 전집 앞의 여섯 권을 중국어로 번역할 생각을 했고, 1606년 8월-10월과 1607년 2월-4월, 북경에서 서광계에 의해 진행되었다.

이듬해 초, 리치는 절강(浙江)으로 추정되는 남쪽 지방에 재인쇄를 하도록 수정본을 한 부 보냈다. 그가 사망한 뒤, 그가 직접 필사한 또 다른 사본 하나가 발견되었다. 서광계는 1616년경 더 수정한 또 다른 판본을 출판했다. 앞서 1608년 8월 22일, 리치는 예수회 총장에게 전집 두 부(二部)를 보낼 거라고 했고, 후에 클라비우스(Clavio) 신부에게 두 질(帙), 코스타(Girolamo Costa) 신부에게 두 질을 보냈다(N.1858). 이것은 초기 간행본이 한 질에 세 권씩 두 질, 여섯 권을 구성하고 있다는 것을 말해 준다.

현재 우리에게 전해진 작품의 제목은 『기하원본(幾何原本)』이다. 이 책은 리치가 구두로 번역[口譯]하고 서광계가 기록하여[筆受] 펴냈다. 역자의 서문(Prefazione)에 날짜가 없지만, 1607년으로 추정된다. 무엇보다도 여기서 서광계는 클라비우스의 지도하에 리치가 한 수학 연구에 대해서 언급하고 있다. 이어서 리치의 개론(Introduzione)이 1607년 정미(丁未)년 날짜로 적혀 있다. 여기서 가톨릭교[天主教]라는 이름을 쓰고, 이 번역을 하게 된 내력을 설명하고 있다. 서광계의 서문과 리치의 개론이 담긴 이 책은 1608년 8월 22일, "하나의 통보 혹은 전달"(N.1858)의 형식으로 로마에 발송했지만, 그것은 우리에게 전해 오지 않고 있다. 다만 어떤 건지는 모르지만, 한 개 번역본이 물(G. E. Moule, *JNCBRAS*, VII, 1871-1872, pp.151-164) 박사에 의해 영어로 전해 오고 있다. 그리고 이 책의 일반적인 것에 관해서, 여러 판본에 관해 날짜

그는 나머지도 모두 번역하고 싶어 했다. 하지만 신부는 그리스도교에 관한 것을 더 내고 싶어서[421] 잠시 쉴 것을 제안했다.[422] 그러면서 우선 중국인 학자들 사이에서 이 전권들이 어떻게 받아들여지는지 보고 나서, 다른 것들을 번역하자고 했다.[423]

기록 없이, 서광계의 주석본이라며 두 개가 있다고 전한다. 여기엔 다섯 명의 교정자 이름도 기록하고 있다: 강소(江蘇)성 송강(松江)으로 알려진 운간(雲間)의 허락선(許樂善), 무석(無錫)의 주병모(周炳謨), 남해(南海)의 장훤(張萱), 제안(齊安)의 황건충(黃建衷)과 취이(檇李)의 요사신(姚士慎)이다.

여섯 권은 모두 부(部)마다 머리말[首]과 본문으로 구성되어 있다. 대략 내용은 다음과 같다.

제1권. ff.15의 부(部) 머리말은 36가지를 규정[界]하고, 4개의 공리[求]와 19개의 원리[(公)論]를 적지만, ff.45에 있는 책의 본문에서는 46개의 명제[題]를 풀고 있다.

제2권. ff.20의 부(部) 머리말은 2가지를 규정[界]하고, 책의 본문은 14개의 명제를 푼다.

제3권. ff.4의 부(部) 머리말은 10가지를 규정[界]하고, ff.44의 책 본문은 37개의 명제를 푼다.

제4권. ff.2의 부(部) 머리말은 7가지를 규정[界]하고, ff.18의 책 본문은 16개의 명제를 푼다.

제5권. ff.19의 부(部) 머리말은 19가지를 규정[界]하고, ff.35의 책 본문은 34개 명제를 푼다.

제6권. ff.9의 부(部) 머리말은 6가지를 규정[界]하고, ff.73의 책 본문은 33개 명제를 푼다.

일반적으로 클라비우스의 라틴어 텍스트와 중국어 번역은 정확히 일치하지만, 그것이 원문 전체를 그대로 옮겼다는 것은 아니다. 대체로 함축하여 간략하게 했다. 많은 논의[論]와 논리적 결론[後解]들이 중국어 텍스트에는 전혀 없다. 즉, 리치도 여기, 이 책의 텍스트에서 그 점을 언급하고 있다. 다른 한편, 15개의 명제와 많은 논리적 결론들이 제6권의 끝[ff.53a 이하]에 덧붙여져 있다. 리치는 이렇게 말한다. "이 책에서는 지금까지 중국에 알려지지 않았던 많은 것들을 포함했습니다"(N.1798).

421 여기서도 리치는 자신이 중국에 있는 가장 큰 목적인 직접-사도직의 비전을 얼마나 잊지 않고 있는지를 엿볼 수 있다. Cf. NN.311, 313, 316, 366, 539, 576, 578, 580, 611, 760, 873, 900.

422 스페인어 동사 "descansar"로, 이는 포르투갈어 "descançar"와 같은 뜻인데, 이탈리아어로는 "riposare, 쉬다"라는 의미다.

423 리치는 "개론(Introduzione)"에서 이렇게 말한다. "학자[서광계]는 뜨거운 열정으로 끝

그리고 두 개의 우아한 서문을 곁들여 즉시 인쇄에 들어갔다.[424] 서문 하나는 마태오 신부가 써서 이 책의 원저자를 밝히고,[425] 그것을 주해한

까지 모두 번역하고 싶어 했다. 그러나 나는 우선 이 부분을 출판하고, 그것이 친구들에게 정말로 유용한지를 보자고 했다. 확신이 서면, 그때 나머지는 점진적으로 생각해 보자고 했다. 학자는 그렇게 하기로 했다"(*PCLC*, XIX, *Introduzione* del Ricci[리치의 개론], f.6b). 하지만 유클리드의 마지막 7권과 클라비우스의 추가 저서 두 권은 1857년에 이선란(李善蘭)이 번역했다. 그의 자는 임숙(壬叔)이고, 호는 추인(秋紉)이다. 1858년 와일리(A. Wylie)에 의해 인쇄되었다.

424 유클리드는 분명 1608년 8월 22일 이전(N.894), 1608년도 초 이전(NN.1798, 1816, 1858)에 인쇄되었다. 어쩌면 1607년 5월 23일 이전일 수도 있다(N.1816). 바오로 서광계(徐光啟) 박사는 이 작품의 여러 판본을 수정하며 다음과 같이 적고 있다. "이 책은 1607년에 조판했다: 是書刻于丁未歲"[*PCLC*, IX, f.10a 제기하원본재교본(題幾何原本再校本)]. 리치도 "개론(*Introduzione*, f.6b)"에서 1607년 봄에 번역이 끝나자마자 하루도 지체하지 않고 즉시 인쇄에 들어갔다고 했다. 그러니까 1607년도 전반기에 나왔을 수도 있다.

425 여기에 "개론"에서 리치가 유클리드에 대해 말하는 대목을 소개한다. "고대 중반기에 우리 서방 학계에서는 유클리드[歐几里得]라는 탁월한 과학자가 한 사람 나왔습니다. 기하학에서, 이전의 모든 학자를 능가했고, 이 분야의 학문을 연구하는 사람들에게 실험을 통한 확실한 길을 열었습니다. 그의 책은 대단히 많고 난해한데도 불구하고, 어느 것 하나도, 말 한마디조차 의문을 제기할 수 없을 만큼 명료합니다. 이것이 그의 책 『기하원본(幾何原本)』이 특별하고 꼭 필요한 거라고 여겨지는 이유입니다. 이것을 '원본(原本)'이라고 부르는 것은, 기하학의 원리들을 조명하고 있기 때문이고, 그것들은 나머지 모든 것에 선행하기 때문입니다. 그래서 후학들은 말합니다. '유클리드는 많은 책으로 다른 사람을 추월했지만, 이 책으로는 자기 자신을 추월했다'라고요. 이 책을 자세히 살펴보면, 방법에서나 단계에서나 정말 놀라지 않을 수 없습니다. 명제와 원리[(公)論]를 말하기 전에 양쪽에 기초로 작용하는 규정[界]을 넣었습니다. 그런 다음 명제를 통해 의미를 부여하고, 계산과 논증을 합니다. 이미 논증을 거친 각 요점은 다음 요점의 기초가 됩니다. 13권의 책에는 500개가 넘는 연결된 명제가 있고, 각 권은 서로 의존되어 있고, 각 명제 역시 다른 권에 의존하며, 앞에 오는 것은 뒤에 올 수 없고, 뒤에 오는 것은 앞에 올 수 없습니다. 이렇게 책 전체가 끝까지 연결되어 있습니다. 처음에 오는 정확한 개념들은 매우 쉽고 명확합니다. 그 뒤에는 더 복잡한 문제가 나오고, 끝에 가서는 뭔가 신비한 것을 다루는 것 같은 인상을 줍니다. 누구든지 우연히 뒤에 오는 하나 또는 여러 명제를 보면, 입증하기가 매우 어렵고 그것을 인정할 수 없을 거로 보입니다. 그러나 그 뒤에 나오는 요점을 입증하기 위해 이전 명제를 취해 점진적으로 나아가다 보면, 그 의미가 너무나 분명하고 당연해서 웃음이 나오게 됩니다.

스승 클라비우스(Christopher Clavius, 1538-1612; 그의 다른 중요한 저서도 번역함)[426]를 소개했다. 그리고 여러 가지 수학적인 요소와 함께 이 책의 사용법을 적었다. 또 다른 서문은 바오로 박사가 썼는데, 우리의 것에 대한 존경과 칭송을 담았다.[427] 판의 개봉[428]이 끝나자 많이 인쇄했고, 친구들

수백, 수천 년 동안 그가 평생을 해 온 이 책의 단어 하나조차 반박하기 위해 나선 궤변가는 없었습니다. 가장 지적이고 재능 있는 기하학자조차도 이 '원본'을 여러 단계처럼 사용하지 않을 수 없었습니다. 인생에서 조용히 나이 들고 싶어 하는 사람과 이 책을 공부하지 않은 사람은 학생이라면 아무것도 이해하지 못하고, 교사라면 가르칠 것이 없습니다. 우리 서양에 있는 연구소들의 많은 과학자가 쓴 헤아릴 수 없는 작품들은 모두 '원본'을 토대로 하고, 뭔가를 단언하고자 할 때, 매번 이 책을 인용합니다. 다만, 다른 작품들을 인용할 때는 책 제목을 적지만, 이 책을 말할 때는 권과 명제를 지목하면 됩니다. 그러니까 '원본'은 기하학자에게 있어 매일 먹어야 하는 음식이고 음료수인 셈입니다"(*PCLC*, XIX, *Introduzione* del Ricci[리치의 개론], ff.4a-5a).

426 유클리드에 대해서 말한 다음, 리치는 바로 이어서, 같은 자리에서 다음과 같은 말로 클라비우스를 언급했다. "우리 시대에 또 다른 저명한 학자가 한 사람 나왔는데, 클라비우스[丁先生]라고 합니다. 제 기하학의 중요한 스승이십니다. 그분은 이 학문의 대부분을 심화하여 많은 책을 냈습니다. 제가 유럽에 있을 때, 주요 도시들을 지나며 유명한 전문가들을 만나곤 했습니다. 그들은 바로 제게 이렇게 말하곤 했습니다. '후학들은 지금까지 기하학에서 클라비우스를 견줄 사람이 없다는 것을 모르고 있습니다: 丁先生之于幾何無兩也'. 오래전부터 그는 이 책[유클리드의 『원본(原本)』에 관한]을 심도 있게 연구해 왔습니다. 그런 다음 그는 자신의 설명을 다른 이론들과 결합하여 두 권의 책으로 부록을 만들었습니다. 그러니까 원본[13권]에 두 권을 추가하여 15권이 되었고, 개별 책에 새로운 원리[(公)論]를 첨가하기도 했습니다. 이렇게 책은 미래를 위해 완전하고 완벽한 모습으로 발간되어, 더는 바라는 것이 전혀 없을 정도로, 미래 학문에 가교가 되어 줄 것입니다"(*PCLC*, XIX, *Introduzione* del Ricci[리치의 개론], f.5a). 따라서 리치의 텍스트에서 드러나는 것처럼, 중국어 번역은 클라비우스의 '유클리드'를 했다는 것이 입증되는 셈이다.

427 그가 고백하기를, 예컨대, 이곳에서는 지난 2천 년간 유클리드와 같은 다른 수학자를 찾아볼 수 없었고, 그 결과 중국의 가장 오래된 수학자들의 틈을 메울 만한 사람이 없었습니다: 二千年後, 頓獲補綴唐虞三代之闕典遺義. 리치 선생은 종교 관련 학업이 없을 때면, 어린 시절부터 과학에 흥미가 있었다고 말했습니다: 利先生, 從少年時, 論道之暇, 留意藝學. 그의 스승 클라비우스는 세계적으로 이름난 학자였습니다: 其師丁氏又絶代名家也(*PCLC*, XIX, *Prefazione* di Siücoamcchi [서광계의 서문], ff.2a-3a).

428 "판을 개봉하는 것"은 전형적인 중국식 표현으로 "인쇄할 판을 새기다"라는 뜻이다. 하

과 원하는 사람들에게 선물로 주었다.

협력해서 한 작업인 만큼 최고의 칭송을 받았다. 그리고 중국인들의 오만함을 낮추는 역할을 했다. 왜냐하면 최고의 문인 학자들조차, 중국 글자로 써진 책을 보고 꼼꼼하게 공부했지만 이해하지 못하겠다고 했기 때문이다. 그들에게는 전혀 일어나지 않았던 일처럼 여겨졌다.[429]

판각板刻들은 우리 집에 있었고, 우리도 많은 책을 선물했다. 그들은 우리 집으로 사람을 보내 인쇄해 오라고 했다. 아무도 그것을 막지 않았다.

이후 마태오 신부는 몇몇 사람들 앞에서 이 책을 읽었고, 바오로 박사도 다른 사람 앞에서 읽었다. 중국인들은 우리의 책에 대한 찬사를 아끼지 않았고, 그 수는 매일 더해 갔다.

773. 서광계의 부친 서사성(徐思誠) 레오의 그리스도교식 장례와 북경에서 상해로 시신을 이송하다

이 시기에 바오로 박사의 부친이 돌아가셨다.[430] 이 경우, 중국의 풍속은 집으로 돌아가 곡을 하거나 북경에서 성대하게 장례식을 거행해야 한다. 바오로 박사는 부친을 향한 자신의 감정을 숨기지 않았고, 삼나무 같은 썩지 않는 나무로 관을 만들게 했으며, 그 비용이 금화 120냥 정도가

지만 리치는 각판(刻板)을 개판(開板)으로 혼동했다.

429 중국어로 쓴 책이었지만 이해하지 못한 것은, 책 내용이 과학적인 것들이고 깊이가 있었기 때문이다. 대학사(大學士) 엽대산(葉臺山)의 판단은 이 번역만으로도 역사상 유일한 것이고, 역자는 사후에 중국 땅에 묻힐 자격이 충분하다고 했다.

430 그는 1607년 5월 23일, 74살의 나이로 사망했다. Cf. NN.715, 1815; 서경현(徐景賢), p.135. 1606년 1월 23일, 황제의 손주 주유교(朱由校)가 태어난 것을 계기로, 바오로 박사의 부친은 중국식 효도의 하나로, "아들과 같은 관직"을 하사받았다. 이것은 순수한 명예직이다. Cf. Guerriero, II, p.294.

되었다. 그리스도교 규범에 어긋나지 않는 예법으로 정성을 많이 들였다. 모든 절차에 대해 신부에게 조언을 구했고, 북경에서는 매우 새로운 것이었다. 아니 한 번도 본 적이 없는 일이었다.[431]

며칠 후, 우리는 집에 관을 올리는 대臺를 하나 마련하고 검은 다마스크 천으로 덮었다. 아들이 보낸 많은 등불과 향이 피워졌고, 그는 상복을 입고 자리를 지켰다. 두꺼운 삼베로 만든 옷을 입고, 모자와 허리띠와 신발 등 모두 백색으로 갖추어 입었는데, 중국인들이 애도하는 색이다.[432] 그리고 다시 미사를 봉헌했다. 그는 물론 모든 그리스도인이 크게 만족스러워했다.

이렇게 장례식을 치르고, 바오로 박사는 부친의 관을 고향[433]으로 모셨다. 그리고 나라에서 법으로 정한 상喪을[434] 치르기 위해 그도 떠나면서 우리에게 큰 사랑의 징표를 남겼다. 그가 가지고 있던 물건 대부분을 우리에게 주고 가며 자기가 돌아올 때까지 그것들이 우리에게 필요할 거라고 했다.[435]

---

431 Cf. N.675.

432 이런 풍습은 그대로 지금까지 전해 내려오고 있다. Cf. N.133.

433 상해다.

434 3년이 조금 안 된다. Cf. N.133.

435 1610년 말까지 이어진 상(喪) 중에 서광계는 두 번 마카오에 왔고, 그때 카타네오를 상해(上海)로 초대했으며, 상해 그리스도교 설립의 계기가 되었다. Cf. 서경현(徐景賢), pp.135-136; NN.928-945. 서광계는 남경에도 두 차례 들렀는데, 한 번은 초횡(焦竑)을 방문하기 위해서고, 다른 한 번은 1610년 12월 24일, 상을 마치고 북경으로 돌아가는 길이었다. Cf. NN.912, 913; *PCLC*, XIX, *Prefazione* di Siücoamcchi[서광계의 서문], f.10a.

제9장

중국과 일본의 순찰사며 중국선교의 첫 발기인 알렉산드로 발리냐노의 죽음에 대해

(1605년 중후반부터 1606년 1월 20일까지)

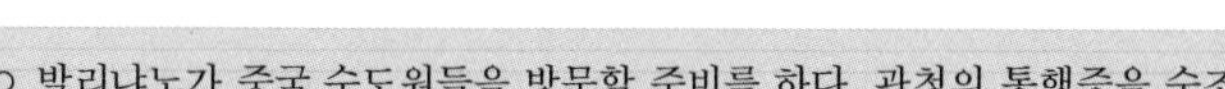

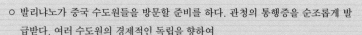

- 발리냐노가 중국 수도원들을 방문할 준비를 하다. 관청의 통행증을 순조롭게 발급받다. 여러 수도원의 경제적인 독립을 향하여
- 1606년 1월 20일, 발리냐노가 마카오에서 사망하다
- 위대한 인물의 죽음으로 극동 아시아 선교가 비탄에 빠지다. 발리냐노 사망 후 그의 유품들이 중국 선교지로 보내지다

774. 발리냐노가 중국 수도원들을 방문할 준비를 하다. 관청의 통행증을 순조롭게 발급받다. 여러 수도원의 경제적인 독립을 향하여

알렉산드로 발리냐노 신부는 죽음을 앞두고 자신이 튼튼하게 기초를 세운 중국교회를 보고 싶어 했다. 그의 지혜와 신중함이 거대한 미래를 보게 했다면, 당연히 직접 들어가 모든 수도원을 방문하여 신부들을 위로하고 싶었을 것이다. 직접 가서 보고 확인함으로써, 항상 멀리 있지 않다는 것을 보여 주고 싶었다. 마카오에 와 있던 카타네오 신부에게 이런

뜻을 전했고,[436] 그것은 어렵지 않다며 자기와 함께 가자고 했다. 카타네오도 벌써 중국으로 귀환하고 싶어 했고, 마카오의 중국인들과 해야 할 일도 얼마 남지 않았다. 인근 고을에서 하던 선교활동이 그립다고도 했다.[437] 하지만 보다 확실히 하기 위해 중국 내륙에 있는 신부들[438]에게 편지로 조언과 함께 어려움 없이 갈 방법을 물어보기로 했다.

중국에 있는 신부들의 의견은 저마다 달랐다. 마태오 리치와 다른 여러 신부가 확실히 올 수 있다며, 그가 오는 것만으로도 중국선교와 우리 주님께 큰 도움이 될 거라고 했다. 그러면서 어떻게 오는지 방법을 알려 주며, 어떤 방법으로든 북경까지 오기를 바랐다.[439]

이 일은 바오로 박사[서광계(徐光啟)]와 몇몇 문인 학자 친구들에게 맡겼다. 신부가 지나가는 지역에서 친구와 관리들에게 준다고 선물이나 물건이 든 짐을 통과시키는 데 문제 삼지 않도록, 수도원에 필요한 물품을 가지고 오는 데 어려움을 당하지 않도록 신경 써 줄 것을 부탁했다.[440]

조반니 다 로챠 신부[441]는 당시 병부상서兵部尙書로 있던 우리 친구 왕상서王尙書[442]를 통해서 통행증을 발부받았다.[443] 병부는 형부刑部보다 높

---

436 카타네오는 1603년부터 마카오에 있었고, 1606년 7월쯤까지 데 우르시스와 함께 있었다. 데 우르시스는 그 시기에 중국으로 파견되어 남경에 정착했다. Cf. NN.796-798.

437 여기서 '인근 고을'을 리치는 ville라고 쓰고 있다. 여전히 포르투갈어로 쓰는데, 이탈리아어 villaggio, '시골 마을', '인근 고을'이라는 뜻이다.

438 리치는 "안에 있는 신부들"이라는 표현으로 Padri di dentro라고 쓰고 있는데, 이것은 중국 "내륙에 있는 신부들"을 일컫는다. 특히 리치 자신과 분명 디아즈를 가리키는 것이다.

439 1605년 5월에도 리치는 머지않아 중국에서 발리냐노를 만날 것으로 기대했었다(NN.1622, 1654). Cf. N.1693.

440 Cf. N.576. 그러니까 발리냐노는 내륙에 있는 수도원 살림을 채워 주려고 많은 물건을 가져갈 생각을 했던 거다.

441 Cf. N.499, 본서 2권, p.497, 주(註) 567.; NN.702, 752.

은 직급이었고, 카타네오 신부와 동료들이(알렉산드로 신부와 함께 확실하게 오는 사람) 세 개의 성省, 광동廣東, 복건福建, 호광湖廣[444]을 지날 때 어떤 권력도 그들을 방해하지 않도록 했고, 전체 여행 중에는 해로를 이용하면 넉넉한 크기의 관용 선박과 선원들을 이용하고, 육로를 이용하면 말 세 필과 인부 6명을 보내주어 짐을 운반하도록 했으며, 숙박도 모두 제공해 주기로 했다.[445] 그리고 이 통행증을 가져다줄 프란체스코 마르티네스[황명사(黃明沙)] 수사[446]는 예전에 남경에서 광동으로 돌아갈 때 그것을 사용한 적이 있어 잘 알고 있었다. 그때 각 지역에 도착해서 통행증에 적힌바, 제공해 주어야 하는 것들을 원하지 않으면 그것을 비용으로 환산해서 그 사람에게 억지로 돌려주어 받은 적이 있었다.[447]

발리냐노 신부는 그날을 잘 준비하기 위해 일본에 편지도 이미 써 둔 상태였다. 자랑스러운 중국교회를 위해 많은 물건을 보내 달라고 했다. 그리고 일본에서 배가 오기를 기다렸다.[448] 충분한 양의 돈을 가지고 가서 수도원마다 금화 일천 냥씩 주려고 마음먹었다.[449] 이 돈으로 약간의

---

442 상서(尙書) 왕충명(王忠銘)이다. 그는 당시 남경에(N.795) 있었고, 황도인 그곳에서 병부와 형부의 상서를 겸하고 있었던 걸로 보인다. 리치의 다른 친구 소대형(蕭大亨)이 같은 시기에 북경에서 똑같은 직책을 맡고 있었던 것처럼 말이다. Cf. N.417, 본서 2권, p.393, 주(註) 273.

443 Cf. N.218, 본서 2권, p.100, 주(註) 107.

444 델리야는 주(註)에서 리치가 Quantone[廣東], Fochien[福建], Uquam[湖廣]이라고 쓴 이 지명들을 Kwangtung, Fukien, Hukwang이라고 다시 쓰고 있다.

445 거의 중요한 "사절단"이 이동하는 수준이다. Cf. D'Elia[3], pp.331, 370.

446 Cf. N.354, 본서 2권, p.327 주(註).

447 "만약 여행자가 [묵는 공공여관에서 제공하는] 음식을 안 먹거나 자기식으로 해 먹겠다고 하면, 그에 상응하는 비용을 돈으로 계산해서 주었다"(D'Elia[3], p.370).

448 이 상선(商船)은 2월이나 3월에 일본에서 출발하여 마카오로 오는 것이었다.

449 1612년 11월, 론고바르도가 쓴 편지에는 발리냐노가 1606년 초부터 중국 방문을 생각

땅을 사서 자급자족하면 매년 마카오로 돈을 가지러 오는 불편과 위험을 겪지 않아도 될 것이다. 가장 힘든 것은 중국인들의 의심을 받는 일이다.[450] 중국에 있는 신부들이 마카오의 외국인과 자주 만나는 게 그들에게 무슨 큰 해코지나 하려는 것으로 의심을 사곤 했기 때문이다. 그러니 이 돈으로 땅을 사면, 거기에서 나오는 소출로도 충분하다고 생각했다.

775. 1606년 1월 20일, 발리냐노가 마카오에서 사망하다

그가 입국을 준비하고, 내륙에 있는 우리 신부들은 그를 맞이할 준비를 하는 사이에, 그는 돌연 중병으로 자리에 눕고 말았다.[451] 그리고 그 길로 1606년 1월 말, 69세의 일기로 생을 마쳤다.[452]

했고, 각 수도원에 1,000텔(tael)씩 줄 계획을 세웠다고 했다. 각 수도원에 연간 200텔씩 계산해서, 언젠가는 마카오로부터 경제적인 독립을 할 수 있게 하려는 조치였다. Cf. *ARSI, Jap.-Sin.*, 113, ff.266v, 267v-268r.

450 중국인들은 선교사들이 마카오의 포르투갈인들과 교류하는 것을 언제나 나쁜 시선으로 보았다. Cf. NN.257, 289-295, 305, 306, 320, 491.

451 1604년 5월 6일에 벌써 그는 자신의 종말을 막연하게 예감하고 있었다. 특히 66세가 되면서 더 그랬다. "2월에 66세가 되었고, 지금껏 달려왔습니다. 저를 찾는 곳이 많아 피곤하고 힘듭니다. 그래서 어떤 병이든 걸리기만 하면 바로 이승을 떠날 것 같습니다"(N.3243). 이듬해 1월 20일, 그는 1606년 6월에는 일본으로 돌아갈 계획을 하고 있었다. 하지만 죽음이 그를 영원한 세상으로 여행하게 했다. "제가 1606년 6월에는 일본에 갈 수 있을 것입니다. [만약] 주님께서 저를 다른 세상으로 데려가시면 저로선 훨씬 좋은 일이지만 말입니다"(*ARSI, Jap.-Sin.*, 14, f.186v; N.3311). Cf. N.3372.

452 발리냐노는 몇 년 전부터 요독증으로 고생하기는 했지만, 1월 초까지만 해도 건강이 좋은 편이었다. 그런데 1월 11일, 같은 병으로 쓰러졌고, 수도원으로 속히 돌아왔다. 17일과 18일에 첫 번째, 두 번째 유언을 했고(NN.3353-3363, 3364-3370), 마카오에 있는 포르투갈인과 중국인 의사들이 최선의 치료와 그를 위한 많은 기도에도 불구하고, 1606년 1월 20일 금요일 아침 6시경 세상을 떠나고 말았다. 마카오의 원장 발렌티노 카르발호(Valentino Carvalho) 신부와 사바티노 데 우르시스(Sabatino De Ursis) 신부가 1606년 2월 6일과 9일에 쓴 편지에서처럼 말이다. Cf. NN.3371, 3374. 그는 1539년 2월에 태어났다[N.203, 주(註)]. 정확하게는 2월 20일이 아니라, 그가 직접 쓴 바 있듯

776. 위대한 인물의 죽음으로 극동 아시아 선교가 비탄에 빠지다. 발리냐노 사망 후 그의 유품들이 중국 선교지로 보내지다

그의 사망은 일본과 중국, 양쪽 교회에 큰 충격과 슬픔을 안겨 주었다. 발리냐노의 큰 사랑과 노력으로 설립되었고, 그 덕분에 크게 성장할 수 있었다. 그의 도움은 실로 컸다.[453] 선교사업과 관련한 것들이 자리를 잡아 가고 있는 마당에서 크게 도움을 주던 분을 잃은 것이다. 여전히 많은 어려움과 위험이 산재해 있는 상황인데 말이다.[454] 모든 사람이 주목한

이 분명 그달 중순께다. 그가 1602년 2월 15일 총장에게 쓴 편지에 "제가 이미 64살에 접어들었습니다"(*ARSI, Jap.-Sin.*, 14, I. f.101)라고 말하고 있다. 그러니까 그가 사망할 때는 67세를 한 달 조금 안 되게 남겨 둔 시점이었다. 리치는 중국식으로 69세로 계산하지만 말이다.

453 1574년, 발리냐노가 고아에 도착했을 때, 일본에는 잘 알려진 단 한 명의 일본인 예수회원 로렌조 료서(了西, Lorenzo o Ryōsai)와 유럽인 예수회원이 20명 못 되게 있었다. 중국은 단 한 명도 없었고, 2세기가 넘게 문은 굳게 닫혀 있었다. 1606년 그가 세상을 떠날 때, 중국은 복음에 활짝 열려 있었고, 천자(天子)가 있는 조정에까지 선포가 이루어지고 있었다. 일본 교회는 이후 한 번도, 오늘날까지 그때처럼 꽃을 피운 적이 없었다. 중국에 있는 리치를 그가 지원했고, 안내했고 독촉함으로써 한 걸음 한 걸음씩 방대한 영토를 남쪽에서 북쪽까지 수도원과 성당을 세우면서 진출하게 했다. 조경(肇慶)과 소주(韶州), 남창(南昌)과 남경, 그리고 드디어 북경까지 진출한 것이다. 열다섯 명의 선교사 중 다섯 명은 중국인이고, 그들의 도움으로 천 명이 넘는 개종자들을 돌보며, 비신자들을 대상으로 설교하고 있었다. 또 많은 현지인 지원자가 미래 사도직을 준비하고 있었다. 발리냐노는 '태양이 떠오르는 나라[일본]'에도 130명 정도의 선교사를 남겼는데, 거의 절반이 일본인이고, 초창기 일본인 사제들의 협력과 300명 정도의 교리교사[**역주_** 도제처럼 함께 숙식하며 가르치는 교사 집단으로 추정된다. 델리야는 dogici, 동숙(同宿)이라는 말을 넣고 있다]가 190개가 넘는 성당과 봉사 기관을 관리하고 있었다. 총 900명 정도의 인력이 선교사업에 힘을 보태고 있었다. 더욱이 두 선교지[일본과 중국]의 공동 베이스캠프로 마카오 콜레지움 외에도 나가사키(長崎)와 아리마(有馬)에 두 개의 큰 양성자 기숙학교가 있고, 오무라(大村)와 미야코(都)에 지원자 기숙학교가 세워졌다. 일본인들을 위한 수련소 한 곳과 두 개의 신학교가 있고, 스무 곳 정도의 수도원과 300여 개의 성당과 소성당이 있었다. 발리냐노가 사망하고 8년 후에는, 일본 그리스도인이 1백만 명에 달했다고 한다. 그중 예수회 선교지에만 75만 명이 있었다. Cf. N.3257; *ARSI, Jap.-Sin.*, 14, f.160r.

바, 이 나라[중국]를 하느님께 약속하고 꿈을 이루지 못한 위대한 사람이

454 1606년 2월 6일, 발리냐노가 사망하고 2주가 지난 후, 발렌티노 카르발호 신부가 마카오에서 아콰비바 총장 신부에게 쓴 편지에는 이런 내용이 있다. "그분의 선종은 우리 콜레지움 안에서는 모두를 울게 했고 밖에서는 기도하게 했습니다. 그분을 잃은 상실감은 우리에게 단지 원장을 잃은 것에 그치는 것이 아니라 진심으로 아끼는 아버지를 잃은 것입니다"(N.3371). 그리고 리치는 거의 7개월이 지나서 같은 총장에게 이렇게 편지했다. "올해는 다른 여러 가지 어려움 외에도, 이[중국] 선교의 아버지이신 발리냐노 신부님을 잃은 큰 상실감까지 더해져서 저희는 고아가 된 것 같습니다. 총장 신부님의 자부적(慈父的) 사랑으로 저희를 위로해 주시기를 청합니다"(N.1710).

모든 사람이 느낀 아픔은 순찰사에 대해 가진 높은 평가만큼 저마다 달랐다. 따라서 아시아 선교를 기획하는 데 있어, 이런 탁월한 인재를 뒤로하기 전에, 쏟아졌던 많은 찬사 중 몇 개를 여기에 모아 보기로 하겠다. 이것들은 발리냐노와 동시대 사람들에 의해 즉흥적으로 나온 것으로서, 그를 깊이, 오랫동안 알고, 탁월한 능력을 칭송했던 사람들에 의한 것이다.

발리냐노가 여전히 인도를 방문하고 있을 때(1575-1577), 로드리고 비첸테(Rodrigo Vicente) 관구장 신부와 당시 인도에 있던 다른 여러 신부는 "그분의 소통방식과 일을 진행하는 방식을 보니, 이 신부님[발리냐노]은 이탈리아가 몰래 감춰 두었던 분인 것 같습니다. 그분이 로마에서 이곳으로 파견되었을 때도, 저희는 그분이 얼마나 많은 탁월한 능력을 갖췄는지 몰랐습니다"라고 했다(*ARSI, Jap.-Sin.*, 9, f.15r-v). Cf. N.204, 본서 2권, pp.68-69, 주(註) 22 마지막 단락.

순찰사가 아직 마카오에 발을 내딛기 전인 1577년 11월 24일부터 이 도시[마카오]에 있던 주세페 푸를라네티(Giuseppe Furlanetti) 신부는 "순찰사 신부님의 신중하고 자부(慈父)적인 통치에 큰 위로를 받습니다. 그분은 어디를 가든지 위로를 줍니다. 그것이야말로 모두가 바라는 바입니다. 그분은 큰 신뢰와 명성을 얻으면서도 한없이 겸손하고 부드럽습니다. 비단 예수회원들에게만 그러는 것이 아니라, 모든 재속 제후들과 통치자들에게도 그렇게 합니다. 정말 놀랍도록 그렇게 해서 우리 주님께 영광을 드립니다. 하느님께서 그것을 지켜 주시고, 당신의 거룩한 사람과 봉사에 그것을 더해 주시기를 바랍니다"(*ARSI, Jap.-Sin.*, 8, II, f.198r).

훗날 일본에서 순교하고 복자가 되는 알폰소 파케코(Alfonso Pacheco) 신부는 발리냐노가 선교했던 그 지역[인도]을 방문한 이후, 인도에서 포르투갈로 전해진 메아리들을 함축하여, 1581년 4월 리스본에서 로마에 보내는 편지에 이렇게 썼다. "알렉산드로 신부는 인도의 기둥입니다"(*ARSI, Lus.*, 68, II, f.292).

그가 일본에 처음 도착하여 방문했을 때, 그에 대한 명성은 이미 자자했다. "그분은 크신 분이었습니다. 하느님께서는 매우 신중하고 교양 있게 이 낯선 사람들을 통치하고 다스리라고 순찰사에게 축복하며 일을 맡기신 것입니다." 1581년 9월 2일, 조반니 프란체스코 스테파노니(Giovanni Francesco Stefanoni) 신부는 미야코에서 이렇게 썼

둘 있는데, 바로 복된 자 프란치스코 하비에르와 알렉산드로 발리냐노

—

다(*ARSI, Jap.-Sin.*, 9, ff.15r-v). 그리고 덧붙여, "우리가 그분을 봤을 때, 우리가 기대한 걸 훨씬 능가했습니다. 우리 신부와 수사들처럼 일본의 신자들까지, 하느님께서 그분을 축복하시고 모든 것을 맡기셨다는 걸 알고 칭송했습니다. 그분은 아무것도 남기지 않고 직접 최선의 방식으로 모든 일을 처리하셨습니다. 이 거룩한 신부님은 모두에게 하느님의 천사였습니다"(*ARSI, Jap.-Sin.*, 9, ff.15r-v, 18r)라고 했다.

일본선교의 첫 번째 역사가 루이스 프로이스(Luís Fróis)는 이 첫 번째 방문이 있고 난 뒤, 1584년 1월 15일 자 편지에서 이렇게 썼다. "일본에 있는 모든 신부와 수사들한테서 들은 것은 지금까지 예수회에서 한 번도 이런 분이 없었다는 것입니다. 많은 곳에서 그분을 찾았고, 부족한 사람들을 큰 사랑으로 대하는 걸 직접 눈으로 보았습니다. 그분은 큰 열정으로 짧은 시간에 문제들을 해결하셨습니다"(*ARSI, Jap.-Sin.*, 9, f.242v).

1586년 1월 22일, 페라라 사람 조반 바티스타 데 몬테(Giovan Battista de Monte)는 일본 히라도(平戸)에서 총장에게 편지하며, 발리냐노는 "이 지역에서 대단히 필요한 사람입니다. 그분 덕분에 그리스도교가 확장되고 있습니다. 좋은 일을 만드는 사람으로, 예수회에도 도움이 됩니다"라며, 그분만이 일본선교를 통솔할 수 있다고 했다(*ARSI, Jap.-Sin.*, 10, f.149r).

1590년부터 발리냐노의 자문관이자 동료로 모니터링을 해 주던 볼로냐 사람 프란체스코 파시오(Francesco Pasio)는 1591년 10월 28일 자, 수도회 총장에게 보낸 공문 형식의 편지에서 이렇게 적었다. "발리냐노 신부님의 인간성에 관해서는 뭐라고 드릴 말씀이 없습니다. 그분의 위대한 인품과 보기 드문 타고난 능력과 주님께서 주신 초월적인 은사들로 매일 교화되고 놀라움을 느끼는 것 외에 다른 것이 없습니다"(*ARSI, Jap.-Sin.*, 11, f.259r-v).

1592년 3월 18일에도 파시오는 자기 생각을 이렇게 정리했다. "발리냐노 신부님의 인간성에 대해서라면 드릴 말씀이 없습니다. 그분의 위대한 인품과 신중함, 특히 빛나는 재능은 하느님께서 일본이라는 이 지역을 통솔하기 위해 보내 주신 것으로, 그저 매일 교화되고 놀라움을 느낄 따름입니다. 일본은 과거 오랫동안 많은 어려움을 겪었고, 다른 어떤 것보다도 크나 큰 다양성이 존재하는 곳으로, 주님께서 그것을 해결하라고 그분을 여기에 보내 주신 것 같습니다. … 그리고 주님께서 그에게 주신 보기 드문 능력들 때문에 모든 사람은 그가 죽을 때까지 일본에 머물기를 원합니다"(*ARSI, Jap.-Sin.*, 11, f.296r).

나가사키(長崎) 수도원의 원장 안토니오 로페스(Antonio Lopes) 신부는 1592년 10월 1일 자 편지에서, 모두의 이름으로 이런 순찰사를 자기네한테 보내 주셔서 감사하다는 편지를 수도회 총장에게 썼다. "그분의 신중함과 덕목에 더해, 예수회까지 모든 사람으로부터 존중받고 사랑받습니다. 아마도 우리 주님께서 이 땅에 짧은 시간에 많은 [기쁜] 소식과 지식을 전달하고자, 이 영혼들의 구원에 큰 열정을 가진 분을 보내 주

신부다.[455] 그들은 수많은 영혼의 선익을 위해 이 나라에 수차 입국을 간

신 것 같습니다. 그분은 일본 [교회가] 보편적이고 지속 가능할 수 있도록 큰 사랑과 관심으로 해결책을 모색합니다. 분명, 저희 모두는 일본만큼이나 예외적인 통치에 걸맞은 보기 드문 인물에 대해 깊이 존경해 마지않습니다"(*ARSI, Jap.-Sin.*, 11, f.310r).

1592년 10월 4일, 오르간티노 신부가 주목한바, "그분[발리냐노]은 예수회에 대한 사랑과 예수회 회칙을 준수하면서 중국과 일본에서처럼 인도에서도 우리 주님의 많은 일을 했고, 그분께 봉사했습니다. 그것들을 말이나 편지[글]로 모두 명시할 수 없을 정도입니다. 그분은 모든 것을 더 좋게 하고, 더욱 배가되게 하십니다"(*ARSI, Jap.-Sin.*, 11, f.319).

[후에] 발리냐노의 자문관이고 비서기도 했던 루이스 프로이스가 1593년 1월 19일 마카오에서 쓴 편지에는 "순찰사 신부님은 (이렇게 말해도 될지 모르겠지만) 일본을 해결하라고 하늘에서 보내 준 천사였습니다. 그분의 신중함, 사랑과 열정을 봅니다. 하느님께서는 그분을 통해 일본에서, 많은 큰일을 하셨습니다. 다른 누구라도 매우 힘들고 어려웠을 것입니다. 이제 늙고 지쳐서, 조금 먹고, 잠도 조금밖에 자지 않습니다. 일본인들은 물론 고국에서나 해외에서 모든 유럽의 제후들까지 그분을 잘 알고 깊이 사랑합니다. 온 예수회의 살아 있는 귀감이십니다"(*ARSI, Jap.-Sin.*, 12, f.96).

발리냐노가 매우 엄격하게 평가했던[cf. N.222, 주(註)] 프란체스코 카브랄 신부까지 1593년 12월 15일 자, 코친에서 수도회의 총장에게 쓴 편지에 "총장 신부님께 말씀드리건대, 순찰사 신부가 일본에 와서 통치할 때, 너무도 크고 원대해서 불가능하다며 걱정했습니다. 하지만 하느님께서는 그에게 그토록 크고 놀라운 정신과 매우 높은 공감 능력을 주셨습니다. 그분은 항상 걸어가는 것 같습니다. 걸으면서 무의식적으로 크게 상상하고 계획하는 것 같습니다. 그리고 그 큰 것들이 여전히 작은 것들처럼 느껴지시는 것 같습니다"(*ARSI, Goa*, f.156r)라고 말하고 있다.

발리냐노의 두 번째 자문관이었던 발렌티노 카르발호가 1597년 11월 25일 자, 마카오에서 여전히 같은 총장에게 쓴 편지에도 "제가 보기에, 그분은 하느님께 사로잡히신(iulgo *in Domino*) 분이고, 대단한 통솔력이 있는 분으로, 당신의 힘과 모든 재능을 발휘하는 데 있어 분별력 있는 본보기가 됩니다"(*ARSI, Jap.-Sin.*, 13, f.108r).

1597년 12월 20일, 니콜라 스피놀라(Nicola Spinola)는 발리냐노가 일본으로 가기 위해 인도를 완전히 떠나게 되자 애석해하며 총장에게 편지하기를 "이 관구는 예수회와 그리스도교를 위해 열정적인 위대한 인물을 잃었습니다. 그분 같은 또 다른 한 분이 희망봉을 넘어서 올지 걱정입니다"(*ARSI, Goa*, 14, f.355r).

1603년 1월 1일, 피에트로 모레존(Pietro Morejon) 신부는 오사카(大阪)에서 발리냐노를 "일본에 있는 우리 모두의 진정한 아버지"라고 부르며, "모두가 그에 대해 많은 사랑과 큰 신뢰를 보내고 있습니다"라고 강조했다(*ARSI, Jap.-Sin.*, 14, f.114r).

이렇듯, 우리는 예외 없이 그를 칭송하는 장대한 문건들을 가지고 있다. 그것들을 작성한 사람 중에는 그를 아주 잘 아는 사람도 있고, 일 때문에 알게 되어 그를 평가한

절히 바랐지만, 두 사람 다 그 뜻을 이루지 못하고 문 앞에서 사망했다. 이 사람들의 죄에 대한 벌 때문이 아니라,[456] 이 두 위대한 선구자가 하늘에서 이 사업의 증진을 위해 전구해 주기를 하느님께서는 원하셨던 것이다. 그들이 땀 흘려 할 수 있는 것 이상을 하게 하셨다.

발리냐노 신부는 죽음을 통해서도 이 사업을 향한 사랑을 잘 보여 주었다. 잘 도와줄 것을 명하고, 자신의 사후, 두 가지를 당부했다. 물론 라자로 카타네오 신부도 생각하고 있던 것이기도 했다.[457] 하나는 일본에

사람도 있다. 일 때문에 알게 된 사람 중에는 남의 말하는 게 온당치 않다고 생각해서 말을 안 하는 사람도 있다. 어떤 사람은 그의 통치에 대한 결함으로 분노를 지적하는 사람도 있고, 일본 사람을 너무 많이 신뢰한다고 말하는 사람도 있으며, 너무 크게 뭔가를 하려는 열망이 있다고 지적하는 사람도 있다. 사실이건 과장이건 이런 결점들이 절대 위대한 순찰사의 놀라운 자질을 감소시키지는 않는다. 그의 자질에 대해서는 밀라노 출신의 첼소 콘팔로니에리(Celso Confalonieri) 신부만큼 명확하게 표현한 사람이 없을 것이다. 1596년 10월 16일 자, 아마쿠사(天草)에서 총장에게 보낸 편지(*ARSI, Jap.-Sin.*, 13, f.1r)에서 순찰사에 관한 칭찬 혹은 칭찬하고 싶은 내용을 상당히 길게 적고 있다. 그는 "대단히 탁월한 모든 본성"을 갖추고 있다며, 보다 큰일을 위해 태어난, 정말 이름난 인재라고 했다. 그의 큰 결함은 오히려 위대한 사람 중에서 위대하다는 것이라고 했다.

455 하비에르와 발리냐노, 두 사람은 똑같이 중국의 문 앞에서 사망했다. 둘을 비교하는 것은 1606년 2월 9일 자, 데 우르시스의 편지에서부터다. "한 가지만 말씀드리면, [발리냐노] 신부님은 복되신 프란치스코 신부님처럼 생생하게 타오르는 열정으로 중국에 입국하려고 준비하던 중에 돌아가셨습니다"(N.3375).

456 리치는 하비에르에 관해 언급하면서, 이미 "중국인들의 죄가 위대한 사도에 의한 개종 혜택을 받지 못하도록 했다"(N.201)라고 말한 바 있다.

457 1606년 1월 17일의 유언에서 발리냐노는 일본에서 배가 오는 즉시 중국에 1,300-1,400텔을 보내라고 당부하며, 그중 600-700텔을 집을 매입하면서 진 빚을 갚기로 약속한 북경 수도원에 보내 주고, 나머지를 다른 수도원에 보내라고 했다. 나아가 그는 마카오 원장에게 부탁하여 가능한 한 빨리 프란체스코 로페스(Francesco Lopes) 신부와 사바티노 데 우르시스(Sabatino De Ursis) 신부를 중국에 파견시켜 달라고 했다. 로페스 신부는 포르투갈에서 새로 와서(*ARSI, Jap.-Sin.*, 25, f.79v; 14, f.302) 당시 마카오에서 신학 교수로 있었고, 데 우르시스는 이탈리아 레체(Lecce) 출신이다. Cf. NN.3357, 3359. 그러나 "프란체스코 로페스 신부는 몇 가지 이유로 입국할 수 없게 되

서 배가 도착하는 대로 모든 것을 받아서 중국에 전해 주라는 것으로, 성화聖畫와 성당에서 쓰는 제의祭衣, 그가 사용하던 물건들이었다. 다른 하나는 발리냐노 신부가 쓰던 개인 물건들인데, 그것도 모두 보내라고 했다. '거룩한 아버지'의 유품처럼 모두 챙겨서 보냈다.

고", 두 사람 중 후자를 지목하여, 데 우르시스만 카타네오가 중국으로 들어가는 때를 맞추어 [함께] 중국에 입국했다(NN.3453-3454). Cf. NN.796, 1713.

제10장

우리가 광동(廣東)에서 겪은 큰 시련과 그로 인해 광주에서 프란체스코 마르티네스 수사에게 닥친 일에 대해, 그리고 그가 고통 중에 사망하게 된 것에 대해

(1605년 7월부터 1606년 4월 초순까지)

- 네덜란드 해적들이 극동아시아의 바다를 황폐시키고 중국인들과의 상거래를 무산시키다
- 마카오의 성당이 불타고 새로 건립되다
- 청주(青州) 섬의 빌라가 불타고, 원인을 제공한 관리가 즉각 심판받다
- 마카오가 미켈레 도스 산토스 대목구장의 성무 금지령하에 놓이다
- 중국을 상대로 반란이 일어나고 그것을 카타네오가 주동할 거라는 주장이 제기되다
- 중국인 권력가들이 특히 광주를 중심으로 신중하게 수사를 시작하다. 유언비어가 밝혀지기 시작하다
- 황명사(黃明沙) 마르티네스 수사가 2월 20일경 광주에 와서 마카오의 명령을 기다리다
- 법관이 황수사와 함께 온 사람들을 체포하다
- 지부 앞에서 첫 심문을 받다. 중국어로 '약(藥)'이라는 것은 '화약'과 '약초'라는 의미를 지닌 동일 음(音)이다
- 해도 앞에서 두 번째 심문을 받다. 잔인한 곤장과 사형선고
- 지부 앞에서 세 번째 심문을 받다. 계속된 곤장
- 1606년 3월 31일, 거룩한 죽음을 맞다. 되돌아보는 간략한 그의 약력

777. 네덜란드 해적들이 극동아시아의 바다를 황폐시키고 중국인들과의 상거래를 무산시키다

이 "역사서"[458]를 집필하던 시기에 유럽은 스페인의 국왕과 네덜란드 백성들 간에 플란데런 국가를 두고 큰 전쟁이 일어났다.[459] 네덜란드 사람들은 스페인에 직접 보복할 수 없게 되자 인도지역 국가들에 위해를 가하려고 했다.[460] 잘 무장한 많은 배를 보냈는데,[461] 거기에는 훈련된

---

458 리치에게 이 책은 하나의 "역사"다. Cf. 본서 1권, p.237.; N.680.

459 합스부르크-테셴 앨버트(Alberto d'Asburgo-Teschen) 대공(大公)의 명령으로 스페인 군대가 오스텐더(Oostende)을 점령한 것은 3년 77일간으로, 1601년 7월 15일부터 1604년 9월 20일까지다.

460 스페인과 포르투갈의 왕관을 한 사람이 쓰고 있었기 때문에, 네덜란들 사람들은 아시아에서 포르투갈의 영향권에 있던 소유지나 영토를 공격했다. **역자주_** 1580년 포르투갈의 국왕 헨리가 후사 없이 사망하자, 스페인의 국왕 펠리페 2세가 전쟁 끝에, 1581년 포르투갈 왕좌를 차지했다. 이후 스페인과 포르투갈은 국호는 둘이나, 한 명의 왕이 통치하는 이른바 '이베리아 연방'이 되었다. 그 후, 스페인의 한 부분으로 간주되고 싶지 않던 포르투갈은 전쟁을 통해, 1640년에 다시 독립을 쟁취했다. 그러니까 1581-1640년까지는 스페인과 포르투갈이 한 나라였던 셈이다.

461 네덜란드의 동인도 회사는 코르넬리우스 후트만(Cornelius Houtman) 제독의 함대가 1595-1597년, 브라질, 아프리카 해안과 자바까지 탐사를 마친 뒤에 설립되어 1601년 3월 20일 규약이 마련되었다. 동인도 회사는 동인도 지역의 무역 전매권을 가지고 있었고, 농장과 항구를 건설할 수 있었으며, 토착 세력과 전쟁을 하거나 계약을 체결할 수도, 통감들을 임명하고 군대를 사용할 수도 있었다. 그 지역에서 스페인과 포르투갈이 지금까지 유지해 왔던 해상 무역의 전매권에 큰 손해를 끼쳤다. 야콥 코르넬리촌 반 넥크(Jacob Corneliszoon van Neck) 제독은 여섯 함대의 수장으로, 1600년 6월 28일, 네덜란드에서 출발하여 1601년 9월 20일과 10월 3일 사이, 무익한 시도지만, 광주(廣州)까지 갈 계획으로 주강(珠江) 입구에 모습을 드러냈다. Cf. *Ta-ssi-yang-kuo*, 1899, Ser.I, Vol.I, pp.253-254. 와이브란트 반 와어위크(Wijbrandt van Waerwijck) 제독이 이끈 15척의 거대한 네덜란드 군단은 1602년 중앙아시아와 극동 아시아 국가들을 향해 출발했고, 5년이 넘게 고국으로 돌아가지 않았다. 1604년에는 거기에 13척의 함대가 추가되어 스텐 반 데르 하겐(Sten van der Hagen) 사령관이 이끌었다. 코넬리스 마틸리프 데 종(Cornelis Matelief de Jonge) 사령관의 지휘하에 11척의 작은 배로 이루어진 세 번째 군단은 1606년 여름 믈라카(Malacca)를 함락시켰다. 그러나 인도의 스페

군인들이 가득 타고 있거나 좋은 무기들로 채워져 전쟁을 위해 잘 준비된 선박들이었다. 그들은 마음먹은 대로 많은 일을 저질렀다. 이[아시아] 일대의 포르투갈인들은 대부분 상인이고 그들의 배는 물건들을 싣고 있을 뿐[462] 군인과 무기를 잘 갖추지는 못했다. 그 바람에 몇 년 새, 이들 해적에게 많은 배가 약탈당했고, 상단 측과 당국은 엄청난 손해를 입었다. 인도에서 무장하고 개입하려고 했으나 할 수가 없었다. 그러려면 유럽의 군대와 같은 수준의 배와 무기를 갖추어야 했는데, 그렇지 못했기 때문이다. 초기의 약탈을 통해 큰 소득을 올린 네덜란드인들은 그것으로 더욱 무장하고 말루쿠와 모잠비크의 큰 성城들까지 침략을 시도했다.[463] 최근에도 믈라카에서[464] 비슷한 시도가 있었으나 계획대로 성공하지는 못했다.

그들은 복건福建성[465]에서 중국과 무역도 시도했다. 복건은 중국 남부

인 총독 알폰소 데 카스트로(Alfonso de Castro)가 공격하여 점령지에서 쫓아냈다. 하지만 카스트로가 떠나는 것을 감지한 마틸리프는 돌아와 습격하여, 카스트로가 세운 모든 베이스캠프를 파괴했다. 1607년 8월 28일과 9월 9일 사이, 광주에 진입하지 못한 채, 암본섬(Pulau Ambon), 티도레섬(Kota Tidore Kepulauan), 트르나테(Kota Ternate), 바탐섬(Batam)에서 회사의 지위만 확인하고, 마틸리프(Matelief)는 고국으로 돌아가면서 아시아 무역의 총괄을 네 번째 군단의 수장이었던 파올로 반 카아르덴(Paolo van Kaarden)에게 맡겼다. Cf. *Ta-ssi-yang-kuo, ibid.* pp.255-256; Cordier, *BS.*, cell. 2329-2331, 2340. 12년의 휴전은 1609년 4월 9일에 종료되었고, 스페인은 네덜란드인들에게 동방에서의 자유 무역에 합의했다. Cf. Acton, *The Cambridge Modern History*, III, Cambridge, 1907, pp.632-642.

462 상선(商船)이지 전쟁용 배[군함]들이 아니다.

463 1605년 9월 15일 자, 나가사키(長崎)에서는 이미 네덜란드인들이 암본섬(Pulau Ambon)을 점령하고, 티도레섬(Kota Tidore Kepulauan)까지도 차지했다는 것을 알고 있었다. Cf. NN.3345, 3383. 포르투갈인들이 몰루케(Molucche)를 공격한 것은 1607년이었다. Cf. Ciamueihoa, pp.114-115.

464 1606년 여름이다.

와 '떠오르는 태양'의 나라[일본] 사이, 바다를 끼고 있는 곳으로, 그들은 중국에 많은 수익을 약속했다. 그들의 의도는 [그 일대 해상에서] 일본인, 마카오의 포르투갈인, 필리핀[여송(呂宋)]에 있는 스페인 사람들을 모두 쫓아내는 것이었다. 그들은 무장한 채 협박과 겁을 주었다. 그러나 중국인들은 그들의 속임수에 넘어가지 않았고,[466] 그들의 요청을 하나도 들어주지 않았다.[467] 그들은 할 수 없이 파타나 왕국[468]과 그 인근 국가들로 되돌아갔고,[469] 인도와 중국을 오가는 상선을 대상으로 계속해서 약

---

465 그들은 1604년 8월 7일, 복건(福建) 관할지인 팽호(澎湖)섬에 도착했다. 그들에게 이정표가 되어 준 사람은 중국인 상인으로 이름이 이금(李錦)이고, 해징(海澄)에서 태어났다. 그러나 그해 12월 15일에 다시 떠나야 했다. Cf. Ciam̃ueihoa, pp.116-119, 122; N.1653.

466 1605년, 아마도 5월 12일경, 리치는 북경에서 이렇게 편지를 썼다. "중국의 항구에 세척의 네덜란드 함선이 다시 들어와 교역을 요청하며, 큰 부와 해상 경비(警備)를 약속했습니다. 그들은 포르투갈인과 스페인 사람들은 물론 일본인들까지 몰아내려고 했습니다. 그러나 복건(福建)성의 관리들은 그들[네덜란드인]을 상대로 보고 겪은 대로 많은 상소문을 올렸습니다. 그런 중에 어떤 환관 하나가 무역 허가를 내주려고 하자, 모두 그를 밖으로 쫓아냈고 결국 다른 곳으로 쫓겨 갔습니다. 그들의 배에서 나온 많은 물건이 이곳 수도에 도착해서 매우 비싼 가격에 팔리고 있습니다"(N.1653). 중국 자료에 의하면, 반 와어위크(van Waerwijck)는 1604년 10월, 복건성의 세관에서 일하는 환관 고채(高寀)(Ciam̃ueihoa, p.117)를 3만 텔에 사서 무역 협정을 맺었다. 그러나 곧 시덕정(施德政) 함장이 심유용(沈有容)이라는 이름의 관리를 보내 모두 수포가 되게 했다. Cf. Ciam̃ueihoa, pp.120-121; *Cronaca dei Mim*, c.45, f.29a-b.

467 Cf. N.3334.

468 파타니(Patani), 파타나(Patana), 혹은 파타네(Patane), 대니(大泥)는 시암(Siam) 만(gulf) 남쪽에 있는 말라카반도 동쪽 해안에 있는 도시다. Cf. D'Elia[1], XV-XVI *B b*와 n.217; Ciam̃ueihoa, pp.109-110. 반 넥크(Jacob Corneliszoon van Neck) 제독은 1601년 이곳에서 무역 협정을 맺으며 거기에 관리사무소를 설치하고 교역을 시작했으나, 1622년에 취소되었다. Cf. Terpstra, *De Factory der Oostindische Compagnie te Patani*, 1938; *TP*, XXXIV, 1938-1939, p.241; XXXII, 1936, p.288, n.1. 복건의 중국인들은 그곳에서 상거래를 하기도 했다.

469 앞서 말한 네덜란드인 반 와어위크(van Waerwijck) 제독은 1604년, 시암의 사절단을 통해서 북경에 네덜란드 사람을 하나 정착시켜 중국과 교역을 확보하려고 했다. 그러

탈로 해를 가했고,[470] 포르투갈인들이 마카오시市를 정복할 거라는 소문을 퍼트렸다. 이에 마카오의 시민과 백성은 작지만, 성벽을 쌓기 시작했다. 네덜란드 사람들의 공격에 방어할 수 있는 성채와 같은 형태였다.

778. 마카오의 성당이 불타고 새로 건립되다

같은 시기에 마카오 콜레지움의 우리 신부들은 성당이 화재로 전소되는 바람에, 새 성당을 짓고 싶어 했다. 마카오 항구를 순찰하는 중국인 관리들은 성채가 성당으로 보일까 두려워, 할 수 있는 한, 허락해 주지 않을 요량으로 허가장 발급에 많은 돈을 요구했다. 하지만 결국 허락해 주었다. 당시 마카오 수도원의 원장 발렌티노 카르발료 신부는 중국인들이 절대 방해하지 못하도록 웅장하게 성당을 세웠다.[471]

나 이 방법도 다른 방법도 아무런 성과를 얻지 못했다. Cf. *TP*, XXXII, 1936, pp.288-292.

470 1602년 10월 13일, 앵글로-네덜란드인 함대 하나는 코로만델(Coromandel) 반도 인근에서 믈라카와 일본으로 향하던 범선 한 척을 포박했다. 1603년 3월, 마카오에서 인도로 가던 부유한 상선도 반 힌스케크(Jacob van Heenskerck)에 의해 싱가포르의 좁은 해안에서 약탈당했다. 1603년 7월 30일, 마카오에서 상선(商船, *nave del traffico*) 하나도 포획당했다(N.701). 또 다른 배 한 척도 2년 후에 포획당했다. Cf. N.3379. 1605년, 인도의 배들은 중국으로 가지 않았다. 열 척의 영국 배들이 고아에서 마카오까지 그 바다를 황폐시키고 있었기 때문이다. Cf. N.3383. 그러나 비슷한 다른 문건들에는 드물지 않게 영국인들을 네덜란드인들과 혼동하고 있어 잘 들여다볼 필요가 있다.

471 이 새 성당은 훗날 순교하여 복자가 되는 카를로 스피놀라(Carlo Spinola)가 설계하여 1602년에 짓기 시작해서 1603년 12월 25일에 축성했다. 성당은 1605년 1월 안토니오 로드리게스(Antonio Rodrigues)가 편지에서 말한 대로 "세상에서 단 하나뿐인", "대단히 아름다운" 성당이었다. [내부 본당이] 세 개의 복도에 여덟 개의 기둥으로 구분되어, 양쪽에 세 개씩 경당이 있었으며, 열두 개의 제단이 있었다. 길이는 160 팔모[역자주: 로마 시대부터 내려오던 전통적인 길이 단위로, 근대 초, 유럽의 일부 국가에서는 8-12㎝ 정도의 길이를 일컬을 때 사용했다. 1600년대 이탈리아는 지역마다 편차가 있어 나폴리에서는 약 26.45㎝, 피렌체는 29.15㎝, 베네치아는 37.74㎝였다]에 폭이 84 팔모

779. 청주(靑州)섬의 빌라가 불타고, 원인을 제공한 관리가 즉각 심판받다

우리는 청주淸州[472]라고 하는 아무도 살지 않는 작은 섬에 성당을 하나 지어[473] 신부들의 휴식처로 사용했다. 관리들도 거기에 눈독을 들였으나

였다. 여덟 개의 기둥은 높이가 50 팔모였다. 건물을 모두 완성하는 데 든 비용은 1603년 마카오 콜레지움의 연차 편지에서 강조하듯이, 7천 텔 가량이었다(Ajuda, *ms.* 49-V-5, ff.24v-25r). 정면은 1640년 이후에야 완성되었다. 그러나 1835년 1월 26일에 일어난 화재로 성당이 전소되고, 지금은 정면만 유일하게 남아 있다. Cf. *Ta-ssi-yang-kuo*, Ser. I, Vol. II, 1559-1901, pp.483-492 e *ibid.*, Tavole XLVI, XLVII. [마카오 콜레지움의] 원장 카르발호(Valentino Carvalho)는 비용을 감당하느라 많은 고생을 했다. 로드리게스의 같은 편지에는 카르발호를 "유능한 전사처럼, 그가 아니었으면 [성당은] 불가능했을 것입니다"(N.3304)라고 묘사하고 있다. 1606년 1월 18일, 그의 마지막 보고서는 그가 사망하기 이틀 전에 쓴 것으로, 발리냐노가 전하는바, 인도에서 이 성당 장식을 위해 포르투갈인 화가를 한 사람 보내 달라고 요청했다는 것이다. 만약에 아무도 오지 않으면, 야고보 니쳄 예일성(倪一誠) 니바가 올 수도 있다고 했다. 그마저 못 오게 될 경우, 일본에서 니콜라오 신부가 오거나[N.286, 주(註)] 그의 제자 몇 사람이 올 수도 있다고 했다. Cf. N.3370.

472 포르투갈 사람들의 푸른 섬, 청도(青島)는 오늘날 중국어로 청주(青州[洲])라고 부르는 마카오 북서쪽에 있는 아주 작은 섬이다. 도시[마카오]와 제방으로 연결되어 있다. Cf. Montaldo de Jesus, *Historic Macao*², p.481; *AMCL*, I, p.8: II, p.55a[여기선 청주(青州)와 이입만열지(伊立灣列地)를 같이 간주]; *BDM.* XXXV, 1937, pp.108-117.

473 성당은, "높이가 60 혹은 70 걸음 정도 되고, 크기에 있어서나 수용 능력에 있어서나 도시의 모든 불교 사원들을 능가한다: 青洲山寺, 高可六七丈, 閎敞奇秘, 非中國梵刹比", 『희종실록(熹宗實錄)』(1621년 음력 6월, c.1, f.1)에 의하면 1606년에 세워진 걸로 보인다. 같은 문헌에서는 이 성당을 부수려고 했던 지현(知縣)이 장대유(張大猷) 박사이고, 그의 자가 윤승(允升)과 무정(武程)으로, 오늘날 호북(湖北)의 황피(黃陂)에서 태어났다고 한다. 그는 1595년에 진사가 되었다. *Annali Generali del Kwantung*, c.22, f.39a에 따르면, 그는 1601년부터 1605년까지 향산(香山)에서 관리로 있었다. Cf. Ciamueihoa, pp.60-61. 만약, 성당을 파괴하려고 했던 지현이 장대유(張大猷)가 맞다면, 1606년과 1601-1605년 둘 중 하나는 분명히 오류가 있는 것이다. 펠리옷(Pelliot, *TP*, XXXI, 1934-1935, pp.69-70) 교수는 『명사』(明史, *Storia dei Mim*, c.325)에서 묘사하고 있는 것이 마카오 주교좌성당이 아닐까 하는 물음에, 그건 아닌 것 같다고 했다.

큰 건물을 지을 수가 없어 포기했다. 관리들은 그것[우리의 성당]에 대해 잔소리를 했고,[474] 그중 한 사람이 사라센 회교도였는데, 어느 날 큰 축제가 있어 포르투갈 사람들이 모두 성당에 모여 행사를 하는 중에, 그가 [중국인] 병사들을 이끌고 섬으로 들어와 우리 집에 불을 질렀다. 그 바람에 거기에 있던 성 미카엘 대천사의 성화가 불에 탔다.

그 자리에는 우리 수사도 한 사람 있어,[475] [그들을] 저지하려고 했으나, 섬에서 우리 집을 지키는 몇몇 일본인들이 말렸다. 그렇지 않았으면 중국인 병사들과 그들의 대장 회교도가 쉽게 유혈사태를 일으켰을 것이다. 훼손된 성화를 들고 수사는 마카오로 돌아왔고, 우리 집의 봉사자들과 여러 사람이 그것을 보고 그리스도교에 대한 엄청난 명예훼손이라고 했다. 승자처럼 집으로 돌아간 그 관리에게 큰 비난이 쏟아졌고, 사람들은 몽둥이를 들고 그의 집으로 들이닥쳐 그를 두들겨 팼다. 중국인 병사들은 모두 도망갔다. 그들은 관리의 집을 망가트리고, 매질한 다음, 겁을 주기 위해 또 두 번 다시 이런 일을 벌이지 못하게 하려고 우리 집으로

---

474 『마카오 사(史)』(*Storia di Macao, AMCL*, c.1, f.8b)는 지현(知縣) 장대유(張大猷)가 [마카오] 성벽[高墉]을 부수려고 하다가 실패한 것에 대해 기뻐하며 소식을 전하고 있다(f.9a). 이 성벽은 1621년에 다른 세력에 의해 파괴되었다.

475 『1608년 마카오 콜레지움의 신부와 수사들에 관한 카탈로그(*Catalogo dos Padres e Irmãos do Collegio de Macao do anno 1608*)』(Londra, British Museum, *Manuscript Department, Additional Manuscripts*, N.9860)에서는 "안드레 수사가 청도 성당을 관리하고 있었다"라고 전한다. 이 수사는 일본인으로 1570년에 태어나 1589년에 예수회에 입회했다. 그에 관해서는 1604년 1월 25일의 카탈로그(Catalogo)에서 이렇게 정보를 주고 있다. "안드레 수사, 일본 축후[筑後, **역자주**: 복강현(福岡縣)의 남쪽 지역을 일컫던 옛 지명으로, 지쿠고(筑後 축후)라 불림] 출신, 34세, 예수회 입회한 지 15년; 건강한 편; 2년간 법률을 공부함"(*ARSI, Jap.-Sin.*, 25, f.80v, N.36). 이 수사가 당시 섬에 있던 성당의 책임을 맡았을 가능성이 크다.

끌고 왔다. 마카오의 장군[476]과 도시의 여러 통치자는 우리 집으로 와서 마치 그를 중재라도 하려는 듯, 크게 성을 내더니 집으로 돌려보냈다. 그런 다음, 마카오 지구가 속한 향산 시의 통감[향산욱(香山澳)][477]과 협상하여 모든 것이 만족스레 해결되었다.

780. 마카오가 미켈레 도스 산토스 대목구장의 성무 금지령하에 놓이다

이렇게 한꺼번에 몰려온 일로도 모자라는지, 또 다른 더 큰 일이 벌어졌다. 이 일로 중국선교가 통째로 날아갈 수도 있는 위험한 일이었다. 마카오시에 있는 모든 포르투갈 상인들은 중국과 거래를 한다. 그때 레오나르도라는 이름의 마카오 주교가 사망했는데, 그는 한때 예수회에 있다가 쫓겨난 사람으로, 고아 대주교에 의해 마카오 교구 주교로 임명되었다. 일을 그다지 잘하지도 않았고, 몇 가지 일에 있어 우리도 공개적으로 반대한 적이 있었다.

다른 것보다도, [그의 슬하에 있던] 교구신부 하나가 대놓고 프란체스코회 수도사 한 사람을 아주 무례하게 대했다. 수도사는 자신의 감찰관[478]을 통해 발렌티노 카르발료 신부에게 신변 보호를 요청했다. [새로 온] 대리 주교는 자기 그룹의 다른 사람들과 함께 교구신부를 대놓고 옹호하며, 수도사에게 감찰관의 말을 듣지 말라고 했다. 이에 교황 대리겸 판사

---

476 돈 디에고 데 바르콘첼로스(Don Diego de Vasconcellos)다.

477 당시 향산(香山)의 지현(知縣)은 거인[석사] 왕호선(王好善)으로 광서(廣西)의 등현(籐縣) 출신이다. 그는 1605년에 부임했다. Cf. *Annali Generali del Kwantung*, c.22, f.39b.

478 포르투갈어로는 "보수적인 판사(juiz conservador)"라고 적혀 있다.

로서 발렌티노 신부는 그를 파문했다. 그러자 영악한 대리 주교는 자신의 지위를 이용하여 자기를 방어하고자, 도시 [사람] 대부분이 우리와 정의의 편에 있지만, 권력이 없는 것을 보자 자기도 감찰관과 그 주변 사람들을 파문하고 도시에 성무 금지령을 붙였다. 대성당과 다른 몇 곳을 제외하고는 거들떠보지도 않았지만, 그것은 온 마카오시 전체에 큰 소동을 초래했다. 도시는 두 파로 분열되었고, 영적 무장뿐 아니라, 자주 칼과 소총으로 무장하여 대립했다. 엄청난 수난이고 혼란이자 비신자와 새 신자들에게는 큰 스캔들이 아닐 수 없었다.[479]

---

479 돈 레오나르도 데 사(Don Leonardo de Sá) 주교가 사망(1597년 9월 15일)하자 [N.214, 주(註); N.3325], 고아의 대주교 알레씨오 데 예수스 메네세스(Alessio de Jesús de Meneses)는 마카오 교회를 위한 관구 총대리겸 통감 ―오늘날의 교황청 행정관에 해당하는― 을 임명했다. 아우구스티누스 수도회 소속의 미켈레 도스 산토스(Michele dos Santos) 수사로, 처음에는 루이(Rui) 혹은 로드리고 콜라소[Colaço[Colasso]]라는 이름으로 예수회에 있었던 사람이다. 성 로렌조 본당의 부주임 피에트로 타바레스 멕시아(Pietro Tavares Mexia)라는 신부가 [프란체스코] 작은형제회 소속의 프란체스코 핀토(Francesco Pinto) 신부와 그가 대표로 있는 천사들의 성모 마리아 수도원을 모욕한 사건이 있었다. 작은형제회는 보수적인 마카오의 원장 발렌티노 카르발호(Valentino Carvalho)를 판사로 임명했고, 발리냐노와 평의회의 동의를 얻어, 평화롭게 일을 마무리할 수 있다고 믿고, 그 임무를 수락했다. 카르발호는 판사 자격으로 재판 출석을 하지 않은 피에트로 신부를 단죄했다. 그러나 미켈레 도스 산토스 수사는 사건을 자의적으로 맡아서 마카오시에서 성무를 금하고 도시에 있던 열다섯 명 정도의 사람들을 파문했다. 거기에는 카르발호, 핀토, 마카오의 총사령관 돈 디에고 데 바르콘첼로스가 포함되었다. 일은 1605년 5월 6일에 일어났다. 그러나 성무 금지는 성 로렌조 본당은 물론 거기에 딸린 수도원과 성 아우구스티노 성당은 포함되지 않았다. 이 일은 큰 스캔들이 되었고, 도시 전체가 둘로 나뉘어 당파를 형성하여 큰 혼란을 초래했다. 오래전에 법학 박사였던 발리냐노는 이 기회에 『성무 금지에 대해서(de interdicto)』를 써서 고아로 발송했다. 사건은 1606년 11월 29일에도 여전히 마무리되지 않았다. 이 일은 모두 바뇨니가 1606년 5월 15일에 말해 준 것이고(N.3364), 1605년 10월 7일, 1606년 11월 29일에 카르발호가 직접 말해 준 것이기도 하며(NN.3400-3406), 1608년 1월 17일에는 널리 알려진 소문이기도 하다(*ARSI, Jap.-Sin.*, 14, ff.291-294v). Cf. NN.3379, 3400-3407.

781. 중국을 상대로 반란이 일어나고 그것을 카타네오가 주동할 거라는 주장이 제기되다

대리 주교가 저지른 몇 가지 분열 중에서 [가장 큰 것은] 마카오에 사는 중국인들을 선동한 것이다. 예수회 신부들이 중국을 상대로 일부 포르투갈 사람들과 함께, 무장한 네덜란드인, 즉각 출동할 준비가 된 일본인과 중국 내륙에서 신부들의 연락망이 되는 몇몇 중국인이 합세하여 반란을 일으킬 거라는 소문이었다. 얼마 전, 필리핀에서 스페인 사람들이 했던 것처럼,[480] 먼저 마카오의 모든 중국인을 죽이고, 광동廣東으로 들어가 약탈한 다음[481] 중국을 손에 넣을 거라는 것이다. 그리고 그것을 주동할 사람으로 라자로 카타네오 신부를 지목했다. 카타네오 신부는 중국어를 잘 알고,[482] 북경과 남경은 물론 중국의 모든 지리를 알고 있어 중국 내부에서 움직이기에 좋은 사람이라는 것이다. 대리 주교와 그 일당은 예수회의 중국선교 계획에 반대했고, 그래서 지난번에 일어난 마카오의 분열이 생겼다고도 했다.[483]

그리고는 위에 말한 내용을 적어 예수회 신부들을 상대로 고소장을 만들어 인편을 통해 광동廣東의 도읍[484]에 있는 관리들에게 보냈다.[485]

---

480 1603년 10월 3일, 필리핀 마닐라에서 일어난 폭동으로 2만 명의 중국인들이 살해되었다는 소문이 있었다. Cf. NN.1650, 3327; *Storia dei Mim*, c.323, f.10a-b.

481 광동(廣東)의 도읍은 광주(廣州)다.

482 "중국인" 대신에. Cf. N.116, 본서 1권, p.365, 주(註) 321.

483 카타네오(Cattaneo)를 상대로 한 이 모든 비방은 "발리냐노(Valignano)를 괴롭히기 위해 누군가 의도적으로 만들어 낸 것으로, 언제나 특별한 혐오를 드러냈고, 그의 이런 나쁜 행동으로 예수회에서 퇴출당했고", 여전히 그런 짓을 일삼고 있었다(N.3441). 이 내용을 1607년 12월 일, 안토니오 로드리게스(Antonio Rodrigues) 신부는 고아에서 총장에게 편지로 썼다. 여기서 '누군가'는 로드리고 콜라소(Rodrigo Colaço)를 암시한다. Cf. Guerriero, II, pp.298-299.

이 소식을 들은 마카오의 중국인들은 모두 서둘러 도읍[486]으로, 혹은 고향으로 도망갔고, 이것을 본 사람들은 의심의 여지가 없다고 생각했다. 앞서 일어난 일이 있는 데다, 우리 콜레지움 안으로 포르투갈 사람들과 함께 앞서 성벽[487]을 쌓았기 때문에 안 그래도 의심 많은 중국인에게 이런 유언비어를 믿게 하고 사실로 만드는 건 그리 어려운 일이 아니었다.

782. 중국인 권력가들이 특히 광주를 중심으로 신중하게 수사를 시작하다. 유언비어가 밝혀지기 시작하다

이 일로 총독[488]은 바다와 육지를 지켜야 한다며 성省에 전쟁 준비를 명했다. 도읍에서는 군사 지휘권을 쥔 해도海道[489]가 천 채가 넘는 성벽 주변의 집들을 모두 부수라고 명했다.[490] 백성들로서는 엄청난 손실이었다. 마카오에는 통상적으로 드나드는 곡식 운반도 금했고, 포르투갈인들과의 모든 상거래도 금했다. 그리고 밤낮 감시[491]했다. 다른 더 큰 포고

---

484 여전히 광주(廣州)다.

485 많은 사람이 마카오에 대한 이런 소문에 흔들렸고, 광주시는 외국인들에 의한 폭동을 대비하여 무장했다. 마카오시를 둘러싼 두세 개의 성문과 해안에 벽을 세우고, 성벽을 강화하며, 주민들에게 무기를 나누어 주고 두 도시 간의 교류도 중단되었다. Cf. N.3384.

486 광주(廣州)다.

487 성벽은 벌써 두 번이나 침입한 네덜란드인들을 방어하기 위해 세운 것이었다. Cf. NN.777, 4185.

488 1606년에 총독이 된 사람은 하사진(何士晉) 박사로 의여(宜與) 출신이다. 그의 전임자는 과거 병부시랑(兵部侍郞)을 지낸 진대과(陳大科)다. 그는 강남(江南)의 통주(通州) 출신이다. Cf. *Annali Generali del Kwangtung*, c.18, p.25a-b.

489 Cf. N.209, 본서 2권, p.85, 주(註) 57.

490 1606-1607년도 연차 편지는 700 혹은 800채가 넘는 가옥이라고 말한다. Cf. N.4186.

491 보초를 섰다.

문도 도시의 성문들과 성省을 드나드는 여러 곳에 붙였다. 내용은 마카오에서 오는 사람은 아무도 집에 들이지 말 것이며, 특히 정수리를 타원형으로 밀고 다니는[492] 사제들은 절대 집에 들이지 말라며, 그런 사람 중에 라자로 카타네오 신부가 있는데, 그는 중국의 군주가 되고 싶어 한다고 했다.[493] 많은 사람이 그 내용을 믿었고, 어떤 사람은 이미 중국에 대해 아주 잘 알고 있고 이름까지 바꾼 마태오 리치라고 추측하기도 했다. 이 일로 광주에서는 큰 소동이 일어났고,[494] 북경의 황제에게 여러 통의 상소문이 올라갔다. 이를 기회로 우리를 반대하던 관리들은 우리가 포르투갈 사람들과 함께 쌓은 성벽과 성채가 반란을 위한 목적이었다고 했다. 이것은 북경에 있는 신부들에게 적지 않은 어려움을 주었다.

마카오의 포르투갈 사람들은 이런 상황을 보고 광주의 관리들 앞으로 사절을 보내, 자기네가 보증하겠다며 식량 조달을 멈추지 말아 달라고 부탁했다. 식량을 끊는다는 것은, 원수들이 바라는 것이고, 인도에서 오는 배에 그들의 물건과 돈이 있는데,[495] 최근 이삼 년간 배가 오지 않아 많은 사람이 가난하고 빈곤해졌다고 했다.

사절단과 다른 마카오에 사는 중국인들이 가서 진실을 전하며, 상상하는 것과 전혀 다르다고 했다. 그 바람에 진실이 어느 정도 밝혀졌고, 백성들은 자기네 집을 파괴한 해도에게 크게 불평하고 있었다. 해도는 좋지 않은 일이 생길까 두려워, 자기가 한 나쁜 짓을 해명할 방법을 찾기

---

492 삭발례를 한 사람이다. 1606-1607년의 연차 편지에 따르면, 광주에서는 신부들을 "삭발하고 수행하는 승려[和尙]로"(N.4186) 알고 있다고 했다.

493 Cf. N.4186.

494 광주에서는 백성에게 필요하지 않다며 성문을 닫고, 모두 무장했다. Cf. N.4186.

495 약탈당한 배에 실린 것들이다.

시작했다.

783. 황명사(黃明沙) 마르티네스 수사가 2월 20일경 광주에 와서 마카오의 명령을 기다리다

바로 그 시기에 앞서 언급한 것처럼,[496] 알렉산드로 발리냐노 신부가 입국하여 중국의 수도원들을 방문하고 싶다고 했다. 그래서 소주韶州에 있던 프란체스코 마르티네스[黃明沙] 수사[497]를 마카오로 불러 순찰사를 동행하도록 했다. 수사는 벌써 며칠째 말라리아로 고열에 시달리고 있는 중에도 광주까지 왔다. 광주에 도착하고 보니 앞서 말한 상황이 벌어져 있었고, 알렉산드로 발리냐노 신부에게 급히 알렸으나 그는 이미 사망한 뒤였다.[498] 이에 마카오의 원장[499]에게 자기가 광주까지 왔는데, 어떻게 하면 좋겠는지 답변해 달라고 했다. 그래도 마카오까지 가야 하는지, 아니면 소주로 되돌아가야 하는지, 이것은 니콜로 론고바르도 신부가 결정해 주어야 한다고 했다.

프란체스코 수사는 그 도시에서 카타네오 신부와 우리 예수회를 상대로 성문에 붙은 칙령들을 보고, 중국에 있는 신부들에게 어떤 위험한 일이 생길까 걱정이 되어 소주에 편지를 써서 대비하라고 일렀다. 자신은 결백하다는 것만 믿고 몸을 사리지 않았다. 북경과 남경의 관리들이 써 준 통행증이 있어도 일부 친구들이 경고하기를 빨리 도시를 빠져나가라

---

496 Cf. N.774.

497 Cf. N.354, 본서 2권, p.327 주(註).

498 그러니까 그가 광주에 도착한 것은 1606년 1월 말 이전은 아니다. 아니 어쩌면 Cf. N.784에서 말하는 것처럼, 2월 20일경일 확률이 높다.

499 발렌티노 카르발호(Valentino Carvalho) 신부다.

고 했다. 모든 사람이 그가 마카오 출신인 줄을 알고 있고, 반란을 주도하고 있는 예수회 수도회에서 있었던 사람인 줄을 알고 있기 때문이라는 것이다. 하지만 그가 생각하기에 마카오에서 답장을 받지 않고 가면 순명 서약을 어기는 것이고, 겁을 먹고 있다는 걸 보여 주는 걸로 생각했다. 때마침 성주간이기도 해서,[500] 수도원에서 광주에 있는 다른 몇몇 교우들과 함께[501] 성대하게 전례를 거행했다. 기도와 영적 대화로 할 수 있는 것 이상의 성대한 전례였다.

784. 법관이 황수사와 함께 온 사람들을 체포하다

프란체스코 수사가 광주에 온 지 벌써 한 달이 되었고,[502] 거의 집에서 침대에 누워 있었다. 여전히 열이 있었다. 그때 교우들 가운데 광주廣州에서 온 배교자가 한 사람 있었는데,[503] 그는 황수사에게 와서 돈을 주지 않으면 밀고하겠다고 협박했다. 자기가 원하는 것을 얻지 못하자, 그는 해안 방위 순경에게 가서 밀고했고, 순경은 그를 잡아 건네주면 광동의 관리들로부터 큰 포상을 받을 수 있을 거라고 했다. 그는 순경의 말에 우리의 수사와 묵고 있는 집에 대해 자세히 정보를 얻은 다음 이부(貳府)[부지(府知)[504]의 부재 시, 시를 통솔했음]에게 가서 고했다. 마침 그는 여러 예

---

500 3월 19일과 25일 사이다.

501 마카오에서 온 사람들로 추정된다.

502 만약 1606년 3월 26일 파스카[부활절]라면, 황명사(黃明沙) 마르티네스 수사가 광주에 온 지 벌써 한 달이 되었고, 발리냐노가 선종한 지 한 달이 지난 2월 20일경에 도착했다는 것이 분명해진다.

503 이 '역사서'에서 처음으로 그리스도인 배교자 이야기가 나온다.

504 "이부(貳府)"는 광주의 동지(同知)였고, 1606-1607년의 연차 편지에서 말하듯이 "이부(貳府)"라고 부른다. 하지만 그의 정확한 이름은 알 수가 없다. *Annali Generali del*

수회원이 숨어 있을 거로 생각하고 외국인 사제관이 있는 마카오시를 감시하며 위해를 가할 방법을 찾고 있었다. 이에 즉시 사람을 보내 황수사를 잡아 오도록 했고, 그를 알고 있는 많은 사람이 알아야 한다며 일을 요란하게 진행했다.

이부는 크게 기뻐하며, 해도가 그 도시의 백성에게 한 나쁜 짓을 정당화시켜 절친인 해도를 도울 수 있게 되었다고 생각했다. 같은 시기에 북경에서 좌천된 두 경찰국장[505]까지 가세하여 프란체스코 수사와 동료들을 체포할 것을 명했고, 말을 타고 무장한 채 많은 병사를 이끌고 나섰다.

그날 프란체스코 수사는 고열에 지쳐서 침대에 누워 있었는데, 그를 억지로 일으켜 체포한 뒤 우리 집에 있던 다른 두 봉사자[506]와 우리의 또 다른 수사의 친척 되는 두 어린 교우까지 모두 끌고 갔다.[507] 두 어린 교우의 삼촌도 집에 같이 있었다.[508] 그들은 그 집에 몇 명이 사는지 확인한 뒤, 대문을 봉쇄하고 열쇠로 잠가 모든 출입을 금했다.

785. 지부 앞에서 첫 심문을 받다. 중국어로 '약(藥)'이라는 것은 '화약'과 '약초'라는 의미를 지닌 동일 음(音)이다

중국을 염탐하러 온 외국인 신부[509] 하나가 체포되었다는 소문에 그

Kwangtung (c.21, ff.12b-13a)에 적힌 이 직무를 담당한 관리들의 명단이 있어도, 이 시기에 직무를 맡은 사람과 연도가 맞지 않는다.

505 이탈리아어 바르젤로(Bargello)는 경찰서장을 일컫는다.

506 황명사 수사를 "동행한 청년과 다른 더 어린 사람"이었다. Cf. N.4187. "청년"은 소주(韶州) 사람이었고(N.792), 이름이 아냐시오(NN.786, 789)며, 더 어린 사람은 아타나시오(Atanasio)였다(N.4195).

507 "두 어린 교우는 수사의 친척"(N.4187)이었다. 더 정확하게는 그의 남동생들이었고, 이름이 베드로와 바오로였다(N.4195). 그중 하나는 열두 살이었다(N.3385).

508 그는 수사가 살던 집의 집주인이었다. Cf. NN.786, 4187.

광경을 보려고 몰려나온 사람들로 도로는 지나갈 수 없을 정도가 되었고, 놀라운 것은 밤에도 많은 사람이 횃불을 들고 큰 소리를 지르고 있었다는 것이다.

이부貳府의 관청에서 심문했고, 별다른 재판 없이 모두 그 자리에서 바로 고문하기 시작했다. 막대기 두 개를 허벅지에 끼워 주리를 틀었는데, 그 고통이 너무도 커서 어떤 사람은 그 자리에서 기절하고 말았다.[510]

이런 난폭한 고문에 중국인들은 모두 소리를 질렀고, 황수사는 엄청난 인내와 침묵으로 견뎌 모두를 놀라게 했다. 오히려 어떤 사람이 자기는 괜히 그리스도인이 되었다며 투정을 하자 황수사는 광동 사투리[511]로 그를 위로하고 고무했다. 그리고 고문이 두려워 거짓 증언을 해서는 안 된다며, 하느님께서 도와주실 거라고 했다.

고문한 다음, 그 사악한 재판관은 황수사에게 누구였고, 그 도시에는 왜 왔냐고 묻기 시작했다. 마카오에서 온 것이 아니라 소주에서 온 것을 알았고, 관리들이 발급해 준 통행증도 있어 그에게 보여 주었다. 그것을 본 재판관은 그걸로 무엇을 할 것인지 의심하기 시작했다.[512] 다른 사람에게 물어봐도 같은 대답을 했다. 한쪽에선 통행증을 발급해 준 관리들의 노여움을 살까 두려워 거의 놓아주려고도 했다.

그러나 그 자리에 있던 고발자[513]가 증인들이 한 말을 증명하는 것이

---

509 신부로 추정한 것으로 보인다.

510 남자들에게 사용한 고문 기구다. 계단식으로 된 세 개의 나무판을 끼우면 발목뼈에 압박을 가한다. 거기에 우리의 수사 일행은 각자 25대씩 곤장도 맞았다. Cf. N.3385.

511 그는 광주사람이었고, 광주사람답게 사투리로 말했다.

512 이 수사는 상서(尙書) 왕충명(王忠銘)이 발급한 서류와 남경과 북경의(NN.774, 787) 여러 유명인사가 써 준 소개 편지를 갖고 있었다(N.774).

매우 중요하다고 했다. 그러면서 악의적인 것을 지어냈는데, 그 아이 중 하나에게 수사가 약藥을 샀냐고 물었다. 중국에서는 화약의 약藥과 같은 말로 쓴다. 그래서 그것을 구분하기 위해 "화약"은 "소총용 화약"[쟁약(鎗藥)][514]이라고 쓴다. 아이는 '예'라고 대답했다. 사실 황수사가 병이 들어 약을 샀기 때문에 그것은 사실이었다. 그러자 고발자는 큰 소리로 재판관에게 "바로 이것이 그가 쟁약鎗藥을 가지고 있었다고 고백한 것"이라고 했다. 이 말을 들은 수사와 다른 사람들이 손으로 아이에게 그렇게 거짓말을 하면 안 된다고 했다. 재판관은 모두가 화약이라고 하는 말을 들었다고 하며, 더욱 의심하기 시작했고, 자기들끼리 쑥덕거리며 그 말이 사실이라고 믿기 시작했다. 그리고 아이를 다시 불러, 본 것이 어떤 약[515]이냐고 물었다. 아이는 다른 사람을 의식하기도 했고, 또 사실을 말해야 했기에 간병약看病藥이라고 대답했다. 그러나 재판관은 아이의 손가락 사이에 막대기를 끼워 고문했고,[516] 아이는 겁을 먹고 자기가 본 것이 쟁약鎗藥이라고 말을 바꾸었다. 아이가 고문을 무서워하는 것을 보고는 사실을 말하면 용서해 주겠다며 아이를 구슬렀다. 이에 아이는 거기서 벗어나고 싶어 다른 거짓으로 증언했다. 우리의 수사가 마카오에서 온 수도사이고, 마카오에 보내기 위해 화약을 샀다고 했다. 다른 것은 모두 편견이었다.

---

513 그리스도인 배교자다.

514 치료용 약(藥)과 화약을 가리키는 약(iò, 藥)이 발음이 같다. 화약을 가리키는 말은 쟁약(鎗藥)이다. 그러니까 소총용 약은 가루로 된 약이지, 치료용 약이 아니다.

515 즉, 그냥 약이라고 물었다.

516 이것은 또 다른 고문 기구로, 여성들에게 주로 사용하던 것인데, 여기선 어린이에게 사용했다. 다섯 개의 막대기를 사용해서 다섯 손가락을 압박하는 것이다.

재판관은 수사의 모자를 벗기라고 했고, 수사는 중국식으로 긴 머리를 하고 있었다. 그리고 긴 머리카락 사이에 짧게 자른 것을 발견했다. 수사는 4대 서원을 준비하고 있었다.[517] 이것으로 이부貳府는 모든 사실이 밝혀졌다며 웃으며 우리 수사에게 묻기를 "이렇게 나쁜 짓을 하러 오는 사람이 관리들의 통행증은 왜 가지고 다니는가?" 수사의 말은 들어 보려고도 하지 않고, "내일 모든 것을 보게 될 것이고, 이실직고하게 되겠지"라고 말했다. 그리고 한 사람씩 멀리 떨어트려 감옥에 집어넣어 서로 말하지 못하게 하라고 명했다.[518]

다음 날, 이부貳府는 수사의 짐을 가지고 와서 열라고 했고, 우리말[유럽어]로 적힌 편지[519]와 유럽의 여러 가지 책들, 옷가지, 양말과 포르투갈에서 유행하는 몇 가지 옷 등이 있었다. 그로써 우리 수사는 마카오에서 왔다고 단정하고, 따라서 통행증은 모두 위조한 것으로 결론지었다.

고발자는 다시 이부貳府에게 황수사는 유명한 마술사라 물만 있으면 눈앞에서도 모습을 감출 수 있고, 일부를 다른 사람으로 변신할 수도 있다고 했다. 그러니 절대 물이 보이지 않도록 하라고 당부했다. 그 바람에 감옥에 있는 동안 물을 한 모금도 마시지 못해 큰 갈증을 겪다가 죽기 바로 전에야 누군가 측은지심에서 약간의 마실 물을 주었다.

---

517 그러니까 그는 사제서품을 준비 중이었던 걸로 보인다. Cf. N.354, 본서 2권, pp.323-324, 주(註) 87.

518 그들을 서로 떨어트려 놓는 것만이 아니라, "아무도 서로 도와주지 못하도록 손과 발을 묶도록 명령"(N.4187)한 것이다.

519 이탈리아어, 라틴어 혹은 포르투갈어로 적힌 것이었다. 론고바르도(Longobardo)가 발리냐노(Valignano)에게 보낸 편지였을 것이다.

786. 해도 앞에서 두 번째 심문을 받다. 잔인한 곤장과 사형선고

이부貳府는 그간의 일을 해도에게 보고했고, 해도는 죄인들을 끌고 나오라고 명했다. 모두 그의 문 앞에서 저녁까지 기다렸고, 사람들은 외국인 간첩을 보겠다고 떼로 몰려와 구경했다. 수사를 잘 아는 그의 친구들은 그를 매우 불쌍하게 생각했지만 말할 수 없었고, 아무도 접근하지 못하도록 한 조치 때문에 가까이 다가가지도 못했다.

심문을 시작하자마자 해도는 모두 엎드리게 한 다음 단단한 나무판으로 허벅지에 곤장을 때렸다. 너무도 잔인한 중국의 [고문] 방식이다.[520] 세 명의 어린아이들은 곤장을 못 견딜 것으로 판단하여 면해 주었다. 곤장은 모두에게 심각한 상처를 주었다. 병들어 고열에 시달렸고, 비쩍 마른 프란체스코 수사의 모습을 본 사람들은 비교인들조차 모두 측은해했다.[521] 뼈와 가죽만 남은 데다 어제의 고문에, 지금의 곤장까지 불쌍해서 볼 수가 없었다.

해도는 이부의 조서를 승인하고,[522] 프란체스코 수사와 다른 두 사람에게 사형을 선고했다. 두 사람은 우리 집에서 가장 크게 봉사하던 사람들로, 한 사람은 이름이 이냐시오로 황수사의 동료이고, 다른 한 사람은 아이들의 삼촌으로 황수사를 집에 들였다는 이유였다. 죄목은 화약과 소총 및 다른 전쟁 무기들을 사서 마카오의 외국인들에게 가져다주려고 했다는 것, 관리들의 통행증을 위조했다는 것, 덕德을 설교하는 것으로 가장하여 배신했다는 것이었다.

---

520 이런 형태의 고문에 관한 묘사는 Cf. N.161을 보라.

521 수사는 결핵을 앓고 있었고, 여름 내내 고열로 병상에 누워 있었다. Cf. N.4188.

522 다시 말해서, 동지(同知)가 한 심문을 근거로 하고 있다는 말이다.

787. 지부 앞에서 세 번째 심문을 받다. 계속된 곤장

그런 다음, 다시 감옥으로 보냈고, 프란체스코 수사는 밤새 큰 고통에 시달렸다. 상처에서는 피가 낭자했고, 손에는 수갑을 차고 발에는 쇠고랑이 채워져 움직일 수가 없었다.

다음 날, 3월의 어느 금요일,[523] 이부는 프란체스코 수사만 불러 다시 심문했다. 그리고는 모든 계획을 다 말하라고 다그쳤다. 이미 알고 있다는 것이다. 그렇지 않으면, 팔과 다리 한쪽만 형을 가하고, 나머지는 총독이 [형을 가]하도록 남겨 놓을 거라고 했다. 프란체스코 수사는 그리스도인이고, 어릴 때부터 하느님을 섬겨 온 사람이며, 지금은 예수회 소속으로 북경에 있는 마태오 리치의 제자라고 했다[신중하게 하느라 소주의 신부들은 언급하지 않았다. 같은 성(省)에 있어 체포하라고 사람을 보낼 수도 있기 때문이다]. 통행증은 모두 정상적으로 발급받은 거고 위조한 것이 아니라고 했다. 그리고 어떠한 마술도 한 적이 없다고 했다. 이부는 [자기가 원했던 대답이 나오지 않자] 화를 내며 해도가 한 것과 똑같이 잔인하게 다시 곤장을 치라고 명했다. 황수사는 이미 아무런 힘이 없었고, 상처에 다시 상처를 받자 몇 차례 곤장에 정신을 잃고 말았다. 이부는 고문 중에 죽을 게 두려워, 그를 비난하며, 판자 위에 일으켜 세운 다음 두 명의 짐꾼을 불러 속히 감옥으로 실어 가라고 했다.[524]

---

523 3월 31일, 부활 팔일 금요일이다.

524 Cf. N.764.

788. 1606년 3월 31일, 거룩한 죽음을 맞다. 되돌아보는 간략한 그의 약력

감옥 문 앞에서, 프란체스코 수사는 아무런 인간적인 위로도 받지 못한 채 주님께 영혼을 의탁했다. 1606년 3월의 마지막 날, 세상의 구세주께서 십자가에서 돌아가신 것과 같은 시간에 하느님의 성총이 내렸다고 생각할 수 있다.[525]

수사는 33살이었고,[526] 15년간 우리 집에서 하느님을 섬기며,[527] 모든 일에서 큰 공을 세워[528] 모든 신부가 그를 가까이 두고 싶어 했다. 기도와 신심 활동에도 성실했고, 그래서 하느님께서 그를 깨끗하게 하여 천국에 들어오도록 이런 잔인한 형벌을 허락하셨다고 생각할 수 있다.

프란체스코 수사가 사망했다는 사실을 안 관리들은 감옥에 명하여,[529] 간첩들의 수장으로 총독의 눈에 잘 띄는 곳에 묻으라고 명했다. 그들은 문밖에 매장하면서, 입던 옷 그대로 손에 수갑도 풀지 않고 발에 족쇄도 그대로 두었다. 이것도 하느님의 섭리로, 후에 우리가 그의 시신을 수습할 때 확실히 알 수 있었고, 그래서 그리스도교의 장례 예식에 따라 성지에 다시 묻을 수가 있었다.[530]

---

525 15시, 즉 오후 3시다. Cf. N.1718.

526 만약 카탈로그(Catalogo)에서 1593년 1월 1일에 25살이라고 했다면, 그것이 정확하다. 기억에 의존해서 쓰고 있는 리치는 1568년에 태어난 것을 1573년에 태어난 것으로, 5년을 잘못 기록하고 있는 거다.

527 실제로 1591년 1월 1일, 예수회에 입회했다.

528 그에 관한 아름다운 증언은 1599년부터 론고바르도가 하고 있다. 그리고 간접적으로도 1610년 11월 23일(N.3529)과 1613년 5월 14일에도 하고 있다(*ARSI, Jap.-Sin.*, 15, f.269 v; N.3824).

529 옥지기, 간수에게 명했다는 말이다. Cf. N.789.

530 Cf. N.799.

제11장

광동(廣東)에서 우리의 탄압이 끝난 것에 대해, 라자로 카타네오 신부가 사바티노 데 우르시스 신부와 함께 중국으로 돌아온 것에 대해, 그 외 소주 수도원과 관련한 일들에 대해

(1606년 4월 초부터 11월까지)

- 마카오를 상대로 한 군사적인 행동 명령에 불복하다. 봉사자 이냐시오의 구속
- 소주에서 폭동이 일어나다. 론고바르도가 직접 찾아가는 것을 포기하고 조경 총독과 광주의 여러 관리에게 탄원서를 보내다
- 론고바르도가 간통했다는 비방이 나돌고 결국 무죄임이 밝혀지다
- 총감 장덕명(張德明)이 신부들의 무고함을 확신하고, 소주에서 자세한 정보를 얻다
- 신중한 한 군관을 마카오로 보내 콜레지움을 방문하여 카타네오를 만나게 하다
- 총감이 피고인들의 무죄를 천명하고 고소인들의 유죄를 선언하다. 형을 판결한 판사의 파면
- 장덕명이 카타네오 신부의 무고함을 문서로 밝히고 그것을 광주에서 공표하다
- 카타네오와 데 우르시스가 소주를 경유하다
- 장덕명이 카타네오에게 그의 무고함이 밝혀졌다고 알려 주고, 총독에게는 마카오 사건이 잘 종료되었다고 안심시키다. 총독은 그 내용을 황궁에 보고하다
- 카타네오는 남경으로 가고, 데 우르시스는 북경으로 가다
- 황명사(黃明沙) 수사의 시신을 찾아 소주로 이송하여 장례를 치르고 마카오에 안장하다
- 선교사들을 상대로 한 반란. 소주에 새 선교사들이 들어오는 것을 금지하다
- 처음으로 소주 수도원을 다른 곳으로 옮기려고 생각하다

789. 마카오를 상대로 한 군사적인 행동 명령에 불복하다. 봉사자 이냐시오의 구속

두 성省을 통솔하는 새 총독[531]이 와서 마카오의 포르투갈 사람들이 반란을 일으켰다는 말을 듣자 광동의 모든 군대를 지휘하는 총병總兵이라고 하는 총사령관에게 명하여 그 일대 지방의 모든 군인을 총집결시키라고 했다. 마카오시의 반란군에 맞서 싸워야 하기 때문이다. 하지만 도읍[532]에 거처하는 총병은 먼저 사람을 마카오로 보내 상황이 어떤지, 새로운 무슨 일이 있는지를 알아보기 전에는 이런 가벼운 일에 큰 비용을 들여 움직이는 것을 꺼렸다. 마카오는 매우 평온했고, 포르투갈 사람들만 자기네끼리 나뉘어 있었다.[533] 이 소식을 총독과 다른 관리들에게 알렸고, 백성들 사이에서는 이부貳府[534]와 해도海道를 향한 원성이 자자했다.

프란체스코 [황명사] 수사가 사망하자,[535] 이부는 겁을 먹고, 모든 방법을 동원하여 우리의 봉사자 이냐시오[536]를 다른 진짜 반란을 일으킨 소주韶州의 일부 승려들과 함께 죽이려고 했다. 하지만 뜻대로 되지 않자, 간수[537]에게 명해 아무것도 먹을 것을 주지 말라고 명했다. 굶겨서 죽일 작정이었다. 그렇게 그는 우리의 수사에게 했듯이 잔인하고 부당한 모든

---

531 하사진(何士晉)이다. 광동(廣東)과 광서(廣西), 두 성의 총독이다.

532 광주(廣州)다.

533 도시[마카오시]에 대해 본문에서 언급한 사건의 결과는 시민들의 분열이라는 것을 암시한다. Cf. N.780.

534 다시 말해서 광주시의 이부(貳府)에 대한 말이다. Cf. N.784.

535 Cf. N.788.

536 Cf. N.784.

537 리치는 원문에서 "Prigioniero", '포로'라고 적은 것을 델리야가 오류를 수정하며 포로가 아니라 포로를 '감시하는 사람'이라고 말한다(N.788).

방법을 동원했다. 그러나 다른 포로 하나[538]가 불쌍한 마음에 몰래 자기의 것을 조금 나누어 주었다. 우리가 개입할 때까지 견디기에는 충분했다.

790. 소주에서 폭동이 일어나다. 론고바르도가 직접 찾아가는 것을 포기하고 조경 총독과 광주의 여러 관리에게 탄원서를 보내다

이부貳府는 또 우리 신부들이 거주하는 소주시 담당 지현知縣에게 명하여[539] 우리 집을 압수 수색하여 집에 무기와 다른 전쟁용 장비들이 있는지 조사하라고 명했다. 그들은 그렇게 했다. 하지만 아무것도 찾지 못하자, 우리가 뭘 하는지 보기 위해 우리 집 주변을 밤새 돌았다. 그때까지 우리 집에는 [집식구들이] 감옥에 있는지, 수사가 죽었는지 아무것도 모르고 있었다. 후에 새로 온 수사가 다른 사람과 함께 와서 마카오에서 있었다는 반란 사건과 그 주동자가 소주에서 오랫동안 살았던 카타네오 신부이고,[540] 온 도시가 공포에 떨었다고 전했다. 모든 신자와 개종을 준비하

---

538 리치는 "Prigioni", '감옥'이라고 쓰고 있는데, 델리야는 prigionieri, 즉 '포로들'이라고 수정하고 있다.

539 이 최고 관리는 지현(知縣)(NN.792, 4189) 혹은 소주시의 시장(市長)이다. 영풍(永豊)의 한 거인으로 이름은 유계정(俞繼程)이다. 그는 바로 그해, 1606년에 [소주로] 부임하여 1612년까지 있었다. Cf. *Annali della Prefettura di Shiuchow*, c.4, f.18b. 리치는 그에 대해 "가능한 모든 수단을 이용하여 돈에 대해 매우 탐욕적인 사람"이라고 했다. 론고바르도를 상대로 몇몇 사람이 그 사람[유계정] 앞에서, 많은 비방을 했고, 그는 "신부들한테서 큰돈을 뜯어낼 수 있을 걸로 생각했다." 그래서 신부에게 "여러 차례 체류와 관련하여 신부의 청을 들어주려면 큰돈이 든다며 돈을 요구했다"(N.791).

540 카타네오가 소주에 처음 도착한 것은 1594년 1월과 9월 사이고, 1598년 5월 말이나 6월 초까지 있었다. 1597년에 잠시 6개월 정도 마카오에 다녀온 것 외에는 계속 있었다. 이후에는 북부나 중부 혹은 남부지역으로 여행하면서 여러 번 들렀다. Cf. N.426, 본서 2권, p.403, 주(註) 295.

던 비교인들이 전부 떠났는데, [이는] 마카오의 사람들처럼 반란자로 몰릴까 두려웠기 때문이라고도 했다.[541]

니콜로 론고바르도 신부는 이야기를 듣고, 즉시 직접 총독을 찾아가 문제를 해결하고, 프란체스코 수사를 구하려고 했다. 그러기 위해서는 지부의 통행증을 받아야 했다.[542] 그렇게 출발을 기다리는 동안, 중국 상황을 잘 아는 친구들이 도당都堂[543]에게 먼저 편지를 보내는 것이 좋겠다고 조언했다. 편지에 이 일을 잘 설명하고 그의 법정에서 이 문제를 밝혀주기를 바란다고 했다. 그리고 총독이 부르면 그때 가기로 했다.[544]

그러니까 그들의 조언을 듣고 두세 차례 인편으로 편지[공문]를 보내고 있을 때, 이 일에 관련된 해도가 바로 그 총독의 관저에 왔다.[545] 총독은 신부를 부르지 않았고, 이 일에 관한 별다른 소식도 주지 않았다. 프란체스코 수사가 사망했는지, 마카오 반란이 모두 거짓임이 밝혀졌다는 등에 대해서도 알면서 아무 말을 하지 않았다. 물론 이런 정보는 이미 무익했다. 해도는 광주로 돌아오면서, 다른 사람의 죽음과 관련하여 경솔하게 사건을 진행한 이부에 대해 불평을 쏟아냈다. 프란체스코 마르티네스는

---

541 "온 도시가 그들[소주의 신부들]을 상대로 크게 반발했고, 가장 친숙하게 지내던 친구들조차 소식을 끊고 방문을 피했습니다"(N.4189).

542 도시를 통솔하는 지현(知縣)으로, 임시방(任時芳)이라는 사람이다. 사천(四川)의 염정(鹽亭)에 있는 동천(潼川)에서 태어났다. 1595년 진사에 급제하고, 1605년 소주에서 공직을 시작했다. Cf. *Annali della Prefettura di Shiuchow*, c.4, f.10a. 그가 조경(肇慶) 총독으로 있는 동안, 론고바르도의 여러 [사목] 여행을 인정하면서도 어떠한 확인증 발급도 해 주기를 거부했다. Cf. N.4191.

543 하사진(何士晉) 총독이다. Cf. N.782, 본서, p.233, 주(註) 488.

544 Cf. N.3387.

545 이 모든 일은 4월 말경에 있었던 걸로 추정된다. 왜냐하면 5월 15일에 바뇨니가 남경에서 그 편지[공문]를 썼기 때문이다. Cf. N.3387.

마카오에서 온 간첩이 아니라, 유럽인 몇몇 사제들의 제자로 총독의 통행증을 가지고 소주에서 살았던 사람이다.[546]

우리의 일로 편지 형식의 공문을 전달하러 온 사람은 광주에서 또 다른 공문을 관리들에게 전했다. 그제야 그들은 프란체스코 수사가 이미 사망했다는 걸 알았다.[547] 그리고 즉시 감옥으로 가서 갇혀 있던 사람들을 위로하고 비용을 지급하며, 우리가 풀어 주겠다고 약속하고 소주로 돌아갔다.

791. 론고바르도가 간통했다는 비방이 나돌고 결국 무죄임이 밝혀지다

소주에서 우리가 겪은 것은 이것만이 아니었다. 악마는 또 다른 일도 저질렀는데, 하느님께서 개입하지 않았다면 [나쁜] 선입견까지 얻을 뻔했다. 그 도시의 지현知縣[548]은 가능한 모든 방법을 동원하여 재물을 모으는 탐욕스러운 사람으로, 갈취하거나 거짓 소송을 받아 주고 승인해 준 다음,[549] 우리가 있는 지역의 네 향약鄉約[550]의 이름으로 몰래 자기 관저에 [뒷돈을] 두고 가게 하는 식이었다. 거기[그 도시]에 살던 그는[551] 같은 동네에 살던 어떤 여자와 간통했다는 불명예를 뒤집어썼다. 신부는 지현의 법정에 나오라는 통보를 받았고, 관리 앞으로 나가 자신이 들은 것을

---

546 론고바르도가 보낸 사람들이 조경(肇慶)에서 광주로 왔다가, 다시 돌아가는 중이었다.
547 그러니까 그들은 4월 초순 전에 도착한 것은 아니라는 말이다. Cf. N.788.
548 지현(知縣) 유계정(俞繼程)이다. Cf. N.790, 본서 p.246, 주(註) 539.
549 가짜 이름으로 서명했다. Cf. N.4190.
550 동네 혹은 마을의 우두머리다. Cf. N.734, 본서 p.152, 주(註) 241.
551 여기에서 "그"는 텍스트상, 지현이 아니라 론고바르도다.

낱낱이 말한 다음, 고발자들을 불러 이 일에 관해 진실을 밝혀 달라고 요청했다. 관리는 모두 거짓이고, 신부와 향약들에게 유해를 가하기 위해 경쟁자들이 지어낸 사건이라는 걸 알아차렸다. 그 외 다른 사람들은 지현이 얼마 전에 비슷한 일을 꾸며 화상和尙[552]으로부터 돈을 뜯어낸 것처럼, 신부를 협박하여 큰 돈을 뜯어내려고 꾸민 것으로 생각했다.

향약들을 소환했고, 불려 온 여러 사람이 자기가 꾸민 일이 아니라고 부인했다. 곤장을 때리고 고문을 해도 아무도 인정하지 않았다. 어떤 사람은 자기가 신부에게 이런 불명예를 줬으면 천벌[553]을 면치 못할 것이고, 이런 엄청난 죄는 자기 후손들에게 눈물을 흘리게 하는 거라고 했다.

기소된 여자도 불명예스럽기는 마찬가지였다. 자백을 강요당하고 더는 재판관들의 부당한 모욕을 견딜 수 없었던지, 도로 한복판에서 머리를 쥐어뜯으며 "왜 이 사람들은 내가 모르는 걸 고백하라고 하는가? 하늘이 보고 있거늘, 서양 승[번승(番僧)]이라는 이름은 한 번도 보지도 알지도 못했다오"라며 소리를 질렀다. 재판관 앞에서 여러 차례 고문을 받으면서도 이것은 거짓이라며 한결같이 모른다고 부인했고, 오히려 다른 사람과 나쁜 짓[간통] 한 일을 고백했다. 누가 봐도 이것은 신부에게 유해를 가하기 위해 지어낸 거짓이었다.

지현은 여러 차례 신부에게 사람을 보냈고, 다른 재판관들까지 가세하여 일을 순조롭게 해결하기 위해 돈을 요구했다. 신부는 결코 주려고 하지 않았고, 한 푼도 약속하지 않았다. 돈으로 해결했다고 생각하지 않도

---

552 Cf. N.187, 본서 1권, p.462, 주(註) 601.

553 천벌의 주체는 하느님이다. 여기에서 천(天)은 하느님이라는 의미다. Cf. 본서 1권, pp.58-61; N.170, 본서 1권, p.433, 주(註) 510.

록 하기 위해서였다. 신자들과 비교인들은 그 점을 좋게 생각했다.

관리는 한 푼도 건질 공산이 없어 보이자, 향약들에게 약간의 벌금형을 내리고, 그 지역에서 항상 좋은 평판을 들으며 살았던 신부에게 중상모략에 대한 무죄를 선포했다. 우리는 주님께 크게 감사했는데, 그것은 비교인과 우리와 그다지 친하지 않은 친구들의 증거로 이런 큰 불명예로부터 해방되었기 때문이다.[554]

792. 총감 장덕명(張德明)이 신부들의 무고함을 확신하고, 소주에서 자세한 정보를 얻다

그 집[수도원]의 일들이 이렇게 종료될 즈음, 도리道吏 하나가 북경에서 광주廣州[555]로 부임해 왔다. 장덕명張德明[556]이라는 사람인데, 황제의 생

---

554 이런 비슷한 사건은 1587년, 조경에서 루지에리도 겪은 적이 있다. Cf. N.297.

555 광주(廣州), 광동의 도읍이다.

556 여기서 장덕명(張德明)을 Ciamtémin이라고 써야 하는 걸 리치는 Cianminte라고 쓰는데, 이것은 어쩌면 당연한 실수일 수도 있다. 기억에 의지하여 기록하고 있기 때문이다. 이 사람에 관해서는 "조정[북경] 밖에서 공직을 맡고"(N.101), 도리(道吏)라는 직책으로 있는데, 이는 포정사(布政司) 혹은 안찰사(按察司)의 부사(副使) 중 한 사람이다. "포정사와 안찰사는 언제나 성의 도읍에 거주하며, 수하에 많은 비서를 두고 있다. 동료 또는 동지라고 할 수 있는 이 비서들은 모두 지체 높은 관리들이기도 하다. 도리(道吏)라고 부르는 이들[동료와 동지]은 가끔 도읍에 거주하지 않을 때도 있다. 왜냐하면 많은 도시를 관장하고 있어 각지로 시찰을 나가야 하기 때문이다"(N.102). 가령, 풍응경(馮應景)도 안찰사의 주사(主事)였을 때, "안찰사 관저의 도리(道吏)"(N.624)라고 불렀다. 그러니까 이들 광동(廣東)의 안찰사부사(按察司副使)는 1602년부터(*Annali Generali del Kwangtung*, c.20, f.24a) 아니면 적어도 1603년부터는(*Annali della Prefettura di Shiuchow*, c.4, f.3a; c.28, f.9a) 소주(韶州)에 관저를 둔 장덕명(張德明)이라는 사람이라는 말이다. 그의 자는 의우(毅宇)고, 절강(浙江)의 영가(永嘉) 사람이다. 그러나 같은 성(省)의 온주(溫州), 낙청(樂淸) 출신으로 1586년에 거인이 되었으니, 1550년경에 태어났다. Cf. *Index*, 24, III, p.83. 따라서 다른 곳에서 이미 언급한 바 있는 이 사람에 대해서 달리 의심할 필요는 없다(NN.450, 577). 비록 장덕명(張德

일[557]에 축하하기 위해 소속된 성省의 대표로 북경에 왔었고, 마태오 리치를 방문하여 친한 사이가 되었다. 그 바람에 우리가 고관대작들과 깊은 유대를 가진 걸 보았다. 그는 소주에서 하던 직무[558] 외에 해도가 하던 일을 대행하러 왔다. 왜냐하면 이전의 해도가 프란체스코 수사와 다른 사람들에게 한 나쁜 짓으로 인해, 북경의 관리들이 소환하자 처벌이 두려워 사직하고 고향으로 돌아갔기 때문이다.

그는 소주에 도착해서 옛 우정으로 론고바르도 신부를 방문했다.[559] 신부에게서 자초지종을 모두 들은 뒤, 마태오 신부와 그가 선물한 해시계[560]에 관해 이야기하면서 그것을 사용하기 위해서는 론고바르도 신부가 가르쳐 줘야 할 것 같다고 했다. 이후 신부는 그에게 프란체스코 수사에게 일어난 일과 광주에 갇혀 있는 다른 사람들을 도와 달라고 요청했다. 그리고 당시에 나붙었던 고발장 하나를 주었다.

장덕명은 불행한 일에 대해 깊이 유감을 표하며, 그들의 무죄를 잘 알

明)이라는 이름, Ciamtémin이 리치의 펜 끝에서 Cianminte으로 표기되어도 말이다. 그에 관한 짧은 신상기록은 *Annali della Prefettura di Shiuchow*, c.28, f.9a.에서 언급하고 있고, 여기에서 그의 시호가 환(宦)이고, 백성을 잘 돌보고 교역을 증진하는 데 최선을 다했다고 기록되어 있다. 연감(Annali)에도 그는 사찰을 건설하고 탑을 세웠다고 적혀 있다. 리치도 "이 사람의 좋은 마음"(N.797)에 주목한 바 있다. 1606-1607년도 연차 편지는 앞서 말한 내용을 확인시켜 주고, 그에 대해 "몇 년 전 소주(韶州)에서 도리(道吏) 또는 두 지역의 지사로 있는 사람과 론고바르도 신부는 매우 가까운 절친입니다"(N.4191)라고 말한다.

557 생일은 1605년 음력 8월 17일이었고(N.505), 양력으로는 9월 29일이었다. Cf. N.130.

558 소주에서 도리 직무를 수행하고 있었다.

559 하지만 디아즈 신부가 쓴 편지에는 론고바르도가 그를 만나러 갔다고 한다. "상류로 마중 갔다"(N.4191).

560 리치는 '해시계'를 horiolo del sole로 쓰고, 델리야는 meridiana로 쓰고 있다. 모두 같은 뜻이다.

고 있기에 신부가 청하는 것을 해결해 주겠다고 약속했다.

신부가 바랐던 것처럼, 신부와 함께 광주로 가는 것은 원하지 않았다. 하지만 프란체스코 수사의 시신은 찾아 주겠다고 했다.[561] 당장 광주로 갈 상황이 아닌 걸 보자, 교역으로 그곳에 와 있던 포르투갈 사람들로부터 수도원의 식량을 조달받아 소주로 돌아왔다.

장덕명이 광주에 오니 지난 일로 한바탕 소동이 일어나고 있었다. 론고바르도 신부한테서 들어 사실을 모두 알고 있었지만, 법적으로 명확하게 밝히기 위해 마카오의 반란과 관련한 일은 모른 척했다. 그리고 소주의 지현에게 편지를 써서, 거기에 사는 론고바르도와 카타네오 신부, 프란체스코 수사와 이냐시오에 관해 알아보고, 보고하라고 했다. 지현은 '형식상', 모든 걸 살폈고, 도리의 의도를 알아차렸으며 그가 우리와 친하다는 것도 알았다. 그리고 그것을 보고했다.[562]

793. 신중한 한 군관을 마카오로 보내 콜레지움을 방문하여 카타네오를 만나게 하다

[장덕명은] 또 마카오[563]에 사려 깊은 군관 하나를 보내 반란을 도모할 만한 증거가 있는지 조사하도록 했다. 군관은 마카오에 도착해서 라자로

---

561 논리적으로 그것을 "한" 사람은 신부다.

562 처음에 지현(知縣)은 신부들의 집을 방문하지 않고, 광효사(光孝寺) 근처에서 론고바르도의 방문을 받았다. 심문이 끝나자 집으로 차를 마시러 갔고, 거기서 자기가 선교사들의 보호자가 되어 주겠다고 했다. 이런 갑작스러운 변화에 론고바르도는 다윗의 시편 2장을 떠올렸다. "누가 권력을 자랑할 수 있겠습니까?" Cf. N.4192.

563 리치의 습관적인 필기법과는 달리, 여기에선 '마카오'라는 지명을 Macao라고 c를 하나만 쓰고 있다.

카타네오 신부에게 사람을 보내 상륙 허가와 함께 (중국을 상대로 한 반란의 거점이라고 들은) 성 바오로 방문 허락을 요청했다.[564] 그는 카타네오 신부를 콜레지움의 원장으로 생각한 것이다. 신부는 수도원의 모든 사람과 함께 그가 올 거라는 걸 알았고, 따뜻하게 환대했다. 콜레지움을 모두 보여 주며, 그들이 구도자들이고, 사람들에게 성덕의 길을 설교하고 가르친다고 했다. 서재와 신부들의 방에서는 많은 책을 쉽게 볼 수 있었고, 학당에서는 많은 학생이 공부하고 있는 것을 보았다. 그런 다음 병원과 수도원이 있는 도시를 모두 둘러보게 했다. 광주로 돌아간 군관은 마카오의 관리들에게[565] 카타네오 신부와 다른 신부들에 대해 매우 좋게 전했다.

794. 총감이 피고인들의 무죄를 천명하고 고소인들의 유죄를 선언하다. 형을 판결한 판사의 파면

이렇게 한 다음, 새 해도는 우리에 대한 소송 건을 이부에서 사부四府로 넘겼고, 이부가 한 못된 짓들이 모두 드러났다. 모든 정보를 수집한 다음, 우리에게 자행한 불의와 전임 해도와 이부의 엄청난 방종을 새 해도에게 설명했다.

해도는 즉시 고발자를 법정으로 소환했고, 해안 방위대장과 그 일로 감옥에 갇혀 있던 사람들을 모두 출두하라고 명했다. 그리고 가장 먼저

564 "성 바오로"는 마카오에 있는 성당 이름이자 예수회 수도원의 이름이기도 하다.

565 이 부분에서 리치는 집중력이 떨어진 것으로 보인다. "광주의 관리들에게"라고 쓴다는 것을 "마카오의 관리들에게"라고 말하고 있기 때문이다. "광주의 관리들"이 맞는 말이다. 군관은 마카오에 파견되었다가 "도읍"인 광주로 돌아가 장덕명에게 요청받은 결과들을 보고했다.

한 일은 고발자에게 "앞으로 나오너라, 너는 사악한 방법으로 프란체스코 마르티네스를 죽음으로 몰아넣고 무고한 많은 사람에게 고통을 주었다. 너에게 이제 천벌이 내릴 것이다.[566] 화약이 어디에 있고, 무기가 어디에 있으며, 전쟁 기구들이 어디에 있느냐? 이 세 어린이가 대명제국을 정복한단 말이더냐? 너는 이 일로 돈을 벌려고 했겠다, 내가 네놈에게 그 대가를 갚게 해 주마. 너를 총독부로 보낼 터인즉, 총독이 곤장으로 너를 죽이지 않으면 내가 거기서 합당한 대가를 치르도록 해 주마."

위협적인 이 말에 고발자는 땅에 납작 엎드려 머리를 처박으며[567] 애원했다.

새 재판관의 판결이 있은 다음, 그에게도 똑같은 형이 내려졌다. 그리고 왜 그렇게 사악한 짓을 꾸몄냐고 묻자, 이부를 기쁘게 해 주려고 했다는 것이다. 이부는 각종 방법으로 포르투갈 사람들이 반란을 도모하려고 했다는 구실을 찾고 있었기 때문이다.[568]

결국 모두 총독부로 압송되고, 고발자에 의해 부당하게 갇혀 있던[569] 우리 식구들은 풀려났다.[570] 새 재판관이 고발자를 상대로 한 재판은 의

---

566 Cf. N.791.

567 개두(磕頭) 혹은 최고의 낮은 자세를 말하는데, 이는 상대방을 존경해서이기도 하고, 여기서처럼 잘못한 행위에 대해 용서를 구하기 위해서기도 하다.

568 다시 말해서, 자신의 절친(N.784)인 해도(海道)(N.782)의 명령으로 수천 개의 가옥을 허문 걸 믿게 하려는 것이었다. 하지만 그 명령은 가볍지 않은, 도시가 처한 위험한 상황에 대처하기 위한 명분이었다.

569 총독은 사건을 도리(道吏)에게 넘겼고, "자기들은 최선을 다했다고 생각했습니다"(N.4194).

570 포로로 갇혀 있던 4명은 그제야 풀려났다. Cf. N.4194. 베드로와 바오로 형제는 자기네 집으로 돌아갔고, 이냐시오와 아타나시오는 소주로 귀환길에 올라 1606년 8월 10일에 도착했다(N.4195).

심할 여지가 없었고, 총독은 이를 근거로 사형을 판결할 계획이었다. 그러나 고발자는 총독의 친척을 통해 돈으로 목숨을 보전했다. 하지만 그는 이미 광주[571]의 관리들과 반대편에 있던 사람의 여러 친척이 원수로 여기고 있어, 크게 겁을 먹고 죽었다고 하고 다른 지방으로 도망갔는지 그 지역에는 두 번 다시 나타나지 않았다.

이듬해[572]는 조정 밖에 있는 관리들에 대한 전국적인 조사를 하는 해였고,[573] 전임 해도와 이부는 이 일과 성省에서 저지른 다른 악행들이 드러나 관직을 박탈당하고 집[고향]으로 돌아갔는데, 이후 한 번도 등용되지 못했다.

795. 장덕명이 카타네오 신부의 무고함을 문서로 밝히고 그것을 광주에서 공표하다

일이 순조롭게 마무리되고 있는 것을 본 라자로 카타네오 신부는 마카오에서 편지를 한 통 써서 인편에 광주로 보냈다. 거기에는 자신이 겪은 중상모략에 대한 대답과 함께, 그가 남경으로 돌아가도 된다는 내용의 남경 상서尙書[574]가 써준 통행증[575]을 언급했다. 만약 도리[장덕명]가 허락

---

571 광주를 리치는 Quantone, 델리야는 Canton으로 쓰고 있다.

572 그러니까 1607년이다.

573 그해는 시민관, 안찰사(按察司), 지부(知府), 법무관과 지현(知縣) 등이 북경으로 와서 "황제에게 복종 서약을 하는" 해였다. 이것은 3년마다 있는 것으로, 북경과 남경에서 진행된다. "이때 조정에서는 조정 밖에서 일한 모든 지방 관리들의 실적에 대한 심사를 진행한다. … 매우 엄격하게, 그들의 직무에 관해 심사한다." 그래서 4천 명이 넘는 관리가 1607년에 북경 방문을 예약했다(N.114). 그러나 1604년에는 3천 명이 북경을 찾았다. 남경과 북경, 두 수도에 거주하는 약 3천 명의 관리들은 매 6년에 한 번씩 이 행사를 치른다. Cf. Guerriero, II, p.99.

574 Cf. N.774, 본서 p.215, 주(註) 442에서 말한 것처럼 왕충명(王忠銘) 상서다.

한다면, 직접 [광주 법정으로] 출두해서 자신의 무고함을 해명하겠다고 했다.[576] 장덕명은 그의 편지를 크게 반겼고, "신부님의 무고함은 태양보다 밝고, 저는 벌써 모든 진실을 알고 있었습니다. 이미 깨끗이 해결되었고, 아무도 신부님을 해치지 못할 것입니다. 그러니 번거롭게 광주까지 직접 오실 필요는 없습니다"라고 대답했다. 그리고는 신부의 편지에 대한 답변을 인용한 공고문을 만들어 신부에게도 보내고, 백성들에게도 알려 마카오의 반란과 카타네오 신부에 대한 사건이 모두 거짓이므로 안심하라고 했다.[577] 이 공고문을 광주의 공공장소에 두 달 이상 붙였다.

796. 카타네오와 데 우르시스가 소주를 경유하다

알렉산드로 발리냐노는 [세상을 떠나기 전에] 카타네오 신부에게 다른 두 사람과 함께 중국 내륙으로 돌아갈 것을 명했다.[578] 그중 한 사람은 이미 입국할 수 없게 되었고, 다른 한 사람은 입국을 간절히 바라던 사바

---

575 Cf. N.218, 본서 2권, p.100, 주(註) 107.

576 론고바르도는 그[카타네오]가 소주(韶州)의 지현(知縣)을 방문하려고 했다는 정보를 주고 있다. 지현은 경찰국장이 카타네오를 알고 있는지 물었고, 카타네오가 나도는 비방에 대해 결백을 선언할 의지가 있다는 걸 알고, 카타네오에게 경찰국장을 직접 찾아가서 자신을 해명하라고 조언했다는 것이다. [론고바르도의] 이 메모는 소주에서 작성하여 마카오로 보냈다. 그때 카타네오는 마카오에서 소주로 다시 돌아갔다. Cf. N.4196.

577 이 공고문은 궤리에로(Guerriero, II, p.302)가 자신의 책에서 언급했다.

578 이것이 발리냐노가 1606년 1월 17일에 작성한 유서의 내용이다. "나를 동행하기로 한 라자로 카타네오 신부는 마땅히 중국으로 돌아가고, 프란치스코 로페즈(Francisco Lopez) 신부와 사바티노 데 우르시스(Sabbatino De Ursis) 신부를 중국 선교부로 파견하기로 했습니다. 그들은 [중국] 선교에 대한 사명이 있어, 우리 주님께 많은 봉사를 할 수 있을 것으로 생각됩니다. 이제 하느님께서는 제게 다른 소임을 주신 걸로 보입니다. 두 신부가 중국 선교에 투입되면 모든 일을 원장 신부님께서 알아서 해 주시기를 당부드립니다"(N.3359). Cf. NN.776, 3380, 3382.

티노 데 우르시스Sabbatino De Ursis 신부[579]였다. 우르시스 신부는 입국 준

---

579 사바티노 데 우르시스(Sabatino De Ursis) 신부는 1575년 [이탈리아의] 레체(Lecce)에서 태어나 철학을 공부하고, 1597년 11월 12일, 로마에 있는 예수회에 입회했다. 당시 수련장은 파비오 데 파비(Fabio de' Fabii) 신부였다. 코임브라에서 잠시 머문 뒤(N.3499), 1602년 다른 59명의 선교사와 함께 고아로 출발했고, 이듬해에 마카오에 도착했다. Cf. *ARSI, Jap.-Sin.*, 25, f.65. 1604년 1월 25일 자, 카탈로그(Catalogo)에는 "레체 출신의 이탈리아인; 29세; 예수회 입회한 지 6년; 체력은 양호; 수학 공부를 마침; 철학을 공부하고 신학 3년 차에 있음"(*ARSI, Jap.-Sin.*, 25, f.80, N.26)이라고 적혀 있다. 일본 선교사로 예정되어 3년간 계속해서 마카오에 머물렀다. 1606년 1월 20일, 발리냐노가 사망하면서, 앞서 본 것처럼, 유서를 남겼고, "수학과 건축에 대해 알고 있는"(N.3380) 데 우르시스를 일단 중국에 파견하기로 했다. 리치의 부름에, 아마도 1606년 7월에 카타네오와 함께 중국을 향한 여행길에 올랐고, 앞서 일어난 많은 슬픈 사건을 겪은 후에야 중국 땅으로 들어왔다. 8월에는 소주에 있었고, 거기서 리치의 명령이 기다리고 있는 남창(南昌)을 향해 떠났다. 카타네오는 남경으로, 데 우르시스는 북경으로 가라는 명령이었다. 그들은 1607년 상반기에는 예정된 곳에 도착해야 했다. Cf. NN.1810, 1886. 리치는 데 우르시스를 좋게 평가했고, 가까이 두고 싶어 했다. "그는 리치를 도와줄 줄을 알았고, 큰 기대를 거는 대상이 되었으며, 자신의 장점을 통해 [북경] 수도원에 도움을 줍니다"(N.1810). 1610년 9월 2일, 데 우르시스 자신도 인정하기를 "지금까지 저는 그분[리치]과 함께했고, 중국인들과 어떻게 교제해야 하는지 방향을 제시해 주었으며, 중국어로 철학과 신학을 읽도록 했습니다. 하지만 그분이 저를 이 집에 부른 목적은 그분이 했던 것처럼 제가 수학을 소개하는 것이었습니다"(N.3497). 리치는 사망하면서 북경 수도원의 원장으로, 그곳에 십 년가량 있은 판토하를 임명했다(NN.3497-3498, 3807). 하지만 설립자[리치] 개인으로서, 자기 영혼의 비밀들은 데 우르시스에게 의탁했다(NN.960, 3487). 리치가 사망한 후에 발견된 일기와 리치가 작성한 보고서(Relação)가 있는데, 1610년 9월 2일에 끝낸 첫 번째 편집본은 잃어버렸지만(N.3500), 1611년 4월 20일 자는 남아 있다. 이 보고서는 리치가 초기 생활을 기록한 자서전을 적고, 그 뒤에 보고서 양식으로 적은 수기본으로 1910년까지 전해져 포르투갈어 원문 텍스트를 로마에서 인쇄했다. 중국의 달력 수정(1611년)을 선교사들에게 맡기는 첫 번째 시도는 이지조(李之藻)(cf. N.215)와 서광계(徐光啓)(cf. N.303)의 도움으로, 데 우르시스가 맡았고, 우주의 이론에 관한 유럽의 책들을 중국어로 번역하기 시작했다. 그러나 이 첫 번째 시도는 무산되고, 데 우르시스는 책란(柵欄) 묘지 소속 [수도원에서] 유압기계 제조에 몰두했고, 조정의 모든 관리를 놀라게 했다. 이에 서광계는 데 우르시스를 독촉하여 이와 관련한 책을 쓰도록 했고, 그것이 1612년에 나온 『태서수법(泰西水法)』이다. 바오로 박사 외에도, 저명한 세 명의 고관들이 이 책의 서문 쓰는 것을 명예로 알았다. 그들은 급사중(給事中) 조우변(曹于汴)(cf. N.600, 본서 3권, p.292, 주(註) 726.)과 두 문인 학자 팽유성(彭惟成)과 정이위(鄭以

비를 마쳤다. 그리하여 중국 배 한 척을 빌려, 해도의 통행증과 서신을 들고 수로를 이용하여 광주[580]를 거치지 않고 바로 소주로 왔다.

그들은 곧장 강서江西와 남경南京을 거쳐 남웅南雄[581]까지 왔다. 카타네오를 아는 여관에서는 그들을 받아 주지 않았고 통행도 저지당했다.[582] 그를 공격했던 포고문이 그곳에 여전히 붙어 있었고, 그들이 가지고 간 새 해도의 편지와 해명 공고문은 아직 도착하지 않아 믿을 수가 없다는 것이다. 결국 어쩔 수 없이 소주까지 되돌아와서 장덕명 도리를 찾아 되돌아온 경위를 설명했다.[583] 이에 론고바르도 신부는 장덕명에게 지난 일에 대해 신부가 무고하다는 것을 입증하는 법적 형식의 증명서를 한 통 써 달라고 요청했다. 그는 기꺼이 써서 신부에게 주었다.

그리고 카타네오 신부가 거기[소주]에 있는 줄 알고, 증명서를 보내면

偉)였다. 그 밖에 다른 여덟 명도 어사(御史)처럼 혹은 교정자로 이름을 올리고 싶어 했다. Cf. Bartolo[1], III, c.8, pp.16-17. 1616년에 박해가 시작되었고, 이듬해 3월 18일, 데 우르시스는 판토하와 함께 북경을 떠나야 했다. 그 바람에 광주를 거쳐, 결국 마카오로 갔다. 마카오에 있는 동안 1618년 2월 17일, 마카오 수도원 원장 지롤라모 루이즈(Girolamo Ruiz) 신부의 집전으로 4대 서원을 했다(*ARSI, Lus.*, 4, ff.8, 25, 126, 133). 1620년 5월 3일, 리치 사망 10년 후, 마카오에서 사망했다. Cf. Bartolo[1], II, c.262, pp.511-512; III, cc.5-8, 90, 134, pp.9-19, 204-205, 287; Tacchi Venturi, II, pp.LVIII-LIX.

580 여전히 리치는 Quantone, 델리야는 Canton으로 쓰고 있다.

581 Cf. N.397, 본서 2권, p.369, 주(註) 193.

582 "통행", 즉 "지나가도록", "여정을 계속하도록".

583 이들은 "떠난 지 며칠 지나지 않아서"(N.4196) 소주에 왔다. 즉 카타네오의 결백이 알려진 지, 며칠 만에(cf. N.795), 그러니까 8월하고도 정확히 10일 이후에야 수사의 가족 이냐시오와 아타나시오(N.4195)가 감옥에서 풀려난 날, 소주에 도착했고, 카타네오와 데 우르시스가 남웅(南雄)에서 오기 며칠 전에 소주(韶州)를 다시 지나갔다(N.4197). 이 날짜는 1606년 8월, 두 신부가 소주를 처음 통과한 날짜를 아는 데 도움을 준다.

서 이튿날 자신의 법정으로 나와 달라고 요청했다.

797. 장덕명이 카타네오에게 그의 무고함이 밝혀졌다고 알려 주고, 총독에게는 마카오 사건이 잘 종료되었다고 안심시키다. 총독은 그 내용을 황궁에 보고하다

출두 명령에 우리는 약간 걱정했다. 해도는 자신의 관아 대문에 공개적으로 방을 붙여 이튿날 카타네오 신부 소송 건으로 그를 심문하겠다고 공표했기 때문이다. 그래서 신부는 일어날 수 있는 모든 일에 대비했다. 하지만 바로 그 사람[장덕명]의 좋은 뜻을 알아차렸다. 그의 관아에 들어서자마자 그는 웃으며 벌써 중국의 왕이 되었냐고 물었다.[584] 그런 다음 마카오에 관해 물었고, 다시 온다던 일본인에 대해서,[585] 못된 짓을 일삼던 카프리인들[586]과 나쁜 포르투갈 사람들[587]에 대해서도 물었다. 이에

---

584 "도리는 그[카타네오]를 보더니, 자리에서 일어나 가까이 오라고 명했습니다. 그리고 이렇게 말했습니다: 그들이 라자로 카타네오, 그대를 중국의 왕으로 삼으려고 했고, 당신 나라를 하느님의 왕국[天國(?)]이라고 부른다지요"(N.4197). [두 사람은] 선 채로 대화를 계속했고, 깊은 호의적인 인상을 남겼다.

585 우리가 있던 시절에 일본인들은 종종 중국의 해변에 해적으로 출몰하곤 했었다. 1608년 8월 23일, 리치가 북경에서 쓴 편지에는 "타타르인과 일본인들, 그리고 주변국들이 계속해서 더 큰 공포를 가져다주고 있습니다"(N.1892)라고 말하고 있다.

586 **역주_** 카프리(Cafri)는 아랍어의 kāfir에서 유래한 말로 '믿지 못할', '믿을 수 없는' 사람이라는 의미다. 아프리카 남동부, 케이(Kei) 강과 드라켄즈버그 산맥(Drakensberg Mountains) 사이, 랜드 베르그(Rand Berg)와 인도양 해안 사이에 살던 흑인 부족의 이름이다. "Cafri" di Renato Biasutti - Aldobrandino Malvezzi de' Medici - Carlo Tagliavini, *Enciclopedia Italiana* (1930). https://www.treccani.it/enciclopedia/cafri_%28Enciclopedia-Italiana%29/

587 이들 카프리인 혹은 흑인들은 마카오에 있던 포르투갈인들의 노예들이었다. Cf. N.302, 본서 2권, p.246, 주(註) 472.; NN.302, 316. '나쁜'이라는 뜻의 "Cattivi"는 라틴어 "captivus"에서 온 말로, 스페인어 "cautivo"와 포르투갈어 "captivo"다. 이것은

신부는 일본인들은 오다가 바다에서 난파되어 자기네 주군의 명에 따라 즉시 되돌아갔고, 카프리인들이 못되게 한 것은 자기네 주인의 뜻과는 상관없는 거라고 했다. 결국 장덕명은 신부가 마카오를 벗어나 중국으로 되돌아가는 것을 승인했다.

이 일이 있고 난 뒤, 우리의 요청으로, 그는 총독[588]에게 편지를 써서 자기가 직접 라자로 카타네오 신부를 심문했고 마카오는 이미 매우 안정을 되찾았다고 했다. 반란의 위험은 전혀 없다고도 했다. 그리고 총독은 마카오 사건이 크게 알려진바, 황제에게 상소를 올려 그것이 모두 거짓이라며, 그 도시에서는 반란이 일어날 수 없다고 했다. 신부들[589]도 그 상소를 보았고, 그것을 마카오의 신부들에게 포르투갈어로 번역하여 보냈다.

798. 카타네오는 남경으로 가고, 데 우르시스는 북경으로 가다

카타네오 신부는 사바티노 신부와 함께 그 증명서를 가지고 안전하게 다시 여행길에 올랐고, 남웅은 물론 가는 모든 지역에서 숙식을 제공받았다. 남창南昌에 도착해서 마태오 리치의 명령이 있었다는 것을 알았고, 그에 따라 카타네오는 남경 수도원에 남고, 사바티노 신부는 북경 수도원으로 향했다.[590]

"prigioniero", 곧 '포로', '죄인', '자유를 박탈당한 사람'이라는 뜻이다.

588 하사진(何士晉)이다. Cf. N.782, 본서 p.233, 주(註) 488.

589 다시 말해서, 북경에 있는 신부들이다. 리치가 직접 보았을 가능성이 크다.

590 데 우르시스(De Ursis)는 1607년 초중반에는 북경에 도착해야 했다. Cf. NN.1810, 1886.

799. 황명사(黃明沙) 수사의 시신을 찾아 소주로 이송하여 장례를 치르고 마카오에 안장하다

장덕명은 또 프란체스코 수사의 시신을 수습할 수 있도록 허락했다. 그가 우리 식구라는 것은 금세 알아볼 수 있었는데, 입고 있던 옷이 그대로였기 때문이다. 시신은 소주로 와서 많은 신자가 지켜보는 가운데 장엄하게 장례를 치렀다. 많은 교우가 중국의 관습에 따라 곡曲을 했다.[591] 후에 우리의 친구 비교인들도 와서 수사가 당한 모든 일이 거짓이었다는 것을 알았다며, 프란체스코 수사가 보여 준 성덕을 크게 칭송했다.

그의 시신은 후에 마카오로 보내 성역에 안장했다. 소주에는 우리의 공동묘지도 없었고, 우리가 묻힐 만한 장소도 없었기 때문이다.[592]

800. 선교사들을 상대로 한 반란. 소주에 새 선교사들이 들어오는 것을 금지하다

우리가 사는 강변 지역[593] 사람들이 뒤늦게 이 소식[마카오 사건]을 들었고, 광동 출신의 군관 하나가 와서 우리 때문에[594] 몇 달 전에 도시[광

---

591 Cf. N.133.

592 1607년 10월 5일과 18일 사이에 도리(道吏) 사무실의 착한 사람들을 통해서 [황수사의] 시신이 신부들에게 전해졌다. 그리고 10월 18일경 마카오로 보냈다. 1605-1607년의 연차 편지는 1607년 10월 5일에 썼는데, 그해 10월 18일 자로 언급한 시신 이송이 있을 것을 말한다. "소주(韶州)의 신부들은 도리를 통해 프란체스코 마르티네즈 수사의 시신을 받았습니다. 하지만 중국 땅에는 그를 묻을 곳이 없습니다. 그러므로 그를 마카오로 보내니, [마카오] 수도원 공동묘지에 편히 안장해 주시기 바랍니다"(N.4259). 데 알메이다(De Alemida)와 데 페트리스(De Petris)의 시신도 마카오에 안장했다. Cf. N.425. 중국의 첫 그리스도인 공동묘지를 갖기까지는 리치 자신이 사망할 때까지 기다려야 할 것이다. Cf. NN.971-1000.

593 하서(河西) 혹은 "강 서쪽" 지역이다.

주]가 위험에 빠졌다고 소문을 냈다. 사람들이 모두 우리를 상대로[595] 반란을 일으켜 한바탕 소동이 일어났다고 했다. 그 지역에서 계속해서 분란을 일으키는 신부들을 쫓아내려고 도리 장덕명까지 나섰다는 것이다. 이에 자기들한테 하나도 도움이 안 되는 신부들 때문에 여러 번 관리들이 벌을 받고 단죄받았다고 했다.

도리는 그들이 하는 말이 거짓이라는 것을 알았고, 관리들이 받았던 벌은 그들의 악행에 대한 처벌이었다는 것도 잘 알고 있었다. 하지만 [민심을 달래기 위해] 그들에게 조심하라는 내용과 함께 더는 새 신부들이 그 집으로 오는 것도, 다른 외국인 신부들이 그 집을 거쳐 다른 성으로 가는 것도 금하겠다는 포고문을 발표했다.[596] 다시 이런 일이 발생하면 [신부들을] 모두 그 지역에서 추방하겠다고도 했다. 이것으로 일단 소동은 잠잠해졌다.

---

594 1606-1607년도 연차보고서에 따르면, 장덕명(張德明)이 언젠가 식사 중에 직접 한 말로, 자신이 때맞춰 광주에 오지 않았다면 소주에서, 많은 사람이 죽었을 거라고 했다는 것이다. 그 말을 들은 사람들은 선교사들을 고발한 범죄자들을 처벌할 의향이 있었다는 걸 충분히 예상했다. 거기에는 400여 명의 반란자와 많은 승려가 연루되어 있었다. Cf. N.4198.

595 더 정확하게는 두 가지인데, 하나는 승려들의 이름으로, 다른 하나는 일반 백성의 이름으로 소문을 냈다.

596 여기서 리치는 적지 않게 줄여서 말하고 있다. 1606-1607년도 연차보고서는 상당히 많은 개별 정보들을 주고 있다. 처음에 경찰국장은 시위자들에게 발언권도 주지 않았다. 후에 분노한 군중 앞에선 자신을 발견하고서야 자기가 읽은 내용을 인정하지 못하겠다는 듯 고개를 흔들며 소장(訴狀) 또는 "비방문"을 읽었다. 그리고 드디어 리치가 말한 것처럼, 흥분한 사람들을 달래기 위해 포고문을 작성, 발표했다. Cf. N.4198.

801. 처음으로 소주 수도원을 다른 곳으로 옮기려고 생각하다

이 일로 우리는 소주 수도원을 접고 다른 곳으로 갈 생각을 하기 시작했다.[597] 더 큰 성과를 기대할 수 있는 곳으로 말이다. 그 박해로 인해 많은 교우가 신앙에서 멀어졌고, 모든 사람이 그리스도교에 대해 냉소적이었다. 그 지역의 사람들은 나날이 우리에게 적대적이었다. 그렇지만 그때는 움직이는 것도, 변화를 시도하는 것도 좋은 것 같지 않았다.[598]

---

597 1608년 3월 6일, 리치는 소주 수도원을 성(省)의 다른 곳으로 옮기는 문제에 대해 편지를 썼다. "더 많은 성과를 기대할 만한 곳으로"(N.1794) 말이다. 이틀 후 그는 그곳의 그리스도교는 쇠약해졌다고 명시하고 "이곳에서는 더 이상의 풍성한 열매를 맺을 희망이 거의 없습니다"(N.1812)라고 적었다. 같은 해 8월 23일, 그는 그곳에서 그리스도교는 거의 꺼졌다고 고백하며, "선교활동이 거의 멈추었습니다"(N.1888)라고 전했다. Cf. N.3519. 그렇다고 이 수도원을 버린 건 아니다. 1612년 4월 25일, 가스파레 페레이라 신부(Garpare Ferreira)와 에마누엘레 디아즈(Emanuele Dias) 신부가 두 중국인 수사와 함께 이곳에서 남웅으로 수도원을 세우러 갔기 때문이다. 여기서 두 중국인 수사 중 한 명이 도메니코 구량품(丘良禀) 멘데스다. 그들이 세운 남웅 수도원은 그해 5월 15일경 문을 열었다. Cf. N.3821; Bartoli[1], III, cc.22, 24, pp.59-64, 66-68; N.402, 본서 2권, p.376, 주(註) 221.

598 초창기 이 모든 시기에 중국 내륙에 있던 선교사들이 부딪힌 큰 어려움은 현지 신자들에게 부담을 주지 않기 위해 그들의 생계비를 마카오의 포르투갈인들로부터 조달받고 있었기 때문이다(Cf. N.774, 본서 p.216, 주(註) 450). 그러다 보니 중국인들은 선교사들이 연금술사들이고, 직접 은을 만들어서 쓰는 걸로 생각했다. 아니면 그들이 정탐꾼으로 온 외국인들로부터 생활비를 [조달]받는다고 생각했다(N.295). 1612년 론고바르도가 우리에게 증언하는 것처럼, 과거의 사건을 통해 [여러 가지를] 경험한 리치는 자신이 마카오로부터 재정적인 도움을 받고 있다고 고백하는 것보다 연금술사 한 명을 통해 도움을 받고 있다고 하는 편이 덜 해롭다고 생각했다. Cf. *ARSI, Jap.-Sin.*, 113, ff.266v, 267v-268r.

제12장

우리 수도회의 베네딕토 데 고이스 수사가 인도에서 카타이까지 여행한 것에 대해, 그의 장상이 대(大) 카타이를 밝히기 위해 카슈가르 왕국의 수도까지 그를 보내게 된 것에 대해

(1602년 10월부터 1603년 11월까지)

- 인도 선교사들이 카타이에 살고 있을 것으로 추정되는 그리스도인들을 염려하다
- 데 고이스의 파견 계획에 대한 명분
- 카타이에 산다는 그리스도인들은 누구인가
- 예수회 여행자가 받은 이름과 신분
- 1602년 10월 29일, 아그라를 출발하다
- 라호르(Lahore)에서 카불(Cabul, 可不里) 시(市)까지 여행
- 카불에서 코탄(Chotan) 왕의 모친을 만나다
- 카불에서 칼치아(Galcias) 지방 탈한(Talichàn)까지
- 탈한에서 테스칸(Teščan)까지. 토구들에 대한 두려움
- 칼치아의 도적들. 대상(隊商, Carovana)[599]들이 겪은 여러 가지 위험
- 바다샨 텐기(Teng-i-Badacsciān)를 넘어 치아치우나르(Ciarciunar)까지
- 세르파닐(Sir-i-Pāmir)에서 사르콜(Sarīcol)을 지나 탄게타르(Tenghi-tar)까지
- 탄게타르에서 야르칸드(Iarcand)까지

---

599 **역주_** 문맥에 따라서 대상(隊商) 혹은 상단, 카라반(Carovana)으로 쓰기로 한다.

802. 인도 선교사들이 카타이에 살고 있을 것으로 추정되는 그리스도인들을 염려하다

무굴제국(Gran Mogore)[600]에 있던 예수회 신부들을 통해 인도에 새로

---

600 모고르(Mogore) 혹은 모골(Mogor), 즉 모굴(Mogul)과 모골로(Mongolo) 등 같은 말을 여러 이름으로 부른다. 대(大) 모굴[Gran Mogul] 또는 대(大) 모고르[Gran Mogor]는 몽골인(Mongoli) 왕조가 1526년부터 1857년까지 인도(India) 중부와 북부지역을 통치했다. 이 이름은 그 왕조가 통치하던 제국의 이름이기도 하다.

왕조의 설립자는 자히르 알딘(محمد بابر)으로, 흔히 '호랑이'라는 뜻의 바부르(Bãber)로 알려졌다. 친가 쪽은 티무르의 먼 친척이 되고, 외가 쪽은 칭기즈칸(Genghis Khãan)의 피를 이어받았다. 페르가나[Ferghana, 발한(鏺汗), 발한나(拔汗那)]와 카불[Cabùl, Kabul, 可不里]의 통치자로, 1526년에 인도지역으로 내려와, 인더스강에서 벵골(Bengala)까지 북부지역 전체를 점령했다. 무함마드 나시르 알-딘(نصير الدين محمد همايون), 흔히 후마윤(Humãyũn)으로 알려진 바부르(Bãber)의 아들에 이르러 이 제국의 일부를 잃었다가 1555년에 되찾았다. 1556-1605년, 후마윤의 아들 무함마드 잘랄 알-딘(جلال الدين محمد اكبر)에 이르러 제국은 견고해지고 영토가 최고로 확장되었다. 이 사람이 흔히 "위대한(Grande)"이라는 뜻의 악바르(Acbar, Akbar, اكبر)로 알려진 인물이다(N.805). 그의 통치하에서 벵골만에서 인도양까지 확장되었고, 인더스의 전체 계곡을 포함하여 아프가니스탄 대부분이 무굴제국 영토에 포함되었다. 원래 이슬람교도였던 그는 중국에서 쿠빌라이 칸(Kubilai Khãn)과 몽케 칸(Möngkä Khãn)과 같은 먼 선조들이 했던 것처럼, 종교에 있어 절충주의를 표방한 사람이었다.

그가 통치하던 시기에 세 명의 예수회 선교사들이 무굴제국의 궁정에 있었다. 먼저 언급할 만한 사람으로, 후에 복자가 된 이탈리아인 로돌포 아콰비바 원장(B. Rodolfo Acquaviva)이 있고, 스페인 사람 안토니오 몬세라트(Antonio Montserrat, 1536-1600) 신부와 오늘날 이란의 호르무즈(Ormuz o Hormoz) 출신의 페르시아인 프란체스코 엔리케(Francesco Henriques) 신부였다. 뒤이어 악바르(Acbar)가 직접 초대했고, 그래서 대사 한 사람과 그리스도인 아르메니아 사람 한 명(N.1003)이 파견되어 1579년 11월 17일, 고아(Goa)를 출발했다. 선교사들은 이듬해 2월 27일 혹은 28일에 아그라(Agra) 서쪽 파테푸르 시크리[Fathpur-Sikri, **역주_** 인도 북부 내륙도시로 1569년 무굴제국의 악바르(Acbar)에 의해 건설되어, 1571년 무굴제국의 수도로 번성했으나, 1582년 이후 잊힌 도시가 되었다]에 도착했다. 궁정에서 신부들이 대접받고 존중받은 많은 정황은 있으나, 이슬람교도, 조로아스터교도, 자이나 교도, 힌두교도들과의 논쟁에서 거의 아무것도, [아니 실질적으로 선교의 성과는] 전혀 얻지 못했다. 이에 엔리케(Henriques) 신부는 1581년 말 이전에 가장 먼저 [악바르의] 궁정을 떠났고(N.1042), 몬세라트(Montserrat) 신부가 1582년 9월에, 그리고 마지막으로 1583년 5월, 복자 로

운 소식이 전해졌는데, 대大 카타이[契丹, 거란]라는 유명한 왕국이 있다는 것이다. 그 나라는 오랜 세월에 걸쳐 베네치아 사람 마르코 폴로와 여러 사람[601]을 통해 유럽에 전해졌고, 이후 소식이 끊어졌다. 무굴제국 북쪽

돌포(B. Rodolfo)가 [그의 궁정을 떠나] 고아에 도착하고, 그해 7월 7일에 살셋[Salsette, **역주_** 살셋섬(Salsette Island)은 인도의 서해안 마하라슈트라(Maharashtra) 주에 있는 섬으로, 물을 건너면 바로 뭄바이가 있다]에서 순교했다. 이 첫 번째 선교활동은 통치자[악바르]의 개종과 관련하여 아무런 실천적인 효과를 얻지 못했다.

두 번째 시도 역시 아무런 성과를 얻지 못했다. 에두아르도 레이탕(Eduardo Leitão)(+1593) 신부, 크리스토포로 데 베가(Cristoforo de Vega/Viega o Veiga) 신부와 스테파노 리베이로(Stefano Ribeiro) 신부로 구성되어 1591년 라호르[Lahore, **역주_** 무굴제국의 첫 번째 수도로 델리, 아그라, 카불과 함께 제국의 중심도시로 발달했다. 이 시기에 지은 샬리마르 정원과 라호르성(城)은 유네스코 세계문화유산으로 등재되었다. 오늘날 파키스탄의 북동쪽에 있는 펀자브주의 중심도시로, 카라치에 이어 파키스탄에서는 두 번째로 큰 도시다. 인더스강으로 흘러 들어가는 라비강을 끼고 인도와 국경을 마주하고 있다]에 있는 무굴제국의 조정에 다시 진출했다. 그리스인 레오네 그리맘(Leone Grimam)을 통해 이루어진 초청이었다(cfr. N.806). [그들은] 몇 개월 지나지 않아서 고아로 돌아왔다.

1594년, 악바르(Acbar)는 세 번째, 자신의 궁정에 예수회 선교사들을 요청했다. 그래서 몇 번을 망설이다가 성 프란치스코 하비에르(S. Francesco)의 조카 지롤라모 하비에르(Girolamo Xavier) 신부, 포르투갈의 아소르스(Azzorre) 제도에 있는 상미겔섬(Ilha de São Miguel)에서 태어난 에마누엘레 핀헤이로(Emanuele Pinheiro) 신부와 베네딕토 데 고이스(Benedetto de Góis) 수사가 파견되었다. 그들은 1594년 12월 3일, 고아를 출발하여 이듬해 5월 5일 라호르에 도착했다. 여기에 1600년 말, 프란체스코 고르시(Francesco Corsi) 신부가 합류하여 1605년 10월 17일, 악바르가 죽을 때까지 무굴제국의 궁정에 머물게 될 것이다. 1597년 5월 15일에서 11월 13일까지, 악바르는 하비에르(Xavier) 신부와 데 고이스(de Góis) 수사를 카슈미르(迦濕彌羅, Cašmir [Kashmir])에 데리고 갔다. 1598년 말에는 [제국의] 새로운 수도가 된 아그라(Agra)에도 데리고 갔다. 1600년 3월, 악바르는 데 고이스 수사와 함께 자신의 사절을 고아로 보냈고, 그들은 1601년 5월 말경 고아에 도착했다(N.845). 그때 고아에서 데 고이스 수사를 카타이(Cataio)에 보내기로 했다. Cf. Maclagan, *The Jesuits and the Great Mogul*, Londra, 1932, pp.23-68.

601 카타이[契丹, 거란]가 서양에 알려진 것은 특별히 마르코 폴로(Marco Polo)를 통해서다. 그의 『동방견문록(Milione)』에서 자주 언급되기 때문이다. Cf. Yule-Cordier, *MP*, Indice, Cathay. 리치는 1596년 10월 13일부터 카타이와 관련하여 마르코 폴로를 언급

에 있었고, 많은 사라센이 그곳에 가서 사업을 하고 싶어 했으며, 그들에

—

하기 시작했다. Cf. N.1518. 다른 여러 곳에서도 카타이와 관련하여(NN.4, 523, 1694, 1843), 카타이의 수도 캄발루(Cambalù)와 관련하여 (NN.523, 607) 말하곤 했다. 그러니까 리치는 마르코 폴로를 알고 있었고, 라무시오(Ramusio)가 집대성한 제2권을 읽었던 거다. Cf. D'Elia[1], p.179, n.5. 오늘날에도 북경에 있던 예수회의 고(古) 도서관이 후에 라자리스트들의 손을 거쳐 북쪽 성당, 즉 북당(北堂)으로 바뀌었고, 거기에 라무시오의 제2권, 1583년 세 번째 판본이 있었다. 이 책에 베네치아 사람 요사파 바르바로(Josafa Barbaro)와 니콜로 데 콘티(Nicolò de' Conti)와 비첸자 사람 안토니오 피가페타(Antonio Pigafetta) 및 작은형제회의 조반니 다 피안 델 카르피네(Giovanni da Pian del Carpine)(*SF*, I, pp.29, 53, 55, 57-58, 91, 120)와 복자 오도리코 다 포르데노네(B. Odorico da Pordenone)의 여행 보고서가 담겨 있고, 여기 본문에서 리치가 말하는 "다른 사람들"의 여행 기록도 있다. 그러니까 라무시오의 제2권에는 다음과 같은 것들이 있다. 『1247년 교황 인토첸시오 4세가 파견한 교황 사절단으로 작은형제회와 도미니코회의 몇몇 수사들이 타타르 땅에 간 두 번의 여행[*Due viaggi in Tartaria per alcuni Frati dell'Ordine Minore, e di S. Domenico, mandati da Papa Innocentio IIII nella detta provincia per ambasciatori l'anno 1247*]』(ff.233v-245v), 『작은형제회 우디네 출신의 복자 오도리코의 여행(*un Viaggio del Beato Odorico da Udine dell'Ordine de' Frati Minori*)』(ff.246v-253v), 그리고 또 다른 것은 『1318년 복자 오도리코 형제가 한 프리울리 대항구 여행(*Viaggio del Beato Frate Odorico di Porto Maggiore del Friuli fatto nell'anno MCCCXVIII*)』(ff.253v-256v). 여기에서 복자 오도리코(B. Odorico)는 말하기를, 만자(蠻子) 혹은 인도 상부는 중국 남부와 같은 지역이고, [중세 서양에서] 자이톤(Zation, 刺桐)으로 알려진 도시는 [오늘날] 복건성에 있는 천주(泉州)다. 킨사이(Cansay)는 행재(行在) 혹은 경사(京師)로, [**역주_** 행재란 황제의 임시 거처를 의미하며] "임시 수도" 혹은 "수도"로 항주(杭州)를 말했다. 행재(行在)를 소리 나는 대로 옮긴 것이 '킨사이'다. 그리고 캄발렉(Cambalec) 혹은 캄발루(Cambalù)에 대해서도 언급하며, 거기서 자기는 "그곳에 있는 수도원에서 작은 형제들과 함께 살았고, 조정에서 물건을 많이 조달받아 천 명의 형제들이 충분히 살 수 있을 정도가 되었다"(f.245v)라고 말한다. 이런 지명들과 연관하여 —그에게 수수께끼 같았던— 중국에 관한 정보를 리치가 믿도록 한다. 거기에는 플루조(Fluzo), 벨자(Belza), 칠레라페(Chileraphe), 멘구(Mengu), 벤진(Benjin), 카라모라이(Caramoray), 수조마토(Suzzomato), 포기아(Foggia), 귄자이(Guinzai), 칠렌세(Chilense), 사이(Sai)와 같은 여러 도시도 언급한다. 귄자이(Guinzai)에는 "많은 그리스도인"이 있고, 사이(Sai)에는 "작은 형제들이 있으며", "세 개의 아름다운 그리스도교 성당"이 있다고 전한다.

우리가 이런 "여러" 사람들 가운데 쉽게 간과하는 인물로 기욤 드 뤼브룩(Guillaume de Rubrouck)이 있다. 그의 여행 보고서는 1598년에야 처음으로 런던에서 출판되었다. 물론 조반니 다 몬테코르비노(G. da Montecorvino)와 그 동료들의 업적도 쉽게

—

간과했고, 심지어 프란체스코 수도회의 위대한 업적들에서까지 외면되기도 했다. 예컨대, 1360-1374년에 작성하여 1897년에 출판한 『스물네 가지 전체 편년사(*Chronicon XXIV Generalium*)』에서도 제대로 언급되지 않았다. 편년사(Cronaca)는 타타르인들 사이에서 프란체스코 수도회 선교사들의 사도직 활동은 언급하지만, 몽골인이나 중국인들에 대해서는 언급이 없다. 그러면서도 오늘날 러시아 남쪽에 살던 킵차크인(Kipčaki)들에 대해서는 말하고 있다. 실제로 1304-1313년에 "타타르의 장군이며 통치자인 요한과 … 그의 모친은 작은형제회 선교사들을 통해 가톨릭 신앙으로 개종하여 세례받고 성장했다." 그는 사망한 뒤, 볼가(Volga) 강변에 있던 과거 사라이[Sarai, **역주_** 킵차크 칸국의 옛 수도로, 한자로는 살래(薩莱)로 표기한다]에서 3마일 떨어진 성 요한 수도원에 묻혔고, 35년이 지난 후에도 전혀 부패하지 않은 채 발견되었다. Cf. *Analecta Franciscana*, III, p.456. 작은형제회의 역사학자 지롤라모 골루보비치(Girolamo Golubovich, 1865-1941)(Biblioteca bio-bibliografica di Terra Santa, Quaracchi, 1919, III, pp.170-177)에 따르면, 이 황제가 킵차크 칸국(Khãn del Kipciak)의 토크타 칸[Toktai o Toktagu, 1291-1313]이라고 한다. 약 1세기가 지난 후, 이 『편년사(Chronicon)』의 같은 부분에 양식을 조금 손본 것이 첨가되었다. 35라는 숫자가 30으로 바뀐 것은, 설교자회 출신 피렌체의 성 안토니노(S. Antonino da Firenze O.P.)에 의한 훼손되지 않은 시대를 표현하기 위함으로, 그는 자신의 작품 『편년사(Chronicorum)』에서 … 제3부(Tertia Pars, Tit. XXIV, c.IX, XIII)(ediz. di Lione 1586, III, p.783)를 1459년 이전에 썼고, 1474-1479년에야 처음으로 출판했다. Cf. N.200, 본서 2권, p.46, 주(註) 2.

몽골 왕조가 폐망한 후, 카타이에 관한 소식은 유럽에 매우 드물게, 더 의미심장하게 전해졌다. 그렇지만, 몇 가지에 있어서는 적어도 간접적으로 전해졌는데, 가령 루이 곤잘레즈 데 칼비요(Ruy González de Clavijo, ?-412, **역주_** 스페인의 작가 겸 탐험가로, 카스티야의 헨리 3세가 티무르 제국에 파견한 외교관이었다. 그는 이란과 호라산을 거쳐 티무르 제국이 번성하던 1400년대 초 제국의 수도인 사마르칸트에 도착했다. 그는 이 경험을 여행기로 남겼다)와 요하네스 쉴트베르거[Johannes Schiltberger, 1380?-1440, **역주_** 독일인 작가 겸 탐험가로, 바이에른의 귀족 가문 출신으로 1396년 니코폴리스 전투에 참여하여 다치고 포로가 되었다. 아나톨리아와 이집트로 끌려가 술탄 바예지드 I세를 섬겼다. 1402년 앙카라 전투에서 술탄 바예지드 1세가 패하자, 티무르 제국의 통치자 티무르를 섬기며 그가 사마르칸트, 조지아, 아르메니아에서 승리하는 걸 지켜보았다. 티무르가 사망한 후, 타타르의 코크레 칸(Čokre Khan)을 섬기며 시베리아 탐사에 파견되었고, 이후 볼가 지역, 사라이와 타나이스까지 러시아 남동부의 대초원을 탐사했다]의 기록이 그것이다. 주목할 것은 콜롬보(Colombo)가 카타이를 찾아서 서쪽으로 갔다는 것이다.

를 거행하는 사람들이 있다고 전해졌다.[602]

---

602 1581년 무굴제국에서 처음 선교를 시작한 때부터 선교사들은 히말라야(Himālaya)산맥 너머 지역에 대한 사도직도 인식하기 시작했다. 몬세라트(Montserrat) 신부가 카슈미르(Cašmir)에 있을 때(1597년 5월 17일-11월 13일), 카타이를 가기 위해 티베트(Tibet)를 경유하지 않아도 된다는 말을 일부 요가(Yoga) 수행자들을 통해서 들었다. 솔직하고 성실한 그들은 조심스럽게, 티베트 사람들 사이에 그리스도인이 있다는 말을 전했다. 그들의 말에 의하면, 예컨대, 어느 작은 도시에는 남녀가 팔일마다 사당에 모여 집회하고, 그 자리에서 사제는 빵 한 조각과 금으로 된 두 개의 주전자에 든 포도주를 조금씩 나누어 주는 장엄한 예식을 한다는 것이다. Cf. Hedin[1], VII, p.26. 이런 소문은 몬세라트 신부가 직접 티베트 서쪽 마나사로봐르호(Lake Manasarovar) 북동쪽에 있는 지역들을 묘사하며, "그들은 그리스도인이 거기에 살고 있다고 말했다"라고 적었다. Cf. Hedin[1], VII, Tavola I, 122, 33. 1582년 4월 15일, 로돌포 아콰비바(Rodolfo Acquaviva)는 총장 신부에게 청하여 그 지역에 두 명의 열정적인 신부를 파견해 달라고 했다. 그러나 그렇게 시작된 첫 선교는 아무런 성과 없이 중단되고 말았다.

세 번째 선교 시기에 와서, 다시 한번 그 지역 선교를 생각하기 시작했고, 이제는 티베트가 아니라 막연한 카타이를 떠올리며, 티베트와 카타이를 자주 혼동하곤 했다. 1597년 카슈미르를 여행한 지롤라모 하비에르(Girolamo Xavier) 신부는 인상적이었던 부분을 1598년 7월 26일, 8월 2일과 13일 자 라호르(Lahore)에서 편지로 썼다.

1598년 7월 26일의 편지는 고아에서 라틴어로 쓴 연차 편지에 첨부되어 당연히 니콜로 피멘타(Nicolò Pimenta) 신부의 서명으로, "고아 8월. 인도의 주보, 성 토마스 사도 축일이 있는 달, anno CIↃ DXIX(1519년)"라고 기록을 남겼다. 이것은 *ARSI, Goa*, 32, ff.691-710v에 보관되어 있는데, 같은 곳에 f.708r이 차지하고 있다. 하지만 그것은 이미 헤이(Hay)가 『일본, 인도, 페루 문제에 관해(*De rebus japonicis, indicis et peruanis*)』[Anversa, 1605, pp.796-799]에서 써서 발표했다. 1598년 8월 2일의 편지는 예수회의 바르톨로메오 알카자르(Bartolomeo Alcazar S.I.) 신부가 쓴 『톨레도 주(州) 예수회 편년사(*Chrono-Historia de la Compañia de Jesús en la Provincia de Toledo*)』의 제2부에 담겨 1710년 마드리드에서 출판되었다. 이 책은 호스텐(Hosten) 신부가 영어로 번역하여 *JASB*, XXIII, 1927, pp.118-119에 실었다. 앞의 두 통의 편지로 다음과 같은 정보를 얻을 수 있다. 60세 정도의 한 이슬람교 신자 상인이 1598년 7월 25일에 살림(Salīm) 왕자[**역주_** 원래 이름은 누루딘 무함마드 살림(Nūr-ud-dīn Muhammad Salīm), 1569-1627, 훗날 자한기르(Jahāngīr 혹은 Jehangir)로 알려지게 되는 사람이다]를 방문하여 —이 왕자가 후에 자한기르(Giahānghīr [Jahāngīr]) جهانگير 황제가 될 사람이다.— 자신은 "삭타이(Xatai)" 왕국의 수도 "쌈발루(Xhambalù)" 혹은 "캄발루(Cambalù)"에서 왔다며, "자기가 보기에 많은 사람이 카타이에서 온 것 같습니다"라고 했다. 그는 13년간 그곳에 있었고, 카슈가르(Casgar) 왕의 사절로 그곳에 들어갈 수 있었다고 했다. 카슈가르는 Cašgar [Kashgar], 합실합아(哈實哈兒)다. 그의 말에

그래서 인도지역 예수회 순찰사 니콜로 피멘타Nicolò Pimenta 신부는 그

따르면, 그곳에 사는 사람들은 예쁘고, 피부색이 하얗고 수염을 길게 기른다고 했다. 마호메트인도 있고, 무싸이티(musaiti) 또는 모세이티(moseiti), 즉 무싸(Mussà) 혹은 '모세(Mosè)를 따르는 사람들', 그러니까 유대인들이지만 거의 모두 "이사우이티(isauiti)", 즉 제수이티(gesuiti)들이라고 했다. 제수이티는 '예수를 따르는 사람들'이라는 뜻으로, 그리스도인들이라는 말이다. Cf. N.174. 상인은 이 정보에 더해, 다음 날 하비에르(Xavier)에게 개인적인 다른 정보도 주었다. 그중에는 자기가 몇몇 그리스도인과 가까이서 교류했다며, 그들은 많은 성당을 가지고 있고 ―한 도시에 열두 개 정도― 몇 개는 매우 웅장하고, 성당마다 사제가 한 명씩 있고, 동상과 성화들은 물론 특별히 모든 사람이 숭배하는 십자가가 있다고 했다. 사내아이는 할례를 하지 않았고, 성당에서 물로 머리를 적신다고도 했다. 계속해서 그는, 사제들은 독신으로 살며, 아이들을 가르치고 검은 옷을 입으며, 머리 모양은 무굴[제국]의 선교사들처럼 했고, [체격은 그들에 비해] 약간 크다고 했다. 축일에는 붉은 옷을 입는다고도 했다. 더 덧붙이기를, 왕이 성당들을 짓고 수리하는 데도 앞장서며, 사적(私的)으로 자주 가기도 하는데, 이유는 그가 그리스도인이기 때문이라고 했다. 거기에는 남녀 수도자들도 독신생활을 하며 살고 있다고 했다. 나아가 하비에르도 카슈미르에서 직접 그리스도인들에 대해, 사제에 대해, 주교와 티베트의 교회들에 대해서 하는 말을 들었다고 했다. 그러므로 악바르(Acbar)의 요청에 따라 카슈미르(Cašmir), "테브타(Tebta)" 혹은 티베트[Tibet(= 라다크, Ladakh)], 카슈가르(Cašgar) 길을 따라 카타이에 가는 것은 매우 가능성 있는 일이라고 했다. 그래서 그는 직접 이들 그리스도인에게 포르투갈어와 페르시아어로 세 가지 다른 길에 대해 확신하는 내용의 편지를 썼다.

마지막으로 1598년 8월 13일, 역시 라호르에서 아콰비바 총장에게 쓴 편지가 있다. 편지는 한 번도 공개된 적이 없는 것 같다. 하비에르 신부 자신도 앞서 말한 내용에 대해 확신하고 다른 새로운 정보를 덧붙인다며 다음과 같이 표현하고 있기 때문이다. "두 번째 요점은 고대 타타르에서 말하는 동방의 땅끝(*finis terrae orientalis*)인 카타이 왕국 혹은 왕국들이 대부분 그리스도인이라는 점입니다. 내가 사람들을 통해서 들었고, 늙고 부유한 한 이슬람교도가 13년간 거기에서 살다가 와서 왕자에게 전한 말도 그곳에는 무어인과 유대인이 있지만, 대부분은 그리스도인이라고 했습니다. 그들은 큰 성당을 갖고 있고, 사내아이들에게 할례를 주지 않고 물로 머리를 씻는다(침례)고 했습니다. 사제들은 우리보다 키가 크고, 단추가 달린 검은 옷을 입으며, 그 나라에서 왕이 교회에 가는 것을 몇 번 보았다고 했습니다. 도시마다 열 개, 열두 개의 큰 교회가 있고, 교회마다 모든 사람으로부터 큰 존경을 받는 중요한 사제가 있습니다. 총장 신부님, 13년간 그곳에서 살다 온 무어인을 통해 전해진 이것이 좋은 징조가 아니고 무엇이겠습니까? 그들은 교황님과 소통이 부족하여 수천 가지 모르는 게 있는 사람들로 보였습니다. 남자들이 집에 모여 하는 일은 기도와 참회 외에 다른 것이 없고, 결혼하지 않은 여성들이 모여서 사는 집이 따로 있으며, 부모도 결혼을 강요하지 않습니

것이 사실인지 밝히기 위해 예수회원 몇 명을 보내고 싶어 했다.[603] 가톨

다. 그들의 율법과 풍습은 너무도 아름다워서 가치를 아는 사람은 싸워서라도 지킬 만하다고 생각하지 않겠습니까? 성 도메니코와 파도바의 성 안토니노[피렌체의 성 안토니노를 잘못 표기하고 있다] 사제들의 역사를 통해 알 수 있는 것은 13년간 수도자들이 그곳을 찾았다는 것입니다. 그중 일부는 가다가 되돌아왔고, 일부는 도착하여 많은 그리스도인 개종자를 냈지만, 그 이상 알려진 것은 없었습니다. 그러나 이제 알게 되었습니다. 그곳에 가려면 라호르를 거치면 됩니다(여기서 만난 사람 중 일부도 그렇게 왔다고 했습니다). 그리고 라호르의 왕이 그 지역까지 통치합니다. 카슈미르도 모두 그의 영토입니다. 금지된 땅 테바트 티베트(Tebat Tibet)까지 앞서 언급한 왕의 영토이고, 왕이 절친한 친구 사이라면 그의 편지가 카슈가르까지 가는 통행에 도움을 줄 것입니다. 여기서 카슈가르까지는 한 달간의 여행 거리이고, 카슈가르에서 쌈발루(Xhambalu)-캄발루(Cambalu), 즉 왕이 거주하는 곳까지는 삼 개월의 여행 거리입니다. 그 왕국의 첫 번째 도시가 바로 그리스도인 도시이고, 그 무어인이 말한 것처럼, 성당들이 있는 지역입니다. 지금도 그곳에서 오는 상인들에게 대(大) 테바르(Tebar) 왕국[세타이인들(Xhetaij)에게 더 가까운, **역주_** 여기서 섹타이인들은 카타이인들을 일컫는 것으로 보인다]과 그리스도인들은 유명합니다. 그들에게 제가 카슈미르에서 편지를 했습니다(하지만 시간이 없어서 답을 받아 보지는 못했습니다). 그러므로 그 지역은 진입이 매우 수월합니다. 매년 정기적으로 출발하는 상인으로, 혹은 카슈가르나 터키 왕의 사절로 가면 됩니다. 거기에는 터키의 사절이 있고, 카슈가르의 사절로 카슈가르 왕국을 통해서 갈 수도 있습니다. 교황이 파견하는 대사로 그의 편지와 유사한 다른 허가증을 가지고 내부로 들어갈 수도 있습니다. 갈 때는 왕에게 드리는 좋은 성화와 몇몇 조각 작품을 가지고 가면, 그 왕국의 문 앞까지 무사히 도달할 것입니다. 총장 신부님, 보시고 주님께서 원하는 것을 하시기 바랍니다. 여기 이 세 명의 인도인 아들들은 모든 것을 제공할 것입니다. 우리의 일이 하늘에서와같이 땅에서도 이루어지이다"(*ARSI, Goa*, 46, I, f.40r-v).

이듬해인 1599년 8월 1일, 하비에르는 자신의 첫 번째 인상들을 수정하면서, 아그라(Agra)에서 쓴 편지에 더 쉬운 길은 라호르(Lahore), 카불(Cabul), 바다흐샨《(Badacsciān[Badakshān]), 팔답흑상(八荅黑商)》이고, 악바르와 그의 동료 제후들의 영토를 통과하는 거라고 했다. 아울러 에마누엘레 핀헤이로(Emanuele Pinheiro)는 1599년 8월 29일, 다음과 같은 여정을 가르쳐 주었다. 라호르, 카불, 발치[(Balch (o Bolch), [**역주_** 아프가니스탄 북부에 있는 작은 도시다. 지금은 아주 작은 도시지만, 고대에는 비단길 덕분에 매우 큰 도시였다. 예언자 조로아스터가 조로아스터교를 창립한 도시로 알려져 있고, 기원전 328년, 알렉산드로스가 이곳을 점령하면서 헬레니즘의 풍성한 문화유산을 흡수하기도 했다], "칼체(Kalce)", 카슈가르, 카타이(*ARSI, Goa*, 14, f.383v) 길이다. 하비에르는 이 모든 정보에 흥분했고, 인도에 있던 신부들은 그의 영향을 받았다. "헤아릴 수 없이 많은 영혼을 하느님께 인도하는데, 고대에서부터 있던

릭 신앙의 진리와 관련하여, 부족할지도 모르는 그곳의 그리스도인들을 돕고 싶어 했다. 그들은 너무도 멀리 떨어져 있고, 가톨릭교회와 교회의 수장인 교황과 연락도 안 되어 그들에게는 태양이 부족한 거나 다름없다고 보았던 거다.[604] 이런 내용을 스페인의 국왕에게 편지로 상의했고,[605]

문이 온전히 동쪽으로 열리고, 거대한 영토 대부분이 마땅히 가장 존경하는 카타이, 타타르에 있는 하느님의 왕국이다. 그곳의 왕과 신하들은 거의 모두 그리스도인일 것이다"(Hay, *ibid.*, p.875). 1598년 인도에서 받은 이런 정보들은 1602년 북경에서 우리 선교사들이 받게 될 정보와 비교해 봐야 할 것이다.

603 우리의 피멘타(Pimenta) 신부는 1546년 12월 6일 포르투갈의 산타렘(Santarem)에서 태어나 16살인 1562년 5월 2일 예수회에 입회했다. 그에 관해서는 1587년 4월 1일 자, 포르투갈 관구의 첫 [회원] 명부(*Catalogo primo*)에서 다음과 같이 정보를 주고 있다. "니콜라오 피멘타 신부, 리스본 대교구 산타렘 출신, 39세, 예수회 입회 24년 차, 건강 양호, 예술 과정을 청강하고 신학 4년, 라틴어 5년을 공부, 11년째 설교와 고해성사를 줌, 코임브라에서 참사로 있었고, 에보라(Evora)에서도 같은 참사로 있었음, 예술 분야 마에스트로며 신학 박사, 4대 서원한 지 1년 됨"(*ARSI, Lus.*, 44, f.5v, N.9). 에보라에서 수도서원 한 정확한 날짜는 1586년 5월 4일이다(*ARSI, Lus.*, 2, f.38). 1595년 11월 31일 인도 순찰사로 임명되었고(*ARSI, Lus.*, 73, f.120), 이듬해 4월 10일, 리스본에서 출발하여 1596년 9월 고아(Goa)에 도착했다. 1596년 12월 10일 자, 그와 함께 여행한 동료 안토니오 데 베이가(Antonio da Veiga)가 직접 서명한 편지(*ARSI, Goa*, 32, ff.592-599)는 리스본에서 고아까지, 여행에 관해 말하고 있다. 이어서 10월 25일(cf. N.203, 본서 2권, p.64 주(註).) 발리냐노(Valignano)는 인도 순찰사 자격을 그에게 위임했고, 피멘타는 1613년 10월 마지막 날, 선종할 때까지 순찰사 직무를 수행했다(*ARSI, Lus.*, 58, ff.195-196). Cf. Franco, *Imagen da virtude em o noviciado da Companhia de Jeus no real Collegio de Coimbra*, I, Evora, 1719, pp.491-498.

604 그러니까 파견 계획에는 두 가지 목적이 있었던 거다. 카타이가 정말로 중국과 동일한 나라인지를 밝히는 것, 두 번째는 리치가 오래전부터 편지에서 언급했던 것처럼, 3세기가 넘게 교황청과 아무런 소통 없이 살았을 [그 지역] 그리스도인들을 신앙적으로 돕는 것이다. "많은 그리스도인과 사제가 있는 카타이에서 왔다고 말하는 무어인들[=마호메트인들]을 통해 정보를 얻은 무굴[제국]의 신부들은 그들이 거짓말을 하고 있다고 생각했습니다. 그들이 말하는 카타이는 중국 옆에 있는 다른 나라로 보았습니다. 그래서 스페인 국왕의 명령으로, 총독의 도움과 고아의 대주교와 무굴의 왕까지 직접 나서는 바람에, 당시 인도의 순찰사 니콜로 피멘타(Nicolò Pimenta) 신부는 베네딕토 데 고이스(Benedetto di Góis) 수사를 파견했습니다"(N.1830).

첫 사제 중 한 사람 —어쩌면 첫 번째 사제일 수도 있는— 을 언급하는 것도 흥미로 국왕은 당시 인도 총독으로 있던 아이레스 데 살단하Aires de Saldanha[606]에게 명해 이 일을 계획하는 순찰사 신부에게 금전이건 다른 필요한 사항이건 할 수 있는 모든 도움을 주라고 했다. 지원은 확실하게 이루어졌다.[607]

운 일이다. 카타이의 미래 선교를 위해 피멘타에게 요청한 사제는 이탈리아인, 나폴리 출신의 안토니오 마짜렐로(Antonio Mazzarello) 신부다. 1599년 12월, 41세였고, 예수회에 입회한 지는 19년 되었다. 1597년 11월 1일, 영성 지도 사제로 서약했고(*ARSI, Lus.*, 19, f.102), 인도에는 약 8년간 있었다(cf. *ARSI, Goa*, 24, f.228v, N.152). 그는 1599년 12월 10일, 살셋 섬에서 총장 신부에게 다음과 같이 편지를 썼다. "올해 저는 순찰사 신부님께 이번에 발견한 북부 산악지역의 성벽 아래 있는 카타이를 위해 저를 봉헌했습니다. 총장 신부님께 엎드려 청하건대, 거룩한 희생 제사와 기도 중에 주님께 저를 맡겨 주시고 제게 [자부적(慈父的)인] 거룩한 축복을 해 주시기를 바랍니다" (*ARSI, Goa*, 14, f.417r).

605 인도의 순찰사는 1599년 11월 12일의 편지에서 이 내용을 상의했고, 1601년 1월 24일 스페인과 포르투갈의 국왕 펠리페 3세[1598-1621, **역주_** 스페인의 국왕 펠리페 3세(Felipe III, 1578-1621)는 1598년부터 사망할 때까지 포르투갈의 국왕을 겸했다]는 다음과 같이 답장을 보내왔다. "지금까지 알려지지 않았던 카타이에 있다는 오래된 그리스도교를 발견한 소식에 저도 매우 기쁩니다." 그리고 그곳에 있는 그리스도인들을 위해 총독의 호의를 이용하여 전혀 부족하지 않도록, 필요한 모든 것을 하라고 당부했다. "필요한 일꾼들은 물론, … 카타이의 그리스도교 보존을 위해 여러분이 할 수 있는 모든 것을 하십시오. 여러분에게 필요한 모든 호의와 도움을 총독에게 청하십시오."(*JASB*, XXIII, 1927, pp.106-107).

606 인도의 총독 아이레스 데 살단하(Ayres de Saldaña o Aires de Saldanha)는 1601년 말, 펠리페 3세의 편지를 받기 전에, 이 파견과 관련하여 도움을 주라고 명했다. Cf. Payne, pp.164-165, n.6. 그는 1600년 10월 코친(Cocin)에 도착했고, 1601년 1월 6일 고아에 도착했다. 그는 인도의 제17대 총독이 되어 4년 4개월을 통치했다. Cf. M. Xavier S.I., *Compendio Universal*, Nuova Goa, 1917, pp.38-39, 71.

607 탐사 소식은 고아의 대주교 알레씨오 데 예수스 데 메네세스(Alessio de Jesús de Meneses)가 알았고, 후에 교황도 알았다. Cf. NN.823, 851.

[그림 42] 베네딕토 데 고이스의 인도에서 중국까지 여정

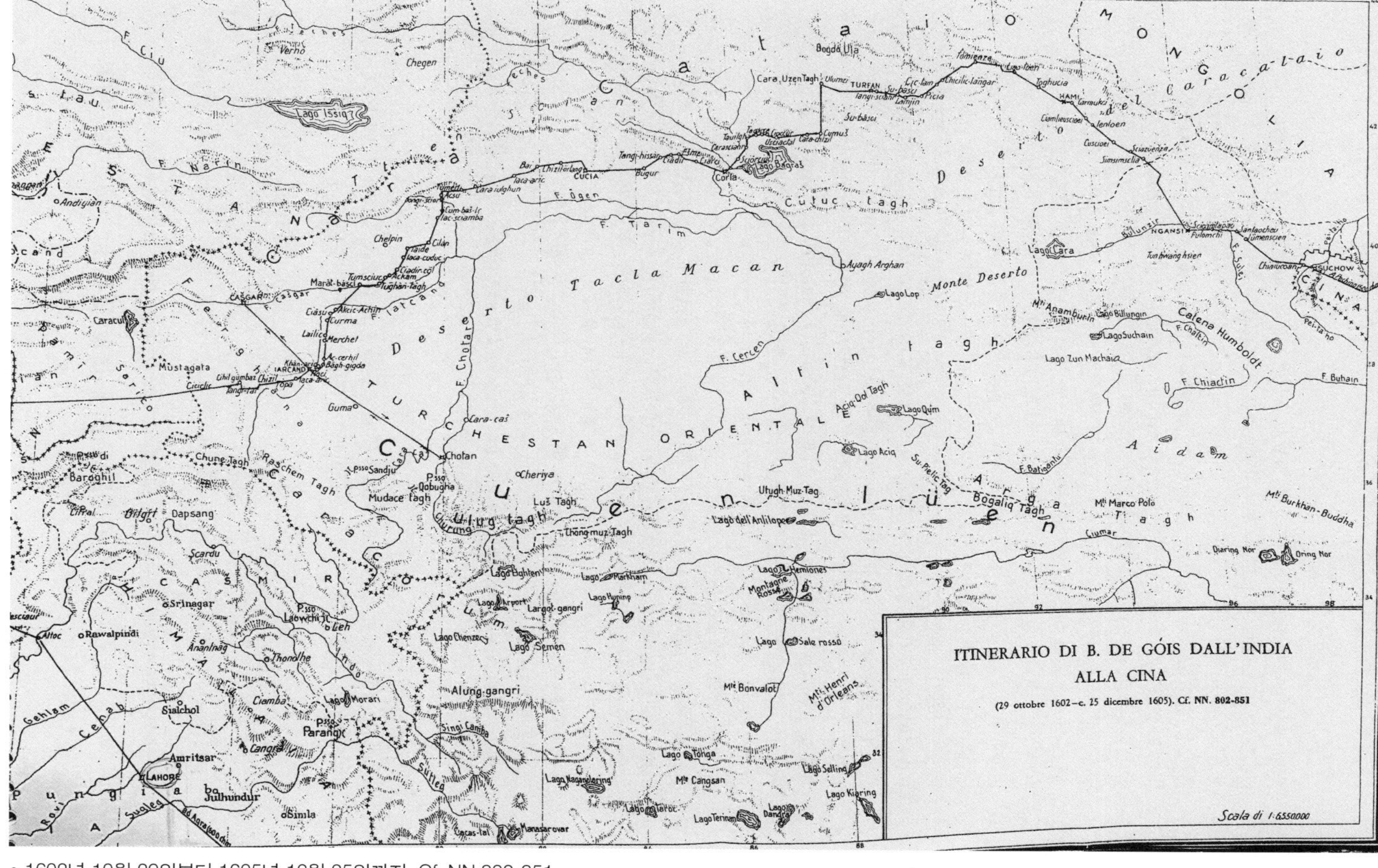

• 1602년 10월 29일부터 1605년 12월 25일까지. Cf. NN 802-851

803. 데 고이스의 파견 계획에 대한 명분

순찰사 신부는 이 일의 적임자로 베네딕토 데 고이스Benedetto de Góis 수사[608]를 선발했다. 그는 무굴에서 오랫동안 살았고 파르티아어[609]를 알

---

608 베네딕토 데 고이스(Benedetto de Góis)라는 이름은 루이지 곤살베스(Luigi Gonçalves)와 아무 상관이 없다(이 문제에 관한 Wessels의 글을 보라, pp.8-10). 그는 1562년 혹은 1561년, 포르투갈 아소르스 제도(Azorre)에서 가장 큰 상미겔섬(S. Michele), 빌라 프랑카두캄푸(Villa franca do Campo)에서 태어났다. 스무 살이 되자 군인 신분으로 인도 항해에 올랐다. 트라반코르(Travancor)의 작은 항구 콜레키(Kolechi) 근처에 있던 성당에 들어가 동정녀 마리아 성화 앞에서 기도하던 중, 별로 건설적이지 않은 삶에서 전혀 다른 삶으로 바뀌는 놀라운 은총을 경험했다(Guerreiro, III, p.28). 1584년 2월, 수도자가 되기 위해 총 고백을 하고, 보좌 수사로 예수회에 입회했다. 수련기가 끝나기 전에 사제서품을 미루면서까지 학업에 열중하려고 했다. 오르무즈(Ormuz)에 잠시 체류한 뒤, 후회하며 1588년 3월 예수회로 돌아왔다. 베셀스(Wessels, p.7, n.1)가 인용한 카탈로그에는 1594년 12월 15일 자에 다음과 같이 덧붙이고 있다. "포르투갈인 베니토 데 고에스 수사, 빌라 프랑카의 상미겔섬 출신, 안드그라 교구 소속, 32세, 건강은 양호함, 예수회 입회한 지 6년 9개월. 보좌 수사 신분"(*ARSI, Goa*, 24, f.228). 1594년 말, 첫 서원을 한 뒤 무굴제국 궁정 지롤라모 하비에르(Girolamo Xavier) 신부와 에마누엘 핀헤이로(Emanuel Pinheiro) 신부에 이어 세 번째 선교사로 파견되었다. Cf. *ARSI, Goa*, 24, f.268v. 1598년 6월 13일, 라호르(Lahore)에서 종신서원을 했다. 그가 직접 서명한 문서 사본이 이를 증명하고 있다(*ARSI, Lus.*, 25, f.119). 페르시아어를 잘해서 1601년 5월 말경, 악바르(Acbar)가 고아에 외교관으로 파견하기도 했다(cfr. N.845, 본서 p.356, 주(註) 854.). [무굴제국의] 궁정으로 돌아오자, 카타이[契丹, 거란] 탐사에 파견된 것이다. 그리하여 "발견의 모든 역사에서 가장 용감한 여행 중 하나"(Yule-Cordier[1], IV, p.169)를 이룩했다. 1601년 12월 1일, 카타이에 대한 새로운 임무를 아직 시작하기도 전에, 벌써 피멘타(Pimenta) 신부는 총장에게 "벤토 데 고이스 수사(Irmão Bento de Góis)"를 "이 큰 탐사에"(*ARSI, Goa*, 9, I, f.10r) 파견하려고 한다고 보고했다. 1602년 10월 29일에 출발하여 4천 킬로미터가량의 길고 힘든 여행 끝에 1605년 12월 22일경 오늘날 감숙(甘肅)에 있는 숙주(肅州)에 도착했다. 그곳에서 1607년 4월 10-11일, 예수회 북경 수도원에서 파견한 조반니 종명례(鍾鳴禮) 페르난데스가 지켜보는 가운데 생을 마감했다. 리치에게 데 고이스는 "위대한 영혼과 지혜를 가진 사람"(N.845)이었고, "거룩한 수사"였으며, 용기 있게 신앙을 고백함으로써 적(敵)들까지 칭송하고 공경했던 인물로(N.830), 거의 "순교자"(N.1842)에 버금가는 사람이었다. 궤리에로(Guerreiro, I, p.311)도 "대단히 영성적인 위대한 인물"이었다며, 사제직을 수행하기에 합당했으나 겸허하게 살기 위해 품 받

고 있었다. 그는 이번 여행지가 되는 전체 사라센[610] 왕국의 풍습을 잘 알고 있었다. 인도의 신부들이 이런 새로운 소식을 접하던 때에, 중국에 있던 우리는 중국이 카타이와 같은 나라임을 확실히 알고 있었다. 몇 가지 의구심에도 불구하고[611] 카타이에 많이 혹은 모두가 그리스도인이라는 무어인들의 말을 전해 들은 바 있었다. 그러나 중국의 신부들은 거기에 신자가 전혀 없고, 그리스도교 율법이 결코 도달한 적이 없었다고 했다.[612] 그 바람에 카타이는 중국 가까이에 있는 다른 어떤 나라로 생각했고, 여전히 중국의 한 부분으로 간주, 이름을 차용하고 있다고 보았

기를 원하지 않았다고 했다.

북부지역 고아 연감에서 가스파레 페르난데스(Gaspare Fernandes) 신부가 쓴 1603년 12월 2일 자 기록에는 데 고이스의 세 통의 편지 내용에 관해 이야기하고 있다. 첫째 편지는 남부지역 부-관구장 누노 로이즈(Nuno Roiz) 혹은 루이즈(Ruiz), 즉 로드리게스(Rodrigues) 신부에게 1602년 12월 30일 라호르에서 발송한 것이고, 두 번째 편지는 1603년 2월 24일 지롤라모 하비에르(Girolamo Xavier) 신부에게 역시 라호르에서 보낸 것이다. 세 번째 편지는 라호르시에서 102마일이나 떨어진 곳에서 핀헤이로(Pinheiro) 신부에게 발송한 것이다(*ARSI, Goa*, 33, ff.126r-127v). 이 연차 편지를 페르난데스(Fernandes)의 이름으로 인용할 것이다. 이 편지들은 톰마소 스테파노(Tommaso Stefano) 신부가 라틴어로 번역하여 *ARSI, Goa*, ff.145v-146v에 소장되어 있다. 또 다른 고아 연감으로, 1609년의 것이 있는데, 관구 공동 책임자로 있던 세바스티아노 곤살베스(Sebastiano Gonçalves) 신부가 고아에서 1609년 12월 27일에 쓴 것이 있다. 이 세 개의 장(章), 제12장, 13장, 14장에서는 곤살베스(Gonçalves) 이름으로 언급한 기록들을 자주 인용할 것이다. 그는 우리 영웅의 여행기를 함축하여 라틴어로 데 고이스의 부고(訃告)와 여정을 기록했고, 마지막 문장에서 그것을 증명하고 있다. "이하 베네딕토 고이스의 기록임(hactenus codicilli Benedicti Goesij)"(*ARSI, Goa*, 33, ff.295v-298v). Cf. NN.841, 851; cfr. N.844, 본서 p.354, 주(註) 851.

609 파르티아(Parthia)어는 오늘날의 '페르시아어'로, 당시 중앙아시아에서 널리 사용하던 언어였다.

610 리치의 펜 끝에서는 종종 사라센인들이 여기처럼, 이슬람교 신자와 동의어로 등장한다.

611 Cf. NN.523, 607.

612 Cf. NN.149, 253, 275, 1374, 1499; N.200, 본서 2권, p.46, 주(註) 2.

다.[613] 그래서 그 길을 따라 한번 가 보기 위해, 또 모든 의구심을 제거하

---

613 리치가 중국 내륙에 체류한 지 13년 후 ―어쩌면 12년 후일 수도― 그는 마르코 폴로(Marco Polo)의 카타이(Cataio)가 중국일지도 모른다고 생각했고, 이미 "확실하다"라고 판단했다. 그러나 그의 오류는 "카타이(Cataio)"가 타타르어로 "수도(capitale)"라는 뜻으로 이해하여 1595년 5월 31일 급히 경유한 적 있는 남경을 카타이로 생각했다(N.1518). 하지만 얼마 지나지 않아서 자신의 오류를 부분적으로 파악했고, 다른 한편으로 "중국이 카타이"라고 인정하기에 이르렀다. 이것은 맞는 것이었다. 또 다른 것은 "남경시가 칸발루(Cambalù)" 혹은 칸발릭(Khānbalik)이라는 말인데(N.1829), 이것도 잘못된 것이다. 1598년 9월, 처음 북경에 도착했을 때도 여전히 남경을 칸발릭으로 착각하고 있었으나, 곧 모든 진실이 밝혀지기에 이르렀다. 다시 말해서, 카타이는 중국이고, 칸발루 혹은 칸발릭은 남경이 아니라 북경이라는 것이다. 북부지역 수도[북경]에서 이슬람교도들과 대화하던 중 "페르시아인들이 중국에 카타요(Catayo)라는 이름 외에 다른 걸 사용하지 않고, 북경에 칸발루(Cambalù)라는 이름 외에 다른 이름을 사용하지 않는다는 것"(N.1829)을 알았다. 1601년 1월, 북경에 최종 입성하면서, 리치는 1559년부터 계속해서 북경을 드나든 이슬람교도 두 사람 중 한 사람과 오랫동안 이야기를 나누었고, 그를 통해 "자신은 지금 대(大) 카타이(Gran Cataio) 왕국에 있고, 의심의 여지 없이 이곳[북경]이 칸발루"라고 확신했다. 그 사람도 "누차 반복해서" 확인해 주었고, "중국 황제에게 진상품을 바치러 온 페르시아인들도"(N.523) 확인해 주었다. 리치는 그들과 "1601년 두세 달 동안 가까이에서, 많은 이야기를 했었다"(N.830).

이런 확신을 하기 2년 전인 1598년 말, 혹은 이듬해 초, "마태오 신부는 즉시 인도와 유럽에 편지를 써서 이 사실을 보고했지만, 인도에서는 크게 믿지 않았다"(N.523). 여기까지, 리치는 중국의 모든 고대 그리스도인들에 대해서는 알지 못했다. 따라서 1598년 악바르(Acbar)의 궁정에 도착한 이슬람 상인들이 "카타이에 많이 혹은 모두가 그리스도인이라는" 말을 했을 때, [리치는] 무굴(Mogul)의 선교사들에게 "거기에는 신자가 전혀 없고, 그리스도교 율법이 결코 도달한 적이 없었다"(N.803)라고 했다. 그러나 1602년 9월 8일과 14일 사이, 이슬람 상인들은 리치에게 오늘날 간쑤성, 감숙(甘肅)에 있는 숙주(肅州)에 네스토리우스 그리스도인들의 존재를 알려 주었다. 그들은 흰 피부에 수염을 기르고 성당과 경당을 갖고 있으며, 십자가를 현양하고 마리아를 공경하며, 사제들은 일부일처제를 따르고 있다고 했다(N.4180). 같은 상인들이 "중국이 카타이(Catajo)이고, 북경(Pacchino)은 캄발루(Cambalù)라고 밝혀 주었고, 세계에서 이곳[중국] 외에 카타이(Catayo)는 없다고 확실히 말해 주었다"(N.607). 그래서 신부들은, 즉 리치는 "인도와 유럽에 있는 형제들에게 편지를 써서 모든 세계지도를 수정해야 한다며, 카타이(Cataio)와 중국을 다른 두 나라로 구분하여 카타이를 만리장성 북쪽 밖에 놓아서는 안 된다는 사실을 알렸다"(N.607). 아마도 리치가 상인들을 통해 네스토리우스 그리스도인들을 발견한 것도 1602년 말경으로 보인다. 하지만 그가 보낸 편지는 그해 10월 29일 이후에 발송되었거나, 인도에 도착했고, 데 고이스는 이미 카타이로 떠

기 위해, 바다보다 빠른 길로 교역을 할 수 있는지를 보기 위해 이 조사 여행을 하기로 했다.

804. 카타이에 산다는 그리스도인들은 누구인가

카타이에 사는 사라센인들이 전한 그리스도인에 관한 것은 의도적으로 꾸며 낸 말이 아니라면, [그들은] 나름의 고유한 풍습을 갖고,[614] 우상을 숭배하지 않는다고 했다. 하지만 중국의 사당에서, 많은 우상을 본 어떤 사람들은 성모 마리아와 우리의 성인들과 매우 흡사하다며 거기에는 제단도 있고, 제단 앞에는 초와 등잔[615]도 있다고 했다. 사제들은 행렬할 때 법의法衣와 제의祭衣 같은 것을 입었고, 성가를 부르고 말씀을 나누는

난 뒤였다. 아무튼 네스토리우스 그리스도인들의 소식이 인도에 도착한 것은 1607년 12월 24일 이전이었다. Cf. *JASB*, XXIII, 1927, p.137. 다른 한편, 이들 페르시아인 이슬람교도들이 카타이에서 돌아오는 길에 데 고에스(de Goes)를 만난 것은 아마도 "챨리스(Cialis) 혹은 찰력실(察力失, Ciališ [Chalish])을 출발하면서"였을 것이다. 찰력실은 아마도 카라샤르(Carasciar)[Karashar] 략라사이(略喇沙爾)로 추정된다. 그들은 데 고이스에게 북경(Pechino)에서 유럽인 선교사들을 보았고, 큰 명성을 얻고 있다고 전했다. 이것으로 "확실해진 것은 카타이가 중국이라는 것과 카타이(Cataio)의 황궁이 있는 곳이 북경(Pacchino)이라는 사실이다"(N.830).

그러나 인도에서는 여전히 의심하고 있었다. "카타이(Cataio)는 중국 가까이에 있는 다른 어떤 나라로 생각했고, 여전히 중국의 한 부분으로 이름을 차용하고 있다고 보았다"(N.803). 그래서 "의구심을 제거하기 위해"(N.803) 데 고이스를 파견하기로 했다. 카타이가 중국이고, 그곳에는 가톨릭 신자들이 없다고 리치가 확신해 주었음에도, 파견 계획은 "바다보다 빠른 길로 [유럽과 중국 간 교통과 여행 관련] 교역을 할 수 있는지를 보기 위해"(N.803) 조사 여행을 하기로 했다.

614 다른 한편, 이들 사라센들 혹은 무슬림[이슬람교도]들에 관해 리치가 주목한 것은 "그들의 표현 방식에 따라", "몇 가지 사실을 덧붙인다"(N.830)라는 점이다. 그러니까 여기서 그들이 거짓을 말하거나 혹은 과장해서 말한다고 하더라도 그리 놀랄 일은 아니니다.

615 리치는 이탈리아어 Lampade라고 쓰지 않고, spere라고 쓰고 있다. Cf. NN.183, 236, 249, 341, 376, 903.

것이, 그리스도교 전례와 매우 비슷하다고 했다. 사라센인들은 진짜 그리스도인들이라고 생각했던 것 같다.[616]

805. 예수회 여행자가 받은 이름과 신분

베네딕토 수사는 여행 중에 발생할 수 있는 방해나 암살을 피하고, 더 안전하게 여행할 수 있도록, 여러 개의 통행증과 무굴 황제의 편지를 가지고 가기로 했다. 무굴제국의 황제 악바르(Acabar, اكبر)는 베네딕토 수사와 친한 사이면서 신부들과도 잘 알았다.[617] 그리스도교를 믿는 아르메

---

616 의도하는바, "사라센인들은 이 불자들[buddhisti]을 진짜 그리스도인들로 생각했다는 것"이다. 사실 외형적으로 볼 때, 동상, 제단, 성전에서 초와 등잔을 사용하고, 제의와 전례 음악 등이 비슷했기 때문에 이슬람교도들은 여행 중에 만난 불자들을 그리스도인들로 착각할 수 있었다. 더 뒤에, 도미니코 수도회의 가스파르 다 크루즈(Gaspar da Cruz)도 1556년에 관음(觀音)상을 보고 성모 마리아상이라고 생각했다. Cf. Gonzalez de Mendoça, *Dell'Historia della China*, Roma, 1586, p.27. 내가 다른 곳에서 주목한 바 있듯이[Cf. N.646, 본서 3권, p.400, 주(註) 1005.], 다른 선교사들도 달마(達磨) 전설 속에서 성 토마스(S. Tommaso)를 보려고 했을 것이다. 그는 다름 아닌 보디다르마[Bodhidharma बोधधिर्मम, 즉 보리달마(菩提達磨)]인데 말이다. 다른 수많은 여행자도 같은 혼란을 겪었을 것이다. Cf. Yule-Cordier[1], IV, p.201, n.2. 그러나 이들 "그리스도인" 모두가 불자는 아니었다. 많은 부분 네스토리우스인들이었고, 마리아를 공경하며 십자가를 현양했다. 사제들은 1602년에 리치가 말하고 있는 것처럼 일부일처제를 따르고 있었다. 반대로 16세기 중국인들 사이에서 널리 알려진바, 포르투갈인들이 가톨릭 신자가 되기 전에 불자들이었고(初泰佛敎), 붓다를 믿고 있었으며(俗信佛), 불경을 읽고(好讀佛書), 불상 앞에서 결혼식을 올리기도 했다(詣佛前相配)고 생각했다. Cf. Ciam̃ueihoa, pp.70-71; *Rivista Cattolica*(聖教雜誌), Scjanhai, XXII, 1933, p.122.

617 악바르(Acbar)에 관해서는 앞의 N.802, 본서 p.265, 주(註) 600.를 보라. 1599년 8월 1일, 지롤라모 하비에르(Girolamo Xavier)의 편지는 이 파견과 관련하여, 그[베네딕토 수사]를 악바르가 추천했다고 적고 있다. 그러니까 악바르가 한 말은 카타이(Cataio)에 그리스도인들이 있었다는 걸 원장이 알고 있고, 그곳 신자들이 3세기 동안 그리스도교 세계와 단절된 상태로 있어 그들을 돕기 위해 서너 명의 사제가 파견되어야 한다는 것이다. 악바르가 그에게 한 대답은 "라하트 메드 쏘다(rahat met Xodà)"(Hay, p.799) 즉, "라하 아즈 후다(rahā' az Khudā)" 혹은 "라흐마트 이-후다(Rahmat-i

니아 상인 복장을 하고, 이름을 압둘라(Abdulà, عبدالله)[618]로 하기로 했다.

Khudā)"라고 했는데, 이는 "하느님의 축복이 여러분과 함께!"라는 뜻이다. Cf. *JASB*, 1896, p.80. 그 외에도 악바르는 그들을 보호할 수 있는 것과 다른 도움이 필요한지를 물으며, "그들을 오게 하세요, 그들과 함께 그곳에 갈 수 있는 내 사절도 보내겠습니다"(Hay, p.799)라고 했다. 하비에르 신부는 같은 편지에서, 악바르가 파견 프로젝트에서 해 주기로 한 통행증 발급도 부족하지 않게 해 주었음을 암시하고 있다. 누노 로드리게스(Nuno Rodrigues) 신부가 총장에게 쓴 1602년 12월 17일 자 편지에는 악바르가 상인들과 함께 가야 하는 만큼 탐험이 삼사 년 혹은 그보다 더 시간이 걸릴 수도 있다고 했다는 말도 전했다(*ARSI, Goa*, 33, I, f.27v).

618 압둘라(Abdula)는 아랍어의 두 단어에서 유래한다. 압(abd)과 알라(Allāh)다. 알라(Allāh الله)는 하느님이라는 뜻이고, 압(*abd* عبد)은 히브리어 헤베드(hebed תַּרְשׁמ)에서 유래한 것으로, '종[하인]'이라는 뜻이다. 그러니까 하비에르(Xavier) 신부가 데 고이스(de Góis)에게 지어 준 이름은 "하느님의 종"이라는 뜻이다. 여행자[데 고이스]도 직접 설명한바, "지금 제가 얻은 이름은 반다 압둘라(Bandà Abdula)로 '하느님의 종'이라는 뜻입니다. 이 이름은 제가 거기서 파견될 때 예로니모 하비에르(Geronymo Xavier) 신부님이 지어 주신 것입니다"(Fernandes in *ARSI, Goa*, 33, f.127r). 반다(*Bandá* بنده)는 페르시아어로 '종'이라는 뜻이다. Cf. Payne, p.167, n.5. 이 이름은 이슬람 순례자들이나 상인들이 즐겨 사용하던 것이다. 그러나 데 고이스는 무슬림[이슬람교도]으로 착각하지 않도록 자신의 새 이름 압둘라에 이사이(isai), 즉 예수의 추종자 혹은 그리스도인이라는 이름을 덧붙였다(N.830). 안티오키아(Antiochia)와 그 외 모든 다른 세계에서 그리스도에서 유래한 그리스도인이라는 이름을 사용하지만, 동방에서는 같은 의미로 예수(Gesù) 혹은 이사(Isa)를 사용한다. 예수이니(gesuini) 혹은 이사이(isai)라는 이름은 같은 맥락에서 나왔다. "그 그리스도인들이 우리에게 예수의 이름을 그리스도로 강요합니다"(Hay, p.796). Cf. N.174. 따라서 우리의 여행자는 여기서 리치가 말하듯이 그리스도교라는 신앙 때문이 아니라, 스페인 출신이나 포르투갈 출신이라는 국적을 감추기 위해 신중하게 했다. Cf. N.830. 그것을 감추기 위해, "상인이라는 신분(titulo de mercador)"을 취하고, 수단을 벗고 다리 중간까지 오는 투니카를 걸치고 "터번(touca)"으로 머리를 가렸다. 즉, 동방 스타일의 터번을 썼다(Fernandes in *ARSI, Goa*, 33, f.126v). "덥수룩하게" "수염을 기르고", "그 지역의 관습에 따라 머리를 길렀다"(Fernandes in *ARSI, Goa*, 33, f.127r). 거기에 "활과 화살을 들어 … 자기가 유럽인이 아니라 아르메니아 상인으로 알려지게 했다"(Guerriero, III, p.25). 1602년 12월 30일, 본인이 직접 쓴 편지에서도 말하고 있듯이, 놀랍게도 분장은 성공했고, 훈족들과 함께 여정에 올랐다. "사히드(*Sahide*)[*Saiyid* سعيد]는 마파메데(Mafamede)의 친척이라는 뜻"이고, 사람들은 "메카(Meca) 왕국[*Sarif*(?) صريف]에서 위대한 인물"(Fernandes in *ARSI, Goa*, 33, f.127r)이라고 했다.

아르메니아인들이 사라센인들과 편안하게 교역을 하는 것처럼 보이기 위해서이고, 사라센인들이 매우 적대시하는 스페인 출신의 그리스도인이라는 걸 숨기기 위해서다. 또 오고 가는 장거리 여행의 경비로 팔아서 쓸 수 있는 여러 가지 물건들도 챙겼다. 물건들은 인도 총독과 무굴제국의 황제 악바르가 준 돈으로 인도와 무굴에서 산 것들이다.[619]

---

619 그러니까 그는 인도의 총통 아이레스 데 살다냐(Ayres de Saldaña)는 물론 다른 데서 수전노로 유명한 무굴제국(Gran Mogul)의 황제 악바르(Acbar)의 경제적인 지원을 받았다. 이 여행을 위해 "우리 돈으로" 400(Guerriero, I, p.311)은 "현지 통화로" 500에 해당하고(누노 로드리게스가 총장에게 1602년 12월 17일 자 고아에서 쓴 편지 in *ARSI, Goa*, 33, I, f.27v 소장), 이는 인도에서 지출한 일천 루피(rupie) 이외의 것이었다. 여기에 대한 모든 보답으로, 데 고이스는 그[악바르]가 그리스도교로 개종하기를 빌었다. "현세에서 축원할 수 있는 최고의 것이기"(Fernandes in *ARSI, Goa*, 33, f.127r) 때문이다.

브루커(Brucker, pp.598-599)의 올바른 지적은 당시 스페인과 포르투갈이 단일 왕권으로 통합되어 있어 이 탐사를 지원하는 데 몇 가지 이유가 있었다는 것이다. "여전히 영국과 네덜란드는 남부의 [스페인과 포르투갈] 탐험가들의 발견에 질투를 느꼈고, 그들도 유럽 북동쪽에서 이와 유사한 항해를 시도하며 아직 발견되지 않은 새로운 대륙이나 인도보다 덜 부유한 땅을 향해 새롭고 짧은 길을 발견할 희망을 품고 있었다. 이런 시도의 가장 큰 대상이 바로 카타이(Catay)였다. 마르코 폴로(Marco Polo)가 말한 진기한 나라 카타이는 크리스토포로 콜롬보(Cristoforo Colombo)도 찾았고, 그 바람에 그는 아메리카를 만났다. 카타이는 모든 항해자의 목적지였고, 보상으로 금과 은 등 많은 보석을 얻을 수 있는 곳이었다." 그래서 제노바 출신의 조반니 카보트(Giovanni Cabot)는 아들 세바스티아노(Sebastiano)와 함께 콜롬보(Colombo)가 항해를 시작하기 전에, 대서양을 통해 영국에서 카타이(Cataio)까지 길을 나섰다. 그러나 너무 북쪽으로 가는 바람에 얼음에 부딪히고 말았다. 1553년 이후, 백해(白海)에서 아르한겔스크(Arkhangelsk) 항구가 발견되던 해, 영국에서는 카타이(Cataio)와 러시아의 회사가 결성되었다. 1594년과 1597년 사이, 얼음 바다(Mar Glaciale)의 첫 번째 네덜란드 원정대는 노르웨이, 모스크바, 타타르 북쪽을 지나 카타이와 중국으로 통로를 개척하는 것이었다. Cf. Brucker, p.598, n.3. 1558년 영국의 상단에서 앤서니 젠킨슨(Anthony Jenkinson)을 파견하여 러시아와 터키스탄을 통해 카타이 길을 발견하도록 했다. 그는 부카라테(卜花兒)를 넘지 않았다. 그가 제공한 잘못된 정보에 따라, 1562년 그가 제시한 러시아 모스크바와 타타르 지도를 바탕으로 아브라함 오르텔리우스(Abraham Ortelius, *Theatrum Orbis Terrarum*, Anversa, 1570, f.46)는 카슈가르

806. 1602년 10월 29일, 아그라를 출발하다

베네딕토 수사는 이번 여행을 위해 무굴제국에 있던 우리 수도회 원장 예로니모 하비에르(Jerónimo Javier, 1549-1617) 신부[620]가 파견하는 것이

(Cašgar)를 카타이 서쪽 국경에서 도보로 30일 거리로 기록하고 있다. 그러나 실제로는 직선거리로 2,000㎞고, 이는 80일 이상의 여행을 의미한다. 그리고 그는 카타이의 국경에서 캄발루(Cambalu)까지 3개월의 여행 거리에 있다고 말하고 있다.

620 『미켈레 라 파체 신부가 묘사한 예로니모 하비에르 신부의 생애(*Vita P. Hieronijmi Xaverij descripta a P. Michaele la Pace* [Paez?])』(수기본은 *ARSI, Lus.*, 58, I, ff.182-185에 소장)와 언급한 생애(*Vita*)의 자료가 된 라 파체(La Pace) 신부가 총장에게 1618년 1월 31일 자로 쓴 편지(*Ibid.* ff.186-190)를 토대로, 또 그 밖의 여러 사료를 근거로 이 신부에 관해 다음과 같이 정리해 본다.

지롤라모 에즈펠라타(Girolamo Ezpeleta)는 나바라(Navarra)의 올리테(Olite) 근처 베이레(Veyre)에서 1549년에 태어났다. 부모는 성 프란치스코 하비에르의 친척이며 신심 깊은 귀족 가문 출신이었다. 알칼라(Alcalà)에서 학업을 마치고 학사 학위를 받은 후, 1568년 5월 7일, 19세에 예수회에 입회하여 바로 성(姓)을 하비에르(Xavier)로 바꾸었다. 성인 삼촌을 더 닮고 싶었기 때문이다. 여러 가지 징표로 인도 선교 사명을 부여받고, 사제가 되어 1581년 인도로 향했다. 1584년 1월 15일, 고아(Goa)에서 4대 서원을 했다(*ARSI, Lus.*, 2, f.14). 코친(Cocin)과 바세인(Bassein)의 원장을 지냈고, 고아 '서원의 집' 공동 책임자를 지냈다. 1596년 그곳에서 베네딕토 디 고이스(Benedetto di Goes)[**역주_** 여기서는 이탈리아식으로 이름을 표기하고 있다]와 마누엘 핀헤이로(Manuel Pinheiro)[**역주_** 역시 이탈리아식으로 표기하며 에마누엘을 줄여서 마누엘이라고 쓰고 있다]와 함께 라호르(Lahore)로 가서 악바르 황제를 만났다. 황제는 그리스도교로 개종하려는 [실현 가능성 없는] 꿈을 갖고 있었고, 그[지롤라모]는 1615년까지 무굴(Mogor)에 있었다. 이후, 그는 다시 고아[수도원]의 원장으로 돌아왔다. 1597년, 그와 데 고이스(de Góis) 수사는 카슈미르(Cašmir)까지 악바르를 동행하기도 했다. 1598년 그는 카타이에 관한 세 통의 편지를 썼다. 그가 쓴 많은 편지는 *JASB*, XXIII, 1927, pp.111-128, 131-135에서 찾아볼 수 있다. 훌륭한 덕행으로 많은 사람에게 모범이 되었고, 특히 가난한 사람을 향한 애덕과 고행으로 큰 귀감이 되었다. 그는 앵가말레-크랑고노어(Angamale-Crangonore) 대주교의 보좌주교로 임명된 뒤, 자신의 방에서 일어난 화재로 1617년 6월 27일 사망했다. Cf. H. Hosten, *Eulogy of Fr. Jerome Xavier S. J.* in *JASB*, XXIII, 1927, pp.109-130. 악바르에게 헌정한 그의 수기작 『복음의 법칙(*La Ley del Evangelio*)』은 황제에게 그리스도교 신앙을 가르치기 위해, 마호메트 교도들의 오류를 지적하기 위해 쓴 것이다. 그는 그것을 아콰비바(l'Acquaviva) 총장에게 보냈고, 지금까지 *ARSI, Opp.* NN.259에 보관되어 있다. 스페

었다. 하비에르 신부는 길을 잘 아는 그리스인 두 사람을 그에게 붙여 주었다. 한 사람은 레오네 그리마노Leone Grimano라고 하는 [정교회]신부고,621 다른 하나는 데메트리오Demetrio라고 하는 상인이었다.622 또 하인 4명도 붙여 주었는데, 그들은 회교도에서 그리스도교로 개종한 사람들이었다.623 하지만 우리 수사는 라호르Laor에 도착해서 그들을 돌려보내고, 이사악Isaç이라는 아르메니아인 한 사람을 고용했다. 이사악은 라호르에서 혼인하여 자녀들까지 두고 있던 사람으로,624 성실하게 여행을

인어로 쓴 필사본도 ff.194,(21×31㎝)에 있다.

621 레오네 그리맘(Leone Grimam) 혹은 그리마오(Grimão)는 "그리스에서 태어난 사람으로", 무굴의 신부들은 [그를] 베네딕토 수사의 동행자로 선발했다. "터키어와 페르시아어를 잘 알았고, 훌륭한 그리스도인으로 외교에 능하며, 무엇보다도 교부들과 예수회에 대한 애정이 커서 이런 길고 위험한 여행을 선뜻 받아들였다. 십자군으로 매일 왕실 근무로 받던 봉급과 얼마 전에 결혼한 아내를 두고 이 여행에 합류한 것이다"(Guerreiro, I, p.311). 그러니까 결혼한 착한 그리스도인이라는 말이다. 아마도 선한 가톨릭 신자라는 말이지, 리치가 말하는 대로(NN.806, 808) "신부"일 수는 없다. 아니면, 동방 교회의 사제거나. 궤리에로(Guerriero, III, p.25)와 곤살베스(Gonçalves)(*ARSI, Goa*, 33, f.296r)는 부제라고 말하고, 다른 사람은 부(副) 부제였다고도 한다. 데 고이스가 1603년 12월 30일에 쓴 편지에는 그를 "선생님(Senhor)"이라고 적지, "신부님(Padre)"이라고 적고 있지 않다(Fernandes in *ARSI, Goa*, 33, f.126v). Cf. Payne, p.166, n.4. 1590-1591년에도 그는 이미 악바르와 예수회원 간 중개인으로 활동한 적이 있었다. Cf. Wessels, p.14, n.1; Yule-Cordier[1], IV, p.202, n.2. 그는 여행 중에 많이 망설이고 일관성 없게 행동했다. 베르나르드(Bernard[3], pp.24, 57, 62, 74)가 말한 것처럼, 프랑스어 "그리몽(Grimon)"과 연관이 있는 것 같지는 않다.

622 데메트리오(Demetrio)는 카불(Cabul)에 남게 될 것이고(N.808), 후에 1604년 5월-6월경 야르칸드(葉爾羌)에서 [데 고이스] 수사와 합류할 것이다(N.818). 거기서 겁을 먹고 더는 여행을 계속하지 않고 라호르로 돌아갈 것이다(N.824). 곤살베스(Gonçalves)(*ARSI, Goa*, 33, f.296r)는 그를 두고 "그리스인 외교가(negotiator graecus)"라고 칭했다.

623 곤살베스(Gonçalves)가 우리에게 전하는 건 그들이 세례받은 지 얼마 되지 않은 그리스도인들이었고, 데 고이스는 그들을 라호르에서 돌려보냈는데, 이유는 그다지 믿을 만한 사람들이 못 됐기 때문이라고 했다(Gonçalves in *ARSI, Goa*, 33, f.296r).

624 이사악(Isacco)은 유일하게 "믿을 만한 동행자"가 되어 마지막까지 데 고이스와 함께 하고(Guerreiro, III, p.25), 살아남아, 북경에서 리치에게 일어난 모든 일을 이야기하

끝까지 잘 동행해 주었다.[625] 예로니모 하비에르 신부가 베네딕토 수사에게 준 통행증[626]에 적힌 서명에는 무굴제국의 수도 아그라에서 1603년 1월 6일에 출발했다고 적혀 있다.[627]

게 될 것이다. 우리 신부들은 이 사람을 크게 칭송하며 "대단히 선한 그리스도인"(N.1848)이라고 했다. 주목할 것은, 데 고이스가 아그라(Agra)에서 출발할 때 악바르가 보낸 카슈가르의 대사도 있었지만, 그 역시 고향으로 돌아가게 했는데, 그것은 "하느님의 자비였다"(Guerreiro, I, p.311).

625 이 수사가 여행에 임했던 초월적인 정신은 그의 편지들을 통해 드러난다. 그는 "파견에 순종했고"(1603년 2월 14일); 신부와 수사들 사이에서 "우리의 거룩한 신앙의 적(敵)들인 수많은 늑대 사이에서 오로지 기도에 의탁하는" 사람으로 알려졌으며(1602년 12월 30일); 더욱이 우리에게 "우리를 너무도 사랑하시고 우리를 위해 고난받으신 주님의 사랑을" 당부하고(1602년 12월 30일); 자신의 희생이 "오로지 만물을 창조하신 분께서 주신 것이니, 그분의 영광과 존귀를 위해 모두 그분께 돌려드린다"라고 했다(1603년 12월 2일). Cf. Fernandes in *ARSI, Goa*, 33, ff.126r-127v. N.823에서 데메트리오가 두려워하자 그가 한 놀라운 대답을 보라. 결국 그는 데메트리오에게 야르칸드에서 라호르까지 돌아갈 것을 권했다. 궤리에로는 그때 데 고이스가 한 대답은 자신의 [인생] 최후의 날들에 관한 말이기도 하다고 했다.

626 주목할 것은, 데 고이스가 가지고 간 문서들이다. 하비에르(Xavier) 신부는 그에게 "통행증(patente)"과 "카타이에서 온 사람에게", "북경에 있는 중국 수도원의 우리 신부들에게" 보내는 두 통의 편지와 함께 "기념품과 선물"(cf. N.851)을 보냈다. 그 외에도 그가 가지고 간 것은 "그 지역 그리스도인들 안에서 이단을 중재할 고아 대주교의 기념품"과 궤리에로가 말한 것처럼 1620년이 아니라(Guerreiro I, p.313), "612년까지 바뀌었던 모든 주체의 이름이 적힌 종이 한 장"이었다. 성 프란치스코 하비에르처럼(cf. Schurhammer-Wicki, I, p.330; II, pp.577-578) 서원의 징표로 아콰비바 총장의 서명, 하비에르(Xavier)와 보바딜라(Bobadilla) 신부의 서명, 순찰사 피멘타(Pimenta) 신부와 부관구장 누노 로드리게스(Nuno Rodrigues) 신부의 서명 등을 "이슬람교도들이 유품을 간직하는 방식으로" 모두 터번에 넣었다. 그리고 품에는 십자가, "한 처음에 말씀이 있었다"라는 요한복음과 "온 세상으로 가거라"라는 마르코복음을 넣었다. 페르난데스(Fernandes)에 따르면(*ARSI, Goa*, 33, f.126v), 이것들은 데 고이스를 지켜 줄 무기들이었다. Cf. Guerreiro, I, p.313.

627 데 고이스가 아그라(Agra)를 출발한 정확한 날짜는 그가 1602년 12월 30일, 라호르(Lahore)에서 남부지방 부관구장 누노 로드리게스(Nuno Rodrigues) 신부에게 직접 쓴 편지에 적혀 있다. "예로니모 하비에르 신부의 명으로 제가 아그라에서 출발한 것은 10월 20일입니다." 그러니까 1602년이다(Fernandes in *ARSI, Goa*, 33, f.126v). 리

807. 라호르(Lahore)에서 카불(Cabul, 可不里) 시(市)까지 여행

그 일대를 다니는 상인들은[628] 매년 모두 무리를 지어 카슈가르(합실합아, 哈實哈兒)[629] 시市까지 가는데, 이렇게 무리를 지어 가는 것은, 서로 도와주기 위함이기도 하고, 토구土寇들의 공격을 막기 위해서였다. 400-500명씩 무리 지어 말과 낙타와 화물이 함께 움직이는 것이다.

그해 사순절 상인들이 모두 라호르에서 출발했고,[630] 한 달을 걸었어

치가 두 번(NN.806, 1830)씩이나 이 날짜를 언급하는 것은 데 고이스 신부를 위해 하비에르 신부가 보낸 "통행증"에 적힌 날짜가 1603년 1월 6일이기 때문이다. 궤레이로(Guerreiro, III, p.25)는 그가 아그라를 최종 출발한 날짜라고 하지만, 그것은 통행증을 데 고이스가 아그라에서 출발할 때 받은 게 아니라, 하비에르 신부가 나중에 라호르로 —보낸(*me mandou*)— 것이라는 걸 간과한 탓이다(Fernandes in *ARSI, Goa*, 33, f.126v). 하비에르 신부는 데 고이스 수사가 그 도시를 출발할 때 아직 준비되지 않았던 서류들을 챙겨서 아그라와 라호르를 오가는 상인들 편에 보냈던 거다. 저자들의 다양한 견해에도 불구하고(Wessels, p.14, n.3), 1602년 10월 29일이라는 날짜는 의심의 여지가 없다.

628 스벤 헤딘(Sven Hedin[1], VII, p.44)은 데 고이스에 의한 이름들을 자기네 지도에 도입한 후대의 지도 제작자들에게 데 고이스(de Góis)의 여행이 미치는 영향을 관찰한 바 있다. "중앙아시아의 유럽 지도 역사에서 베네딕트 고이스(Benedict Goës)의 여정은 크게 중요하지는 않지만, 부분적으로 의미 있는 역할을 한다. 과거에는 주요 물리적-지리학적 특징의 실선이 중요하지 않았다. 그런데도 기존의 규정은 남아 있었고, 데 고이스의 경로를 그 틀에 강제로 입력하는 형식이었다. 17세기의 지도 제작자들은 고이스의 여행을 매우 중요하다고 판단, 어떤 식으로든 그의 여정을 입력해야 한다고 확신했던 거다." 그는 자신의 관찰을 17세기 지도에만 국한하지 않고, 뒤이은 2세기 동안에 나온 지도에도 의지했다. 거기에는 드 비트(De Witt, 1650년경), 다베빌(d'Abbeville, 1654), 키르허(Kircher, 1667), 칸텔리(Cantelli, 1683), 코로넬리(Coronelli, 1695), 딜라일(Delisle, 1705, 1706, 1723), 로터(Lotter), 슈트랄렌베르크(Strahlenberg, 1730), 애로우스미스(Arrowsmith, 1801), 스틸러(Stieler, 1826), 뒤푸르(Dufour, 1846), 크루클리(Cruchley, 1855), 룸스덴(Lumsden, 1862), 케이트 존슨(Keith Johnson, 1862), 몽고메리(Montgomerie, 1871) 등이 있었다.

629 카슈가르(Cašgar), 佉沙, 伽舍羅, 伽師祇離, 竭叉, 沙勒, 哈實哈兒, 疏勒=Sogdak(Hermann[2], pp.438, 448)은 야르칸드 시(市) 북-서쪽에 있다. Cf. *Storia dei Mim*, c.332, ff.14b-15a, 哈實哈兒.

도 [여전히] 라호르 땅인 아토크Athec[631]에 도착했다. 그곳에서 보름간 있었다. 화살이 미치는 정도의 강폭이 있는 강을 건너기 위해서였다.[632] 배에는 말, 낙타, 짐을 모두 실었다. 강을 건넌 다음, 토구들이 두려워 닷새를 기다렸다가 출발했다. 그리고 두 달을 걸어 페샤와르Passáur, 布路沙布羅[633]에 도착했다.

---

630 데 고이스가 무굴제국의 수도 라호르에 도착한 것은 "[1602년] 12월 8일, 원죄 없이 잉태되신 성모 마리아 대축일"이었다(Fernandes in *ARSI, Goa*, 33, f.127r). 의심을 받지 않기 위해 사제들이 묵는 숙소로 가지 않고, 베네치아 사람 갈리시오(Giovanni B.Galisio)라는 사람의 집에 머물렀다. 이 사람을 궤리에로는 갈리세우(Galiseu)라고 읽었고(Guerriero, I, p.312), 베르나르드는 갈리스코(Galisco)로 읽은 바 있다(Bernard[3], p.58). 2월 14일, 사순절 첫 금요일에 그가 쓴 편지에 다음 주일에 출발할 거라고 했다. 그러니까 16일이다(Fernandes in *ARSI, Goa*, 33, f.127r). 베셀스(Wessels)는 기록상의 오류를 토대로 2월 14일 자 편지를 가져와 2월 24일이라는 제목을 붙여, 데 고이스가 그날(2월 24일), 라호르에서 출발했다고 전한다(p.14, n.4). 그러나 핀헤이로가 3월 4일에 쓴 편지에는 그달 7일 라호르에서 우리의 여행자[데 고이스]를 만나기로 했다고 적고 있어, 3월 7일에도 아직 출발하지 않았다는 걸 알 수 있다. 하지만 부활절인 3월 30일 이전에는 출발했어야 했다. 왜냐하면 여기서 곤살베스(Gonçalves)가 말하는 것처럼(*ARSI, Goa*, 33, f.296r) 사순절 기간에 출발했고, 라호르에서 102마일 떨어진 곳에서 앞서 핀헤이로에게 답장을 보내, 사순절 단식이 아직 끝나지 않았다고 했기 때문이다. Cf. Fernandes in *ARSI, Goa*, 33, f.127.

631 아토크(Attoc)[Attock]는 인더스강에 있는 성채 도시로, 1581년 악바르가 카불의 통감이며 동생 하킴 미르자(Hachim Mirza)의 공격을 막기 위해 세웠다. Cf. Yule-Cordier[1], IV, p.203, n.5. 여기까지 오는데, 한 달이 걸렸다면, 4월 8일경 도착했다는 말이다. 여행과 관련하여, 데 고이스가 핀헤이로(Pinheiro)에게 1602년에 쓴 편지에는 "눈으로 덮인 산을 지나고 있어 매우 춥습니다. 저는 자주 소화가 안 되어 속이 메스꺼워 낙타 위에서 토하기도 합니다"(Fernandes in *ARSI, Goa*, 33, f.127r-v)라고 적고 있다.

632 인더스강이었다.

633 페샤와르 혹은 페샤우르, 布路沙布羅, 富樓沙 시(市)(Hermann[2], p.441)는 악바르 시대에 발그람(Balgram)이 재건했다. [데 고이스 일행은] 아토크가 아닌, 라호르에서 출발한 지 두 달 만인 5월 초순에 이곳에 도착했다. 아토크에서 페샤와르까지는 70㎞로 이삼일이면 도달할 수 있어, 라호르에서 출발한 것을 적고 있다고 볼 수 있다. Cf. Payne, p.174, n.3. 궤리에로(Guerreiro, III, p.25)는 "파푸르(Papur)"에 대해 언급하며, 카라반[대상]으로, 아그라에서 "4개월여 만에" 도착했다고 말한다. 텍스트에서 말

이곳에서 또 20일간 있으면서 어느 작은 마을에 들렀는데,[634] 거기서 순례 중인 한 수행자修行者를 만났다. 그는 30일을 더 가면 카페르스탐Caferstam, 波知[635]이라고 하는 사라센 땅이 나오는데, 그곳은 회교도는 들어갈 수 없다며, 그것을 어기면 죽임을 당한다고 했다. 그 외, 비그리스도인 상인들이 지나갈 수는 있지만, 그들의 사당에는 들어갈 수 없다고도 했다. 그곳에 사는 사람들에 대해서도 말해 주었는데, 그들은 기도하러 사당에 갈 때 검은 옷을 입는다고 했다. 땅은 비옥하고 포도를 생산하여, 포도주를 만들어 사라센인들에게 팔러 다닌다고 했다.[636] 베네딕토 수사가 그곳에 도착하자, 그가 순례자인 줄 알고 포도주를 마셔 보라고 주었다. 수사는 그것이 진짜 포도로 만든 포도주인 것을 알았고, 그 일대[회교도 지역]에서는 매우 예외적인 것으로 생각했다. 근처에 그리스도인들이 살 거라는 생각을 하게 했다.[637]

그곳에서 20일을 머물렀다. 토구들이 설치는 위험한 지역이라, 그 지

하는 것처럼 두 달 동안 70km를 걸을 수는 없으므로 율(Yule-Cordier[1], IV, p.181: p.203, n.7)은 데 고이스의 기록에서 리치가 본 것은 두 멘지(*menzi* دو ماه), 즉, 페르시아어로 "2개월"이라는 뜻일 가능성이 크다고 말한다.

634 바사왈(Basaual)[Basawal])이라는 마을로 추정된다. 아토크와 카불 중간에 있기 때문이다. Cf. Payne, p.174, n.4.

635 의심의 여지 없이, 카피리스탄, Cafiristan [Kafiristan] 波知, 賒彌(Herrmann[2], pp.446, 447)이다. 즉, 카피르 Cafir o Kafir كافر, 불신자들의 마을이라는 뜻으로, 이슬람교도들이 그렇게 불렀다. 여기서 생각할 것은, 그 마을 사람들만 마호메트교 이전, 고대의 이란 종교를 보존하고 있다는 사실이다. 궤리에로(Guerreiro, III, p.25)는 [우리의 여행자들을] "파푸르(Papur)"에서 "카프리스탄(Cafristão)"까지 "20일간" 걷게 하고, 텍스트에서 리치가 말하는 것처럼 그곳에서 "20일간" 머물렀다고 전한다.

이 책[『리치 원전』]에서 카페르스탐(Caferstam)은 라틴어 번역에서 Capherstam이 된 것과 관련하여, 주목할 것은, 리치가 데 고이스의 여행에 따라 등장하는 많은 지명의 철자를 트리고(Trigault)가 변경하여 훨씬 쉽게 식별할 수 있게 했다는 점이다.

역의 군주에게[638] 물품 수송의 호위를 위해 400명의 군인을 보내 달라고

—

리치의 표기	*트리고의 표기*
Aconterzec	Aconsersec
Alcegher	Alceghet
Badasciàn	Ebadascan
Bucarate	Bruarate
Burgagne	Burgovia
Caferstam	Capherstam
Cambasci	Canbasci
Can Sanguicascio	Cansangui cascio
Cheman	Chescan
Cilàn	Zilan
Grasò	Gazo
Habagateth	Hagabateth
Hiarcàn	Hiarchàn
Jacorich	Jaconich
Meselelec	Mesetelec
Oitograc	Oitograch
Pucciàn	Pucian
Sarcol	Sarcil
Sare	Sarc
Tallec	Thalec
Tenghi Badasciàn	Tengi Badascian
Toantac	Thoantac
Ugan	Vgan

636 이 민족의 성격에 대해 여기서 이야기하는 것은 최근 저자들의 작품에서 언급하는 것과 같다. Cf. Yule-Cordier[1], IV, p.204, n.3; Macmunn, *Afghanistan from Darius to Amanullab*, Londra, 1929, pp.23-34; Wessels, pp.15-16.

637 이슬람교도들은 포도주[술]를 마시지 않기 때문에, 데 고이스는 그 지역의 주민들이 그리스도인일지도 모른다고 생각했다. 그 도시의 이슬람교도들에 관해 아그라에서 1609년 9월 14일, 지롤라모 하비에르(Girolamo Xavier)가 쓴 기록에는 "그들에게 포도주[술]는 금지되어 있지만, 취할 정도로 많은 술을 마신다. 그러면서 자기네는 마시지 않았다고 한다. 그들은 야그라(*jagra*) 혹은 사탕수수로 술을 만든다. 그들은 할 수 있는 한 도수를 최대한 높여, 황소가 땅에 쓰러질 정도가 되게 한다. 그들은 포도로 술을 만들지 않는데, 이유는 도수가 세게 나오지 않기 때문이다"(*JASB*, XIII, 1927, p.122).

638 이곳은 페샤우르(Pesciāur, 富樓沙)와 카불 중간에 있는 잘랄라바드(Ialalābād)

요청했기 때문이다. 그리고 25일 후에 기델리Ghidelì에 도착했다.[639]

그 구간을 지나는 내내 마차와 말과 낙타는 걸어서 산을 올랐고, 모든 상인은 활과 화살로 산 정상에서 그들을 지켰다. 그래야 토구들이 산 아래로 돌을 굴려 행인들에게 위해를 가하는 것을 막을 수 있기 때문이다.

기델리에서 상인들은 통행세를 냈다. 여기서 그들은 큰 어려움을 겪었는데, 바로 토구들의 습격을 받아 크게 다쳤기 때문이다. 베네딕토 수사는 숲속으로 도망쳐 토구들이 물러간 뒤, 밤에 다른 상인들과 합류했다. 여기서 20일을 더 가자 카불(Cabùl)[可不里][640]에 도착했다.

808. 카불에서 코탄(Chotan) 왕의 모친을 만나다

카불은 무굴제국에서도 많은 상인이 모이는 대도시였다. 거기서 우리

[Jalalābād]로 추정된다. Yule-Cordier[1], IV, p.206, n.1.

639 기델리(Guidelì)는 궤리에로(Guerriero, III, p.25)에서는 제델리(Zedeli)가 된다. 자그달락(Iagdalac)[Jagdalak]이라고 하는데 카불 동쪽에서 영국식 마일로 60마일 정도 떨어져 있다. Cf. Yule-Cordier[1], IV, p.206, n.1.

640 카불(Cabùl), 可不里, 迦布邏, 迦畢試(Herrmann[2], p.438)은 1502년부터 아프가니스탄의 수도였다. 토리노 출신의 예수회원 주세페 데 카스트로(Giuseppe de Castro)는 1626년, 카불을 방문하고, 라호르에서 350마일이나 떨어져 있는 "매우 높고 황폐한 산들로 가득한 길을 따라 숱한 난관들"(*JASB*, XXIII, 1927, p.145)을 거쳐야 하는 몹시 힘든 여정이었다고 말한다. 몬세라트(Montserrat) 신부는 저서 『몽골 공사관 신문(*Mongolicae Legationis Commentarius*)』[이 책의 부제는 "악바르에게 파견된 초창기 예수회 선교"다] 1582(f.85b)에서 1591년 1월 7일 자 서문(Prefazione)에 카불에 대해 말하며, 상인들이 "인도, 페르시아, 타타르에서 와서 카불에서 만납니다. 그 산들에는 심장이 있고, 태(胎) 혹은 마음이 있기 때문입니다. 팔도 몇 개 있어서 인도, 소그디아나(Sogdiana), 박트리오나(Bactriona), 타타르를 어루만지며 주변 지역으로 뻗어 있습니다." H. Hosten, *Jesuit Letters and Allied Papers on Mogor, Tibet, Bengal and Burma. Part I, Mongolicae legationis commentarius or The First Jesuit Mission to Akbar bt Fr. Anthony Monserrate S. J. in Memoirs of the Asiatic Society of Bengal*, Calcutta, 1914, III, pp.513-704.

는 8개월을 기다렸는데, 어떤 상인은 거기에 남겠다고 했고, 어떤 사람은 적은 인원으로는 여행을 계속할 수 없다고도 했다.

베네딕토 수사는 그곳에서 카타이로 가기 위해 거쳐야 하는 카슈가르 왕국의 국왕 마파메트 캄Mafamet Cam[641]의 여동생을 만났다. 그녀는 코탐Cotàm, 于闐[642] 왕의 모친으로, 아게 하넴Age Hanem[643]['아게(Age)'는 사라센인

641 즉, 마호메트 칸(Mahomet Khān) ماهومت خان이다.

642 코탄(Chotan)[Khotan]은 지역의 이름이기도 하고 도시의 이름이기도 하다. 투르키스탄(Turchestan) 서쪽 오아시스 지역과 같은 이름의 도시에 해당한다. 그 지역 사람들은 일치(Ilch), 액이제(額爾齊)라고 부르지만, 중국인들은 우전(于闐) 혹은 우치(于寘), 오단(五端), 올단(兀丹), 알단(斡端), 확단(擴端), 홀탄(忽炭), 아단(阿端), 우둔(于遁)(Godan), 활단(豁旦)(Costana), 굴단(屈丹)(Gutan), 구살단나(瞿薩旦那)라고 한다. 산스크리트어로 코타나(Khotana), 코다나(Khodana), 코탐나(Khotamna), 쿠스타나(Kustana), 쿠스타나카(Kustanaka)로 쓰는데, 이는 오늘날 화티엔(Huottien), 화전(和闐)에서 유래한 것으로 보인다. 중국 자료에 따르면, 도시는 북경에서 12,150리(里) 떨어져 있고, 치아이코안(Chiaiücoan)[Kiayükwan], 가욕관(嘉峪關)에서는 6,300리, 야르칸드에서는 790리 거리에 있다. 스벤 헤딘(Sven Hedin)이 코탄 시 서쪽에서 얼마 떨어져 있지 않은 보라산(Borassan)에서 발굴한 토기 항아리, 인형, 사자와 독수리의 머리 등은 알렉산드로스 대왕이 점령한 이후 인도에 남은 그리스 문명화 시대를 보는 것 같다. 중국인들은 기원전 1세기부터 이 지역에 대해 말하는 것을 들었다. 마르코 폴로도 우리에게 다음과 같이 말하고 있다. "코탄은 동쪽과 그리스 사이에 있고, 그곳을 통과하는 데 여드레가 걸리는 지역이다. 그곳은 거대한 분지다. 사람들은 모두 마호메트를 숭상한다. 이곳에 있는 도시들은 대부분 성채로 이루어졌다. 그중 최고의 도시가 코탄이라고 하는 왕국의 수도이자 [일대] 지역의 이름이기도 하다. 모든 것이 풍족하다. 면이 많이 생산된다. 포도원과 경작지, 정원도 충분하다. 교역과 예술로 살아가고 있다. 무기는 소지하지 않는다"(Benedetto, p.41). 2만 5천에서 3만의 인구가 있는 현재 도시는 동에서 서까지 1.5㎞에 펼쳐져 있고, 고대와 현대의 두 도시가 양쪽에 있다. 코탄의 가장 큰 교역상품은 카페트, 포목, 비취다. Cf. Richard[2], p.530; D'Elia[1], n.299; Yule-Cordier[1], IV, p.222, n.1; Ciamscimlam, V, p.243; *Storia dei Mim*, c.332, f.13a-b, 우전(于闐); Stein[4], p.402.

서기 135년부터 코탄은 중국 왕실과 관계를 맺기 시작했다. 그러나 1406년에야 비로소 코탄에서도 천자(天子)의 나라에 특별 사절단을 보내 진상품을 바치기 시작했다.

643 아게 하넴(*Age Hanem*)은 하그 하넴(*Ḥağğ Hānum* صحيح هانوم)이라는 말로, 하그(Ḥağğ)는 메카(Mecca) 순례라는 뜻이고, 하눔(Hānum)은 부인이라는 말이다. 즉, "메카 순례

들의 별명으로 메카에 다녀왔다는 의미로, 우리의 '복된 자'에 해당된다][644]이라고 불렀는데, 마침 메카에서 오는 길이었다. 그녀는 여행 경비가 떨어졌고,[645] 베네딕토 수사는 팔려고 가지고 왔던 많은 아닐(anil, آنيل)[646]을 팔아서 600냥을 빌려주었다. 그녀는 크게 감동했고,[647] 고국으로 돌아가면 벽옥碧玉, japser으로 잘 쳐서 갚겠다고 했다. 벽옥은 카슈가르에서 중국에 가져갈 수 있는 최고의 물건이었다.[648]

거기서 레오네 그리마노 신부는 라호르로 돌아갔다. 장거리 여행의 어려움을 견디기 힘들어했다. 또 다른 동료 데메트리오는 그곳[카불]에 남기로 했다.[649]

를 다녀온 부인"이라는 것이다. 궤리에로(Guerriero, III, p.25)는 "아차남(Ahchanam) [아마도 아크 하남(Ach Hanam)으로 추정됨]이라고 하는데, 이슬람교도들 사이에서는 메카에서 온 축복받은 사람"으로 부른다고 했다. 그녀는 카슈가르 왕(Khān di Cašgar)의 동생, 압둘 카림(Abdul Karim)이었다(당시 카슈가르의 수도는 야르칸드였다). 그녀는 코탄의 왕(Khān del Chotan) 마호메트의 어머니이기도 했다. 카슈가르에서 마호메트는 제국의 왕자로 간주하고 있었다. 이 부인은 카불 초입에서 수사를 만났다. 그 뒤 그녀는 데 고이스(de Góis) 수사와 바다샨(Badacsciān)에서부터 계속 동행했다. Cf. Payne, p.169, nn.3 e 4.

644 "축복받은"이라는 말은 협소한, 편협한 의미에서, 특히 여성에게 적용되는 표현이다. Cf. N.649. 그러나 여기선 "순례하는 황후"라는 뜻으로 말하려는 것 같다.

645 이 왕후가 메카에서 오다가 도둑을 만나 털리고, 여행 경비가 다 떨어진 처지에 있었던 거다. Cf. Guerriero, II, p.383

646 우리의 청색에 해당한다. 아닐(anil)은 안-닐(an-nil) 또는 알-닐(al-nil)로, 페르시아어 닐(nil نيل)과 산스크리트어 밀라(mila नीला)에서 유래한 것으로 청색이라는 뜻이다. 1514년부터 알려진 말이다. Cf. Dalgado, p.45. 그러니까 청금석, 곧 청색의 미네랄 회회청(回回靑)을 말하는 것으로, 황실 도자기와 황궁의 기둥과 대들보를 장식하는 데 사용되었다. Cf. D'Elia[3], pp.328, 334, 358, 374; *TP*, XXV, 1926, p.390.

647 그녀와 그 아들에 관해서는 궤리에로(Guerreiro III, p.25)에서 부연 설명하고 있다. Cf. N.817.

648 Cf. NN.816, 819.

649 레오네 그리맘(Leone Grimam)은 처음에는 카불에 있다가 후에 라호르로 갔다. 그리고 얼마 후에 다시 데 고이스를 따라 합류했다가 야르칸드부터는 오지 않았다. Cf.

809. 카불에서 칼치아(Galcias) 지방 탈란(Talichan)까지

그곳[카불]에서 베네딕토 수사는 유일하게 남은 아르메니아 사람 이사악과 다시 꾸린 상단과 함께 여정에 올랐다. 그리고 철광석이 풍부하게 나는 차리카Charikar에 도착했다. 거기서 20일간 머물렀다.[650] 베네딕토 수사는 차리카에서 또 다른 어려움에 봉착했는데,[651] 현지의 통감이 그에게 물품 통행세를 물린 것이다. 무굴제국의 악바르Echebar가 써 준 통행증도, 여기까지 카불의 영토로 그곳의 군주가 지배하고 있음에도 불구하고, 인정해 주지 않은 것이다.[652] 여기서 다시 열흘을 가서 파르팜Parvàm, 八魯灣[653]에 도착했다. 아주 작은 무굴제국의 마지막 영토다.

닷새를 쉬었다가 20일간 매우 높은 산을 넘어 아인가람Aingaràm[654]에

Wessels, p.16, n.3. 그러나 데메트리오(Demetrio)는 많은 카라반(대상)이 하는 것처럼 카불에 남았다. 그러다가 야르칸드에서 데 고이스와 재회했다(N.818).

650 차리카(Ciāricār)[Chārikār o Chārekār]는 힌두-쿠시(Hindu-Cuš)[Hindu-Kush]라고 하는 산맥의 발치에 있고, 카불에서 영국식 마일로 40마일 떨어져 있다. 다량의 철(鐵)이 고르반드(Ghorband) 광산에서 차리카(Ciāricār)로 운송된다. Cf. *The Imperial Gazetteer of India*, X, p.176; Wessels, p.17, n.1.

651 차리카(Ciāricār)에서 데 고이스 수사는 심한 열병에 걸린 것으로 보인다. Cf. Payne, p.177, n.8. 단지 "많은 어려움"뿐 아니라, 궤리에로에 따르면(Guerriero, III, p.25), "그는 많이, 심각하게 앓은 후, 여정에 올랐다"라고 했다. 곤살베스(Gonçalves)도 같은 말을 하고 있다(*ARSI, Goa*, 33, f.296v).

652 그러므로 악바르의 지배가 이렇게 멀리 떨어진 극단 지역까지는 도달하지 않았던 거다.

653 파루안(Paruan), 파르완(Parwan), 八魯灣은 차리카(Ciāricār) 북쪽에 있는 작은 도시다. *Storia degli Iüen* [원사(元史)]에서는 c.1, 옛날 문자로 '태조본기(太祖本紀)'로 기록하고 있다. 그곳에는 매우 힘든 고개가 하나 있다. 아니 도시 주변에 20여 개의 이런 고개가 있다. 그중 하나를 데 고이스가 넘었고, 1837년 또 다른 여행자 우드(Wood)는 고개를 넘지 않았던 것 같다.

654 아인가람(Aingaràm)은 지도에 없다. 브루커(Brucker) 신부는 앞서 조반니 우드(Giovanni Wood) 소위가 한 말을 근거로, 1837년에 이 길을 걸었고, 산들의 남쪽 파루안(Paruan) 계곡에 있는 첫 번째 안게란(I-Angheran) 마을로 추정했다. 하지만 리치의 텍스트는 베셀스(Wessels, p.18, n.1) 신부가 주장한바, 첫 번째 안게란

도착했다. 그리고 보름을 더 걸어서 칼치아Calcià에 도착했다.655 여기 사는 사람들은 머리카락과 수염이 붉은 플랑드르 사람 같았다.656 그들은 이 일대 지역 여러 고을(molte ville)657에 흩어져 살고 있었다.

다시 열흘을 더 가서 잘랄라바드Gialalabath658라고 하는 곳에 도착했다. 여기서 브라만들은 행인들에게 통행세를 물렸는데, 그것은 부카라테Bucarate, 卜花兒659의 국왕이 그렇게 탁발托鉢을 허락했기 때문이다. 다시

(I-Angheran)이 아니라 파루안(Paruan) 고개 북쪽에 있는 이아람(Iaram)[Jaram]을 말한다는 것이다. 율(Yule-Cordier[1], IV, p.209, n.2)은 아한-가란(Ahan-gharán)이라고 읽었는데, 이는 "철이 나오는 광산"이라는 뜻이다. 곤살베스(Gonçalves in *ARSI, Goa*, 33, f.296v)는 데 고이스가 이곳에서 말에서 떨어진 이사악을 도우러 왔다고 전한다.

655 갈챠스(Galcias)[Galchas] 지방이다. 궤리에로(Guerriero, III, p.25)는 카라반으로 챠리카(Characar)에서 "붉은 [피부에] 금발의 사람이 사는 땅, 칼챠(Calca)"까지 45일 걸린다고 했다. 지역과 주민들에 관한 이런 모든 설명은 서로 일치한다. "갈치아인들은 바다샨(Badacsciān)의 산악지역과 쉬냐노(Scignan)[Shignan]극 동쪽 협곡, 와칸(Uakhan) [Wakhan]과 사리콜(Sarĭcol)[Sarŏkol] 일대에 사는 주민들이다"(Payne, p.177, n.9).

656 아시아 지역의 여행자며 탐험가로 유명한 아우렐 스타인(Aurel Stein[3], I, p.89)은 사리콜(Sarĭcol)의 자기 친구에 관해 다음과 같이 말한다. "그는 키가 크고, 머리카락은 금발이며, 눈은 파랗다. 사리콜(Sarikol)에 널리 퍼진 알프스 인(Homo Alpinus)이 환생한 것처럼 보였다. 나는 1603년 옥수스강(Oxus) 상류[**역주**_ 아무다리야강(Amu Darya)을 말한다. 파미르고원에서 발원하여 힌두쿠시산맥을 거쳐 투르크메니스탄과 우즈베키스탄의 국경을 흐른다. 고대에는 옥수스강(Oxus), 중세에는 지훈강(جیحون)으로 불리기도 했다]에서 사르칠(Sarcil) 혹은 사리콜(Sarikol)까지 고개를 넘었던 오래전 예수회 평신도 베네딕토 고이즈(Benedict Goez)를 생각했다. 그는 가난한 주민들의 모습을 보고 플랑드르 사람과 닮았다고 했다."

657 ville는 포르투갈어로 마을(villaggio)이라는 뜻이다.

658 펠리옷(Pelliot) 교수는 잘랄라바드(Gialalabath)는 분명 젤라라바드(Jelalabad)(*TP*, XXV, 1926, p.389)라고 했고, 스벤 헤딘(Sven Hedin[1], I, p.159)은 잘라라바드(Jallalabad)가 페샤우르(Pesciāur, 富樓沙)와 카불(Cabul) 사이에 있다고 했다.

659 부카라(Buchara)는 여러 중국 자료에서는 안국(安國), 불화자(不花刺), 포합랍(布哈拉), 포갈(捕喝), 포활(布豁) 등으로 언급된다. *Storia dei Mim* [명사(明史)], c.332, f.7a에는 복화아(卜花兒)로 나온다.

보름을 더 가서 탈한Talhàn, 塔里寒660에 도착했다. 거기서 한 달을 있었는데, 칼치아의 백성이 반란을 일으켜,661 여정이 안전하지 않았기 때문이다.

810. 탈한에서 테스칸(Teščan)까지. 토구들에 대한 두려움

탈한에서 테스칸Chescan, 達失千662에 도착했다. 그곳은 사마르한Samarhan, 撒馬兒罕,663 페르가나(Fergana[Burgagne], 拔汗那),664 부카라테와

---

660 탈한(Talhan)을 마르코 폴로는 타이칸(Taican)(Benedetto, pp.35-36)이라고 했고, 곤살베스(Gonçalves)는 탈라함(Thalaham)(*ARSI, Goa*, 33, f.296v)이라고 했다. 분명 탈리칸(Talichan)[Talikhan] 시(市)를 말할 것이다. 옥수스강(Oxus, 아무다리야강)의 한 지류인 악-사래(Ac-sarai) 상류에 있다. *Storia degli Iüen* [원사(元史)], 지리지(地理志), 서북지부록(西北地附錄)에서는 탈리한(塔里寒)으로 음성화했다. 여행자들[데 고이스와 이사악]은 부카라(Buchara) 왕을 상대로 갈챠스(Galcias)의 백성들이 반란을 일으킨 통에 이곳에서 한 달을 머물러야 했다. 이곳에서 키키클릭(Ciciclic)[Chichihlik]까지는 데 고이스가 마르코 폴로의 여정을 따른 것처럼 보인다. Cf. Yule-Cordier[1], IV, p.211, n.3.

661 브루커(Brucker, pp.606-607)는 밤베리(Vambéry)가 부카라 여행에서 언급한 역사적인 문헌들을 토대로, "데 고이스가 바다샨(Badacsciān)을 지나던 때에 이 지역은 부카라(Buchara)의 칸(Khān, 왕)이 통치하고 있었고, 바다샨의 통감 마호메트 제만(Maometto Zeman)이 일으킨 반란의 무대가 되어 있었다"라고 지적한 바 있다. 바다샨의 이 민족은 "자기네 오랜 통치자인 부카라의 우즈벡(Uzbek)을 상대로 반란을 일으킨 것이다"(Bernard[3], p.87). 에마누엘레 핀헤이로(Emanuele Pinheiro)가 1602년 9월 9일 자로 라호르에서 로마에 있는 포르투갈 수도원의 비서 조반니 알바레스(Giovanni Alvares)에게 쓴 편지에는 우즈벡인들의 이런 전사(戰士)의 미덕을 강조하기 위해 그들을 "우리 유럽의 독일인들과 같다"(*ARSI, Goa*, 46, I, f.47v)라고 했다.

662 테스칸이라는 표기는 Chescan이 아니라, Thescan이 맞다. 확실한 것은 Teščán [Teskan o Teshkán] 달실천(達失千)이다. 파이자바드(Faizabad)로 가는 길, 쿤두즈(Cunduz, **역주_** 오늘날 아프가니스탄에 있는 이 도시의 이름은 실로 다양하다. Konduz o Kunduz, Kundûz, Qonduz, Qondûz, Kondûz, Kondoz o Qhunduz 등으로 표기된다)와 키신(Chiscin)[Kishin] 사이에 있는, 옥수스강(Oxus) 상류를 판자강(Pangia)[Pandjah]이라고도 하는데, 거기에 있는 탈한(Talichan)에서 북동쪽으로 영국식 마일로 약 50마일 떨어져 있다. Cf. *Storia dei Mim*, c.332, f.6a, 達失千. 곤살베스(Gonçalves)(*ARSI, Goa*, 33, f.296v)는 이 도시를 퀘센(Quexen)으로 표기했다.

주변 지역이 모두 압둘라한[Abdulahan, عبدالحان]665에게 속한 땅이었다. 그곳은 작은 고을이었고, 상단이 도착한다는 말에 촌장은 사람을 보내 성城으로 들어오라고 했다. 밖에선 칼치아의 반란군들이 상단의 물건을 훔친다는 것이다. 상단은 통행세를 내고 밤에도 여행을 계속하고 싶다며, 거기서 머물고 싶지 않다고 전했다. 촌장은 절대 보내 줄 수 없다며, 칼치아의 반란군들은 말馬이 없어, 상단이 가진 400마리를 빼앗은 다음, 성을 습격하여 모두 죽일 거라는 것이다. 그러면서 자기네와 힘을 합쳐 그들을 물리치자고 했다.

811. 칼치아의 도적들. 대상(隊商, Carovana)들이 겪은 여러 가지 위험

상단이 성에 도달할 무렵, 칼치아의 도적들도 요란한 소리를 내며 다가오는 것을 보고, 촌장은 마을을 비우고 주민들과 함께 말과 낙타를 타고 도망갔다. 상인들은 즉시 물건들로 보루를 쌓고, 화살이 떨어졌을 때

---

663 사마르칸다(Samarcanda)[Samarkand]는 초세기부터 중국인들 사이에서 "비옥한(semis) 마을(kand)"로 알려져 있었고, 세기를 거치며 다음과 같은 다양한 이름으로 불렸다. 강(康), 강거(康居), 살말건(薩末鞬), 삽말건(颯秣建), 실만근(悉萬斤), 살마이천(撒麻耳千), 살마아한(撒馬兒罕), 사미사천(邪米思千)[=Semiscant], 설미사천(薛迷思千) 등이다. Cf. Ciaṁsimlam, V, pp.27-35, 88-90, 113-118, 139-141, 528-549; *Storia dei Mim*, c.332, ff.1b-5b, 살마아한(撒馬兒罕).

664 베셀스(Wessels, p.19)에 따르면, 페르가나(Ferghāna o Ferghānah)이고, 중국인들은 [톨로메오의 Τσόρνοί에 따라서] 대완국(大宛國), 포한(怖捍), 발한나(拔汗那), 발한(鏺汗), 파락나(破洛那), 영원국(寧遠國)으로 유명했다. Cf. Ciaṁsimlam, V, pp.154-157; Herrmann[2], p.446; Bretschneider II, p.52, n.823.

665 압둘라한(Abdulahan)은 압둘라 칸(Abdulla Khān عبدالله خان)으로, 이 일대 여러 왕국의 왕이다. 그의 이름은 압둘민(Abdul Mumin عبدالمومن)이고 우즈벡인들의 조상에 속한다. Cf. Yule-Cordier[1], IV, p.211, n.5.

를 대비하여 방어용으로 많은 돌을 모아, 강력히 맞섰다. 그것을 본 도적들은 사람을 보내, 두려워하지 말라며, 안전한 여행이 되도록 자기들이 호송해 주겠다고 했다. 상인들은 그들이 하는 말을 믿을 수가 없다며 의심했고, 결국 도망가기로 했다. 그 사이에 도적들은 습격하기 시작했고, 상인들은 물건을 두고 근처 숲속으로 숨었다. 그들은 상인들의 물건을 약탈했다. 도적들은 숲에서 나온 상인들을 남은 물건과 함께 빈 성안으로 집어넣었다. 베네딕토 수사는 그날 밤에는 아무것도 잃지 않았지만, 낮에 말 한 마리를 잃어버렸다가 후에 옷감 두 조각으로 보상받았다.[666]

성안에 갇힌 상인들은 도적들이 자기들을 죽일까 크게 겁을 먹고 있었다. 그때 올로베트Olobeth라는 대장 하나가 부카라테 땅, 바다샨Badasciān, 八答黑商, 巴達哈傷[667]에 있는 자기 동생 오샬베트Oscialbeth로 하여금 칼차스의 도적들에게 상단의 상인들을 해치면 가만두지 않겠다고 협박했고, 그 바람에 모두 풀어 주어 여행길에 오를 수 있었지만 많은 물건이 그들의 손에 넘어갔다.

다시 여정에 올랐을 때, 이번에는 베네딕토 수사에게 4명의 도적이 덮쳐 물건을 훔쳐 가려고 했다. 수사는 인도 천으로 만든 아르메니아 사람들이 쓰고 다니는 터번을 집어 최대한 멀리 집어 던졌다.[668] 도적들이 서

---

666 곤살베스는 더 정확하게, 이때 데 고이스가 잃어버린 건 한 마리가 아니라 세 마리였고, 후에 중국인들에게 물건을 주고 되찾은 거라고 말한다. "그는 말 세 마리를 잃었고, 후에 중국인들에게 얼마간의 물건을 주고 되찾았다." 그리고 "아르메니아인"이라고 모욕을 받기도 했지만, 결국 잘 해결되었다(Gonçalves in *ARSI, Goa*, 33, f.296v).

667 부카라에 있는 바다샨이다.

668 터번(turbante)은 "그다지 값나는 것이 아니지만", 터번을 최대한 멀리 던지기 위해서 그 안에 넣은 돌은 "보석" 외에 다른 걸 넣을 수가 없었다. 뒤 자릭(du Jarric)의 번역은 "값나가는(de preço)"이라는 수식어가 터번이 아니라 돌[보석]에 두고 있는데, "그는

로 앞다투어 터번을 갖겠다고 주우러 가는 사이에 수사는 말에 올라 급히 도망쳐 그들의 손아귀에서 벗어났다.[669]

812. 바다샨 텐기(Teng-i-Badacsciān)를 넘어 치아치우나르(Ciarciunar)까지

이후 8일간은 바다샨 텐기Tenghi Badasciām라고 하는 아주 험한 지역을 지나야 했는데, [바다샨 텐기는] "바다샨의 험한 길"이라는 뜻이다. 길이 좁아서 한 사람씩 겨우 지나갈 수 있었고,[670] 그 밑에는 바다샨까지 이어

값진 돌로 모자를 던졌다"라고 했다. 베셀스(Wessels, p.19)도 "아르메니아식 모자에 보석을 넣어서 던졌다"라고 했다. 궤리에로는 리치의 첫 보고서의 내용을 보고 이 사실을 더 부각했다(Guerriero, III, pp.25-26). 그의 말을 들어 보자. "그들은 강도들에게 많이 시달렸고, 수사는 많은 것을 잃었다. 이슬람교도들은 그들이 상단과 떨어지자 갖은 모욕과 구타를 했고, 네 명의 강도들 손에 넘겼다. 강도들이 그를 덮치자 수사는 가장 비싼 보석을 안에 넣어 최대한 멀리 던졌다. 그들이 뭘까 궁금해하며 그것을 찾는 사이에 말을 몰아 도망쳤다." 이후, 데 고이스는 바로 또 다른 위험에 봉착했는데, 그에 대해 같은 저자[궤리에로]는 이렇게 덧붙이고 있다. "그는 길에서, 여행 중에 많은 강도와 어려움에 직면했고, 모욕과 고통을 겪었다. 험난한 길에서 추위와 눈이 그들을 덮쳤고 함께 가던 많은 동료가 죽었으며 수사도 거의 죽을 뻔했다. 그리고 드디어 카슈가르 왕국의 대도시에 도착했다."

669 데 고이스가 한 테스칸(Teščán)에서 사리콜(Sarīcol)까지의 여정은 바다샨(Badacsciān)과 파미르(Pāmīr)를 통과하는 것이었다. 콜론이 지적한 세르파닐(Serpanil)을 지난 것 같지는 않다. 율(Yules)은 시-리-파미르(Sir-i-Pāmīr)가 "파미르(Pāmīr)의 지붕"일 수 있다고 했지만, 확실하게 증명된 바는 없다.

670 텐기 바다샨(Tenghi Badasciàn), 즉, 텡-이-바다샨(Teng-i-Badacsciān)은 특정 지역의 이름이 아니라, 바다샨(Badacsciān)을 통과하는 데 최소한 여드레는 걸리는, "험난한 구간" 전체를 일컫는 이름이다. 옥수스(Oxus)강의 지류인 판자강(Pangia) 위에 수직으로 난 [험한] 고개로, 그 위에 테스칸(Teščán) 시가 있다. 곤살베스(Gonçalves)(*ARSI, Goa*, 33, f.296v)는 더 명확히 설명한다. "여기서 가장 가까운 마을까지 8일 동안의 여정은 강둑 전체를 차지하는 산과 숲으로 매우 위험하고, 두 사람이 함께 걸을 수 없을 정도로 좁아서 늑대처럼 한 줄로 걸어야 한다. 거기서 우리의 복된 자[데 고이스]는 말에서 떨어졌고, 다행히 암초에 걸려 강물에 빠지지 않았다." 마르코 폴로도 이

진 큰 강[671]이 흘렀다.

바다샨 사람들은 상단을 호위하러 온 병사들과 결탁하여 상인들의 물건을 약탈했다. 거기서 우리 수사도 말 세 마리를 잃었다. 말은 후에 다시 구매했다.[672]

그곳[바다샨]에 열흘 있다가 하루를 걸어서 챠르치우나르Ciarciunar[673]에 도착했으나, 비가 많이 와서 들판에서 집도 텐트도 없이 닷새를 기다렸다.[674] 거기서 다시 칼치아 도적들[675]의 습격을 받아 물건을 잃었다.[676]

미 바다샨에 대해 말하며, [이곳을] 주목한 바 있었다. "너무도 위험해서 아무도 들어갈 수 없다는 데 의문을 제기한다면, 이 나라에서 누가 약하냐 강하냐도 중요한 문제가 아니다"(Benedetto, p.37). 1598년 바다샨의 왕은 "압둘모멘 싼(Abdulmomen Xhan عبدالمومن ژان)(Xhan은 Khān이라는 뜻이다)"이었다. 이것은 그해 8월 1일 자 제로니모 하비에르(Geronimo Xavier) 신부가 쓴 편지에서도 언급하고 있다(*ARSI, Goa*, 46, I, f.37v). 1602년 9월 9일 자, 에마누엘레 핀헤이로(Emanuele Pinheiro)의 편지에 따르면, 그는 악바르(Acbar)의 사촌이었다(*ARSI, Goa*, 46, I, f.50v).

671 모두 판자강(Fiume Pangia) 혹은 옥수스강 상류(Oxus superiore) 구간을 말한다.

672 바다샨 시(市)에서 나오며 "군인 보조"에게 말 세 마리를 얻었다. 그러나 곤살베스(Gonçalves)의 텍스트에서처럼 작은 선물을 주고서야 재구매할 수 있었다(*ARSI, Goa*, 33, f.296v).

673 율(Yule-Cordier[1], IV, p.216, n.1.)은 스벤 헤딘(Sven Hedin[1], VII, p.40)을 따라 챠르치우나르(Ciarciunar)가 페르시아어로 سیار سینار, Ciar Cinar [Char Chinar], "네 그루 플라타너스"라는 뜻이라는 데 전혀 의심하지 않았다. 이것은 거기에 오아시스가 있다는 걸 암시한다. 그러나 베셀스(Wessels, p.20, n.1)는 리치 혹은 데 고이스의 자료에서 거리상-하루의-오류가 있다며, 챠르치우나르(Carciunar)[Carchunar]의 국경에 있는 작은 도시에 무게를 두었다.

674 산이 높고 식물이 적은 이 지역은 사람이 적거나 살지 않았다. 그러니까 여행객들이 "집도 텐트도 없이" 있었다는 걸 설명해 준다. 여기서 베르나르드(Bernard[3], p.89)는 자료에 근거해서가 아니라, 이곳에 사람이 정착할 수 없는 것은, 비록 가까이에 강이 있고 주변에 보호막이 되어 줄 기반이 있어도, 해발 2,700에서 3,600m이기 때문이라는 것이다. 주거지를 벗어나면 "목축을 위한 여름철 오두막 외에 아무것도 만나지 못한다."

675 데 고이스가 마르코 폴로 이후, 두 번째 여행자로(Benedetto, pp.39-40) 40일간 파미르고원(Pāmir o Pāmīl), 총령(葱嶺), 파밀(播密), 파미라(波謎羅)를 통과했다는 데 의

813. 세르파닐(Sir-i-Pāmir)에서 사르콜(Sarīcol)을 지나 탄게타르(Tenghi-tar)까지

그곳에서 다시 열흘 만에[677] 세르파닐Serpanil[678]에 도착했다. 그곳은 사람도, 물도, 필요한 물건도 전혀 없었다. 거기서 사크리트마Sacrithmà[679]라

심하는 사람은 없다. 파미르는 높이 때문에(해발 4,000-5,000m 고지대에 125,000 또는 130,000㎢ 면적이 있는데, 거기에는 최대 6천 혹은 7천m의 봉우리들이 있다) 중앙아시아의 원주민들은 물론 모든 사람이 '세계의 지붕(Tetto del mondo)' 혹은 '밤-이-둔야(Bam-i-dunya)'라고 부른다. 데 고이스도 이 고원에 대해 묘사한 바 있다. 1604년 2월 2일, 데 고이스가 야르칸드에서 쓴 편지를 인용한 궤리에로(Guerriero, II, p.385)의 글을 보자. "수사는 이번 탐사에서 가장 힘든 구간을 지나 이 도시[야르칸드]를 통과했다. 파멕(Pamech) 사막에서 말 다섯 마리가 죽었다. 사막은 너무도 크고 추운데 장작을 찾을 수도 없었고, 마을도 없었으며, 공기마저 무서워 숨을 쉴 수가 없었다. 숨이 막힌 말들이 갑자기 땅에 쓰러져 죽어 갔다. 여기에서 마늘과 양파, 말린 살구 외에 다른 구제 방법은 없었고, 사람들은 이것을 먹고 동물들의 입에는 기름을 발라 주었다. 이것이 가능한 사람은 그나마 복 받은 사람 축에 들었다. 사막은 눈이 있건 없건 40일간의 여정이다. 이 사람들의 상단[cáfilas, كافيله]을 노리는 도둑들은 사납고 잔인하기가 천 배나 더하다." 데 고이스의 이 편지와 관련하여, 1917년 스벤 헤딘(Sven Hedin[1], I, p.160, n.1)이 관찰한 것도 눈여겨볼 만하다. "이런 설명은 현대 여행자 누구라도 할 만하다. 파미르(Pamir)와 카라-코룸(Kara-Korum)의 고지대에 사는 모든 토착 여행자들은 여전히 양파를 사용한다." 그러나 이 고원은 일괄적이고 평평한 지대가 아니라는 점도 염두에 둬야 한다. 오히려 "불규칙한 벌거벗은 능선과 높은 계곡이 몽블랑 높이에 이르는 긴 산맥 사이에 엄청난 구간에 걸쳐 뻗어 있다"(Wessels, pp.20-21). Cf. Bernard[3], pp.92-93.

676 여기서 데 고이스는 곤살베스(Gonçalves)의 텍스트에서 말하고 있는 것처럼, [도적들이] 주먹질을 하고 자기의 말 한 마리를 훔치는 것을 보았다(*ARSI, Goa*, 33, f.296v).

677 곤살베스(Gonçalves)는 열흘이 아니라(*ARSI, Goa*, 33, f.296v) 이틀 걸린다고 말한다. —"이틀간의 여행(bidui via)."

678 데 고이스는 아마도 세르파닐(Serpanil)을 세르파밀(Seripamil)로 쓴 것 같다. 그렇다면 세-리-파미르(Sir-i-Pāmir), 즉 "파미르(Pāmir)의 머리 혹은 꼭대기"가 되고, 더 정확한 현지 발음으로 파밀(Pāmil)이 된다. Cf. Brucker, p.611; Yule-Cordier[1], IV, p.216, n.1; Sven Hedin[1], VII, p.41.

679 "사크리트마(Sacrithma)는 모든 지리학자에게 수수께끼였다"라고 스벤 헤딘(Sven Hedin[1], VII, p.42)은 적고 있다. 율(Yule-Cordier[1], IV, p.216, n.1)은 사리배이(Sarikbaee)라고 하는 옥수스강 수원지가 있는 산악지역의 작은 지대를 일컫는다고 보

는 아주 높은 산을 하나 넘어야 하는데, 손과 발로 기어서 올라가야 했다.680 힘 있는 말이 아니고서는 말도 오를 수가 없어서, 우리는 허약한 말들을 골라 다른 길로 오도록 했다. 베네딕토 수사도 여기서 말 두 마리를 골라냈다. 하인들이 거추장스러우니 두고 가자고 했지만, 결국 뒤에서 따라오도록 했다.

20일 만에 사르콜Sarcòl, 朅盤陀681에 도착했다. 그곳은 많은 고을이 옹기종기 모여 있었다. 거기서 이틀간 있으며 지친 말들을 최대한 쉬게 했다.682

다시 이틀을 걸어서 시에챨리스Ciecialith683라고 하는 산자락에 도착했다. 거기서부터는 눈으로 덮인 산을 올라야 했다. 엄청난 한파에 베네딕

았다. 헤딘(Sven Hedin[1])은 1917년(I, p.199, n.1) 콘체(Konche) 강변 사키트마(Sakitma)에서 사크리트마(Sacrithma)에 근접했고, 1922년(VII, pp.42-43)에 사리크(Sarik)=황색, 혹은 사크리크마(Sakrikma), 더 나아가 세케릭(Sekerik)이라는 비슷한 이름의 지명을 찾았다. 가령 테케-세케릭(Teke-sekerik)(=영양이 수원지를 만든다)이라는 곳은 파미르(Pāmir) 동쪽에 있는 파스-라바트(Pas-rabat) 근처에 있는데, 1894년 7월 1일, 헤딘은 그곳을 방문했다. 그러나 그는 확신하지 못하고 이렇게 결론 지었다. "모든 유사한 이름들에도 불구하고, 단어의 합리적인 의미를 파악하기가 어렵다."

680 즉, 기어올랐다는 말이다.

681 사르콜(Sarcol)은 분명 사리콜(Sarĭco)[Sarĭkol o Sirĭkol], 사르타(朅盤陀), 갈반타(渴槃陀)[=Kabhanda], 채륵고아(寨勒庫兒)로, 파미르와 야르칸드 사이에 있는 산악의 작은 마을이다. Cf. Stein[2], 3 C 1-2. 그러나 여기선 타슈-쿠르간(Taš-curghan)[Tash-kurghan] 마을을 말하고 있는 걸로 보인다. Cf. Stein[4], pp.63-73; Herrmann, p.69, C 3.

682 사리콜(Sarĭcol)에서 키키클릭(Ciciclic)[Chichihlik] 고개를 통해 가는 길은 탄지-타르(Tangi-tar), 키힐-굼바즈(Cihil-gumbaz)[Chihil-gunbaz] 계곡, 카라(Cara)[Kara], 키질(Chizil)[Kizil], 토파(Topa), 이아카-아리크(Iaca-aric)[Yaka-arik] 고개들을 지나 야르칸드에 도착한다. Stein[2], 3 C 2-1, 2 CD 4, 5 ABC 4를 보라.

683 키케클릭(Ciceclic)[Chicheklik]이라고도 부르는 키키클릭(Ciciclic) 고개는 키켁(cicec)[chichek]이라는 이름의 식물에서 유래했다. 이 식물은 해발 4,420m에서 찾아볼 수 있다. Cf. Hedin[1], VII, p.43; IX, p.15; Stein[2], 2 C 4.

토 수사도 큰 위험을 겪었다.684

이렇게 눈으로 덮인 산을 엿새 동안 걸어서 탄게타르Tanghetàr685에 도착했다. 카슈가르의 땅이다.686 그곳을 지나는 큰 강의 낭떠러지를 가다가687 이사악이 빠지고 말았다. 8시간이나 혼수상태에 있다가688 베네딕

---

684 이곳에서 눈은 겨울이건 여름이건 많이 온다. 이것은 데 고이스 이전, 천 년 조금 안 되는 644년에 이곳을 지나간 중국인 여행자 현장(玄奘, Sciüenzam)[Hsüan Tsang]이 이미 주목한 바 있다. 그를 원장(元奘, Iüenzam)[Yüan Tsang]이라고 부르기도 한다. Cf. Watters, II, pp.285-289. 북동쪽에서 불어오는 강한 눈보라는 스타인(Stein[1], I, p.57; Stein[5], I, p.78)이 여기서 데 고이스의 여정에서 인용한 표현을 그대로 강조하며 오늘날에도 여행자들을 위협한다고 했다. 여기, 스타인이 묘사한 것을 그대로 옮긴다(Stein[5], I, p.77). 그는 1906년 6월 4일, 그곳을 보았다. "약 2,000-3,000피트 높이로 솟아오른 눈 덮인 산등성이들이 북쪽을 제외하고 사방을 막고 있다. 북쪽에 있는 넓은 틈 사이, 탄지-타르(Tangi-tar) 계곡 쪽에서 겨우 감지되는 분수령을 접할 수 있다. 내가 가진 액체 기압계는 이 고원의 높이가 약 14,800피트라고 표시했다. 감지한 것처럼, 이 고원의 모습은 경험 많은 카라반 운전사들과 사리콜리(Sarīkolī)의 추종자들한테서 들은바, 바람과 눈에 노출된 이런 황량한 고원에서는 매년 동물들은 물론 때로 인명 피해가 적지 않다고 하는데, 충분히 설득력 있는 말이다. 지대 대부분은 여전히 눈 속에 파묻혀 있다." Stein[2], I, pp.98-99도 보라.

685 탄게타르(Tanghetar)는 의심의 여지 없이 텐기-타르(Tenghi-tar) 혹은 탄지-타르(Tangi-tar)다. 더 장황하게 말하면, 타르(tar قير)는 "좁다"라는 뜻이고, 텡(teng تنگنا)은 "산의 좁은 고개"를 말한다. 스벤 헤딘(Sven Hedin[1])은 1894년 여름, 이 구간을 다음과 같이 말한다. "타쉬-쿠르간(Tash-Kurgan)에서 타르-바쉬(Tar-bashi)와 텡기-타르(Tengi-tar)까지 고속도로는 키킥-콕-모이날(Kichik-kok-moinal)과 카타-콕-모이낙(Kata-kok-moinak)이라는 이 두 개의 고개를 통과해야 하는데, 데 고이스가 시에챨리스(Ciecialith) 산들에 대해 말할 때, 당연히 이곳을 말하는 것이리라"(IX, p.16). 한편 스타인(Stein[5], I, p.78)이 1906년에 그곳을 지나며 관찰한바, "데 고이스가 지나간 구간은 분명 현재 대상(隊商, 카라반)의 주요 경로와 같았다. 이 구간은 키키클리크(Chichiklik) 고원에서 타르-바쉬(Tar-bāshi)를 거쳐 내려가고 키힐-굼바즈(Chihil-gumbaz)에서 동쪽으로 더 가면 카슈가르(Kashgar)로 이어지는 길로 갈린다"라고 확신했다. Cf. Hedin[1], VII, p.42: IX, pp.10-13; Stein[1], I, p.60 e fig.68; Stein[2], 2, D 4; Stein[3], I, Tavola 10; Stein[5], pp.78, 300, 864.

686 카슈가르(Cašgar)는 N.807 본서 p.286, 주(註) 629.에서 참조하라.

687 이 "큰 강"은 탄지-타르(Tangi-tar)와 경계를 이루는 얌불락(Iambulac)[Yambulak] 계곡의 지나는 작은 개천은 아닌 것 같다. 아르파릭(Arpalic)[Arpalik] 강으로 추정된다.

토 수사의 지극정성과 도움으로 깨어났다.

814. 탄게타르에서 야르칸드(Iarcand)까지

거기서 다시 보름을 걸어 야코리치Jacorìch[689]에 도착했다. 길이 어찌나 험하던지 수사의 말 여섯 마리가 여기서 죽었다.[690] 그곳에서 닷새 만에 베네딕토 수사 혼자 다른 사람들에 앞서 카슈가르 왕국의 수도 야르칸드 Hiarcàn, 葉爾羌[691]에 도착했다. 거기서 그는 동료들에게 싱싱한 말과 충분

Cf. Stein[2], 5, B 4.

688 1894년 7월 3일, 이곳을 지난 스벤 헤딘(Sven Hedin[1], VII, pp.42-43)은 여행자들이 이 길에서 접하게 되는 위험들을 묘사한 뒤, 이렇게 결론짓고 있다. "이 길을 걸어간 여행자는 매 순간 물에 빠질 것을 생각해야 한다. 데 고이스의 여행기에서 짧게 말한 걸 바로 감지하게 될 것이다." 그리고 여기서 이사악이 강물에 빠진 내용을 인용하고 있다. 같은 저자는 그의 다른 작품 *Through Asia*, Londra, 1898, I, pp.258 이하에서 다시 인용한다.

689 야코리치(Jacorìch)는 브루커(Brucker, p.612)와 스타인[Stein, *Ancient Khotan*, I, p.40, 주(註)]에서 짐작한 것처럼 야카-아릭(Iaca-aric)[Yaka-arik]으로, 현지인들은 줄여서 야카릭(Yakkarik)으로 발음했다고 했다. 야르칸드에서 남서쪽으로 18㎞ 떨어져 있다. 어원으로 볼 때 "운하"(aric شيار)의 "자장 자리"(iaca ساحل)라는 뜻이다. 헤딘(Sven Hedin[1], IX, p.85)은 1895년 9월 28일 이곳을 지나면서 이렇게 관찰했다. "야카-아릭(Yaka-arik)은 강의 아릭이라고 하는 데서 물을 공급받는 큰 마을이다. … 란가르(Langar)와 톡마클라(Tokmakla)처럼 [근처에 있는] 여러 마을의 일반적인 이름이다." 키키클릭(Ciciclic)에서 야카-아릭(Iaca-aric)까지 고갯길은 데 고이스 시절은 물론 수 세기 전부터 카라반들 사이에서는 익히 알려진 곳이다. 헤딘(Sven Hedin[1], VII, p.43)은 우리가 양기-타르(Yanghi-tar)에서 야카-아릭(Iaca-aric)까지 보름 걸린다고 약간 과장해서 말하며, 짐을 싣고 천천히 짧게 걸으면 그 정도 걸리는 도로라면서 길도 매우 나쁘다고 설명했다. 그러나 우리의 여행자[데 고이스 일행]들이 야르칸드에서 야카-아릭의 경계까지 19㎞를 닷새간 걸었다는 건 불가능하다. 더욱이 거긴 길도 매우 좋다. 그러므로 달리 짐작할 수 있는 건, 여행자들이 나흘간 야카 아릭에 머물다가, 닷새째 날에 여행을 다시 시작했다는 거다. 적어도 기억상의 오류(lapsus memoriae)가 아니라면 말이다.

690 1604년 2월 2일 자, 데 고이가 쓴 편지에 따르면, 여기서 잃어버린 말은 여섯 마리가 아니라, 다섯 마리다. 이 편지는 궤리에로(Guerriero, II, p.385)가 인용했다.

한 양식을 사서 보내 주었다. 덕분에 상단은 물건과 함께 무사히 야르칸드에 도착했다. [그들이] 야르칸드에 도착한 것은, 같은 해인 1603년 11월로 짐작된다.692

---

691 곤살베스(Gonçalves in *ARSI, Goa*, 33, f.297r)가 말하는 것처럼, 히아르칸(Hiarcàn) 혹은 "히에르캄(Hiercam)은 사람들이 아이르칸데(Aircande)라고 부르는 곳"이다. 여기서 아이르칸데(Aircande)는 이아르칸데(Iardande)인데, 첫 두 모음의 자리를 바꾼 것으로 보인다. 터키스탄 동쪽의 수도 혹은 카슈가르의 수도 야르칸드(Iarcand)가 확실하다. 같은 이름의 강가에 있고, 초세기부터 중국인들 사이에서는 사차(莎車)라는 이름으로 알려진 곳이다. 사차는 프톨레마이오스의 *Σοῖτα*를 *Σοῖγα*으로 표기한 것으로 보인다. 이후에는 저거(沮渠)라는 이름으로, 그 뒤에는 주거(朱居), 주구반(朱俱槃), 주구파(朱俱波), 차거가(遮居迦), 소구가(所句迦)으로 바뀌었다. 나중에는 엽이강(葉爾羌)이라고 불렀다. Cf. D'Elia[1], n.296; *Storia degli Iüen* 원사(元史), 『세조본기(世祖本記)』. 이 이름들은 중국과 인도, 페르시아 간 도로를 아는 데 중요하고, 거의 1세기 동안 극서 지역의 수도였기 때문이다. 스타인은 데 고이스가 인도에서 옥수스강 상류까지 간 길은 644-645년, 카불(Cabul), 바다샨(Badacsciān), 타스-쿠스간(Taš-curghan) 혹은 사리콜(Sarīcol), 키키클릭(Ciciclic), 텡기-타르(Tangi-tar), 야가-아릭(Iaca-aric), 야르칸드(Iarcand)을 지나 귀환한 현장(玄奘)의 여정을 따른 것에 주목했다(*Ancient Khotan*, p.40). Cf. Watters, II, pp.277-303; Henning, II, pp.84-87. 또 그는 사리콜에서 야르칸드까지의 거리가 300㎞가 조금 넘는다는 데 주목했다. 그러면 열흘간 통과할 수 있는 거리다. 하지만 데 고이스는 28일 만에 도착했다고 한다(*Ibid.*, p.42). 그가 찾은 야르칸드는 코탄(Chotan), 라다흐(Ladakh), 옥수스(Oxus) 계곡, 아프가니스탄과 중국 사이, 가운데 있었고, 도시는 크고, 부유하며, 인구가 밀집되고, 많은 외국인이 자주 찾았다.

692 이 날짜는 의심이 가지만, 확실하다고 할 수도 있다. 궤리에로(Guerriero, III, p.26)도 "그들은 마침내 1603년 11월, 야르칸드(Hircand)라고 불리는 인구가 많은 도시, 카슈가르(Cascar) 왕국의 대도시에 도착했다"라고 기록했다. 곤살베스(Gonçalves in *ARSI, Goa*, 33, f.297r) 역시 "1603년 11월, 카슈가르 왕국 시절 백성과 주민들로 붐비던 히아르캄(Hiarcam)이라는 대도시에 도착했다"라고 인정했다. 그러니까 데 고이스는 1604년 2월 2일 몇 주 훨씬 전에 도착했고, 야르칸드에서 지금까지 우리에게 전해지는 편지를 쓴 것이다. 이 도시에서 데 고이스는 길게 있으며, 편지에서 말한 내용을 경험했다. 아무튼 1603년이 11월이 아니라도, 적어도 그해 12월에는 야르칸드에 온 것이다. 하지만 리치가 타키 벤투리(Tacchi Venturi, I, p.536, n.7)가 주목한 것처럼, 이 장(章)을 집필한 이후, 그가 텍스트에서 말하고 있는 대로 걸어온 길과 여러 구간에 따라 날과 달을 모두 더한 결과 놀라운 걸 발견했다. 여기서 확신하고 있는 것처럼,

---

1603년 11월에는 데 고이스가 야르칸드가 아니라, 카불에 있어야 한다. 그러니까 앞서 주목한바, 데 고이스의 여행 일지를 상세히 들여다보고 시간을 모두 계산하면, 리치의 텍스트에서 우리가 보는 것처럼 그렇게 확신할 수 있는 건 아니라는 거다. 따라서 여기서처럼, 또 다른 곳에서 보듯이, 텍스트에서 말하는 연도와 달에만 만족할 필요가 있다.

제13장

베네딕토 데 고이스 수사의 남은 여행, 카슈가르에서 카타이까지. 카타이가 중국이라는 사실이 밝혀진 것에 대해

(1603년 11월부터 1605년 12월 22일까지)

- 야르칸드는 카불에서 오는 대상(隊商)들의 도착지이자 카타이를 향한 출발지점이다. 1년간 머물다
- 카슈가르에서 비취를 채굴하다. 그의 다양한 쓰임
- 데 고이스가 카슈가르의 국왕을 만나다. 국왕이 카라샤르의 통행증을 써 주다
- 그리스인 데메트리오의 도착. 그의 신중하지 못한 행동을 데 고이스가 해결하다
- 토구들의 습격. 데 고이스 수사가 코탄 왕의 모친에게 빌려준 돈을 받으러 코탄으로 간 사이에 그가 죽었다고 소문을 내다
- 데 고이스의 영웅적인 그리스도교 신앙고백
- 자신의 종교에 대한 용기 있는 신앙의 고백
- 대상(隊商)의 수장 아기 아피스(Agi Afis)가 베네딕토 수사에게 카타이까지 자기를 따라오라고 하다. 여행객들에 대한 협박
- 여행을 계속하겠다는 데 고이스의 꺾이지 않는 용기
- 데메트리오는 겁을 먹고 라호르로 돌아가다
- 1604년 11월 14일에 야르칸드를 출발하여 아크수(Acsu)까지
- 아크수 통치자의 관저. 말이 사고를 당하다
- '검은 키타이'라고 하는 카라카타이(Carachitai) 땅
- 1605년 9월 4일, 아크수를 출발하여 쿠치아(Cucia)를 향하다. 무슬림 사이에서 데 고이스의 강한 그리스도교 신앙
- 칼치아에서 베네딕토 수사가 보여 준 영웅적인 종교 논쟁. 출발 허락을 받아 내다

- ㅇ 데 고이스가 북경의 몇몇 신부들에 대한 소식을 듣다. 그의 계속된 영웅적인 믿음
- ㅇ 카라샤르에서 합밀(哈密)까지. 10월 17일 합밀에 도착하다
- ㅇ 합밀에서 감숙성(甘肅省)의 숙주(肅州)까지, 여행의 절반
- ㅇ 터키스탄에서 타타르족의 침입을 당하다
- ㅇ 이사악이 말에서 떨어진 데 고이스를 구하다

815. 야르칸드는 카불에서 오는 대상(隊商)들의 도착지이자 카타이를 향한 출발지점이다. 1년간 머물다

야르칸드[Hiarcàn, 葉爾羌]는 매우 큰 도시고, 상인들로 크게 북적였다. 카불Cabùl, 可不里과 다른 지역에서 오는 대상들의 도착지며, 또 다른, 카타이Cataio, 契丹를 향한 시작 지점이기도 했다. 상단의 통솔권은 국왕이 매우 비싼 가격에 팔았고, 그것을 산 사람은 상단이 여행하는 동안 내내 그 권력을 행사했다. [데 고이스] 수사는 여행의 종착지인 카타이까지 가기 위해 이곳에서 1년을 기다려야 했다.[693] 상단이 꾸려져야 하고, 그러려

---

693 1603년 11월부터(N.814) 1604년 11월 14일까지다(N.825). 1604년 2월 2일 자, 데 고이스가 하비에르 신부에게 보낸 편지와 그해 8월에 쓴 또 다른 편지를 궤리에로(Guerriero, II, pp.381-385)가 인용한바, 1603년 11월에서 1604년 8월까지 데 고이스가 야르칸드(Iarcand, 葉爾羌)에서 겪은 일을 우리에게 전해 주고 있다. 즉, 그 왕국의 칸(Khān)과 우정을 나누고, 복음을 선포하고, 자신의 그리스도교 신앙, 특히 삼위일체의 신비를 옹호하는 데 보여 준 그리스도교적 용기, 순수한 삶, 모든 사회계급에 속한 사람과 가진 탁월한 인간관계 등, 리치도 모두 인용했다. 그 도시에서 머문 결과를 다음과 같이 함축했다. "이렇게 그는 이 궁정에 있는 동안, 그런 방식으로 모든 사람에게 귀감이 되게 살며 선도했다. 그 덕분에 악인들까지 저런 양심을 가진 사람은 한 번도 보지 못했고, 아르메니아인들 사이에서도 본 적이 없다고 말했다." 그[데 고이스]가 그 도시에 도착했을 때, 그에 관한 소문은 "어떤 루메(rume) 출신의 아르메니아인[즉, Rūm 혹은 소아시아 출신의]인데, 그는 사악한 마파메데(Mafamede)[**역주_** 마호메트]

면 때로는 몇 년이 걸리기도 하는 탓이다. 그런 다음에야 카타이 입국이 허락되기 때문이기도 했다.[694] 장거리 여행이 위험하기도 해서 사람 수가 차지 않으면 갈 수도 없었다. 그런데도 사람들은 이런 여행을 멈추지 않았다. 그리고 일단 그 나라[카타이]에 들어가면, 특히 도시의 한쪽 지역을 장기 체류자들에게 내어 주어 살게 했고, 거기 사는 사람들은 종종 되돌아오지 않았다.[695]

816. 카슈가르에서 비취를 채굴하다. 그의 다양한 쓰임

상인들이 가져가는 가장 중요한 교역 물품은 옥석iaspe, 玉石[696]이라고

의 추종자가 아니다"라고 이미 소문이 자자했고, 그 바람에 한 번도 의심받지 않았다. Cf. Guerriero, II, pp.381, 386.

694 더 뒤에서 말하겠지만, 이 상인들은 "사절단"이라는 이름으로 입국하고, 그것도 중국에서 정해진 시간에만 가능하며, 그들이 왔다고 주장하는 국가에 따라서 다르다. Cf. N.837.

695 실제로 감숙(甘肅)의 숙주(肅州) 시에는 두 지역이 있었는데, 중국인들이 사는 지역과 카슈가르(Cašgar, 哈實哈兒), 즉 야르칸드(Iarcand)와 "다른 페르시아의 세 도시"에서 온 무슬림 상인들이 사는 지역이다. 많은 사람이 거기에 아내와 자식을 두고 있었다. 이들의 법적 지위는 마카오에 사는 포르투갈인들을 연상케 한다. "모든 중국인과 동등하게 중국인 관리들의 통솔과 규제를 받는다"(N.836). 체류한 지 9년이 지나면(N.836), 혹은 7년 만에도(N.1903) 더는 고국으로 돌아가는 것을 허락하지 않는다. 그들이 중국에 오래 살았던 탓에 중국에 대한 비밀이 드러날까 두려운 탓이다.

696 Cf. N.606. 옥석(iusce, 玉石)은 대리석과 비슷한 돌이다. 스페인 사람들이 멕시코에서 이 돌을 처음 발견했을 때, 사자석(piedra de hijada)(가상의 이름 제이드 Jade, 나중에 ijada) 또는 신결석(pietro dei reni)(신장염)이라고 불렀다. 신장병을 막아 주는 부적으로 사용했기 때문이다. 히야다(hijada)에서 나중에 비취(翡翠)라는 이름, 자다(giada, giadeite)가 유래했다. Cfr. *TP*, XIII, 1912, p.435, n.2: p.436, n.1; EI, XVI, pp.944-945. 알레니(Aleni[2], c.1, f.3b)는 카슈가르[Cašgar, 가사가이(加斯加爾)]에는 두 종류의 비취가 있는데, 하나는 물속에서 찾고 최고로 아름답고, 다른 하나는 절벽에서 불을 가해 떼어 낸다. 이와 관련하여, 리치의 동료 판토하(Pantoja)가 1602년 3월 9일 자 편지에 쓴바, 중국에서 이들 이슬람교도에 의한 교역에 대해 말하며, 5년마다

하는 것으로, 황제에게 진상하고, 황제는 그 값을 잘 쳐서 주었다.697 그리고 남은 것은 상인들에게 팔았다.698 사람들은 그것으로 화병을 만들기도 하고 정교하게 꽃잎을 만들어 옷이나 허리띠 장식으로 사용하기 때문에,699 중국에 이미 가득했다.700 비취의 종류도 두 가지다. 하나는 최상급으로, 카슈가르Cascàr, 哈實哈兒 왕국의 수도[야르칸다]701를 흐르는 코탄

온다며, "그들이 시장에 가지오는 것 중 가장 큰 물건은 야스페스(iaspes)라고 하는 돌인데, 흰색이지만 어두워서 갈색으로 보인다(성경에 여러 차례 보석으로 언급된 것임에 틀림없다)라고 했다. 돌은 자르지 않은 채, 조약돌(huijarros)처럼 덩어리로 가지고 온다. 중국에서는 그것을 많은 장식품에 활용하는데, 특히 왕이 파운드당 80 두카토의 좋은 값을 쳐서 구매하고, 그다지 좋지 않은 것도 50 혹은 60 두카토에 매입해 주기 때문에 상인들의 수입이 매우 좋다. 우리 땅에서는 다른 색들도 보았지만, 중국인들처럼 귀하게 쳐주지는 않았다"(Pantoja[1], pp.601-602; N.3127).

697 앞의 주(註)에서 이 돌이 중국식 파운드당 50에서 80 두카토에 거래된다고 했다. 그러다 보니 1628년의 경우, 서구의 무슬림 왕국들[투르판(Turfan), 투르키스탄(Turchestan), 아라비아(Arabia), 소아시아(Asia minore)와 하미(Hami)]에서 보내는 "사절단"이 가져온 공물 대부분이 옥석(비취), 말, 칼, 줄, 다이아몬드 촉, 청금석과 같은 것들이고, 천자(天子) 역시 그들에게 69,900텔에 해당하는 선물을 했다. Cf. D'Elia[3], pp.375-377.

698 Cf. D'Elia[3], pp.336, 374-375.

699 "[관리들의] 허리띠는 관직에 따라서 다른데, 나무, 유니콘과 칼람바의 뿔, 은이나 금, 옥(iaspe, 비취) 등으로 만든다. 그중 옥으로 만든 것이 가장 높다"(N.108).

700 중국인들은 옥을 세공하는 데 달인이다. 그것으로 다양한 물건을 만든다. 모두 섬세하게 세공하는데, 가령 홀(笏), 머리핀, 귀걸이, 팔찌, 휘장, 관직, 화장품 캐이스, 담뱃갑, 향로, 꽃, 부적, 잔, 화병, 벨트 클립 등이다.

701 리치가 비록 야르칸드강을 연상시키는 방식으로 표현하고 있지만, 분명 코탄강에 대해 말하고 있는 걸로 보인다. 옥(giada, 玉)이 나는 광산 지역은 이우룸-카스(Iurum-caš) 강변에 있는 코탄(Chotan) 시(市) 근처 자마다(Giamada)[Jamada] 마을에서부터 약 10㎞에 걸쳐 있다. 그곳을 방문한 아우렐 스타인(Aurel Stein)은 옥을 채석하는 것과 "채취"라는 것을 구분했다. "옥을 채석하는 것과는 매우 달리, 고대 중국의 연대기에서 기술한 것처럼, 여름철 홍수가 지나간 뒤, 강바닥에서 옥을 채취하는데, 이런 오래된 산업이 자마다(Jamada) 위쪽, 계곡 전체에 걸쳐 지금도 여전히 계속되고 있다"(Stein[4], p.254; cf. *Ibid.*, pp.251-255).

(Cotàn, 于闐)강[702]에서 나오는 것으로, 큰 돌덩어리와 같은 것을 진주眞珠

---

702 Cf.N.808 본서 p.291, 주(註) 642. 여기 텍스트에서 말하는 내용은 중국의 자료들에서 언급한 것과 정확하게 일치한다. *Storia delle Cinque Dinastie*『오대사(五代史)』(c.74)에서는 코탄 왕국에 관해 말하며, "1,300리(里) 남쪽에 자다(giada o Iüceu) 시(市), 곧 옥주(玉州)가 있다. 이곳에 옥(玉)이 많이 나는 산이 있고, 이곳에서 한(漢)나라의 [여행자] 장건(張騫)이 코탄에서 강물이 터져 나오게 했다. 코탄(Chotan)에 도달한 강물은 세 줄기로 갈라진다. 동쪽의 것이 백옥하(白玉河)이고, 서쪽의 것이 녹옥하(綠玉河)며, 더 서쪽에 있는 것이 오옥하(烏玉河)다. 이 세 개의 강물은 자다(giada)에서 만난다. 그러나 물색이 모두 다르다. 가을이 되어 물이 멈추면, 칸(Khān)이 사적으로 옥을 채취한 후, 다른 주민들에게도 채취할 수 있게 허락했다." 다른 텍스트들도 있다. cf. Ciaṁsimlam, II, p.497, n.31; V, pp.333-334, n.10. 1629년 마카오에서 편집한 한 문헌에는 아담 샬(Adam Schall)이 중앙아시아의 몇몇 이슬람교도 상인들로부터 옥에 대해 배웠다고 전한다. 데 고이스의 텍스트와 일치하는 것으로, 다음과 같이 말하고 있다. "여기, 반암 또는 벽옥에서 가장 귀하고 높이 평가받는 것은 흰녹색이고, 다른 하나는 흰색입니다. 가장 귀한 것은 야르칸(Hyarken) 왕국의 카라카쉬(Carakasch)라는 강에서 채취한 것으로, 색상과 투명도가 설화 석고처럼 보이고, 매우 단단합니다. 그러나 이것은 큰 덩어리가 아니라 강가의 작은 돌이나 자갈과 같습니다. 이 조각 하나의 무게는 고양이 한 마리 무게 정도 됩니다. 즉 100온스의 무게 값이 어선 한 척 정도, 50텔가량 됩니다. 한편, 색과 투명도는 낮지만, 흰색을 중국의 최고위 관리인 각로(閣老)[Colaos]들이 사용하는데, 그들의 직분을 나타내는 것으로 허리띠를 장식하는 데 쓰입니다. 이것은 코탄(Hotien) 화전(和闐) 언덕에서 나오고, 큰 덩어리도 더러 있습니다. [1627년 '사절단'의 단장] 미르주뎅(Mirjoudin) 대위는 자기 방에 이것을 몇 개 가지고 있었는데, 거기엔 거의 10아로바스(arrobas: **역주_** 당시 포르투갈과 브라질에서 통용되던 질량단위다. 1아로바는 25리브르에 해당하고, 오늘날 약 12-15㎏에 해당한다. 그러니까 적어도 120㎏짜리라는 말이다. https://ciberduvidas.iscte-iul.pt/consultorio/perguntas/arroba/3042 참조)짜리 두 개도 있었습니다. 이 중 하나가 소왕(So Uam)[복왕(福王, Fo Uam)을 잘못 표기한 것 같다]에게 1,540텔에 팔렸습니다. [복왕은] 지금 재위하는 왕의 조부며, 만력(萬曆, Vanlie) 황제의 아들입니다. 무게는 고양이 220마리, 10아로바스가 더 나가, 고양이 한 마리 무게당 7텔씩 계산되었습니다. 흰색과 녹색이 섞인 더 많은 다른 종류도 있습니다만 그것은 가치를 쳐주지 않습니다. 보존(bojon)이라고 부르는 녹색을 높이 평가합니다. 야르켄(Hyarken)에는 우람카쉬(Uramkasch)라는 강이 있습니다. 그래서 산에서와 마찬가지로 강에서 왕이 신하들만 데리고 그것을 채취하고, 상인들이 그것을 삽니다. 10텔에 사면, 숙주(肅州)[Socheu]에서 그것을 50텔 값을 받을 수 있습니다"(D'Elia[3], pp.359-360). 의심의 여지 없이, 첫 번째 강 "카라카쉬(Carakasch)"는 카라-카스(Cara-caš)[Kara-kash-darya], 즉, 오옥하(烏玉河)이고, 두 번째 "우람카쉬(Uramkasch)"는 이우룸-카스(Iurum-caš)[Yurung-

를 찾듯이 강바닥 깊숙이 들어가 찾아낸다. 다른 하나는 등급이 다소 떨어지는 것으로 산에서 채취한다.[703] 강바닥에서 나오는 것에 비해, 덩어리가 매우 크고, 때로는 양팔을 벌린 것보다 크다.[704] 그것을 캐는 산은 야르칸드에서 20일 거리에 있다. 산 이름은 '옥산玉山, Monte di pietra'이라는 뜻으로 '칸 산귀카쉬오Can Sanguicascio'라고 부른다. 지도에서 찾아보고자 하는 사람은 카슈가르 왕국의 새 지도에서 '옥산(mons lapideus)'이라는 제목으로 찾으면 된다.[705] 이 돌은 아무도 없는 곳에서 매우 힘들게 캐낸

---

kasch-daryal, 즉, 백옥하(白玉河)다. 둘 다 코탄(Chotan) 강을 이룬다. Cf. Herrmann, 60, *DE* 3.

703 스타인(Stein)도 "질이 떨어지는 이 옥의 채취 방법은 데 고이스가 정확하게 묘사하고 있다"(*Ancient Khotan*, I, pp.132-133)라고 인정했다. 곤살베스에 따르면(Gonçalves in *ARSI, Goa*, 33, f.297r), 이런 종류의 옥은 "카슈가르(Cascar) 왕국의 사막에서 그해 필요한 물건을 가지고 가야 하는 사람에게 큰 짐이 아닐 수 없다. 너무도 단단하고 성가셔서, 내가 먼저 불에 달구어지지 않으면, 그것을 가지고 가려고 하지 않는다"라고 했다.

704 팔은 길이, 시기, 상황에 따라서 바뀌는 단위다. 대략 53-68㎝로 본다. 그러니까 이 덩어리는 가로가 1m가 넘는 셈이다.

705 칸 산귀카쉬오(*Can Sanguicascio*)는 율(Yule-Cordier[1], IV, p.219, n.1)과 브루커(Brucker, pp.684-685)도 주목한바, 칸-상-이-카스(Can-sang-i-caš)[Kan-sang-i-kash]의 순수한 이탤릭체다. '칸-상(can-sang)'은 터키 동부어로 '광산'이라는 뜻이고, 카스(caš)는 옥(giada)이라는 뜻이다. 그러니까 "옥의 광산"이다. 따라서 정확하게는 "돌산(monte di pietra)" 혹은 "바위산(mons lapideus)"은 아니다. 지난 세기(19세기) 중반에도 그 지역 인근에서 "칸-상(can-sang)" 혹은 "옥의 광산(cava di giada)"이 발견되었다. 게라르두스 메르카토르(Gerardus Mercator)는 물론 아브라함 오르텔리우스(Abraham Ortelius)는 그들의 지도첩(Atlanti)에서, 타타르 지도에 카슈가르(Cašgar)와 코탄(Chotan) 약간 서쪽에 '석탑 산(Turris lapidea mons)'이라는 산을 표기했다. 이것은 "옥"이라는 뜻의 카스(caš)[kash]와 힌두-쿠쉬(Hindu-kush) 지역의 쿠스(cuš)[kush]라는 말과 혼동하게 하여, 정확하지는 않지만, 리치는 지리학자들이 말한 "석탑 산(Turris lapidea mons)"을 확실히 "칸 산귀카쉬오(Can Sanguicascio)"로 생각하게 한 것으로 보인다. 이 "석탑(Turris lapidea, 이하 '돌산'으로 표기)" 혹은 프톨레마이오스에 의한 λίθινος πύργος(I, 11, 6)은 서기 100년경 어떤 메스 티티아누스(Maes Titianus)라는 사람이 언급한 것을 지리학자 마리노 디 티로(Marino di Tiro)가 부각시

다. 매년 국왕은 가장 많은 돈을 낸 사람에게 채석 허가권을 발급해 준다. 그러면 다른 사람은 아무도 채석할 수가 없다. 허가권을 산 사람은 다른 사람에게 더 비싼 값으로 팔 수도 있다. 돌을 채석하러 가는 사람은 채석 권한을 가지고, 1년간의 양식을 챙겨서 간다. 들리는 말로는, 돌을 자르기가 매우 힘이 드는데, 어떤 곳에서는 돌을 불로 달구어 약간 부드러워지면 자르기도 한다고 한다.

817. 데 고이스가 카슈가르의 칸[국왕]을 만나다. 국왕이 카라샤르의 통행증을 써 주다

베네딕토 수사는 카슈가르의 국왕 마하메탄Mahamethàn706을 방문했다. 쇠로 만든 목걸이용 시계와 유리거울과 다른 유럽의 물건 몇 가지를 선물하자,707 매우 좋아하며, 친구가 되는 것은 물론 보호자를 자처했다. 카타이가 최종 목적이라고는 말하지 않고, 더 고지대인 카라샤르Cialìs, 察

켰고, 일부 여행자들이 그것을 공부했다. "돌산"에 대해서는 암미아노 마르첼리노(Ammiano Marcellino)(XXIII, 6)도 이야기했다. 이 돌산(Turris lapidea)을 프톨레마이오스는 경도 132°, 135°로 놓았는데, 최근의 유적지 발굴은 알라이(Alay Valley)에서 다라우트-쿠르간(Daraut-Kurghān)[쿠르간(Kurghān)은 탑이라는 뜻] 주변에 대한 확실한 증거를 발견하지 못했다. Cf. Stein[1], II, pp.847-850; Hermann, *Die alten Seidenstrassen zwischen China und Syrien*, Berlino, 1910, Carta geografica 72-39; Hennig, I, pp.336-339. 하지만 리치는 타클라 마칸(Tacla Macan) 사막에서, 야르칸드와 코탄 사이, 20일간의 도보여행 거리에 있는 지역을 확신하는 것 같다.

706 율(Yule-Cordier[1], IV, p.191, n.2; p.220, n.2)이 확인한바, 이 사람은 카슈가르 칸(Khān di Cašgar) 압둘 라쉬드(Abdul Rascid)의 여섯째 아들, 술탄 마호메트였다.

707 궤리에로(Guerriero)는 이 선물들을 자세히 언급한 바 있다. 그에 따르면, 큰 거울 한 개, 작은 거울 세 개, 옥좌가 있는 연단에 사용할 비단 옷감, 흰색 옷감, 색상이 화려한 긴 옷감, 설탕이 뿌려진 빵 세 개와 몇 가지 달콤한 간식거리 등이다. Cf. Payne, p.135. 곤살베스(Gonçalves in *ARSI, Goa*, 33, f.297r)는 "휘장용 옷감 한 필"과 칸(Khān)이 매우 좋아했다는 "베네치아 거울" 또는 프리즘만 언급한다.

力失[708]까지만 이야기하고, 거기까지 통행증을 부탁했다. 국왕은 카불에서 600냥을 빌려준 그 부인의 아들이었고,[709] 그의 왕실에서 다른 여러 사람도 깊이 사귀었다.

818. 그리스인 데메트리오의 도착. 그의 신중하지 못한 행동을 데 고이스가 해결하다

야르칸드에서 6개월이 지난 어느 날,[710] 데 고이스 수사 일행과 함께 출발했던 데메트리오가 왔다.[711] 베네딕토 수사와 아르메니아 사람 이사악은 크게 반겼다. 그런데 오자마자 큰 문제를 일으켰다. 데메트리오가 원인이었다.[712] 그 시기는 국왕의 허락에 따라, 상인 중에서 우두머리[713]를 뽑아 모두 그에게 복종 서약을 하고 선물하는 기간이었다. 우두머리는 자기 상단에서 [상인들을] 감옥에 넣을 수도 있고 곤장을 칠 수도 있다. 늦게 도착한 데메트리오도 여기에 참여해야 했는데, 그는 선물이 아까워 그걸 자기가 갖고 선물하지 않은 것이다. 결국 베네딕토 수사가 나서서 부탁하고 선물하여, 신중하게 해결했다.

---

708 곤살베스(Gonçalves in *ARSI, Goa*, 33, f.297r)는 여기서 포르투갈어로 "Chalis"라고 표기한다. 이 도시에 관해서는 더 뒤, N.829를 보라.

709 Cf. N.808. 칸은 코탄 시에서 야르칸드로 어머니를 맞이하러 왔다. 그의 모친은 카슈가르 칸(Khān di Cašgar)의 여동생이었다.

710 야르칸드, 카슈가르의 수도다.

711 Cf. N.808; N.806. 본서 p.284, 주(註) 622.

712 리치는 '원인'이라는 표현을 'per amor'라고 쓰고 있다. 'per causa', '원인'과 같은 뜻이다.

713 대상(隊商)의 수장, *Carvan Basci, karwan bashi* كاروان باسكو. Cf. N.822.

819. 토구들의 습격. 데 고이스 수사가 코탄 왕의 모친에게 빌려 준 돈을 받으러 코탄으로 간 사이에 그가 죽었다고 소문을 내다

다시 토구가 집으로 들이닥쳐 물건을 훔쳐 가려고 했다. 아르메니아 사람[714]을 밖에다 묶고 가슴에 칼을 대고 죽이려고 하자, 그가 소리쳤고, 수사와 데메트리오가 그 소리를 듣고 달려 나가는 바람에 도망쳤다.

또 한 번은 베네딕토 수사가 코탄 왕의 어머니가 있는 곳으로 빌려준 돈을 받으러 갔다. 야르칸드에서 열흘 거리에 있는 도시였고,[715] 그곳에 머무르느라 한 달 만에 돌아왔다. 그 사이에 사라센 사람들이 자기네 성전의 사제를 일컫는 '카지씨(cazissi, كشيش)',[716] 즉 '사제'가 죽었다고 헛소

---

714 이사악이다[cfr. N.806 본서 p.284, 주(註) 624.]. 하지만 여기선 매우 간략히 말하고 있다. 곤살베스(Gonçalves in *ARSI, Goa*, 33, f.297r)의 자료를 보기로 하자. 도둑들이 이사악을 포박하고, 데 고이스와 데메트리오의 방에 몇 명이 더 자고 있냐고 묻자, 데 고이스 방에는 4명이, 데메트리오의 방에는 3명이라고 손가락으로 표시했다. 그러자 도둑들은 수사의 방에는 들어가지 않고, 데메트리오의 방에만 들이닥쳐 심하게 상처를 입혔다. 데메트리오의 절규에 데 고이스는 즉시 상황을 알아차렸고, 도둑들은 도망쳤다.

715 데 고이스는 "메카 순례를 한 부인"에게 빌려준 돈 600스쿠디를 받으러 코탄으로 갔다. Cf. N.808. 그가 코탄에 도착한 것은 1603년 12월에서 이듬해 1월 사이, 1604년 2월 2일 이전으로, 황후가 순례에서 돌아온 지 이틀이 지나서였다. 수사는 1603년 11월 이후 야르칸드에 얼마간 있다가 거기서 바로 왔다. 데 고이스는 황후의 아들, 곧 젊은 군주로부터 큰 환대를 받았고, 이 일로 쓴 비용을 모두 환불받았다. 이 기회에 수사는 가톨릭교회와 교황, 그리고 복음에 관한 등 그리스도교에 대해 말했다. Cf. Guerriero, II, pp.383-384. "코탄의 군주"는 그에게 몇 통의 추천서와 "통행증"을 발급해 주었다(N.851). 데 고이스는 코탄에서 자신의 여행을 계속하기 위해서는 야르칸드로 돌아가야 한다는 걸 깨달았다. 스타인(Stein[5], II, p.564: cf. I, p.300)은 "코탄에서 롭(Lop)을 거쳐 숙주(肅州)까지 바로 가는 훨씬 짧은 노선은 그때까지 무역 목적 외에는 사용이 완전히 중단된 게 확실하다"라고 유추했다. 그렇지 않았으면, 우리의 여행자[데 고이스]도 서기 644년 7월에서 645년 4월, 인도에서 중국으로 귀환한 중국인 현장(玄奘)이 걸었던 길을 그대로 걸었을 것이다.

716 아랍어로 카지씨(qasīs, كشيش)는 시리아어로 qašiš라는 말인데 "어른"이라는 뜻이

문을 퍼트렸다. 베네딕토 수사가 마호메트의 이름을 부르는 걸 거부해서 죽임을 당했다고도 했다. 야르칸드의 카지씨들은 수사가 물려줄 후손이 없는 사람인 것을 알고, 그의 물건을 탐내고 있었다. 데메트리오와 이사악은 [일이 심각하게 돌아가는 걸 파악하고] 자기를 방어하려고 갖은 애를 썼다. 두 사람은 수사가 진짜 죽은 줄 알고 울고불고했고, 그사이에 수사가 건강하게 살아서 돌아왔다. 더욱이 옥석(비취)으로 후하게 빌려준 돈까지 받아 와서 더할 나위 없이 기뻤다. 모두 기뻐하며, 하느님께 감사의 표시로 가난한 사람들에게 후하게 자선을 베풀었다. 베네딕토 수사는 여행 중에 항상 이렇게 자선을 하면서 다녔다.

820. 데 고이스의 영웅적인 그리스도교 신앙의 고백

하루는 베네딕토 수사가 사라센 사람들의 초대를 받고 함께 식탁에 앉았는데, 어떤 미친 사람 하나가 손에 칼을 들고 들어와 수사의 가슴에 대

다. 페르시아어로도 casciš [kashish] قصاص, "그리스도교의 사제"를 의미한다. 말라바르(Malabar) 시리아 그리스도인들은 자기네 사제들을 카쉬샤(casciscia)[kashisha]라고 부른다. 서안(Sian, 西安)의 경교비(景教碑)에도 시리아어로 카시사(qaśšiśa), 즉 "장로"라는 단어가 있다(Havret, III, parte estranghelo, p.3). 이후 중세기 중국 자료들에는 호시(hosi) 합석(哈昔)과 호시아(hosiia) 합석아(哈昔牙)라는 이름으로 등장한다[*Nuova Storia degli Iüen*, 『신원사(新元史)』, c.60, f.23a, sez. 숭복사(崇福司); Moule, p.144]. 이 단어는 아랍인들이 가톨릭 사제들을 부를 때도 사용했다. 그러나 유럽에서 온 여행자들과 인도학 학자들은 종종 이슬람교의 전례를 집행하는 직무에 관한 기술적인 용어로 사용한다고 보았고, 이곳, 데 고이스의 여행에서도 이런 의미로 사용하고 있다. 율 장군이 관찰한(Yule-Cordier[1], IV, p.223, n.1) "신성한 마호메트에 대한 구체적이고 기술적인 용어는 유럽의 그리스도인들이 했고, 그리스도교 사제에 대한 구체적이고 기술적인 용어는 그 자체를 동양에 적용한 것으로 보인다"라는 지적은 매우 합리적이다. 용어는 최소한 1310년부터 사용하기 시작했다. Cf. Dalgado, p.165; *HJ*, p.169.

고 마호메트의 이름을 부르라고 다그쳤다. 수사는 자신의 율법[종교]에서는 그런 이름을 청하지 않기 때문에, 그 요구를 들어줄 수가 없다고 대답했다. 수사를 초대한 다른 사람들이 개입하여 그 미친 사람을 쫓아냈다.

그 사람은 베네딕토 수사가 마호메트의 이름을 부르지 않으면 죽이려고 했다. 여행에서 이런 일은 빈번하게 있었다. 그러나 하느님께서는 언제나 그를 구해 주셨고, 무사히 여행을 이끌어 주시고 마칠 수 있게 해 주셨다.

821. 자신의 종교에 대한 용기 있는 신앙고백

또 하루는 카슈가르의 국왕이 자신의 궁으로 수사를 불렀는데,[717] 거기에는 많은 회교 학자들(mullasi, ملا)[718]과 사제cazzisi들이 모여 있었다. 그들은 수사에게 어떤 율법을 믿느냐고 물었다. 마호메트냐, 다윗이냐, 모세냐며, 기도할 때 어느 쪽으로 고개를 돌리냐고도 물었다. 수사는 그들이 이사이[Isaì, عيسى][719]라고 부르는 예수의 율법을 믿고, 모든 방향으로

고개를 돌린다며 하느님께서는 어디나 계신다고 했다. 이 말에 그들은 큰 이견을 보였다. 왜냐하면 그들은 기도할 때 서쪽을 향해서 하기 때문이다. 그러나 결국 우리의 율법이 더 좋은 것 같다고 했다.

---

717 여기서 이야기는 약간 뒤로 돌아갔다. Cf. N.817.

718 단수로 쓰는 물라흐(mullah ملا)를 이탈리아어 복수로 써서 "이슬람교 율법 학자들"이라는 의미로 쓰고 있다. 리치 시대의 중국인들은 물라흐(mullah)를 음성화하여 만라(manla) 만자(滿剌)로 썼다. Cf. Ciam̈simlam, V, p.528.

719 "이사[Isá, عيسى](우리 주 그리스도의 이름)"(N.4180)이다. Cf. 본서 1권, p.81 주(註) 65.; NN.174, 830.

822. 대상(隊商)의 수장 아기 아피스(Agi Afis)가 베네딕토 수사에게 카타이까지 자기를 따라오라고 하다. 여행객들에 대한 협박

그 사이에 그 지역 사람 아기 아피스[Agi Afis, آگی آفیس][720]가 카타이로 가는 상단商團의 지휘권을 샀다. 그는 베네딕토 수사가 부자라서 돈을 많이 가지고 있는 줄 알고 자기네 집에 초대하여 노래와 춤, 악기까지 동원하여 성대하고 화려하게 대접했다. 그러면서 함께 카타이로 가자고 부탁했다. 수사도 간절히 바라는 바지만 먼저 부탁하고 싶지 않았는데, 오히려 대상隊商의 수장[Carvàn Bascì, كاروان باسكو][721]이 나서서 함께 가자며 그것을 카슈가르 국왕에게 요청해 달라고 했다. 국왕은 기꺼이 수락했고, 여행에 필요한 통행증[722]을 써 주겠다고 했다.

그러자 카불에서 온 상인들이 반대하며,[723] 어떻게든 수사를 자기들과 함께 카불로 돌아가야 한다고 했다. [카타이행 상단에서] 수사를 억지로 떼어 놓으려고 했다.[724] 그러면서 카슈가르 사람들은 사악해서 여행 도중에 [수사 일행을] 죽이고 가지고 있는 물건을 모두 갈취할 거라고 했다. 베

---

720 아기 아피스(Agi Afis), 혹은 아마도 하기 아시즈(Haji Asiz)는 야르칸드에서 닷새 거리 또는 160㎞가 조금 더 되는 곳에 있는 카슈가르(Cašgar) 왕국의 수도 카슈가르 시(市)에 있었다(N.825). 그에 관해서는 1604년 2월 2일 자, 데 고이스가 편지에서 이미 "이 대사는 매우 존경할 만한 사람"이라고 썼다. 그가 약속하기를 "짐을 머리에 이고라도 그[데 고이스]를 반드시 데리고 갈 것"이라고 했다. 그는 야르칸드의 칸(Khān)에게 "사향 200줌"을 주고 카라반의 수장직을 샀다(Guerriero, II, p.384).

721 대상(隊商), 카르반(*Carvàn*)을 페르시아어로 *karwan* كاروان, 우리가 흔히 부르는 카라반(carovana)이다; 바쉬(*basci*) باسكو는 터키어에서는 رئيس, 우리가 부르는 파쉬아(pascià), 즉 '우두머리'라는 뜻이다. Cf. Dalgado, p.106; *HJ*, p.70(N.818).

722 Cf. N.218, 본서 2권, p.100, 주(註) 107.

723 카라반과 함께 데메트리오는 데 고이스가 도착한 지 6개월 후에 카불에서 야르칸드로 왔다(N.818).

724 포르투갈어로 "fazenda"는 상단, 재산, 소유물이라는 뜻이다. Cf. N.824.

네딕토 수사는 아기 아피스와 국왕에게 이미 간다고 말했다며 미안하다고 했다. 그들이 보기에 수사는 카라샤르Cialìs, 焉耆까지도 도착할 수 없을 것 같았다.

823. 여행을 계속하겠다는 데 고이스의 꺾이지 않는 용기

상인들의 이런 경고가 근거 없는 것도 아니었다. 왜냐하면 바로 그 도시에서 나온 말이, 세 명의 아르메니아인(그들은 입고 있는 옷이나 부르던 이름으로 우리 세 사람인 줄로 알았다)이 도시를 벗어나자마자 함께 간 상인들에 의해 피살되었다는 것이다. 그 말에 그리스인 데메트리오[725]는 크게 겁을 먹고, 베네딕토 수사에게 함께 돌아가자고 설득하며, 여기까지 온 것만으로도 충분하다고 했다. 하지만 수사는 "돌아가고 싶으면, 얼마든지 돌아가셔도 됩니다. 하지만 저는 제 장상이 보냈고, 순명 서약을 거역할 수 없으며, 가라고 한 곳까지 가야 합니다. 그렇게 하지 않는 것은 좋은 수도자가 아닐뿐더러, 죽음이 두려워 하느님을 섬기는 일에서 물러나 뒤로 후퇴하는 것으로, 있을 수 없는 일입니다. 제 여정은 고아의 대주교[726]와 인도 총독[727]까지 이미 알고 있는 것입니다. 그분들은 [제 이야기를] 교황님과 스페인의 국왕에게까지 전했습니다. 카타이 도착을 앞두고, 아무런 결론 없이, 여행의 중간에 되돌아가는 것은 옳지 않습니다. 지금까지 죽음과 많은 위험에서 건져 주신 그리스도께 희망을 둡니다. 카타이에 도착할 때까지 앞으로도 그분께서 지켜 주실 것입니다"라고 대답했다.

---

725 Cf. NN.806, 808, 818.
726 Cf. N.802, 본서 p.273, 주(註) 607.
727 Cf. N.802; N.802, 본서 p. 273, 주(註) 606.

824. 데메트리오는 겁을 먹고 라호르로 돌아가다

데메트리오는 많은 어려움과 비용을 들여서 떠날 마음이 도저히 나지를 않아, 하던 일의 일부를 베네딕토 수사에게 맡기고 다시 라호르[728]로 돌아갔다.

825. 1604년 11월 14일에 야르칸드를 출발하여 아크수(Acsu)까지

대상隊商의 수장은 카슈가르 왕국 내에 있는 고향에 다녀오겠다며 야르칸드를 떠났다. 여행을 잘 준비하기 위한 것으로 야르칸드에서는 닷새거리에 있었다. 거기서 베네딕토 수사는 말을 열 마리 사 달라고 했다. 그래서 가지고 있던 한 마리와 모두 열한 마리가 되었다. 하나는 자기가 타고, 이사악이 한 마리를 타고, 다른 말에는 옥석(비취)과 다른 짐들과 여행 중 먹을 식량을 싣기로 했다.

고향에 간 대상의 수장은 베네딕토 수사에게 사람을 하나 보내, 즉시 야르칸드 시를 출발하여 여행을 시작해 달라고 부탁했다. 그렇지 않으면 자기가 수장인데, 꼴찌가 되어 뒤따라가게 될 거라는 것이다. 수사는 기

---

728 곤살베스(Gonçalves in *ARSI, Goa*, 33, f.297r) 자료를 보면, 데 고이스는 무굴의 선교사들을 위해 중국에서 생산한 물건들과 야르칸드까지 여행한 자신의 보고서를 데메트리오에게 맡겼다. 여기서 말하는 물건들은 부채, 중국에서 쓰는 먹, 자기, 대황 등 "모든 것이 중국(Cataio)에서 나오는 것들"(Guerriero, II, p.385)이다. 여행 보고서에는 1603년 3월 라호르에서 100마일 조금 더 떨어진 곳에서 쓴 핀헤이로(Pinheiro)에게 보내는 답장(Guerriero, I, pp.313-314)과 그해 9-10월에 썼을 것으로 보이는 다른 한 통의 편지(*ibid.*, p.314), 1604년 2월 2일 야르칸드에서 하비에르 신부에게 쓴 편지(*Ibid.*, II, pp.381-385), 또 다른 1604년 11월 13일에 쓴 편지(Payne, pp.171-172, n.7)가 담겨 있었다. 데메트리오는 라호르를 지나 아그라(Agra)에 도착했고, 거기서 병이 들어 사망했다. Cf. Payne, p.172, n.7.

께이 좋은 마음으로 그렇게 했고, 그날은 1604년 11월 14일이었다.[729]

그들은 이올치Iolci[730]에 도착했고, 통행세를 내고 야르칸드의 통행증을

---

729 곤살베스(Gonçalves in *ARSI, Goa*, 33, f.297r)는 그날이 토요일이었다고 덧붙인다. 여기서부터 많은 지명이 나오는데, 대부분 확실하게 입증할 수 없고, 현대의 탐험가들이 남긴 지도로도 밝힐 수가 없다. 다른 한편, 헤딘(Sven Hedin[1], I, pp.160-161)은 "이 이름들은 차카타이-투르크어로 된 지명에 대해서는 완벽한 지역적 특징을 가지고 있다"라고 했고, "이 이름 중 일부는 분명 야르칸드-아크수 구간에 속하지 않을 것이고, 데 고이스 여정에서 별칭들까지 간주한다면, 그가 체류한 지역들의 명칭을 리치가 무질서하게 집어넣었을 가능성이 크다"라고 했다. 맞는 말이다. 이런 어려움을 설명하기 위해 베셀스(Wessels, p.31)는 데 고이스의 여행 일지가 대부분 사라졌기 때문에, 리치가 모르는, 아르메니아어를 아는 페르시아인 이사악한테서 들은 지명들을 이탈리아어로 음성화할 수밖에 없었을 것이다. 더욱이 정보를 제공하는 사람[이사악]도 3년(1604-1607년) 전에 일어난 사건들을 오로지 자신의 기억에만 의존하고 있다. 이런 상황이라 오류가 없을 수는 없다. 나아가 어떤 이름들은 오로지 그 지역에서만 사용하기도 하고, 같은 지명을 반복해서 쓰는 곳도 있었다. 헤딘(Sven Hedin[1], I, p.199, n.1)은 가령, 파미르(Pāmir)의 현대 지도에서 코다빌라디(Khodabilladi) 산, 곧 "신은 그것을 안다"라는 이름의 산이 있다는 것에 주목했다. 왜냐하면 "신은 그것을 안다"라는 것은 모든 사람이 모르는 이 산의 이름을 절대적으로 알아야 한다고 주장하는 외국인 여행자들에게 원주민이 한 대답이기 때문이다. 그 바람에 많은 지명이 데 고이스가 지나간 후 그대로 사라질 수 있었다. 그런데도 야르칸드에서 아크수(Acsu)[Ak-su][고묵(姑墨), 아극소(阿克蘇)]까지, 데 고이스 일행의 카라반이 지나간 길은 다음의 지역들로 추정된다. 아케트(Acchet)[Merket], 라일리크(Lailic)[Lailik], 아크킥-아킨(Akcic-Achin)[Achchik-Akin], 샤말(Sciamal)[Shamal], 우칼리크(Ucalic)[Ukalik], 마랄-바쉬(Marāl-bāsci)[Marāl-bāshi], 투간타그(Tughān-tāgh), 투무수커(Tumsciuc)[Tumshuk], 악탐(Actam)[Aktam], 차디르-콜(Ciādir-cöl)[Chādir-köl], 야카-쿠두크(Iaca-cuduc)[Yaka-kuduk], 야이데(Iaide)[Yaide], 칠란(Cilan)[Chilan], 야크-샴바(Iac-sciamba)[Yak-shamba], 컴바시르(Cum-baš-Ir)[Kum-bash-Ir], 양기샤르(Iangi-sciahr)[Yangi-shahr] 영길사이(英吉沙爾), 아크수(Acsu)다. Cf. Stein[2], 5 CD 4 · 3 · 2 · 1; 8 AB 1; 7 BCD 4 · 3 · 2. 곤살베스(Gonçalves in *ARSI, Goa*, 33, f.297r)는 이 지명들을 모두 건너뛰고, 야르칸드에서 아크수까지, 25일간의 여행을 언급조차 하지 않았다.

730 이올치(Iolci)는 "인도하다"라는 뜻이다. 헤딘(Sven Hedin[1], I, p.160, n.3)은 여행자들이 가이드를 섭외하던 마을 이름일 거라고 했다. 그는 또 [그곳이] 야르칸드 성문 근처일 거라며, 코탄으로 가는 길에 욜차크(Iolciac)[Yolchak]라는 이름의 마을이 있는데, 발음상 이올치일 수도 있다고 했다. 그렇다면 야르칸드 남-동쪽에 있는 노치(Nōci)[Nōchi]를 생각할 수도 있지 않을까? Cf. Stein[2], 5 C 4.

보여 주었다. 거기서 칸-챨리스Hancialix,731 알체게르Alcegher,732 하바가테드Habagateth,733 에그리야르Egriàr,734 메셀레크Meselelec,735 탈레크Tallec,736 호르마Horma,737 투안타크Toantac,738 민예다Mingieda,739 카페탈콜Capetalcòl,740

---

731 율(Yule-Cordier[1], IV, p.227, n.4)에 따르면, 칸-챨리스(Chān-Ciališ)[Khān-Chalish]일 거로 보인다. 노치(Nōchi) 남쪽에 있는 파드샬릭(Padsciālic)[Padshālik]이나 노치(Nōci) 북쪽에 있는 칸-아리크(Khān-aric)[Khān-arik]로 생각할 수는 없을까? Cf. Stein[2], 5 C 4. 탐험가 헤딘(Sven Hedin[1], I, p.161)은 야르칸드-아크수 구간에 있는 행겟릭(Hangetlik)이나 안젤릭(Angetlik) 쪽으로 더 기울었다.

732 알체게르(Alcegher)는 바기다(Bāggigda) 북쪽에 있는 악-체길(Ac-cechil)[Ak-chekil]과 같은 곳으로 추정했다. Cf. Stein[2], 5 D 3. 그러나 헤딘(Sven Hedin[1], I, p.161)은 야르칸드-아크수 구간에 있는 알라거(Alager) 혹은 알라 아이기르(Ala-aigir)로 보았다.

733 이 이름으로는 아무것도 입증할 수가 없다. 헤딘(Sven Hedin[1], I, p.161)은 1917년과 1922년까지 1911년에 편집한 리치의 이탈리아어 텍스트를 모르는 상태에서 트리고가 기록한 하바가테드(Habagateth)로는 정확한 위치를 찾을 수가 없다며, 하야바드(Hajabad) 혹은 아가바드(Agaabad)를 제안했다.

734 에그리야르(Egriàr)는 에그리-이아르(Egri-iar)[Egri-yar]로, 잘 알려진 곳이다. Cf. Sven Hedin[1], I, p.161; Wessels, p.32, n.3.

735 트리고의 자료에 따라 메세텔레크(Mesetelec)로는 밝힐 수가 없자, 헤딘(Sven Hedin[1], I, p.161)은 메르케탈릭(Merketalik) 또는 메르켓-탈릭(Merket-tallik)이라고 생각했다. 이 말은 "메르케트의 버드나무들(i salici di Merket)"이라는 뜻이다. 그러나 베셀스(Wessels, p.32, n.3)는 메이네트(Mejnet)라고 보았다.

736 "탈레크(Thalec)는 분명히 탈리크(Tallik)다"라고 헤딘(Sven Hedin[1], I, p.161)은 기록하며, 탈리크(Tallic)[Tallik] تالیک는 "버드나무들의 장소(luogo di salici)"라는 뜻이라고 했다. 그러나 메르셰 바자르(Merchet bāzār) 북쪽에 있는 라일리크(Lailic)[Lailik](Stein[2], 5 D 3)도 비슷한 음을 가지고 있다고 조언했다.

737 헤딘(Sven Hedin[1], I, p.161)은 호르마(Horma)를 페르시아어 코르마(khorma) خورما로, "대추야자나무"라는 뜻이라며, 데 고이스의 이야기에서는 이를 잘못 번역했다고 했다. 그러나 펠리옷(Pelliot)(*TP*, XXV, 1926, p.390)은 훌만(Huöllman)이라고 했다. 음성학적으로는 차수(Ciāsu)[Chāsu] 남쪽에 있는 쿠르마(Curma)[Kurma]를 떠올리게도 한다. Cf. Stein[2], 5 D 2.

738 두말할 필요 없이 마랄-바쉬(Marāl-bāsci) 동쪽에 있는 투간타그(Tughān-tāgh)다. Stein[2], 8 B 1; Yule-Cordier[1], IV, p.227, n.4.

739 헤딘(Sven Hedin[1], I, p.161)은 민예다(Mingieda)가 민예디(Mingyedi)일 거라고 했다. 이는 "천과 일곱(mille e sette)"이라는 뜻이다. 펠리옷(Pelliot)(*TP*, XXV, 1926, p.391)은 밍-짓다(Ming-jigda)라는 지명을 읽으며, "천 가지 이그다(i mille ğigdä)"에서 이그

칠란Cilàn,741 사르 궤베달Sare Guebedal,742 캄바쉬Cambasci,743 아콘테르제크 Aconterzec,744 차코르Ciacor,745 아크수Acsù, Aksu, 阿克蘇746 등 카슈가르 왕국

다(ğigdä)가 엘라에그누스(elaeagnus)라고 하는 백양(pioppo bianco)의 이름을 떠올렸다.

740 펠리옷(Pelliot)에 따르면, 캅타르쾰(Kaptar-köl)은 "비둘기 호수(lago dei piccioni)"다. Cf. Wessels, p.32, n.3; Stein[4], p.148. 데 고이스가 걸어온 길에서는 챠디르-콜(Ciadir-cöl)[Chadir-köl]이라는 지명이 있다. Cf. Stein[2], 7 B 4.

741 확실히 첼핀(Chelpin)[Kelpin] 동쪽에 있는 칠란(Cilan)[Chilan], 주졸로(giuggiolo)다. Cf. Stein[1], II, p.836; Stein[2], 7 C 3.

742 Cf. Stein[2], 7 D 3. 펠리옷(Pelliot) 교수는 사레 게베달(Sare-Guebedal)을 사라가베달(Saragabedal)이라고 했고, 사리그-압달(Sarigh-Abdal)과 같은 곳이라고 했다. 사레가베달(Saregabedal)의 또 다른 이름으로 아크수(Acsu)와 쿠치아(Cucia)[Kucha] 구자(龜玆) 사이에 있다(*TP*, XXV, 1926, p.391; Yule-Cordier[1], IV, p.227, n.4). 헤딘(Sven Hedin[1], I, p.161) 역시 사리그-압달(Sarigh-Abdal), 즉 "압달 옐로(Giallo Abdal)"의 또 다른 이름으로 보았다.

743 쿰바쉬이르(Cum-bāš-Ir)[Kum-bāsh-Ir]는 분명히 쿰바시(Qum-baši), "모레의 머리(la testa delle sabbie)"에서 나온 것으로, 멀지 않은 서기(A.D.)로 거슬러 올라간다(Yule-Cordier[1], IV, p.227, n.4; *TP*, XXV, 1926, p.391). Cf. Stein[2], 7 D 2. 헤딘(Sven Hedin[1], I, p.161)은 칸바쉬(Canbasci) [Kan-bashi], "머리, 즉 광산들이 '시작'"된다는 뜻의 지명을 이탈리아어로 그대로, 단순히 바꾸어 적은 것으로 보았다.

744 헤딘(Sven Hedin[1], I, p.161)은 지명의 앞부분은 아쿤(Achun)[Akhun]에서 유래했다고 했고, 율(Yule-Cordier[1], IV, p.227, n.4)은 뒷부분에서 사크사크(Sacsac)[Saksak]가 연상된다고 했다.

745 헤딘(Sven Hedin[1], I, p.161)은 "차코르(Ciacor)는 아마도 차카르(Chakar)[혹은 차카르(Ciacar)]일 것"이라고 했다. 율(Yule-Cordier[1], IV, p.227, n.4; p.230, n.2)의 해석은 펠리옷(*TP*, XXV, 1926, p.391) 교수의 주장을 논박했다.

746 아크수강과 코크샬(Cocscial)[Kokshal]강 사이에 있는 아크수(Acsu)(경도. 78° 58', 위도. 41° 9')는 중국과 터키스탄 동서부에서는 중요한 교역의 중심지였다. Yule-Cordier[1], IV, p.228, n.1. 이 도시는 여러 시대에 걸쳐 중국인들에게 우흐-투르판(Uch-Turfān)이라는 이름보다는 고묵(姑墨), 극묵(亟墨), 발환(撥換), 발완(鉢浣), 포한(怖汗), 위융(威戎), 발록가(跋祿迦), 아극소(阿克蘇), 온숙(溫宿) 등으로 알려졌다. Cf. Stein[5], III, pp.1297-1298. 아크수(Acsu)라는 이름은 하얀(ak) 물(su)이라는 뜻이다. 즉, 눈과 얼음에서 유래한다는 것으로, 터키어에 기원을 두고 있다. 서기 630년, 현장(玄奘)은 중국에서 인도로 가는 길에 이곳을 지나며 백수성(白水城, *la città dell'acqua bianca*)이라고 불렀다며, [이 이름이 이 지역의] 의미를 제대로 전달해 준다

의 작은 도시들을 거쳤다. 25일간 자갈과 모래는 많고, 물은 적은 험한 여정이었다.[747]

826. 아크수 통치자의 관저. 말이 사고를 당하다

아크수의 통치자는 카슈가르 국왕의 조카로 열두 살이었다. 그는 베네딕토 수사에게 사람을 두 번씩이나 보내 불렀다. 수사는 사탕 같은 것을 선물했다. 왕자는 매우 좋아하며, 포르투갈에서는 어떻게 춤을 추는지 보고 싶다고 했다. 수사는 왕자를 즐겁게 해 주기 위해 당시 포르투갈에서 추던 것과 비슷한 춤을 추었다.[748]

야르칸드의 통행증을 보여 주고, 통행세를 내지 않는 방법을 찾기 위해 수사는 이 군주의 모친을 방문했다. 유리거울과 인도산 옷감과 사탕 등을 선물로 가지고 갔다. 그녀는 통행증을 자세히 살폈고, 수사를 무척 예의 바르게 대했다. 후에 왕자의 스승도 수사를 섭정관攝政官으로 초대했는데,[749] 매우 다정하게 대접해 주었다.[750]

그 뒤, 아크수 여정 중에 큰 강을 하나 만났다.[751]

고 보았다.(Watters, I, pp.83-84).

747 곤살베스(Gonçalves in *ARSI, Goa*, 33, f.297r)는 이렇게 덧붙인다. "그는 자신의 모친과 [작별] 인사를 하기 위해 행렬에서 벗어나 다른 길로 가며, 작은 선물을 하나 보냈다. 그것은 빵 두 개에 버터를 바른 것이었다."

748 수도자라는 신분을 더 잘 감추기 위해 그는 더 장사꾼처럼, 세속의 사람처럼 행동했다.

749 후견인 또는 거의 섭정자다.

750 곤살베스(Gonçalves, *ARSI, Goa*, 33, f.297r-v)의 여행기 라틴어 텍스트에 따르면, 이 후견인이 하필이면 소제일에 그를 초대했고, 데 고이스는 기름진 걸 먹지 않으려고 했다.

751 카슈가르강보다는 야르칸드강이었을 것이다. 우리의 여행자[데 고이스]는 아크수에 도착하기 전에 이 두 개의 강을 건넜고, 그게 맞다면, "그 여정의 중간"에서 사고가 있었다. 실제로 데 고이스가 간 길은 야르칸드 시에 있는 야르칸드강에서 마랄-바쉬(Marāl-bāsci)를 지나 챠르-바기(Ciār-bāgh) [Chār-bāgh]까지 계속해서 강을 끼고 걸

수사는 강기슭을 지나면서, 줄 하나로 말馬의 다리를 연결해서 끌고 간답시고 가다가 말 한 마리가 기슭 아래로 떨어지고 말았다. 할 수 없이 줄을 끊었고, 말은 강 반대편으로 떠밀려 가고 말았다.[752] 말을 그대로 두고 가자니, 말과 말에 실려 있던 물건들이 아직 필요한 마당에 큰 손실이 아닐 수 없었다. 수사는 예수 이름을 부르기 시작했다. 바로 그때 떨어진 말이 혼자서 강기슭을 기어 올라와 일행이 있는 곳으로 돌아왔다. 그 순간에 개입하여 도움을 주신 주님께 감사했다.

827. '검은 키타이'라고 하는 카라카타이(Caracatai) 땅

그 길에서는 또 다른, 사람이 살지 않는 땅, 카라카타이(Caracatai, 哈剌乞塔, 西遼)라는 곳을 지났다. '카타이의 검은 땅(terra nera degli Catai)'이라는 뜻으로, 오래전에 카타이 사람들이 살다가 버리고 갔다고 전한다.[753]

는 것이었다. Cf. Stein², 5, CD 4,3,2,1; 8 A B 1.

752 곤살베스(Gonçalves, *ARSI, Goa*, 33, f.297v)에 따르면, 여행자들[데 고이스 일행]은 강변에 멈추어 묶어 두었던 말을 풀어서 말발굽을 끼우려고 했다. 그러자 말이 줄을 끊고 강물에 뛰어들었고, 반대편 기슭으로 떠밀려 갔다.

753 1245-1247년 극동 아시아를 여행한 조반니 다 피안 델 카르피네(Giovanni da Pian del Carpine)도 "카라카타이, 그곳은 검은 카타이다(Karakitai, id est nigri Kitai)"(*SF*, I, pp.53-54)라고 말한 바 있다. 몇 년 후(1253-1255년), 작은형제회의 기욤 드 뤼브룩(Guillaume de Rubrouck)은 1126년에 '우주의 지배자 칸'(Kāhn Universale o Choircan), 갈아한(葛兒汗), 즉, 구르캄(Gurkam)이라는 이름을 얻은 이엘류 타쉐(Iéliü Tasce) 야율대석(耶律大石)에 대해 언급하며[cf. N.4, 주(註)], "우리는 안티오키아의 역사에서 터키인들이 프랑크족을 상대로 코이찬(Coichan) 왕을 보냈다는 부분을 읽었다. 바로 그 코이르(Coir)가 카라카타우스(Caracataus)였다. 카라(Cara)는 '검다'라는 뜻으로, 검은(Cataus) 부족의 이름과 같다. 그리고 이들을 카타이인들과 구분하는 것으로, 그들이 바다 위 동쪽에 있다는 것이다. … 이 사람들이 내가 지나온 몇몇 알프스[Alpibus-**역주**_ 라틴어로 알피부스는 '알프스들'이라는 의미로 유럽인들은 통상 산악지역을 일컫는 용어로 쓴다] 지역에 사는 카라카타이(Caracatai)들이다"(*SF*, I,

828. 1605년 9월 4일, 아크수를 출발하여 쿠치아(Cucia)를 향하다. 무슬림들 사이에서 데 고이스의 강한 그리스도교 신앙

아크수Acsù에서 보름간 있으며[754] 뒤처진 일행들을 기다렸다.[755] 그런 다음,[756] 오이토그라크Oitogràc,[757] 그라소Grasò, 카샤니Casciani, 델라이Dellaì,[758] 사리그압달Saregabedàl,[759] 우간Ugan,[760] 쿠치아Cucià, 龜兹[761] 등 계

---

pp.205-206).

1123년, 카타이 왕국이 요(遼)라고 하는 나라에 의해 전복되었을 때, 이 민족의 강한 한 그룹이 동쪽에서 서쪽으로(중국 북부)로 이동했고, 중국 서쪽 터키스탄과 러시아 터키스탄의 북-동쪽에 카라카타이(合剌乞塔, Carachitai)라고 하는 서요(西遼) 왕국을 세웠다. 다시 말해서, 검은 키타이들의 나라[흑거란(黑契丹)], 거란(契丹) 자리에 걸탑(乞塔)을 세운 것이다. Cf. Herrmann, 46-47, *AE* 2-3. 바로 이 카라키타이들이 케레이트, 극열역(克烈亦)의 한 줄기였다. Cf. *CCS*, VIII, 1935, pp.396-399. 12-13세기에 카라키타이(Carachitai)는 코탄(Chotan), 야르칸드(Iarcand), 카슈가르(Cašgar)까지 포함했다. Cf. Herrmann, 46-47 C 3, 49 CD 2-3; Ciam̃simlam, V, pp.277-286. 1811년에도 카라키타트(Carachitat)[Kara-Kitat] 합라거란(哈喇契丹)이라고 하는 서요(西遼)의 먼 후손들이 이리(伊梨, Illi)라는 지역에 한 부족으로 존재했었다. Cf. Yule- Cordier[1], IV, p.230, n.1. 여기선 카라키타이오(Caracataio) 사막에 대해 말하고 있다.

754 하지만 곤살베스(Gonçalves, *ARSI, Goa*, 33, f.297r)는 20일간 머물렀다고 말한다.

755 탐험가 스타인(A. Stein)이 한 아크수(Acsu)에서 쿠치아(Cucia)까지, 구간에는 다음과 같은 지역들을 지나간다. 투멘(Tümen), 카라-율훈(Cara-iulghun)[Kara-yulghun], 이아카-아리크(Iaca-aric), 바이(Bai), 키질-외르탕(Chicil-örtang)[Kizil-örtang], 쿠치아(Cucia) 등이다. Cf. Stein[2], 7 D 2,2; 1 A B C D 21; 17 A B 1.

756 곤살베스(Gonçalves, *ARSI, Goa*, 33, f.297v)는 우리 일행이 9월 4일 아크수를 출발해서 정확하게 1605년 10월 17일 하미(Hami, 哈密)에 도착했다고 전했다. "1605년 9월 4일에 출발해서 10월 17일 카물룸(Camullum)에 도착했다."

757 오이-토락(Oi-tograk) 혹은 오이-토그라크(Oi-toghraq)는 "포플러의 계곡(valle dei pioppi, دره صنوبرها)이라는 뜻으로, 터키스탄 동부 길에서는 매우 흔한 이름이다. Cf. Brucker, p.688; Yule-Cordier[1], IV, p.230, n.2; Hedin[1], I, pp.161-162; *TP*, XXV, 1926, p.391.

758 브루커(Brucker, p.688)에 의해 다울라트(Daulat)로 확인되었다.

759 사리그-압달(Sarigh-Abdal)은 곧 "압달 엘로우"라고, 헤딘(Sven Hedin[1], I, p.161)과 펠리옷(Pelliot) 교수(Yule-Cordier[1], IV, p.230, n.2; *TP*, XXV, 1926, p.391)는 확인했다.

760 의심의 여지 없이 쿠치아(Cucia)를 지나 타림(Tarim) 강가에 있는 외간(Ögan) 혹은 우

속해서 작은 고을들을 거쳤다. 쿠치아에서 한 달간 체류하며 험한 길을 오느라 지친 말들을 푹 쉬게 했다. 옥석을 싣고 오느라 식량이 부족할 정도였다.

거기서 무슬림 사제들cazissi은 수사에게 사라센 사람들의 사순절인데, 왜 단식하지 않느냐고 따졌다. 벌금을 물리거나 돈을 좀 뜯어내려는 수작이었다.[762] 그들의 손아귀에서 벗어나느라 애를 먹었으나, 그들의 모스크까지 강제로 끌고 가지는 못했다.

겐(Ugen)이다. *TP*, XXV, 1926, p.391; Hedin[1], I, p.161.

761 쿠치아(Cucia) 혹은 쿠챠(Cuccia)는 중국인들 사이에서는 구자(龜玆), 구자(丘玆), 굴자(屈茨), 굴자(屈玆), 굴지(屈支), 고차(苦叉), 고차(庫車), 고철(庫徹)로 알려졌고, 어원학적으로 "여기에 마른 우물 하나(=치아)가 있다(=쿠)"라는 뜻이다. 어떤 사람은 이 말이 소그디아나어 코시아(qōciā)에서 유래한 걸로 추정하는데, 그것은 과거의 "입(bocca)"이라는 뜻이다. Cf. Hedin[1], IX, p.108. 아주 오래전부터 이 도시는 항상 중앙아시아 교역의 중심지였다. 서쪽에 카슈가르와 동쪽에 투르반(Turfan, 土魯蕃)이 같은 거리를 두고 있기 때문이다. Cf. Stein[1], II, pp.803-807; Chavannes, *Documents sur les T'ou kiue (Turcs) occidentaux*, St. Petersbourg, 1903, pp.114-125, 338, 342; Chavannes, *Notes additionnelles sur les T'ou Kiue (Turcs) occidentaux* in *TP*, V, 1904 (esatto, pp.101, 102). 서기 435년경부터 중국인들 사이에서 알려지기 시작했고, 중국에 진상품을 바치는 신하의 나라가 되었다. Cf. Watters, I, pp.58-61. 데 고이스가 지나간 지역들을 거꾸로 살펴본 헤딘(Sven Hedin[1], I, p.161)은 "전체 여정이 매우 혼란스럽다. … 순서대로 하면, 쿠치아(Kucha), 우겐(Ugen), 사리크-압달(Sarik-Abdal)이라고 해야 할 것이다"라고 했다.

762 그러니까 라마단(ramadàn) 기간이었던 거다. 이것은 무슬림 달력에 의하면, 1605년 1월 21일부터 2월 20일까지였다. 하지만 이 날짜가 여정 상 맞지 않기 때문에, 중앙아시아 동쪽의 이슬람교도들은 무슬림 세계와 별도로 그들의 달력을 따르지 않고 중국의 음력 달력을 따랐다고 생각된다. 그러면 음력 9월에 라마단 기간이 되고, 이것은 중국 달력에 따라 그해 10월 12일에 시작해서 11월 11일에 끝나고, 텍스트에서 이야기하는 시기와도 맞다. 데 고이스 일행이 그 도시에 도착한 시기에 대해 궤리에로(Guerriero, III, p.26)가 적은 주(註)의 내용과도 일치한다. 1604년 11월 14일, 야르칸드에서 출발한 지 "거의 1년 만(quási um ano)"이라고 적고 있기 때문이다.

829. 칼치아에서 베네딕토 수사가 보여 준 영웅적인 종교 논쟁. 출발 허락을 받아 내다

여기서 20일을 가서 카라샤르(Cialis, 焉耆)[763]에 도착했다. 도시가 그리 크지는 않았지만 강했다. 그곳의 통치자는 카슈가르 국왕의 서자庶子였다. 이 군주는 베네딕도 수사가 자기네 종교를 믿는 사람이 아니란 걸 알

---

763 무슬림 자료와 중국 자료에 자주 등장하는(Bretschneider, II, pp.200, 229, 236, 315, 330, 331) 챨리스(Ciališ)[Chalish](N.817)는 이름만으로는 카라샤르(Carasciahr)[Karashahr] 객라사이(喀喇沙爾) 혹은 언기(焉耆)와 정확하게 일치한다고 할 수가 없다[아마도 그 지역의 토착어로 '용'이라는 뜻의 아르시(Arśi), 고대에는 아그리(Āgri)로 추정; cf. *MS*, IX, 1944, pp.81-91]. 헤르만(Herrmann)은 1415년의 챨리스(Ciališ)(54-55 F 2)는 물론, 1760년의 카라샤르(Carasciar)(58-59 D 2)에 주목한 뒤, 펠리옷이 인용한 1724년의 지도까지 동원하여(*TP*, XXV, 1926, p.392), 카라샤르(Carasciahr)는 카라샤르 강변 우측에 있고, 챨리스(Ciališ)는 서쪽에 카라샤르(Carasciahr) 시(市)를 넘어 투르반 쪽으로 펼쳐져 있다고 했다. 펠리옷 교수도 이 의견에 동의하며, 다음과 같이 결론을 내렸다. "두 도시[챨리스(Ciališ)와 카라샤르(Carasciahr)]의 이름은 도시가 차지하고 있는 두 지역을 일컫는다. 카라샤르(Karashar)는 고대의 한(漢, 기원전 206-서기 220년)과 당(唐, 618-907년)나라가 있던 강 우측에 있는 반면에, 강 좌측에 넓게 자리 잡고 있던 도시는 16-18세기에 챨리쉬(Chalish)라는 이름으로 바뀌었다"(*TP*, XXV, 1926, pp.391-392). 알레니(Aleni[2], c.1, f.3b)는 챨리스(Ciališ)를 발음대로 사리(查理)라고 표기하여 어떤 무슬림 마을을 가리키기도 했다. 명사(明史, *Storia dei Mim*, c.332, f.20b)는 곤성(坤城)을 찰력실(察力失)이라고 언급하고 있다. 카라샤르(Carasciahr)는 어원상 검다(카라, cara سياه)와 도시(샤르, sciahr شهر)가 합쳐진 것으로, 아마도 도시의 담장과 가옥들의 모습이 어둡게 보이고, 도시가 청결하지 않은 때문으로, "중앙아시아에서는 비교할 수 없을 만큼 가장 더러운 도시"(Sven Hedin, *Through Asia*, p.859)였다.

카라반은 쿠치아(Cucia)에서 부루그(Bugur), 양기-히사르(Iangi-hissār)[Yangi-hissār] 영길사이(英吉沙爾), 차디르(Ciādir)[Chādir], 에쉬메(Ešme)[Eshme], 차치(Ciarci)[Charchi], 코를라(Corla)[Korla] 위수(危須), 쇼추크(Sciorciuc)[Shorchuk]와 챨리스(Ciališ) 또는 카라샤르(Carasciahr)를 경유했을 것이다. Cf. Stein[2], 17 BCD 1; 21 ABCD 1: 25 A 1: 24 A 1. 곤살베스(Gonçalves)의 라틴어로 적힌 여정에는 아크수 시와 하미 사이에 있는 "찰리스(Chalis)"라는 지명을 언급하지 않고 매우 급하게 지나간다. 첫 번째 도시에서 출발했다고 말하면서, 덧붙이기를 "며칠 후에 챨리스(Chalis)에 도착했다"(*ARSI, Goa*, 33, f.297v)라고만 적었다.

고 겁을 주기 위해, 수사에게 그쪽 지역으로 온 것은 큰 잘못이라고 했다. 이에 수사는 그에게 통행증을 보여 주고, 좋은 선물도 하자, 좋아한 것은 물론 금세 친한 사이가 되었다.

그곳에 있을 때, 어느 밤, 군주가 자기네 사제와 학자들과 함께 율법[이슬람교]에 대해 논쟁하는 가운데 베네딕토 수사가 생각나, 예의가 아닌 시간임에도 불구하고, 사람을 보내 그를 데리고 오라고 했다. 수사는 적敵들이 있는 곳으로 가는데다, 처음에 보여 주었던 나쁜 의도를 떠올리며 자기를 죽이려고 하는 것으로 생각했다. 그래서 수사는 죽을 준비를 했고, 여태껏 동행해 준 이사악과 눈물로 깊이 포옹하며 작별 인사를 했다. 자기가 죽더라도 그리스도교 신앙 안에서 만날 것을 약속하며, 후에 우리 신부들에게 이 일을 알려 주고 자신의 영혼을 위해 하느님께 기도해 달라고 했다.

베네딕토 수사가 그 지방 군주의 궁에 도착했고, 군주는 율법에 관해 스승들과 논쟁하고 있었다. 수사는 그리스도교 신앙의 진리를 매우 아름다운 사례를 들어 설명했고, 그들은 아무 말도 하지 못했다. 군주는 수사가 하는 말에 동의하고 공감하며 끝까지 수사를 편들어 주었다. 그리고 결론으로 그리스도인들은 참된 미세르마니(misermani, بدبختی)라고 했다. 그것은 사라센인들 사이에서는 "참 종교의 신봉자들"이라는 뜻이다.[764] 그러면서 자기네 선조들도 그리스도인이었다고 덧붙였다.[765] 토론이 끝나

---

764 미세르마니(Misermani, بدبختی)는 "신자", "믿는 자"라는 뜻이다(cf. N.830). 여기서 우리의 단어 "무술마노(musulmano, '무슬림'이라는 뜻)"가 유래했다. 원사(元史)에는 이것을 그대로 발음하여 목속만(木速蠻)이라고 적고 있다.

765 네스토리우스 그리스도인들을 일컫는다. 마르코 폴로도 일찍이 주목한 바 있다. "이 나라에는 네스토리우스 그리스도인과 관련한 성당과 신앙이 남아 있다"(Benedetto,

고 수사는 학자들과 함께 성대한 잔치에 참석했고, 그날 밤을 거기서 보내고 느지막이 아침을 맞이했다. 그러느라 뒤늦게 집으로 돌아오니, 이사악은 수사가 너무 늦는 것이 필시 죽은 때문이라고 생각하고 울고 있었다.

그 도시에 3개월을 있었다. 상단의 수장이 사람이 많이 모이지 않아 출발을 미루었기 때문이다. 사람이 많을수록 자기 수입이 많아지기 때문이기도 했다. 그러면서 아무도 먼저 가지 못하도록 했다. 수사는 일찍 도착하고 싶기도 했고, 그곳은 비용이 많이 들어 불편하기도 했다. 이에 군주에게 또 다른 선물을 하며[766] 상단 수장의 뜻과는 달리, 먼저 가도 된다는 허락을 받아 냈다. 상단의 수장은 수사에게 몹시 화를 냈다. 두 사람의 관계는 깨지고 말았다.

830. 데 고이스가 북경의 몇몇 신부들에 대한 소식을 듣다. 그의 계속된 영웅적인 믿음

그들이 막 카라샤르에서 출발하려고 할 때, 어떤 사라센 사람들이 카타이에서 도착했다. 앞서갔던 상단과 함께 갔던 사람들로, 사절단이라고 속이고 카타이의 수도로 들어갔다. 그들이 [데 고이스 베네딕토] 수사에게 북경에 있는 예수회 신부들에 관한 소식을 전해 주었다. 이 사람들이 앞의 책에서 언급한 적이 있는 사람들로,[767] 관리가 신부들을 북경 사이관

---

p.40, Cap.LI). 그들은 케레이트(Kereit)들의 먼 후손이거나 중세기 다른 그리스도인들의 후손일 수도 있다. Cf. 본서 1권, pp.86-91.

766 찰리스(Ciališ)의 칸(Khān)은 데 고이스에게 "통행증"과 추천서에 대해서도 언급했고(NN.830, 851), 찰리스에서부터 곤살베스(Gonçalves, *ARSI, Goa*, 33, f.297v)의 자료에서 언급하듯이, 우리의 여행자[데 고이스]는 카라반과 헤어져 6개월 후에 만난다.

四夷館에 넣었을 때, 함께 그곳에 머물렀던 사람들이다. 신부들은 그 사람들과 1601년 두세 달 동안 가까이에서, 많은 이야기를 했었다.[768] 그들은 우리 수사에게 북경의 신부들이 황제에게 시계, 클라비코드, 그림[성화], 그리고 많은 유럽의 물건들을 선물했고,[769] 황실의 고관대작들로부터 후한 대접을 받으며 살고 있다고 전했다. 그들의 표현 방식에 따라, 몇 가지 사실을 덧붙인다며, 신부들이 황제의 총애를 크게 받아 황제와 여러 차례 이야기를 나누었고,[770] 신부들은 모든 사람의 존경을 받으며, 길을 나설 때는 각자 여덟 명이 끄는 인력거를 타고 다닌다고 했다.[771] 신부들

---

767 Cf. NN.602-616.

768 1601년 3월, 4월, 5월, 북경(Pechino)의 사이관(四夷館)에 판토하(Pantoja)와 리치가 거의 포로처럼 갇혀 있는 동안 "서방에서 온 몇몇 사라센들"과 사귀었다. 그들은 무굴 제국, 페르시아와 중앙아시아에서 "사절단"이라는 이름으로 온 사람들이었다. 그들은 "중국이 카타이(Cataio)고 북경시(市)가 캄발루(Cambalù)라며, 세계에서 이곳[중국] 외에 카타이는 없다고 분명히 말해 주었다"(N.607). 궤리에로(Guerriero, III, p.26)는 분실된 1607-1608년, 리치의 보고서를 근거로, 여기에 관해 적기를, "이곳[챨리스(Ciališ)]에서 [데 고이스는] 사절단이라는 가짜 직함으로 온 무어인 몇 명을 만났다. 그들은 물건을 팔러 중국에 다녀오는 길이었다. 그들은 함발라크(Hambalac) 또는 캄발룩크(Cambaluc)라고 부르는 북경 도시의 황궁에는 그리스도인 외국인들이 몇 명 있었는데, 그들은 황제에게 시계, 클라비코드, 제단화 등 여러 가지 선물을 했고, 황제와 제국의 고관들이 매우 좋아했다고 전했다. 이 무어인들이 북경에 있었던 것이 실제로 1601년이었고, 마태오 리치 신부와 그의 동료들과 함께 있으며, 서로 자주 왕래했다." 이런 사실은 곤살베스(Gonçalves, *ARSI, Goa*, 33, f.297v)가 확인해 주었다. 같은 이슬람교도들이 1602년 9월 8일과 14일 사이, 리치에게 당시 섬서(陝西)성, 오늘날 감숙(甘肅)에 있는 감주(甘州) 근처 숙주(肅州)에 흰 피부에 수염을 기른 그리스도인이 있다는 정보를 주었다. 그들은 마리아와 예수를 공경하고, 십자가를 숭배하며, 성당과 종(鐘)을 가지고 있고, 사제들은 일부일처제를 지키고 있다고 했다. 이 그리스도인들은 네스토리우스인들 외에 다른 사람일 수가 없다. Cf. N.606, 본서 3권, p.306, 주(註) 765.; N.1832.

769 cfr. N.592 본서 3권, p.271, 주(註) 677.

770 1601년에도(N.4128) 이후에도, 신부들은 만력(萬曆) 황제와 대화를 나눈 적이 한 번도 없었다. N.598 본서 3권, p.286, 주(註) 709.

에 관해 비교적 자세히 묘사했다. 하지만 신부들의 이름을 댈 수는 없었다. 왜냐하면 중국에서 신부들은 그리스도인들 사이에서 부르는 이름이 아닌 다른 이름을 사용하고 있었기 때문이다.[772] 그러면서 믿을 만한 증거로 북경 신부들의 방문 앞에서 주운 거라며, 포르투갈어로 적힌 종이 하나를 보여 주었다.[773] 이런 소식에 두 사람은 기쁨을 감추지 못했고, 이것으로 확실해진 것은 카타이가 중국이라는 것, 수사가 이미 짐작했던 바, 우리 신부들이 있는 그곳이 카타이의 수도이고 그곳이 북경이라는 사실이다.[774]

카라샤르의 군주는 수사 일행이 더 안전하게 갈 수 있도록 통행증을

---

771 지위가 가장 높은 중국인들은 가마를 타고 가는데, "지위에 따라서 네 사람이 끄느냐, 여덟 사람이 끄느냐가 다르다"(N.108). 만약 선교사들이 가마를 타고 다닌다면 여덟 사람이 끄는 걸 탔고, 이것은 가장 높은 지위에까지 올랐다는 뜻이다. 이런 말은 수도[북경]의 중국인들 사이에서 나온 견해이고, 그들[사라센인들]이 북경에서 왔다는 걸 말해 준다고 하겠다.

772 다시 말해서, 중국에 있는 신부들은 중국 이름과 성을 사용하고 있었기 때문에, 유럽의 그리스도교 국가에서 알려진 이름과는 달랐다. Cf. N.283, 본서 2권, p.213, 주(註) 374.

773 1608년 3월 8일, 리치는 수도회 총장에게 포르투갈어로 적힌 이 종이에 관해 언급한 바 있다. 그가 1601-1602년 북경에서 알게 된 그 외국인들에 대해 말하면서 "이 사람들이 [데 고이스 수사에게] 우리에 관한 정보를 주었습니다. 그리고 그것을 증명하는 걸로 뭔지는 모르지만, 우리 글로 적은 쪽지 하나를 보여 주었습니다. 우리 문 앞에서 주운 거라고 합니다. 이로써 [데 고이스는] 그들이 말하는 사람들이 우리일 수 있고 카타이가 중국이라고 믿기 시작했습니다"(N.1832). 궤리에로(Guerriero, III, p.26)는 한 걸음 더 나아가, 언급한 글에 "무어인들의 호기심으로, 우리의 글자가 적힌 쪽지 하나를 가지고 있었고, 그것을 벤토 데 고이스(Bento de Goes) 수사에게 내밀었다. 수사는 너무도 기뻤고, [그들이 말하는] 그리스도인들이 중국에 입국한 걸로 알고 있는 예수회 신부들로 간주하며, 그들이 왕국의 조정이 있는 북경으로 들어간 걸로 생각했다"라고 덧붙였다.

774 데 고이스가 아그라(Agra)를 출발하기 한참 전에 그는 예수회원들이 중국에 입국했다는 것을 잘 알고 있었다.

발급해 주며, 몇 통의 편지도 함께 써 주었다. 그때 회교 사제가 수사에게 물었다. 군주께서 편지에 예수교인 그리스도인의 이름을 써야 할지 모르겠다는 것이다. 이에 베네딕토 수사는 "예"하고 대답하며, '이사이 Isaì의 압둘라Abdullà'[775]라고 써 달라고 했다. 이것은 "예수를 믿는 종교의 압둘라(Abdullà della lege di Giesù)"라는 말이다. 자신은 그리스도인으로 지금까지 먼 길을 걸어왔고, 그리스도인으로 이 길을 마치고 싶다고 했다. 이 말을 들은 회교 사제 중 나이가 많아 공경받는 한 사람이 터번을 벗어 땅에 내려놓으며,[776] "이것이야말로 진정한 미세르마노[참 종교의 신봉자]고,[777] 자기 종교를 충실하게 믿는 사람입니다. 자기네 종교를 반대하는 이곳에서, 그것도 우리의 군주 앞에서, 우리 모두의 얼굴에 대고, 자기네 예수를 뜨겁게 고백한 것입니다. 우리는 아무것도 아닙니다. 우리가 그들의 땅을 지날 때, 우리는 두려움에 우리의 신앙을 거부하고 예수를 따른다고 할 것입니다." 그들은 우리 수사에게 깊은 존경과 예를 표했다. 이렇게 우리의 거룩한 수사는 자신의 덕행으로 솔직하게 신앙을 고백함으로써, 적敵들까지 자기네 땅에서 예수를 칭송하고 공경하게 했다.

831. 카라샤르에서 합밀(哈密)까지. 10월 17일 합밀에 도착하다

거기서 다시 20일 만에 베네딕토 수사와 함께 온 일행들은 푸치안 Pucciàn, 闢展[778]에 도착했다. 그곳에서 카라샤르 군주의 한 장수로부터 크

---

775 즉, "예수의 종"이라는 뜻이다. Cf. NN.805, 4180.

776 곤살베스(Gonçalves, *ARSI, Goa*, 33, f.297v)의 라틴어 텍스트에 따르면, 이런 제스처는 수차 반복되었다. "여러 차례 머리에서 모자를 벗어 땅에 내려놓았다."

777 Cfr. N.829 본서 p.328, 주(註) 764.

778 푸치안(Pucciàn)은 푸찬(Pician)[Pichan] 벽전(闢展)을 잘못 쓴 것일 수가 없다. 푸찬

게 환영을 받았고, 머무는 동안 모두 그의 관저에서 필요한 모든 것을 조달받았다.

그런 뒤, 다시 투르판Turfàn, 土魯蕃[779]으로 갔다. 투르판은 성벽으로 단단하게 둘러싸인 도시였다. 거기서 한 달을 머물렀다.

1605년 9월 4일, 투르판을 출발하여, 보름 만에 아라무트Aramùth에 도착했다.[780]

아라무트에서 다시 튼튼한 성벽으로 둘러싸인 카물Camùl[781]로 갔다.

은 투르판(Turfàn, 土魯蕃) 서쪽[경도 42° 52′, 위도 90° 28′]이 아니라 동쪽에 있기 때문이다. 그러니까 데 고이스의 일지 조각들을 거꾸로 맞혀 볼 필요가 있다. Cf. Stein[2], 31, A 3. 주목할 점은 쿠챠(Cucia) 동쪽 50마일 지점에 푸찬(Piciān)[Pichān]이라고 하는 수원지가 있다는 것이다(Stein[2], 17 D 1). 만약 이 작은 장소가 가리키고 있는 그곳이 맞는다면, 일지의 조각들을 거꾸로 맞히지 않아도 될 것이다.

779 카라반이 카라샤르(Carasciahr)에서부터 간 행로는 다음과 같다. 타울가(Tauilgha)[Tawilgha], 타가르체(Tagarce)[Tagharche], 초쿠르(Cioccur)[Chokkur], 우삭탈(Usciar-tal)[Ushak-tal], 카라 키질(Cara-chizil)[Kara-kizil], 쿠무쉬(Cumuš)[Kumush], 울룸치(Ulumzi)[Ulumchi] 조로목제(鳥魯木齊)를 거쳐 투르판에 도착(Stein[2], 24 AD 4; 28 AC 43)한 것이 1605년 8월 초순이었다. [**역주_** 디지털 실크로드 http://dsr.nii.ac.jp/ 에서 "Stein Gazetteer"로 들어가면 이 길을 구글 맵으로 확인할 수 있다. 이 길만 찾으면 아래의 사이트에서 확인할 수 있다. http://dsr.nii.ac.jp/digital-maps/stein/place-names/04477.html.en 투르판과 중국의 관계사에 관해서는 기원전 3세기부터 리치 시대까지 있었다.] cf. Stein[1], II, pp.566-586. 시대가 흐르는 동안 이 도시 또는 인접 지역은 중국인들에게 차사(車師), 고사(姑師), 서(西), 토로번(土魯番)이라는 이름으로 알려졌다.

780 헤딘은 "아라무트(Aramuth)에서 사람들은 대개 우루무치(Urumchi)가 아닐까 하는 의심을 하곤 하는데, 이는 아르메니아인으로선 쉽게 아라무치(Aramutchi)로 듣고 잊어버릴 수 있기 때문이다"(Sven Hedin[1], I, p.162)라고 적고 있다.

781 데 고이스와 일행은 투르판에서 양기샤르(Iangi-sciahr)[Yangi-shahr], 수바쉬(Su-bāsci)[Su-bāshi], 람짐(Lamjim), 피치안(Pician), 치크탐(Cic-tam)[Chik-tam], 키리클리크-랑가르(Chiriclic-langar)[Kiriklik-langar], 텅 엔자(Toṁienze)[Tung-yentzu], 랴오툰(Liaotoen)[Liaotun] 요돈(瞭墩), 타란치(Taranci)[Taranchi], 토구차(Toghucia)[Toghucha]를 지나 몽골인들은 카물(Kamul), 쿠물(Kumul) 혹은 카밀(Kkamil)이라고 부르고, 중국인들은 하미(Hami) 합밀(哈密)라고 하는 도시에 도착했다. Cf. Stein[2], 28

카물에서 한 달 있으며 [다시] 힘든 여정을 준비했다. 카라샤르의 마지막 관할지역이고, 대접도 융숭하게 받았다.

832. 합밀에서 감숙성(甘肅省)의 숙주(肅州)까지, 여행의 절반

카물에서 9일 만에 중국 북부의 장성(長城)이 있는 가욕관Chiaicuon, 嘉峪關[782]이라고 하는 곳에 도착했다. 그곳에서 총독 혹은 도당都堂[783]이 새로

CD 3; 31 ABCD, 3. 2; 34 ABC 2. 3. 하미와 중국과의 관계사는 Stein[1], I, pp.539-547을 보라. 그러나 곤살베스(Gonçalves, *ARSI, Goa*, 33, f.297v)는 찰리스(Ciališ)보다 카물(Camul)을 먼저 놓고, 궤리에로(Guerriero, III, p.26)는 데 고이스 일행이 하미(Hami)에 도착한 것은 "1605년 10월 17일"이라고 말한다.

782 카라반은 하미에서부터 카르묵치(Carmukci)[Karmukchi], 창류수이(Ciamlieuscioei)[Changliushui] 장류수(長流水), 옌툼(Ientoen)[Yentum] 연돈(烟墩), 쿠츄이(Cuscioei)[Kuchui] 고수(苦水), 사천추(Sciazüenze)[Shachüantzu] 사천자(沙泉子), 싱싱샤(Simsimsciia)[Hsingsinghsia] 성성협(星星峽), 안시(Ngansi)[Anhsi] 안서(安西), 숑타파오(Scioamtapao)[Shuangtapao] 쌍탑보(雙塔堡), 풀룬치(Pulomchi)[Pulunchi] 복륭길(卜隆吉), 산타오쿠(Santaocheu)[Santaokou] 삼도구(三道溝), 위먼시엔(Iümenscien)[Yümenhsien] 옥문현(玉門縣), 기육관(Chiaiücoan)[Kiayükwan] 가욕관(嘉峪關)을 지나 드디어 숙주(肅州) 시에 도착했다. Cf. Stein[2], 34 CD 3: 37 AB 4: 38 BCD 1. 2. 3: 40 ABCD 4. 5. 하미에서 가욕관(嘉峪關)까지의 거리는 535㎞였다. Cf. Payne, p.179, n.14. "아름다운 계곡의 장벽(la barriera della bella valle)"이라는 뜻의 가욕관(嘉峪關)은 가히 이름값을 하는데, 스타인(Stein[5], III, p.1118)의 말을 빌리자면, "성벽의 작은 성문 남쪽 벽 바로 뒤로 나무에 둘러싸인 초원이 장엄하게 펼쳐져 있다"라고 했다.

783 리치는 여기서 이 도당(都堂)을 확실하게 순무(巡撫)라고 부르고 있지 않다(N.577과 비교하면 된다). 도읍인 서안(西安)에서 살고 있던 섬서(陝西)의 순무가 아니라, 1525년에 신설된(*Storia dei Mim*, c.73, 總督) 감숙총독(甘肅總督)이었기 때문이다. 그는 리치가 인정한 대로(NN.835, 1836) 감주(甘州)에서 살았고, 앞서 언급한(N.835) 두 도시의 법적 책임자였다. 마르티니(Martini, p.52)가 우리에게 확실한 걸 전해 주고 있다. "총독은 협력자들이 서안(Signa)[Sian]에서 살았던 것과 달리 군사도시 감주(Cancheu)[Kanchow]에 관저를 두고 있었다." 1629년 마카오에서 편집한 또 다른 문건에는 더 정확하게 언급하고 있다. "이렇게 (앞서 말한 것처럼) 감숙[Canso, 甘肅]에 주둔한 것은 감주[Cancheu, 甘州]와 숙주[Socheu, 肅州]의 수장인 도당[Tutam, 都堂] 혹은 총독과 통감이 있던 곳이기 때문이다. 감숙(甘肅)은 섬서(Xensy, 陝西)성에 속하

허락할 때까지 25일을 기다려야 했다.[784]

그런 다음 장성 안으로 들어와, 하루 만에 감숙성甘肅省 숙주肅州에 도착했다.[785] 여기서 북경에 대해, 중국의 다른 지명들에 대해 듣기 시작했고, 의심의 여지 없이 대大 카타이와 대大 중국이 같은 나라라는 사실을 확신했다.

고, 서안부(Singanfu, 西安府)의 도읍으로, 도당(都堂) 혹은 순무(巡撫)와 성(省)의 모든 관리와 행정기관이 거기에 있었다. 또 감주(甘州)의 도당(都堂)은 성의 최고 수장인 순무(巡撫)의 명령을 받는 것이 아니라, 황제의 명령을 직접 받지만, 몇 가지 일에 있어서만 순무의 명령을 받는다"(D'Elia[3], p.355).

784 25일간 그들이 기다린 것은 감주(甘州)에서부터 더 갈 수 있는 통행증이다. 그사이에 도착한 이방인들의 이름, 그들의 말과 낙타의 수, 어떤 물건을 가지고 들어가는지 등을 보고했다. Cf. D'Elia[3], pp.331, 368-369.

785 헤딘(Sven Hedin[1], I, p.162)은 필요한 부분을 수정한 뒤, 데 고이스가 라호르에서 숙주(肅州)까지 여행 경로를 제시했다. "그러므로 데 고이스(Goös) 여행의 주요 포인트는 다음과 같다: 라호르(Lahore), 카불(Kabul), 바다샨(Badakshan), 파미르(Pamir), 텡기타르(Tengi-tar), 야카아리크(Yaka-arik), 야르칸드(Yarkand), 코탄(Khotan), 야르칸드(Yarkand), 아크수(Aksu), 쿠챠(Kucha), 우겐(Ugen), 코를라(Korla), 카라샤르(Kara-shahr), 우루무치(Urumchi), 투르판(Turfan), 피장(Pijang), 하미(Hami), 카라카타이(Cara-cathai, Kara-Kitai) 사막과 숙주(Su-chow, 肅州)다." 오늘날의 감숙(甘肅), 당시에는 섬서(陝西)였던 숙주(肅州) 시에 대해 리치는 위도가 40°에서 "1° 이상이 누락"(N.1843)된다고 했는데, 실제로 39° 46′이다. 가욕관(嘉峪關)에서 70리(里) 혹은 25 영국식 마일 떨어져 있다. 거기서 데 고이스는 "의심의 여지 없이 대(大) 카타이와 대(大) 중국이 같은 나라라는 사실"(N.832)을 확신하고 여행을 끝내야 했다. 그 도시[숙주(肅州)]에 관해서는 리치가 다음 장(章) 서두에서 언급할 것이다. 숙주(肅州)와 감주(甘州)는 군사령관의 명을 받아 북-서 방위를 담당하고 있었기에 두 도시는 다른 일부 국경 도시와 같이 별도의 체제를 갖추고 있었다. 방위는 13개의 성벽 도시[위(衛)], 60개의 군부대[소(所)]와 한 개의 성문, 즉 가욕(嘉峪)의 관(關)과 50개의 작은 요새[보(堡)]를 포괄하고 있었다. Cf. Cuzuiü, c.9, ff.4b, 9a: c.63, f.3b. 도시를 마르코 폴로도 방문했고, 숙주[Succiu]라고 불렀다. "그곳에는 그리스도인과 그 후손들이 있었다. 그들이 있는 그곳이 칸 왕국(gran can)이었다"(Benedetto, p.48).

833. 터키스탄에서 타타르족의 침입을 당하다

카라샤르의 모든 지역에서 중국까지는 타타르족이 출몰하는 곳으로, 계속해서 상인들을 덮치곤 한다. 그래서 상인들은 그곳을 지날 때면 큰 두려움에 항상 조심스레 살피며 가야 한다. 낮에 몇 사람이 산으로 올라가 숲속에 타타르인들이 숨어 있는지를 살피고, 안전하다고 생각되면 밤에 조용히 지나갔다.[786] 길에서 죽은 사라센 시신들을 많이 봤는데, 그들은 오로지 가겠다는 일념 때문에 죽임을 당한 것이다.

그러나 평소에 타타르인들은 이 사람들을 죽이지 않는다. 자기네 목동이나 노예로 간주하기 때문이고, 그들이 있어야 우리[마구간]를 만들고 소를 치기 때문이다. 그들은 밀이나 쌀, 그 외 다른 곡물은 먹지 않는다. 그것들은 짐승이 먹는 것이지 사람이 먹는 게 아니라고 말한다. 그들은 말고기, 노새고기, 낙타고기 등 모든 종류의 고기만 먹는다. 그리고 매우 장수하는데, 보통 100세를 넘긴다고 한다. 그 일대에 사는 사라센 사람들은 무기력하고 호전적이지가 않다. 만약 중국인들이 정복자들이었다면, 그들은 쉽게 중국에 정복당했을 것이다.[787]

---

786 본문에서 리치는 '가다'라는 표현을 "vanno" 대신에 포르투갈식으로 "andando"라고 쓰고 있다.

787 리치가 자신의 책에서 밝힌바 그의 연구에 따르면, 중국인들은 주변 왕국들을 한 번도 정복하려고 하지 않았다는 데 주목했다(N.110). 이 "역사서"의 첫 번째 편집인이었던 타키 벤투리(Tacchi Venturi, I, p.44)는 리치의 텍스트에서 이 부분을 간과하고, 일부 "우리의 저자들"로 하여금 중국인들은 "태초에" —우리 선교사[벤투리]가 쓴 것처럼— 인도뿐 아니라 이탈리아까지 정복을 추진했다고 말하게끔 했다. 그러나 16세기 말까지 중국 제국은 알려지지 않았다. Cf. Valignano-De Sande, *De missione legatorum iaponensium*, p.386.

834. 이사악이 말에서 떨어진 데 고이스를 구하다

여행 중에 한번은 밤에, 베네딕토 수사가 말에서 떨어진 적이 있었다. 무기와 화살을 들고 뒤따라오고 있었는데, 길바닥에서 의식을 잃은 채 남게 되었다. 함께 온 이사악이 가기로 한 지역에 도착하고 보니 수사가 보이지 않았다. 밤이라 보이지 않은 탓에, 왔던 길을 되돌아 달려가며 찾았다. 하지만 수사를 찾지 못하던 중, 예수의 이름을 부르는 소리가 들려 가보니, 수사가 도와 달라고 예수를 찾고 있었다. 그때 이사악이 도착한 것이다. 수사는 이사악을 보더니, "저를 도와주라고 천사를 보내 주셨군요?"라고 말했다. 그리고 함께 숙소로 돌아왔다.

제14장

베네딕토 데 고이스 수사의 죽음에 대해, 사라센인들의 손에서 아르메니아인 이사악이 어떻게 구출되었는지, 요한 페르난데스 수사가 어떻게 북경에서 숙주로 파견되었는지에 대해

(1605년 12월 22일부터 1606년 10월 29일까지)

- 감숙성(甘肅省)의 두 군사도시 감주(甘州)와 숙주(肅州)
- 숙주의 두 지역에 대한 묘사. 거기에 사는 주민들: 현지인과 외국인들
- 중국에 조공을 바치는 나라가 정기적으로 보내는 '사신(使臣)'들
- 데 고이스가 숙주에 도착하다. 그곳에서 북경 선교사들에 관한 또 다른 소식을 듣다
- 베네딕토 수사가 리치에게 보낸 두 통의 편지. 한 통은 분실되고 한 통만 전달되다
- 리치가 종명례(鍾鳴禮) 요한 페르난데스를 데 고이스의 편지를 가지고 온 사람과 함께 숙주로 파견하다
- 데 고이스가 극도의 가난한 생활로 생존하다.
- 종명례가 1606년 12월 12일에 북경에서 출발하여 숙주에 1607년 3월 31일에 도착하다. 베네딕토 수사가 대단히 기뻐하다
- 1607년 4월 10일, 숙주에서 데 고이스가 숨을 거두다
- 데 고이스의 여행 일지를 없애다. 그의 안장
- 되돌아보는 데 고이스 수사의 약력. 무슬림에 대한 마지막 조언과 자기가 한 여행에 대한 최후의 당부
- 종명례가 법정에서 이사악과 다른 한 젊은이를 변호하다

- 이사악과 종명례 사이 언어의 어려움. 두 사람이 무슬림이 아니라는 것이 밝혀지다
- 이사악의 석방과 비취 석의 일부를 되찾다
- 종명례가 숙주에서 서안을 지나 북경으로 돌아오다
- 이번 일에 대한 중국 선교사들의 기쁨과 슬픔
- 북경에 보관한 데 고이스의 일지와 문건. 여행 관련 자료
- 이사악이 해로(海路)를 통해 인도로 돌아가다

835. 감숙성(甘肅省)의 두 군사도시 감주(甘州)와 숙주(肅州)

중국 북부지역 가장 서쪽, 장성長城 끝 섬서성陝西省 200마일이 넘는 지역에는 오래전부터 타타르인들이 출몰하곤 했다. 계속해서 자주 침범하지만 나쁜 짓은 하지 않았다. 그래서 두 개 도시를 튼튼하게 지어 잘 훈련된 병사들을 주둔시키고[788] 총병總兵과 총독總督을 한 사람씩 두었다. 이들은 북경 관리들의 지휘를 받았다.[789] 또 도리道吏[790]와 그 밖의 다른

788 감주(甘州)의 수비대는 기병과 보병을 합해 군인 33,894명, 말(馬) 8,751 마리가 있었고, 숙주(肅州)에는 군인 11,267명에 말 4,654 마리가 있었다. Cf. Ccengensi [Ch'en Jen-Hsi] 진인석(陳仁錫), *Enciclopedia della realtà* 『잠확류서(潛確類書)』, 1630, c.10, ff.33a-34a.

789 Cfr. N.832, 본서 p.334, 주(註) 783.

790 여기서 말하는 도리(道吏)는 다른 데서(N.97) 말한 도리와는 다르다. 여기선 감숙(甘肅), 즉 감주(甘州)와 숙주(肅州) 두 도시를 통솔하며, 감주에 관저를 둔 행도지운사(行都指運使)를 말하는 걸로 보인다. Cf. *Storia dei Mim*, c.42, f.17b. 1629년의 두 문건에서 강조하는바, 서방의 왕국에서 보낸 "사절단들"이 알려 주는 것은 토로번(土魯番) 왕의 신임장이라고 하는 것을 이 도리(道吏)에게 제출해야 한다는 것이다. 그러면 도리는 그것을 검토하여 공증해 주며, "사절단"의 인원, 신분, 구성원들의 이름을 적은 공문서를 한 장 발급해 준다고 했다. 그것으로 중국 정부의 공금으로 북경까지 도달하는 데 드는 충분한 말과 인부를 지원받을 수 있고, 감숙총독(甘肅總督)은 이 모든 걸 통보했다. 이것들은 한때 본(本)이라고 하는 특별 상소문으로 바로 황궁에 전달되기도

관직도 두어 지휘체제를 잘 갖추고 있었다. 그중 한 도시는 더 중국 내륙에 있었는데, 감주甘州[791]라고 하고, 총독과 도리 및 귀족들이 주로 거주했고,[792] 다른 하나는 장성의 성문 근처에 있는 도시로 숙주肅州라고 하며 다른 한 지주知州가 통솔하고 있었다.

836. 숙주의 두 지역에 대한 묘사. 거기에 사는 주민들: 현지인과 외국인들

숙주肅州는 두 지역으로 나뉘어 있었다. 한 곳은 카타이[契丹] 사람들이 살고 있는데, 여기서부터는 이 사람들을 중국인이라고 부르기로 하겠다.[793] 다른 한 곳은 카슈가르(Cascàr, 哈實哈兒)[794]에서 온 사라센 사람과

했다. 여기에는 "사절단"이 온 목적과 북경까지 사절단을 수행할 군(軍) 사관(士官)도 한 명 명시했다. 물론 호의적인 답변이 있고 난 뒤에 말이다. Cf. D'Elia[3], pp.331, 368-369.

791 감주(甘州) 시(市)는(위도 39° 01′, 경도 100° 56′) 서쪽에서 오는 카라반이 지나가는 길목에 있어, 수도[북경]로 가려면 거쳐야 하는 중요한 곳이다. 마르코 폴로는 이곳에서 1년간 지내며 칸피시우(Canpiciou)라고 불렀고, 여기서 그리스도인들을 만났다고 했다. 분명 네스토리우스인들이었을 것이고, "크고 아름다운 성당들"(Benedetto, pp.48-49)을 갖고 있다고 했다.

792 1608년 3월 8일, 리치가 로마에 보낸 편지에는 "숙주(肅州)라고 하는 이 도시와 감주(甘州)라고 하는 또 다른 도시는 맨 서쪽에 있는 중국의 변방 지역입니다. 그곳은 타타르족이 쉽게 들어올 수 있습니다. 그래서 우리가 북쪽 성벽[만리장성]이라고 부르는 안쪽에 두 개의 단단한 성채가 있고, 총독(總督)과 여러 관리가 많은 병사를 거느리고 권한을 행사하고 있습니다. 감주(甘州)에 총독 관저가 있습니다"(N.1836).

793 다시 말해서, 숙주에는 중국인들이 사는 지역이 있는데, 그곳을 키타이(Chitai) 거란(契丹)이라고 부른다는 것이다. 이것을 카타이가 중국이라는 걸 말해 준다. 이와 관련하여 1921년, 스타인(Stein[5], III, p.1127, n.7)이 주목한 것은 "데 고이스가 말하는 이 도시의 두 지역이라고 하는 것, 즉 하나는 중국인들이 살고, 다른 하나는 이슬람교도들이 산다는 곳은 오늘날의 숙주[肅州]에서도 관찰되는 것이다."

794 카슈가르(Cašgar), 합실합아(哈實哈兒). Cf. N.816.

페르시아의 다른 지역에서 중국과 교역하러 온 사람들이 사는 지역이었다. 그들은 여기서 아내를 얻어 자식들을 두고 자리 잡아 살고 있는데,[795] 광동廣東의 마카오에 사는 포르투갈 사람들과 같았다. 다만 포르투갈 사람들보다 훨씬 통제가 심해서 밤이면 성문을 닫아야 하고, 성벽 밖으로 나갈 수도 없으며, 다른 모든 중국인과 마찬가지로 중국인 관리들의 전적인 통제와 벌을 받는다.[796] 그리고 거기서 9년을 살면,[797] 더는 자기네 땅으로 돌아갈 수 없었다.

837. 중국에 조공을 바치는 나라가 정기적으로 보내는 '사신(使臣)'들

그곳은 카슈가르의 상인들이 상단을 꾸려 수없이 드나드는 곳이었다.[798] 중국과 오래전에 한 계약은 6년마다 72명의 상인이 그 일대 일곱,

---

795 "숙주 시(市)에는 … 성벽의 한쪽 지역에 외국에서 온 무어인들이 아내와 자녀들을 데리고 살고 있는데, 그들의 대부분은 중국 관리들의 모든 통제를 받습니다"(N.1836). 아담 샬이 전하는 설명에 따르면, 그들이 서방으로 돌아가려고 중국에서 나갈 때는 아무런 통제를 받지 않기 때문에, 이들 마호메트 교도들의 많은 수가 중국에 남는데 특히 섬서에 남는다는 것이다. "그들이 나갈 때는 들어온 사람의 이름을 다시 검토하지도 않고, 몇 명이 빠졌는지, 그 수가 아무리 많아도 확인하지 않는다. 따라서 많은 사람이 이곳에 남아 이 제국을 채우고, 특히 그중 악당들이 섬서(Xensi)[Shensi] 지방을 채우고 있다." Cf. D'Elia[3], p.327.

796 마카오의 포르투갈인들과 숙주의 이슬람교도들을 이렇게 비교하는 건 특별히 주목할 만하다.

797 1609년 2월 15일, 즉 앞서 언급한 내용을 기록하기 조금 전에, 리치는 아마도, 7년이라고 써야 하는 걸 잘못 쓴 것으로 보인다. "확실한 것은 중국에 몰래 입국한 많은 터키인 종파들이 있다는 것입니다. 중국인들은 그들에 대해 거의 관심이 없습니다. 다만 중국에서 7년간 머물면, 이후에는 고국으로 돌아가고 싶어도 돌아가지 못하게 합니다"(N.1903). Cf. NN.116, 523.

798 다른 곳에서 카라반 바쉬(*Carvàn Basci*) كاروان باسكو (N.822)라는 이름으로 언급한 것

여덟 개 왕국의 사신으로[799] 중국 황제에게 조공을 바치러 가기로 했다.[800] 조공으로는 옥석(비취),[801] 금강석,[802] 터키석[803]과 그 외 계약서에

이다.

799 이 "사절단"의 기원에 관해서는 N.605 본서 3권, p.303, 주(註) 756.를 참조하라. 이들 "사절단"에 대해서 말하고 인용하는 유럽의 초기 문헌 중 하나는 1559년의 것으로 [N.523, 주(註)], 1555- 1562년 최고 관문(Sublime Porta, **역주_** 중국 제국을 가리킴) 주재 카를 5세의 대사였던 뷔스베크[Gislen de Busbeq, **역주_** 1522-1592, 오기르 길랭 드 뷔스베크(Ogier Ghislain de Busbecq)로 알려진 신성로마제국의 외교관]가 전한 바, 카타이 여행에서 가욕관(嘉峪關)까지 카라반 동행을 해 준 통역관을 한 사람 알게 되었는데, 그는 뷔스베크를 데리고 몇 달간의 여행 끝에 카타이의 신비로운 성벽에 도달했다고 한다. 그들은 제국의 수비대가 설치된 통로를 통해 들어갔다. 거기서 "사절단들"에게 인원, 가지고 있는 물건과 어디서 오는지를 물었다. 그런 다음, 눈으로 보는 전보로, 불[수(燧)]로 만든 것을 이용했는데, 밤이건 낮이건 봉화[봉(烽)]를 피워 봉후(烽候)를 통해 소식이 황제에게 도달하도록 했고, 그곳에서 답변이 올 때까지 기다렸다. Cf. A. Gislenii Busbequii, *Omnia quae extant*, Amsterdam, 1660, p.327.

1604년 2월 2일 이전, 데 고이스는 이미 야르칸드에서 72명의 돈 많은 상인들을 선발하여 카라반 상단을 꾸렸고, 그들이 "사절단"과 함께 북경까지 간다는 소식을 들었다. 그해 8월 이전, 데 고이스에게도 필요한 자금을 마련할 수 있다면 다섯 명의 "사절단" 중 한 명의 칭호를 주겠다고 제안받기도 했다. 그러나 돈을 마련할 수가 없어, 그는 뒤따라가는 72명 중 한 명으로 가기로 했다. Cf. Guerriero, II, pp.384-385.

800 이 단락의 모든 세부 사항이 1608년 3월 8일, 리치가 카슈가르(Cašgar)의 상인들에 대해 말한 것과 일치하는 건 아니다. 거기에선 이 상인 중 천 명이 넘는 사람이 "5년마다" 오고, "다섯 왕국"(N.1836; cf. NN.605-606)을 대표한다고 했다. 반면에 여기선 "6년마다", "일곱 혹은 여덟 왕국"을 대표한다고 말한다. 더 뒤에서 말하겠지만, 1627년에는 "대규모 사절단"이 로미(Rūm, 魯迷), 사마르칸다(Samarcanda, 撒馬兒罕), 야르칸드(Iarcand, 葉爾羌), 투르판과 하미(Hami, 哈密)를 대표하는 일곱 개 "사절단"으로 구성되어 왔다고 했다. 카라반의 최고 부유한 상인들로만 선발된 60명이 넘는 인원이다. Cf. D'Elia[3], pp.334, 366-367; N.973.

801 "대규모 사절단"에는 고양이 천 마리나 옥(giada, 玉) 천 근(斤)을 주었다. 옥은 천 근 중에서 300근은 카슈가르강에서 채취한 것이어야 한다. 그러나 "소규모 [상단]"은 200근을 주어야 했는데, 그중 100근은 카슈가르강에서 채취하고 나머지 절반은 질이 떨어져도 되었다. Cf. D'Elia[3], pp.335, 373. 그러나 이렇게 제공하는 물건 중에는 때로 가치가 떨어지거나 전혀 없는 것도 포함되었다. Cf. N.605.

802 30개의 다이아몬드 조각들을 2전(錢)의 무게로 달아서 깨진 도자기 수리비로 제공되기도 했다. Cf. D'Elia[3], pp.335. 다른 문건에서 말하는(D'Elia[3], pp.373-374) 300이라

적혀 있는 것들로,[804] 사신들의 왕복비용과 숙박비용을 모두 중국에서 공금으로 지급한다. 상인들이 오가며 사들이는 모든 물건의 마차 비용도 중국에서 댄다.[805] 게다가 황제는 조공으로 바치는 옥석과 그 외 물건들에 대해 시세보다 훨씬 비싼 값으로 쳐서 지급해 준다.[806] 황제가 상인 한 사람에게 지급하는 비용에는 매일 금화 한 개 이상도 추가된다. 이런 이유로 많은 상인이 중국에 오려고 하고, 72명의 사절단에 들어가려고 상단의 수장에게 금화 100냥이 넘는 뇌물을 주기도 하는 것이다.[807] 때가 되면, 자기네 국왕의 서신과 통행증을 위조하여[808] 마치 자기네 정부

는 비용은 잘못된 것으로 보인다.

803 청색의 미네랄로 청금석이었다. 앞서 N.808, 본서 p.292, 주(註) 646에서 언급했듯이, 황궁의 기둥, 대들보나 자기(瓷器)에 색을 칠하는 데 사용되었다. Cf. D'Elia^3, pp.335, 374.

804 그 외 다른 것으로, 순동(純銅)을 가지고 왔는데(N.605), 빈철(鑌鐵, Pinttié) 혹은 인도산 강철이라고 하는 특수 강철과 섞어서 칼을 만들었다. 이것에 관해서는 다음을 보라. Yule-Cordier, *MP.*, I, pp.93-95; Ciam̆sim̆lam, V, p.536, n.6. Cf. *Storia dei Mim*, c.332, f.2a, 撒馬兒罕.

805 이 "사절단들"의 숙주와 북경 간 왕복 모든 여행 경비는 중국 정부에서 지불했다. Cf. D'Elia^3, pp.331-332, 337, 366, 368-372.

806 1627년의 "사절단들"이 가져온 선물은 7천 텔 정도였고, 그들이 그 대가로 가져간 것은 69,000텔이었다. Cf. D'Elia^3, pp.335-336, 373-377.

807 실제로 북경에 가기 위해 한 사람당 150 혹은 적어도 120텔 또는 스쿠디를 지불해야 했다. Cf. D'Elia^3, pp.334, 366-367.

808 역사는 15세기 중반경 투르판, 사마르칸트, 부하라 등의 "사절단"이 천자(天子)를 방문하기 위해 마련한 이런 "서신과 통행증"에 대해 다양한 이야기를 전해 주고 있다. 그들은 똑같은 양식에 따라 그것들을 작성했고, 오류가 많고 페르시아어에 대한 무지를 완벽하게 드러내고 있다. 그때부터 "사절단들"은 양모, 안경, 아라비아와 몽골의 말, 칼, 다이아몬드, 낙타와 특히 옥(玉)을 가지고 왔고, 그 대가로 그들은 금으로 수놓은 옷감, 공단(貢緞), 차(thè), 수 놓은 비단, 모슬린[**역주_** 면사를 촘촘하게 짠 흰 직물]과 도자기를 요청하기 위해 서둘렀다. Cf. Schefer, *Notices sur les Relations des peuples musulmans avec les Chinois depuis l'extension de l'Islamisme jusqu'à la fin du XVe siècle in Centenaire de l'Ecole des langues orientales vivantes*, Parigi, 1895,

에서 중국의 관리들에게 제출하는 것처럼 한다.

어떤 사람은 이곳[카슈가르]에서 오고, 어떤 사람은 다른 더 가까운 곳에서 오는 사람도 있다. 어떤 사람은 코친차이나(交趾),[809] 시암暹羅,[810] 유구琉球[811]에서 오는 사람들처럼 3년에 한 번씩 자기네 군주의 이름으로 북경에 오기도 한다.

그 외 어떤 타타르(韃靼)인들처럼 매년 오는 사람도 있다.

조선朝鮮과 같이 매년 두세 번씩 엄청난 숙박료와 여행비를 쓰면서 오는 사절단도 있다.

이것은 온 세계가 중국의 황제에게 조공을 바치러 온다고 황제를 의도적으로 속이는 것인데, 내용을 알고 나니 여간 마음이 아픈 것이 아니다. 결국 중국이 그 나라들에 조공을 바치는 셈으로 보이기 때문이다.[812]

---

pp.28-29, 37-42.

809 Cf. N.317.

810 1629년 마카오에서 편집한 한 문헌에는 시암(Siam)에서 3년마다 온 사절단에 관한 귀중한 정보를 제시하고 있다. "시암[섬라(Sião, 暹羅)] 왕의 사절단은 해로를 통해 3년마다 광동(Quantum, 廣東)성의 도읍 광주(Quancheu, 廣州) 시에 왔다. 거기서부터 육로로 황궁(Corte)에 가려는 것이다. 그들이 중국의 황제를 위해 가져오는 진상품 중 가장 값비싼 것은 루비와 사파이어[청옥]였다. 그리고 매년 시암의 왕은 대형 선박을 한 척 광주에 보냈고, 배와 함께 두 명의 대사가 도착했다. 거기에 함께 타고 온 사람들 중 일부는 황궁까지 동행했고, 나머지는 차례가 올 때까지 광주(Quancheu o Cantam, 廣州)에서 기다렸다." Cf. D'Elia^3, pp.367-368.

811 포르모사, 대만(臺灣)이다. Cf. N.231, 본서 2권, p.124, 주(註) 165.

812 이런 속임수들에 대해 중국인들은 완벽하게 알고 있었다. 명사[明史, *Storia dei Mim*, c.332, ff.13a-b, 우전(于闐), 20b, 곤성(坤城)]에 등장하는 두 가지 사례가 이것을 유추하게 한다. 앞서 cfr. N.605, 본서 p.303, 주(註) 756에서 언급한 바 있다.

838. 데 고이스가 숙주에 도착하다. 그곳에서 북경 선교사들에 관한 또 다른 소식을 듣다

베네딕토 수사는 1605년 말경, 숙주肅州에 무사히 도착했다.[813] 13마리의 말, 인건비를 지급하는 5명의 일꾼과 사들인 두 명의 어린 포로[814]와 상당한 양의 최고급 옥석을 가지고 있었다. 시가로 계산하면 모두 금화 2,500냥에 해당한다.[815] 거기에 수사와 이사악, 둘 다 무사하다는 것이다.[816] 그곳에서 수사는 북경 사이관四夷館에서 이제 막 도착한 사라센 사람들을 만났다.[817] 그들은 [북경의] 신부들에 관한 새로운 소식을 전해 주었는데, 그들은 많은 돈으로 잘 있다고 했다. 황제가 그들에게 매일 적지 않은, 상당히 많은 돈을 준다는 것이다.[818]

---

813 앞서 말한 것처럼[N.831, 본서 p.333, 주(註) 781] 데 고이스 일행이 1605년 10월 17일 하미에 도착했다면, 또 리치의 텍스트와 곤살베스(Gonçalves)의 텍스트가 다음과 같이 —하미에서 한 달을 쉬고, 가욕관(嘉峪關)까지 9일을 걷고, 중국의 성문 앞에서 25일간 기다리고, 숙주(肅州)까지 하루를 더 걸었다— 고 한다면, 또 그것이 맞는다면, 데 고이스 일행이 언급한 도시에 입성한 것은 1605년 12월 22일이 될 것이다. 즉, 사료들과 정확하게 일치하는 것이다. 곤살베스(Gonçalves in *ARSI, Goa*, 33, f.297v)는 "베네딕토 데 고이스가 중국인들이 통치하는 그들의 행정구역인 숙주(肅州, Sucheu) 시(市)에 들어온 것은 1605년 말이다"라고 했다. 궤리에로(Guerriero, III, p.27)도 "1605년 말"에 그곳에 들어왔다고 증언했다. 리치 역시 똑같은 말로 "1605년 말"(N.838)에 [데 고이스가 숙주에 도착했다고] 했다. Cf. N.1831.

814 "카띠비(cattivi)"라는 의미에 관해서는 다음을 보라. cfr. N.797, 본서 p.259, 주(註) 587.

815 "베네딕토 수사가 숙주(肅州)에 도착했을 때, 가지고 있던 옥석과 다른 물건들의 가치는 3천 스쿠디를 넘었습니다"라고 1608년 3월 8일, 리치는 기록했다(N.1837). 여기서 "금화 두카티"는 금화 "크루자도스"와 같은 가치를 갖는다. Cfr. N.849, 본서 p.361, 주(註) 873.

816 궤리에로(Guerriero, III, p.27)와 곤살베스(Gonçalves in *ARSI, Goa*, 33, f.297v)에 따르면, 데 고이스가 챨리스(Ciališ, 察力失)에서 헤어진 카라반(N.829)은 데 고이스 일행이 6개월 후 숙주(肅州)에 도착할 때까지도 오지 않았다. 그러니까 1606년 6월이다.

817 Cfr. N.840, 본서 p.347, 주(註) 826.

818 북경에서 귀환한 상인들을 챨리스에서 만나 처음 소식을 들은 후(N.830), 데 고이스는

839. 베네딕토 수사가 리치에게 보낸 두 통의 편지. 한 통은 분실되고 한 통만 전달되다

그 말을 듣고 수사는 즉시 편지를 써서 북경에 있는 신부들에게 자기가 도착했다는 소식을 전했다. 편지는 한 중국인을 통해서 보냈다. 그러나 그 중국인은 신부들의 중국 이름을 몰랐고,[819] 중국 글자로 그들의 이름을 어떻게 쓰는지도, 그들이 어디에 사는지도 몰랐다.[820] 결국 수취인을 찾지 못해 편지를 전달할 수가 없었다.[821]

이듬해 부활절에 수사는 다시 편지를 썼다. 이번에는 북경에서 몰래 도망쳐 와 숙주肅州에 숨어 사는 사라센 사람 편에 보냈다(그래서 그 일대에 살던 사라센 사람들은 중국의 다른 지역으로는 갈 수 없고,[822] 타지에서 온 중국인들도 통행증 없이는 그 지역에 갈 수 없다).[823] 이 두 번째 편지에서 수사

숙주로 갔고, 거기서 중국의 수도에서 온 다른 상인들로부터 또 다른 소식을 들었다. 1608년 3월 8일, 리치가 쓴 편지에는 "중국에 도착한 [데 고이스는] 북경에 있는 우리에 대한 새로운 몇 가지 소식을 들었습니다. 무어인들은 중국 혹은 카타이의 황제가 우리에게 생활비를 주고, 우리는 여기서 편안하고 매우 풍족하게 살고 있다고 했습니다"(N.1833). 그러나 주목할 것은, 분명히 1601년 11월 이전에는 국가로부터 아무것도 받지 않았다는 것이고, 이후에도 생활비만 받았다는 것이다. Cf. NN.616, 618.

819 선교사들은 중국에서 중국식 이름을 사용했고, 그것으로 알려졌다. 가령, 리치(Ricci)는 리마두(Limateu, 利瑪竇)였다. Cf. N.139, 본서 1권, p.401, 주(註) 442: N.283, 본서 2권, p.213, 주(註) 374.

820 다시 말해서 중국어로 정확한 주소를 쓸 줄을 몰랐다는 것이다.

821 "그러나 그는 우리 집이 어디에 있는지 알지 못했고, 중국어로 된 이름도 몰랐기 때문에 앞서 설명한 방법을 알 수가 없었습니다. 그런데도 그는 최선을 다해 두세 통의 편지를 썼습니다"(N.1833). 그러나 세 통이 아니라 두 통이었다. 리치가 받은 것은 "두 번째 편지"였기 때문이다(N.839).

822 Cf. N.836.

823 궤리에로(Guerriero, III, p.27)가 증언하는 대로, 데 고이스가 쓴 첫 번째 편지는 그가 숙주에 도착하자마자 썼다. 즉 1605년 12월 말이다. 아무런 답이 없자, 부활쯤에 다시 썼다. 그해 부활절은 1606년 3월 26일이었고, 어쩌면 그보다 조금 일찍 "1606년 사순

는 이렇게 썼다. "제가 예수회 소속의 사람이라는 것을 알립니다. 저는 예수회에서 보내서 왔습니다. 저는 카타이(契丹)에 도착했다고 생각했는데, 중국에 도착했습니다. 이곳에는 그리스도인이 한 명도 없습니다. 사라센 사람들이 말하기를, 북경에는 신부님과 다른 포르투갈 사람들과 그리스도인들이 많다고 합니다. 이교도들의 손에서 저를 구해 주시기 바랍니다. 여행 중에 이미 너무 많은 어려움을 겪었습니다. 저는 광동廣東을 거쳐 해로海路로 인도에 돌아가고 싶습니다."[824]

840. 리치가 종명례(鍾鳴禮) 요한 페르난데스를 데 고이스의 편지를 가지고 온 사람과 함께 숙주로 파견하다

신부들은 이미 오래전에 인도 관구장[825]의 편지로 [데 고이스] 수사가 온 사실과 오게 된 이유를 알았고, 일 년 내내 그쪽에서 오는 외국인들과 그들이 묵었던 성城[826]에 문의해서 수사에 관한 소식을 물었다. 하지만 그의 새로운 이름이 압둘라(Abdulà, عبدالو)[827]라는 것을 몰랐고, 어디서 오

절"(N.4258; cf. N.1784)에 썼을 수도 있다. 이 "두 번째 편지"는 숙주에서 도망치는 한 모슬렘이 가지고 북경으로 갔고, 리치의 손에 도착한 것은 "그해 말, 11월 중순께"(N.840)였다. 더 정확하게는 "1606년 11월 초순"으로 편지를 쓴 지 "팔 개월"(N.1833)이 지난 후였다. 데 고이스가 리치에게 쓴 이 편지는 1607년 말쯤 인도의 관구장에게 보내 후에 총장에게 전달되도록 했다(NN.1847, 4258). 그러나 이것은 우리에게 전해지지 않고 있다.

824 나아가 덧붙이기를, 여기서 북경으로 가려면 "예전의 관습대로, 통과하기 전에 2년간 소주에서 살아야 한다고 합니다"(N.4258).

825 의심의 여지 없이 누노 루이즈 로드리게스(Nuno Ruiz o Rodrigues)가 1604년 3월 1일, 죽기 전이다.

826 '이방인들의 성(城)', 사이관(四夷館)이다. Cf. NN.603, 608, 830, 838; cfr. N.602, 본서 3권, p.298, 주(註) 736. "마태오 리치도 처음 북경에 왔을 때, 이방인으로" 그 건물에 있었다고, 1629년 아담 샬(Adam Schall) (D'Elia[3], p.315)은 강조했다. Cf. *Ibid.*, p.339.

는지도 몰랐기 때문에 아무것도 알 길이 없었다.

11월 중순, 연말이 다 되어 가는 때에 이 쪽지[828]를 받고 신부들은 기쁨을 감추지 못했다. 그러나 마태오 신부나 판토하 신부가 혼자 북경을 벗어나는 것은 위험한 일이라 신부 중에서 누가 가는 것은 타당하지 않다고 결론을 내리고,[829] 예수회 입회를 준비하던 지원자 조반니 페르디난도[鍾鳴禮][830] 수사를 그쪽 지역을 잘 아는 신자 한 명과 함께 보내기로

---

827 데 고이스의 첫 번째 편지가 리치에게 도달할 수 없었던 것은 그가 선교사의 중국 이름을 몰랐기 때문이었듯이(N.839), 마찬가지로 북경의 선교사들도 데 고이스가 취한(N.805) 페르시아 이름 압둘라 이사이(Abdullà Isai عبدالله عيسى)(N.830)를 몰라 추적할 수가 없었다.

828 포르투갈어로 "쪽지"는 편지라는 의미다.

829 그러니까 며칠 혹은 길어야 몇 주간이라고 했을 때, 1607년 말에 온 데 우르시스(De Ursis) 신부는 생각할 수도 없었다(N.1810).

830 조반니 페르디난도(Giovanni Ferdinando) 혹은 더 정확하게 페르난데스(Fernandes)(N.1834) 또는 페르난데즈(Fernandez)는 엄밀히 말하자면, 1607년에 수도회에 입회는 했지만, 아직 "수사"도 아니었다. 단순히 "지원자"였다. 즉, 더 뒤에 입회하기로 한 신분이라는 거다. 그러니까 "당시에는 북경 수도원에서 함께 생활하던", "능력과 판단력이 뛰어난 청년"(N.1834)이었고, "수련기 입회를 준비 중이었다"(N.840). 그는 "중국인이었고"(N.1848) 성이 종(鍾, Ciom)[Chung](cf. N.847)이고 이름이 명례(明禮, Mimli)[Ming-li] 혹은 명례(鳴禮)였다. 종념산(鍾念山, Ciomnienscian)[Chung Nien-shan]의 아들이었고, 종오인(鍾鳴仁) 세바스티아노 페르난데스의 막냇동생으로 중국인 예수회원 첫 두 명 중 한 명이었다[N.354, 주(註)]. 1581년 광동(廣東)의 신회(新會)에서 태어나 형님과 마찬가지로, 오늘날 중산(中山)이라고 하는 향산(香山)에서 어린 시절을 보냈다. 거기서 1600년 이전에 남창(南昌) 수도원으로 왔다. 1605년, 거기[남창]서 남경(南京) 수도원으로 와서 형님과 함께 잠시 살았다. 남경에 있은 지 얼마 안 되어 북경으로 거처를 옮겼고, 1606년 데 고이스에 관한 정보를 얻어 오라고 숙주로 파견되었다. 거기서 두 달간, 어쩌면 그보다 짧은 시간에(N.1840) 페르시아어를 충분히 배웠다(N.847). 이후 문학, 라틴어(N.847)와 철학(N.1890)을 공부하고 확실히 1608년 3월[cfr. N.881, 주(註)]에는 예수회에 입회하여 종종 교리교육을 담당했다. 1612년의 연차 편지에서 확인하듯이, 1612년에 그는 광동에 있었다. 거기서 동료 수도자들과 함께 소주(韶州) 수도원을 남웅(南雄)의 새 수도원으로 옮기는 걸 도왔다. Cf. N.3823. 1616년에는 항주(杭州) 수도원에 있었는데, 그해 6월에서 7월 사이에 왔

했다.[831] 여행에 필요한 충분한 여비를 주면서 [베네딕토 데 고이스] 수사와 동료[이사악]를 무사히 북경까지 데려오라고 명했다. 혹시 여의치 않으면, 그곳에 남아서 할 수 있는 걸 찾아서 소식을 달라고 했다. 부탁을 들어줄 사람이 적은 것도 아니어서, 그를 데려오는 데는 큰 문제가 없으리라 생각했다.

때는 한겨울로 접어들고 있었고, 북경에서 숙주까지는 삼사 개월이 걸렸다.[832] 그러나 마태오 신부는 베네딕토 수사와 동료들을 너무 오랫동안 불확실한 상황에 두고 싶지 않아서 즉시 출발하도록 했다.[833] 마태오

다. 거기서 다시 남경으로 출발하여 그해 9월 20일에 도착했다. 24일, 남경에서 일어난 첫 번째 그리스도인 박해 시 붙잡혀 감옥에 갇혔다. Cf. Ciamueihoa, pp.178-188. 그에 관해서는 『1621년[11월 24일] 중국 선교부에 있던 예수회 사제와 수사들의 첫 번째 명부(*Primus Catalogus Patrum ac Fratrum Societatis Iesu qui sunt in missione sinensi anno 1621 [24 novem]*)』에서 다음과 같이 정보를 준다. "요한네스 페르디난두스, 중국인, 마카오 태생, 40세, 체력은 강건하고 꾸준함. 예수회 입회한 지 11년; 입회 전에 인문학, 문학과 철학을 공부함; 중국 선교에 언제나 능동적이었고 교리교사의 직무를 수행함"(*ARSI, Jap-Sin.*, 134, f.301v, N.16). 그의 이름 옆에는 다른 사람의 필체로 "면직(demissus)"이라고 덧붙여져 있다(cf. *Ibid.*, f.300). 그러니까 그는 예수회를 나갔고, 그것은 1621년 11월 24일 이후, 1626년 이전이다. 1626년의 카탈로그에서부터 등장하지 않기 때문이다. 그러나 그의 이름은 *ARSI, Hist, Soc.*, 54.에 나오는 한 코드에서 볼 수 있듯이, 1573-1640년에 "면직"된 사람들의 명단에도 나오지 않는다.

831 이 중국인이 "그쪽 지역을 잘 안다"(NN.840, 1834)라고 한 곳은 그들이 갈 곳, 즉, 섬서(陝西) 지역이나 중국 북부지역을 말한다. 그러나 [그는] N.842에서 말하는 것처럼, 그리스도인인데도 불구하고 그다지 믿을 만한 사람은 아니었다. Cf. N.1835.

832 동료로부터 버림받은 종명례는 숙주에 도착했는데, "3개월 만에"가 아니라(N.1804), "1607년 3월 마지막 날"(N.1834, cf. N.842)에 도착했다. 그러니까 3개월하고도 보름 이상이 걸린 것이다.

833 데 고이스를 "불확실한" 상황에 오랫동안 방치하고 싶지 않은 것뿐 아니라 "많은 어려움을 안겨 준 터키인들[모슬렘들]의 손에서 벗어나게 하는 것"(N.1803)이 더 시급했다. 희생자인, 데 고이스가 직접 선교사들에게 "최대한 빨리"(N.1834) 그들의 손에서 벗어날 수 있게 해 달라고 요청했기 때문이다. Cf. N.1837. 이와 관련하여 오랫동안 알려지지 않았던, 이번 여행에 관해 인도에서 제기된 반응에 주목할 필요가 있다. 프

신부는 수사에게 답장을 한 통 써서 안전하게 올 수 있도록 모든 조치를 하겠다고 했다. 다른 신부들도 두 사람에게 북경의 소식을 적어서 보냈다.[834]

841. 데 고이스가 극도의 가난한 생활로 생존하다

베네딕토 수사는 숙주肅州에 도착했다. 사라센 사람들보다 훨씬 먼저 도착한 것이다. 그것과 관련해서는 앞의 두 장章을 통해 이해할 수 있을 것이다. 하지만 사라센 사람들 때문에 겪은 고생은 여행 중에 안겨 주었던 많은 어려움보다 훨씬 더 힘든 것이었다.[835] 그 지역은 물가가 매우 비쌌고, 수사는 많은 물건을 가지고 있었지만, 돈은 없었다. 이에 할 수

란체스코 코르시(Francesco Corsi) 신부가 1604년 8월 10일, 아그라(Agra)에서 총장 아콰비바(Acquaviva)에게 쓴 편지에 "두 가지 … 필요하다고 생각되는 것에 대해 간략히 말씀드립니다. 우선 제 경험상, 카타이에서 베네딕토 데 고이스 수사의 사명에 관해 여기서 기록한 것을 확인할 필요가 있습니다. 무굴의 선교 사제들은 여기서 두 가지를 폭넓게 지적했습니다. 하나는 예수회원 혼자서 그런 임무를 맡아 그곳에 갔다는 것입니다. 혼자 수도회에서 아주 멀리 떨어져 그 일대 동방에서 그런 소임을 하라고 하면, 누구라도 할 수만 있다면, 절대 하지 않으려고 할 것입니다. 극적으로 필요한 경우도 아니고, 아주 짧은 기간(ad brevissimum tempus)도 아니기에 아무도 응하려고 하지 않을 것입니다. 그런 상황에는 이렇게 개입하는 게 아니라는 겁니다. 두 번째는 그 지역에 관한 정보와 우리[인도지역] 장상의 의견 없이 그런 사명으로 선교사를 파견했다는 것입니다. 그런 상황에서 파견된 사람과 사명에 대해 고아의 최고 장상들이 알았더라면 절대 허락하지 않았을 것입니다. 수사가 떠난 지 2년이 되었습니다. 그가 도착했는지는 하느님만 아십니다. 여행지에서는 그다지 좋지 않은 소식이 전해졌습니다. 소문이 거짓으로 [드러나] 하느님을 기쁘게 해 드리기를, 주님께서 당신 자비를 베푸시어 우리의 불행을 살펴주시기 바랍니다"(*ARSI, Goa*, 46, I, f.58r-v) Cf. N.845.

834 그러니까 북경에 있는 세 명의 신부, 리치, 판토하(Pantoja), 데 우르시스(De Ursis)가 각기 한 통씩 데 고이스에게 편지를 쓴 것이다.

835 따라서 여행의 많은 세부적인 사항들은 리치가 직접 의도적으로 생략했고, 이것은 우리에서 돌이킬 수 없는 손실이다. Cf. N.851.

없이 가지고 있던 옥석을 모두 팔았고, 가격은 절반밖에 안 되는 천이백 두카토만 받았다.[836] 그 돈으로 약간의 빚을 갚고, 몇몇 사라센 사람들에게 강탈당하다시피 돈을 빌려주었지만, 그들은 갚을 의향이 없었다.[837] 그리고 그해 그곳에서 생활비로 썼다.[838] 그 시기에 상단의 수장이 수사에게 큰 연회를 열도록 했고,[839] 거기에 큰돈이 들었다. 한 끼 식사에 금화 2냥이 들었고, 거기에 술도 사야 했다. 결국 그해 말에 가지고 있던 모든 것을 팔아야 했고, 크게 걱정하며 빚으로 살아야 했다. 게다가 72명[840] 중 하나로 뽑혀 북경으로 가려면, 옥석을 사지 않으면 안 되어 다시 은화 400냥 정도 어치를 샀다. 얼마 안 되는 값이지만, 수사는 그것을 집으로 가져와 땅에 묻으며, 이것은 북경으로 가기 위해서 써야 한다고 했다.

842. 종명례가 1606년 12월 12일에 북경에서 출발하여 숙주에 1607년 3월 31일에 도착하다. 베네딕토 수사가 대단히 기뻐하다

조반니 페르난데스[鍾鳴禮] 수사가 북경에서 출발한 것은 12월 11일이

---

836 앞서 언급한 것처럼, 여행자[데 고이스]가 숙주(肅州)에 도착했을 때 [가지고 온] 모든 물건의 가치는 "금화 2천 5백 두카토"(N.838)에 달했다. 그러니까 그것을 반값 이하로 팔아야 했던 거다.

837 모슬렘들은 한편으로는 데 고이스에게 돈을 빌려달라고 강요해 놓고, 다른 한편으로는 갚지 않으려고 했다는 것이다.

838 즉, 그는 자신과 [데리고 있던] 종들과 동료의 생계를 책임져야 했다.

839 데 고이스가 카라반[상단] 수장의 뜻을 거슬러, 1606년 6월에도 숙주(肅州)에 도착하지 못한 모든 사람을 남겨 두고 챨리스(Ciališ)에서 혼자 출발한 걸 기억할 것이다(N.829). 그러면 이제 왜 그[상단의 수장]가 우리의 영웅과 같은 여행자[데 고이스]에게 상처받았다고 생각했는지, 그로 인해 숙주에서 우리의 여행자[데 고이스]가 겪었을 고통을 이해할 수 있을 것이다.

840 Cf. N.837.

었다.[841] 그가 서안西安이라고 하는 섬서陝西에 도착했을 때,[842] 그의 종이 가지고 있던 돈의 절반을 갖고 달아나 버렸다.[843] 숙주까지는 아직 두 달을 더 가야 했기 때문에 많은 고생을 했다. 그리고 1607년 3월 마지막 날 숙주에 도착했다.[844]

베네딕토 수사는 중병으로 침대에 누워 있었다.[845] 전날 밤, 그는 북경에서 사람이 오는 꿈을 꾸었다. 그래서 그는 동료[846]에게 꿈에서 본 것을 말하고 시장에 가서 몇 가지 물건을 사서 가난한 사람에게 나누어 주라고 명했다. 이사악이 시장에 가자 사람들이 북경에서 사람이 와서 그를 찾는다고 했다.

베네딕토 수사는 조반니 페르난데스 수사를 보자 즉시 알아보고, 포르투갈어로 자신은 누구고, 누가 보내서 왔는지 말했다. 그리고 손에 편지를 들고 하늘을 우러러 큰 위로와 눈물로 시메온의 노래(Nunc dimittis servum tuum, Domine)[847]를 불렀다. 이로써 그의 생애와 순명이 끝나는

---

841 종명례(鍾鳴禮)와 그의 동료가 북경에서 출발한 것은 정확하게 "12월 11일"(N.842)이 아니라, 1608년 3월 8일 리치가 편지에서 언급하는 것처럼, 정확하게 "12월 12일"(N.1834)이다. 그러면 사건들에 더 근접하게 된다. 그중 하나가 그가 숙주(肅州)와 서안(西安)에서 해야 할 일로, 그 지역에 있을 것으로 추정되는 고대의 그리스도인들에 관한 정보를 얻어 오라는 것이었다(N.1790).

842 섬서(陝西)성의 도읍이다.

843 Cf. N.840, 본서 p.349, 주(註) 831.

844 Cf. N.840, 본서 p.349, 주(註) 832. 중국의 자료들에 따르면 북경에서 숙주(肅州)까지 거리는 5,510리(里)였다.

845 "[데 고이스] 수사는 한 달 넘게 중병을 앓고 있었습니다. 그의 병은 긴 여행에서 얻은 여독에다 무어인들이 이 땅에서 그에게 준 고통으로 인한 것이었습니다"(N.1834). 그의 병은 위중해서 "자주 죽음의 문턱"(N.1803)에까지 가곤 했다. Cf. N.1847. "무어인들의 수탈로, 조반니 종명례(鍾鳴禮) 수사가 그곳에 도착했을 때, 그는 동료 이사악과 함께 살아갈 생활비도 여분이 없을 정도였습니다"(N.1837).

846 믿을 만한 사람, 이사악이다.

것 같았다. 그리고 편지를 읽고, 밤새 편지들을 품에 안고 있었다.[848]

843. 1607년 4월 10일, 숙주에서 데 고이스가 숨을 거두다

조반니 수사는 그를 돕기 시작했다. 어떻게든 건강을 조금이라도 회복시켜 북경으로 함께 가려고 했다. 그러나 베네딕토 수사는 이미 너무 약해져 있었고, 그곳에는 의사도 약도 없었다. 그 바람에 약간의 먹을 것과 위로 외에 할 수 있는 것이 없었다. 그리고 조반니 수사가 도착한 지 열하루 만에 데 고이스 수사는 숨을 거두었다.[849] 사라센 사람들이 그를 독살했다는 의구심도 있었다.

844. 데 고이스의 여행 일지를 없애다. 그의 안장

사라센 사람들은 베네딕토 수사를 벌써부터 감시하고 있었고, 그가 사

---

847 늙은 시메온이 아기 예수를 품에 안고 불렀던 노래다. "주님, 당신 종이 이제 말씀하신 대로…"라고 시작된다. Cf. 루카 2장, 29-32.

848 궤리에로는 말한다(Guerriero, III, p.28). "착한 수사는 요한 페르난데스 수사와 예수회 또 다른 수사 한 명이 도착한 것을 보자 진심으로 크게 기뻐하며 말로 표현할 수도 믿을 수도 없다고 했습니다. 그들을 하늘에서 보낸 천사가 온 것처럼 반겼습니다. 그들은 그에게 좋은 소식이라며 신부들의 안부를 전했고, 중국에서 가지고 온 과일을 주었습니다. 그는 신부들의 편지를 받고 정성껏 입을 맞춘 뒤, 팔을 들어 늙은 시메온의 찬송과 같이 진심으로 기쁨의 눈물로 온몸을 적셨습니다. 밤새 그들을 끌어안고 드디어 여행을 마친 것에, 이토록 긴 순례를 마친 것에 우리 주님께 깊이 감사했습니다. 자신이 한 것은 오직 하느님의 영광과 영혼의 구원을 위한 일에 순수한 복종과 열정을 드린 것뿐이라고 했습니다." Cf. N.1835.

849 궤리에로(Guerriero, III, p.28)는 "1607년 4월 11일"에 사망했다고 한다. 그러나 1608년 3월 6일(N.1804)과 8일(N.1835)이라고 하기도 하고, 그해 8월 22일로 보는 사람도 있다. 가장 근접하는 것은 종명례(鍾鳴禮)가 숙주에서 [북경으로] 귀환한 것이 1607년 10월 29일이기에, 리치는 3월 31일이 지난 "열흘 후"에 사망한 것으로, 그러니까 정확하게는 "1607년 4월 10일"(N.1847)이라고 했다. 따라서 이 날짜도 대략적인 것으로, 텍스트에서 그렇게 말을 해도, 앞서 주목한 것처럼 여전히 약간의 불명확한 점은 남는다.

망하면 얼마 안 되는 그의 물건들을 훔쳐 가려고 했고, 그렇게 했다.[850] 우리에게 가장 가슴 아픈 것은, 베네딕토 수사가 이 여행과 관련한 것들을 적어 놓은 공책이 사라진 것이다. 왜냐하면 같은 공책에 페르시아어로 돈을 빌려준 사람과 매매 계약한 사람들의 이름을 적어 두었기 때문이다. 그 돈을 받아 낼 수 없게 하려고 그것을 없앤 것이다.[851] 그들은 우

---

850 "베네딕토 수사가 사망하자, 무어인들은 그의 집에 있던 물건들을 훔쳤습니다"(N.1838).

851 그러니까 마호메트인들은 전체 여행 기간에, 데 고이스 수사에게 빌린 돈을 갚지 않으려고 했다는 것이다. "[데 고이스는] 그들의 공격에서 벗어나기 위해 자기의 많은 물건을 그 무어인들에게 빌려주었고, 그들은 후에 그것을 부정하며 갚지 않으려고 했습니다"(N.1837). 그렇지 않으면 그 물건들을 담보로 팔아먹었고, 그[데 고이스]가 숨을 거두는 걸 보자, 페르시아어로 적은 채무 내용의 공책을 찾아 찢어 버렸다. 채무 흔적을 완전히 지워 "아무도 이 돈을 받아 낼 수 없게 하려는"(N.844) 것이었다. 가장 안타까운 것은 같은 공책에 수사는 자신의 여행에서 일어난 모든 일을 매일 기록한 것이다. "무어인들은 [데 고이스의] 집에서 그의 물건들을 훔쳤는데, 그 안에는 수사가 여행 중에 일어난 모든 일을 기록한 공책이 있었습니다. —우리에게 가장 안타까운 것으로— 거기에는 그들의 채무 내용도 적혀 있었습니다"(N.1838). 여행자 중 가장 큰 채무자는 무엇보다도 "상단의 수장", 즉 카라반의 우두머리였다(N.1844). 이사악과 종명례(鍾鳴禮)는 이 종잇조각들을 잘 챙겨서 리치에게 가져다주었다. 그것들을 찬찬히 꼼꼼하게 모두 맞춘 뒤, 페르시아어를 조금 배운 종명례(鍾鳴禮)를 통역으로 앞세워 이사악에게 물어 두 번 편집했다. 처음에는 포르투갈어로(N.1849) 1607년 12월에 해서[cfr. N.851, 주(註)] "그를 파견한 인도의 관구장 신부"(N.1828), 즉, 누노 로드리게스(Nuno Rodrigues)에게 보냈다. 그러나 그는 이미 1604년 3월 1일에 사망했고, 가스파레 페르난데스(Garpare Fernandes) 신부(cf. *ARSI, Goa*, 16, f.84)가 당시 프란체스코 파시오(Francesco Pasio)가 하던 중국과 일본 부관구장직까지 대행하고 있었다(NN.1828, 1831). 인도로 보낸 판본은 후에 1609년 12월 27일 라틴어로 쓴 고아의 연차 편지(*ARSI, Goa*, 33, ff.296r-298r)에 넣어 로마로 보냈다. 내가 앞서 곤살베스[cfr. N.803 주(註)]의 이름으로 자주 인용했던 거다. 두 번째 편집본은 1609년 말쯤, 이탈리아어로 편찬한 것인데, 이 '역사서'의 여기 세 장(章)에서 읽고 있는 것으로, 많은 오류와 적지 않은 탈자와 혼란, 지역의 명백한 전치 및 거리 계산의 오류들이 있다. 궤리에로는 1610-1611년, 1607년 포르투갈어 초판의 두 개 사본 중 하나를 알아볼 수 없다며 이렇게 말한다. "[데 고이스] 수사는 순례 중 매일 일어난 일을 공책 하나에 기록하여 갖고 있었는데, 무어인들은 자주 수사에게 가난하다며 도와 달라고 청했고, 수사는 그

리 베네딕토 수사를 사라센 의식으로 매장하려고 했지만, 조반니 수사가 그들의 카지씨(cazissi, كشيش)[852]가 오는 것을 막았다. 그리고 아주 좋은 나무관을 하나 사서, 반듯한 자리에 매장했다. 아르메니아 사람 그리스도인 이사악과 함께 묵주기도로 영결식을 대신했다.[853]

들에게 빌려준 모든 걸 공책 하나에 적었다. 수사가 사망하자, 무어인들은 수사의 집으로 와서 공책을 찾아, 아무도 알아볼 수 없게 찢어 버렸다. 요한 페르난데스(João Fernandes) 수사와 아르메니아인 이삭(Isac)은 그 공책과 수사가 한 모든 일에 대해 크게 상심했으나, 더는 어떻게 할 수 없자, 그 종잇조각들을 주워 다른 것과 함께 마태오 리치 신부에게 갖다주었다. [마태오 신부는] 그것들을 모두 맞추고, 일부는 그것을, 다른 일부는 이사악의 보고서를 토대로 [데 고이스의] 순례와 성공에 관해 우리가 앞서 언급한 내용을 적었다"(Guerriero, III, p.29).

몇 개월 후, 리치는 앞서 언급한 초판본의 사본을 직접 인도와 일본에 보냈고, 1608년 8월 22일 자 총장에게 보낸 편지에서 '모두 중요한 자료들'이라고 함축했다. 카타이가 중국이고, 캄발루가 북경이라는 걸 확인하는 문제는 "우리 유럽인[선교사들]과 모든 그리스도인이 오랫동안 염원하던 것이고, 이쪽 지역들에 대한 묘사는 우주학에도 유용합니다. 현재 이사악은 이곳[북경]에 있습니다. 베네딕토 수사의 기록들에 자기가 본 것을 덧붙여, 전체 여정, 도착지, 숙주(肅州) 체류와 베네딕토 수사의 죽음, 그리고 조반니 종명례(鍾鳴禮)[cf. N.851] 수사에게 일어난 일들에 관한 보고서를 작성하게 했습니다. 그리고 그것을 인도 관구장 신부님께 보내 포르투갈 항로를 통해 총장 신부님께 전달될 수 있게 했습니다. 동시에 일본의 부관구장 신부님께도 보내, 멕시코(Nova Spagna) 항로를 통해 총장 신부님께 전달해 달라고 했습니다. 포르투갈어로 적은 것은, 그곳에서 모두 이탈리아어로 번역할 수 있을 것입니다"(N.1849). 언급한 두 사본을 1607년 12월에 완성하여(N.852) 이듬해 3월 6일 이전에 인도와 일본으로 보냈다(N.1803). 리치는 여기서 두 사본을 포르투갈어로 썼다고 말하며, 같다는 걸 강조했다. 그리고 궤리에로(Guerriero)가 거의 확신하는 것은, 관례로 더는 다른 걸 하지 않고, 1610-1611년에 그것을 "연차보고서"에 넣어 보냈고, 1611년에 리스본에서 인쇄를 맡겼다는 것이다. 그러나 포르투갈어로 된 이 두 개의 사본은 로마에 도착하지 않았고, 도착했다고 하더라도 분실되었다.

"모든 것을 장황하게 기록한"(N.4273) 데 고이스의 원본의 분실은 율(Yule) 장군이 지적한 것처럼 지리학에서는 돌이킬 수 없는 손실이었다. "상세하게 기록되었다는 베네딕토의 일기가 그대로 보존되었다면, 그가 여행한, 아직도 완전하게 알려지지 않은, 지역들에 관해 유럽어로 작성한 지금까지[1886] 나온 가장 가치 있는 장대한 지리 기록이 되었을 것이다"(Yule-Cordier[1], IV, p.179).

852 Cf. N.819, 본서 p.314, 주(註) 716.

845. 되돌아보는 데 고이스 수사의 약력. 무슬림에 대한 마지막 조언과 자기가 한 여행에 대한 최후의 당부

베네딕토 데 고이스 수사는 포르투갈 국적으로 위대한 영혼과 지혜를 가진 사람이었다. 예수회에 입회하여 무굴제국 선교사로 파견되었고, 그곳에 있던 신부들과 함께 오랫동안 많은 어려움 속에서도 사라센인들, 이교도들, 그리스도인들 사이에서 큰 성과를 올렸다. 모든 사람이 그를 사랑했고, 크게 신뢰했다. 그래서 무굴에서는 잘 알려져 있었다. 무굴제국의 악바르가 고아에 있던 인도 총독에게 사절단을 파견하여 특수 외교 임무를 맡길 때, 베네딕토 수사를 자기의 사신으로 보내기도 했다.[854] 무굴제국의 황제는 인도와 고아를 정복하려고 했고, 총독이 사절단을 영접함으로써, 황제에게 예를 갖추고 경외하는 모양새를 보이게 했다. 베네

---

853 "카타이를 찾다가 하늘을 발견했다"라는 유명한 모토(motto)는 데 고이스의 묘비명으로 그의 동료 수사 중 한 사람이 제안한 것이다. 유일하게 그의 유해를 안장한 종명례(鍾鳴禮) 수사였을 것이다(N.1848). 그러나 율(Yule-Cordier[1], I, p.181) 장군은, 근거가 없다며, 어쩌면 근거는 아예 없을 수도 있다고 했다. 모토는 우리 탐험가의 여행에 관해 후에 어떤 이야기꾼이 성찰하면서 했을 가능성이 훨씬 크다. 사실 데 고이스의 무덤에 대해 말하기 시작한 것도 1933-1934년에 와서다. 미쓰 밀프레드 케이블(Milfred Cable, *Journal of the Royal Asiatic Society*, 1933, p.221; *The Geographical Journal*, 1934, p.20)에 따르면, 그의 무덤은 만리장성 밖, 숙주에서 40㎞ 이상 떨어진 가욕관(嘉峪關) 너머 고비 사막에 있다고 했다. 베셀스(Wessels in *AHSI*, IV, 1935, pp.337-339)가 강조한 것처럼 거리가 그렇게 멀리 떨어져 있고, 미쓰 케이블이 여기서 이렇게 확신한다면 어려움 없이는 갈 수 없다는 말이다. 다른 한편, 중국의 무덤에는 통상 비문이 없고 비문을 가질 수도 없다고 알려져 있다. 우리 여행자[데 고이스]가 묻힌 곳은 환경상 더욱 비문을 찾아볼 수 없었을 것이다.

854 악바르(Acbar) 황제는 두 사람을 고아로 파견하며 둘 다 대사라는 호칭을 주었다. 콰자 술탄 하미드(Khwāja Sultan Hāmid)와 비슷하다고 생각하는 스미스(V. A. Smith in *Akbar*, 1917, p.288)라는 이름의 페르시아인과 데 고이스 수사였는데, 두 사람은 1601년 5월 말, 인도에서 가장 큰 포르투갈인들의 도시에 도착했다. Cf. Hosten in *JASB*, XXII, 1927, p.88, n.4: p.89, n.1.

딕토 수사의 신중한 이런 태도 덕분에 고아는 전쟁을 피할 수가 있었다.

그는 매우 기쁘게 죽음을 맞이하며, 조반니 수사를 통해 신부들에게 다음과 같이 알려 왔다. "이번 여행을 하면서 마호메트의 율법이 우리가 생각한 것보다 훨씬 사악한 것임을 알았습니다. 그들이 하는 일은 거짓된 것입니다. 거짓 예언자의 이름으로 청하는 것이니 오죽하겠습니까. 그러니 결코 그들을 믿지 마십시오. 육로로 하는 이 여행은 매우 길고, 힘들고 위험합니다. 두 번 다시 이 길을 시도하지 마시기를 바랍니다."[855]

846. 종명례가 법정에서 이사악과 다른 한 젊은이를 변호하다

사라센 사람들은 아르메니아 사람 이사악과 베네딕도 수사에게 유일하게 남은 어린 종(putto cattivo)[856]을 자기들이 차지하려고 갖은 짓[857]을 다 했다. 이사악을 묶어 놓고 마호메트의 이름을 부르지 않는다고 죽이려고 했고, 조반니 수사가 그 도시를 통솔하는 관리[858]에게 말해서 풀어주게 했다. 그렇지 않았으면 이사악은 죽은 다음에야 풀려났을 것이다.

---

855 곤살베스(Gonçalves in *ARSI, Goa*, 33, ff.297v-298r)는 더 강경하게 말한다. "임종을 앞둔 사람의 마지막 말과 간청은 다음과 같다. '마호메트가 깊이 뿌리를 내린 이런 머나먼 곳에서는 그리스도께서 맡기신 설교가 얼마나 부질없는 노력인지요. 원죄에 물든 무어인들은 마호메트마저 배신하고 이성이 시험받기 전에 이미 타락할 대로 타락했습니다. 이렇게 변질되고 타락한 사람들도 세상에 존재할 수 있다는 것이 놀랍습니다. …' 데 고이스는 언급한 사항에 대한 신중한 검토 없이 마호메트 교도들에게 세례를 주어서는 안 된다고도 했는데, 이유는 그들이 모든 종교, 특히 그리스도교를 향한 내재적인 증오를 품고 있기 때문이라는 것이다.

856 여기선 하인 또는 노예라는 의미다. "아르메니아인 이사악과 수사가 데리고 있던 다른 어린 종에게 나쁜 짓(cattivo)을 했습니다"(N.1839). 왜냐하면 1605년 말에, 아이는 둘(N.838)이었고, 그중 한 명은 이미 죽은 게 확실하다.

857 볼모로 잡았다. Cf. N.797, 본서 p.259, 주(註) 587.

858 숙주(肅州)로 부임한 관리나 지주(知州)였을 것이다. Cf. NN.103, 835.

하지만 사라센 사람들은 이사악이 압둘라의 포로고 사라센 사람이라며 조반니 수사와 가도록 놔주지 않으려고 했다. 카타이와는 아무런 상관없는 사람이고,[859] 오히려 북경에서 온 사람을 속이려고 한다는 것이다.[860]

이에 조반니 수사는 숙주에서 사흘거리에 있는 감주甘州로 가서 총독總督[861]에게 이사악을 자기가 데리고 가게 해 달라고 요청했다. 총독은 그러려면, 아르메니아 사람 이사악을 베네딕토 수사의 조카[형님의 아들]라고 하는 것이 좋겠다고 했다. 그리고 그에게 종鍾 수사와 똑같은 성과 중국식 이름을 지어 주고, 이사악이 광동廣東성에서 왔다고 하라고 했다.[862] 총독은 그를 풀어 주며, 숙주의 관리에게 이 일을 바로 살펴서 그와 그의 물건을 삼촌[863]에게 돌려주라고 했다. 관리는 처음에는 조반니 수사에게 그렇게 하겠다고 약속을 해놓고, 삼사십 명의 사라센 사람들이

---

859 다시 말해서, 카타이의 주민이 아니라는 뜻이다.

860 그들은 이사악과 데 고이스의 다른 동료를 가리켜 "베네딕토 수사 일행은 무어인이고 사악합니다. 그들은 자기들과 다른 국적의 카타이 사람인 조반니 수사를 알지 못했습니다"(N.1839)라고 말했다.

861 감주(甘州)에 관저를 둔(N.832) 감숙(甘肅)의 도당(都堂) 혹은 총독(總督)을 방문하기에 앞서 종명례(鍾鳴禮)는 "혼자서 돈이 없는" 상태에서 서른 명이 넘는 무어인들의 손에서 이사악을 구출했다 그냥 있었으면 그를 죽였을 수도 있었다. 마호메트의 이름을 부르지 않았다는 이유였는데(N.1839), [만약 이름을 부르면] 그리스도교 신앙을 배반하는 걸 의미하기 때문이다(N.1848). 그러나 이후 감주(甘州)의 총독(總督)에 의해 사흘간 옥살이를 했다(N.846).

862 그러니까 종명례(鍾鳴禮)는 광동(廣東)"성(省)에서 온" 사람의 아들이 된 것이다. 즉, 데 고이스와 이사악이 형제가 된 것이다. 이사악은 중국 이름을 지었고, 성을 종(鍾)이라고 했다. 그래서 종명례는 자신을 베네딕토 수사와 이사악의 조카라고 말할 수 있었다. 그러나 그의 중국인 얼굴이 정체를 드러내고 살아 있는 이사악은 물론, 이미 죽은 데 고이스와는 같은 나라 사람이 아니라는 걸 보여 주고 있었다. 그러자 그는 "자신의 모친이 중국인"(N.847)이어서 그렇다고 대답했다. 이런 종류의 황당함은 오늘날 중국에서도 찾아보기 힘든 경우다.

863 이사악이다.

반대하며 그에게 큰돈[864]을 뇌물로 주자 수사에게 불리하게 판결하기 시작했다. 그리고 그[865]를 관아에서 곤장을 때려 사흘간 옥에 가두었다.

847. 이사악과 종명례 사이의 언어의 어려움. 두 사람이 무슬림이 아니라는 것이 밝혀지다

가지고 있던 옷까지 팔아서 5개월 동안 [종명례 수사는] 재판을 벌였지만, 이사악과 말이 통하지 않아 큰 어려움을 겪었다. 왜냐하면 수사는 이사악이 하는 페르시아어를 몰랐고, 이사악은 수사가 알고 있는 포르투갈어나 라틴어를 몰랐기 때문이다.[866] 두 사람이 법정에서 큰소리로 수사는 "주의 기도(Paster noster)"를 외치고, 이사악은 베네딕토 데 고이스의 이름을 외쳤다. 그런데 사람들은 두 사람이 자기네 언어로 말하는 줄로 알아들었다. 그리고 두 달간[867] 밤마다 조반니 수사는 이사악으로부터 페르시아어를 배웠고, 서로 의사소통을 할 수 있게 되었다. 그런데도 사라센 사람들은 수사가 이사악과 얼굴이 다르다며 그의 친척이 아니라고 우기자, 수사는 자기 모친이 중국 사람이라 중국인의 모습[868]이 있다고 했다.

---

864 이런 거금은 "수백 스쿠티"(N.1839)에 달하기도 했다.

865 여기서 "그"는 뒤에서도 두 차례 언급되는 것과 마찬가지로, 이사악을 가리킨다.

866 "이사악은 스페인어나 포르투갈어는 전혀 모릅니다. 종명례(鍾鳴禮) 수사는 그것들을 말할 수 있었지만, 중국어조차 통하지 않았습니다(N.1840)." 종명례가 알고 있던 이 언어들에 더해, 우리의 텍스트는 라틴어도 추가하고 있다. 라틴어를 알고 철학을 공부했다면, 1610년에는 예수회에 분명 입회했다고 볼 수 있고 사제서품에서도 배제되지 않아야 했으나, 거기에선 찾아볼 수가 없다. Cf. N.354, 본서 2권, p.323, 주(註) 87.

867 오히려 "며칠 만에"(N.1840).

868 "중국인"이라는 뜻이다. Cf. NN.116, 186, 194, 722.

그러나 최고의 방법[869]은 두 사람이 반대자들과 함께 법정에 나가면서 조반니 수사가 옷 속에 돼지고기를 넣어 가지고 간 것이다. 사라센 사람들이 이사악을 무슬림이라며 자기 사람이라고 우기자, 수사는 돼지고기를 꺼내 이사악과 함께 모두가 보는 앞에서 맛있게 먹었다.[870] 사라센 사람들은 구역질하며 멀찍이 떨어졌다. 모두 법정을 나가면서, 중국인이 아르메니아 사람에게 사기를 쳤다고 한마디씩 했다. 사실 이사악과 베네딕토 수사는 사라센 사람들로부터 이미 받고 있는 것 이상의 고통을 받을까 봐 그들 앞에서 돼지고기를 한 번도 먹지 않았다.

848. 이사악의 석방과 비취석의 일부를 되찾다

이 일로 법관은 베네딕도 수사의 남은 재산을 모두 조반니 종명례에게 주라고 판결을 내렸다.[871] 그리고 포로 아이도 종명례에게 와야 했지만, 사라센 사람들은 그가 판사 앞에서 수사와 함께 가겠다고 할까 두려워 모리타니아[무어인] 사람들과 함께 있게 했다. 판사도 아이에 대해서는 더 묻지 않았다.

조반니 수사는 질이 매우 나쁜 400 리브르[872]어치의 옥석 외에는 물건도 돈도 아무것도 찾지 못했다. 그것마저 절반 값으로 팔아서 베네딕토

---

869 그가 말하려는 행동은 "소위 확증하는 것"(N.1840)이었다.

870 마호메트 교도들이 돼지고기를 안 먹는 것은 널리 알려진 사실이었다. 중국에서도 그들을 가리켜 "돼지고기 안 먹는 사람들"(N.726)로 불리고 있었기 때문이다. Cf. NN.174, 597.

871 "[감주(甘州)의] 통감이 와서 이사악이 조반니 수사의 삼촌이라고 판결해 주었습니다(N.1840). 그래야 도난당한 물건들을 되찾을 수 있기 때문입니다."

872 1608년 3월 8일에 쓴 편지에서처럼(N.1839), 아마도 어쩌면 "300" 정도밖에 안 될 수도 있다. Cf. N.841.

수사의 빚을 갚고, 나머지는 북경으로 가지고 갔다.

849. 종명례가 숙주에서 서안을 지나 북경으로 돌아오다

하느님께서는 여기서 북경의 우리 신부들을 아는 사람을 하나 보내 주셔서 금화 20냥을 빌려주게 하셨다. 그 덕분에 북경까지 무사히 돌아올 수 있었다.[873] 섬서陝西의 도읍[874]에 도착하니 돈이 부족하여 옥석을 지고 왔던 말들을 20냥을 빌려준 사람의 집에 두고, 나중에 보내 달라고 부탁했다. 그리고 그들은 북경으로 왔다.

850. 이번 일에 대한 중국 선교사들의 기쁨과 슬픔

조반니 페르디난도 수사와 아르메니아 사람 이사악이 북경에 도착한 것은 10월 28일이었고,[875] 전체 걸린 시간은 8개월이었다.[876] 그동안 북경에 있는 신부들은 아무런 소식이 없자 초조하게 걱정하며, 조반니 수사가 보낸 편지가 도중에 분실되었다고 생각했다. 그러다가 간절히 기다리던 베네딕토 수사[877]의 사망 소식에 크게 아파했고, 그의 임종을 도와

---

873 "조반니 수사는 거기서 한 상인을 알았는데, 이곳 도성[북경]에서 제가 아는 사람이었습니다. 그 사람이 수사에게 20스쿠디를 빌려주었습니다"(N.1841)라고 1608년 3월 8일 자 리치의 편지에 적혀 있다. 그러니까 리치에게 1두카토는 1스쿠도에 해당[cfr. N.838, 본서 p.345, 주(註) 815] 한다. 그러나 실제로는 두카티도 스쿠디도 아닌, 텔(tael)이었다. 바로 뒤에서 말하겠지만, 섬서의 도읍 서안에서 만난 관대한 상인과 거래한 것도 텔이라는 말이다.

874 서안(西安)이다.

875 사건에 더 근접하는 시점이다. 1608년 3월 8일, 리치가 쓴 편지에는 두 여행자가 북경에 도착한 것은 "지난해 1607년, 10월 29일"(N.1841)이라고 말한다.

876 3월 31일부터 10월 29일까지면 8개월이 아니라 7개월이다. 전년(前年)도 12월부터 따지면(N.842) 10개월 반이다.

주도록 조반니 수사를 보낸 것으로 위안을 삼았다. 베네딕토 수사의 편지와 불쌍한 아르메니아 사람의 석방도 위안이 되었다. 베네딕토 수사가 편지에서 전체 여행 중에 그의 도움이 컸다고 알렸기 때문이다.

851. 북경에 보관한 데 고이스의 일지와 문건. 여행 관련 자료

[종명례 수사는] 매우 예쁜 커버로 싼 금색 종이로 만든 십자가 하나를 북경에 가지고 왔는데, 그것은 베네딕토 수사가 회교도들과 함께 다닐 때 유일하게 몸에 지니고 있던 것이다. 그리고 카슈가르의 왕,[878] 코탄Cotàn, 于闐의 군주[879]와 카라샤르Cialìs, 察力失의 군주[880]가 써 준 봉인한 세 장의 통행증과 예로니모 하비에르 신부[881]가 써 준 통행증과 편지 몇 통, 고아의 대주교 알렉시오Alessio[882]의 편지, 예로니모 하비에르 신부가 북경의 신부들에게 보낸 편지 등을 전했다. 북경 수도원에서는 모두 베네딕토 수사의 유품처럼 받아들였다.[883]

---

877 1608년 리치는 "저희는 이토록 거룩한 수사님을 잃은 상실감을 내려놓을 수가 없습니다. 그분의 선종 방식과 그분의 사망 원인을 생각건대, 가히 순교자라고 부를 수 있을 것 같습니다"(N.1842)라고 썼다.

878 Cf. N.817.

879 Cf. N.819.

880 Cf. N.829.

881 Cf. N.806.

882 알렉시오 데 예수스 데 멘네제스(Alessio de Jesús de Menezes)다. Cf. N.802, 본서 p.273, 주(註) 607.

883 1607년 12월의 편집본에 더해 궤리에로(Guerriero, III, p.29)는 1611년, 데 고이스 수사의 유품을 매우 잘 정리한 목록을 우리에게 전해 주고 있다. 텍스트[cfr. N.806, 본서 p.285, 주(註) 626]에서 말하는 것보다 훨씬 완벽하다. 내용은 이렇다. "이 착한 수사가 남긴 것들은, 성무일도서, 목에 걸고 다니던 십자가, 자신의 수도서원을 친필로 적은 작은 쪽지 한 장, 몇 개의 서명이 들어간 서신이 있었는데, 우리의 총장 신부님이 쓴 것, 순찰사[피멘타] 신부님이 쓴 것, 인도 관구장[로드리게스] 신부와 예로니모 하비에

아르메니아 사람 이사악은 북경에서 한 달 조금 넘겨 있으며 기력을 회복했고,[884] 신부들은 그에게 베네딕토 수사와 함께한 여정을 모두 종이에 기록하도록 했다. 일어난 일에 관한 이 모든 기억 덕분에[885] 우리는 이것들을 확신하며 지금까지의 세 장章을 쓸 수 있게 되었다.[886]

르 신부가 써 준 허가증[cf. N.806, 본서 p.285, 주(註) 626-627.]이 있고, 그날의 미사[더 정확하게는 연중 제7주간 주일]에서 읽은 사도 바오로의 서간 한 장(章)이 있었다. 사도께서 그리스도의 사업을 하면서 겪은 고난의 기쁨을 적고 있는 내용이다[2코린, 11장 19--33절]. 마태오 리치 신부는 이 모든 것을 거룩한 수사가 남긴 유품이라고 생각하여 소중하게 잘 보존했다."

884 그러니까 리치가 한 포르투갈어 첫 번째 편집본은 북경에서 10월 29일 이후 "한 달도 더 지나서" 했다는 것이다. 따라서 1607년 12월이고, 이사악의 기억이 아직 생생하던 때였기 때문에 내용에 충실할 수가 있었다.

885 그러므로 앞서 N.841에서 언급한 것처럼, 리치가 1607년 12월에 편집한 것의 일부만이 세 장에 넣어 우리에게 남긴 것이 확실하다.

886 리치는 데 고이스가 아그라에서 숙주까지, 1602년 10월 29일에서 거의 1605년 12월 22일까지 한 여행은 그 자신이 이미 오래전에 해답을 찾은 것으로, 전혀 문제가 없는 일을 한 셈이었다. 그러나 다른 사람들은 여전히 의심하고 있었고, 카타이와 중국, 캄발루와 북경이 같다는 것에 대해 확인이 절대적으로 필요했다. 1608년 8월 22일 자, 그가 로마에 쓴 편지에는 이렇게 선언한다. "이로써 제가 그토록 분명하게 확인한 것에 대한 무굴의 신부들이 가졌던 의심에 마침표를 찍게 되었습니다. 중국이 대(大) 거란[카타이]이고, 이 도시[북경]가 카타이, 대 거란의 도성 캄발루입니다. [데 고이스] 수사는 이 일로 왔고, 그것을 기록했고 말했습니다. 그리고 우리는 여기서 그 점을 매일 탄식했습니다"(N.1849). Cf. N.1843. 이사악이 인도로 귀환함으로써, 리치는 1608년 3월 6일까지도 "인도의 총독과 우리 신부들이 모두 카타이가 중국 외에 다른 게 아니라는 것과 이곳 북경이 캄발루며, 중국의 왕이 대(大) 칸[Gran Cane]이라는 걸 확인할 수 있습니다"(N.1805)라고 기대했다. 그렇다면 인도에서 그토록 말했던 카타이의 그리스도인들은 누구냐는 물음이 제기된다. 같은 편지에서 리치는 그들이 바로 "십자가를 신봉하는 사람들", 십자교(十字敎)인들이라고 말한다(cf. NN.173, 606, 724-730, 804, 1686-1687, 1692, 1806, 1850). 즉, 네스토리우스의 후손들로 "모두 이교도"가 된 사람들이다. "카타이에 있다는 그리스도인들과 관련하여, 고대에서부터 그곳에 있던 일부 사람 중, 십자가가 뭔지도 모른 채 지금까지 '십자가 숭배자들'이라는 이름을 간직하고 있는 사람들이 있었습니다. 그들은 모두 이교도들이지만, 그들 시대에는 제단에 초를 사용하고, 사제들이 모자를 쓰고 천천히 노래로 기도하는 등 그리스도인들과 비슷한 점이 많았습니다. 그래서 무어인들은 그들이 진짜 그리스도인들인 줄 알았고,

852. 이사악이 해로(海路)를 통해 인도로 돌아가다

그런 다음 다른 모든 수도원을 거쳐 마카오에 도착했고, 모두 그를 깊은 애정으로 환대했다.[887]

우리에게 매우 큰 그리스도인 공동체가 있다는 소식을 전해 주었던 것입니다" (N.1806).

인도로 돌아간 이사악은 알고 있는 예수회원들에게 "카타이는 중국 북부지역을 일컫는 것뿐이므로, 그것을 찾겠다고 또 시도한다면, 돈도 잃고 사람도 잃게 될 것"(Bartoli[1], II, c.239, p.458)이라고 했다. 그러나 그들 역시 리치의 말을 더 듣지 않았다. 데 고이스가 사망한 지 20년도 되지 않아, 안토니오 데 안드라데(Antonio de Andrade) 신부는 카타이에 있다는 그리스도인들을 찾겠다며 히말라야(Himālaya)를 다시 넘었다. Cf. Wessels, pp.43-68. 그는 티베트(Tibet)에서 그들을 찾았다고 믿었고, 자신의 여행 보고서를 1626년, 리스본에서 포르투갈어와 스페인어로 출판했다. 1627년에 로마에서 이탈리아어로도 출판했다. 그리고 이렇게 의미 있는 제목을 붙였다. 『1624년 포르투갈인 안토니오 데 안드라데 신부가 쓴 대(大) 카타이, 곧 티베트 왕국의 발견(*La scoperta del Gran Cataio ovvero Regno del Tibet, fatta dal P. Antonio de Andrade, portoguese, nel 1624*)』, 포르투갈어로는 *Novo descobrimento do Gran Cathayo, ou Reinos de Tibet, pello P. Antonio de Andrade da Companhia de Jesus, portuguez*라고 했다. 이런 제목은 리치의 저작에 대한 의미 없는 도전으로 보인다. 안드라데에게 "그 유명한 카타이(Cataio)는 특정 왕국이 아니라, 중국에 매우 가까이 있는 한 성(省)의 도읍으로 카타이(Katai)라는 이름의 큰 도시에 불과"했다. 헤딘(Sven Hedin[1])은 "이 교활한 예수회원[안드라데 신부]을 들여다보는 것도 흥미롭다. 그는 구게(Guge, [**역주_** 티베트 동쪽에 있던 고대 왕국이다. 토번이 멸망한 후에 세워져 866-1630년까지 강성했었다)]의 남부만 건드리고, 대(大) 카타이를 새로 발견한 것처럼 말하고 있다"(VII, p.53)라고 했는데, 맞는 말이다. 1670년 안드레아 뮐러(Andrea Müller)는 『카타이의 지리와 역사 논고(Disquisitio geographica et historica de Chataja)』를 출판했고, 거기서 무엇보다도 이 문제를 길게 다루었다. "카타이는 무엇인가, 만약 흔히 중국이라고 부르는 곳과 같은 곳이라면, 중국은 그[카타이의] 일부를 차지하는 것이다." 1677년 보드랭(Baudrand)은 『지리학 사전(Dizionario geografico)』에서 "일부 사람들은 카타이를 중국으로 혼동한다"라며 여전히 불만을 토로했다. Cf. Yule-Cordier[1], I, p.182, n.1. 베셀스(Wessels, p.41)의 관찰도 일리가 있다. "수백 년 간의 오류는 하루아침에 뿌리내린 것이 아니라서, 한때 여행자들이 그것을 깨달아도 많은 사람이 쉽게 간과하곤 한다. 소통은 여전히 이렇게 빈약하고 결함이 많다."

887 "다른 모든 수도원을 거쳐 마카오에 도착한" 사람은 이사악이다. 그러니까 종명례가 동행하여 남경까지 왔고, 거기서부터는 혼자 수로를 통해 남창(南昌), 소주(韶州)를 거

이사악은 인도를 거쳐 아내와 자식들이 있는 무굴제국으로 돌아가려고 했다. 그러나 싱가포르 해협에서 네덜란드 해적들에게 납치되고 말았다. 믈라카에서 [포르투갈 사람들이 그의] 몸값을 지불하고 찾아와서[888] 이후에도 많은 역경을 겪은 뒤, 인도에 최종 도착했다.[889]

쳐 "모든 사람이 그를 크게 환대한"(N.852) 마카오로 왔다. Cf. NN.1842, 1848.

888 궤리에로(Guerriero, III, pp.29-30)는 이사악이 싱가포르 해협에서 네덜란드 해적의 손에 붙잡혔을 때, 선장이 데 고이스의 위대한 영혼에 감탄하여, 네덜란드 예수회원들에게 읽게 하려고, 동료들이 동방에서 어떻게 사도직 활동을 하고 있는지를 알게 하려고, 전체 여행기를 번역하고 싶어 했다. 그래서 그를 믈라카로 데리고 갔고, 거기서 예수회원들의 큰 환영을 받고 인도로 쉽게 돌아갈 수 있게 도와주었다. 1609년, 무굴에서 온 핀헤이로(Pinheiro) 신부를 고아에서 만났고, 그와 함께 8월 8일, 캄바야(Cambaiā)[Kambayā], 즉, 구자라트(Gujarāt, **역주_** 인도 서쪽 카티아와르 반도(Kathiawar Penninsula) 서부에 있는 바닷가 도시다. 서쪽과 동쪽에 쿠치만과 캄바트만을 끼고 있다)로 가는 배에 올랐다. 거기서 신부들은 그에게 100파르다오스(pardaos, **역주_** 당시 인도 전역에서 통용되던 화폐로 금화다. 나르싱가 왕국에서는 일부 지역에서만 사용했다)를 주었다. 그러나 트리고(Trigault, V, c.13)가 전하는 것처럼, 아내가 죽었다는 소식을 듣고 고국행을 포기하고, 챠울(Ciaul)[Chaul]에 자리를 잡았다. 1613-1614년에도 여전히 그곳에 있었다.

889 1612년 11월 20일 자, 론고바르도(Longobardo)가 북경 수도원에 대해 언급한 자료를 보면, 경제적으로 심각한 상황임에도 불구하고 60에서 70텔(*taēl*) 가량을 데 고이스와 그의 동료 이사악을 위해 지출했다고 한다. Cf. *ARSI, Jap-Sin.*, 113, f.274r, N.14.

제15장

남창에서 그리스도교의 발전과 요한 소에이로 신부의 사망에 대해, 새집을 사면서 우리가 겪은 큰 시련과 그곳에서 일어난 좋은 일에 대해

(1606년 4월부터 1607년 11월 중후반까지)

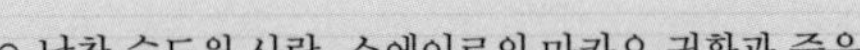

- ㅇ 남창 수도원 사람. 소에이로의 마카오 귀환과 죽음
- ㅇ 소에이로의 약력. 남창에서 장례를 치르다
- ㅇ 1607년 8월, 미래의 콜레지움을 구입하다
- ㅇ 수재(秀才)들의 반란과 병비도(兵備道)와 지부(知府) 측의 대응
- ㅇ 신부들을 추방하라는 탄원서를 제학(提學)에 제출하다
- ㅇ 수재들이 제출한 탄원서 내용
- ㅇ 관료들이 답변. 조사를 시작하다
- ㅇ 진행 과정에 대한 우려와 섭리에 대한 믿음. 디아즈가 답변서를 제출하다
- ㅇ 포정사(布政司)의 건조한 말투
- ㅇ 수재들이 승리를 자랑하다. 남창과 신건(新建)의 두 지현(知縣)에게도 탄원서를 제출하다. 둘 중 하나는 반려되다
- ㅇ 지부와 통감이 제학(提學)에 맞서 신부들을 옹호하다
- ㅇ 디아즈 신부가 성화들을 옮기도록 하다
- ㅇ 지부가 수재들과 다른 고발자들 앞에서 선교사들을 변호하다
- ㅇ 제학에 맞선 지부의 호의적인 판결과 포정사의 적극적인 개입
- ㅇ 황족들의 쓸모없는 협박
- ㅇ 은근히 호의적인 재판의 결과를 공표하다
- ㅇ 더 많은 열정적인 그리스도인들이 미사에 참석하다
- ㅇ 남창에서 선교사들의 거주가 처음보다 더 견고해지다

- 여러 큰 성(省)에서 하느님과 선교사들을 좋게 보다
- 광주의 뜬소문에 대해 조심스럽게 외면하다. 사기죄를 지은 사람을 고문하다가 밀고자들을 발견하다
- 교우들의 신심이 최고조에 달하고, 그리스도교가 잘 알려져 좋은 평가를 받기 시작하다
- 금지된 〈구세주 성화〉를 찾아내다
- 포정사와의 작별 인사
- 박해로 인한 좋은 결과

853. 남창 수도원 사람. 소에이로의 마카오 귀환과 죽음

1606년부터 계속해서 조안 소에로[890] 신부의 건강은 각혈할 정도로 갈수록 심각해지고 마누엘 디아즈 신부는 새로 와서 아직 중국어를 잘 몰랐다. 그래도 열심히 공부하여 비교인들과 소통할 정도가 되었고, 조반니 소에로 신부의 언어는 그만그만한 수준이었고,[891] 마누엘 디아즈[892] 신부는 그가 떠난 후,[893] 아직 예수회에 입회하지 않은[894] 파스콸레

---

890 Cf. N.486, 본서 2권, p.479, 주(註) 517; **역주_** 이곳 텍스트에서 보듯이, 조반니 소에이로의 이름도 여러 형식으로 적고 있다. 이름은 조안, 조반니로, 성은 소에로, 소에이로로 적고 있는 걸로 봐서 리치는 내용 전달에 주력할 뿐 다른 고유명사의 정확한 이름에는 크게 비중을 두지 않은 걸로 파악된다. 역자도 문맥상 충분히 인물 혹은 지명을 인지할 수 있다고 판단하여 가능하면 그대로 적는다.

891 그에 관해 발리냐노가 1603년 카탈로그에 기록한 것은 "중국어와 문자를 중간 정도 함"(*ARSI, Jap.-Sin.*, 25, f.66r)이다.

892 Cf. N.502, 본서 3권, p.54 주(註) 15.

893 1604년 3월 말에 도착했었다.

894 1606년 이 중국인 청년은 교리교사를 대행하고, 예수회 지원자로 있었다. 1608년, 그에 대해 "여전히 수사였다"(N.4308)라고 말하는 11월 3일 이전에 입회했다. 어쩌면 더 정확하게 3월에 입회했을 수도 있다(N.881). Cf. N.881, 본서 p.404 주(註).

멘데스(Pasquale Mendes, 丘良厚)[895] 수사와 함께 200명이 넘는 사람들[896]에게 세례를 줄 정도가 되었다.[897] 새 신자들은 모두 좋은 사람들이었다. 그 도시에서 우리 성교회의 명성이 널리 퍼졌다.

한편 조반니 소에이로 신부는 이곳[남창]에서 회복할 가망이 없자,[898] 환경을 바꾸면 조금 나아질까 싶어 마카오로 가기로 했다.[899] 그러나 모든 것이 부질없었다. 그해 8월,[900] 41살의 나이로 생을 마감하고야 말았다. 예수회에 들어온 지 23년이 되었다.

854. 소에이로의 약력. 남창에서 장례를 치르다

소에이로 신부는 포르투갈 사람으로, 몬테 마조레Monte Maggiore o velho

---

895 다시 말해서, 디아즈는 소에이로가 마카오로 떠난 뒤 파스콸레 구양후(丘良厚) 멘데스에게 통역을 맡겼다. 1603년의 카탈로그에서 발리냐노는 디아즈에 대해 이렇게 적고 있다. "그는 여전히 전체 선교구 총책임자 지시하에 소주(韶州), 남창(南昌), 남경(南京), 세 수도원의 원장으로 있었기에 북경을 떠날 수 없음. 지난해에 이 수도원들을 방문하면서 언어를 조금 배움"(*ARSI, Jap.-Sin.*, 25, f.66r). 1604년에서 1606년까지도 언어 공부의 진전은 크게 없었다. 1606-1607년의 연차 편지는 소에이로가 남창(南昌)에서 언어를 아는 유일한 신부, "언어를 아는 유일한 사람"(N.4200)이라고 전한다.

896 1607년 10월 5일에 쓴 1606-1607년도 연차 편지는 세례받은 사람들의 정확한 숫자를 적고 있는데, 1606년에 37명(N.4199)이고 1607년 초기 9개월간 182명(N.4203)이라고 말한다. 즉, 텍스트에서 말하는 것처럼 "200명이 넘는 사람"이 세례를 받은 것이다.

897 무엇보다도 40여 명의 신자는 디아즈가 부재중이고 소에이로가 병들어 미사를 드릴 수 없는데도, 변함없이 와서 성당에서 묵주기도를 바치고 소에이로의 치유를 위해 기도했다. Cf. N.4200.

898 1606년 4월, 그는 다시 열이 오르고 쇠약해질 대로 쇠약해졌다. Cf. N.4200. 궤리에로(Guerriero, III, p.232)는 확실히 "입으로 많은 피를 토했다"라고 말한다.

899 1607년 "1년간 침상에 있다가" 마카오로 갔고, 디아즈는 남경으로 갔다. Cf. N.4200.

900 8월, 정확한 날짜는 외면하고 있다. 1608년 11월 11일에 쓴, 마카오 콜레지움의 1607년 연차 편지도 마찬가지다(*Ajuda, Jesuitas na Asia*, 49, V, 5, f.18r). 따라서 바르톨리(Bartoli[1], II, c.240, p.459)가 혼동하는 그의 사망 일자와 남창(南昌)에서 그 소식을 들은 날짜를 10월 2일로 규정한 것은 수정할 필요가 있다.

라는 곳에서 태어났다. 코임브라 예수회에 입회했고, 수련기 때 인도로 파견되었다가 다시 마카오로, 거기서 다시 남창南昌으로 파견되었다. 남창 수도원에만 10년 넘겨 있었다.[901] 모든 사람이 그를 두고 겸손, 순명, 인내와 신앙적 가난의 독보적인 사례라고 칭송했고, 그래서 모두 그를 살아 있는 성인으로 불렀다. 남창 수도원에는 몇 년간 신부도 수사도 한 명 없이 혼자 있었다.[902] 그때 수도원 근처에 살던 사람들과 다른 지역의 사람들이 합세하여 그가 혼자 있는 것을 보고 나쁜 짓을 하려고 했다. 그때 소에이로는 자기도 많은 것이 필요한 상황이었지만, 전혀 불평하지 않고, 자기 생활비에서 조금씩 떼어 그들과 나누었다. 이에 모든 교우가 그의 죽음을 애통해했고, 어떤 사람은 그를 위해 별도의 애도 기간을 갖고 싶어 했다.[903]

855. 1607년 8월, 미래의 콜레지움을 구입하다

[남창에서] 신부들이 처음 매입해서 살던 집은 매우 불편했다. 집도 작

---

901 1595년 12월 24일부터(NN.486, 4064) 1607년 5월(N.853)까지다. 다른 날짜에 대해서는 다음을 보라. cf. N.486, 본서 2권, p.479 주(註) 517.

902 1600년 5월 19일 이후, 얼마 지나지 않아서 그의 유일한 동료였던 다 로챠 신부가 남창을 떠나 남경으로 갔다(N.574). 그때부터 소에이로는 1604년 3월 에마누엘레 디아즈 일 베키오가 도착할 때까지 혼자 있었다(NN.702, 748). 여기서 우리는 그 시기에 적어도 얼마간은 현지인 수사도 한 명 없었다는 것을 알 수 있다.

903 교우들과 일부 이교도들은 망자가 현존한다고 믿는 신주(神主) 앞에서 예를 갖추어 네 번 절을 했다. 남창에서는 "마치 친부(親父)가 돌아가신 것처럼" 뜨거운 눈물을 흘리는 교우들과 함께 "화답송을 동반하여 성대하게 미사"를 봉헌했다. 어떤 사람은 장례 기간 내내 애도하자, 누가 돌아가셨냐고 묻는 사람에게 "제 아버지, 제 스승님"(N.4260)이 돌아가셨다고 말했다. 오늘날 중국에서 망자를 위한 "화답송" 낭송이 매우 빈번하게 사용하는데, 아마도 그 첫 번째 사례로 보인다.

은데다 도시에서 낮은 지대에 있어 집 앞의 호수가 몇 년 새 물이 불어 덮치곤 했다.[904] 거기다 이 시기에 신자가 증가하여 미사 드리는 성당이 너무 좁아 아무것도 할 수가 없었다. 결국 다른 곳에 집을 새로 마련하기로 했다. 1607년 8월, 1,200냥이라는 좋은 가격에 집을 매입했지만, 처음 생각했던 콜레지움을 이곳에 마련하는 것은 보류하기로 했다.[905] 강서 Chiansino, 江西[906]의 가난한 사람들이 보기에는 엄청난 값이었다. 수도원에도 그런 큰돈이 없어 우선 600냥을 지불하고, 이듬해에 나머지를 주기로

---

904 Cf. N.492. 본서 2권, p.488, 주(註) 538에서 말한 것에 따르면, 리치의 수도원은 남창부(南昌府) 남쪽에 있었고, 그림 20(본서 2권, p.456)에서 *한, 도시의 북서쪽에 있었다.

905 발리냐노는 1594년부터 마카오 콜레지움을 설립하고 일본에서 신학교들을 설립하느라 갖은 애를 썼다. 1603년 초부터, 어쩌면 그 이전부터, 중국인 젊은이들을 위해 포르투갈 영지가 아닌 중국 내륙에 있는 도시에 신학교 개설을 계획하고 있었다. 마카오 포르투갈인들은 이렇게 좋은 일에 기꺼이 나서겠다며 폭넓은 후원을 아낌없이 했고, 중국에 있던 선교사들은 신학교 착수금으로 받은 비용 대부분을 잃고 말았다. 그해 7월 30일, 네덜란드 해적들에게 납치되는 바람에[Cf. N.701, 본서 p.61, 주(註) 37] 이런 큰 계획이 중단되고 만 것이다. 그러나 1604년 11월 22일, 디아즈가 전하는 바에 따르면, 발리냐노는 바로 이듬해에 다시 총장에게 "중국 내륙에 소년들을 위한 신학교 설립을 모색해 주십시오"라고 간청했다(N.3296)고 한다. 실제로 그해 같은 달 29일에 쓴 편지에서도 "이 나라에 우리가 해 줄 수 있는 최고의 도움이고, 가장 효과적인 건 개종을 위해 신학교를 설립하는 것"(N.3299)이라고 썼다. 그 시기에 산타 세베리나(Santa Severina, **역주_** 이탈리아 남부 칼라브리아주 크로토네에 있는 작은 마을이다)의 줄리오 안토니오 산토리(Giulio Antonio Santori) 추기경은 안트베르펜에서 출판한 다국어 성경을 북경 선교사들에게 보내 주며(N.703), 중국인들을 위한 신학교가 설립되는 줄로 기대했다. 그러나 그는 1602년에 사망했다. Cf. N.3300. 여하튼 같은 날인 1604년 11월 29일 자로 디아즈는 친히 "신학교 설립"이라고 쓴 메모를 남겼다. 이듬해, 남창에 소신학교를 개설하는 문제가 진지하게 다시 논의되었고, 초대 신학생으로 미카엘, 가브리엘, 라파엘이라는 이름의 임(林)씨 삼형제가 거론되었다. 그들의 부친은 황족 출신이고, 아이들은 1604년 2월 26일에 세례를 받았다[cfr. N.751, 본서 p.173, 주(註) 310]. 다만 경제적인 여건이 좋지 않아, 이번에도 선교사들의 혜안 있는 계획은 실현되지 못했다. Cf. Guerriero, II, pp.91-92, 298. 텍스트에서는 1607년, 집을 매입하면서 이 계획을 시작하려고 한 것으로 보인다.

906 강서(江西)다. 리치는 Chiansino, 파스콸레는 Kiangsi로 표기하고 있다.

했다.

856. 수재(秀才)들의 반란과 병비도(兵備道)와 지부(知府) 측의 대응

신부들이 가지고 있던 것과 이전 집을 판 돈을 합해서 주기로 한 절반을 지불하고, 새집으로 이사할 준비를 하는 사이에 몇몇 수재秀才들[907]과 중개업자 몇 명이 개입하여 신부들에게 돈을 더 받아 내려고 했다.[908] 거기에 자기네 종교와는 반대되는, 우리 성교회의 가르침에 불만을 품고 있던 사람들까지 합세하여 우리를 반대했다.[909] 우리가 새로운 율법을 선전하고, 외국인이 큰 집을 매입했다며 고발한 것이다. 처음[910]에는 고발장을 그 도시를 통솔하던 병비도兵備道[911]에게 제출했고, 다음에는 그

---

907 학사[수재]들이다. Cf. NN.64-65. 여기서 말하는 학사들은 바로 아래의 주(註) 910에서 말하고 있는 것처럼, 모두 여덟 명이다.

908 이것은 디아즈가 1608년의 연차 편지에서 인용한 유일한 경우다. 그에 따르면, 새집 매입의 두 증인 중 한 명이 기대만큼 뒷돈을 못 받자, 매도자를 부추겨 계약을 깨고 자기 친구 중 일부 수재들을 충동질하여 병비도(兵備道)에게 먼저 소장(訴狀)을 제출하라고 했다(N.4280). 그러나 그는 뒤이어 갑자기 죽고 말았다[cfr. N.880, 본서 p.401, 주(註) 1006.]. 하지만 한 해 전에 디아즈가 쓴 연차보고서는 소송을 낸 두 우두머리에 관해 언급하고 있다. "우리가 큰 집을 매입하자 그들은 우리를 중상모략했습니다"(N.4261). 도시에 나돈 소문은 이런 선전의 진짜 동기를 두고 갈렸다. Cf. N.4299.

909 소장을 쓰기 전에 수재들은 기댈 만한 것으로 도시에서 명성을 얻고 있던 세 명의 "강학(講學)"[cfr. N.536, 본서 3권, p.132, 주(註) 291.]을 찾았고, 그들은 수재들에게 일을 진행하라고 격려했다. Cf. N.4281. 그들의 최후에 관해서는 cf. N.880, 본서 p.401, 주(註) 1007.를 보라.

910 그 일은 1607년 10월 11일에 있었다. 에마누엘레 디아즈(Emanuele Dias)는 1607년 10월 18일 자, 1606-1607년의 연차보고서 추신에서 이 소식을 처음 적었다. "10월 11일에 여덟 명의 수재(秀才)가 안찰사(按察司)의 집으로 갔습니다"(N.4261).

911 1606-1607년의 연차보고서는 병비도보다는 안찰사(按察司)에 대해 말하며, "범죄자들을 심판하는 사람", 즉 지방 판사(N.4261)라고 언급한다. Cf. N.102, 주(註). 그러나 1608년의 연차보고서는 병비도(N.4280) 혹은 군 장교에 대해서도 언급한다. 그의 관저는 리치가 있는 수도원 남동쪽에 있었던 걸로 추정된다. Cf. 그림 20, 본서 2권,

지역의 통감[912]에게 제출했으나 그다지 좋은 반응을 얻지 못했다. 그는 고발한 사람들에게 "신부들이 가르치는 율법이 마음에 안 들면 받아들이지 않으면 되는 일이잖소? 그들이 억지로 믿으라고 하는 건 아니잖소? 그리고 그들이 큰 집을 샀다면, 자기네 돈으로 산 것이고 그들의 학교나 콜레지움이 잘못한 것은 없지 않소?"라고 대답했다고 한다.[913]

이 성省의 수재들은 무례하기 짝이 없어 중국 전역에서 그들에 대해 이야기할 정도다. 그들은 떼로 몰려다니며 큰 소동을 일으키곤 했다. 문인들과 주요 인사들은 물론 그들의 스승들조차 3천 명 이상이나 되는 그들이 소동을 일으키면 아무것도 할 수가 없었다. 병비도의 거부하는 듯한 말에 그들은 주장을 처음보다 더 강하게 펴며, 공부자孔夫子[914]의 영전이 모셔진 학원學院에서 더 많은 사람을 소집하여 결의한 것은 오래전부터 바라던 바, 신부들을 그 도시에서 쫓아내야 한다는 것이다. 거기에는 남창이 속한 더 큰 행정구역과 그 주州를 통솔하는 통감도 있었다.[915] 노盧[916]라는 성을 가진 한 사람은 북경에서 이미 오래전부터 마태오 리치

---

p.456.

912 다시 말해서, 지부(知府)다. 그에 관해서는 다음 페이지 주(註)에서 언급할 것이다.

913 안찰사(按察司)는 그들을 만나려고도 하지 않고, 그들에게 "우리는 여기서 오래 살았고 그들이 좋은 사람들이라는 걸 알고 있소. 그들이 자기네 율법을 우리에게 설교하지 않았는데 그것이 거짓인지 진실인지를 어찌 아는가? 그들이 집을 산 것은 당신 돈으로 산 게 아니니, 말할 필요가 없지 않소?"라고 대답했다. 그런데도 그들이 계속해서 시끄럽게 하자, 판사는 "더는 아무 말도 하지 않고"(N.4261) 그들을 돌려보냈다. 모두 1607년 10월 11일과 18일 사이에 일어났다.

914 학원(學院)은 공자 사당도 관리했다. Cf. NN.55, 64.

915 지부의 관저는 앞서 cfr. N.855, 본서 p.370, 주(註) 904.에서 살펴보았듯이, 리치가 있는 수도원 북쪽에 있었던 것으로 보인다.

916 1608년 3월 8일, 리치는 그에 관해 말하면서 "[북경의] 도성에서 알게 된 제 친구입니다. [우리] 신부들이 남창에 있을 때, 제가 그에게 부탁했습니다"(N.1812). 그는 성이

신부의 친구로 있던 사람이었다. 그가 이 관직에 선출되었을 때, [마태오] 신부는 그에게 선물을 보내며 남창의 신부들을 부탁한 적이 있었다.[917] 여하튼 그는 이 문제에 끼어들고 싶어 하지 않았다고 했으나, 나중에 알게 된바, 그는 우리 일에 호의적이었다고 한다. 그래서 그는 소장訴狀을 받고, 공증인을 통해 다시 제안하라고 권했지만, 수재들은 뜻을 굽히지 않았다.[918]

857. 신부들을 추방하라는 탄원서[919]를 제학(提學)에 제출하다

이것을 보고 그들은 연대하기에 좋은 때를 기다렸다. 음력으로 월초月初가 되면 모든 주요 관리들과 수재들이 공자의 학당과 사당에 가서 의식을 거행한다. 이 나라에서는 흔히 있는 일이다.[920] 그해 음력 9월 1일은

여(慮), 이름이 정선(廷選)이고 자는 현경(鉉卿)이다. 복건성 벽전(闢展)에서 태어났다. 1592년에 진사에 급제하고 북경(北京)의 창주(滄州)에서 지주(知州)로 공직생활을 시작하고, 북경의 공부(工部)에서 낭중(郎中)으로 승진했으며, 후에 남창의 지부가 되었다. 강서(江西)의 참정(參政)이 되기 전에 그의 보좌관으로 있었고, 근거 없는 비난으로 몇 년간 공직에서 물러나 호광(湖廣)에서 지냈다. 그는 많은 작품의 저자로, 『사서질의(四書質義)』, 『상서아언(尚書雅言)』과 『욕벽당집(浴碧堂集)』 등이 있다. Cf. *Animali del distrertto di Putien*『광서보전현지(光緒莆田縣志)』, c.57a-57bis a.

917 1608년 8월 22일, 리치는 북경에 있으면서도 남창 수도원을 위해 얼마나 많은 도움을 주었는지에 주목하게 한다. 남창으로 발령받은 이름난 관리들에게 선교사들을 부탁했고, 그들은 리치가 수도에 있으면서 조정의 고관들을 가까이하고 있어 혹여 나쁜 말이라도 할까 봐 두려워했다. Cf. NN.863, 1852.

918 수재들은 디아즈가 소집 명령에 서명하고 법정에 출두하기를 바랐다. 그러나 지부가 그것을 거절했다. Cf. N.4282.

919 **역주_** 말이 탄원서고 소장(訴狀)이지, 내용은 그저 "중상모략문(中傷謀略文)"일 뿐이다. 리치가 본문에서 쓰고 있는 libello라는 말도 '중상모략문' 혹은 '소장'이라는 뜻이다. 역자는 문맥에 맞추어 이 세 가지, '탄원서', '소장', '중상모략문'이라고 쓰기로 한다.

920 "매월 초하루 … 문인 학자들이 그[공자]에게 … 희생 제사를 지냈다"(N.55).

일만 천 동정녀 축일이었다.[921] 사당에서 의식을 마친 다음, 수재들은 참가한 관리들에게도 예를 올리는데, 그때, 그들 중 한 명이 나서서 모두의 이름으로 포정사布政司[922]에게 말했다. 그 자리에선 포정사가 가장 높았다. 그는 자기네 도시에 새로운 율법을 가르친다며 많은 사람을 집으로 불러 집회를 여는 외국인들이 있다고 했다. 이에 포정사는 그를 제학提學[923]에게 보냈다. 제학은 그 성省에서 수재들과 모든 학당을 관리하는 담당 관리다.[924] 수재들의 말을 들은 제학은 그들에게 하고 싶은 말을 모두 써서 소장

---

921 그러니까 1607년 음력 9월 1일은 양력으로 10월 21일이었고, 그날은 성녀 우르술라와 그의 동료 동정녀, 순교자 축일이었다. **역주_** 성녀 우르술라와 일만 천 동정녀에 관한 이야기는 중세 때 널리 읽힌 『황금전설(Legenda Aurea)』에 수록되어 대중적으로 인기를 얻은 순교 이야기 중 하나였다. 우르술라 성녀는 4세기경 독일 쾰른에서 11,000명의 동정녀와 함께 순교했다. 영국의 한 그리스도인 왕의 딸로 태어나 어떤 이교도 왕자의 청혼을 받았으나, 결혼보다는 동정녀의 삶을 더 원했다. 어렵게 3년이란 시간을 얻어 귀족 가문의 처녀 10명과 함께 여행길에 올랐고, 그동안 비신자 왕자는 교리 공부를 하여 세례를 받기로 했다. 우르술라와 열 처녀는 각 1,000명의 처녀를 데리고 11척의 배에 나눠 타고 항해를 시작했다. 약속한 3년이 지나자 약혼자는 우르술라를 불러들이고자 했다. 그런데 강풍이 불어 우르술라와 그 일행이 탄 배는 떠밀려 멀리 쾰른까지 갔다. 쾰른에 도착한 우르술라와 동료들은 육로로 로마까지 가서 교황의 환영을 받았다. 그리고 일행 중 아직 세례받지 않은 처녀들까지 모두 세례를 받고 다시 쾰른으로 돌아왔다. 그들이 쾰른으로 돌아왔을 때, 도시는 이미 훈족에게 포위당한 상태였고, 약탈과 살인을 일삼던 훈족의 족장은 우르술라의 미모에 반해 청혼했으나 거절당했다. 화가 난 족장은 성녀 우르술라와 그 일행에게 신앙을 포기하도록 강요하며 혹독한 고문을 했다. 하지만 성녀의 지도를 받은 동정녀들은 신앙을 지키다가 모두 순교했다.

922 당시 남창의 포정사(布政司) 또는 시민관(N.102)은 왕좌(王佐)로 "매우 신중한 사람"이었고, 마태오 신부가 [1595년] 이곳에 왔을 때, 그는 남창(南昌)의 지부였고, 총독의 명령으로 그 도시에 체류할 수 있는 허가장을 써 주었다"(N.863). Cf. N.489, 본서 2권, p.484, 주(註) 530; N.875. 후에 북경에서 다시 만나 인맥을 이어 갔다. 1608년 3월 6일, 리치는 그에 대해 "오래전부터 알고 지낸 사람이 이곳 조정[북경]에 있습니다"(N.1794)라고 말했다.

923 솔직히 말해서 이 사람은 어사(御史)의 조수였고 제학(提學)을 대행하고 있었다. Cf. N.4283.

924 Cf. N.64.

訴狀에 적어 제출하라고 했다. 그러면 자기가 신부들을 내쫓겠다고 했다.

858. 수재들이 제출한 탄원서 내용

같은 날, 그들은 두 개의 소장을 써서 27명 수재秀才의 이름으로, 하나는 제학提學에게 다른 하나는 포정사布政司에게 제출했다. 그 내용을 정리하면 다음과 같다.

"마태오 리치 신부, 조반니 소에[이]로 신부, 마누엘 디아즈 신부와 그 외 몇몇 반란자들이 서국西國에서 와서 중국의 다섯 개 성省, 광동廣東, 복건福建, 절강浙江,[925] 강서江西, 북직례[北直隸, 북경]와 남직례[南直隸, 남경]에 흩어져, 자기들끼리 계속해서 편지를 주고받으며, 수로를 통해 돌아다니면서 돈을 훔쳐 백성들에게 나누어 주고 잘 보이려고 합니다. 그들은 또 고관과 대작들을 방문하고 모든 군軍 병사들과 지휘관들을 친구로 삼아 죽을 때까지 형제애[拜弟兄][926]를 도모합니다. 자신들을 따르는 사람들에게는 조상들의 영정에 절하지 말라고 하는데,[927] 그것은 당연히 가져야

---

925 루지에로(Ruggiero)와 데 알메이다(De Almeida)가 1586-1587년에 절강(浙江)으로 갔다면(NN.280-282, 284, 289), 그들이 간 그곳에 성당이나 선교사들을 위한 수도원이 아직 설립되지 않았다는 말이다. 복건(福建)에는 리치가 사망한 15년이 지난 후에 알레니와 함께 진출하게 될 것이다.

926 맹세로 맺은 책임[拜弟兄]을 암시하는 것으로, 두 사람이나 그 이상의 사람이 형제처럼 서로 돕기로 의무화한 것인데, 그중 한 사람이 거짓을 저지른 경우에도, 명백히 잘못한 때도 해당한다. Cf. Doré[2], pp.111-112.

927 이런 민감한 사안에 대한 선교사들의 가르침이 정통을 온전히 고수하고 있다는 귀중한 증거다. Cf. NN.675, 678, 745, 764, 773, 924, 1814, 1815, 1883, 4267-4268, 4333-4334. 이런 비방에 대한 첫 번째 공식적인 논박은 1616년 판토하의 상소에서 찾아볼 수 있다. 그것의 중요성을 참작해야 할 때, 나는 중국어 단락을 번역한다. "조상들을 위한 희생에 관해 설명합니다. 희생은 항상 똑같은 의미가 아닙니다. 섬기고, 감사하고, 기원하는 것이고, 봉헌은 하느님께만 합니다. 흔히 말하는 희생이 조상들의 축복

하는 조상들에 대한 백성의 도리를 끊는 것입니다. 신상들을 모두 파괴하여 사당을 텅 비게 만들고, 혼령들을 의지할 수 없게 합니다. 처음에는 작은 집에서 살다가, 이제 매우 크고 화려한 집을 사들였습니다. 그들은 사악한 율법을 선전하고, 무지한 백성은 그것을 듣고 그들의 집을 계속해서 찾습니다. [그들의 가르침은] 이미 모든 고을(ville)에 퍼졌습니다.[928] 그래서 그들의 거짓된 가르침에 모두 이렇게 걱정하는 것입니다. 학생들은 공부하지 않고, 일꾼들은 농사일하지 않으며, 상인들도 더는 장사하지 않고, 여자들도 자기 일을 하지 않아, 온 지역이 타락하고 혼란에 빠졌습니다.[929] 처음에는 100명에 불과하던 사람이 이제는 2만 명이 넘습니다.[930] 타타르인 같기도 하고 사라센인 같기도 한 상본을 하나씩 나누

을 받고 악에서 보호해 달라는 뜻이라면, 그렇게 사람에게 신적인 힘을 부과한다면, 그것은 인습에도 맞지 않습니다. 즉, 이것이 제사에 담겨 있는 의미가 아니라는 것입니다. 그러나 [반대로] 이런 기회에 '망자를 섬기기를, 살아 있는 사람처럼(*per servire i morti come se fossero vivi*)' 상을 차리는 것은[N.177, 본서 1권, p.449, 주(註) 558] 마치 서방에서 조상들의 명복을 위해 하느님의 참 축복을 받고자 물건을 기부하는 것과 다를 바가 없습니다. 왜 그것이 허용되지 않습니까? 정통 불교식 제사에서는 종이돈을 태우는데, 그렇게 함으로써 지옥의 수장들을 속일 수 있고, 비난을 씻어 내고, 원칙을 파괴하며, 악을 연장하고 선을 저지할 수 있다고 말합니다. 이것이야말로 전혀 말이 안 되고, 고대[유교식]의 제사에서는 찾아볼 수 없는 것입니다. 우리는 계속해서 이런 여러 가지 의미를 설명하여, 각자 [진리를] 선택하도록, 아무도 죄를 범하지 않도록 노력합니다. 사람들이 제사상 차리는 것을 왜 막아야 할까요? 갈당금인형전호(曷當禁人享奠乎), 즉, 여기서 말하는 것은, 대부분 [우리] 종교에서 가르치는 십계명에 따라, 하느님께 합당한 흠숭을 드린 뒤에 조상과 친척들도 섬길 수 있다는 것입니다. 효(孝)와 형제애를 거스르는 것은 큰 죄에 해당합니다. [그에 따른] 지옥의 형벌은 이미 번역된 책에서도 보는 것처럼 큽니다. 하지만 도교와 불교 신자들은 시기하여 이런 비방을 옹호합니다. 효와 형제간 사랑을 금하라고 가르치는 종교가 어떻게 세상에 있을 수 있겠습니까?"(Cf. Courant, N.1321, ff.7b-8a). 이 텍스트는 선교사들이 필요한 것과 아닌 것을 구분하고, 그것을 차근차근 가르쳤다는 걸 알게 해 준다.

928 '고을'이라는 뜻의 이탈리아어 villaggi 대신에 리치는 자주 포르투갈어 ville로 쓰고 있다.

929 Cf. N.638, 본서 3권, p.384, 주(註) 967.

어 주고, 그것이 세상에 온 하느님이라고 말하며, 그 신만이 인간에게 재물과 평화를 줄 수 있다고 합니다.[931] 가난한 사람들은 그 말에 현혹되기 때문에, 그것은 세상을 어지럽히는 페스트[병균]라고 할 수 있습니다. 그들에게 성당을 지어 주면, 몇 년 전에 복건과 남경에서 일어났던 것처럼 반란을 일으킬까 두렵습니다.[932]

이에 저희 수재들은 이 나라[중국]와 성현들의 가르침을 전하고 보존해야 하는 사람으로서 이 소장을 올리는 바입니다. 성省의 지부께서 말씀하신바, 모든 수재의 이름으로 이처럼 황제께 상소하오니, 모두 공론으로 판결하시어 그들을 중국에서 내쫓아 무인도로 보내 살게 해 주시기를 청하옵니다."[933]

---

930 엄청난 과장이다. 왜냐하면 리치가 사망하는 1610년에도 중국 전체 그리스도인의 수는 2,500명 정도밖에 안 되었기 때문이다. Cf. N.907, 본서 p.434, 주(註) 1121.

931 선교사들은 특히 여기서 "타타르인 혹은 사라센인" 등 외국인으로 보이는 〈구세주 성화〉를 널리 보급했다(N.864).

932 유천서(劉天緖)와 그 일당이 3,000명가량의 반란군을 데리고 1606년 12월 21일 남경에서 일으킨 폭동(N.909)과 복건의 해안으로 홍모(紅毛) 족으로 알려진 네덜란드인들이 침투한 사건으로, 1607년 말경 오건(吳建)과 수천 명의 백련교(白蓮教) 조직에 소속된 사람들이 연루되었다. Cf. *Storia dei Mim*, c.21, f.4b; Ciamueihoa, pp.122-123; De Mailla, X, pp.394-395. 남경(南京), 절강(浙江), 복건(福建), 광동(廣東)에서 일어난 폭동의 주체가 선교사들이라는 비방은 1616년 8월, 판토하가 올린 상소문에서 공식 논박했다. 이는 분명 이미 고인이 된 리치의 생각을 반추하는 것이었다. 상소문에는 중국인들이 참 종교와 참 하느님께로 돌아오게 하려고 선교사들이 구만리(里)를 여행했고, 그들은 어떤 고통과 순교까지도 견딜 준비가 되어 있다고 했다. [그리스도교] 신앙은 모든 것을 하느님의 뜻에 맡기라고 하고, 복수하기보다는 고통을 감수할 것을, 정해진 권위에 순명할 것을 가르친다고도 했다. 매일 아침 미사 중에, 선교사들은 황제와 해당 지역의 관리들과 그들의 부모, 친척들을 위해, 모든 백성을 위해 기도한다며, 나머지 더 확실한 것은 남경(南京), 남창(南昌), 소주(韶州)와 항주(杭州)에서 생활하는 선교사들을 보면 된다고도 했다. Cf. Courant, N.1321, ff.20b-22b.

933 Cf. N.4282.

이 소장은 대단히 유려한 문체로 잘 썼다. 문인들이 평소에 가진 기량으로, 읽는 사람에게 감동을 줄 정도다.

859. 관료들이 답변. 조사를 시작하다

두 관리는 관례에 따라,[934] 소장訴狀에서 요구하는 대로, "그리스도교의 가르침을 유포하는 것을 금하고 신부들을 그 도시에서 추방하도록" 명령해야 한다.[935] 이에 통감[936]에게 조사 절차를 진행하고, 그에 관한 모든 보고서를 [작성하여] 제출하라고 했다.

860. 진행 과정에 대한 우려와 섭리에 대한 믿음. 디아즈가 답변서를 제출하다

중국에 대해 잘 아는 사람들은 하나같이 우리가 적어도 강서江西 밖으로는 쫓겨날 걸로 생각했다. 그래서 우리 친구들도 이미 다른 방도가 없다고 생각하여 적잖이 걱정하고 있었다. 하지만 우리는 이 일이 하느님의 일이고, 그분의 섭리를 깊이 신뢰하고 있었기 때문에, 그분이 개입하셔서 도와주실 걸로 믿고 있었다.

이런 문제를 해결할 방법은 많지 않았다. 비非교인 친구들은 관리들과 수재들과 관련 있는 영향력 있는 사람에게 돈을 좀 주어 그들을 달래 달라고 하는 게 좋겠다고도 했고,[937] 어떤 사람은 통감이 처리할 때까지 조

---

934 제학(提學)을 대행하고 시민관으로 있던 사람은 왕좌(王佐)다.

935 시민관이 보낸 사람이 지부(知府)에게 전한 것은 "지부는 그 사람을 조사한 뒤, 율법을 선전하는 걸 금지"하라고 한, 반면에 제학의 대행인은 이렇게 말했다. "지부는 그 사람을 조사한 뒤, 그를 추방하고 자기에게 보고하라"(N.4283)고 했다는 것이다.

936 지부(知府)다.

용히 기다리는 게 좋겠다고도 했다. 그러나 마누엘 신부는 직접 다른 소장을 하나 써서 법정에 나가 관리들에게 제출했다. 거기에는 수재들이 비방한 내용에 대한 답변이 적혀 있었다. 그리고 끝에 관리들에게 모든 일을 올바로 조사해 달라고 요청하며, 만약에 우리가 어떤 잘못을 범했다면, 그들이 말한 대로 여기서 벌을 달게 받겠다고 했다.[938]

861. 포정사(布政司)의 건조한 말투

지부知府와 제학提學은 소장訴狀을 받았다. 포정사布政司는 (평상복과 다른) 피고인의 의복과 모자를 쓰게 한 채[939] [마누엘] 신부와 통역관 파스콸레 멘데스 수사를 무릎을 꿇린 채 한 시간가량[940] 아무 말 없이 있다가,

---

937 벌써 주요 인사의 이름이 거론되었고, 그에게 선물을 하려면 최소한 100텔은 들었다. Cf. N.4284.

938 이교도 문인들이 10월 22일 밤에 쓴 중상모략이 담긴 소장에 대한 디아즈의 응답은 이렇다. "저희는 중국의 명성에 감명을 받고 이곳에 왔습니다. 이곳 강서(江西)성에서 광동(廣東)에 대한 아주 좋은 소식을 들었습니다. 저희가 이곳에 있는 지 12년이 되었고, 중국의 책을 공부하고 사람들에게 하느님을 섬기고 그분의 율법을 전하되 중국의 법률에 결코 위배되지 않게 했습니다. [그런데] 지금 몇몇 수재가 저를 모함하고 있습니다. 저는 그들에게 모든 걸 조사해 보라고 했습니다. 만약 잘못한 게 있다면 그들이 말한 대로 여기서 벌을 받겠습니다." 디아즈는 하느님의 율법을 설교하는 점을 답변서에 삽입하는 문제를 놓고 소장의 편집자들과 많이 싸워야 했다. 왜냐하면 중국인들은 외국인이 자기들을 가르치는 것에 대해 매우 불쾌하게 생각하기 때문이다(N.4285). Cf. NN.166, 1523.

939 디아즈는 파스콸레 구양후(丘良厚) 멘데스를 통역관으로 데리고 갔고, 10월 22일은 지부에게, 23일에는 시민관 혹은 포정사(布政司)에게, 24일엔 제학(提學)에게 소장을 전달했다(cf. N.4285). 1607년에 통역관은 아직 "수사"가 아니었다. Cf. N.853, 본서 p.367, 주(註) 894.

940 죄인과 고발자들까지 재판장의 관리 앞에서 대기하는 방식이다. 1612년의 연차 편지는 이런 상황에 대해 다음과 같이 묘사하고 있다. "모자를 벗고 띠를 두른 옷을 입고 무릎을 꿇고 앉아야 한다. 죄인과 소장을 제출한 고발자들까지 관리를 마주하는 방식이다"(*ARSI, Jap.-Sin.*, 113, f.250r). 관리는 그들을 이렇게 45분가량 앉혀 놓은 채 책

"수재들과 사이도 안 좋은데, 왜 이 지역에서 나가지 않는가? 무슨 잘못을 했는가? 어떤 새로운 가르침을 선전하는가? 왜 사람들에게 조상 공경을 금하고, 타타르의 영정을 숭배하게 하는가? 어디서 그런 많은 돈이 생겼는가?" 하고 물었다. 그 외에도 비슷한, 매우 무례한 질문들을 했다.[941] 거기에 대해 신부는 통역을 통해, 대답하고, 그에게 『천주교요天主教要』[942] 한 권을 주었다. 거기에는 십계명이 있고, 제4계명으로 부모를 공경하라는 말이 적혀 있다고 했다.[943] 그는 아무것도 믿으려고 하지도 않았고, 듣고 싶어 하지도, [책을] 받으려고 하지도 않았다.

포정사의 이런 불쾌한 접견을 통해 모든 사람이 우리가 그 도시에 체류할 수 있는 별다른 방법이 없다고 확신했다. 그래서 우리는 미사와 기도와 참회로 간절히 하느님의 도우심을 청했다. 그분께서 자비를 베풀어 주시어 우리가 그 도시에 머물며 많은 영혼을 구할 수 있게 해 달라고 간청했다.

862. 수재들이 승리를 자랑하다. 남창과 신건(新建)의 두 지현(知縣)에게도 탄원서를 제출하다. 둘 중 하나는 반려되다

반대자들은 이미 승자가 된 것처럼 좋아하며, 우리가 쫓겨난 다음 우

상에 앉아서 소장을 살펴보았다. Cf. N.4285.

941 그도 성(省)의 제학으로 있었던 적이 있어 수재들의 입김을 받고 있다는 인상을 주고 싶지 않았다. 그러나 사실 그도 선교사들이 죄가 없다고 확신했고, 그들을 보호해 주려고 했다. Cf. N.863.

942 Cf. N.708, 본서 p.85, 주(註) 89.

943 『천주교요(天主教要)』에 따르면, 하느님의 십계명 중 제4계명이 四, 孝敬父母, 즉, "제4계명, 부모를 공경하라"(f.3a)고 했다. Cf. N.931.

리 집에 있는 돈과 물건을 어떻게 나눌지를 생각하며, 더 많은 사람을 부추겨 다른 여러 개의 소장을 제출하게 했다. 그것은 이미 타오른 불에 기름을 붓는(assoppiando)[944] 격이었다. 도시의 유력인사를 끌어들여 관리들에게 가서 신부들을 따르는 사람들이 더 늘기 전에 최대한 빨리 쫓아내라며 부추겼다. 그러면서 그 도시의 두 수장에게 같은 톤의 또 다른 소장 두 개를 추가로 제출했다. 이들[두 수장]은 도시를 둘로 나누어, 마치 두 개 도시를 통치하는 것처럼 했는데, 이들을 지현知縣[945]이라고 불렀다. 그중 한 사람은 그들에게 더 호의적으로 해 준답시고, "[그들의] 율법이 진실인지 거짓인지 조사할 필요도 없소. 외국인이 가르친다는 것만으로도 충분하오. 그들은 즉시 추방되어야 하오"라고 말했다. 그리고 만약 고발자들이 지부知府에게 또 다른 소장을 제출했다고 말하지 않았더라면 통감[946]은 자기가 말한 대로 했을 것이다. 이에 지현은 "지부가 일을 처리하기를 기다리면 되겠소"라고 말했다. 그런 다음 더는 이 일에 관여하려고 하지 않았다.[947]

---

944 '불다', '일어나 활활 타오르다'라는 뜻의 [이탈리아어] soffiando 대신에 Assoppiando는 포르투갈어 동사 assoprar('불다'는 뜻)에서 유래했다. 더 뒤에 있는 N.868에서 다시 보게 될 것이다.

945 남창현(南昌縣)과 신건현(新建縣), 두 현에는 두 명의 지현(知縣)이 있었는데, 이들은 남창(南昌) 시를 나누어 가졌다. 그들이 제출한 소장은 10월 22일과 24일 사이였다. Cf. N.4286.

946 지현이다.

947 이 지현(知縣)은 한 거인[석사]에게 디아즈에 관해 물었고, 그는 디아즈를 모른다며 오래전부터 그를 만나고 싶었다고 대답했다. 그리고 도시의 주요 인사들과 좋은 관계를 맺고 있는 훌륭한 사람으로 알고 있다고 했다(N.4297). 한편, 디아즈도 자신을 변호하는 내용을 그에게 제출했고, 그것이 N.860에서 말하는 내용이다(N.4290). 한 수재는 다른 지현에게 소장에 대한 아무런 후속 조치가 없는 것은 필시 디아즈가 연금술을 하거나 거짓 종교를 설파하기 때문이라고 하자, [디아즈는] 이렇게 답했다. "율법을 받는

863. 지부와 통감이 제학(提學)에 맞서 신부들을 옹호하다

앞서 말한 통감은[948] 우리의 친구고 고소장에서 우리에 대해 말하는 것이 모두 거짓이라는 걸 알고 있었다. 그래서 제학提學에게 이르기를, "마누엘 신부는 북경에 있는 마태오 신부의 동료요. 마태오 신부는 조정의 고관대작들로부터 큰 신임을 얻고, 황제께 큰 선물을 드린 관계로 공금으로 봉급을 받고 있소. 신부들은 남경에서 벌써 12년을 살았고,[949] 그들이 이곳에 있는 동안 내내 나쁜 짓을 했다는 말을 한 번도 들어 보지 못했소. 이 소장에 적힌 것이 사실인지 잘 보기를 바라오." 이런 당부와 마누엘 신부가 올린 상소에서 수재들이 신부에 대해 하는 비방은 모두 거짓이라는 내용을 보고,[950] 제학은 이 사건을 좀 더 자세히 들여다보기 시작했다. 그리고 수재들의 소장 내용을 조사하고, 발견한 것을 보고하라고 명했다.[951]

왕王씨 성의 포정사布政司도 그렇게 했다. 이 포정사는 마태오 신부가 남경에 있을 때 남경 총독總督으로 있었고, 그의 명령으로 신부를 남경에 체류할 수 있게 허락해 준 적이 있는 사람이었다.[952] 그리고 여러 관직을 거쳐[953] 그 시기에 포정사가 되어 왔고, 매우 신중한 사람이었다. 이런

것은 합당한 이유가 있기 때문입니다. 만약 당신이 은(銀)을 좋아하면 그 비용은 당신이 내야 할 것이오"(N.4297).

948 Cf. N.856.

949 리치가 남창에 도착하던 1595년 6월 28일부터(N.464) 벌써 12년이 넘었다.

950 Cf. N.861.

951 "명령"의 주체는 통감 혹은 지현이다.

952 왕좌(王佐)였다. Cf. N.857, 본서 p.374, 주(註) 922; N.489, 본서 2권, p.484, 주(註) 530; NN.489-491.

953 즉, 다른 여러 관직을 거친 후에.

이유로 마누엘 신부에게 호의적으로 대한다는 걸 보여 주고 싶지 않아서 공개 재판을 거부하고, 자신도 제학을 지낸 바 있어, 수재들의 말이 사실이라면 그것을 입증하면 되는 일이라고 차갑게 말했다.[954]

864. 디아즈 신부가 성화들을 옮기도록 하다

그때 일부 수재들이 그리스도인들의 집을 습격하여 구세주 성화 두세 점[955]을 찾아내어 무례하게 찢어 버렸다. 왜냐하면 지부가 이런 성화를 금한다고 했기 때문에 그것을 알고 이런 짓을 한 것이다. 이에 마누엘 신부는 교우들에게 성화를 집에 감추어 보이지 않게 하라고 일렀다.[956] 비신자들로부터 성화가 훼손되는 것을 방지하기 위함이라며 이번 박해가 지나갈 때까지 그렇게 하라고 했다. 성화를 공개적으로 보관하는 것은 의무가 아니고, [아무 데나] 집에 두기만 해도 된다고 했다. 모든 신자가 묵주[957]를 가지고 있는 것으로도 충분하다고 했다.[958]

865. 지부가 수재들과 다른 고발자들 앞에서 선교사들을 변호하다

통감은 조사를 명한 다음, 고발자들인 수재들을 불러 자세히 심문했다. 그는 우리를 비방한 그들에게 "모두가 좋은 사람들이라고 하고, 그

---

954 Cf. N.861.

955 두 점뿐이다. Cf. N.4287.

956 제학은 먼저 고소한 사람들을 불렀고, 그다음엔 선교사들이 사는 수도원 이웃 주민들을 증인으로 불렀다. 그 후에 디아즈를 불렀고, 디아즈는 성화 사용을 금지하라고 말할 참이라고 했다. Cf. N.4287.

957 Cf. N.750. 묵주는 소주(韶州)(N.642)와 북경(N.905), 그리고 상해(上海)(NN.930, 943)에서 사용하고 있었다.

958 Cf. NN.4287, 4304.

집에는 그대들이 말한 스무 명이 아니라 두 명의 신부밖에 살지 않는다는 것을 알았소"라고 말했다. 이에 그들이 "신부들은 두 명이지만, 거기엔 그들을 따르는 많은 중국인이 있습니다"라고 대답했다. 지부가 다시 "그들이 우리 중국 사람들이라면, 그게 왜 두려운 일인가?" 그리고 덧붙이기를, "그들의 동료 마태오 리치는 북경에서 모든 사람의 신임을 얻고, 황제가 고관대작들과 똑같이 봉급을 주고 있소. 우리 정부에서 그를 북경에 체류하도록 허락한 것이오. 그런데 이미 12년간을 평화롭게 있던 곳에서 그들을 쫓아내는 것이 옳은 것 같지 않소. 그들에게 큰 집을 매입하지 말라고 하겠소. 또 백성[중국인들]에게 그들의 율법을 따르지 말라고 하겠소. 그리고 그들을 여기서 쫓아내지도 않겠소"라고 했다.

그런 다음 우리가 사는 지역의 이웃 주민과 향약鄕約[959]을 불러 조사했다. 그들은 지부가 신부들에게 호의적인 것을 알고, 쉽게 사실대로 말해 주었고, 신부들이 누구에게도 나쁜 짓 하는 걸 본 적이 없다고 고백했다.[960] 그리고 마누엘 신부와 그의 통역관 수사[961]를 들어오게 했다.

---

959 즉, 구역의 장들을 일컫는다. Cf. N.734, 본서 p.152, 주(註) 241.

960 재판장에 출두하라는 초대를 받았을 때, 안내인은 이미 신부에 대해 질문하는 지부에게 어떻게 대답할지 주의하라고 조언했다. 그가 신부에게 호의적이라는 것이다. 그런 다음 그는 긍정적으로 대답하는 것 외에 다른 대답을 할 수 없도록 질문했다. "여러분은 에마누엘레 디아즈를 알고 있지요, 그렇지 않습니까? 훌륭한 사람이라고 하고, 여기서 오랫동안 살면서 누구에게도 피해를 주지 않았다고 하던데 … 등등" 그러니까 예라는 답변 외에 다른 할 말이 없는 것이다. Cf. N.4291.

961 파스콸레 구양후(丘良厚) 멘데스다. Cf. N.853.

866. 제학에 맞선 지부의 호의적인 판결과 포정사의 적극적인 개입

그들은 허락 혹은 인용의 형태로 수재들의 청을 들어주는 것 같은 뉘앙스로 [디아즈] 신부와 그의 통역관에게 나무라듯 몇 가지 주의를 주었다.[962] 통감은 수재들과 함께 있는 자리가 불편하다면 굳이 올 필요가 없다며, 모든 걸 취소했다.[963] 그러나 법정의 간수들[964]이 그[965]를 불렀다. 그리고 밖에 있는 줄 알고 안으로 들어오게 했다.[966] 꼼꼼하게 조사한 다음, "신부가 이렇게 큰 집에서 사는 것에 대해 도시의 일부 사람들이 못마땅해하니, 다른 작은 집을 매입하는 것이 어떻겠소? 그렇지 않으면 계속해서 귀찮게 할 것 같소. 그리고 신부가 자기네 율법을 준수하는 건 좋으나, 중국인들에게 알리지는 마시오. 나쁜 사람들이 지금은 신부를 따른다고 하지만 나중에는 오히려 나쁜 짓을 할 수도 있소"라고 말했다. 그리고 다른 여러 가지 이야기도 했는데, 모두 자기의 청을 들어주었다고 생각했다. 이 일이 있고 난 뒤, 지부는 동료와 신부에 대해 이야기하면

---

962 인용문을 그대로 옮기면: "내 앞에 있는 죄인 마누엘 디아즈와 그의 통역관과 수재(秀才)를 보시오." Cf. N.4291.

963 그[통감]가 말하기를, "수재(秀才)들만 내 앞으로 오라"고 했다. 그래서 처음에 신부는 수재들이 있는 자리에서 통감을 알현하기를 거부했다. Cf. N.4291.

964 법정의 간수들은 관리의 '보좌관들'이다.

965 "그"는 당연히 디아즈를 가리킨다. 지부는 자신의 고발자들이 있는 앞에서 디아즈가 수모당하는 걸 보고 싶지 않아서 부르고 싶어 하지 않았다. 그러나 관리의 보좌관들이 그를 불렀고, 그를 지부의 관저 근처에 있는 어떤 집에 감금했다. 심문관 중 한 명이 관리에게 직접 디아즈를 부르는 게 좋지 않겠느냐고 했고, 관리는 적합하지 않은 것 같다고 대답했다. 그제야 그는 신부가 밖에서 기다리고 있다며 주의를 환기시켜 주었고, 관리는 비로소 신부를 들어오게 했다. Cf. N.4291.

966 "하도록 한" 주체는 통감이다.

서, "그가 설교하는 율법은 이성에 부합하고, 그의 생활이 모범적이지만, 그가 외국인이라 기댈 곳이 없다는 걸 알고, 수재들이 그를 고발하며 덤비는 것이오"라고 했다.

그 후 포정사가 제학에게 "마누엘 신부를 상대로 소송을 진행하지 마시오. 수재들이 제기한 소장訴狀은 신부한테서 돈을 좀 뜯어내려고 모두 지어낸 것이오. 남창 사람들은 나쁜 사람들이오. 그리고 그들이 집을 사도록 내버려 두시오. 그들이 있던 집도 내가 그곳 지부로 있을 때, 그의 동료 마태오 리치에게 매입 허락을 해 준 것이었소."[967]

867. 황족들의 쓸모없는 협박

이런 소식을 접한 황제의 일부 친척[王府] 중 하나는 궁핍하게 살면서[968] 매우 무례한 행동을 했다. 신부가 관아에서 나오기를 기다렸다가 몽둥이로 두들겨 팬 다음, 신부의 집에 들이닥쳐 물건들을 약탈하려고 했다. 그러나 뜻대로 되지 않자 여러 차례 와서 자기도 신부를 상대로 소장을 제출하겠다고 협박했다.[969] 우리 집식구들에게 여러 번 욕을 퍼붓기도 했다. 하지만 통감이 우리를 호의적으로 대하자 아무것도 하지 못했다.

---

967 Cf. NN.491-492. 4292.

968 리치가 남창에 대해 말할 때 이미 주목한바, "이 도시에는 많은 황족이 있다"(N.467)라고 했다.

969 이 협박의 결론은 디아즈가 모든 걸 버리고 남경으로 피신하는 것이리라. Cf. NN.4288-4289.

868 은근히 호의적인 재판의 결과를 공표하다

며칠 후에[970] 이 건과 관련하여 지부의 재판 결과가 나왔다. 포정사와 제학이 승인하여 봉인한 것으로, 칙령 형식으로 도시의 성문에 공개적으로 공표했다. 그 내용을 요약하면 이렇다.

"마누엘 디아즈 신부와 동료들에 관련한 사건을 조사한 결과 그들은 중국에 대한 명성을 듣고 대大 서국西國에서 온 사람들로, 아무런 나쁜 의도 없이, 이 땅에서 벌써 여러 해를 살았다. 따라서 그들이 계속해서 자기네 율법을 지키며 사는 것은 좋으나, 이 땅에 사는 일부 무지한 백성이 그들의 새로운 율법을 찾고 천주天主를 경배하며 그 제자가 되는 것은 중국을 버리고 외국인의 것을 따르는 것이므로 온당치 못하다.[971] 그것은 시경詩經에서 말한 것처럼, '높은 나무에서 내려와 어두운 계곡에 드는 것'[972]과 같다. 따라서 이를 공표하여 모두에게 주의하는바, 여기서 더 나쁜 일이 발생할 수 있고,[973] 이런 나쁜 일을 진정시키지 않으면, 고대의 희생을 끊고 다른 덜 고귀한 것을 따를 위험이 있다. 신부를 따르는 사람이 몰래 나쁜 일을 저지를 수도 있고, 외국인들에게도 해를 끼칠 수 있다. 그러므로 도시의 통감은 최고 행정관의 명에 따라 마누엘 디아즈

---

970 11월 중순쯤이다. 모든 소유가 20일간 갔기 때문이다. Cf. NN.1812, 4300.

971 즉, 중국인들은 자기네 전통적인 방식보다 외국의 종교를 선호하는 것이 잘못되었다고 말한다.

972 그러나 시경(詩經, B, I, 5[1])에서는 정확하게 반대로 이야기했다. 새가 "깊은 골짜기로부터 나와 높은 나무에 오르는 것: 출자유곡(出自幽谷), 천어교목(遷于喬木)"(cf. Zottoli, III, pp.128-130)과 같다. 여기선 반대 의미로 텍스트를 적용하고 있다. 그러니까 그리스도교를 따르는 사람은 중국인의 지위에서 내려와 스스로 외국인을 자처한다는 의미다. 1608년에 쓴 편지에는 이 문장에 중요한 콤마를 하나 찍어서 "이제 아무도 살펴주는 이 없으니, 스스로 몸을 사리는구나"(N.4289) 하고 말했다. Cf. N.862.

973 Cf. N.862, 본서 p.381, 주(註) 944.

신부에게 백성과의 왕래를 자제하고 이상한 율법에 대해 말하지 말라고 주의를 주었다.[974] 그리고 그들이 매입한 큰 집은 원래의 주인에게 되돌려 주고, 그들의 처지에 맞는 다른 집을 매입하여 조용히 있으라고 했다. 신부도 그렇게 하겠노라고 응답하여 이 모든 것에 동의했고, 향약들에게 명하여 그들이 [집에서] 공경하고 숭배하는 하느님[天主] 성화들을 모두 제거하도록 했다. 아무도 그 외국인들을 스승으로 따르지 말 것이며,[975] 그들의 집에 밤이건 낮이건 기도하러 가서도 안 된다. 누구든지 이 법령을 어기는 자는 백련교白蓮教[976]의 규범에 따라 합당한 벌을 받게 될 것이고, 강한 처벌을 받을 것이다. 그리고 향약들 역시 이 명령을 철저히 이행하지 않으면 같은 처벌을 받게 될 것이다."

제학은 "무지한 백성은 누구라도 그들의 율법을 따라서는 안 되기에,[977] 신부의 집 대문에 이 칙령을 붙여 집 안의 외국인들은 외부와 접촉을 금지함을 백성에게 고지한다"라고 덧붙였다.[978]

---

974 많은 사람이 주목하여 전한바, 디아즈는 이 모든 재판에서 그리스도교의 진리 혹은 거짓에 대해 한마디도 하지 않고, 입을 굳게 다물었다. "무식하고 천한 사람들이" 무슨 말을 트집 잡을지 모르고, 그로 인해 선교사들에게 어떤 어려움이 발생하게 될까 두려웠기 때문이다. 그렇다고 해서 문인 학자들이나 저명한 인사들, 황족들 앞에서까지 입을 다문 건 아니다. 또한 수재들을 진정시키기 위해 주어진 금지 사항도 초순까지는 준수하지 않아도 된다는 내용이 모두 만장일치로 추가되었다. Cf. N.4301. 그런 분위기 속에서, 그러니까 재판은 선교사들에게 호의적으로 돌아가고 있었다.

975 Cf. N.625, 본서 3권, p.346, 주(註) 877.

976 백련교(白蓮教)는 불교에 기원을 둔 비밀 결사 조직으로 혜원(慧遠, 333-416) 스님으로 거슬러 올라가지만, 14세기 초에 크게 발전하여 1368년 몽골 왕조의 멸망을 이끌었다. 17세기 초, 백련교는 다시 한번 영향력과 힘을 발휘하려는 것처럼 보였다. Cf. Couling, p.601; Zzeiüen, 白蓮教.

977 판결에서 가장 황당한 부분은 이것이다. "가혹하게 제재를 하다 보니, 무지한 백성이 하느님의 율법을 받아들이지 않고, 그분의 형상도 그분의 가르침 아래 기도도 하지 않는다는 것입니다"(N.4289). 이 판결문은 도시의 일곱, 여덟 곳에 붙였다.

869. 더 많은 열정적인 그리스도인들이 미사에 참석하다

우리 친구들은 이 고지에 대해 크게 만족했다. 우리가 바라는 대로 결과가 나왔다고 생각했다. 모든 사람이 이해한바, 그리스도인이 되는 것을 금지한 것도, 성화 공경을 금지한 것도 수재들과 타협contemporizare[979] 하기 위해 형식상pro forma 하는 것으로, 신부들을 그 도시에서 쫓아내고 싶지 않았던 거라는 거다. 그리스도인이 되는 걸 금하는 것은 비교인들이 그다지 중요하게 생각하는 바가 아니고, 반대로 신부들에게 크게 죄를 씌우려고 한 그들의 목적은 이루어지지 못했다. 결국 모든 교우가 다시 미사에 나오기 시작했고, 새로 입교하는 사람도 처음보다 더 늘어났다. 신부들은 특히 주요 인사들에게 법령을 지킨다는 걸 보여 주기 위해, 주일 미사를 삼 일에 나누어 봉헌하기로 했다. 그러나 삼 일 중 하루에 오는 사람과 주일에 오는 사람의 숫자가 똑같았다. 하나도 두렵지 않다는 걸 보여 주려는 것 같았다. 어떤 향약들은 그들을 겁박하여 돈이라도 좀 뜯으려고 했지만, 교우들은 오히려 신자라는 걸 열정적으로 드러내곤 했다. 그러면서 오히려 자기네 이름을 주면서 고발할 테면 하라고 했다. 하지만 아무도 그들을 고발하지 않았다.

---

978 이것도 처음 볼 때는 "가혹하다"라는 인상을 받았으나, 두 번째 일반적인 해석이 오히려 신부들에게 호의적이라는 것이다. 침입자들의 방문에서 그들을 자유롭게 해 준 셈이기 때문이다. "외부인"은 그렇게 잘 대접할 필요가 없는 사람들이다(N.4289). 그들은 손님들이기는 하지만, 친구들이 아니고, 돈이나 연금술 같은 걸 찾아 돌아다니는 사람들이다. Cf. N.4301.

979 여기서 디아즈가 금지 조항에 대해 말하며 쓰고 있는 포르투갈어 '타협'이라는 뜻의 "콘템포리자르(comtemporizar)"는 "형식상이고 수재(秀才)들과 시간을 벌기 위한" 것이다. 즉, 상황을 미루고 정리하기 위한 것으로, 학사[수재]들에게 뭔가 인정해 주는 인상을 주는 것이다.

870. 남창에서 선교사들의 거주가 처음보다 더 견고해지다

모든 초기 수도원에서 겪은 박해로 인해 신앙이 더 견고해졌던 것처럼, 이곳 남창에서도 하느님을 섬기고 그리스도교 성교회를 위해 똑같은 박해를 겪었다. 우리를 반대하던 사람들은 지속적으로 우리를 그 지역에서 쫓아내려고 했지만, 우리는 더 견고하게 그곳에 자리를 잡았다. 우리가 그 도시에 들어갔을 때, 처음에는 거주 허락을 받지 못했지만, 통감이 마태오 리치 신부에게 서면으로(in scriptis) 허락했고, 그것을 총독이 재승인해 주어 집을 매입했다.[980] 이것은 통감과 그 시의 다른 두 최고 행정관이 우리에게 공식적으로 거주를 승인해 준 것이다.[981] 이후 아무도 그 지역에서 우리의 거주 문제에 대해 왈가왈부하는 사람은 없었다.

871. 여러 큰 성(省)에서 하느님과 선교사들을 좋게 보다

그 일이 있고 난 뒤, 우리의 거룩한 율법에 대한 큰 모든 도움은 하느님뿐 아니라, 사람들에 의해서도 이루어진다는 것을 깨달았다. 우리에 대해서 수재들이 생각한 것처럼, 그렇게 모르는 사람이 많지 않다는 것이다. 우리의 것[신앙]에 대해 잘 아는 고관들이 많고, 다른 성省과 두 직례直隸[982]에서 많이 알려져 있다는 것이다.

---

980 Cf. N.491.

981 이번에 서면으로 온 허가증은 지부 Liüttimsiüen[역자: 밝히지 못해 원문 그대로 둠], 시민관 왕좌(王佐)와 제학(提學)으로부터 온 것이다. Cf. N.4301.

982 두 조정이 있는 도시, 남경과 북경을 말한다.

872. 광주의 뜬소문에 대해 조심스럽게 외면하다. 사기죄를 지은 사람을 고문하다가 밀고자들을 발견하다

같은 시기에 광주廣州에서 일어난 우리에 관한 비방이 그 도시에 전해지지 않은 것은 하느님의 섭리였다고 할 수 있다.[983] 마카오에서 있었던 반란 소문과 우리 동료 카타네오 신부가 주동자라는 헛소문처럼, 거기[광주]에서 일어난 일과 함께 터졌더라면,[984] 우리를 도와주는 사람들도 그렇게 도와줄 수 없었을 것이다.[985]

오히려 반대자들이 스스로 우리의 일에 호의를 베푸는 격이 되었는데, 누가 거짓된 내용의 고소장을 제출하면 이제 사람들은 그럴싸해도 더는 믿지 않게 되었다. 어떤 사람은 관리와 학자들이 신부를 방문하는 것이,[986] 그들이 수로를 이용하여 물건을 훔치고 거짓을 가르치러 돌아다니는 것과 맞지 않는다고 했다. 그들은 또 고소장에 마태오 리치와 조반니 소에로 신부의 이름을 적었는데, 관리들 중 하나가 한 신부는 북경에서 큰 신임을 얻고 있고,[987] 다른 한 신부는 이미 사망했다는 걸 알고 있

---

983 광동(廣東)의 도읍 광주(廣州)다.

984 Cf. NN.781-782.

985 중국을 상대로 카타네오가 주동이 되어 포르투갈인들이 폭동을 일으켰다는 소식은 두 개의 다른 라인을 통해 [사건] 당일 남창에 도달했다. 즉, 하나는 소주에 있는 신부들의 서신을 통해서였고, 다른 하나는 그쪽에서 온 중국인 이교도들을 통해서였다. "그러니까 바로 그날, 아구스티노(Agustinho)라는 한 수재(秀才) 교우가 우리 집으로 와서 우리가 알고 있는바, 모든 자세한 사항을 전해 주었습니다"라고, 1607년 10월 18일 디아즈는 편지에 썼다. 그리고 디아즈가 바로 그 자리에서 주목한바, 섭리의 특별한 도우심으로, 그 일이 알려지지 않았다는 것이다. 그렇지 않았으면 신부들은 도시에서 쫓겨났을 것이다. Cf. N.4199.

986 사람들은 디아즈에게 중국에서 가장 존경받는 삼대 명문 계급인 문인 학자, 관리와 황족[왕부(王府)]들이 자주 방문하는 걸 내버려 둔다고 비난했다. Cf. N.4290.

987 그에게 신부들을 도시에서 쫓아내라고 말하는 사람에게 지부는 "그의 동료[Ricci]가 북

었다.[988] 결국 그들은 자기들이 한 나쁜 소문으로 신임을 잃었고, 모든 게 거짓임이 밝혀졌다.

873. 교우들의 신심이 최고조에 달하고, 그리스도교가 잘 알려져 좋은 평가를 받기 시작하다

그 일로 우리 성교회의 이름이 더 전파되고, 우리가 교회의 가르침을 전하려고 한다는 것이 알려졌다. 많은 사람이 무엇을 가르치는지 알고 싶어 했고, 사람들에게 신성한 것과 거룩한 것에 대해 말하지 않을 수 없었다. 이에 많은 이야기를 했고, 그 [내용이] 도시에서 계속 회자되었다. 많은 사람이 고발자들이 나쁘고, 우리가 잘했다고 말했다. 어떤 사람은 그들과 한 번도 이야기한 적이 없는데도 돌아다니며 우리를 옹호하는 한편, 관리들 앞에서까지 우리를 편들어 주었다.

교우들은 신자라는 것을 드러낼 좋은 기회로 생각했고, 그들이 지닌 사랑은 신부들에게 큰 위로가 되었다. 이것은 모든 사람이 우리에게 더는 희망이 없다고 하던, 가장 힘들 때 큰 힘이 되어 주었다. 그들은 미사에 왔고, 아침 일찍 대문을 열 때 와서 저녁때까지, 누군가는 항상 우리 집에 있어 주었다. 어떤 사람은 밤늦게까지 떠나려고 하지 않았다.

어떤 사람은 우리를 상대로 한 일에 대한 새로운 소식을 전해 주었고,

경[北京]에 있고 고관들이 그를 방문하고 황제와 그 측근들이 돌봐주고 있는데, 우리가 여기서 그들을 쫓아내는 것이 옳은가, 아니면 궁정에 있는 그들을 두려워하지 않는 게 옳은가?"(N.4290)라고 대답했다.

988 그는 남창(南昌)에서 5월에 떠났고, 마카오에서 아마도 1607년 10월 2일에 사망했을 것이다. 그의 사망 소식이 남창에 전해진 것은 10월 18일 이전이었다. 즉 선교사들을 상대로 한 이런 소문이 나기 사흘 전이다. Cf. N.486, 본서 2권, p.480 주(註).

어떤 사람은 우리가 뭘 해야 할지 조언해 주기도 했다. 어떤 사람은 똘똘 뭉쳐서 자기들이 따르고 있는 율법의 정당성을 옹호하러 관리들이 있는 법정으로 가려고 했다. 그러면서 고발자들을 상대로 소송도 하고 변호도 했다. 하지만 마누엘 신부는 그들에게 이 일에서 손을 떼라며, 입단속을 시켰다. 그 외 사람들도 관리들이 그리스도교를 따르지 말라고 했어도, 그리스도교 신앙을 고수했고, 어떤 사람은 신부들이 쫓겨나면 자기들이 이곳에 남아 신앙을 지키고 교우들을 돌보겠다고도 했다.

마누엘 신부가 법정에 갈 때마다 문 앞에 교우들이 없었던 적이 없었다. 그 사람 중에는 먹을 것을 가져오는 사람도 있고, 마실 것을 가져오는 사람도 있었다. 어떤 사람은 들어갈 시간을 알기 위해 안에 있다가 수위들이 오면 재판이 올바로 진행되게 해 달라고 부탁하기도 했다.

진정한 그리스도인과 영적인 자녀들의 임무도 부족하지 않았다.[989]

874. 금지된 〈구세주 성화〉를 찾아내다

재판 결과가 나오자 법원에서는 두세 사람을 우리에게 보내 내용을 통보해 주었다. 통상 이렇게 사람이 서류를 가지고 오면 약간의 사례를 하는 것이 예의지만, 그들은 그것을 받지 않으려고 했다. 대신 〈구세주 성화〉를 한 점 달라고 했다(법정에 가지고 나갔던 것으로, 누구든지 집에 걸어두고 공경할 시 엄중히 처벌하겠다고 했던 거다). 그리고 그리스도인이 되고 싶다고 했다. 신부들은 그 자리에서 성화를 주고 싶어 하지 않았다. 그런데 때마침 몇 사람이 우연히 한 예술가의 공방에서 성화 몇 점을 가지고

989 여기서 리치는 디아즈가 쓴 1608년의 연차 편지를 충실히 인용하고 있다. Cf. N.4304.

집으로 들어왔다. 배경 장식을 매우 아름답게 그린 그림이었다. 그들은 그것을 하나 집어 들고는 신부가 주려고 한 사례금도 안 받고 가 버렸다. 그 사람 중 하나가 [얼마 후에] 중병에 걸렸고, 세례를 청했다. 그는 세례를 받은 지 닷새 만에 숨을 거두었다.

875. 포정사와의 작별 인사

왕王 포정사는 광동廣東성의 다른 관직으로 승진하여 가게 되었다.[990] 마누엘 디아즈 신부는 그가 떠날 때, 좋은 선물을 하나 가지고 그의 배가 있는 곳까지 나가 끝까지 도와준 것에 감사했다.[991] 선물 꾸러미 속에 있던 마태오 리치의 『천주실의天主實意』와 『천주교요天主教要』[992]를 꺼내 보여 주자 훑어보더니 매우 좋아했다. 그리고 그 자리에 있던 다른 관리들에게 "이 사람들이 자기 부모를 공경하지 말라고 했다는 게 말이 되는가, 자기네 계명에 반하는 것을 가르친단 말인가?"[993] 그리고 신부를 크게 반

---

990 내가 찾은 중국 자료들에도 그가 광동(廣東)에서 수행한 정확한 직책이 무엇인지 언급이 없다. 여기 텍스트에서 말하는 것과 같다. Cf. N.489, 본서 2권, p.484, 주(註) 530.

991 왕좌(王佐)는 판결이 있고 나서 칠팔일 후에 떠났으니까, 거의 11월 중순쯤이 될 거다. 강서(江西)에서 1593년부터 중간에 끊기는 일 없이 계속해서 있다가 갔다. Cf. N.4293.

992 통감은 디아즈에게 미래 걱정은 하지 말라며 덕담을 해 주면서, "율법을 설교하지 말고, 현지인들이 조상을 공경하는 걸 막지 말라"고 덧붙였다. 그러자 디아즈는 이 두 번째 말에 거의 응답하듯이, 『천주실의(天主實意)』와 『천주교요(天主教要)』를 보여 주었고, 통감은 그것을 가지고 갔다. 이 두 권의 책에 관해서는 cfr. N.708, 본서 p.85, 주(註) 89; 709, 본서 p.89, 주(註) 91.를 보라.

993 "자비의 행위[형신애긍지행십사단(形神哀矜之行十四端)], 행복선언[진복팔단(眞福八端)]과 계명[천주십계(天主十誡)]들이 여기에 있다고 내가 여러 관리에게 말하지 않았소? 이것들은 그들의 기도와 책에서 가르치는 것과도 일치하오. 조상 공경을 하지 말라고 한다고 누가 말했소?"(N.4293). 이후 그는 여행 중에 제학에게 편지를 보내 선교사들을 당부했고, 제학은 여러 기회를 통해 그의 당부를 진지하게 보여 주었다.

기며, 안심하라고 말해 주었다. 제학도 이미 그들이 좋은 사람이라는 것을 알았고, 지부에게 신부들을 잘 지켜 달라고 부탁도 해 두었다고 했다. 그런 다음 신부에게 금화 몇 냥을 선물에 대한 사례로 주려고 하자 신부는 받지 않으려고 했다. 그러자 그는 신부의 통역관 파스콸레 수사에게 억지로 받도록 했다.[994]

876. 박해로 인한 좋은 결과

지금까지 이야기한 이 모든 것으로, 분명히 드러난 사실은 박해로 인해 우리가 잃은 것보다는 훨씬 더 큰 신임을 얻었다는 것이다. 재판이 끝난 후, 축하해 주러 온 친구들은 관리들이 신부에게 해 준 호의는 금화 수백 냥으로도 살 수 없는 것이라고 했다.[995]

---

994 파스콸레 구양후(丘良厚) 멘데스다. 이런 상황에서 이렇게 강제로 돈을 받게 하는 것은 세련된 중국의 풍습 중 하나다. Cf. N.4293.

995 1608년 8월 22일, 리치가 총장 아콰비바에게 보낸 편지에는 이 장(章)에서 언급한 박해 내용을 이렇게 함축하고 있다. "우리가 이 나라에서 겪은 가장 큰 폭풍 중 하나였습니다. 그 도시의 문인 학자들로부터 당했는데, 관리들은 칙령을 공개적으로 광장에 붙여, 우리가 그리스도교 율법을 선포하지 못하게 했고, 우리 집에 아무도 배우러 오지 못하게 엄중하게 처벌한다고 했습니다"(N.1852).

제16장

박해 이후, 남창에서 일어난 일에 대해, 더 편안 다른 집을 어떻게 매입하게 되었는지에 대해

(1607년 11월 중후반부터 1609년 12월 25일까지)

- 탄원서[중상모략문(中傷謀略文)]를 만든 수재들의 수치스러운 상황
- 새로운 탄원서의 작성과 내용
- 신부들이 중상모략한 자들을 그리스도교적으로 용서하다
- 선교사들을 공격했던 일부 반대자들이 예기치 않게 갑자기 죽다
- G. 로드리게스와 G. 페레이라가 남창에 도착하다. 수련소를 열다
- 일시적인 숙소. 새집을 매입하다
- 신부들을 상대로 무익한 새로운 비방을 시도하다
- 박해가 마무리되고, 결과적으로 종교적인 영광을 얻다
- 각로(閣老) 장위(張位)와 좋은 관계를 맺다
- 1609년 12월 25일, 구세주께 봉헌된 경당과 동정녀 마리아께 봉헌된 경당, 두 곳을 축성하다. 신자들의 뜨거운 신앙생활

877. 탄원서[중상모략문(中傷謀略文)]를 만든 수재들의 수치스러운 상황

우리를 반대하던 사람들과 비방문을 쓴 사람들은 모두 비웃음거리가 되었고, 사람들은 그들을 조롱했다. 제학提學은 그들을 냉대했고 학위를

박탈하겠다고 했다.[996] 그러면서 사람들이 하는 말을 전했고, 그 때문에 권위가 떨어졌다며, 결국 외국인이 이긴 거라고 했다. 어떤 사람은 이 소장訴狀으로 그들이 장담한 것과는 달리 아무도 돈을 뜯어내지 못했다고도 했다. 어떤 사람은 소송이 공익에 전혀 도움이 되지 않았고, 집 중개업자에게도 도움이 되지 않았다고 비난했다. 그들과 그들의 친척은 이름이 포고문에 기재되어 온 도시에 알려지게 되어 여간 수치스럽지 않아 했다. 존경받는 사람이 할 일은 아니었다.[997]

878. 새로운 탄원서의 작성과 내용

그런 이유로 이번 사건의 전모를 담은 책을 하나 인쇄하기로 했다. 거기에는 그들이 법정에 제출하고 관리들에게 발송한 모든 소장을 넣었다. 그리고 그 지역의 모든 유지와 관리들에게 한 권씩 주었다. 우리 집에도 한 권이 도착했다. 책은 매우 멋있고 우아하게 만들었다. 어떤 큰 학자의 도움이 있었던 것 같다. 책에서 그들은 우리[신부]를 상대로 소송을 하면서 얻은 불명예를 씻고자 했다.[998]

먼저 개인적인 이해관계 때문에 외국인을 상대로 그렇게 소송을 한 것이 아니라는 점을 밝혔다. 그들은 오로지 자기네 율법[유학]을 지키고 선

---

996 이 수재 중 여섯 명이 디아즈를 상대로 낸 탄원서[중상모략문(中傷謀略文)]에 서명한 27명에 포함된다. 그들은 제학에 의해 학위를 박탈당하기도 했다. Cf. N.4295.

997 탄원서를 쓴 사람은 특히 사람들의 표적이 되었다. Cf. N.4302.

998 디아즈에 의하면 이번에 새로 쓴 탄원서의 저자는 이전 것에서 마음에 안 드는 부분을 없애거나 중화했다. 그렇지 않으면 이전 것과 똑같았을 것이다. 탄원서는 도시의 모든 주요 인사들에게 발송되었고, 재직 중이거나 퇴직한 관리[향관(鄕官)]들, 그리고 디아즈에게도 발송되었다. Cf. N.4303.

조들의 가르침을 보존하고자 했으며, 오래전부터 지금까지 외국인 상인들과 교류하면서 일어난 여러 가지 나쁜 일들을 나열했다. 따라서 중국은 그들을 성城과 같은 곳에 가두거나 해야지 여기저기 가고 싶은 곳을 마음대로 돌아다니게 해서는 안 된다고 했다. 이들을 백성의 스승이 되게 해서는 안 된다는 것이다.[999] 가장 악의적인 대목은 우리가 중국을 힘으로 지배하려고 한다며, 다른 외국인들이 중국에 와서 하려던 것처럼 신부들을 그대로 내버려 두어서는 안 된다고 했다. 그들이 자기 나라를 대大 중국[大明]이라고 하자, 우리[신부]도 우리의 고국을 대大 서국[大西]이라고 하고, 그들이 자기네 임금을 천자天子라고 하니, 우리도 하느님을 천주天主라고 부른다고 했다. 주主가 자子보다 크다는 것을 알고, 우리가 주님을 자기네 황제보다 더 위에 두려고 했다는 것이다.[1000] 게다가 신부

---

999 Cf. NN.80, 116, 166, 167, 206, 226, 524, 605, 728, 830.

1000 1608년의 연차 편지 내용은 더 명확하게 말해 주고 있다. 중국어로 해당 단어를 그대로 표기하고 있기 때문이다. "그리고 '드넓게 밝힌다[大明]'라는 중국의 국호를 상대로, 우리[선교사들]가 유럽을 '오 위대한 서국[大西]이여'라고 쓰고, 자기네 왕을 '하늘의 아들[天子]'이라고 하는데, 우리가 하느님을 '하늘의 주인[天主]'이라고 부른다고 합니다. 위대함에 있어서나 명예와 고귀함에 있어서나 우리를 그들과 같게 만드는 것 같지만, 아들보다는 주인이 높기에, 우리를 높이고 자기네를 그대로 두는 거라고 말합니다"(N.4303). 이런 비방은 [중국] 선교에서 오랫동안 말이 나왔다. 1601년 1월, 리치가 북경 조정에 처음 갔을 때, 자신을 "대서양(大西洋)"에서 왔다고 소개하자, 예부상서(禮部尙書)가 『대명회전(大明會典)』에 대서양(大西洋)은 언급되어 있지 않아 모른다며, 훗날 밝혀질 인도양을 가리켜, 서양(西洋)만 안다고 기록한 바 있다. 이것이 그 텍스트다. "대서국의 주민 리치를 만났기에, 예부상서는 [황제께 올리는 상소로] 말씀 올립니다. 대명회전에 서양(西洋)[=인도양]에는 쇄리(瑣里)[=Coromandel, **역주**_『명사』에는 코로만델(Coromandel) 연안의 촐라(Chola) 지역을 [서양] 쇄리(瑣里)라고 불렀다. 여기서 유추할 수 있는 것은 인도양도 서양으로 간주했다는 점이다. 바다 그 자체를 가리키기보다는 그 일대 해안지역을 모두 '서양'으로 부른 걸로 짐작된다]만 있고, 대서양은 전혀 언급이 없습니다. 그래서 [리치가] 하는 말이 사실인지 거짓인지 알 길이 없습니다: 自稱大西洋人. 禮部言, 會典止有西洋瑣里國, 無大西洋. 其眞僞不可知."

들은 자기네 방식으로 연도를 쓰고, 중국 황제의 연호를 쓰지 않는다고 도 했다.[1001] 집[수도원]에 여기저기 붙은 (예수와 성모 마리아의 이름을 적은) 글자는 그 모양이 활과 화살, 도끼와 그 외, 무기와 비슷한데, 그것들은 나쁜 징조나 이미지를 가리킨다고 했다.[1002] 그들을 중국에서 받아 준 것은 매우 잘못한 일이고, 이 일을 위해 뛰어든 그들을 아무도 비난해서는 안 된다고 했다. 왜냐하면 이런 비슷한 일은 많은 예전의 학자들도 했던 일이고, 그 기록들을 여기에 첨부하며, 이런 일은 처음부터 막지 않으면, 점점 커져서 나중에는 걷잡을 수 없을 정도가 되기 때문이라고 했다.

Cf. *Storia dei Mim*, c.326, f.13a; D'Elia[1], p.229. 이 탄원서에서 언급한 두 가지 난관 중, 하나를 서면으로 논박한 것이 앞서 언급한(Courant, N.1321, ff.4a-6a) 1616년 8월 판토하의 상소문이었다. 여기서 저자는 대서양국(大西洋國)이라는 표현에서 형용사 '대(大)'가 명사 '바다(洋)'를 수식하지, 명사 '왕국'을 수식하지 않는다고 보았다. 그래서 소서양(小西洋)에 반대되는 것으로 대서양(大西洋)을 말했다는 것이다. 때로 태서(泰西, 太西)를 말할 때, '크다'는 뜻의 '태(泰, 太)'를 '극(極)'으로 대체하기도 해서, 중앙아시아의 모슬렘들은 그 자리에 서역(西域)과 구분하기 위해 극서(極西)를 넣기도 했다. 나아가 중국의 많은 도시가 자기네 지명에 형용사 "거대하다(大)" 또는 "극(極)"을 넣어 대명(大名), 대동(大同), 태화(泰和), 태안(泰安)으로 부른다. 심지어 아주 작은 왕국 아라비아(Arabia)도 '대식(大食)'이라고 하고, 포르모사(Formosa, 대만)도 '대유구(大流球)'라고 "거대하다(大)"는 형용사를 넣었다. 하느님께 드린 "하늘의 주인[천주(天主)]"의 이름과 관련하여, 저자는 그리스도인들의 하느님은 "하늘[천(天)]" 혹은 중국 고전에 나오는 "상제(上帝)"라고 간주했다. 하지만 "하늘"이라는 말은 창공은 물론 그것의 주인을 의미하고, 무식한 사람들이 혼란을 자초하지 않도록 유럽의 스타일로 구체적으로 "하늘의 주인[天主]"이라고 했다. 그리고 그 어떤 것도 하느님보다 높을 수 없다고 명시했다.

1001 유럽인들, 그러니까 서양 선교사들이 그리스도교 연대를 사용할 때, 본문에서 주목한 것처럼 중국인들은 "황제의 재위 연도 외에 다른 연도를 쓸 수가 없다"(N.130). Cf. N.130, 주(註).

1002 어쩌면 예수 이름의 모노그램에 함께 등장하는 십자가와 빛줄기, 그리고 못이 이런 상상을 하게 했을 가능성도 있다. Cf. 그림 13, 본서 2권, p.160. 이 모노그램은 "문신(門神)" 상을 대체했기 때문이다. Cf. N.751.

끝에는 마누엘 디아즈 신부를 향해 개인적인 분노까지 모두 쏟아부었는데, 늑대의 탈을 쓴 개라는 둥, 뱃속에 온갖 나쁜 악재와 추함이 가득하다는 둥 심한 소리를 해댔다.[1003]

879. 신부들이 중상모략한 자들을 그리스도교적으로 용서하다

신부들은 바로 어떤 대응도 하지 않는 것이 좋겠다고 판단했다. 오히려 마누엘 디아즈 신부는 그를 방문하여 몇 가지 선물과 함께 위로하려고 했다. 하지만 친구들이 그것을 말리며, 그들이 유력인사의 자식들이라 무례하기 짝이 없다며, 그리스도교 덕을 그런 사람들에게 쓸 필요조차 없다고 했다. 그런 사람들과는 가까이하지 않는 게 좋다고 했다. 그러나 이렇게 조언해 주러 온 사람들에게 신부는 그들이 사악해서가 아니라, 우리 종교의 진리를 잘 몰라서 그렇다고 말해 주었다.[1004]

880. 선교사들을 공격했던 일부 반대자들이 예기치 않게 갑자기 죽다

결국 하느님께서 우리의 반대자들을 처벌해 주셨다. 그들 중 가장 비중 있는 두 사람이 갑자기 죽었다. 한 사람은 우리를 반대하는 소장을 쓰라고 수재들을 부추겼고, 다른 한 사람은 황족 중 한 사람[王府]으로 언젠가 파스콸레 수사를 몽둥이로 때리려고 했고,[1005] 한 수재의 집에 가서

1003 Cf. N.4303.

1004 그들[신부들]은 탄원서의 저자가 "좋은 의도가 있었지만, 우리가 조상 공경에 관용적이지 않을 거라고 잘못 생각한 것으로 보입니다. 우리와 대화하기 전에는, 우리에 대해 알지 못한 탓입니다"(N.4303)라고 말해 주었다.

1005 파스콸레 구양후(丘良厚) 멘데스다. Cf. N.853, 본서 p.368, 주(註) 895.

우리를 반대하는 소장을 쓰라고 하는 등, 항상 우리에 대해 악담을 하고 다녔다.[1006]

그 지역에서 이름난 강학가講學家 세 명도 연달아 죽었다. 그들은 최고 위선자들로 우리에게는 친구처럼 행동하면서, 실은 우리의 적敵으로 수재들을 부추기고 선동했다.[1007]

소장을 쓴 수재들의 대장은 많은 재산을 잃었다.[1008]

이것은 비교인들이 우리에게 한 모든 나쁜 짓에 대해 하느님께서 벌을 주신 걸로 생각하게 했다.

881. G. 로드리게스와 G. 페레이라가 남창에 도착하다. 수련소를 열다

집을 새로 사기로 하고 이전의 집을 황족 중 한 사람에게 먼저 팔았다.

1006 이 두 사람은 1608년 여름, 갑작스레 죽었다. 그중 한 명은 수재들을 선동하여 처음 탄원서[비방문]를 작성하여 병비도(兵備道)에게 제출하게 했던 사람이다[cf. N.856, 본서 p.371, 주(註) 908.]. 또 다른 한 명도 두 개 비방문의 저자다(N.4288). 이 사람이 하루는 디아즈의 통역관 파스콸레 구양후(丘良厚)를 몽둥이질하려고 했던 사람이기도 하다. Cf. N.4308.

1007 앞서 언급했듯이[cf. N.536, 본서 3권, p.132, 주(註) 291.] 당시 남창(南昌)에는 이름난 강학가가 세 사람 있었다. 선교사들의 친구들을 통해 전해 들은바, 그들을 매우 적대적으로 대했던 교활한 위선자들이라고 했다(N.4281). [그러나] 10년 전에 리치는 훌륭한 추종자 한 사람을 만났는데, 그는 이 "강학가들"의 우두머리였던 정직한 친구로, 이름이 장두진(章斗津)이었다(N.484). 당시 우리와 교분을 쌓던 때에 그는 은퇴해서 있다가 곧 사망했다. Cf. N.484, 주(註). 우리의 세 "강학가" 중 한 사람은 1608년 여름에 사망했고, 다른 한 명은 최고의 "광신자"였는데, "이 땅의 복음 선포에 가장 큰 걸림돌이자", "두 선동자의 교만과 위선을 대변한" 사람으로, 역시 그해 10월 말에 죽었다(N.4312).

1008 그는 고리대금업 –열한 개 업소– 을 운영하고 있었다. 그러나 10월 말경, 폐업해야 했다. 사업이 전혀 안 되었기 때문이다. Cf. N.4312.

우리가 그와 한 계약은 우리가 [집을 사서] 다른 집으로 가면, 그때 들어오기로 했다. 그러나 그는 약속을 어기고 먼저 짐을 모두 들고 들어와 우리를 쫓아내려고 했다.[1009] 수재들이 또 행패를 부릴까 여간 걱정이 아닌 상황에서, 아무도 우리에게 집을 팔려고도 세를 주려고도 하지 않았다.[1010] 그곳[남창]에는 오래전부터 [수도원 식구] 7명이 생활하고 있었는데, 그 시기에 소주韶州에서 예로니모 로드리고Geronimo Rodrigho[1011] 신부가 왔고, 박해가 끝날 무렵, 북경에서 가스파로 페레라Gasparo Ferrera[1012]

1009 이 황족[王府]은 "존경은 받았지만 아는 게 별로 없는" 사람으로, 처음에는 자기가 신부들의 친구라며, 기꺼이 개종도 할 수 있다고 큰소리쳤다. 그러나 얼마 안 가, 갖은 방법으로 신부들과 맞서기 시작했고, 신부들에 반대하는 다른 사람들을 부추기기까지 했다. Cf. N.4305.

1010 일부는 집이 신부들에게 돌아갈 걸 알고 바로 물러났지만, 다른 몇 사람은 계약이 종료되고 대금이 지급된 뒤에야 물러갔다. 여전히 수재들을 두려워했기 때문이다. Cf. N.4305.

1011 그러니까 지롤라모 로드리게스(Girolamo Rodrigues)는 1607년 8월 훨씬 이전에 남창에 도착한 것이다(N.855). 그에 관해서는 cf. N.702, 본서 p.63, 주(註) 46.를 보라.

1012 그러니까 가스파레 페레이라(Gaspare Ferreira)[cf. N.702, 본서 p.67, 주(註) 50] 신부가 남창에 도착한 것은 1607년 말경으로 추정된다. 아마도 중국인 청년 4명, 수련자들의 스승으로 왔다면 11월에 왔을 수도 있다. 이 청년들의 신원은 확실하지 않다.

우선 고려해야 할 점은 영웅적인 그 시기에 수련기가 계속해서 개설되었던 것도 아니고, 수도회 입회가 수련기를 시작하는 것과 반드시 맞물렸던 것도 아니다. 다만 식별 기간을 두었는데(N.1675), 그것이 몇 년이 걸리기도 했다. 다른 한편, 론고바르도를 통해서 알 수 있는바, 1617년 10월 4일 자, 편지에서 중국인[수련자들] 전체가 ―일본에서 태어난 한 사람만 제외하고는 모두 마카오 출신이고― 1591년부터 1617년 사이, 예수회에 입회한 사람으로 아홉 명이었다. 그들 중 단 한 사람도 지금까지 수도회를 나간 사람이 없었다. "마카오의 아들 9명이 지금까지 예수회에 입회했다(그들은 언어를 섞어서 사용하지 않고 중국어로 했다). 28년 동안 … 아무도 자신의 성소를 내려놓은 사람은 없었다"(*ARSI, Jap.-Sin.*, 17, f.91r). 현재 이 아홉 명의 이름을 우리는 알고 있는데, 모두 리치 시대에 수련기를 지냈다. 그들은 세바스티아노 종명인(鍾鳴仁) 페르난데스, 프란체스코 황명사(黃明沙) 마르티네스, 에마누엘레 유문휘(游文輝) 페레이라, 도미니코 구양품(丘良禀) 멘데스, 안토니오 뇌도(雷道), 쟈코모 니쳄 예일성(倪一誠) 니바, 파르콸레 구양후(丘良厚) 멘데스, 프란체스코 석굉기(石宏基) 데 라게

신부까지 도착했다. 이들은 1608년 3월에 한 것처럼, 남창 수도원에 수

아, 조반니 종명례(鍾鳴禮) 페르난데스다. 1617년에 론고바르도가 편지를 쓸 때, 그중 두 사람이 이미 사망했다. 1606년에 황명사(黃明沙)(N.788)와 1611년에 뇌도(雷道)[cf. N.698, 본서 p.55, 주(註) 28]가 그들이다. 논리적으로 니첌도 비록 중국인 아버지와 일본인 어머니 사이에서 일본에서 태어났다고 하더라도, 이 중국인 중 한 사람으로 보는 것이 합리적이다(N.687). 지금 여기서는 첫 두 명이 1591년 1월 1일 수련기를 시작한다는 것이다[N.354, 본서 2권, p.323, 주(註) 87.]. 만약 리치가 전하는바, 1606년 8월 15일이 니첌의 입회 이후라면, 그가 수련기를 시작하기 전에 편지를 썼다는 이야기다. "오늘, 8월 성모의 날, 이곳에서 세 명의 수련자를 받아들였습니다. 1년간 식별 기간을 마쳤습니다"(N.1724). 그러니까 우리는 이 세 명의 중국인이 1605년 8월 15일에 수련기를 시작했다는 걸 인정해야 한다. 그들은 유문휘(游文輝), 뇌도(雷道), 구양품(丘良禀)으로, 발리냐노의 승인으로 유문휘는 1603년 말 남경에서 디아즈에 의해, 다른 두 명은 1603년 말 혹은 1604년 초 북경에서 리치에 의해 수도회에 입회했다. 실제로 1603년 10월의 카탈로그에는 유문휘가 남경 수도원으로, 나머지 둘은 북경 수도원으로 들어왔다고 적고, 양쪽 모두에 대해 "이제부터 수도 생활을 시작하도록 받아들여졌음"(*ARSI, Jap.-Sin.*, 25, ff.65v-66r)이라는 메모를 첨부했다. 구양품은 이 카탈로그에는 없고, 1604년 1월의 카탈로그에서 북경 수도원 입회자 두 사람 중 한 사람으로, "그는 수련기를 지내며, 중국 문자를 공부하고 있음"(*ARSI, Jap.-Sin.*, 25, f.81v)이라고 적었다. 더욱이 1605년 8월, 유문휘의 입회를 리치가 알지 못했다는 건 불가능한 일이 아니다. 북경에 있던 두 사람에게, 리치가 통상 하는바, 수련기를 시작하기 전에도 수련자 혹은 수사라는 호칭을 사용하도록 했기 때문이다. 이것은 그해 5월, 그가 4명의 중국인 형제들 가운데 여섯 번 열거한 이유를 설명해 준다(NN.1572, 1599, 1606, 1631). 그에게 "두 명을 이미 수사로 받아들였다"(N.1620)라고 하며, 그때부터 그를 "두 명의 중국인 수련자"(N.1654)로 불렀다. 다른 날인, 1605년 7월 26일의 한 편지에서도 분명히 같은 사람들을 암시하는 듯 이렇게 적고 있다. "지금 저는 두 중국인 청년을 예수회에 받아들이려고 합니다. 오랫동안 형제로 이곳 [북경] 수도원에서 우리를 도와주었습니다"(N.1700). 또 다른 편지에서는, 좀 더 좋은 뉘앙스로 "오랫동안 이 집에서 충분히 만족할 만큼 우리를 도와주었던 두 사람을 이미 받아들였고, 그들은 며칠 후부터 이 집에서 수련기를 시작할 것입니다"(N.1675)라고 적고 있다. 이 세 사람이 어느 정도 수련기를 지내고 있을 무렵, 아마도 1606년 5월경, 확실히 2월 20일 이후, 발리냐노가 임종하면서 허락했지만, 그들을 받아들였을 때가 8월 15일 이전인지는 확실하지 않다(N.1714). 니첌도 리치의 명에 따라 입회가 허락되었다. 그러나 바로 마카오로 새 성당 장식을 위해 가야 했기 때문에, [그곳에는] 다른 수련기 동료가 없어 당시에 수련기를 시작했다는 기록은 없다. 마카오의 세 젊은이는 1608년 3월에 준비가 되어 있었고, 거기에 니첌도 합류했다. 이 사람들이 남창의 4명 수련자다. 그들의 수련기는 1610년 3월에 끝날 것이다(N.946). 독자들에게 앞서 니첌[cf. N.687, 본서 3권,

련소를 마련하기로 하여 4명의 중국인 젊은이들을 수련자로 받았는데,

---

p.474 주(註) 1181.]과 마카오 출신의 세 명 중 한 명인 조반니 종명례(鍾鳴禮)[cf. N.840, 본서 p.348, 주(註) 830.]에 대해 언급한 바 있어, 여기선 나머지 두 명에 대해서만 개괄하기로 한다.

먼저 파스콸레 멘데스다. 북경 국립 도서관 ms. 22658[N.354, 본서 2권, p.323, 주(註) 87]에 기록된바, 성은 구(丘), 이름은 양후(良厚), 자는 의수(衣修)라고 말한다. 포르투갈 성(姓)과 중국 이름 양품(良禀)과 양후(良厚)가 비슷하여, 같은 이름인 도미니코 구양품(丘良禀) 멘데스의 막냇동생일 거라는 생각을 하게 한다. 1614년의 카탈로그(Ajuda, 49-IV-66)는 그가 (중국식으로) 예수회 입회한 지 8년이 되었다고 말하는데, 1621년과 1626년의 카탈로그는(*ARSI, Jap.-Sin.*, 134, ff.302, 304, N.4) 그가 1610년에 입회했다고 잘못 적고 있다. 이 두 개의 카탈로그는 그가 1584년에 마카오에서 태어났다고 말하며, 한 곳에서는 그를 두고 "최고의 교리교사"라고 하고, 다른 곳에서는 "뛰어난 교리교사"라고 말한다. 1603년 이전에도 그는 선교사들을 도왔는데, 처음에는 남경에서[cf. N.682, 본서 3권, p.467, 주(註) 1166.], 이후 1605년에는 북경에서(N.1682), 그리고 끝으로 남창에서 도와주다가 거기서 1608년 3월, 수련자로 입회했다. 1613년에도 여전히 남창에 있었다(N.3823). 1618년에 잠정적인 마지막 서원을 했다. 흔히 통사(通事)(1626년)로 알려진 조반니 로드리게스(Giovanni Rodrigues)의 증언에 따르면, 그는 중국어를 대단히 잘했다고 한다(*ARSI, Jap.-Sin.*, 18, f.67v). 우리가 아는바, 1637년의 연감에서부터 그는 북경에 있었고, 아마 거기서 1640년 8월 26일 죽을 때까지 있었던 것 같다. 그의 성대한 장례식은 수많은 조문객으로, "그리스도 십자가의 승리였다"(Bartoli[1], IV, c.278, pp.556-557).

남창의 이들 수련자 중 두 번째 사람은 1626년의 카탈로그에 의하면 이렇게 묘사하고 있다. "프란체스코 라게아 수사; 마카오 태생의 중국인; 41세; 건강하고 체력은 중간; 예수회 입회한 지 16년; [중국] 선교에 투신한 지 16년이고 때때로 교리교사로 활동; 1626년 4월 12일 임시 종신서원자(Coadjutor formatus temporalis)[**역주_** 종신서원을 하기 전에 하는 것으로, 최종서원의 자격이 주어지는 걸 의미]". 가정(嘉定)에서 언급한 날에 한 그의 마지막 서원 증명서는 지금까지 남아 있다(*ARSI, Lus*, 27, f.66). 거기엔 본인이 직접 fr.codalagea라고 서명했다. 그의 자질에 대해서는 같은 해 기록된 카탈로그에서 이렇게 덧붙이고 있다. "재능 평범함; 판단력 중간; 신중함 중간; 중간 정도의 경험; 타고난 성품 중간, 즉흥적인 분노와 우울한 성격 있음; 교리교육과 그림 그릴 줄을 앎"(*ARSI, Jap.-Sin.*, 134, ff.304, 306). 그의 이름은 1621년의 카탈로그에도 거의 같은 말과 거듭 잘못 기재된 날짜로 예수회 입회했다고 적고 있다(*ARSI, Jap.-Sin.*, 134, f.302, N.19). 이 날짜에 의하면, 그는 1585년생이다. 1610년 4월에 수련기를 마쳤고, 상해로 갔다가(N.946), 1612-1613년에 항주(杭州)로 갔다(Bartoli[1], III, c.18, p.51). 중국에서는 그를 북경국립도서관 ms. 22658에서 보듯이, 석굉기후제(石宏基厚齊)라고 불렀다.

[그즈음에] 그들의 수련기 스승으로 파견된 것이었다. 그렇다고 위험한 여관으로 갈 수도 없었다.

882. 일시적인 숙소. 새집을 매입하다

하느님께서는 우리의 한 친구가 가지고 있던 빈집을 하나 빌려주게 하셨다. 매우 불편했지만 7명과 다른 사람들까지 모두 들어갈 수 있었다. 그리고 이전 집의 주인에게 주었던 돈을 큰 어려움 끝에 회수하여,[1013] 다른 집을 사려고 보러 다녔다. 하지만 우리가 원하는 집은 찾기도 힘들었고, 그 도시에서 매매로 나온 많은 집들이 그렇듯이 분쟁의 위험이 있을 수도 있었다.

결국 대문 하나가 큰길로 이어지는 편안하고 큰 집을 500두카토에 매입했다.[1014] 그리고 신부들은 주인이 두 사람인 집이라 해결해야 할 일이

황명사(黃明沙)가 죽은 뒤(N.788) 이 네 명의 수련자들이 수련기에 들어갔고, 중국인 수사는 여덟 명이 되었다. 그중 네 명이 베테랑이었다. 그러므로 1608년 3월에 있은 일을 분리하여 기록할 필요가 있다. 그때 리치는 세 번에 걸쳐 20명의 예수회원을 언급했는데, 그중 7명이 중국인이었다(NN.1807, 1810, cf. N.1792)라고 말했지만, 그 해 8월에는 "20명이 더" 된다(N.1898)고 하며, 구체적으로 "13명의 신부와 4명의 수사, 다른 4명의 수련자를 올해 더 받아서 여덟 명이 되었습니다"(N.1853)라고 말한다. 그러나 니첌을 이 네 사람 중 한 명으로 넣으면, 리치가 앞의 날짜에 기록한 내용이 정확하지 않다. "올해 저희는 4명의 수련자를 받았습니다. 부모가 모두 중국인입니다. 하지만 [마카오에서…] 포르투갈인과 구교우들 사이에서 나고 자랐습니다." "현재 네 사람은 모두 남창에서 수련기를 하고 있습니다"(N.1890). 이렇듯이, 모든 텍스트가 일치하기란 불가능해 보인다. 그러나 이 각주에서 내가 모색한 해법은 인원이 더 많아지면 오히려 일치할 확률이 높다는 것이다.

1013 그러나 "가격의 절반"(N.4310)도 못 건졌다.

1014 새집 매입의 절차는 1608년 9월에 마무리되었다(N.3469). 집은 각로(閣老)가 사는 곳과 같은 거리에 있었고(N.3478), 그도 우리집을 두고 "자기 집 근처"(N.885)에 있다며, "대문 하나가 큰길로 이어졌고"(N.882), 그 길은 덕승문(德勝門)과 같은 이름의 성문

있다는 것을 알면서도, 있던 곳이 너무도 불편하여, 그 집을 억지로 붙잡아 매입하는 바람에 여러 가지 부당한 일을 겪었다. 집을 판 사람은 자기 친척들까지 대동하여 많은 부당한 짓을 저질렀고, 신부들은 모두 견뎌야 했다. 안에 사람이 있는데도 달려와 집의 한쪽을 부수기까지 했다. 사람들은 신부들의 덕을 칭송했고, 친구가 되었다.

883. 신부들을 상대로 무익한 새로운 비방을 시도하다

그 시기에 또 다른 사람들이 두세 번에 걸쳐 고소장을 제출하려고 했으나, 아무도 하지 않았다. 마침 도당都堂겸 찰원察院[1015]이 새로 왔고, 수재들의 [스승] 제학提學이 자기의 수재들에게 아무도 새 도당겸 찰원에게 소장을 제출하지 못하도록 공지했기 때문이다. 만약 제출할 시, 수재 학위를 박탈하겠다고 했다.

884. 박해가 마무리되고, 결과적으로 종교적인 영광을 얻다

그러나 큰 박해는 이듬해 같은 날인 '일만 천 동정녀 축일'에 있었다.[1016] 신부들은 그간의 어려움을 통해 우리 성교회의 명예와 영광이 크

으로 연결되었다. Cf. 그림 20, 본서 2권 p.456. 론고바르도(Longobardo)가 말한 것처럼(*ARSI, Jap.-Sin.*, 113, f.278r, NN.1, 3), 집은 "도시의 맨 끝에", "물가에서 아주 멀리" 있었고, "매우 오래되었고", "무한정 크게 지어" 부자의 탐욕을 드러내고 있다. 신부들은 9월 중순부터 들어가서 살기 시작했다(N.4311). 그러니까 박해가 끝나기까지 한 달도 더 걸린 셈이다(N.884). 이후, 거기에 두 개의 경당을 짓고 1609년 12월 25일 축복식을 했다(NN.886, 4312). 하나는 구세주께 봉헌하고, 하나는 동정녀 마리아께 봉헌했다(N.3477).

1015 성(省)의 총독 혹은 도당(都堂)과 찰원(察院)의 판결이 있은 지 며칠 지나지 않아 남창에 왔다. Cf. N.4295.

1016 그러니까 다시 시작한 비방이 정확하게 1년간 이어진 셈이다. 1607년 10월 21일 아침

게 올라간 것을 보며 기쁜 마음으로 편안하게 새집으로 입주했다. 그해에도 60명의 신자가 늘었다.[1017]

885. 각로(閣老) 장위(張位)와 좋은 관계를 맺다

그 도시에는 한 각로閣老[1018]가 있었는데, 사회적으로 지위도 있고 재산도 있었다. 우리를 반대하던 사람들은 어떻게 해서든 그 각로를 자기네 편으로 끌어들이려고 했다. 수재들이 고소장을 내자 이때다 싶어 철주궁鐵柱宮[1019]이라는 유명한 사당에 불을 지르고, 그보다 더 웅장한 사당

부터(N.856) 1608년 10월 21일 저녁까지(N.4310) 말이다.

1017 더 정확하게는 1608년 11월 3일 자에는 10월 말경의 새-신자 6명을 포함하여 모두 58명이라고 했다. 이 영세자 중에는 지부(知府)의 노복(奴僕) 조예(皂隸)도 한 사람 있었다. Cf. N.4311.

1018 [이 각로는] 그곳에서 칠팔 년 있었다. "그는 자신에게 쏟아진 불만과 불평을 기회로 모든 직무와 각로 자리에서 물러나, 제가 부르는 것처럼, 관리라는 명예를 내려놓고 평범한 한 백성이 되었습니다"(N.4279). 즉, 신분을 낮춘 것이다. 각로(閣老)는 조정에서나 왕국 전체에서나 가장 높은 관직이었고(N.96), 그것은 의심의 여지가 없었다. 그는 성이 장(張)이고, 이름은 위(位), 자는 명성(明成) 또는 명성(名誠)이며, 시호는 문장(文莊)이다. 1530년경, 신건(新建), 즉 남창(南昌)에서 태어났고, 1568년에 거인이 되었다. 서길사(庶吉士)로 공직을 시작하여, 거기서 편수(編修)로 가정(嘉靖) 실록(實錄)을 준비했다. 이후 경찰(京察)이 되고, 제주(祭酒)가 되었다. 1591년 10월 31일, 예부(禮部)의 시랑(侍郎)에서 이부(吏部)의 시랑으로 갔다가, 이듬해 5월 이부에서 동각대학사(東閣大學士)라는 직함으로 승진했다. 1593년 5월에 그는 예부상서(禮部尙書)로 임명되었고, 1594년 4월에 태자태보(太子太保)가 되었다. 1597년 4월 말 혹은 5월 초, 이부에서 상서(尙書)가 되었다. 그 시기에 많은 급사중(給事中)으로부터 욕을 먹고, 결국 1598년 7월 15일, 그는 사직서를 내고 고향으로 돌아왔다. 남창으로 귀향한 뒤 유교, 도교, 불교의 거의 최고 보호자를 자처했다. 곧 이야기하겠지만, 그때 화재로 소실된 사찰을 재건해야 했기 때문에, "[그 역시] 지붕 공사에 동의했고, 거기에는 초록색의 큰 기둥과 수조와 아름다운 새들로 꼭대기 장식을 하기로 한 것이다"(Guerriero, II, p.113). Cf. *Storia dei Mim,* cc.21, f.1b, anno XXVI: c.110, ff.11b-12b: c.219, ff.6b-8a; *Index*, 24, III, p.91. cf. *Seccu*, pp.922, 1687, 2732, 3067, 3083, 3931.

1019 Cf. N.450, 본서 2권, p.431, 주(註) 382와 그림 20, 본서 2권 p.456. 이 사찰은 도시의

을 짓는다며 각로에게 그 책임을 맡겼다. 그가 주관하여 금화 일만 냥 이상을 모금했다. 돈을 모금할 때, 일부 비교인들은 돈을 내지 않을 핑계로 그리스도인들을 들먹이며, 그리스도인들이 모금에 참여하지 않는다고 했다. 그러자 돈을 걷는 사람들이 각로에게 가서 투덜거렸다.[1020] 하지만 각로는 모금은 그 순간 마음이 내켜야 하는 거지 강요해서는 안 된다며, 내지 않으려는 사람은 그냥 두라고 했다. 사람들이 마누엘 디아즈 신부에 대해 새로운 것을 가르친다고 말하자, 그가 좋은 사람이라는 걸 잘 알고 있다며, 좋은 사람이 가르치는 것이므로 좋은 것일 거라고 했다.[1021]

그는 우리의 새집 근처에서 살았고, 나이도 많고 온화하여, 신부들도 그와 친구가 되고 싶어 했다. 그래서 황족 중 한 사람으로, 임금王이라는 칭호를 쓰던 우리의 친구 건안왕建安王을 통해서 각로의 아들이 예를 갖추어 마누엘 신부를 방문하게 했다. 건안왕은 그 시기에 부친이 사망했다.[1022] 신부들은 그를 크게 환대했고, 후에 마누엘 신부도 답방문을 하

남-서쪽에 있는 광윤(廣潤) 문에서 조금 떨어진 곳에 있었다. 화재는 1603년 이후에 일어난 건 아니다(N.4279). 오히려 1600년경에 일어난 걸로 보인다. 텐트 치는 노점상과 다른 상인들에게 사원을 빌려주었고, 어느 밤, 그 사람[상인]들이 모두 도박과 술에 취해 사이, 사원과 사찰이 화재로 전소되고 말았다. Cf. Guerriero, II, pp.111-112.

1020 더 정확하게 말하면, 어느 날 각로가 공사장에 갔는데, 지휘관들이 말하기를 일이 제대로 진척되지 않는다며, 그것이 도시에 사는 한 선교사가 자기네 종교를 전파하는 바람에 그 추종자들이 이교 문화에 비용을 낼 수 없다고 했기 때문이라고 했다. Cf. N.4272.

1021 여기에, 디아즈가 우리에게 전하는 그의 대답을 인용한다. "나도 그 사람에 관한 소문을 들었소. 사람들이 좋은 사람이라고 하더군. 그 사람이 설교하는 율법도 좋다고 하더군. 자기가 부르고 싶은 사람을 하느님이라고 부르고 설교하는 것이오. 자선은 자발적으로 하는 것이니, 달라고 강요해서는 안 되오"(N.4279).

1022 강의(康懿) 왕자의 아들은 벌써 리치의 친구로[N.479, 본서 2권, p.465, 주(註) 488.],

여, 서로 좋은 선물을 교환했다. 각로도 예를 갖추어 마누엘 신부를 방문했고, 그리스도교에 관해 한참 이야기를 나누었다. 그렇게 서로 알게 되어 친구가 되었고, 여러 차례 선물도 주고받았다. 그리고 각로의 상당히 많은 친척이 우리와 가까이 지내며 서로 믿고 존경했다.[1023]

886. 1609년 12월 25일, 구세주께 봉헌된 경당과 동정녀 마리아께 봉헌된 경당, 두 곳을 축성하다. 신자들의 뜨거운 신앙생활

그 모든 기간에 우리는 성당과 경당의 문을 모두 닫았다. 예전에 출입을 금한다는 공고문이 붙은 이후 다른 일이 생길까 두려웠기 때문이다. 그러는 사이에 새로운 입교자들이 생겼고, 우리는 집을 더 편하게 손봤다. 경당도 두 개 마련하여 한 곳에는 〈구세주 성화〉를, 다른 한 곳에는 〈성모 마리아 성화〉를 제단화로 걸었다. 그리고 1609년 성탄절에 성대하게 성당 문을 열었고, 교우들과 비교인들이 모두 와서 북적였다. 성당 장식과 등燈[1024]은 우리 방식[유럽식]으로 했다. 유리로 제단 앞에 설치된

이름이 모롱(謀壠)인데 1603년에 사망했다. 바로 그해에 2년 전에 이미 고인이 된 그의 부친에게 칭호가 상속되었다. 따라서 여기 텍스트에서 말하는 인물은 모롱(謀壠)의 서자며 강의의 손주 통환(統鐶)밖에 없다. 그러나 그는 적자가 아니어서 1617년에 왕자 칭호를 공식적으로 받을 수가 없었다. Cf. *Storia dei Mim*, c.102, f.7b.

1023 여기에 디아즈가 1609년 4월 19일, 남창에서 입수한 관련 정보를 옮긴다. “저는 같은 길에 사는 각로를 방문했는데, 매우 꼼꼼하고 예의가 바른 사람입니다. 그는 이 도시에서 유명한 인사로, 신부들은 항상 그를 만나고 싶어 했습니다. 그를 방문하는 것만으로도, 이 땅에서 안전이 보장되고, 모든 사람의 존경을 받으며 하느님의 율법을 더 자유롭게 선포할 수 있습니다. 이후 그도 우리에게 선물을 보내왔고, 가끔 그의 장남이 우리 집을 찾아오곤 했습니다. 그러자 그의 몇몇 친척과 우리의 이웃들도 방문하기 시작했습니다”(N.3472). 이런 품위와 예의는 1607년에 새 원장으로 부임한 다 로챠(da Rocha) 신부와도 계속되었다. Cf. N.3478.

1024 리치는 등(燈)을 spere, ‘원형’, ‘공’이라고 표현한다. 아무튼 등잔을 가리킨다. Cf.

등燈에는 교우들이 밤낮 기름을 갖다 채웠다.[1025] 그들은 계속해서 미사에 참석했고, 어느 때보다도 새 입교자들이 많았다. 우리 모두에게 가장 큰 위로가 된 것은, 그들 중 많은 사람이 고해성사를 보고 주일과 축일뿐 아니라, 매일 미사에 나오기 시작한 것이다.[1026]

NN.183, 236, 249, 341, 376, 902, 3477.

1025 만약 리치가 있던 북경에서 남창이 떨어진 거리를 생각한다면, 1609년 성탄에 남창 소성당이 개관되었다는 이런 소식을 1610년 2월 이전에 접하기란 쉬운 일이 아니다. 그런 점에서, 우리가 확신하는 것은 이 장(章)을 그해[1610년] 2월 말이나 3월 초, 저자가 사망하기 몇 주 전에 썼다는 것이다. Cf. 본서 1권, pp.221-222.

1026 1609년에 영세자는 58명이었고(N.4353), 그중에는 수재 한 사람과 앞서 말한 유명한 각로(閣老) 장위(張位)의 손주 하나도 있었다(NN.4354-4355). 1609년의 연감에는 많은 건설적인 개종에 대해 말하고 있다(NN.4355-4358). 같은 연감에서는 새 신자들이 큰 열정으로 고해성사와 성체성사에 임하며, 기꺼이 설교를 도와주고, 자선을 실천하며, 성당에 초와 등과 같은 것을 헌납했다(NN.4359, 4361)고 전한다. 사순절과 그 외 단식 기간만 지키는 것이 아니라, 그리스도교 고행을 매우 엄격하게 지키기도 했는데, 1611년 마카오 콜레지움의 원장은 그들을 돌봐 달라고 당부하며, 중국 내륙에서는 "많은 양의 단련과 고행" 수단을 만들지 말라고 했다(N.3763). 1609년, 한 해에 17 혹은 18명의 교우가 사망했는데, 그중에는 리치에 의해 토마스라는 이름으로 1598년 이전, 남창에서 세례를 받았던 첫 번째 사람도 있었다. 그의 나이는 78살이었다(NN.4363-4364). 1610년 9월 초, 다 로챠는 남창에서 교우들의 수가 "천 명 가까이"(N.3513) 된다고 했다.

1608년 12월, 디아즈가 다시 마카오의 원장으로 임명되었지만(N.3469), 이듬해 5월 15일까지 남창에 있었는데(N.3473), 그것은 일을 잘 알고 있는 다 로챠(da Rocha)를 새 원장으로 앉히기 위해서였다. 7월 25일 [디아즈는] 이미 얼마 전부터 소주(韶州)에 있었고(N.950), 거기서 9월 8일 마카오로 출발하여 1609년 10월 21일, 많은 우여곡절 끝에 마카오에 도착했다(NN.950-955).

제17장

우리가 황궁에서 작업한 세계지도를 중국 황제가 어떻게 재판(再版)하라고 했는지에 대해, 북경에서 성모회가 만들어져 새로운 열정으로 그리스도교가 발전하기 시작한 것에 대해

(1608년 초부터 1609년 12월 25일까지)

- 선교사들이 황궁에 자주 오가다
- 황제가 리치에게 『곤여만국전도』 인쇄를 요청하다
- 황제가 실행하기 어려운 요구를 하다
- 『곤여만국전도』를 황제에게 주며, 그 내용이 수용되기를 기대하다
- 이지조가 전주(澶州)의 관리가 되어 떠나기 전에 유클리드[幾何原本]를 공부하다
- 이지조 가문의 두 학자, 미켈레와 지롤라모가 그리스도교로 개종하다
- 두 사람이 전례력(典禮曆)을 사용하고, 라틴어로 기도하며, 고해성사를 보다. 이지조가 북경에서 전주로 떠나다
- 미카엘의 부친이 예비신자가 되어 교리를 공부하다. 절강(浙江)의 인화(仁和)에서 그리스도교가 싹트다
- 이지조의 몸종이 대세[비상세례, in articulo mortis]를 받고 선종하다. 선교사들의 애덕에 놀라다
- 또 다른 두 사람 안드레아와 루카가 이지조를 따르고, 그 가족들까지 개종하다
- 루카의 용감한 신앙고백. 그의 본보기가 많은 사람을 개종하게 하다
- 루카가 어떤 비교인들로부터 부당하게 고소를 당하다. 루카가 자신을 방어함으로써 다른 사람의 개종을 이끌다
- 한 그리스도인 가족의 초상화
- 중국에서 처음으로 마리아회가 설립되다

887. 선교사들이 황궁에 자주 오가다

그 시기에 우리 신부들은 앞서 이야기한 것처럼,[1027] 황궁에 여러 차례 들어가 우리 친구 태감들을 보기도 했지만, 무엇보다도 두 개의 시계 때문에 갔다. 갈 때마다 많은 선물을 주었고, 우리 집에도 관심을 갖고 방문해 주었다.[1028] 태감들은 자주 신부들을 황궁으로 불러 시계태엽을 감아 주고 고쳐 달라고 했다. 디에고 판토하 신부가 가장 많이 혼자 입성했는데, 그가 시계에 대해서는 가장 잘 알고 있었기 때문이다. 그때마다 태감은 고마워했고, 만족스러워했다. 우리가 대부분의 중국 사람들도 못 들어가는 궁궐 깊숙이 들어간 덕분에 적지 않은 공신력을 얻었다. 궁에 들어갈 때는 고관들이 입는 관복과 관모를 쓰고 들어가야 한다.[1029] 낮은 사회계층의 사람이나 하급 관리들이 차려입고 들어가는 것과 매우 다르다.[1030]

1027 리치도 앞서, 황제가 "명을 내려 신부들이 매년 네 차례 입궁하여 시계를 관리하라고 했다"라고 전했다. 그리고 덧붙이기를, "그 기회에 지금까지[1609년] 원하는 만큼 입궁할 수 있고, 자유롭게 다른 신부나 집안 식구들을 데리고 갈 수도 있었다. 시계를 관리하는 태감들은 물론 궁 안의 다른 태감들과도 사귀게 되었다"(N.622)라고 했다.

1028 그리고 한 걸음 더 나아가, 우리의 저자는 추가하여, 궁에 있는 이 태감들이 "궁 밖에 있는 우리 집에도 방문하여, 궁 안에서와 마찬가지로 깊은 우정과 친근함을 보여 주었다"(N.622)라고 말한다.

1029 Cf. N.108.

1030 즉, 궁에서 그들은 서양에서 온 박사[道人]라고 생각했다는 증거다. Cf. N.429, 본서 2권, p.411, 주(註) 307. N.431, 본서 2권, p.415, 주(註) 313.

888. 황제가 리치에게 『곤여만국전도』 인쇄를 요청하다

하루는[1031] 황제가 급히 찾는다는 기별이 와서 갔더니 뭔가 부탁할 것이 있다는 것이다. 마태오 신부와 판토하 신부가 흠천감欽天監[1032]의 태감들이 있는 방으로 갔더니, 원장과 다른 여러 사람이 난감한 표정으로 앉아 있었다. 저 안에 누군가 황제에게 보낸 비단에 인쇄한 여섯 개의 목판에 붙인 세계지도 『곤여만국전도』가 있는데, 황제가 그것을 열두 개 주문한 것이다. 그것은 과거 마태오 신부가 여섯 개의 목판으로 제작한 것[1033]을 이아존李我存[1034]이 북경에서 인쇄한 것으로, 각 판이 한쪽 팔 정도의 길이고, 그중 몇 개는[1035] 더 길게 인쇄하여 나무판에 접착한 다음, 그것들을 연결하는 고리를 달아[1036] 우아하게 거실에 두고 열었다 접었다 할 수 있게 했다.[1037] 황제와 태감들은 거기에서 마태오 리치[1038]의 이름이 적힌 것을 보고, 그에게 인쇄를 주문한 것이다.[1039]

1031 "올[1608년] 초에"(N.1869).

1032 Cf. N.58.

1033 1602년 8월-9월, 북경에서 나온 세 번째 판이었다. Cf. N.629.

1034 Cf. N.628, 본서 3권, p.351, 주(註) 892.

1035 Cf. N.629, 본서 3권, p.355, 주(註) 897.

1036 Cf. N.629, 본서 3권, p.355, 주(註) 895.

1037 Cf. N.629, 본서 3권, p.355, 주(註) 896.

1038 리치의 이름, 리마두(利瑪竇)는 우주론과 지리학의 일반적인 개념에 관해 〈세계지도〉의 우측에서 설명하여 널리 읽힌 뒤(D'Elia[1], [Tavole 3-6], DE*i*), 또 다른 문인 학자들이 그의 작품들 서문(Prefazioni)에서 했던 것처럼, 암시하듯 말하는 것이 아니라, 자신이 직접 서문(Prefazione)(D'Elia[1], Tavole XVII-XVIII, DE*f*) 끝에 이름을 [리마두로 적은 뒤부터] 널리 알려지기 시작했다.

1039 "인쇄"라는 것, 즉, 인쇄 형태라는 것은 목판인쇄에 필요한 판을 말한다.

889.

신부는 세계지도를 많이 만들어 여러 태감에게 선물했고, 그들은 여러 색으로 채색까지 하곤 했다.[1040] 그중 누군지는 모르지만 한 사람이 그것을 황제에게 선물했고, 황제는 많은 나라와 기이한 풍습이 그려진 아름다운 작품을 보고 매우 좋아했다.[1041] 중국에서는 한 번도 보지 못했던 것이기 때문이다. 이에 여러 개를 더 달라고 한 것이다.[1042] 왕자에게도 주고[1043] 다른 친척들에게도 선물하여 거실에 두라고 할 참이었다.

890.

신부는 그것을 황제에게 선물한 적도 없고, 관련한 말을 한 적도 없었다. 왜냐하면 황제가 세계지도에서 중국을 보고(중국인들은 세상 대부분을 중국이 차지한다고 생각하고 있어서) 너무 작게 그렸다며, 우리가 혹시 중국을 업신여겨서 그렇게 작게 묘사한 것으로 오해할까 두려웠기 때문이다. 많은 문인 학자가 그랬다. 그들은 세계지도를 보며 우리더러 자기네 국가들은 크게 그리고, 중국은 작게 그렸다며 불평했다.[1044] 그러나 이 점

1040 이 색은, 리치가 추정하기론(cf. D'Elia[1], [Tavole 3-6], DE*f*, VII-VIII, EF*a*) 인쇄한 뒤에 매입한 사람이 직접 칠한 것으로 보았다. 밀라노의 암브로시아나 도서관에 소장된 알레니(Aleni)의 『만국전도(萬國全圖)』의 경우처럼 말이다. Cf. D'Elia[1], p.47, n.3: pp.114-115.

1041 리치는 종종 독자들의 흥미를 자극하고자 일부 민족학적인 호기심으로 전설적인 지명들을 추가하곤 했다.

1042 정확하게는 열두 개다.

1043 만력(萬曆) 황제는 1607년 11월 28일에 왕위계승권을 가진 황태자 주상락(朱常洛)과 화해했다. Cf. *BD*, N.452; N.98, 본서 1권, p.350, 주(註) 267-268.

1044 Cf. N.262. 리치의 이런 단순한 관찰은 우리의 저자가 중국인들에게 아부하기 위해 자신의 세계지도에서 중국을 크게 그리고 다른 나라를 작게 그렸다는 전설을 만들지 않

에 있어 황제는 오히려 좋게 평가하며, 세계지도에서 묘사한 크기가 그 자체로 중국을 모욕하지는 않는다고 했다.

891. 황제가 실행하기 어려운 요구를 하다

북경에서 이 지도를 판각한 것은 두 차례였다. 두 개는 같은 판본이었다. 다시 말해서, 이아존이 한 것은 그가 고향으로 가면서 판까지 가지고 갔고,[1045] 다른 하나는 인쇄업자들이 한 것으로,[1046] 그들은 그것을 많이 인쇄하여 비싼 가격에 팔았다. 그러나 그 시기 북경에 큰비가 와서,[1047] 오래된 [우리] 집에 물이 새어 인쇄기 두 개가 모두 망가지고, 판본도 훼손되었다.[1048]

이 말을 들은 태감들은 황제가 명한 것을 이행하지 못하게 될까 봐 걱

았다는 걸 충분히 입증해 준다. Cf. N.262, 본서 2권, p.181, 주(註) 295.; cfr. N.619, 본서 3권, p.331, 주(註) 843.; NN.628, 893. 몇 년 지나지 않은 1629년, 마카오에서 주목한바, 선교사들이 온 이후 중국인들은 "세계지도에서 수많은 나라와 그에 관한 정보를 보고, 다른 나라들과 비교하여 자기네 나라가 매우 작다는 걸 알고, 오만함 때문에, 이전에 알고 있던 것과 다른 개념이라고 주장하며 보여 주려고 하지 않았다"(D'Elia[3], p.363).

1045 아마도 1605년으로, 분명히 5월 12일 이전은 아니다(N.1626). 그날 이지조(李之藻)가 절강의 항주(杭州)에서 돌아왔기 때문이다. Cf. D'Elia[1], p.85, n.2.

1046 Cf. NN.629-630.

1047 계속된 폭우와 강물의 범람으로 인한 예외적인 홍수는 1607년 8월 31일에 있었다. Cf. NN.1820, 1870; *Storia dei Mim*, c.21, f.5a.

1048 "매우 예외적인 이 폭우"로 인해 "[북경] 시는 측정할 수 없을 만큼 큰 피해를 봤습니다. 수많은 집이 무너져 다른 집을 덮치고, 살림살이는 떠내려가고, 많은 사람이 자기 집에서 그리고 강에서 익사했습니다. 황제의 수천 개나 되는 배도 소실되거나 물에 잠겼습니다". 만약 선교사들의 집이 손상되지 않았다면, 사고 이후에 리치가 거의 바로 주목하듯이, "그것은 도시 전체에서 매우 드문 일이고", "하느님의 큰 섭리"(N.1820)가 아닐 수 없다.

정하며, 우리가 하는 말을 모두 거짓말로 생각했다. 신부는 그들의 생각을 존중하고, 명확하게 하는 것이 좋겠다고 생각하여 태감 4명을 집으로 오라고 했다. 그리고 여태 가지고 있던 훼손된 목판 조각을 보여 주었다.

[그런 다음] 신부는 우리 교우 이응시李應時[1049]가 여덟 조각으로 각판한 매우 큰 다른 판을 보여 주었다.[1050] 하지만 태감들은 겁이 나서 그것을 가져가지 못했다. 황제가 명령한 것과 다른 걸 가져가는 것도 그렇고, 무엇보다도 명령한 것과 약간 다른 하나가 더 있었다는 걸 말해야 했기 때문이다.[1051] 그 바람에 이삼일 간 무엇을 해야 할지 몰라 매우 당혹스러웠다.

892. 『곤여만국전도』를 황제에게 주고, 그 내용이 수용되기를 기대하다

결국 신부는 그것들보다 훨씬 좋은 다른 걸 각판할 수 있다며, 더 많은 것을 첨가하고 그리스도교와 관련한 것도 넣어 보다 좋게 제작하겠다고 했다.[1052] 그리고 한 달의 시간이 걸린다고 했다.[1053] 이에 태감들도 기뻐하며 만족스러워했다. 그리고 황제에게 보고하기를, 우리가 말한 대로, 예전의 판이 모두 망가졌다고 했다. 황제는 그렇게까지 수고할 필요가

1049 Cf. N.693.

1050 Cf. N.630.

1051 여덟 개 그림으로 된 4번째 판본(1603년)은 여섯 개로 된 세 번째 판본(1602년)과 다르다는 말이다.

1052 여기서도 리치의 사도적인 정신이 드러난다. 이 기회를 이용하여 가톨릭 신앙을 황제에게 알리려는 것이다. Cf. N.893.

1053 1602년 판의 판형을 새기는 데 "1년 넘게" 걸렸던(N.631) 점을 고려하면, 한 달은 결코 많은 시간이 아니다. Cf. N.1869.

없다며,[1054] 기존에 있는 한쪽에 나머지를 덧붙여 인쇄하면 된다고 했다. 그러니까 황궁에 있던 여섯 폭짜리 세계지도를 다시 제작하는 셈인 것이다. 그것을 더 정확하게 제작하여, 황궁에서 얼마든지 원하는 만큼 인쇄할 수 있게 했다.[1055]

893.

이것은 황제가 우리의 일에 적지 않은 호의를 베풀어 준 것이다. 그때까지도 여전히 많은 사람이 우리에 대해 나쁘게 말했고, 세계지도에서 담고 있는 사실들을 믿지 않거나 믿고 싶어 하지 않았다.[1056] 거기서 그리스도교에 관해 이야기하는 사실들만큼, 다른 종파에서 말하는 거짓도 많았다.[1057] 그런 상황에서 이것[세계지도]이 황제의 거실에 계속해서 있

1054 다른 데서 리치는 "황제는 제가 이 돈을 쓰는 걸 원치 않았습니다"(N.1869). 수고 혹은 지출은 하나의 핑계고, 진짜 목적은 황제가 리치의 〈세계지도〉를 빨리 갖고 싶었던 것으로 보인다.

1055 이 판본은 1608년 초에 완성되었다. 리치는 두 개의 반구로 보이는 두 개의 지도를 만들도록 했는데, 그것들은 장두진(章斗津)의 『도서편(圖書編)』, c.29, ff.36b-38a[cfr. N.544, 본서 3권, p.158, 주(註) 363.]에 소장되어 있다. 양정균(楊廷筠)[p.46]이 소장한 정백이(程百二)의 작품 발문(跋文)에서[cfr. N.622, 본서 3권, p.337, 주(註) 853.] 장경원(張京元)은 이렇게 말한다. "존경하올 리치는 기발한 생각으로 중국에 와서, 현 황제를 방문하고 자기가 만든 지도 하나를 선물했다. 수도[북경] 전체가 지금까지 한 번도 본 적 없는 것이었다. 하지만 수도에서 제작한 판본은 병풍 형태로 되어 방 하나를 모두 채우는 크기라서 접기가 쉬운 일이 아니었다. 박사가 멀리서 오면서 그것을 작게 축소했더라면 좋을 뻔했다. 결국 존경하는 리치는 큰 열정으로 다시 작업에 착수했고, 옥좌의 오른쪽[과 왼쪽]에 설치할 두 개의 작은 지도를 제작했다. 두 명의 그리스도인, 서광계(徐光啓)[徐子先]와 시중함(施仲含)은 이 일에 갈채를 보내며, 제작 비용에 동참했고, 판각할 줄 아는 경험 있는 기술자를 부르기도 했다. 그리하여 이 선물을 온 중국에 선사했다. 이 지도가 정확한지 아닌지, 지식에 관한 문제는 [내 생각에는] 아무도 강요할 수 없으므로, 다른 사람의 판단에 맡긴다."

1056 Cf. N.890, 본서 p.414, 주(註) 1044.

다 보면, 황제건 왕자건, 아니면 어느 누구든 그의 친척이, 어느 날 거기에 기록된 것이 무엇인지 알고 싶어 할 것이고, 우리 성교회에 관해 묻게 될 거라는 것이다. 황제에게 우리를 알릴 수 있는 다른 방법이 없었다. 황제는 자기를 완전히 닫고 누구와도 대화하지 않았기 때문이다.[1058] 더욱이 중국이 다른 나라와 비교하여 작다는 것을 보면, 그의 오만함이 조금은 누그러져,[1059] 다른 나라에서 온 외국인들과도 대화할 수 있을 거로 생각했다.[1060]

1057 이 판본에서 불교를 반대하거나 그리스도교를 옹호하는 내용을 추가한 건 전혀 없는 것 같다. 아마 1602년도 판에서 읽었던 내용이 아닐까 싶다. Cf. D'Elia[1], pp.92-93, 183-187: [Tavola 3-4], DF*g*, XVII-XVIII DF*e*, XXIII-XXIV, DE*d*, XIX-XX A*fe*, CD*f*.

1058 Cf. N.98, 본서 1권, p.350, 주(註) 267.; NN.130, 165, 597, 598, 609, 988, 1523.

1059 중국인들이 외국인을 별로 고려하지 않은 이유는(N.116) 한편으로는 "세상의 모든 지식은 중국에 있다고 생각하고, 외국인들은 모두 무지하거나 미개하다고 생각하기"(N.166) 때문이고, 다른 한편으로는 실제로 중국의 국경들이 세계라고 하는 것들과 마주하기 때문이다. 그래서 그들은 "세계는 야만적이고 자기와 비교하여 비문명화되어 있다고 생각했다"(N.262). 그래서 "외국의 스승들에게서 배울 게 있으리라고 크게 기대하지도 않았다"(N.262). 그러나 리치의 작품[지도]을 보면서, 중국과 비교하여 세계가 얼마나 큰지를 알았고, 모든 사람이 황제를 포함하여 자신의 오만함을 굽히고 외국인들을 합당하게 대우해 주기를 바랐다. 작품을 헌납하고 몇 개월 지나지 않아, 리치는 이렇게 썼다. "황제가 이 지도에 만족하지 않을 거라는 두려움이 사라졌습니다. 일부 무식한 사람들만 자기네 중국이 작다고 생각하는 것 같습니다. 그러나 이 작품을 널리 알려야 한다고 생각하는 사람들은 온 세계에서 그나마 중국이 절반을 차지하는 게 다행이라고 합니다"(N.1869).

1060 여기에서는 리치의 과학을 이용한 사도직의 사례를 그 시기에 인도에서 모방한 예수회 동료 신부가 있었다는 데 주목하게 한다. 조반니 안토니오 루비노(Giovanni Antonio Rubino, 1578-1643)는 리치와 같이 콜레지움 로마노에서 과학적 방식으로 양성되었고, 훗날 중국과 일본 순찰사가 될 것이고, 일본에서 순교로 생을 마감하게 될 것이다. 그러니까 1609년 10월 25일, 그가 인도의 찬드라푸르(Chandrapur)에 있을 때, 로마에 있는 클라비우스(Christophorus Clavius, 1538-1612)에게 편지를 써서, "저는 2년째 바다가(badagà)어로 간략한 설명을 넣은 『세계지도 묘사』를 하고 있습니다. 세계의 모든 지방과 왕국과 주요 도시가 들어간 것입니다. 여기에 대해 이곳 사람들은 놀라움을 금치 못합니다." 『비스나가 왕국의 지도(Carta del regno di Bisnagà)』를 제

894. 이지조가 전주(澶州)의 관리가 되어 떠나기 전에 유클리드 [幾何原本]를 공부하다

이 일이 있은 지 얼마 후에, 이아존이 한 경쟁자의 모함으로 좌천되어[1061] 5년간 집에 머무르며[1062] 더는 나랏일을 하지 않으려고 했었는데,

---

작하고 있었는데, 도시 간 거리를 측정하기 위해서는 조반니 안토니오 마지니(Giovanni Antonio Magini)의 『천체력(天體曆, ephemeris)』에서 발굴한 두세 개의 월식이 필요했다. 그러나 그것은 너무도 많은 "오류가 분에만 있는 게 아니라 시에도 통째로 있곤 했습니다." 그는 클라비우스에게 부탁하여 "더 정확한 작업을 위해 다른 천체력"을 보내 달라고 요청했다(*Archivio della Pontificia Università Gregoriana di Roma,* 529, f.37r). 그는 1609년 10월 28일에도 클라비우스의 후임자 크리스토프 그리엔버거(Christoph Grienberger, 1561-1636) 신부에게 편지하여, 자기가 1607년에 제작한 『세계지도』를 비스나가의 왕에게 헌납했다는 것과 함께 자신은 "다른 천체력과 그것들을 구성하는 프루텐 테이블"을 기다리고 있다(*Ibid.*, 534, f.57r)고 했다. 1611년 12월 1일에도 그는 여전히 그리엔거버 신부에게 편지를 써서 1610년에 비스나가의 왕이 지도 제작을 위해 자신을 실론(Ceylon)으로 보냈다고 했다(*Ibid.*, 534, f.54r). 1년 후인 1612년 11월 2일, 그는 다시 그리엔거버 신부에게 쓴 편지에서 "제 친구 신부님이 그토록 갖고 싶어 했던 마지노(Maggino)의 『천체력』을 보내 주셨습니다. 하지만 저는 모든 걸 『천체력』에만 의지하고 싶지 않아서 마지노의 천체력을 근거로 한 다른 판들이 있었으면 좋겠습니다. 가령 튀코 브라헤(Tycho Brahe, Tichone Brahe)의 것과 그가 만든 망원경들과 설명서 같은 것 말입니다. 그래서 제가 직접 행성의 모습과 그 움직임들을 관찰하여 계산하고 싶습니다. 만약 신부님이 제게 그것들을 보내 주신다면 큰 기쁨이 될 것입니다"(*Ibid.*, 534, f.55r). 이 마지막 편지에서는 또 리치가 사망하기 전에 그에게 중국 선교로 와 달라고 요청했다는 것도 언급했다. "만약 비스나가의 선교가 쇄신되어 돌아가지 못한다면, 중국으로 갈 수도 있습니다. 그쪽에서는 계속해서 저를 부릅니다"(*Ibid.*, 534, f.55v). 짐작하건대, 루비노 신부가 1612년 갈릴레오의 초기 망원경들을 발명했다는 것과 여러 가지 발견 소식을 중국에 알려 준 걸로 추측된다. 1942년 3월 28일, 갈릴레오 서거 300주년 기념, 로마의 이탈리아 왕립 아카데미아에서 개최한 학회에서 나는 이와 관련하여 "아직 살아 있는 갈릴레오(1612-1640), 중국에서 울리는 그의 발견의 메아리[Echi delle scoperte galileiane in Cina vivente ancora Galileo(1612-1640)]"라는 발표문을 작성, 발표했다. Cf. D'Elia[4], pp.22-28.

1061 1603년에 그는 "대단히 높은 관직"(N.717)에 있었는데, 아마 산동(山東)의 장추(張秋)에 있는 황하강 감독관으로 추측된다. 그러다가 텍스트에서 말하는 조금 낮은 직급으로 가게 되자, 그에 만족하지 못하고 있다는 말이다. Cf. Famhao, p.76; 진원(陳垣), 『명이지조전(明李之藻傳)』, f.2b, liN.6.

마태오 신부와 다른 그의 친구들이 간청하여 정계로 돌아왔다.[1063] 그리고 그 시기에 주州라고 하는 중간 크기의 한 현縣으로 지부가 되어 가게 되었다.[1064] 그는 서면으로 관직 임명을 기다리는 삼사 개월간 북경에 있으며 신부에게 많은 것을 배우러 왔다.[1065] 그는 한시도 신부 곁을 떠나지 않고, 수학을 기초부터 배워 이미 번역, 출판된 유클리드의 『기하원본幾何原本』을 공부할 정도가 되었다. 그는 그것을 응용하는 것에 대해서도 듣고 싶어 했다.[1066]

895. 이지조 가문의 두 학자, 미켈레와 지롤라모가 그리스도교로 개종하다

그는 자기 집의 식구들을 거의 모두 개종시켰다. 그중 두 친척 학

1062 여기선 리치가 이 부분을 기록할 때, 그의 "랍투스 메모리에"(lapsus memoriae, 기억나지 않음)가 있었다고 생각해 봐야 한다. 1605년 5월 12일에도 이지조(李之藻)는 여전히 "고귀 관리"로 장추(張秋)에 있었고, 복건(福建)으로 돌아간 건 1603년이고, 그것도 향시[거인(석사)시험] 주재관으로 갔다(NN.717, 1626). 1605년 5월 12일 이후에 바로 관직에서 물러났다고 해도, 1608년 7월-8월 북경의 새 관직으로 돌아올 때까지(N.1868) 겨우 3년 남짓 사생활을 했다.

1063 1608년 8월 22일, 리치는 이지조(李之藻)가 얼마 전에 돌아왔다고 적었다. "이제 이곳 북경에 왔습니다"(N.1868). 1608년 12월에 이지조는 전주(澶州) 혹은 개주(開州) 행정구역의 지주(知州)가 되었다. 그곳은 지금의 호북(湖北), 대명(大名)에 있는 복양(濮陽)이다.

1064 개주(開州)를 말한다. Cf. NN.7, 103.

1065 이지조는 적어도 1608년 12월까지는 북경에 있었다. 왜냐하면 직접 『환용교의(圜容較義)』(*PCLC*, XXXI, f.4a-b) 서문에서 말하고 있기 때문이다. 1614년 4월 24일에, 그가 한 말은 그해 음력 11월에 개주(開州)로 가라는 명을 받았다고 했다. 그러니까 1608년 12월 7일과 1609년 1월 6일 사이에는 북경에 있었다는 말이다: 適竟被命守澶, 時戊申十一月也.

1066 『기하원본(幾何原本)』 앞의 여섯 권은 1607년에 인쇄되었다. Cf. N.772, 본서 p.209, 주(註) 424.; NN.772, 1798.

자[1067]는 매우 진지하게 그리스도교를 받아들였고, 그들의 지성과 판단력도 좋았다. 이지조는 이런 자기 친척을 보면서 지위가 높고 똑똑한 학자들이 그리스도교와 서양의 과학에 관심을 가진다며, 중국에서 인간을 구원할 수 있는 가르침은 이것밖에 없다고 고백했다.[1068] 그는 비록 장애가 있어[1069] 세례를 받지 못했지만, 할 수 있는 한 이렇게 호의적이었다.

두 친척 중 한 사람인 미켈레는 원래 열성적인 불자[1070]였고, 그쪽 사람들과도 친했다. 이런 애정은 어릴 적부터 시작되었는데, 집안이 모두 불교에 심취하다 보니 집에서도 경문을 독경했고, 단식 등 거기서 가르치는 대로 열심히 따랐다.[1071] 미켈레는 그의 모친이 전한바, 태어나고 얼마 안 되어 말하기를(마귀가 그의 입을 통해서 말한 것으로 보임) 자기는 그 집에서 살 사람이 아니라, 불교의 스님들처럼 화상和尙[1072]들의 집에서 살아야 한다고 했단다. 그래서 화상이 될 거로 생각하며 컸고, 아들 하나만 있으면 부친의 유산을 모두 물려주고[1073] 자기는 세상과 작별하

1067 둘 다 귀족이고(N.4316), 젊은(N.900) 청년들(N.4316)이다. 이지조(李之藻)와 같은 절강(浙江) 출신들이다.

1068 이지조(李之藻)는 "우리의 거룩한 종교를 진심으로 원했고", 그래서 다른 사람들에게 "자기가 신자가 된 것처럼"(N.632) 선전하고 다녔다.

1069 그는 일부다처제로 [세례] 장애가 있었고, 그는 첩을 내보내기로 약속했다. Cf. NN.632, 1817, 4316. 리치 텍스트의 마지막 장을 쓰는 1610년 3월 이전까지도 그는 여전히 세례를 받지 않았고, 이후, 그해에 이지조(李之藻)는 드디어 세례를 받았다. Cf. N.3483.

1070 **역주_** 리치는 텍스트에서 불교, 불자, 승려들을 모두 우상과 관련하여 언급하고 있다. 불교를 '우상 종파', 불자들을 '우상 추종자들', 승려를 '우상숭배 승(僧)' 등으로 표현한다. 역자는 문맥에 따라 이해하기 쉽게 [ ]로 종교 명을 써 주거나, 그냥 불교로 번역했다.

1071 그러니까 불자였다는 말이다.

1072 Cf. N.187, 본서 1권, p.462, 주(註) 601.

1073 효(孝)는 중국인들의 사상에 의하면, 의무를 실천하게 한다(N.737). 세상과 결혼을 포기하기 전에 후계자를 아버지에게 남기는 것이다. Cf. N.180, 본서 1권, p.453, 주(註)

여 사찰로 들어가려고 했다. 그러나 우리 것들[그리스도교]에 관해 듣고, 우리 책들을 읽은 다음에는 생각이 바뀌었다. 매우 똑똑한 학자였기 때문이기도 하고, 친척인 이지조의 말을 잘 들었기 때문이기도 했다. 그는 짧은 시간에 불교를 몹시 싫어할 만큼 우리 [종교]를 잘 이해했고, 모든 기회에서 말이나 글로 그 종파를 상대로 논쟁했다.

896. 두 사람이 전례력(典禮曆)을 사용하고, 라틴어로 기도하며, 고해성사를 보다. 이지조가 북경에서 전주로 떠나다

그[이지조]가 도성[1074]에서 사는 내내, 그는 그리스도교에 관한 것들을 손에 넣는 것 외에 다른 건 하지도 않았다.[1075] 전례력도 그중 하나로,[1076] 그는 동료 제로니모라고 하는 사람과 함께 해마다 바뀌는 축일들을 기록하기 위해 목판을 만들었다. 분명 우리 신부들이 그렇게 하는 것을 봤을 것이다. 그들은 또 기도하는 방법과 이미 중국어로 번역된『천주교요天主教要』[1077]도 우리의 언어로[1078] 아직 번역되지 않은 다른 것들

574.

1074 북경이다.

1075 주체는 여전히 미켈레다.

1076 Cf. N.328, 본서 2권, p.290, 주(註) 591.; Courant, N.7344. 1608년 8월 22일 리치가 주목한 것은 "그리스도인들은 주일이면 많이 몰려왔고, 축일과 큰 성인들의 축일에는 더 많이 왔습니다. 우리는 연중 올 수 있는 날이 적힌 종이를 한 장씩 인쇄해서 나누어 주었습니다" (N.1855). 그러니까 그리스도인들을 위한 소박한 전례력이 있었다는 말이다. **역주_** 전례력이란, 예수 그리스도의 삶, 죽음, 부활을 중심으로 1년을 짠 달력인데, 성탄절을 기다리는 대림 1주(그리스도왕 대축일 다음 주일)에 시작해서 성탄, 사순, 부활, 연중 시기를 거쳐 그리스도 왕 대축일 다음 토요일(통상 11월 마지막 토요일)에 끝난다.

1077『천주교요(天主教要)』는 1605년도 초에 벌써 인쇄가 되었다. Cf. N.708, 본서 p.85, 주(註) 89.

과 함께 공부하고 싶어 했다. 두 사람은 북경에서 열흘 거리에 있는[1079] 부임지로 가는 친척을 동행해야 해서[1080] 그 전에 와서 고해성사를 봤다. 우리는 그 모든 것에 크게 감동했다.

897. 미카엘의 부친이 예비신자가 되어 교리를 공부하다. 절강(浙江)의 인화(仁和)에서 그리스도교가 싹트다

미켈레의 아버지가 고향인 절강浙江[1081]에서 그를 보러 왔다. 아들은 북경의 신부들에게 편지를 썼고, 그의 부친은 그리스도교에 관해 듣더니 매우 좋아하며 50년간 우상 종파[1082]에서 배운 것을 모두 내려놓았다. 마치 헌 짚신을 버리듯이[猶棄敝蹝][1083] 하고, 고향으로 돌아갔다. 그가 세례를 받았는지는 아직 아무도 모르지만,[1084] 이미 그의 모든 친척이 우리

1078 확실히 라틴어다. 미켈레와 그의 동료 지롤라모는 이지조(李之藻)의 친척으로, 라틴어를 조금 알았던 첫 번째 중국인 평신도들로 추정된다. 그러니까 1608년, 첫 번째 중국인 예수회원들이 나오고 난 뒤다. 이 예수회원들은 거의 모두 라틴어를 충분히 알았고, 사제직에도 대부분 배제되지 않았다. Cf. N.354, 본서 2권, p.325, 주(註) 88.; NN.1196, 1203.

1079 전주(澶州) 아니면 개주(開州)다.

1080 이지조(李之藻)다.

1081 절강(浙江)에 있는 항주(杭州) 근처 인화(仁和)다.

1082 불교다.

1083 맹자(孟子)(VII, I[35])의 한 제자가, 순(舜)임금(기원전 2042?-1989?)이 자기 부친이 살인을 저지른 것을 알았다면 어떻게 해야 하느냐고 물었다. 그러자 "헌 신짝을 버리듯 천하를 버리는 한이 있어도: 舜視棄天下 猶棄敝屣", 형부(刑部)에서 재판하는 대로 그대로 두어야 한다고 대답했다. Cf. Zottoli, II, pp.622-623; Couvreur, *Les Quatre livres*, p.624. 표현은 후에 아무런 유감없이 어떤 것을 버릴 때 쓰는 격언이 되었다. 주목할 점은 가죽으로 된 신발은 유럽에서 수입한 것이고, 여기선 그런 의미의 "신발"이 아니라, 짚으로 짠 샌들을 가리킨다. 그래서 해어지면 길에 쉽게 버릴 수가 있다.

1084 그러나 미켈레와 지롤라모는 절강으로 돌아가기 전에 "긴급 세례"(N.4316)를 받았다. Cf. N.930, 본서 5권, p.63, 주(註) 1215.

성교회를 따랐다는 것[1085]은 확실하다.

898. 이지조의 몸종이 대세[in articulo mortis][1086]를 받고 선종하다. 선교사들의 애덕에 놀라다

이지조가 북경에 있을 때,[1087] 그의 하인 하나가 중병에 걸렸다. 피를 토하고[1088] 열이 심한 전염병에 걸린 것이다. 하인이 아직 건강했을 때, 그리스도인이 되고 싶어 했고, 그래서 신부는 주인[1089] 모르게 신앙에 대해 가르쳐 주고 있었다. 그런데 중병에 걸렸고 집안 식구들은 모두 그를 외면하여 그냥 죽게 내버려 두었다. 그의 몸에선 악취가 심했고, 바닥에 버려진 채 움직일 수도 없었다.[1090]

그에게 세례를 주기로 한 날이 되었고, 디에고 판토하 신부는 우리 집 식구들과 함께 환자가 있는 방으로 갔다. 환자를 침대에 누이고, 우리 집에서 가져간 향을 피웠다. 이것을 본 그 집식구들은 모두 매우 놀라며 감동했다.[1091] 우리가 환자의 방을 정리하는 소리를 듣고 향을 맡은 이지조

1085 미켈레의 부친은 절강(浙江)의 인화(仁和)에 있었던 걸로 보인다. 아들을 보기 위해 전주(澶州)로 왔고, 신앙의 싹을 처음 고향으로 가지고 갔다. 그러나 1611년 5월 8일, 그의 부친이 사망한 뒤에야 비로소, 이지조(李之藻)의 인도로 항주(杭州)에서 카타네오(Lazzaro Cattaneo) 신부와 트리고(Nicola Trigaut) 신부가 집전한 첫 미사가 거행되었다. 이후부터 첫 번째 영세자들이 나오기 시작했다. Cf. N.946, 본서 5권, p.76, 주(註) 1238.

1086 **역주_** 다른 말로 "비상세례"라고도 하는데, 말 그대로 세례를 받지 않고 갑자기 사망에 직면한 경우, in articulo mortis, 즉 '죽음의 순간에', '임종하는 순간'에 주는 세례를 말한다.

1087 1608년도 후반이다.

1088 이질(痢疾)이다. Cf. N.4317.

1089 이지조다.

1090 첫 번째 세례성사의 경우를 기억하라. Cf. N.251.

가 거기에 누가 있느냐고 물었고, 우리 집식구들과 판토하 신부가 있다는 걸 알고는 놀라 달려왔다. 그리고 사랑이 부족했던 자신을 질책하며, 우리가 같은 집에 살던 자기네보다 낫다며, 우리가 자기를 가르치러 왔다고 했다. 신부가 안에서 환자에게 행하는 것을 보고는 자기 하인을 더 도와 달라고 청했다. 하인은 이삼일 후에 기쁘게, 하느님의 뜻에 합당하게, 자신의 입으로 성삼위聖三位, 삼위일체의 이름을 외치고 선종했다. 그 자리에서 하늘의 영광을 누리러 간다는 큰 표징을 보여 주었다. 이지조는 자기 친구들에게 항상 우리의 이 애덕愛德을 이야기하곤 했다.

899.

이 일이 있고 난 뒤, 우리의 학문에 대해서도 조금 아는 한 사람이 어느 날, 그의 친척 두 사람에게 "어떤 중국인들이 타타르인들과 이해관계를 유지하는 것처럼, 유럽인들과도 그래야 할 것 같소"라고 말했다.[1092] 이 사람은 그들과 같은 고향 사람으로 [판토하 신부의 자선 행위에] 적지 않

1091 즉, 이지조(李之藻)의 측근들이다.

1092 "만약 유럽인들이 중국인들이 알고 있는 만큼만 알았더라면, 타타르인들에 대해 하는 것처럼, 그들에 대해서도 비웃었을 것입니다"(N.4315). 이런 생각은 이지조(李之藻)도 여러 형태로 꽤 자주 표현했던 것 같다. 실제로 트리고도 1611년의 연차 편지에서, 그해 5월 초순 종명인(鍾明仁) 페르난데스 수사와 단둘이 항주(杭州)에 있을 때, 카타네오가 최종 도착(5월 8일)하기 전에, 종명인 수사의 통역으로 이지조와 자주 대화할 기회가 있었다며 이렇게 적고 있다. "손님 이지조와 내일 대화하기 시작했습니다. 그는 우리의 지식과 일에 믿기지 않을 만큼 열정을 갖고 있었고, 우리를 통해 알게 된 놀라운 것들을 칭송했습니다. 종종 중국은 우리를 통해서 뭔가를 알았다고 말하지 않는데, 그것은 몽골인들을 통해 야만적이고 미개한 부분을 보았기 때문입니다. 우리와 비교하여 중국은 [아직 어린] 소년으로 보입니다. 자기네 나이를 온통 쏟아부어 문자를 만들고 문법과 웅변에 몰두했지만, 유럽인들은 심오한 과학에 열중한 것이 눈에 들어온다고 합니다"(*ARSI, Jap.-Sin.*, 113, f.188r). Cf. NN.252, 310, 538, 563.

은 충격을 받았다고 고백했다. 거기서 우리 종교의 내용을 가장 잘 보았기 때문이다.

900. 또 다른 두 사람 안드레아와 루카가 이지조를 따르고, 그 가족들까지 개종하다

이 일[1093]과 자기 주인과 두 젊은 미켈레와 지롤라모[1094]의 모범을 보고 이지조의 또 다른 부하직원[1095] 두 사람이 감동하여 우리의 신앙을 따르고 싶다고 했다. 그들은 아직 우리의 계획에 대해 잘 알지도 못하는 상황에서 큰 정신과 열정으로 북경시 전체가 그리스도교를 믿었으면 좋겠다고 했다.[1096]

901.

한 사람은 안드레아라고 불렸는데, 가난했다. 그렇지만 그 자신 안에서 많은 결실이 있었다. 짧은 시간에 고해성사와 성체성사를 보기 시작했고,[1097] 집안에서 모친과 부인과 다른 여러 친척에게 교리를 가르쳐 개종시켰다. 하지만 집 밖에서는 큰 성과를 얻지 못했다.

1093 론고바르도에 의하면, 이 말은 "같은 집에 사는 세 명의 다른 하녀들"(N.4317)을 세례로 이끌었다고 한다.

1094 Cf. NN.895, 896.

1095 이지조(李之藻)의 다른 두 부하직원은 그와 같은 건물에서 살지 않는 사람이었다.

1096 그러니까 북경의 이교도 사회는 중국에 그리스도교 신앙을 온전히 심고자 한(NN.311, 313, 316, 366, 539, 576, 578, 611, 760, 873) "우리의 계획"(N.900)을 아직 완전히 이해하지 못하고 있었던 거다. 그러나 다른 지역의 이교도들은 이미 완전히 파악했고(NN.539, 578), 그래서 선교사들의 식별이 필요했었다. Cf. N.973, 본서 5권, p.150, 주(註) 1398

1097 여기서도 새 신자들의 연대가 눈에 띈다.

902.

루카라는 이름의 또 다른 한 사람은 부자였다. 집안에 말馬이 있고, 자녀들을 위해 독선생을 두고 있었다. 지명도도 높은 사람이었고,[1098] 과거에 그가 교활하게 속이고 갈취한 많은 나쁜 짓에 대해 북경에서 모르는 사람이 없을 정도였다. 그래서 그의 개종과 변화에 많은 사람이 주목했다. 아마도 하느님께서는 그가 74세의 부친을 향해 큰 효심을 갖게 하신 것으로 보인다. 그는 자기가 하는 모든 공부를 통해 부친의 영생을 생각했다.

그가 주인[1099]과 다른 사람으로부터 그리스도교에 대해 듣고는 이 종교만이 사후에 천국을 보장할 수 있다고 믿고, 부친에게 이 좋은 것을 얻게 해 주고자 했다. 당시에 자기 생각은 하지 않았다. 그의 부친은 귀가 먹었고, 그리스도인이 되는 데 필요한 것을 신부들로부터 배울 수 없을 거로 생각했다. 그래서 자기가 와서 배워, 부친에게 가르치려고 했다. 부친을 위해 배우던 중, 천상에 계시는 성부聖父께서는 그에게 자신을 위해서도 마음을 움직이게 하셨다. 특히 신부들을 보면서, 도대체 이 사람들의 주님이 누구길래 그토록 공경하는가, 신부들의 좋은 의도를 보면서 사람들이 그를 존경하고 예를 다하는 것이 그가 자기 주님께 하는 것과 같다고 생각하게 했다.

하지만 그는 가엾게도 장애가 많아, 그것들을 제거하려면 하느님의 큰

1098 "관리와 매우 가까운 존경스럽고 예의 바른 선생"(N.4318)이었다. 그가 어쩌면 이(李) 루카라는 사람으로 리치의 무덤 자리를 마련하는 데 선교사들을 도와준 사람이 아닐까 싶다. Cf. N.973, 제5권, p.171, 주(註) 1464.

1099 이지조(李之藻)다.

은총이 필요했다.

가장 큰 것은 본처 외에 한때 다른 사람의 부인으로 있던 첩이 하나 있었는데, 그녀는 잔인하게도 그를 놓아주려고 하지 않았다. 루카가 그리스도인이 되고 싶어서 자기를 내려놓으려고 한다는 걸 알자 미친 사람처럼 소리를 지르며 그에 대해, 신부들과 신부가 가르치던 것들에 대해 온갖 악담을 쏟아냈다. 그리고 자기를 버리면 문에 목을 걸겠다enforcare[1100] 라고 했다. 이 나라에서는 누군가를 나쁘게 하고자 할 때 일상적으로 하는 방식인데,[1101] 그러면 판사는 그렇게 하도록 한 사람에게도 똑같은 방식으로 벌을 주기 때문이다. 그러나 루카가 가장 걱정한 것은 사람들이 하는 말이었다. 이에 신부들의 지도로 판사들과도 약속하기를, 필요하다면 계속해서 도와주겠다고 했고, 사람들에게도 그렇게 말했다. 이 일로 그와 그리스도교 신앙은 크게 명성을 얻었다. 왜냐하면 사람들은 여인의 마귀 같은 미친 행위가 원인이고, 그는 착한 사람이 되고 싶어서 그녀를 내려놓는다는 걸 알았기 때문이다. 또 우리 성교회의 율법은 그들의 잘못을 지금껏 묵인한 우상 종파들과는 달리, 그런 비슷한 죄를 범하지 않도록 한다는 걸 알았다. 결국 그 여인도 남편을 이해하고 마음을 가라앉혔다.[1102] (남편은 여전히 그녀가 두려워서 하고 싶은 대로 하라고 했다.) 이에

1100 "걸다(enforcare)"라는 뜻의 이 포르투갈어는 교수대(forca) 혹은 목매달아 죽는다(impiccarsi) 라는 의미다.

1101 "매년 수천 명의 남성과 여성들이 … 자기 원수의 집, 대문에 목을 맨다"(N.159). 오늘날에도 중국에서는 드물지 않게 누군가 악의적인 생각으로 그 사람을 괴롭히고자 할 때, 그 사람의 집, 대문에 가서 목을 매곤 한다.

1102 '가라앉히다'라는 뜻으로 리치는 '돌아왔다(ritornò)'는 표현을 쓰고 있는데, 이는 '되돌려졌다(restituì)'는 표현보다 능동적인 의미다.

그녀는 좋은 말과 행동으로 남편을 대했고, 남편으로부터 집 전체와 만족할 만한 생활비를 받기로 했다. 그녀가 했던 많은 저주와 폭언을 참고 인내한 덕분에 그녀의 마음은 안정을 찾아 더 이상의 나쁜 행동은 하지 않았다.

이 일 외에도, 집에 또 다른 여자아이 하나를 데리고 있었다. 두 번째 부인으로 생각하고 일찌감치 돈을 주고 사서 키우고 있었는데, 여기서는 그 정도 사회적인 지위를 가진 남자들이라면 흔히 있는 일이다.[1103] 어느 날, 아이의 아버지를 불러, 아이를 되돌려 주면서, 아이가 원하는 사람과 결혼시키라고 했다. 그렇게 아이를 돌려주면서도 자기가 지불했던 돈을 한 푼도 받지 않았고, 오랫동안 키우면서 들었던 비용도 요구하지 않았다. 아이의 아버지는 적잖이 놀랐다. 이것도 이 나라의 가난한 사람들 사이에선 자주 있는 일로, 어린 딸을 나이 든 사람의 아내로 주고, 많은 돈을 받는데, 우리가 딸을 시집보낼 때 지참금을 주는 것과는 반대다.[1104]

이 일로 루카의 집안 전체와 특히 그의 부인이 먼저 그리스도의 가르침을 따르고 신자가 되었다.[1105]

그리고 집 안에 있던 나무로 된 것, 청동으로 된 것, 그 밖의 여러 재료로 만든 모든 우상 신들을 우리 집으로 보내왔다. 신상들의 배에는 돈, 금, 은, 진주 등으로 가득 채워져 있었는데, 오랫동안 그들이 신봉해 온 신심이었다.[1106] 이 수도원[1107]에는 벌써 많은 사람이 청동으로 된 신상

1103 Cf. N.134.

1104 의미는 이렇다. 중국에서 가난한 집안의 아버지는 남편을 맞이하는 딸에게 지참금을 한 푼도 못 줄 뿐 아니라, 미래 신랑이 되는 집안으로부터 많은 돈을 받는다. Cf. N.157.

1105 일흔 정도 된 고모도 그리스도교 신앙을 받아들였다. Cf. N.4318.

들을 보내와 그것들이 산더미처럼 쌓여 있었다. 그래서 할 수 없이 그 시기에 화덕을 하나 만들어 그것들을 모두 녹였다. 그렇지 않으면, 해를 입을까 봐 두려워서 그마저도 못 하게 하는 사람이 나올 수 있기 때문이다.

그것들이 쌓여 있던 자리에 신부들은 유화로 그린 아름다운 〈구세주 성화〉를 하나 세웠다. 그 옆에, 우상 신들을 공경하던 자리는 잘 치워 정리한 다음[1108] 감실龕室을 만들었다. 부친[1109]은 그 앞에서 온 가족과 함께 그리스도교식으로 기도했다. 초를 켜고 향을 피우고, 밤낮 둥근 공[1110]이 꺼지지 않게 했다.

903. 루카의 용감한 신앙고백. 그의 본보기가 많은 사람을 개종하게 하다

루카가 집 안에 있던 우상들을 내다 버리고 그리스도교를 따르기로 했다는 소식은 그의 친구들 사이에서 큰 스캔들이 되었다. 많은 사람이 그에게 다른 죄를 씌워 고소하겠다고 협박했는데, 중국에서 이런 누명은 큰 범죄가 안 되었다. 그러나 하느님께서는 그에게 용기를 주시어, 이런 협박이 두려워 물러나게 하지 않으셨을 뿐 아니라, 자기가 한 일이 얼마나 잘한 일인지를 용감하게 방어하게 하셨다. 그러자 많은 그의 친구들이 그의 집으로 찾아와 그가 한 일에 대해 나쁘게 말한다고 알려 주기도

1106 우상의 뱃속에는 소원을 들어 달라고 갖다 바친 동전들로 가득했다.
1107 북경 수도원을 말한다.
1108 선교사가 직접 그림을 걸고 매우 성대하게 자리를 치우는 일에는 이웃 사람들도 참여했다. Cf. N.4322.
1109 루카의 아버지다. Cf. N.905.
1110 등(燈)을 말한다. Cf. NN.183, 236, 249, 341, 376, 886.

하고, 그의 선택이 옳다는 것을 확신한다고도 했다. 그리고 그가 보여 준 모범적인 삶으로 훨씬 많은 사람이 그를 따르기로 했고,[1111] 이미 많은 사람이 그렇게 했으며, 계속해서 하고 있다고도 했다.

904. 루카가 어떤 비교인들로부터 부당하게 고소를 당하다. 루카가 자신을 방어함으로써 다른 사람의 개종을 이끌다

루카는 예전에 우상 종파에서 여러 형제회의 회장으로 있다가 모든 감투를 내려놓고 개종한 사람이었다. 그중 하나가 그를 힘들게 했는데, 그것은 그가 여전히 회장으로 있었기 때문이다. 형제회에서 보기에 그는 부당했고, 그래서 루카를 형제회의 많은 공금을 횡령하여 도망갔다고 유언비어를 퍼트렸다.

그는 우리의 조언에 따라, 그 사람들이 모두 모인 날 가서 그때의 일을 모두 이야기하기로 했다. 그들은 루카가 잘못을 뉘우치고 돌아온 줄 알고 모두 반갑게 맞아 주었다. 모두 자리에 앉자 그는 진지하게 말하기 시작했다. 자신은 오랜 세월 동안 우상들을 섬겨 왔지만 얻은 것은 거의 없다며, 이제 나이가 들어, 그리스도교로 개종하여 사후 행복을 기약하고 싶다고 했다. 그 자리에 있던 그의 친구들은 그것을 칭찬해야 할 일이지 나쁘게 말할 게 아니라며, 그게 왜 나쁘냐고 했다. 그리고 듣기론 사람들이 말하기를, 그가 형제회에서 많은 돈을 훔쳤다고 하자, 그가 여기에 온

1111 그중에는 [루카의] 친구도 한 명 있었는데, 나중에 그의 가족들이 모두 세례를 받았(N.4318)다. 또 다른 "학자"라고 부르던 친구도 있었는데, 실제 학자였다(N.4318). 많은 여성 개종자들도 있었는데, 그중 두 노인은 절식하던 사람들이었다(N.4319). Cf. N.190.

것은 바로 그것을 해명하기 위해서라며, 혹시라도 공금이 빈다면 열 배로 갚아 주겠다고 했다. 그 자리에 있던 사람들은 형제회에서 한 말이 모두 거짓이라고 말하기 시작했고, 오히려 루카가 형제단을 위해 하지 않아도 될 개인 경비를 썼다고 했다.[1112] 이 말에 자기네들끼리 의견이 갈렸고, 더는 아무도 루카를 상대로 공격하지 않았다. 오히려 몇 사람이 자기도 나서서 그리스도인이 되고 싶다고 했다. 그리고 형제회는 날이 갈수록 쇠퇴하기 시작했다.

905. 한 그리스도인 가족의 초상화

[루카는] 모든 친척을 그리스도교 신자가 되게 하려고 좋은 아이디어를 하나 냈다. 자신의 부모님과 자기가 신자가 되었다는 표시를 후손들에게 남기고자 큰 그림을 하나 그려 집에 두기로 했다. 그림에는 가운데 구세주가 있고, 양쪽에 손에 묵주[1113]와 십자가,[1114] 혹은 성물을 목에 건 친척들을 모두 넣었다. 그 바람에 친척들이 모두 그리스도인이 되었는데, 신자가 되지 않으면 그림에 넣어 주지 않았기 때문이다. 따라서 그림을 그리던 시점에는 거의 모두 신자가 되었거나 예비신자가 되어 있었다.

906. 중국에서 처음으로 마리아회가 설립되다

여기서 이 사람[루카]이 한 자선 행위들을 열거하려면 길어질 것이다.

1112 Cf. N.4320.
1113 리치는 다른 데서도 묵주와 관련하여 우리에게 말한 바 있다. Cf. NN.642, 750, 864.
1114 여기서도 예수회 선교사들이 새 신자들에게 십자가의 신비를 가르쳤다는 증거를 보여준다.

감옥에 갇힌 사람들을 도와주고, 분쟁 중인 사람들을 화해시키는 등 그가 한 선행은 참으로 많다. 여기선 한 가지만 언급하겠다. 그가 다른 동료들과 함께 만든 성모회聖母會가 그것인데, 1609년 성모 마리아 탄생 축일을 기해 이 나라에서 처음 설립된 것으로, 만약 칭송해야 한다면, 마땅히 그[1115]에게 해야 할 것이다.

이 일은 한참 후에 많은 그의 동료들과 함께, 그들의 관습에 따라 회칙을 마련하여, 마태오 신부에게 가지고 와서 그리스도교 방식에 맞게 조정하여 승인해 달라고 했다. 신부는 거기에 몇 가지를 첨가했는데, [회원들의] 고백성사, 기도, 새 회원을 받는 방식, 자선활동 등을 넣었다.

이 회의 가장 중요한 활동 중 하나는 교우들의 장례를 성대하고 화려하게 치러 주는 것이었는데, 중국에서는 매우 중요하게 생각하는 것이다.[1116] 돈이 없는 가난한 사람은 회원들이 매월 내는 자선금으로 성모회에서 치러 준다. 특정 축일에는 성당에 초와 향과 꽃을 봉헌하고, 매월 음력 첫째 주일[1117]에 회장의 집[1118]에서 모임을 했다(첫 회장은 만장일치로 루카가 선출되었다). 신부도 가서 훈화해 주고,[1119] 회원들이 궁금한 점들을 질문하면 그리스도교 방식의 경우를 소개하고 의문에 답을 주기도 했다.

1115 "그"는 루카를 말한다.

1116 Cf. N.133.

1117 본문에서 리치는 '매달(ogni luna)'이라고 쓴 걸, 델리야가 주(註)에서 '매월(ogni mese)'로 쓰고 있다.

1118 모임의 장(Prefetto della Congregazione)이다.

1119 '훈화해 준다'라는 말을 리치는 'pratica'라는 포르투갈어 뉘앙스로 말하고 있다. 이탈리아어로는 '설교하다(predica)' 또는 '훈계하다(sermone)'라고 쓴다.

이 회의 정식 명칭은 "천주성모회天主聖母會"라고 했다. 회원은 바로 40명이 되었고, 나날이 성장했다.

907. 북경에서 그리스도인의 수가 늘고 신심이 커지다

이 선한 사람[루카]이 세례를 받고 난 후,[1120] 1년이 조금 넘자 100명이 넘는 사람이 북경에서 세례를 받았다.[1121] 많은 사람이 그의 모범과 확신

1120 루카는 1608년 8월과 12월 사이에 세례를 받았을 것이고, 이지조는 그 시기에 북경에서 관직을 수행하며 살고 있었다(NN.900, 902).

1121 1608년 11월부터 1609년 7월까지 북경에서 세례받은 사람은 벌써 60명이 되었다. 1609년 말경, 그해 북경에서 세례받은 사람의 수는 100명이 조금 넘었다. 북경에 거주하지만, 인근 도시에서 온 신자 수는 1608년 8월, 모두 "300명이 조금 더"(N.1853) 되었다. 1609년 말에는 400명이 넘었고(N.4324), 거기에는 많은 문인 학자가 있었다(N.1853). 론고바르도는 이 신자들을 모두 "왕국[중국] 전체에 하느님의 불을 붙이기 위한 큰 쏘시개"(N.4324)라고 했다. 1608년 3월과 8월 사이, 중국 전체 신자 수는 "2천명이 더"(NN.1792, 1811, 1899) 되었고, "그중 많은 사람이 문인 학자"(N.1899)였는데, 특히 북경에서 더 그랬다. 북경의 문인 학자 교우들은 당시 선교사들에게 "많은 군중보다 신용을 더"(N.1813) 주었다. 신자 수가 여전히 더 늘지 않았다면, 그것은 선교사들이 그들의 "수가 많고 그리스도인으로 적게 응답하는 사람보다는 적지만 좋은"(N.1792) 사람들이 더 유익하다고 생각했기 때문이고, 실제로 데 우르시스의 판단도 1610년에 적지만 "매우 좋은 사람들"이라고 했다(N.3502). 우리가 얻은 최고 그리스도인의 수는 리치가 사망할 때, 2,500명에 이른 것이었다. 이 수에 이르기까지 다음과 같은 과정이 있었다. 1583년 9월 10일부터 1589년 8월 초순까지 조경(肇慶)에서 그리스도인의 수는 80명이 넘지 않았다[N.328, 본서 2권, p.289, 주(註) 588.]. 여기서 1586년 소흥(紹興)에서 2명이 늘었고[N.284, 본서 2권, p.216, 주(註) 381-382.], 1592년 남웅(南雄)에서 10명이 추가되었다[N.402, 본서 2권, p.375, 주(註) 218.]. 1589-1595년 소주(韶州)에서 30여 명 개종이 있었고[N.403, 본서 2권, p.377, 주(註) 223.], 여기에 대해 1596년 10월 15일, 리치는 중국인 그리스도인은 모두 합해도 "100명이 넘지 않습니다"(N.1523)라고 썼다. 그러나 1608년부터 소주의 신자만도 800명이 넘었다[NN.739, 740; Cf. N.739, 본서 p.160, 주(註) 268.]. 남창(南昌)의 신자는 1603년에 20여 명에서[Cf. N.745, 본서 p.165, 주(註) 279.] 1604년에 100여 명으로 늘었고[Cf. N.748, 본서 p.168, 주(註) 290.], 1606년에 약 300명에서[Cf. N.748, 본서 p.168, 주(註) 290.] 1609년에 400명이 넘었다[Cf. N.884, 본서 p.407, 주(註) 1017.; Cf. N.886,

[에 이끌려 들어왔기] 때문이었다. 그해 성탄절에는[1122] 많은 사람이 고해성사를 보았고, 14명이 거룩한 성체를 모셨다. 이것도 당시로서는 의미 있는 숫자다.[1123]

◈ 이하는 포르투갈어로 써진 제목 앞에, 리치가 별도의 용지에 이탈

본서 p.409, 주(註) 1024.]. 그리고 1610년 9월에는 거의 천 명에 이르렀다[Cf. N.886, 본서 p.410, 주(註) 1026.]. 1609년 남경(南京)에는 약 300명의 신자를 헤아렸다. 왜냐하면 1600년도 초 20여 명의 새 신자(N.569)가 2년 후에는 100여 명으로 늘었고(N.674), 그렇게 증가하는 수는 1607년에 96명, 1608년에 50명, 1609년에 33명이었다[Cf. N.916, 본서 p.420, 주(註) 1063.]. 상해(上海) 그리스도교 공동체는 1610년에 최소한 160명[Cf. N.934, 본서 5권, p.68, 주(註) 1223-1224.]이었고, 비슷한 시기 북경은 400명이 넘었다[Cf. N.907, 본서 p.434, 주(註) 1121.]. 그러니까 도합 2,672명 정도의 신자를 헤아렸다. 죽은 사람들과 배교자들로 인한 공백은 그리스도인 유아세례로 충분히 메워졌을 걸로 추정할 수 있다. 하지만 리치는 매우 논리적으로, 한편으로는 자신의 동료 선교사들과 장상들에게 "지금의 결실은 씨앗을 뿌리는 데 있지, 수확하는 데 있지 않으므로 우리가 지금 여기서 하는 일을 신자들의 숫자로 평가할 수 없습니다"(N.1807; cf. NN.1374, 1553)라고 했다. 그리고 다른 한편으로는 "지금 여기서 그리스도인의 숫자로 성공 여부를 계산해서는 안 되고, 대단히 큰일을 위해 반드시 해야 하는 거대한 기초공사라는 걸" 염두에 두어야 한다고 했다(N.1880). 그런 만큼 이들 '많은 그리스도인이 문인 학자들과 관리들'이라고 했다(N.1899). 이 문제와 관련하여 그가 쓴 마지막 생각은 1609년 2월 15일의 편지에서 엿볼 수 있다. "비록 그리스도인의 수는 많지 않지만, 온 중국에서 그리스도교에 대한 공신력은 대단히 큽니다"(N.1915). 책을 통해서, 그리고 친구 문인 학자들과 행정관들 덕분이라고 했다. 이런 큰 공신력은 완벽한 언어와 그 나라의 관습에 잘 적응하였기 때문이고, 리치는 "[그것을] 1만 명 이상의 그리스도인을 만들어 온 중국을 보편적으로 개종시키기 위해 준비하는 것"(N.1916)이라고 했다.

1122 그해 성탄절, 100여 명 새 신자의 개종은 1609년 12월 25일에 있었다. 다시 말해서 이 장은 1609년 9월 8일 이후에만 쓴 게 아니라(N.906), 1609년 12월 25일 이후에도 썼고, 앞서 계속해서 주목했듯이, 1610년 3월 이전, 이지조의 세례 시기(N.895)에도 썼다는 걸 말해 준다. 그러니까 그해 1월-2월이다.

1123 리치의 수기본은 여기서 끝났다. 나머지 끝까지는 포르투갈어 또는 라틴어로 니콜라 트리고(Nicola Trigault)가 썼다. Cf. 본서 1권, pp.229-230. 아래의 ◈를 보라.

리아어로 "제17장. 남경 그리스도교의 발전과 바오로 박사의 고향 상해에서 라자로 카타네오 신부의 선교활동"이라고 제목만 적어서 끼워 넣었다. 리치가 이탈리아어로 직접 쓴 텍스트는 여기까지다.

트리고(Nicolas Trigault, 金尼阁, 1577-1629)는 "바오로 박사의 고향 상해에서 라자로 카타네오 신부의 선교활동"을 모두 잘라 다음 장章으로 넘기며(제19장), 이하 장을 순서에 맞게 18장으로 기록했다. 이 두 장은 1612년 12월-1613년 1월, 남웅南雄에서 써서 『리치 원전』에 첨가했다. 당시 남웅 수도원에 있던 론고바르도의 검증을 거친 것으로 파악되지만, 언어의 뉘앙스로 봐서 바뇨니(Alfonso Vagnoni, 高一志, 1566-1640)도 참여한 것으로 보인다.

저자 소개

마태오 리치(Matteo Ricci, 중국명 利瑪竇, 1552-1610)

이탈리아 마르케주 마체라타에서 태어나 예수회에서 운영하는 학교에서 공부했고, 로마로 가서 현(現) 로마대학교 전신인 콜레지움 로마눔에서 당대 최고의 과학자며 교황청 학술원장으로 있던 예수회 소속 아나스타시우스 키르허 교수 밑에서 수학과 물리학을 전공했다.

예수회에 입회하여 신학을 공부하던 중 아시아 선교사로 발탁되어 고아, 코친을 거쳐 당시 동인도지역 예수회 순찰사 알렉산드로 발리냐노의 명으로 아시아선교의 베이스캠프인 마카오에서 중국선교를 준비했다. 중국어와 중국문화에 관한 체계적인 공부를 했고, 중국 내륙으로 파견되어 발리냐노가 수립한 "적응주의 선교정책"을 실천했다.

1610년 5월 11일 북경에서 58세의 일기로 생을 마감하기까지 28년간 중국인 리마두로 살았다. 그가 보여 준 삶을 통한 대화의 방식은 '긍정적인 타자 형상'으로 각인되었고, 학문을 매개로 한 대화는 동서양 문명의 가교가 되었다. 도덕과 이성, 양심에 초점을 맞춘 인문 서적과 실생활에 도움을 주는 실천학문으로서 과학 기술서의 도입이 그것이었다. 르네상스 시대 유럽에서 꽃을 피운 예술(藝術)도 대화의 수단으로 활용했다. 그 덕분에 절벽으로 표현되던 폐쇄적인 중국 사회에서 대화가 가능한 길을 찾아 동서양 화해를 모색한 방법은 역사의 현시성을 극명하게 보여 주는 사례가 되었다.

역자 소개

김혜경(金惠卿, 세레나)

로마에서 선교신학을 전공하였다. 가톨릭대, 서강대, 성신여대 등에서 강의했고, 현재 부산가톨릭대 연구교수로 있다. 연구과제와 관련하여, 이탈리아에 머물며 피렌체대학교에서 미술사학을 공부하고 있다.

저서로 『예수회의 적응주의 선교』(2013년 가톨릭학술상 수상), 『인류의 꽃이 된 도시, 피렌체』(2017년 세종우수교양도서), 『모든 길은 로마로』(2024), 『세계평화개념사: 인류의 평화, 그 거대 담론의 역사』(공저: 서울대학교 평화통일연구원 편) 등 전공 및 일반교양 도서가 10여 편 있고, 『사랑만이 우리를 구원할 수 있습니다』(프란체스코 교황 저),『바티칸 박물관, 시대를 초월한 감동』(2023) 등 약 20편의 역서가 있다.

「마태오 리치의 적응주의 선교와 서학서 중심의 문서선교의 상관성에 관한 고찰」(『선교신학』 제27집, 2011),「실천하는 영성가 요한 바오로 2세의 평화의 관점에서 본 가난의 문제」(『인간연구』 제21호, 2011),「선교사들이 직면한 토착언어 문제: 선교역사를 통해 보는 몇 가지 사례」(『신학전망』, 2015),「왜란 시기 예수회 선교사들의 일본과 조선 인식–순찰사 알렉산드로 발리냐노의 일본 방문을 중심으로」(『교회사연구』 49호, 2016),「마태오 리치의 세계지도에 대한 선교신학적 고찰」(『신학전망』 제198호, 2017),「발리냐노의 덴쇼소년사절단(天正遣欧少年使節)의 유럽 순방과 선교 영향」(『선교신학』 제52집, 2018) 등 다수의 논문이 있다.